‘O SI MANU A ALI‘I

‘O SI MANU A ALI‘I

‘AUMUA MATA‘ITUSI SIMANU

Polokalame o le Gagana Sāmoa
Iunivesitē o Hawai‘i i Mānoa

First published 2002

University of Hawai'i Press
2840 Kolowalu Street
Honolulu
Hawai'i 96822

ISBN 0 8248 2595 0

Production: Robert Holding
Design and Typesetting: Egan-Reid Ltd
Printing: Brebner Print Ltd

Publication of this book was subsidised with grant funds from the U.S. Department of Education through the National Foreign Language Resource Center and the Center for Pacific Island Studies, University of Hawai'i.

Library of Congress Cataloging-in-Publication Data

Papali'i, Aumua Mata'itusi Simanu.
'O si manu a ali'i / Aumua Mata'itusi Simanu Papali'i.
p. cm.
Text in Samoan preceded by "An English language overview."
Includes bibliographical references and index.

ISBN 0 8248 2595 0 (alk. paper)

PL6501.1 .P37 2002
499' .46282--dc21
2001058304

‘O LE ‘OTO‘OTOGA O MATĀ‘UPU

ʻO SE MOLIMAU

ʻUa autausagā o oʻu māfaufau pea ʻi se ʻauala e faʻalelei ātili ai le mālamalama o tamaiti Sāmoa, ʻaemaise foʻi tagata Sāmoa na soifua aʻe i nuʻu i fafo, ʻa ʻo lenei ʻua faʻataunuʻu e le Atua moʻomoʻoga e ala mai ʻi lenei tusi, " ʻo si manu a aliʻi."

Faʻafetai ʻi le tōfā mamao ma le tōfā sāʻili a ʻAumua Mataʻitusi, ʻua na sāunia ai se tusi e fai ma toʻomaga o le vāivai o tagata i le faʻaaogāina o le gagana Sāmoa ma aganuʻu a Sāmoa i se tūlaga mālamalamagōfie. ʻO lenei lava tusi, ʻua ʻavea ʻo se faiāʻoga po ʻo se taʻiala e taʻitaʻi ai le tautala a tamaiti o āʻoga a faifeʻau, ʻautalavou, āʻoga Aso Sā, ma ʻaulotu o ē e fia gālulue mo le faʻatinoga o aganuʻu i tūlaga moni o le soifuaga Faʻasāmoa.

ʻOna ʻo aʻu ʻo le faifeʻau Sāmoa ʻoloʻo galue i fafo atu o Sāmoa, ʻou te lagona le agāga faʻafetai tele mo lenei tusi ʻua toe fafagu mai ai ma taʻitaʻi atu tagata Sāmoa ʻoloʻo soifua i Sāmoa; ʻaemaise lava tagata Sāmoa ʻoloʻo soifua ma pāpāʻaʻao i nuʻu ʻese i soʻo se tulimanu o le lalolagi.

ʻO Sāmoa, ʻa ʻo leʻi oʻo atu le mālamalama po ʻo le lotu foʻi, sā iloga lona mamalu ma lona māopoopo, e leai se mea e gāsē. ʻAiseā? ʻOna ʻo le pūlega a aliʻi ma faipule (faʻamatai), ʻona ʻo le aganuʻu, ma agaʻifanua ma tū faʻaaloalo a Sāmoa, na māfua ai ona leai se mea e pāʻō, pē gāsē i le soifuaga o Sāmoa i ʻāiga, nuʻu, po ʻo itūmālō foʻi.

ʻO lea, ʻou te lagolagoina ma faʻafetai tele i lē na sāunia lenei tusi ʻi le tōfā sāʻili ma se faʻautaga loloto. ʻOu te manatu, ʻo se tasi lenei ʻo ala ʻua sāunia e tapasāina ai tagata Sāmoa ʻua sē ʻese nai le mea moni sā iai. Soʻo se teineitiiti po ʻo se tamaitiiti Sāmoa moni, e tatau ona iloa tautala faʻaaloalo ma tū faʻaaloalo i soʻo se taimi.

Sāmoa e, ʻo le mea lenā ʻua seʻe ʻese mai ai ʻo o tātou ōlaga Faʻasāmoa moni. ʻO le fesili, ʻaiseā? ʻUa lē fia Sāmoa. ʻO lo tātou tofi mai le Atua. ʻO ʻi tātou lava ʻo Sāmoa. Tātou te fiu lava e fia sui, ʻae manino lava le mata o le vai. Fai mai Iopu, "Na ʻou fānau mai ma le leai, ʻoleʻā ʻou toe foʻi ma le leai." Na ʻou fānau ʻo aʻu ʻo le Sāmoa, ʻou te oti foʻi, ʻo aʻu ʻo le Sāmoa. Tātou te fiu e tau sōsola ʻese, ʻae tūmau pea ʻo ʻi tātou ʻo Sāmoa. Tūmau i lau aganuʻu ma le Faʻasāmoa, ona iloa ai lea ʻo ʻoe ʻo le Sāmoa!

ʻIa Manuia tele lenei Tusi.

Pātamo Fuamaila Soa, Sr.
Faifeʻau Toeaʻina Faʻatonu

AN ENGLISH LANGUAGE OVERVIEW

(Translation by Fepulea'i Lāsei J. Mayer)

THE YOUNG SERVER OF CHIEFS

('o si manu a ali'i)

A Text for the Advanced Study of Samoan Language and Culture

Origin of the title

In the Samoan culture, children are not allowed to be in close proximity of the ali'i (*chiefs*), particularly when they are meeting. In ancient times, Chief Fānene of Falealili violated this tradition by allowing his grandson to climb about him and make noise while the chiefs were seated in ceremony. The gathered chiefs became concerned and called the child an animal (manu) that should be taken away. Fānene begged forgiveness and, through his gift of oratory, referred to the child as an "animal for the chiefs" – " 'o si manu a ali'i". His careful crafting of these words meant that this young creature would someday serve at the pleasure of these very chiefs. The title of this book captures the legacy and the essence of the Fa'asāmoa: to learn through serving and through living the culture — in the case of Fānene's grandson, through his future tautua or service to the chiefs.

Disclaimer

In Samoan oratory it is often said that although the tautai (*master fisherman*) may be very skilled, even he sometimes entangles his catch on the outrigger of his canoe because of the unpredictability of the fish. To the reader, if any portion of this text gives offense in content or in references to individuals, places, or events, this was not intended. In writing a text of this nature, which touches upon the histories, titles, and traditions of Sāmoa, even the most skilled writer is likely to become entangled in the misuse of words or references or to disclose information that others may consider inappropriate. If this has happened in this book, your forgiveness is humbly solicited. The sincere aim of this book is to pass on the fading knowledge and skills of our ancestors to the younger generations before they are lost to them for all time. May God continue to guide us and to provide us with the knowledge and wisdom that has allowed us to keep what is holy and sacred to our people.

The content and purpose of this text

More so than most other Polynesian languages, the Samoan language is highly stratified. The common spoken form of Samoan used among friends and peers, for example, would be inappropriate for discourse with strangers, professionals, and chiefs. In these instances, Gagana Fa'aaloalo (*Respect Language*) is used. Gagana Fa'aaloalo is a way of speaking that combines both linguistic and non-linguistic elements into a more elaborate and careful way of speaking. It is marked with changes in posture, distance, and eye contact, as well as a strict adherence to linguistic form - specialized vocabulary, more formal grammatical structure, and changes in tone and volume.

In addition to Gagana Fa'aaloalo, a further distinction can be made with the language register used by and among chiefs at ceremonial functions. This language is often termed Gagana Fa'afailāuga (*Chiefly Language/Oratory*). Like Respect Language, Gagana Fa'afailāuga is characterized by non-verbal cues and in the use of specialized vocabulary, changes in tone and volume, and more formal grammatical structure. In addition, Gagana Fa'afailāuga interweaves into the language references to Samoan history, genealogies, and biblical quotes. Most important for Gagana Fa'afailāuga is the strict adherence to conventional styles and rigid forms. This book is devoted to studying the Language of Respect and to using the Samoan Chiefly Language in the elaborate ceremonial rituals of Sāmoa.

'O si manu a ali'i is presented as a resource for the learner of Samoan language *and* culture. While it is useful for high school and university students and for families raised outside of Sāmoa who may not have much access to the culture, it is also a valuable resource book for older native speakers. Many of today's speakers may find that they simply do not have an opportunity to hear or use the higher registers of Samoan in their daily lives. This book will be very useful to them. However, as the title suggests, *'O si manu a ali'i* is especially dedicated to the youth of Sāmoa who are in search of an understanding of their Samoan customs and traditions, particularly the nuances in the beliefs and practices that exist in Sāmoa, and their evolution as the Fa'asāmoa has traveled abroad.

The Fa'asāmoa, like any other language and culture, can be articulated in many different ways. Legends, beliefs, traditions, and in particular, styles and patterns of language usage, can vary from person to person in Sāmoa. But what binds Samoans together are the commonalties in beliefs, values, and practices that can be found throughout the far flung villages and districts of Sāmoa. These core beliefs stress the importance of preserving the dignity of families and the hereditary chiefs, and in maintaining and cultivating interpersonal relationships, both public and private. *'O si manu a ali'i* does not look to impose a particular bias of customs, traditions, or speech patterns on the reader, but simply offers assistance to the Samoan people and especially to today's Samoan youth to gain a deeper insight into the Fa'asāmoa.

Writing the text

The writing of this book involved more than ten years of personal research, consultation, compilation, and trial in the classroom. The content is based on the needs of young adult Samoan students in my classes at the University of Hawai'i. Many of these students possess a very limited repertoire of Samoan language skills, especially in the upper registers. While they can speak, read, write, and comprehend common Samoan speech, most have not been able to fully develop communication skills in the polite registers and formal speech. Competency in these specialized styles is required of adult Samoan speakers, and these students are experiencing an alienation from many aspects of the culture because they have not developed the necessary language skills that would enable them to participate fully as adults. This text was written to address these needs.

Many of the texts that exist today about the Fa'asāmoa were written by missionaries, colonial government employees, and researchers who gathered information second hand, through interviewing chiefs and others throughout the Samoan archipelago. However, in this text, the descriptions of the Samoan language and the accounts of culture and tradition are derived from what I personally experienced as a native of the Fa'asāmoa: as a child, a woman, an educator, and as a chief. I was deeply involved in the Fa'asāmoa, particularly as I grew older and worked for the Samoan Department of Education. As a classroom teacher, school principal, and district school inspector, I was fortunate to have had the opportunity to work in many different villages and districts where I learned, through constant interaction, the language of respect and the ceremonial language used by chiefs, ministers, and dignitaries.
In spite of these experiences, my knowledge is far from complete and the information and insights contained herein represent the Fa'asāmoa as seen through my life experience. This book is not to be considered a definitive text on the Fa'asāmoa, but

only as one perspective. I hope it will serve to become a resource for the youth of today whose dreams are to be Samoan orators and future caretakers of our culture.

ACKNOWLEDGMENTS

The apostle Paul says in 1 Corinthian 13:8 that love never ends. Even prophesies and language are useless if there is no love. I wish to express my heartfelt appreciation for the love and advice extended to me by numerous church ministers, high chiefs, orators and others in Sāmoa and abroad. I also wish to express my appreciation to the many young students who came through my classes at the University of Hawai'i at Mānoa. These were the students of Samoan 421 (Gagana Fa'aaloalo: Respect Language), Samoan 422 (Gagana Fa'afailāuga: Oratory), Samoan 431 (Talatu'u o le Atunu'u: Samoan History), Samoan 432 (Faiā Fa'atūmua: Genealogies), and Samoan 499 (Su'esu'ega Ta'ito'atasi: Directed Studies) from 1987 through the year 2000. Thank you for your enthusiasm and love of our culture and our nation. Your eagerness to learn about and understand the social and political systems of Sāmoa and the language of our chiefs is an indication of your commitment as heirs of the Fa'asāmoa and your willingness to accept your duty as caretakers of our ancestral legacies. May God bless you now and in all your future endeavors.

I wish to acknowledge the following people without whose help this book would have remained only a dream:

For Lāuga or Oratory:

Susuga Pātamo Fuamaila Soa, Sr., Pastor of the Waimanalo Samoan Congregational Christian Church and Elder of the Advisory Board of the Congregational Christian Church in Sāmoa and the Hawai'i District
Tuiloma Tāveuveu Filo Simanu, Sapunaoa and Sātalo, Faleālili, Sāmoa
Sai'auala Uluiva Simanu, 'Aunu'u, American Sāmoa
Tafaoimālō P. Anetone Simanu, Hamilton, New Zealand
Tevaseu 'Asomua Olataga Tōfāeono, Si'umu, Sāmoa and Lāi'e, Hawai'i

Religious Sermons:

Susuga Faife'au Toea'ina Tavita P. Roma, Sala'ilua, Fa'asāleleaga District, Sāmoa
Tafaoimālō P. Anetone Simanu, Hamilton, New Zealand
Fuata'i Fuata'i Simanu, Student, Mālua Theological College, Sāmoa
So'onaalofa Ieremia Toilolo, Sunday School teacher, Malaeimi Baptist Church, American Sāmoa

Examples of oratory and other ceremonial and religious texts are numerous throughout the book. The initials or the names of contributors are written at the end of these examples.

Editors:

Afioga Fepulea'i Lāsei Dr. John Mayer, Director, Samoan Language and Culture Program, Department of Hawaiian and Indo-Pacific Languages, University of Hawai'i at Mānoa

Afioga Fepulea'i Vita Tanielu, Samoan Language and Culture, Specialist, Department of Hawaiian and Indo-Pacific Languages, University of Hawai'i at Mānoa

Luafata Simanu-Klutz, Education Consultant, Simanualii Enterprises Inc., Hawai'i

Christopher E. Klutz-Simanu, Computer Specialist, Hawai'i

SUGGESTIONS FOR USING THIS BOOK

Using this book alone to teach the Fa'asāmoa will not be sufficient for building a thorough foundation and working knowledge of our culture. It is advisable for the teacher to seek additional resources, particularly primary ones such as community resource people and excursions to authentic sites. While students in Sāmoa will find this book to be a handy supplement as they are constantly exposed to real contexts of language usage, students living abroad will need to find access to Samoans in the community, particularly chiefs and church ministers, who will be able to enhance the understanding of the text. We have offered numerous suggestions throughout the book on how to engage the assistance of Samoan communities in Sāmoa and abroad.

We have tried to demonstrate how the literary approach is the best way to understand the contents of this book. That is, we have interspersed poetry, myths, and legends throughout the units as a way to personalize the information. Many suggestions on how to process the text are in chapter sections marked as Gāluega Fautuaina (Recommended Further Practice). These are suggested activities that promote discussion, independent research, and field work. A test at the end of each chapter is a part of the assessment system which is included in the suggested activities. Students should be allowed to partake in concrete experiences through real life applications such as conducting a real 'ava ceremony, taking the class on a malaga, hosting a group of Samoans from another locale, or attending church services on special occasions.

OVERVIEW OF INDIVIDUAL UNITS IN THIS TEXT

There are eight Units in this text, each corresponding to an important aspect of the Fa'asāmoa. Each Unit is further sub-divided into several chapters which provide detailed discussions or specific language materials related to the Unit topic. A glossary of key words or concepts is included at the end of each chapter. Some of the words appear in multiple glossaries because their meanings may vary depending on the context within which they are used in a particular chapter. In order to help learners internalize the material, at the end of each chapter and unit, sample tests as well as sets of activities for guided practice are provided.

Unit One: Foundations of Fa'asāmoa

Unit One examines the key concepts, customs, and beliefs of the Fa'asāmoa including the structures of the Samoan family and the village and the roles and relationships of the matai (*chiefs*) within the family and within the village structure. The importance of the matai system in Samoan society and the roles, duties, and relationships of Samoan matai are explained. The Samoan concept of tautua (*service*) is highlighted and defined in relation to the culture and the language. The three main registers of the Samoan language are examined in this unit — the common language, the respect language, and ceremonial speech/oratory. This unit lays the foundation upon which subsequent discussions will be built.

Unit Two: Respect and Etiquette in the Fa'asāmoa

Unit Two examines Samoan social behavior. Fa'aaloalo (*respect*) and usita'i (*obedience*) are the key ingredients for Samoan social interaction and etiquette. These two elements control appearance and tone of social interaction and enable people to fulfill obligations and maintain their vāfeāloa'i or social relationships with harmony. Discussion centers on the importance of proper Samoan etiquette and how it is expressed through words and actions. This unit begins to teach the language of respect which is considered essential for all public or formal interaction. Language learning focuses on the use of titles and special honorific addresses, the construction of short, formulaic speeches at meetings or gatherings, ceremonial announcements, and the common courtesies used when interacting with strangers or important people.

Unit Three: Hospitality

Unit Three examines the elaborate Samoan traditions of hosting and hospitality.

The 'ava ceremony, the cornerstone of social interaction is the focus of this unit. The cultivation and uses of 'ava (*kava*) are discussed. The various parts of the 'ava ceremony are explained as are the roles and duties of the participants. Language learning focuses on chiefly language and speech making within the 'ava ceremony and its related rituals.

Unit Four: The Symbols of Royalty

A Samoan chief and other high ranking members of society have special adornments or costumes for ceremonial purposes. In addition, Samoan society places high value on certain cultural artifacts that are presented or exchanged in public ceremonies. Unit Four examines these special mea sina (*treasures*) of the Fa'asāmoa. These include the fine mat, tapa cloth, the tattoo, lei (*necklaces*), and headdresses. Language learning includes ceremonial language for speaking about these treasures and participating in exchange ceremonies.

Unit Five: The Orator and Speechmaker

The Orator or Speechmaker is very important in the Fa'asāmoa. He is the negotiator, mediator, and authority of the Fa'asāmoa. The orator must be skilled in histories, genealogies, and the language of oratory in order to be able to maintain or advance the dignity and authority of his ali'i (*high chief*) and the welfare of his family and village. Unit Five examines the significance of orators and their duties, obligations, skills, and their unique symbols - the to'oto'o (*staff*) and fue (*whisk*). Language learning includes a detailed section on proverbs and sayings used in speeches, the fa'alupega (*ancient "chants" of address for villages, districts, and other polities*), the components of a Samoan speech, practice composing speeches, and a wide range of samples of traditional speeches.

Unit Six: Important Occasions and Kinship Obligations

Unit Six examines Samoan fa'alavelave (*important social occasions and obligations*) including weddings, funerals, title investitures, house dedications, and public apologies. How Samoans approach or fulfill their familial, social, and political obligations is very complex. Much attention is given to proper styles of oratory and equally to proper form and sequencing of events at fa'alavelave. This unit describes the most important of the Samoan fa'alavelave and examines how these different obligations are processed or fulfilled. Language learning includes specialized terms and structures used in speech-making at fa'alavelave and a wide range of samples of traditional speeches.

Unit Seven: Delicate and Sacred Speech

Unit Seven examines the importance of proper speech in the Fa'asāmoa and how Samoan history has created many delicate and sacred references to past events. Samoan history is filled with many important events, people, and places, some of which may be forbidden to mention in public today, lest shame or bad feelings result. This unit recounts many of these historical events from which are derived references, proverbs, and sayings which may possibly give offense if discretion is not exercised. The student is cautioned that the references contained in this unit are used to illustrate the concepts rather than to provoke ridicule or dishonor. Sacred references are also discussed in this unit. These are the histories and genealogies that have given rise to many of the highest titles and to treasured proverbs and items of material culture. Language learning includes many traditional legends that provide the background for delicate and sacred references, descriptions of royal lines of decent, terminology used to describe ceremonial positions and duties in villages and families, and astrological terms.

Unit Eight: Religion and Worship – Past and Present

This unit discusses the traditional and contemporary religious beliefs and practices of Sāmoa. Modern Samoan religion is a blend of Christianity and the Fa'asāmoa. The Atua (*God*) and spirituality has a central role in Samoan society, culture, and language. Gagana Fa'aaloalo and especially Gagana Fa'afailāuga interweave traditional language styles with Christian and biblical references and it is important therefore to understand the ancient concepts of religion and the history of the Christian missionaries and the development of the Samoan Christian church. Sample sermons are included as well as is a discussion of biblical passages as they relate to Fa'asāmoa. Language learning includes discussions of pre- and post- Christian religion in Sāmoa and the use of public prayer as a speech form. Many varied Samoan prayer samples are provided.

References and Materials for Further Study

This section provides a list of references consulted for this text and a list of publications and other materials for further study.

A NOTE ABOUT THE ORTHOGRAPHY

This text follows strict orthographic conventions for the Samoan language. Long vowels are indicated with the macron (i.e. ā, ē, ī, ō, and ū). The inverted comma (koma liliu) was the symbol originally used by the missionary scholars for the glottal stop consonant. In modern times, however, a wide range of publications in the Samoan language, both in Sāmoa and abroad, have used the apostrophe in its place. In this text the glottal stop is represented by the inverted comma (‘).

In writing words with the macron and the glottal stop we have attempted to be consistent throughout the text. While we have followed as a reference Milner's classic Samoan Dictionary, in instances where the editors' collective experience was not in agreement with this text on certain words, we have chosen to use our own representations (e.g. our tāulele‘a as opposed to Milner's taulele‘a). In addition, there are a few cases of phonemic vowel length in minimal pairs that are not found in Milner (e.g. taeao – *morning* versus tāeao – *an important occasion*). Similarly, several words that are represented with a short vowel in Milner, are pronounced with a long vowel when used in oratory (e.g. matafi versus mātafi – *to clear, blow away*).

For morphological issues, we have also tried to base our representations on Milner's work - this despite the fact that some of Milner's spellings varied from commonly used conventions in modern written Samoan (e.g. The future tense/aspect marker is commonly written in Sāmoa as separate morphemes, ‘o le ‘ā. Milner recognizes it as a single word: ‘ole‘ā). We have found Milner's work to be well grounded linguistically, and so we have tended to follow his spellings. However, whenever our interpretations of word composition differed from Milner, we have chosen, for linguistic and other reasons, to follow our own established conventions (e.g. our ‘olo‘o as opposed to Milner's ‘o lo‘o; our Fa‘asāmoa as opposed to Milner's fa‘a-Sāmoa).

We recognize that there are variations in both spoken and written Samoan as the above examples illustrate. It is not our intention to present our spelling styles as a standard for others to follow. We believe that such standardization requires widespread input from Samoan speaking communities both in Sāmoa and abroad. The present text is simply an attempt to give the reader a book, written in the Samoan language, that follows consistent rules of spelling and word composition.

Fepulea‘i Lāsei J. Mayer

ʻO LE FAʻALEOGA MA LE LALĀGAGA O ʻUPU

ʻOloʻo tusia lenei tusi i le gagana e faʻaaogā ai faʻailoga ʻo le faʻamamafa ma le koma liliu e pei ona uluaʻi tusia ai le gagana Sāmoa e Misionare. E ui ina lē toe faʻaaogāina ia faʻailogi i le tele o tusi i nei onapō, ʻae ʻua aʻe se manatu i le komiti teuteu o lenei tusi ʻina ʻia faʻapea ona fai ʻina ʻia manino lelei ai le sipelaga ma le faʻauigaga o ʻupu.

ʻUa mātou taumafai e tutusa ʻuma sipelaga o ʻupu e pei ona ʻāmata mai ai i le ʻāmataga e oʻo i le faʻaiʻuga. ʻO le tele o ia sipelaga ʻoloʻo maua i le Tusi Lolomi Fefiloi a George Milner, ʻae peitaʻi, ʻoloʻo faʻaaogāina ni nai isi sipelaga e pei ona faʻaleoina ai e le tusitala ma le komiti teuteu. ʻO se faʻataʻitaʻiga, ʻoloʻo mātou faʻaaogāina le sipelaga o le ʻupu, ʻoleʻā e pei ona tusia e Milner; ʻae lē ʻo le ʻā e pei ona taʻatele nei. ʻO se isi faʻataʻitaʻiga, i le ʻupu ʻo loʻo mai i le tusi a Milner, ʻua mātou faʻaaogā ai le sipelaga e talafeagai ma fafauga faʻalinikuisi ʻoloʻo.

Mātou te talitonu i le lasi o sipelaga ʻeseʻese o le gagana Sāmoa. ʻO lea, ʻua mātou faʻaaogāina ai faʻaleoga ma le lalāgaga o ʻupu o le gagana e pei ona talafeagai ai ma o mātou talitonuga faʻalinikuisi ma isi māfuaʻaga faʻapēnā. ʻUa mātou talitonu foʻi ʻoleʻā lē taʻu faʻatauvaʻaina ai talitonuga o isi tagata.

FA'AFETAI FA'APITOA

E lē lava a'u fa'afetai e sulaina ai le alofa o le Atua mo lona fa'amālosi mai 'i le faiga o lenei gāluega fītā. E lē lava fo'i a'u 'upu 'e sula ai le agalelei o susuga a fa'afeagaiga ma tamāli'i o le atunu'u 'o ē sā tu'uina mai lo lātou mālosi o le tino, māfaufau, ma le agāga, e fa'atino ai lenei gāluega e ala 'i a lātou lāuga ma fautuaga 'olo'o o'u fa'aaogāina. 'O le 'upu moni, 'ana 'outou lē lāgolago mai, e le māe'a lenei fa'amoemoe. Fa'afetai.

Fa'afetai tele i le Susuga a le Faife'au Toea'ina o le Pūlega a Sālega, 'o le matāgāluega a le Fa'asalele'aga, le Susuga a Tāvita Papa Roma, 'o le fa'afeagaiga taulagi a Tuatō ma Tolova'a ma ali'i o Vaipaepae, ma le mamalu iā Sālemuli'aga, 'ona 'o lona finagalo malie 'ou te fa'aaogāina lana lāuga o le Fono tele i Mālua, 1996.

Fa'afetai 'i le Afioga a Fepulea'i Lāsei Dr. John Mayer, o le polōfesa o Gagana ma Aganu'u i le Iunivesitē o Hawai'i i Mānoa, 'ona 'o lana fesoasoani e fa'atūlaga ma fa'afeso'ota'i manatu o nei tusitusiga 'aemaise le toe fa'aofiina o fa'ailoga o le gagana 'e pei 'o fa'amamāfa ma komaliliu. E lē gata i lea, 'ona 'o lana fesoasoani 'ua mafai ai ona maua lenei avanoa e fa'aolaola ai le polokalame o le gagana ma aganu'u a Sāmoa i le Iunivesitē o Hawai'i.

Fa'amālō i le Susuga a Albert Wendt, 'o le polōfesa o le Iunivesitē i 'Aukilani, Niu Sila, 'i lona fāutua mai e saga fa'alautele tusitusiga mo le Samoan Literature.

Fa'afetai ma fa'amālō 'i matua'u'u 'o le maniti a tamāli'i 'ona 'o fa'amatalaga fa'aopoopo o le galuea'ina o measina ma lā'ei o tamāli'i. Fa'afetai 'i lau Afioga Sula Ta'aitulagi Leituala ma le Afioga Galumalemana Taia'opo Tuimaleali'ifano, mo le fauga ma le teuga o le lauao o tamāli'i.

Fa'afetai 'i lau Afioga Tevaseu Olataga Tōfāeono 'ona 'o lau sā'afi'afiga 'olo'o i lenei tusi.

Fa'afetai i le Afioga a Fepulea'i Vita Tanielu mo gāluega 'uma na feagai ai ma lenei tusi.

Fa'afetai tele 'i nai o'u tuagane ma o'u uso, ma a lātou fānau 'ona 'o lo lātou loto mai ma fesoasoani mālosi 'i māfaufauga ma fa'a'upuga o vāega 'ese'ese o le gagana ma aganu'u lea 'olo'o fa'aalia i lāuga ma gāluega taulima.

Fa'afetai 'i le mamalu o ē sā toe fa'amaonia le faitauga mulimuli o lenei tusi: le Afioga a Fa'alenu'u Lilomaiava Niko i Sālelologa ma le tama'ita'i 'o 'Asenati Liki (Ph.D.

Candidate, University of Hawai'i at Mānoa), le susuga a 'O'omi 'Urika Saifoloi i 'Ausetalia, 'aemaise le fetalaiga a Nāmulau'ulu Liufau Dr. Iakopo Esera i Vaimoso/ Fogāpoa.

Seanoa 'ana leai le agalelei o le Susuga a Dr. Robert Kiste, le pule o le Center for Pacific Islands Studies o le Iunivesitē o Hawai'i, e leai se tupe e fai ai lenei gāluega. Fa'afetai tele Bob ma lou 'ōfisa.

Fa'afetai fo'i 'i si a'u fānau o Luafata Simanu-Klutz ma Christopher Klutz-Simanu mo le fa'amāopoopoga ma le lolōmiga o lenei tusi, 'ātoa ma lo lā teuteuga i totonu o computer. Fa'afetai fo'i 'i nai a'u granddaughters, 'o Koroseta Read mo le tāina 'o ni isi vāega o le tusi ma a'oa'o ai le Fa'asāmoa, ma 'Alae Kristell Simanu-Klutz, e fa'amanatu ai pea le tāua o le a'oa'oina o le gagana ma aganu'u a Sāmoa 'i fānau 'olo'o ola ma soifua i atunu'u i fafo.

'O la'u fa'afetai mulimuli, 'ae lē 'uma ai le alofa ma le fa'afetai tele, 'i fautuaga a le tamā peleina 'o Soa Fuamaila, 'o le Susuga a le Toea'ina Fa'atonu a le 'Ekālēsia Fa'apotopotoga Kerisiano i Sāmoa, 'a 'o se Fa'atonu a le Matāgāluega a Hawai'i; 'ae tainane fo'i le fa'afeagaiga taulagi a le 'aulotu a Waimanalo, 'ona 'o le fautua mai ma fa'alototele mai e fa'amāe'a lenei gāluega e fesoasoani ai mo 'autalavou. E ui ina 'ua tu'umālō le tamā, 'a 'olo'o ilifia pea taliga 'i le si'uleo o le lotonu'u ma le fa'alā'ei'au.

Le 'au uso pele e, tau ia 'ina 'ia fa'aifo mai lagī manū 'i lo 'outou pa'ia, ma sāga fōa'i pea e le Atua le mau e tele mō lo 'outou soifua gālulue. 'Ia 'avea la tātou gāluega fai fa'atasi 'o se fua e lūlū 'i le 'ele'ele lelei 'ina 'ia fua mai 'i ona lava fua e tatau ai mo tupulaga a'oa'oina o Sāmoa, 'auā 'o tātou e totō ma fa'asūsū 'a 'o lo tātou Atua na te fa'aolaina.

'Ua 'avea lenei tusi 'o ni alofa'aga mō fānau a'oa'oina 'uma a Sāmoa 'aemaise lava ni alofa'aga mō tama fānau a le 'Au Simanu 'olo'o ā'o'oga ma gālulue i so'o se itū o le lalolagi. 'Ia manatua le māvāega a lo tātou Ali'i " 'Ia 'outou fealofani."

Soifua,

'Aumua Mata'itusi Simanu
Faiā'oga, Iunivesitē o Hawai'i i Mānoa

FA‘ASOLOGA O IUNITE MA MATĀ‘UPU O LE TUSI

‘O LE MĀIMOAGA I LE TUSI MA LONA FA‘AAOGĀINA

‘O LE MĀIMOAGA I LE TUSI MA LONA FA‘AAOGĀINA

Fa‘asologa o Matā‘upu

ʻUPU TOMUA

E Tutupu Matagi i Liu o Vaʻa

ʻO le ā sou finagalo faʻaalia e uiga iā Sāmoa ma ona tagata? ʻO le ā Sāmoa? ʻA ʻo ai Sāmoa?

E tāli tutusa lenei fesili ma le fesili a Iesū i ona soʻo e faʻapea: " ʻO le ā se ʻupu a tagata iā te aʻu po ʻo ai?" E faʻapēnā foʻi le isi fesili a Iesū i le motu o tagata e uiga iā Ioane le Papatiso e faʻapea: "Na ʻoutou ō ʻea ʻi le vao e mātamata i ni ā?" " ʻO le ū ʻea ʻua lūlūina e le matagi, po ʻo le tagata ʻea ʻua ʻofu i ʻofu malūlū?"

ʻĀfai e mamae le tavaʻe i ona fulu ma talatalafulu segaʻula i vāitiaseu o tamāliʻi o Sāmoa, ʻona ʻo lo lātou feneʻei, e faʻapēfea lā ona lē sulaina e tagata Sāmoa le mātagōfie o lo lātou siʻosiʻomaga ma sāga vīʻia ai le mātaisau a le Atua? ʻO le ā lā Sāmoa? – " ʻO Sāmoa ʻo le atunuʻu ʻua faʻamanuiaina."

ʻOu te faʻamālūlū atu i le paʻia o le ʻau faʻafofoga ma le ʻau faitau o lenei tusi, ʻina neʻi sipa le lamaga pē sala se pati, pē sasi foʻi le gagana. ʻĀfai ʻo le ā, alofa ʻapoʻiliu e pei ʻo faiva o le tautai matapala. ʻUa faʻatusaina e tamāliʻi Sāmoa o lātou lāʻei o le "Tasiʻaeafe" ma le "Pulouoleola" i le togiola paʻia na sāunia e Iesū Keriso, e māgalo ai a tātou gāoioiga sesē ma o tātou manatu soʻonafai.

ʻA ʻo le manaʻo o lenei tusi:

1. ʻIa lē tāofia le mea moni ʻoloʻo finagalo le ʻau tusitala e tatau ona faʻaalia i tagata Sāmoa ʻoloʻo nōpiaʻi ma alaala i nuʻu i fafo, ʻaemaise Hawaiʻi.
2. ʻIa lē tāomia se manatu tāua ʻona ʻo le matamuli ma le āva i le vāfeāloaʻi.
3. ʻIna ʻia maua e tama ma teine āʻoʻoga ni manatu tāua ma le aogā mai le ʻau suʻesuʻe po ʻo le ʻau tusitala e uiga ʻiā Sāmoa.
4. ʻIa sāga faʻateleina ai le mālamalama o tupulaga talavou o Sāmoa ʻo ē na soifua aʻe i atunuʻu i fafo, ma faʻatuputeleina ai lo lātou lotonuʻu Faʻasāmoa moni.

E lē ʻo toe tamavālevale fānau a Sāmoa po ʻo toe tau susuʻe aʻe faʻatamāʻimoa ʻioʻio i lalo o se tānoa, ʻa ʻo lupe lava o le fōaga. E lē ʻi taufafagaina foʻi i fuga o lāʻau, ʻae sa fafaga i le alofa faʻamātua ma faʻasusu i le alofa tūnoa o le Atua.

'Ua molimauina e Dr. Frederick Sutter " 'o Sāmoa 'o le global family". E fa'apēfea lā 'ona toe ola pūmo'omo'o ona tagata ma tau fāla so lātou ala 'i mālō? E valuvalusia ai a'a o le fau gagana, mo sou finagalo e fa'aalia ai lau tōfā loloto ma lau fa'autaga mamao, po 'o se tōfā manino fo'i fa'aleAtua 'ina 'ia laveia ai fa'amoemoega o lenei tusi.

'O le gagana a Sāmoa, 'o le Mata'itusiola. 'O le gagana e tutulu ai lagona o'otia. 'O le gagana e 'ata fa'amaela ai lagona fiafia. 'O le gagana fo'i e ifo to'ele ai lagona salamō. E ui lā ina mālolosi lagona fa'anātura o tagata Sāmoa 'ae mafai lava ona lātou soālaupuleina ia lagona e ala i la lātou vāfeāloa'i fa'atamāli'i.

'O Sāmoa e lē 'o se atunu'u taliola. E lē tau tatālia i ni isi po 'o ai, lo lātou soifua sōlolelei. E māsani lava lātou i le 'u'u, e māsani fo'i i le motu. E mau'oa i le aso e tasi 'ae ositaulaga i aso e tele. E afātia so'o, 'ae mau fa'alāusoso'o, 'auā o lo lātou Atua 'olo'o tū mai 'i matagi'olo.

'Afai fo'i 'ua saofagā alo o Sāmoa i faigāmālō a atunu'u mālamalama ma tamāo'āiga, 'āfai fo'i 'ua ofi se finagalo o Sāmoa i 'upufai a mālō 'au fa'atasi, 'aiseā lā 'ā sāga ma'alilili ai, ma fa'apō'ululu e pei 'o ni tagata 'ua leai se fa'amoemoe?

Le pa'ia e o le 'au tusitala ma le 'au faitau, le mamalu fo'i o le 'au mātau 'upu, 'ua tātou i luga nei o le gāga mo le tauvāga o gagana a le lalolagi. E mana'omia le fa'atupuina o le fia vā'ili'ili ma fia sā'ili'ili, le fia fa'amaumau ma le fia molimau, 'ātoa ma le fia fa'asoa atu mo ē 'olo'o fia maua se fesoasoani mo ni fa'amatalaga moni ma le fa'amāoni e uiga i si o tātou atunu'u pele o Sāmoa.

'Alalaga ia i le lototele — "O tātou o Sāmoa! *We are Samoans* !

'O le Sā'afi'afiga mo le Polokalame Sāmoa

E le'i fa'aofigōfie le Polokalame Sāmoa,
'I le Iunivesitē o Hawai'i i Mānoa.
Sā tau si'i fa'alā'au mamafa,
'Auā e faigatā ona taualumaga.
Si'i se vae, si'i se lima, fa'apa'ū i lalo ma māpuea.
'Auā e 'ese le talitonuga a tagata e pūlea mea fa'apea.
'Ā 'aveane ai, pē na'o le gagana ma aganu'u a Hawai'i,
'Ua fiu porōfesa ma anthropologists.

'O Hawai'i e ona le Iunivesitē,
'A 'o a lātou aganu'u sā tau tapē.
E ui i lea e le'i pē ai, pē mafai ona tāofi,
'Auā e lē 'o le mea mālosi e moni,
'A 'o le mea moni e mālosi.

Fa'afetai tele i le susuga a Lāsei John Mayer,
'O lona alofa iā Sāmoa lea 'ua laveia
Le a'oa'oga o le Fa'asāmoa i le Iunivesitē o Hawai'i,
E lē itiiti fa'a'upuga so'ona lafo a le 'au faimafili.
'O le lē mālamalama i māfua'aga aogā.
Sāmōa e, 'ia fa'avasega lagona o le sogasogā.
'Ia tūmālō Sāmoa i polokalame o nei aso vevesi.
'I tauvāga a gagana a le Indo-Pacific Languages.

'O le Iunivesitē o Hawai'i na'o le lua gagana lātou te fa'atupeina,
'O le gagana a Hawai'i ma le Fa'aperetānia.
'A fa'apēfea isi atunu'u o 'Asia ma le Pāsefika?
Tālofa e i atunu'u e lē māu'oloa.
'Ioe, lea e lavea ai si atunu'u o Sāmoa.

E leai se mea lelei e mauagōfie,
Le polokalame Sāmoa, e lē fia 'auai le 'au sulu'ie.
E tutupu pea matagi i liu o va'a,
Lea 'ua mau manatu ai tupulaga o le mālamalama.
'Ā fia Sāmoa moni lau tautala,
Asiasi i le Iunivesitē mo ni isi fa'amatalaga.
Tātou 'ae'ae lea manu 'ua ulu,
'Ona 'e mimita lea ma 'e talatala fulu.

Sāmōa e, laga ia le mulipapaga.
'Ua tātou talitonu i le Atua o Mālamalama.
Fāutuaga 'a ō tatou tua'ā 'ua tōfafā,
Tāfesilafa'i ma ulimasao lou sā.
Tatā pea! Tatā pea ! le suāliu o lou va'a,
Fa'atuatua e tutupu matagi i liu o va'a.

'O le Vaimālū i Pu'ega

E ao ona fa'amālūlū atu ma tu'uina atu se vaimālū i pu'ega i le silasila ma le faitau a lo tātou atunu'u Sāmoa, 'i ni isi o fesoasoani mo le āu 'i luma o alo ma fānau a Sāmoa i le fia iloa ma mālamalama 'i tū ma aganu'u fa'aaloalo, 'aemaise aga'ifanua i le 'ese'ese o le fa'aaogāina i nu'u ma alaalafaga 'ua tātou ola ma 'outou soifua ai.

E leai lava se fa'amoemoe 'o i nei tusitusiga e fa'atonuina ai lou finagalo ma lou silafia 'i au tū ma au aganu'u, 'a 'o le fa'anaunauga o le loto ma le agāga mo lenei matā‘upu, ‘ia maua se fesoasoani mo tupulaga a‘oa‘oina i onapō nei, ‘aemaise le talutalu fou ‘ua filifuea ‘ona ‘o le tele o gagana ma tū fa‘anei onapō ‘ua filogia ai o lātou ōlaga mu‘amu‘a.

E iai ni isi o lo tātou atunu‘u sā lē fia tagata Sāmoa ‘ae ‘ua fia Sāmoa ane ‘ua mātutua; ‘ona ‘o lea tūlaga, e lē faigōfie ‘i ia tagata ona fesili ‘i isi. ‘O le isi aogā tonu lā lenā o lenei tusitusiga; ‘auā e faigōfie ona ta‘oto‘oto ma faitau i lona fale, e māmā ai le māsiasi ‘ona ‘o le lē loloto o le gagana tautala ma le lē mālamalama i le Fa‘asāmoa.

E lē mafai lava ona leai ni ‘ese‘esega i le tele o ‘uputu‘u ma talatu‘u a lo tātou atunu‘u ‘auā ‘o tala sā tu‘utaliga mai e tua‘ā ma o tātou mātua. ‘O le faleā‘oga sā a‘oa‘oina ai nei mea tōtino a lo tātou atunu‘u, ‘o le va‘ai ma fa‘alogo; ‘o le tago ‘i ai ‘o lima ma fa‘ata‘ita‘i ‘i le tautua ma nofotuāvae, ‘ua fa‘agaganaina ai ‘i tātou e le Atua i le talalelei; e ala i le gālulue fa‘atasi ma fe‘oe‘oea‘i, ma fesoasoania‘i, e maua ai se manuia mo lenei fa‘amoemoe tūmau. ‘O nei aso ma le feso‘ota‘i ‘i tusitusiga i laupepa, ‘ua a‘e ai pea se talitonuga i le tāua o nei tusitusiga, ‘auā tama fānau a Sāmoa ‘ua fa‘ato‘ateleina i atunu‘u i fafo, ‘aemaise ai fo‘i ‘i Sāmoa lava; ‘ina ‘ia fa‘asa‘oina tū ma aganu‘u ‘ua tele ina fa‘auiga‘eseina e tagata ‘ese‘ese.

E sāga fa‘aopoopo atu le fa‘amaliega o finagalo o tupu ma tamāli‘i ma fale‘upolu o tōfiga o le atunu‘u, ‘ona ‘o le fa‘alēmīgao i le fa‘aaogāina o ‘outou suafa ma fa‘alupega pa‘ia, ‘aemaise ā ‘outou measina mamalu, o ‘Ī‘oimata o tamāli‘i Sāmoa ma le Fa‘asāmoa. ‘Ua so‘ona sā‘ena le ‘atoseu ‘ae le‘i fa‘anoīa muamua. ‘Ae ui ‘i lea, ‘o le vāfeāloa‘i fa‘atamāli‘i ma le agaga fa‘amāfanafana o le atamai pa‘ia o le Atua ‘olo‘o fa‘avae ai lo tātou atunu‘u, ‘ole‘ā māgalo ai nei tāumafaiga ‘uma.

Sā faia nei tusitusiga i le agaga fa‘amāulalo i le silafaga a le Atua, ‘ona ‘o le fia maua lava ‘o ni ‘auala e fa‘afaigōfie ai ‘ona maua e tupulaga o Sāmoa le fa‘aaogāina o ā tātou mea tōtino e pei ‘o le gagana ma aganu‘u. ‘Āfai ‘ua sala se tusitusiga, ‘ia alofa fa‘amāgalo le ‘au‘auna vāivai. ‘Ia vī‘ia le Atua i lā ‘outou tōfā pa‘ia Sāmoa. Fa‘amālō. Fa‘afetai fa‘amāgalo.

E Uiga ‘i le Tusi

‘Ua sefulu tausaga talu ona galuea‘ina matā‘upu o lenei tusi. Sā tau fuafua le ‘anotusi ‘i vāega o le gagana fa‘aaloalo ma itū‘āiga faigālāuga ‘olo‘o mana‘omia tele e fānau a‘o‘oga ‘i iunivesitē, ‘aemaise le mamalu o le atunu‘u ‘olo‘o alaala i nu‘u i fafo.

‘Ua tele ni isi tusitusiga a papālagi ma misionare sā gālulue i Sāmoa, ‘a ‘o ia tusitusiga, o fa‘amatalaga sā aoao solo mai ‘i tua‘ā mātutua e uiga ‘iā Sāmoa ma ana aganu‘u; ma e fa‘apea fo‘i fa‘amaumauga a tamāli‘i ma alo a‘oa‘oina o le atunu‘u ‘ua sāga fa‘ateleina ai le mālamalama i mea tōtino a Sāmoa. ‘Ae peita‘i, o lenei lava tusi ma lona fa'amoemoe, 'ia maua ai le talitonuga a le fānau iā lātou fa'a'upuga ma ā lātou gāoioiga e fa'atino ai le gagana ma aganu'u i luga o fa'alavelave fai o le Fa'asāmoa.

'O le tele lā o fa'ata'ita'iga o gāluega fa'atino 'olo'o i totonu o lenei tusi, 'o mea moni lava sā va'ai 'i ai mata, ma fa'alogologo ai taliga, ma tautala ai le gutu, 'ae fa'ataunu'u e vae ma lima le tautua, 'i aso sā ola a'e ai ma galue i totonu o faigānu'u 'a nu'u māotua o Sāmoa. 'Ae tasi 'o le mea, e lē 'o 'āto'atoa i nei tusitusiga, uiga 'ese'ese o le aganu'u; ma 'ātonu e logo 'ese'ese fo'i fa'aleoga o le gagana, 'ona 'o le 'ese'ese o aga'ifanua. E lē āfāina, tau ia 'o se mea e tali ai le mana'o, po 'o se miti 'ua leva ona fa'ananafu i māfaufau o le 'au fia lāuga 'ae leai se mea e tua 'i ai; e lē āfāina fo'i le tomai o le 'au puputoa ma le 'au fueloloa o 'upu o Sāmoa.

'O fa'ai'uga o lāuga ma ni isi o tautalaga ma solo, 'olo'o tūsia fa'apupu'u ai suafa o ē ona tautalaga, e pei ona tūsia ō lātou suafa i 'upu tomua o le tusi; 'a 'o tautalaga e leai ni igoa, 'o lona uiga o fesoasoani nā a le tusitala. 'O fa'ai'uga fo'i o matā'upu ta'itasi o Iunite, 'olo'o tūsia ai ni fāutuaga mo gāluega fa'aopoopo 'ātoa ma su'ega e iloilo ai le tomai 'o ē 'olo'o a'o'oga i lenei matā'upu. 'Olo'o tūsia fo'i lisi o 'upu ma ō lātou uiga ma fa'aleoga. 'Ona e toetoe lava e fa'aogā 'upu 'uma i matā'upu ta'itasi, peita'i e 'ese'ese ō lātou fa'aleoga ma ō lātou uiga 'i tūlaga o lea tautalaga ma lea fa'amatalaga. 'O lea 'ua iai se manatu, e sili 'ona faigōfie pe 'ā tu'u uiga moni o 'upu 'olo'o fa'aogā i lea matā'upu 'i ona tafatafa.

'O le fa'aogāina o fa'ailoga e pei o le fa'amamafa ma le komaliliu, 'ua fa'aogā fa'atatau i fa'aleoga a le 'au failāuga, 'aemaise fa'aleoga o le gagana tautala a le tusitala. 'O le isi itū tāua, 'olo'o tūsia lāuga, solo ma pese i se 'auala e faigōfie ai 'i fānau ā'oga 'ona fa'aleo ia tusitusiga.

'O le Fa'asilasilaga o Suafa 'o ē sā Fesoasoani i Lenei Gāluega

'O le 'upu a le 'Aposetolo, *E lē 'uma le alofa; 'ae pē ni perofetaga, po 'o ni gagana, e fa'alēaogāina ia pe 'āfai e leai se alofa*. (1. Korinito, m13, f8). E punalia pea i le agāga le fia fa'amālō ma fa'afetai e lē aunoa 'i susuga a fa'afeagaiga, afioga i tamāli'i ma le mamalu o failāuga, 'o ē sā fa'asoa mai ō lātou tomai, ma ofoina mai a lātou fesoasoani ma māfaufauga, ma o lātou taimi gālulue fua e aunoa ma se totogi. Fa'amālō le alofa. Fa'amālō le lotonu'u.

E fa'amālō ma fa'afetai fo'i 'i tama ma teine ā'oga o vasega Sāmoa 421 (Gagana Fa'aaloalo), 422 (Gagana Fa'afailāuga), 431 (Talatu'u o le Atunu'u), 432 (Faiā Fa'atūmua), ma le 499 (Su'esu'ega Ta'ito'atasi) i le Iunivesitē o Hawai'i i Mānoa mai i le tausaga 1987 e o'o mai i le asō, 'ona 'o lo lātou sogasogā 'ina 'ia mālamalama ia tātou tū ma aganu'u, na mafai ai ona fa'aogā le tele o matā'upu 'olo'o tūsia i nei tusitusiga mo a lātou su'esu'ega. 'Ia fa'amanuia le Atua 'i o lātou ōlaga ā'oga fa'apea ma le lumana'i; ma 'ia saga fa'asusulu pea lo lātou mālamalama ma fa'aolaola pea a lātou tāleni, mo le manuia lautele o tagata Sāmoa, ma maua ai pea le vī'iga o le Atua.

'O suafa nei o ē sā fesoasoani iā te a'u mo lenei gāluega:

Failāuga o le Aganu'u

Susuga Patamo Fuamaila Soa Sr., Faife'au Toea'ina Fa'atonu EFKS	Waimanalo, Matāgāluega a Hawai'i
Tuiloma Tāveuveu Filo Simanu	Sapunaoa/Sātalo, Faleālili, Sāmoa
Sai'auala Uluiva Simanu	'Aunu'u, 'Amerika Sāmoa
Tafaoimālō P. 'Anetone Simanu	Hamilton, New Zealand
Tevaseu 'Asomua Olataga Tofaeono	Si'umu, Sāmoa

Failāuga o le Tala Lelei

Susuga Faife'au Toea'ina Tāvita P. Roma	Sala'ilua, Matāgāluega Fa'asālele'aga, Sāmoa
Tafaoimālō P. 'Anetone Simanu (A'oa'o Fesoasoani)	Hamilton, New Zealand
Fuata'i Fuata'i Simanu (A'oa'o Mālua)	Kolisi Fa'afaife'au, Mālua, Sāmoa
So'onaalofa Ieremia Toilolo (Faiā'oga Aso Sā)	Lotu Papatiso, Malae'imi, 'Amerika Sāmoa

Fa'atonu

Afioga Fepulea'i Lāsei John Mayer, Professor Sāmoan Studies	Hawaiian and Indo-Pacific Languages University of Hawai'i at Mānoa, Honolulu, Hawai'i
Afioga Fepulea'i Vita Tanielu, Samoan Language & Culture Specialist	Hawaiian and Indo-Pacific Languages University of Hawai'i at Mānoa, Honolulu, Hawai'i
Luafata Simanu-Klutz, Education Consultant	Simanuali'i Enterprises, Inc. Honolulu, Hawai'i
Christoper E. Klutz-Simanu, Computer Specialist	Honolulu, Hawai'i

I. 'O MĀFAUFAUGA O LE TUSITALA

'Aiseā e Aoa'o ai Gagana ma Aganu'u a Sāmoa?

E tatau ona fa'atāuaina e tagata Sāmoa 'uma, 'aemaise a tātou fānau po 'o tupulaga talavou, la tātou gagana ma a tātou aganu'u, 'auā 'o o tātou fa'ailoga va'aia (*identity*) ia e fa'amāonia ai lo tātou tūlaga i le ōlaga i totonu o lo tātou atunu'u fa'apea ma atunu'u i fafo.

Na ala ona iai le gagana ma aganu'u a Sāmoa 'ona e puipuia ai soifua o ona tagata. 'O a tātou aganu'u, 'o se papa 'alā e fa'alagolago 'i ai o tātou pāpātua ma o tātou fatafata ma 'avea fo'i 'o se talitā e feālua'i le tagata ma fe'āvea'i i lona ōlaga. E 'avea ai la tātou gagana ma aganu'u 'o ni meatau e tau ai, 'ae lē 'o se aganu'u e osofa'iagōfie e le mālolosi o isi aganu'u. 'O lona uiga, 'ia lē āvagagōfie le tōfā ma le fa'autaga e talia vave tū ma aganu'u a isi atunu'u, 'ua 'aumaia ma fa'atino 'i o tātou lau'ele'ele e tūrisi ma isi e āsia o tātou laufanua; 'aemaise fo'i le va'aiga 'i ata o televise ma tīfaga.

'O se atunu'u e mautū le a'oa'oga o lana gagana ma aganu'u, 'o se atunu'u lava lea e pito fa'aaloalogia ma āmana'ia e le lalolagi; ma e 'avea fo'i lenā ma ala e fesoasoani mai ai atunu'u mālolosi 'i atunu'u tau atia'e e pei 'o Sāmoa; e ala lea i fa'atupega o polokalame e atia'e ai matā'upu tau a'oa'oga o le gagana ma aganu'u.

'Ole'ā 'avea la tātou gagana ma a tātou aganu'u 'o ni mea e lē āmana'ia po 'o ni mea e tau 'atagia ai tātou e tagata 'o isi atunuu, 'ae tainane fo'i ō tātou lava tagata, pe 'ā lē lelei 'ona a'oa'o la tātou gagana ma aganu'u 'i a tātou tupulaga mo le lumana'i o Sāmoa.

'O la tātou gagana ma ā tātou aganu'u, 'o mea e āiā tutusa 'uma 'i ai tagata Sāmoa, 'ae lē 'o se mea tōtino a se tagata e to'atasi. E lē 'o se mea fo'i e manatu fa'apito ai fua se isi pē fa'asinosino lima ai, po 'o ai e sa'o, 'a 'o ai e sesē. 'Āfai fo'i tātou te tu'u i le fāitalia a le tagata lava ia, pē fia mālamalama pē leai i le fa'aogāina sa'o o le gagana ma aganu'u, 'o lona uiga 'o se aganu'u 'afa'afa po 'o se aganu'u mālepelepe. 'O le mea lea e mana'omia tele ai lava le a'oa'oina lelei 'ia sa'o la tātou gagana 'i ona tūlaga aoao. 'O se mea tatau lo tātou sāga mālamalama ātili, 'ia tupu ai le mana'o e 'apo'apoina; e sāga sā'ili'ili ma fefa'asoaa'i, ma fa'amautū talitonuga 'olo'o tātou sapi ai nei. E lē mafai ona tātou fa'atino le lotonu'u Fa'asāmoa, pe 'ā lē lava lo tātou mautinoa o le gagana ma aganu'u.

'O le mālamalama lelei fo'i o tūpulaga talavou i le fa'aogāina o le gagana fa'aaloalo ma āmioga fa'aaloalo, e faigōfie ai fo'i ona tē'ena fa'aosoosoga. 'Aua tātou te popole i le televavave o fesuia'iga o le ōlaga, lea 'ua fetaia'i ma tupulaga o nei taimi. Pau lava le mea e tatau ona tātou faia, 'o le fefa'asoaa'i ma le fetufaa'i 'o ni faiga e fō'ia ai fa'afītāuli o tupulaga.

'O le tasi lea a tātou aganu'u tausa'afia, 'o le fetūfaa'i o mea e maua. 'Ā 'ou lē fesoasoani ʻi se faʻalavelave o soʻu ʻāiga po ʻo saʻu uō, e tāli ʻuma le ōlaga ʻo oʻu mā i toe fetaui ʻi laʻu uō sa fai lona faʻalavelave. E māmā ai loʻu mānumanu i se selau tālā ʻou te faʻamāumauina mo le faʻalavelave o laʻu uō, i lō le mamafa o loʻu māsiasi pe ʻā lē fesoasoani ʻi lona faʻalavelave. E ala ona tātou osiʻāiga ʻona ʻo le faʻaaloalo ma le tāua o tagata o o tātou ʻāiga. ʻO le aganuʻu lea ʻo le fefaʻasoaaʻi, po ʻo le fetufaaʻi, e faʻavae i le alofa ma le faʻaaloalo; ʻo le faʻaaloalo lea ʻoloʻo taumafai le ʻau suʻesuʻe i matāʻupu tau le Atua ʻia faʻatāuaina ma ʻavea ai o se vāega o matāʻupu silisili; ʻua tāua tele ai lā le matuā faʻamautūina o le gagana ma aganuʻu faʻaaloalo a Sāmoa.

ʻUa oʻo nei i le taimi e tuʻu atu ai so tātou sao i le sāofaʻiga a gagana o le lalolagi. ʻO lo tātou taʻutino atu i tagata o le lalolagi, ʻo Sāmoa ʻo le atunuʻu o le Pāsefika ʻua mautū lelei faʻavae o lana gagana ma ana aganuʻu faʻaaloalo, ʻo lo tātou faʻatau atu lea o le suafa o Sāmoa i le lalolagi ʻātoa; ma tōsina mai ai ō lātou lagona e fia ō mai ʻi lo tātou atunuʻu e faʻamāonia ma suʻesuʻe ātili uiga o Sāmoa. E ui ina lāʻitiiti fōliga o Sāmoa i le faʻafanua, ʻae ʻua lāuiloa e le tele o atunuʻu o le lalolagi ana aganuʻu faʻaaloalo, ma le loto alolofa o ona tagata. E lē lelei lā, pe ʻā naʻona ʻou mitamita ʻo aʻu o le Sāmoa, ʻae ʻou te lē iloa tautala faʻaaloalo Faʻasāmoa, ma e ʻou te lē mālamalama foʻi ʻi uiga loloto o faʻaʻupuga o le gagana Sāmoa. E tatau foʻi ona ʻou faʻanoanoa pe ʻā ʻou lē iloa faʻatino saʻo gāoioiga o aganuʻu a Sāmoa. ʻO le lē faʻaaogāina o le gagana faʻaaloalo a Sāmoa i talanoaga, ʻo le faʻavāivaia foʻi lea o le tōfā manino. ʻOloʻo iai pea le manatu ʻi ni isi o le ʻau mātutua e faʻapea, ʻia tāofiofi lou silafia o measina a Sāmoa, neʻi popoto ai fua ni isi tagata, ʻae peitaʻi, ʻia silafia, ʻā oʻo loa ʻina toe fia faʻailoa mai nā tomai i le atunuʻu ʻae ʻua tuai, ʻona lēai lea ʻo se isi e toe manaʻo ai.

ʻO le isi faʻanoanoaga, ʻua tauāu e mavae atu le toʻatele o tamā ma tinā mātutua o le atunuʻu, ʻo ē ʻoloʻo iai le ʻoa o le gagana ma le tamāoʻāiga o le aganuʻu, ʻae ʻoleʻā lē toʻatele ni isi e tua ʻi ai suʻesuʻega a fānau āʻoga. E tāua tele ai lava le sāga faʻalautele o le aʻoaʻoga o matāʻupu tau Sāmoa i le taimi nei, e ala i le vāʻiliʻili, sāʻiliʻili, ma faʻamaumau ma faʻasoa atu ʻi soʻo se isi ʻoloʻo fesiligia se fesoasoani. ʻO le ʻauʻafa teumau a tamāliʻi ma faleʻupolu, ʻinā tatala maia seʻi faʻalogologo mai ʻi ai tupulaga i le mālie ma le susua ma le faʻaoʻotia loto o tala o le atunuʻu, ʻae ʻaua le poto nanā.

ʻO le manatu sā gagana ai ō tātou tagata anamua e faʻapea, e iloagōfie lava alo o tupu ma tamāliʻi o tautala faʻaaloalo ma gāoioi faʻaaloalo. ʻĀfai ʻoleʻā alu se tama po ʻo se teine ʻi se mea e potopoto ai le nuʻu, ʻona aʻoaʻo lea faʻapea:

" ʻĀ ʻe alu ʻi le mea e iai tagata, ʻia ʻe iloa savali, ʻia ʻe iloa tū, ʻia ʻe iloa nofo, ma ʻia ʻe iloa tautala. E sā ona ʻe lāuga ʻauā e lē ʻo ʻoe ʻo se matai; ʻia ʻe vaeoso i feʻau a aliʻi ma fai le faiva o le tautua."

Sā fafaga fānau a Sāmoa ʻi ʻupu ma sā fai ma a lātou meaʻai le aʻoaʻiga.

Sā lēai se saʻolotoga o tagata e soʻona tautala ai se isi ʻi lona fāitalia, pē tusitusi ai ma fa'asalalau 'i lona fāitalia āna fa'asalalauga e pei ona fai e isi atunu'u. E fa'aeteete fo'i tagata i so'ona lafo 'upu mātuiā e se isi tagata 'i se isi, 'auā "e pala le ma'a 'ae lē pala le 'upu". 'Āfai lā 'ae talitonu Sāmoa 'uma po 'o mātua Sāmoa 'uma e a'oa'o fānau, 'ia mautū muamua le gagana Sāmoa ma ana aganu'u fa'aaloalo, ona faigōfie fo'i lea ona fa'alautele lo lātou iloa o isi gagana ma isi matā'upu o le poto salalau.

E le'i fa'ato'ā maua le gagana fa'aaloalo a Sāmoa ina 'ua o'o mai misionare; 'ae na tutupu fa'atasi tagata Sāmoa ma a lātou aganu'u fa'aaloalo, 'ae fa'aleo mai e le gagana. Pau lava le mea sā fai e misionare, 'o le tāu fa'alogo pē fa'apēfea ona fa'aleo, ona tu'u lea 'i ai o fa'ailoga (fa'amamafa ma komaliliu) 'ina 'ia sa'o lelei le fa'aleoga ma uiga o 'upu. E fa'aeteete tele le gagana fa'aaloalo ne'i sesē le fa'aleoga o suafa o tamāli'i, po 'o igoa fo'i o alaalafaga, 'aemaise ni isi o 'upu e fa'auigalua. E tāua tele lā le fa'aaogā o fa'ailoga mo suafa fa'apitoa e pei o suafa o tagata e sipela fa'atasi ma isi 'upu, 'ae 'ese fa'aleoga; e fa'apēnā fo'i igoa o nu'u ma igoa fa'apitoa o mea e maninogatā o o lātou uiga.

'O le tagata na te fia maua le tomai o le Fa'asāmoa, e tatau ona 'āmata mai 'i lona silafia lelei o le gagana fa'aaloalo ma le gagana fa'amatai, 'ona faigōfie ai lea ona fa'atino gāoioiga o aganu'u a Sāmoa. 'O isi tomai e tatau ona mautū, 'o le poto lea i fa'alupega e fa'alagi ai mamalu o le atunu'u ma ona tagata ta'ito'atasi, 'aemaise fo'i le poto i alagā'upu fa'aleatunu'u. 'O le fa'amautinoaina ma le fa'amāoniga o a'oa'oga o le gagana ma aganu'u a Sāmoa i atunu'u 'ese, e lē mafai ona 'āto'atoa lelei se'iloga lava e matuā toe alu i Sāmoa, ona mafai lea ona fa'avasegaina lelei le fenumia'i o le aganu'u ma le aga'ifanua. E ui ina 'ua fai le Fa'asāmoa i totonu o 'aulotu ma fa'alavelave fa'a'āiga i atunu'u i fafo, e lē mafai lava 'ona moni 'āto'atoa, 'ona e lē 'o se faigānu'u e tasi, e fa'aalia ai le 'ese'esega 'o aga'ifanua 'a le isi nu'u mai le isi nu'u. 'O le Fa'asāmoa, e tatau ona pāleni lelei le tomai i le aganu'u, aga'ifanua, ma le gagana fa'aaloalo, 'aemaise le gagana a matai 'auā 'o 'au'upega 'uma ia e atia'e ai. 'O le mea moni, 'ā mālamalama lelei tama ma teine ā'oga o aso nei 'i le mātagōfie ma le faigōfie o le aganu'u a Sāmoa i aso 'ua mavae, e lē taumate 'ole'ā mafai ona lātou fa'afaigōfieina le ōlaga fai fa'alavelave 'ua iai 'i aso nei.

'O le tele fo'i o fa'alavelave mātuiā o aso nei, e māfua lava 'i le lē mālamalama i le aganu'u ma le vāfeāloa'i a Sāmoa; lea 'olo'o fa'avae i le ōlaga Fa'akerisiano ma le talitonuga i le Atua 'olo'o fa'avae ai faigāmālō a 'Amerika Sāmoa (Fa'amuamua le Atua) ma le Mālō Tūto'atasi o Sāmoa (Fa'avae i le Atua).

'O le fa'amoemoe māualuga o tagatānu'u 'uma o Sāmoa, 'ia tāofi mau la tātou gagana, ma a tātou aganu'u ma aga'ifanua. 'O le fa'amoemoe māualuga fo'i o lenei tusi mo fānau a Sāmoa 'olo'o ā'o'oga ma nonofo i atunu'u e 'ese a lātou gagana ma a lātou aganu'u, 'ina 'ia maua ni o lātou taimi e a'oa'o ma fa'ata'ita'i ai la tātou gagana fa'aaloalo ma le gagana fa'amatai, 'ātoa ma le fa'atinoina o a tātou aganu'u ma aga'ifanua sā māsani mai ai o tātou tua'ā. 'Ae 'aua fo'i ne'i galo le vāfeāloa'i, ma aganu'u ma gagana 'a atunu'u 'olo'o lātou alaala ai.

E āmana'ia tele e Sāmoa ana aga fa'aaloalo, 'aemaise le āmana'ia tele o lana gagana Sāmoa 'i ana faigāmālō. 'O sona fa'ata'ita'iga: e lua gagana 'olo'o fa'aaogā e le mālō o Sāmoa: 'o le Fa'aperetānia ma le Fa'asāmoa. 'O le fāutuaga a le mālō, 'o fa'amaumauga 'uma e tu'uina mai e 'ōfisa 'ese'ese, 'ia faia lea i le gagana Sāmoa. 'O le isi itū tāua, 'ua 'āmata nei 'ona āmana'ia ma mana'omia e le mālō, ma fale faigāluega, 'aemaise 'ekālēsia, tagata e tomai 'i gagana e lua, o le Fa'aperetānia ma le Fa'asāmoa; e lē gata i Sāmoa, 'ae fa'apea fo'i ma atunu'u i fafo. 'O le ala lea e mana'omia ai le sāga fa'amautūina o a'oa'oga o le gagana ma aganu'u a Sāmoa i totonu o iunivesitē.

'O le a'oa'oga o le gagana ma aganu'u a Sāmoa i totonu o iunivesitē po 'o ā'oga māualuluga, 'o se gāluega sili ona mana'omia, ma 'o se fesoasoani e lē fa'agaloina e tagata Sāmoa, 'o ē 'olo'o āutōva'a mai 'i iunivesitē; 'aemaise 'o ē 'olo'o fia maua se fesoasoani mo le tautala Fa'asāmoa, ma 'ia āmio e pei 'o le Sāmoa moni.

'O lenei tusi ā'oga, 'ātonu 'ole'ā fai ma ta'iala po 'o se fesoasoani fo'i mo faiā'oga 'olo'o tau'aveina lenei gāluega o le a'oa'oina o le gagana fa'aaloalo ma le gagana fa'afailāuga. 'Olo'o fa'avae lenei gāluega i luga o le agava'a fa'aanamua 'ātoa ma tomai tu'u sa'o fa'aonapō nei; manatua fo'i, 'o le 'auala sā māsani ona a'oa'oina ai aganu'u ma le gagana Sāmoa, 'o le mātau ma fa'ata'ita'i 'i aso 'uma i fa'alavelave fai o le atunu'u. 'Ae peita'i 'i nei onapō, 'ua faigatā ona maua ni āvanoa o fānau ā'oga ma ē e faigāluega e 'auai 'i fa'alavelave ma fonotaga a nu'u ma itūmālō, 'ae tainane fo'i le lē fetaui ma le ōlaga i alaalafaga e pei 'o Apia po 'o Honolulu.

'O le talitonuga o le atunu'u, " 'Ā 'e lē poto i le aganu'u ma le gagana fa'aaloalo, e tau lē āmana'ia 'oe, po 'o le lē fia tāupuleina fo'i 'o 'oe 'i mea e fai." 'O le talitonuga Fa'asāmoa fo'i, 'ā lē lima mālosi le tagata, e tatau ona poto i le Fa'asāmoa 'auā 'o le tasi lea o 'auala e su'e ai le tamāo'āiga, mamalu, ma le pule.

II. 'A LE MĀFUA'AGA O LE IGOA O LE TUSI

'O lenei tusi 'ua fa'aigoaina " 'o si manu a ali'i". 'O le māfua'aga o lenei igoa, e maua mai 'i Faleālili, ma e fa'apea le tala:

'A 'o fai le alofi a Fānene ma le 'Āiga Sātalo, 'ae tausili ma fafafafa a'e le atali'i i le tua o Fānene. 'Ona taufai 'isā lea 'i ai o tulāfale,

" 'Isa, 'ave 'ese le manu lea 'ole'ā soli le alofi o ali'i."

'Ona fa'apea atu lea o Fānene, "E lē āfāina, " 'o si manu a ali'i"; o le tama lenā e tautuaina 'outou tamāli'i."

‘O lona uiga lā pe ‘ā sāga fa‘amatalaina, ‘o lenei tusi, ‘o se *Tautua* po ‘o se *Tō‘omaga* e fa‘alagolago ‘i ai le vāivai o fānau ‘olo‘o tau fa‘ata‘ita‘i mo ‘auala e fa‘aleo ma fa‘atino ai le aganu‘u lea ‘olo‘o tautua ai tupu ma tamāli‘i ma ponao‘o o le atunu‘u, ‘aemaise le ‘au faigāluega pa‘ia a le Atua.

‘O lenei fo‘i tusi, ‘olo‘o gālulue fa‘atasi ma le polokalame o le “ ‘E te Silafia,” ‘olo‘o fa‘aaogāina i ā‘oga, e lē gata i līpine (*tapes*), ‘a ‘olo‘o iai fo‘i gāluega tusitusia i totonu o le Iunivesitē o Hawai‘i mai i le tausaga e 1976 e o‘o mai ‘i le asō. ‘O le fa‘amoemoe: ‘ia tua ‘i ai fānau ā‘oga a Sāmoa, ‘o ē ‘olo‘o i vasega Sāmoa, ‘aemaise fo‘i ‘o ē ‘ua lē gafatia le totogi o lenei matā‘upu o le Gagana Fa‘aaloalo ma le Gagana Fa‘afailāuga. ‘Ātonu ‘ole‘ā ‘avea fo‘i lenei tusi ma nei līpine e fa‘amanatu atu ai ‘i le fānau ā‘oga, gāoioiga ma fa‘a‘upuga e tau tālafeagai ma lea aganu‘u po ‘o lea aga‘ifanua. ‘Ā fa‘afuase‘ia se isi ‘i le fa‘atinoga o le Fa‘asāmoa, ‘ae lē lava fa‘a‘upuga ma le mālamalama e fa‘atino ai gāoioiga fa‘atamāli‘i, ona tua loa lea i le tusi lenei, “ ‘o si manu a ali‘i,” ma fa‘atau se lā‘au pu‘e leo e lagolago ai le talitonuga ma fa‘amālamalama ātili ai ni isi matā‘upu ‘olo‘o mana‘omia. ‘O nei līpine, ‘olo‘o fa‘aulutala i le “ ‘E te Silafia,” o le polokalame o le Gagana Sāmoa ma le Samoan Studies i le Iunivesitē o Hawai‘i.

E aogā tele lenei tusi mo tama ma teine ā‘oga ‘i iunivesitē ma kolisi, ‘ae lē gata i lea, e mafai fo‘i ona fa‘aaogā e ā‘oga māualuluga po ‘o high schools. E mafai fo‘i ‘ona ‘autū i lenei tusi se silapasi a se faiā‘oga, pē fai fo‘i ma tusi fa‘aopoopo mo le tomai ātili ai o le faiā‘oga. E aogā fo‘i lenei tusi ‘i so‘o se fa‘alāpotopotoga ‘ua lātou u‘una‘ia le a‘oa‘oina o gagana ma aganu‘u a Sāmoa e pei ‘o ‘aulotu ma ‘autalavou.

Peita‘i, ‘ua sāunia fa‘apitoa lava lenei tusi mo fānau ā‘o‘oga ‘olo‘o mana‘omia le mālamalama ma le poto fa‘avae (*background knowledge*) ma le agava‘a tu‘u sa‘o mai ‘i fausaga o ‘upu ma fuai‘upu o le gagana fa‘aaloalo, ‘ātoa ma le mālamalama i le fa‘aleoga ma le fegauia‘iga o le leo e tau‘ave ai le gagana fa‘afailāuga.

E lē ‘o se mea lelei le a‘o fa‘atauloto o māfaufauga mai isi tagata, ‘ae lelei le poto māsani e fātua‘i ai ou lava lagona Fa‘asāmoa, ma fa‘ao‘o atu ai le fe‘au o le aganu‘u ‘olo‘o ‘e tāumafai e ta‘u atu i le ‘au fa‘afofoga ma alo a‘oa‘oina mo faigālāuga a Sāmoa.

III. ‘O SINI MA FA‘AMOEMOEGA O Ā‘OA‘OGA

E lē fa‘apea ‘ua aofia ‘uma ai ‘i lenei lisi māfua‘aga ‘ua tūsia ai lenei tusi, ‘ae ‘o ni isi nei ‘o ia sini ma fa‘amoemoega, ma ‘ua vāevaeina i vāega e lua:

‘O Sini ‘Autū

✦ ‘Ia mālamalama i le fa‘aaogāina o le gagana Sāmoa i ona vāega ‘ese‘ese ‘aemaise lava le iloa fa‘aaogā le gagana fa‘aaloalo fa‘apea ma le gagana fa‘afailāuga po ‘o le fa‘amatai.

- 'Ia maua avanoa o tama ma teine ā'oga e fa'aaogā ai le gagana Sāmoa e fafau ai o lātou māfaufauga 'auā 'o agava'a ia e aogā pe 'ā tu'u sa'o i le fa'aaogāina o isi gagana 'ese e pei o le 'Igilisi.
- 'Ia mālamalama lelei tama fānau a Sāmoa i le gagana a matai ma faiga fa'amatai 'a 'o le'i 'avea 'i lātou ma ta'ita'i o le atunu'u o Sāmoa.

'O Fa'amoemoega Fa'aopoopo

- 'Ia fa'atupuina le fiafia ma le lotonu'u o tama ma teine Sāmoa 'iā tātou aganu'u ma aga'ifanua, pē nofo i Sāmoa, pē nofo ma soifua a'e 'i isi atunu'u.
- 'Ia maua se avanoa e tama ma teine ā'oga Sāmoa e talanoa ai ma gāoioi ai i gāluega ma ta'aloga, taligāmālō ma fa'aaloaloga Fa'asāmoa moni.
- 'Ia mafai ai e fānau a Sāmoa 'ona fō'ia o lātou fa'afītāuli 'i o lātou vā, e ala i le fa'aaogāina o le gagana fa'aaloalo ma le vāfeāloa'i.
- 'Ia maua ai se avanoa o tama ma teine ā'oga lātou te iloa ai ona fai lāuga 'ese'ese o fa'alavelave fai a le atunu'u, i so'o se itū o le lalolagi 'olo'o nonofo ai.
- 'Ia maua ai e faiā'oga ni isi manatu i le faiga o le gāluega, e 'ese mai i lō metotia ma 'auala e pei ona māsani ai.

IV. 'O FA'AMATALAGA O IUNITE

'Ua vāevaeina lenei tusi 'i vāega e iva. 'O le vāega muamua, 'ua ta'ua o le Maimoaga i le Tusi ma lona Fa'asologa, 'ona soso'o ai lea ma vāega tetele e valu 'ua ta'ua o Iunite. E ui ina 'o le 'upu "iunite" e māfua mai 'i le gagana Peretānia, 'ae 'ua māsani ai faiā'oga ma tamaiti ā'oga i le fa'aaogāina ma le fa'aleoga o lea 'upu *unit*.

Iunite Muamua: 'O Fa'avae o le Fa'aSāmoa

'O fesili e māsani ona fesili ai tagata, " 'O le ā 'ea le Fa'asāmoa?" " 'A 'o le ā 'ea le gagana fa'aaloalo ma le gagana fa'afailāuga?" 'Olo'o taliina nei fesili e iunite 'uma o le tusi, 'a 'o le Iunite Muamua, 'O Fa'avae o le Fa'asāmoa., 'o le fa'amatalaga lea o le Fa'asāmoa, 'o aganu'u ma aga'ifanua, o faigānu'u, ma faiga fa'amatai. 'O le iunite muamua lā, 'o le fa'avae lea o matā'upu 'uma 'olo'o talanoaina 'i iunite ma matā'upu 'olo'o soso'o mai. 'Olo'o maua ai fo'i le fa'amatalaina o uiga (*definitions*) po 'o fōliga o le gagana tā'atele ma le gagana fa'aaloalo, 'aemaise le gagana fa'afailāuga a Sāmoa.

Iunite Lua: 'O le Vāfeāloa'i Fa'asāmoa

'Olo'o talanoaina le vāfeāloa'i ma feūtana'iga Fa'asāmoa i le iunite lenei. 'O lenei vāega e silafia ai e tama ma teine ā'o'oga pē fa'apēfea ona tū, pē tautala, ma fai isi fesāga'iga ma isi tagata e pei ‘o matai, fa‘afeagaiga, mālō, ma tamaiti fo‘i ‘i totonu o le Fa‘asāmoa; ‘ae po ‘o ā ou fōliga, ma lau gāoioi, ‘aemaise ai lou leo ma le si‘uleo; ‘o le fa‘ata‘ita‘iga: ‘O ai e te tautala fa‘aaloalo ‘i ai? ‘A ‘o ā fo‘i taimi? ‘Ua tūsia fo‘i ‘i le Iunite Lua talitonuga i le tāua o le alofa, usiusita‘i, gālulue fa‘atasi; ‘ae fa‘apea fo‘i le mātagā o le tali ‘upu, so‘ona pīsavale, ma le fe‘alo‘alofa‘i ‘i gāluega fai. ‘O mea ‘uma ia e fa‘aalia ai lou mafai ma lou lē mafaia ona fa‘atino le vāfeāloa‘i po ‘o āmio ma aga e tausa‘afia e tagata.

Iunite Tolu: *‘O Taligāmalo a Sāmoa*

‘I le Iunite Tolu ‘ole‘ā fa‘amāsani ai ‘i le faiga o ali‘itaeao ma usu‘ālele a le atunu‘u; ‘ole‘ā maua ai se mālamalamaga i le fa‘afoega ma le faiga o ‘ava ‘ese‘ese i tūlaga nei: ‘o le ‘a‘ano a ali‘i, sufiga o ‘ava, folafolaga o ‘ava, fā‘atau a tulāfale, lāuga a le tulatoa, lāuga tali a le fua‘auala, fono o le ‘ava ma meāfale mo le sāuniga o le āgatonu. ‘Ole‘ā a‘oa‘oina ai fo‘i ‘i lenei iunite faiga o le āgatonu o le feiloa‘iga, ma le faiga o le ‘ava fa‘atupu. ‘Olo‘o aofia ai fo‘i ma fa‘aaloaloga e pei ‘o ta‘iga o sua ‘ese‘ese: e pei ‘o le suataute, sua talisua, sua asonoa, sua fa‘atamāli‘i, sua fa‘atūmua, sua api, ma le sua fa‘atupu; ma ‘ole‘ā fa‘afofoga ai fo‘i le ‘au su‘esu‘e i le fa‘aaogāina o le gagana i le fa‘afoega o nei aganu‘u ma aga‘ifanua, e ala i lāuga ‘ese‘ese.

Iunite Fa: *‘O Maniti a Tamāli‘i Sāmoa*

‘Ole‘ā ‘outou silasila ai ‘i maniti a tamāli‘i ‘i lenei iunite. ‘Ole‘ā iloilo ai le uiga o le ‘ietoga, siapo, ma le ‘iesina; e lē gata i lea, ‘o le mālōfie po ‘o le tatau a Sāmoa; o ‘ula ma fa‘asolo, fa‘apea ma le tuiga a tamāli‘i. ‘O measina a Sāmoa ‘ua ‘āmata ona sui; ‘o nisi fo‘i ‘ua lē iloa, po ‘o ‘ua ‘āmata ona mōu mālie ‘ese. ‘A ‘o talanoaina nei lāgaga a Sāmoa, e fautuaina ai le tāua o lou silafia o mea tōtino a lo ‘outou ‘āiga, ‘auā e fai lea ma fa‘amaoniga.

Iunite Lima: *‘O le Failāuga Sāmoa*

‘A ‘o tātou āga‘i atu i le loloto o tū ma aganu‘u Fa‘asāmoa, e tāua tele le mālamalama i matāfaioi a tamāli‘i ma tagata ‘ese‘ese i le fa‘afoeina o tū ma aganu‘u a Sāmoa. ‘O le Failāuga Sāmoa, ‘ua fa‘atatau lea i matāfaioi a le failāuga i le faiga o lāuga, ma le fauga o lāuga mo fa‘alavelave ‘ese‘ese, ‘ātoa ma mea ‘uma e aofia i totonu o se lāuga, e pei o le lisi ‘olo‘o i lalo:

- Fa‘asologa o le lāuga
- ‘O tēuga a le tulāfale
- ‘O le to‘oto‘o ma le fue lāuga

- Alagā'upu ma muāgagana
- Māvaega a tamāli'i
- Tāeao ma aso o le atunu'u
- Fa'alupega ma fa'alagiga
- Fā'atau a failāuga
- Seuga o lāuga

Iunite Ono: 'O Fa'alavelave Fa'asāmoa

Masalo o le iunite lea 'ua leva ona 'outou fa'atalitali mai 'i ai. 'O le Iunite Ono, e uiga i le faiga o Fa'alavelave Fa'asāmoa; 'olo'o talanoaina ai le faiga o fa'alavelave fa'aleaganu'u e pei ona māsani ai: 'o maliu, fa'aipoipoga, umusāga o maota ma laoa, fa'aulufalega o mālumalu po 'o falesā, o nunu ma fa'afailelegātama, sāofa'i (fa'afōtuali'i ma le fa'afōtuva'a'ulu), īfoga, ma isi. 'Ole'ā iloilo ai i lenei vāega o le tusi, mea e tatau ona iai i so'o se fa'alavelave; 'aemaise ai fo'i 'ese'esega o lea fa'alavelave i lea fa'alavelave, po 'o feso'ota'iga ma fāiā o tagata 'olo'o aofia i totonu o nei tū Fa'asāmoa.

Iunite Fitu: 'O 'Upu Popo ma 'Upu e lē Popo a Sāmoa

'A 'o 'āmata fa'ai'ui'u la tātou maimoaga, e fia fa'asoa atu mea e ta'u o 'upu popo ma 'upu e lē popo a le atunu'u. 'O le Iunite Fitu, 'olo'o fa'amatala ai ni isi o mea tāua a le atunu'u, 'aemaise 'upu lē popo, ma o lātou uiga. 'O 'upu lē popo, 'o fa'a'upuga ia e uiga i 'āigātupu a le atunu'u, ma tala tu'ufa'asolo i soifuaga o tupu; 'olo'o āfifī ai pa'ia ma mamalu o 'āigātupu, 'āiga o pāpā, ma 'āiga o nofo; o 'upu e faigatā, e sā ma mamala; o 'upu e tūmau ma 'o se pā e lē solo; o 'āiga ma a lātou tama, o le augātamaa'āiga po 'o augātupu; o fāiā fa'atūmua; fāiā o suafa, ma isi mea e pei o fa'atolotologātama ma tupufia.

Iunite Valu: 'O Tāpua'iga a Sāmoa

E lē 'āto'atoa le Fa'asāmoa pe 'āfai e lē aofia ai aganu'u Fa'akerisiano. 'O le Iunite Valu, 'olo'o talanoaina ma iloilo ai tatalo ma lāuga fa'alelotu fa'atasi ma māfaufauga fa'a'ēvagelia.

'O ni vāega fa'aopoopo 'o iunite 'uma, 'o lisi ia o 'upu ma fasifuai'upu e fou uiga mo matā'upu ta'itasi. 'Olo'o iai fo'i ni gāluega fāutuaina mo le vasega ma le faiā'oga, 'ātoa ma fesili e iloiloina ai matā'upu 'ua 'uma ona faia.

V. ‘O FAUTUAGA MO FAIĀ‘OGA

Fa‘afetai mo lenei āvanoa ‘ua mafai ai ona tātou feiloa‘i ma fetufaa‘i ai fa‘apenei e ala i la tātou gāluega fa‘afaiā‘oga ma le a‘oa‘oina o gagana ma aganu‘u. E lē āfāina le ‘ese‘ese o lanu ma gagana, ‘auā e tasi lava le va‘aiga fa‘alemāfaufau e taula‘i ‘i ai la tātou mau: " ‘O tātou ‘o faiā‘oga — *we are teachers.*"

‘A ‘o le‘i ‘āmataina lau matā‘upu, o fesili nei e lelei ona ‘e fesili ifo ai i lou loto:

1. ‘O le ā la‘u matā‘upu lea e a‘oa‘o?
2. ‘Aiseā e a‘oa‘o ai lea matā‘upu?
3. ‘O ā talitonuga fa‘afaiā‘oga e fetaui mo lenei matā‘upu?
4. ‘O ā ni ‘auala po ‘o metotia e tatau ona fa‘aaogā?
5. Pē sā fiafia le vasega i lenei matā‘upu?
6. Pe na maua e tamaiti o lau vasega le fa‘amoemoe ‘autū o le matā‘upu?
7. E fa‘apēfea ona fua (*assess*) gāluega a le vasega?

E pule lava ‘oe ma au tali e fai, ‘a ‘o a‘u tali nei i fesili ‘olo‘o tūsia.

‘O le ā La‘u Matā‘upu Lea e A‘oa‘o?

‘O la‘u matā‘upu lea e a‘oa‘o i tamaiti, ‘o le Gagana Fa‘aaloalo ma le Gagana Fa‘afailāuga a Sāmoa.

‘Aiseā e A‘oa‘o ai Lenei Matā‘upu?

E tatau ona a‘oa‘o lenei matā‘upu ‘auā ‘o le fa‘amoemoe o tagata Sāmoa ‘uma, ‘ia tomai i le gagana fa‘aaloalo e mafai ai ona talanoa sa‘oloto i le vāfeāloa‘i o tagata, ‘aemaise le talanoa atu o tamaiti ‘i tagata mātutua ma tagata fa‘aaloalogia fa‘apea fo‘i le feso‘ota‘i atu i matai o le atunu‘u.

‘O le isi itū e tatau ai ona a‘oa‘o e tamaiti ‘olo‘o ola a‘e i atunu‘u ‘ese le gagana fa‘afailāuga, ‘ina ‘ia mafai ai ‘ona tautala atu i luma o se potopotoga mamalu fa‘aleatunu‘u, fa‘alemālō, po ‘o le fa‘ale‘ekālēsia fo‘i, ‘aemaise lava pe ‘ā tōfia na te faia se lāuga o fa‘alavelave fa‘aleāganu‘u a Sāmoa e pei ‘o se fa‘afetai, fa‘amāvaega, fa‘ato‘esega, po ‘o le ‘avega o se si‘i.

‘O ā Talitonuga Fa‘afaiā‘oga e Fetaui mo Lenei Matā‘upu?

E ui ina faigatā ona fa‘atino ‘āto‘atoa le gagana Sāmoa i nu‘u ‘ese, ‘ona e leai ni faigānu‘u moni e fa‘avae ai se a‘oa‘oga, ‘ae ‘ua taumafai lenei matā‘upu e fa‘aaogā mea moni e tutupu i ōlaga o le ‘au su‘esu‘e ma faiā‘oga, e fa‘avae ai le a‘oa‘oina o le gagana ma aganu'u. Mo se fa'ata'ita'iga: 'ia fa'avae le a'oa'oina o lāuga i luga o lāuga fai, e pei ona māsani ai le 'au failāuga. E fa'apea fo'i ona iloa e le vasega le gagana o tatalo, pe 'āfai e fa'aaogā tatalo moni e iloilo ma su'esu'e ai. E pei ona tūsia e tagata tomai 'i matā'upu tau gagana, 'ia a'oa'o le fa'aaogāina o gagana e ala i metotia, mea faitino, ma mea 'ua iloa e le vasega 'auā e faigōfie ai ona maua tomai ma agava'a e pei ona sā'ilia. 'O lona uiga, 'ia fetaui le metotia 'ole'ā fa'aaogāina ma manatu 'autū o le lēsona; 'ia 'aua ne'i fa'alavelavea, pē tūta'ia le fiafia o le vasega 'ona 'o le lē talafeagai o le 'auala ma le sini o le lēsona.

'O le Aogā o Tala

E fāutuaina le 'au faitau ma ē 'ole'ā fa'aaogāina lenei tusi, 'ina 'ia talia talitonuga i le fa'aaogāina o tala fa'asolopito (*history*), tala fa'afāgogo (*myths*), tala o le vavau (*legends*), ma isi tusitusiga 'olo'o ta'atele nei e mālamalamagōfie ai se matā'upu. 'Ua ta'ua lenei talitonuga o le *literary approach*. 'O le fa'ata'ita'iga: 'āfai 'olo'o iloiloina ni alagā'upu, 'ia 'āmata le vasega i se tala o le māfua'aga o ia alagā'upu ona āga'i atu ai lea 'i o lātou fa'aaogāina i lāuga ma isi tautalaga.

E vāvālalata tele le fa'aaogāina o tala i ōlaga o tagata ma mea 'olo'o tutupu i aso 'uma o le ōlaga, e pei ona mātauina le olaga o tagata i aso 'uma, e tumu i tala ma fa'amatalaga 'auā 'o 'auala ia e feso'ota'i ai tagata o se 'āiga, nu'u, ma le atunu'u. E mālamalama ai fo'i lea augātūpulaga i ōlaga o isi tūpulaga pe 'ā fa'aaogā i fesāga'iga i tino (*face to face communication*), po 'o telefoni (*telephone*), po 'o tusitusiga (*print*). 'Olo'o iai 'i totonu o ia tala ni manatu aoao (*themes*), ma ni fāutuaga e fa'aleleia ātili ai soifua ma ola o tagata.

'O se tasi mea tāua, e talitonu tagata Sāmoa i le ō fa'atasi o le agaga galue (work) ma le agaga ta'alo (play) o se tagata ola. Tātou te manatua le vave o ni fe'au po 'o gāluega a tagata Sāmoa e pei 'o sasagāvao, velegāma'umaga, faigāfaiva, ma isi mea, pe 'ā ō fa'atasi ma pese po 'o ni faigāfāgogo. E 'uma gāluega ma le taimi, e le'i 'uma le susua o tala ma le fia pepese o le 'aufaigāluega. 'Ona 'o ia tūlaga, e tele lava 'ina mālōlō ane 'o taliē ma fiafia fa'atasi tagata. E fāutuaina ai lā faiā'oga, 'ina 'ia maua lea agaga i le faiga o le vasega 'auā e fiafia le vasega e a'oa'o le gagana pe 'ā mālie ma fiafia le faiga o le vasega. E 'apalai ma aogā tele a tātou lava 'auala 'olo'o fa'aaogāina i ōlaga o aso fai so'o.

'O Mamanu o le Gagana (*Language Patterns*)

'O nei fo'i tala, e fa'afaigōfie ai ona mālamalama le 'au su'esu'e i le fafauga o 'upu, fuai'upu, ma fasi fuai'upu; i le fa'atulagaga o taimi (*tenses*), fa'apea ma le lalāgaga (*weaving*) o fuai'upu; 'ina 'ia maua ai ni mamanu (*patterns or motifs*) lelei 'auā e ātili ai ona susua fa'amatalaga a tagata.

‘O le Iloiloga o le Gagana i ona A‘a ma le Fa‘auigaga

E tāua fo‘i le fa‘amāsani o le vasega i le iloiloga o le gagana ma le su‘esu‘ega o ‘upu ma o lātou uiga ma fa‘aleoga lasi, ‘ina ‘ia mafai ona mālamalama tamaiti ā‘oga i le fa‘aaogāaga lasi o ‘upu ‘ua fa‘aigoa ai ni manatu po ‘o ni ‘aitia (idea), e pei o le ‘upu lea o le “pau,” e tele ona fa‘aleoga, e tele fo‘i ona uiga. E fāutuaina ai faiā‘oga, ‘ina ‘ia fa‘aopoopo fa‘ailoga o le gagana e pei ‘o komaliliu ma fa‘amamafa ‘ina ‘ia mālamalama lelei tamaiti ‘i uiga lasi o le ‘upu pau. ‘O le taimi fo‘i lea e fa‘amanatu ai vāega ‘ese‘ese o le gagana (*parts of speech*) — e pei o nauna, veape, soāveape, soānauna, ma isi vāega.

Fa‘ata‘ita‘iga:

Tāula‘i lau silasila i le ‘upu **pau**.
‘Ua **pau** ai i le ‘au a le āualuma le ta‘aloga o lenei aso. (veape)
‘Ia tunu **pa‘u** lelei le i‘a a le toea‘ina. (soāveape)
‘Ua **pa‘ū** le tau o le tupe a ‘Amerika i Sāmoa. (veape)
‘Ua fa‘atau ni **pa‘u** fou o lau uila? (nauna)
‘Ona **pau** lava o nei aso. (soānauna)
‘Ua ‘e **pa‘u** a‘i i lou lē lotu. (veape)
‘O **Pa‘u** le sa‘o o le mātou ‘āiga. (nauna)
‘O le nofoaga **pāū** ‘olo‘o iai tu‘ugamau i Māagiagi. (soānauna)

‘Ā fa‘amāsani lau vasega e iloilo le gagana i ona tulaga ‘ese‘ese, ‘o le vave fo‘i lenā ona lelei le faitau ma le tusitusi, ‘aemaise ai le mafai ona tautala ma mālamalama i feso‘ota‘iga. E tele ‘upu uiga lasi i lenei tusi, e mana‘omia ai le gālulue fa‘atasi ma le vasega e iloilo ‘upu e lē‘o mālamalama ai; fa‘apea fo‘i le fa‘alauteleina o le fafauga o fuai‘upu ma isi tūlaga o le gagana.

‘O le Toe Fa‘atāuaina o Fa‘amamafa ma Komaliliu

Fa‘afetai i sa‘ili‘iliga ma talitonuga a le polōfesa ‘o ‘Aiono Fanaafi Le Tagaloa mo le lē fa‘aaogāina o le fa‘amamafa ma le komaliliu pe ‘ā fai tusitusiga. ‘Ua talitonu fo‘i ‘i le aogā tele o lana filosofia, ‘olo‘o fa‘avae ai le fafauga ma le fa‘auigaina o le faitau ma tusitusiga o manatu i le gagana a Sāmoa, ‘ae peita‘i, e lelei lava lea tūlaga i tagata Sāmoa ‘olo‘o soifua a‘e i Sāmoa ‘auā ‘ua lātou mālamalama i le faitau ma māfaufau ‘i uiga o fa‘a‘upuga fetaui ‘i tūlaga māsani (*context or situations*) o mea e tutupu i Sāmoa. ‘Ae tasi ‘o le mea, ‘ua lē‘o tālafeagai lea manatu mo tagata ‘olo‘o soifua a‘e i nu‘u i fafo, ‘ona ‘o le fia mālamalama i le fa‘aaogāina sa‘o o ‘upu i ō lātou uiga ‘ese‘ese; ‘aemaise lava pe ‘ā faitautusi ma tusitusi tagata fa‘ato‘ā fa‘ata‘ita‘i le tautala i le gagana Sāmoa.

'Ua so'ona vevesi Sāmoa ina 'ua fa'apa'ū 'ese le fa'aaogāina o fa'amamafa ma komaliliu, 'ae talitonu 'i lātou ē tomai 'i mea tau gagana, 'o fa'amamafa ma komaliliu, 'o ni isi ia mata'itusi o le gagana Sāmoa. 'Ae tasi 'o le mea, 'olo'o iai le fa'atagaga i le a'oa'oina o le gagana, e lē matuā fa'apa'ūina 'āto'atoa le fa'amamafa ma le komaliliu, 'ae tatau ona fa'aaogā i suafa o tamāli'i o le atunu'u ma o lātou alaalafaga; e fa'apēnā fo'i igoa o nauna fa'apito, e sipela fa'atasi ma ni isi o mea o le gagana. 'O lona uiga lā, e tatau ona fa'aaogā le komaliliu ma le fa'amamafa 'i ia tūlaga o le gagana.

'O le a'oa'oga o le gagana Sāmoa i nu'u i fafo, e tatau lava ona fa'amāsani muamua tagata ā'o'oga i le fa'aaogāina o le fa'amamafa ma le komaliliu 'ina 'ia faigōfie ai fa'aleoga o 'upu ma mālamalama ai 'i uiga 'ese'ese.

Se'i tātou toe māfaufau i le 'āmataga mai o le tusiga o le gagana e misionare. Sā lātou talitonuina i le aogā o komaliliu ma fa'amamafa 'ina 'ia faigōfie ai le fa'aaogāina o le gagana i le faitautusi ma le tautala. E ui 'i lea, tu'u ia i le fāitalia a le tagata lava ia, pē na te fa'aaogāina komaliliu ma fa'amamafa e pei ona sāunia e misionare, po 'o le lē fa'aaogāina o komaliliu ma fa'amamafa e pei 'o le mea 'ua a'oa'oina nei 'i a'oga i Sāmoa 'auā 'ua to'atele fo'i le atunu'u 'ua māsani i lea faiga.

'O ā ni 'Auala po 'o Metotia e Tatau ona Fa'aaogā?

E pei ona ta'ua i luga, e tele 'auala ma metotia 'ese'ese e mafai ona fa'aaogā e le faiā'oga e a'oa'o ai lenei matā'upu; ma e fa'amoemoe fo'i le solosolo lelei o le matā'upu i le atamai ma le agava'a o le faiā'oga i a'oa'oga o le gagana. E mana'omia tele le fa'aaogāina o le gagana i ona tūlaga 'ese'ese e pei 'o gagana o talanoaga, faitautusi, po 'o lāuga. 'O ni isi nei 'auala po 'o metotia e fa'atino ai le a'oa'oga:

Faitau leotele	*Read aloud to the class*
Talanoaga	*Interview and conversation*
Ata va'aia po 'o ata tīfaga	*Visual aids*
Fa'atinoga i tala fa'akoneseti	*Performance*
Gāluega fa'atino o le aganu'u	*Activities*
Su'esu'ega ma tusitusiga o matā'upu	*Research papers*
Pu'eina o tautalaga a tagata	*Recording of speeches*
Iloiloga ma fautuaga a le vasega	*Assessment and feedback from class*

Pē sā Fiafia le Vasega i Lenei Matā'upu?

E fa'alagolago le fiafia o tamaiti i le lelei o le faiā'oga ma lona tomai i 'auala e fa'atōsina ai le vasega. 'Ia sāunia lelei gāluega fuafuaina e pei o gāluega fa'aopoopo e fai 'i tua; (*out of class assignments*), ma 'ia 'auai le vasega i le fa'atinoga o fa'alavelave, ma isi faiga māsani a Sāmoa, (*daily/regular customs and traditions*); po ʻo le faia foʻi ʻo ni tusitusiga o matā'upu ʻeseʻese e fai ai le āʻoga, (*reading materials*); ʻaemaise lava le manino lelei o le tautala ma le gagana faʻaaloalo a le faiāʻoga (*teacher modeling of respect and ceremonial speech and writing*).

Pē na Maua e le Vasega le Faʻamoemoe o le Matāʻupu ʻAutū?

ʻO lenei lava tāumafaiga e lē faigōfie i soʻo se Sāmoa vāganā le mamalu o tagata Sāmoa auuliuli, ʻo ē sā soifua aʻe i totonu o le atunuʻu o Sāmoa; sā lātou maua ai āvanoa e mātau ma faʻataʻitaʻi, ma faʻatino ai faiga o le aganuʻu ma le gagana. ʻO le poto māsani lā o le faiāʻoga e faʻaaogā faʻatasi le gagana ma le aganuʻu, e mata ʻoleʻā faigōfie ai le gāluega. Manatua, e aʻoaʻo mai le gagana i le aganuʻu, e aʻoaʻo mai foʻi le aganuʻu i le gagana; ʻo lona uiga e gālulue faʻatasi ia vāega e lua.

E Faʻapēfea ona Fua (Assess) Gāluega a le Vasega?

Mo le faiāʻoga, sāuni se faila e faʻaputu ʻi ai gāluega e pei o iʻuga o suʻega ʻua sāunia mo iunite i faʻaiʻuga o matāʻupu ʻuma, ʻauā o le fua lea e te iloa ai le mālolosi po ʻo le vāivai o le vasega, ma le tūlaga ʻua oʻo ʻi ai le mālamalama o tagata taʻitoʻatasi o le vasega. ʻO lea faila, e taʻua o le *portfolio*. Faitalia ʻoe po ʻo fea le gāluega e faʻaopoopo mo lenei faila. Tagaʻi i le vāega ʻua taʻua o Gāluega Fāutuaina ma Iloiloga o Matāʻupu ʻoloʻo faʻaiʻu ai lea matāʻupu ma lea matāʻupu. ʻO le isi mea e aupito sili ona tāua, o le faiga o lēsona ʻia ola, ma sāga fiafia ai tama ma teine e faʻaauau lo lātou fia iloa o lenei matāʻupu.

VI. ʻO LE TŪLAGA O SĀMOA I LE FAʻAFANUA O LE LALOLAGI

ʻO Sāmoa, ʻoloʻo taʻoto faʻalava ona motu i le ʻōgātotonu o le Vasa Pāsefika, ma ʻua faʻatūlagaina i le faʻafanua o le lalolagi i le vā o le 13 ma le 15 tikerī latitū (*lattitude*) i saute o le ʻekueta; mā e i le vā o le 168′ ma le 173′ logitū (*longitude*) i sisifo o le laina meritiana. ʻO motu o Sāmoa e maugamū e pei ʻo motu o Hawaiʻi.

ʻO Savaiʻi le motu pito telē, e tusa ma le 150 maila lona faʻataʻamilosaga; ʻo ʻUpolu e 130 maila lona faʻataʻamilosaga; ʻa ʻo Tutuila e 80 maila lona faʻataʻamilosaga e lavea ai ma ʻAunuʻu.

ʻO isi motu lāiti e iai Manono ma Apolima e lavea i le faʻataʻamilosaga o ʻUpolu. ʻO motu o Manuʻa e pito i sasaʻe ma e aofia ai motu e tolu o Taʻū, Ofu, ma Olosega.

E 10 motu o Sāmoa e ʻāinā, ʻae 7 motu e lē nonofo ai ni tagata e pei ʻo Nuʻusafeʻe i le itūmālō o Faleālili, ʻo Namuʻa, Nuʻutele, Nuʻulua, ma Fanuatapu i Āleipata, ʻo Nuʻulopa i ʻĀiga i le Tai, faʻapea Rose Island i ʻAmerika Sāmoa, lea ʻua ʻavea nei ma si'osi'omaga puipuia (*conservation*) mo manu o vaomatua.

E tele lau'ele'ele o Sāmoa e le'i fa'ato'aina. E itiiti fo'i lona tamāo'āiga 'ae peita'i, e leai se isi e fia 'ai ma sāmusamu i kālone lāpisi. 'O le 'upu moni, i le Mālō Tūto'atasi o Sāmoa, e lē mafai ona fa'atauina ona lau'ele'ele i ni tagata mai atunu'u 'ese; vāganā 'ua 'avea ma sitiseni.

E tutusa aganu'u, tutusa le gagana a tagata 'uma, 'auā e la'itiiti lona lalolagi. E ui ina lua faigāmālō, 'ae feālofani tagata 'uma 'ona 'o le tasi o le gagana, tasi le aganu'u. 'O le aofa'i o tagata i motu o Sāmoa talu mai le faitauga o le 1990 talu ai, e tusa e 170,000 tagata o Sāmoa i Sisifo, 'ae 58,000 i 'Amerika Sāmoa. 'I ni isi o su'esu'ega, 'o le aofa'i o tagata Sāmoa i mālō i fafo e iai Niu Sila, Iunaite Setete o 'Amerika, 'Ausetālia, ma isi, 'ua maua ai le tele o tagata Sāmoa 'olo'o ālaala ai, ma 'ua iai se manatu, 'o le aofa'i o tagata Sāmoa i le lalolagi 'ātoa, pē ā i le vā o le 220,000 ma le 500,000, po 'o le sili atu fo'i.

VII. 'O LE VA'AIGA IĀ SĀMOA ANAMUA

'O se mea tāua tele le mālamalama 'o ē ā'o'oga i tala fa'asolopito 'o lo tātou atunu'u ma ona tagata, 'ona 'o lea, 'ua tatau ai ona 'oto'oto mai ni isi o tala o mea sā tutupu i le atu Sāmoa i aso anamua. 'O ia tala, 'ua mafai ai ona tātou feso'ota'i ma fa'aauau ni isi o talitonuga fa'aletagata ma aganu'u e pei ona tu'u gutu mai e ō tātou tua'ā. Na'o nai vāega nei e lima po 'o vāitaimi e lima e toe fa'atepa fa'ale-māfaufau 'iai tama fānau a Sāmoa o aso nei:

1. 1000 BC – 900 AD, 'a 'o lumana'i le Mesia, e o'o i le 900 AD 'ina 'ua soifua mai Iesū, 'o aso tonu lava ia sā ta'a sauali'i ai le atunu'u ma fai ai a lātou sāuniga fa'apaupau e pei 'o le tapua'i 'i le fe'e ma le matu'u. Pe ā ma le 900 AD 'o le vaitaimi lea o tofiga a Pili na mafua ai ona fa'aitūmālōina isi motu o Sāmoa.
2. 900 – 1250 AD, 'o le vaitaimi lea o le nofo pologa o Sāmoa iā Toga, mā, 'ona 'o le fefulituaa'i o tupu o Sāmoa, 'aemaise le fetaufaoa'i o la lātou pule, na ala ai ona nofo pologa Sāmoa iā Toga.
3. 1830 – 1870 AD, 'o le vāitaimi lea 'ua ātagia Sāmoa i le mālamalama o le Atua e ala i le o'o mai o le Talalelei; 'ātoa ma le tau fa'aofi mai o faigāmālō fa'akolone mai mālō tetele e tolu o Peretānia, 'Amerika, ma Siāmani.
4. 1870 – 1900 AD, 'ua 'āmata loa ona fefinaua'i mālō i le fia pūlea o Sāmoa. 'O le mea moni, na sāunia e le Atua le afā na āfātia leaga ai le taulaga i Apia i le 1889, ma na fa'atāma'ia ai va'atau e ono o Siamani ma 'Amerika sā tu'utaula i le taulaga i Apia. Mulimuli ane, sā loto tasi nei mālō e tolu e vāelua Sāmoa i vāega e lua e pei 'ona iai 'i aso nei: 'o Manu'a ma Tutuila 'ole'ā tu'u fa'atasi ma pūlea e le mālō o

le Iunaite Setete o 'Amerika i faiga fa'ateritori, 'a 'o Savai'i, 'Upolu, Manono ma Apolima, 'ole'ā va'aia e Siāmani.

5. 1914 – 1962 AD, na pūlea ai e Niu Sila Sāmoa i Sisifo, i lalo o se fa'ai'uga a Mālō 'Aufa'atasi (*League of Nations*), ina 'ua faia'ina Siāmani i le taua muamua o le lalolagi. 'O le aso muamua lā o Ianuari, 1962, na sisi ai le fu'a o le Mālō Tūto'atasi o Sāmoa i Sisifo. 'O le tausaga lā e 1997, na maua ai se tōfā ma liliu ai se fa'autaga a le Afioga a le Pālemia o Tofilau 'Eti 'Alesana ma le Mālō o Sāmoa i Sisifo, 'ole'ā tu'u'eseina le 'upu "Sisifo" 'ae fa'aigoa le mālō, o le Mālō Tūto'atasi o Sāmoa.

   Sā tūmau pea 'Amerika Sāmoa i faigāmālō a le Iunaite Setete mai le 1900. I le 1977 na maua ai e 'Amerika Sāmoa le avanoa e filifilia ai fa'apālota sa lātou lava Kōvana.

6. Mai le 'āmataga o Sāmoa, i aso 'ae le'i o'o mai fōlauga mai fafo atu o le Vasa Pāsefika, sā faimālō fa'atasi ai Manu'a, Toga, Fiti, ma le Atu Kuki i lalo o le pule'aga a le Tuimanu'a. 'Ae sā faimālō fa'atasi tagata 'Upolu, Savai'i ma Tutuila, 'ae pūlea i faiga fa'atūmua. Na o'o 'ina vavae 'ese Toga ma Fiti mai i le faigāmālō a Manu'a 'ona 'o le sauā o le Tuimanu'a, 'ona ōmai ai lea nonofo i lau'ele'ele o Sāmoa, ma sā nofo pologa ai tagata o Sāmoa i faiga a le tupu sauā o Toga e suafa iā Tala'aifei'i. 'O le loto tetele lā o le fānau a Le Atiogie, na mafai ai ona tutuli 'ese Toga mai 'Upolu ma Savai'i, 'ae tutuli 'ese e Fuā'au o Pago Pago tagata Toga sā i Tutuila.

   'O Sāmoa, 'o le atunu'u o le Polenesia na muamua maua lona mālō tūto'atasi, ma sisi ai lana fu'a o le sa'olotoga; 'ae tu'umuli 'ese Niu Sila ma Peretānia. 'O le Mālō Tūto'atasi o Sāmoa, 'olo'o pūlea e ia lona lava mālō i 'auala o faigāmālō fa'apālemene ma le fa'atemokarasi; ma e fa'avae ona āiaiga i faiga fa'amatai. 'O Sāmoa i Sasa'e, 'olo'o 'avea pea ma teritori a le Iunaite Setete o 'Amerika.

VIII. 'O MITAMITAGA O TAGATA SĀMOA

E mimita tagata Sāmoa i le suafa o le atunu'u, 'o ona laufanua lanu lau'ava, o aganu'u ma aga'ifanua, 'o le gagana fa'aaloalo ma le loto alolofa, 'ātoa ma le lanu o ona tagata, 'aemaise ana faigāmālō ma 'ekālēsia. 'O tofi 'uma ia o le tagataola Sāmoa na tu'u mai 'i ai e le Atua e tausi ma fa'apēlepele 'i ai, ma 'avea ma ona mitamitaga i lona soifuaga 'ātoa; 'ae lē gata i nā mea, 'a 'o lana vāfeāloa'i fa'atamāli'i, ma le su'emālō ma le lotonu'u 'o ona tagata.

Mai le 'āmataga o le lalolagi o Sāmoa, ma ona tala'aga tu'u mumusu pē tu'u taliga, sā matuā fenumia'i lava; fā'i 'o le 'ese'ese o talitonuga o tua'ā o Sāmoa, 'a 'o le 'ese'ese o molimau a papālagi na mua'i tū lau'ele'ele i laufanua o Sāmoa. 'O le talitonuga a mātua o le 'āmataga, e le'i ōmai o lātou ulua'i tagata mai Europa po 'o 'Āsia po 'o ni isi lava itū o le lalolagi; 'ae na tupuga a'e lava lātou i le moa o lo lātou lau'ele'ele, mā 'o lō lātou lava atua, o Tagaloa.

'O le talitonuga fa'aletalalelei a ni isi 'ekālēsia, e fōliga āmioga a tagata Sāmoa i āmioga a tagata 'Isarā'elu; e fa'apēnā fo'i ana faigānu'u ma faigāmālō. 'O le mea lea 'ua talitonu ai ni isi tagata, o Sāmoa lava le 'Isarā'elu a le Atua i le Vasa Pāsefika.

'O le tala tu'ufa'asolo ma tala fa'aanamua a le atunu'u, 'olo'o ātagia ai le moni o fa'avae mai ona vavau paepae solo i lau'ele'ele o le atunu'u. 'O le maumaututū fo'i o talitonuga o tagata Sāmoa, e tupu ai lo lātou lotonu'u, ma mafai ai ona tau'ave e so'o se Sāmoa auuliuli ni isi ona mitamitaga e pei ona fa'amaumau e Brother Henry, i lana tusi 'ua ta'ua o le "Tala Fa'asolopito o Sāmoa".

1. 'Olo'o fa'atūmauina pea le 'aulelei ma le mamā o lona lau'ele'ele; e lē 'o fa'aleagaina e meatau mata'utia ona laufanua lanu lau'ava. 'Olo'o faatūmauina pea fo'i le to'atele o le toto Sāmoa moni.
2. 'Olo'o mafai pea ona tāofi e ona tagata lo lātou lava sa'olotoga e fa'aogā sa'oloto ai a lātou lava mea tōtino; e mafai ai ona tāofiofi o lātou fanua ma suafa matai, ma fai ai lava ana pūlega talu mai āugātupulaga e tele.
3. 'Olo'o fa'avae faigāmālō fa'aonapōnei 'i ana tū mamalu ma le vāfeāloa'i 'i aga fa'atamāli'i ma 'ua fa'aaloalogia ai e mālō tetele o Europa ma 'Āsia, 'aemaise le lalolagi 'ātoa — e pei ona sāofa'i ai fo'i le Mālō Tūto'atasi o Sāmoa i taupulega a Mālō 'Aufa'atasi; ma e pei ona āmana'ia ai fo'i e le Iunaite Setete o 'Amerika le tāua o le Fa'asāmoa i le mālō Fa'ateritori o 'Amerika Sāmoa.
4. 'Olo'o mafai pea fo'i ona tausi tū ma aganu'u lelei mai anamua, 'ātoa ma sāuniga sā māsani ai o tātou tua'ā e pei 'o le mālōfie.

GĀLUEGA FAUTUAINA

I. Talanoa i Uiga o Igoa ma Suafa.

A. ‘O le ā se tala po ‘o se fāgogo e maua mai ‘i lou igoa? Māfaufau muamua ‘i uiga o lou igoa. ‘O ā o lātou māfua‘aga?

E. ‘O iai ni tala tāua i lou igoa, mō ‘oe ma lou ‘āiga po ‘o lou nu‘u?

I. ‘O ā ni manatu i le fa‘aigoaina o fānau a mātua Sāmoa?

O. ‘O le ā le uiga o le igoa o le tusi, “ ‘o si manu a ali‘i”?

II. Tusi ni Fa‘amatalaga e Tali ai Fesili ‘o i Lalo.

A. ‘O ā ou fa‘amoemoega mo lenei vasega? ‘O ā sini o lou taumafai i a‘oa‘oga?

E. E fa‘apēfea ona fesoasoani lenei vasega i lau ā‘oga ‘ātoa?

I. E fa‘apēfea ona fesoasoani lenei vasega i lou ōlaga?

III. ‘O Mea e Fa‘atino ai le Ā‘oga.

Va‘ai ni video tapes e fa‘aali ai i tamaiti ā‘oga va‘aiga mānanaia o lau‘ele‘ele ma fanua o Sāmoa; ‘aemaise ni aganu‘u e pei ‘o fa‘afiafiaga ma ali‘itaeao po ‘o faiga o maliu ma sāofa‘i.

a'oa'iga	fa'atonuga
aga'ifanua	tū ma aga a le nu'u
aganu'u	aga ma tū a le atunu'u
āiā tutusa	e tutusa āmana'ia
alaalafaga	nu'u
'au faimafili	tagata fa'aleaga tagata
'au sulu'ie	o se 'agaga e fai i tagata Sāmoa e māsani i le sulu'ie
āvagagōfie	'aveagōfie le tōfā
Hawaiian and Indo-Pacific Languages	'Ōfisa o Matā'upu Tau Gagana i le Iunivesitē o Hawai'i i Mānoa
osofa'ia	lepetia
'ofu malūlū	'ofu māfanafana/'ofu fulufulu māmoe
ulimasao	fa'afoe lelei
'upu tu'u	fa'a'upuga tu'utu'u taliga mai; 'upu fa'avae
fa'aaloalogia	fa'aaloalo 'i ai tagata
fa'afītāuli	fa'alavelave
fa'agaganaina	popoto e tautala
Fa'akerisiano	ola 'iā Keriso
fa'amālūlū	fa'ato'ese
fa'amaumau	tusitusia
fa'amāumauina	fa'alēaogāina; fa'aaluina
fa'amautūina	fai ia mālosi ma tūmau
fa'anaunauga	mana'oga
fa'anei onapō	faiga o aso nei
fa'ao'otia loto	fa'amomomo loto
fa'apo'ululu	fa'apupu'u ona 'ua ma'alili
faimafili	tagata fa'alavelave
fa'apitoa	meatōtino
fa'asinosino lima	tusitusi lima
fa'atāuaina	'avea ma mea tāua
fa'atolotologātama	fa'afetolōfiga o tamaiti
fa'atufugaga	tufugālima/fauga o se mea
fa'auigaseseēina	fa'a'ese uiga
fa'autaga	fetalaiga; fa'autautaga
fa'avāivaia	fa'aitiitia; fāiifo

fa'aofigōfie	e le'i faigatā ona ofi
fa'alā'aumamafa	e pei 'o le mamafatū o se lā'au
fa'ananafu	fa'alavelave i le loto
fa'apō'ululu	'ua fa'apuna i le fefe
fāiā fa'atūmua	feso'ota'iga o nu'u e ta'ua o Tūmua
faigānu'u	pūlega o nu'u/fa'atūlagaga o nu'u
faitalia	pule 'oe
feūtana'iga	fefa'aalia'iga o manatu
fefa'asoaa'i	fetufaa'i
fesuia'iga	fetu'una'iga
fetaia'i	feiloa'i; fetaui
gāga	'o le 'āmataga o se faiva
lāuiloa	silafia
lātitū	laina fuafuaina mai i sasa'e i sisifo o le kelope
lē āmana'ia	lē mana'omia po 'o le fa'atagā lē iloa
Le Atiogie	o le tamāli'i toa/atali'i o Fe'epō.
logitū	laina fuafuaina mai mātū i saute o le kelope
lotonu'u	alofa i le atunu'u
lūlūina	feluea'iina
mālepelepe	tā'ape'ape
manatu fa'apito	manatu na'o ia
maninogatā	mālamalamagatā
mānumanu	mata'ū
mātaisau	fa'afoaga
māsiasi	mā
mata'itusiola	e lē pē
mapuea	sela
measina	meatāua
meatōtino	mea fa'apitoa
misionare	faife'au i nu'u 'ese
mulipapaga	tapua'iga i fale
nofotuāvae	tautua
nōpia'i	'o le nofo mau ai
papa 'alā	malō ma mālosi
pū mo'omo'o	vāiti
sāofa'iga	fono a matai

sapi	tautalatala
si'osi'omaga	laufanua, sami, ma le 'ea
soālaupule	talanoaina
sogasogā	tauivi
suāliu	suāsami i totonu o le va'a
Tagaloa	Atua o le 'ea o le Atu Polenesia
talitā	ufi fatafata e pupuni ai meatau ne'i 'e lavea
tamāo'āiga	'oloa
tatā	asu ese le sualiu
tau'atagia	toē 'i ai
tausa'afia	alofagia
tautua	'au'auna
talatalafulu	fa'amatala fulu o le manu
tō'omaga	fa'alagolago/fa'amamafa 'i ai
tōfā manino	sāunoaga e mālamalamagōfie
tōsina	mana'omia; mulimuli ai
tu'utaliga	'upu e fa'alogo ai; musumusu
tua'ā	mātua
Tui	tupu
tūlaga	uiga o se mea
vaeoso	tō'aga; 'augōfie
vāfeāloa'i	fefa'aaloaloa'i i le vā o tagata
vā'ili'ili	sā'ili'ili
vaimālū i pu'ega	fa'amaliega
valuvalusia	tauānau
vātiaseu	vā o faleseu

IUNITE 1

‘O LE FA‘AVAE O LE FA‘ASĀMOA

IUNITE 1: ‘O LE FA‘AVAE O LE FA‘ASĀMOA

Fa‘asologa o Matā‘upu

ʻUPU TOMUA

ʻO ā tonu lava mea tāua e fai ma faʻavae o le Faʻasāmoa?

ʻO ni isi mea tāua nei e tatau ona tāulaʻi ʻi ai māfaufau o le mamalu o tagata Sāmoa, e lē gata i tamāliʻi ʻa ʻo tagatānuʻu ʻuma, ma ʻāfai e mālamalama lelei fānau ma tūpulaga i faʻavae ma faʻamoemoega o le Faʻasāmoa, ʻoleʻā lē laveiagōfie o lātou lagona i faʻaosoosoga leaga o le ōlaga, ma ʻoleʻā talitonu ai foʻi i le tāua o la lātou Faʻasāmoa. ʻO mea lā nei e tatau ona fai ma tagāvai po ʻo se taʻutinoga tauʻave mo le Faʻasāmoa:

1. ʻO le vāfeāloaʻi faʻatamāliʻi
2. ʻO le tausiga o le faʻatūlagaga o mamalu
3. ʻO le alofa lē faʻatuāʻoīa
4. ʻO le fetausiaʻi ʻo ona tagata
5. ʻO le gagana faʻaaloalo
6. ʻO le laumata fiafia ma le talimālō lelei
7. ʻO tāumafataga ma palapala a mālō ʻia lava

ʻO le faʻavae moni lā o le Faʻasāmoa, ʻo tagata Sāmoa lava ma o lātou uiga faʻaalia. E lē faʻapea o le faiga o faʻalavelave Faʻasāmoa ʻo le faʻavae moni lea. ʻO tagata lava ma lo lātou faʻaaogāina saʻo ʻo faʻavae o le Faʻasāmoa, e atagia ai fōliga tāua o le Faʻasāmoa.

MATĀ'UPU 1: 'O LE FA'ASĀMOA

I. 'UPU 'ĀMATA

'O le ā 'Ea le Fa'asāmoa e Ta'u So'o Nei?

'O le Fa'asāmoa, 'o lona uiga, 'o le faiga o aganu'u ma le fa'aaogāina o le gagana Sāmoa: 'o āmioga a tagata, 'o le fa'atinoga o fa'alavelave fai ma taligāmālō; 'o le fa'atūlagaga o mamalu o tagata ma o lātou pule'aga; 'o le fa'atūlagaga o 'āiga ma faigānu'u; 'o le vāfeāloai ma le fa'a'upuga o le gagana fa'aaloalo. 'Ā fa'a'upu e papālagi le Fa'asāmoa, o le *culture* lea a tagata e toto Sāmoa.

'Ā tātou maimoa ma mātau lelei faiga ma gāoioiga a tagata, ma 'ā mātau lelei fo'i pe 'ā fa'afofoga i fa'a'upuga, 'e te fa'alogoina ai le gagana mo tagata lautele, ma fa'a'upuga fa'apitoa mo tagata mātutua ma tagata fa'aaloalogia. E va'aia fo'i tagata e gālulue i vāega fa'atatau 'i o lātou itū'āiga, ma a lātou matāfaioi. 'O nei faiga 'uma, e i lalo o le pule'aga mālosi e tasi. 'O lea pule'aga, o le fono a le nu'u po 'o le village council.

II. 'O FAIGĀNU'U MA FAIGA FA'ALE'ĀIGA

'O Fono a le Nu'u ma le Fa'amatai.

'O le fono fa'alenu'u, 'ua fa'avae i faiga fa'amatai. 'O le fa'amatai, e fōliga mai 'olo'o iai ni isi vāega o faiga fa'akomunisi, 'o ni isi vāega o faiga fa'atupu, 'ātoa fo'i ma faiga fa'atemokarasi. 'O le tu'ufa'atasiga lā o nei faiga 'ese'ese fa'afaigāmālō, e māfua ai ona mālosi ma mamalu pūlega a le fono a matai. 'O le mālosi ma le mamalu o le fono a matai, 'ua mālosi ai ma mamalu pūlega a le matai lava ia i lona lava 'āiga. 'O le finagalo 'autasi ma fa'ai'uga a le fono a le nu'u, e tatau ona fa'amamaluina ma fa'ataunu'uina e matai 'uma ma o lātou 'au'āiga. 'O le Fa'asāmoa i aso anamua, e leai se isi e faia sona sa'olotoga; 'ae usiusita'i tagata 'uma i pūlega fa'amatai. Peita'i 'o aso nei, 'ua 'āmata ona tete'e isi 'i matai pe 'ā lē āmiotonu ma sauā tele pūlega a le nu'u. 'I totonu o 'āiga, e fa'alagolago le fiafia ma le lē fiafia o le 'au tautua i pūlega ma faiga a le matai o le 'āiga. 'O le matai o le 'āiga, 'olo'o iā te ia le pule aoao i mea 'uma tau le 'āiga, 'ātoa ma le va'aiga o le ola saogalēmū o tagata 'uma o lona 'āiga.

'O le 'Āiga Potopoto

E tāua tele i le Fa'asāmoa le 'āiga potopoto. E aofia i le 'āiga potopoto ni matai ma o lātou faletua, 'o tāulele'a ma o lātou ta'ito'alua, 'o uso o tamā ma uso o tinā, ma a lātou fānau, 'ātoa ma ta'ausoga 'ese'ese. 'O nei lā mau tagata 'ese'ese e nofo tautua 'uma i le matai. 'O mea lelei 'uma fo'i ma fa'aaloaloga a le 'āiga, e fa'ao'o 'uma i le matai, e pei 'o so lātou tamā po 'o so lātou tupu fo'i.

'O le Tu'ua

'O se tulāfale matua o le 'āiga, e ta'ua o le Tu'ua. 'O ia lea e fai ma fofoga o lea 'āiga i le vā ma le matai, ma e fa'apea fo'i 'i le vā o lo lātou matai ma le fono a le nu'u. 'Āfai o se tu'ua e tomai 'i le Fa'asāmoa, 'aemaise le lelei i le vāgana fetalai, 'o ia fo'i lea na te maua fa'amanuiaga e tele i so'o se fa'alavelave e fai 'i totonu o le 'āiga, totonu o le nu'u, 'aemaise fo'i le atunu'u ma le 'ekālēsia. 'O le tu'ua, 'o se matai 'ua tu'u 'i ai 'upu mo le faiga o le 'āiga ma le nu'u, 'aemaise le tomai i le faiga o le Fa'asāmoa.

'O Tāulele'a

E fa'alagolago le lelei ma le manuia o se 'āiga ma se matai 'i le to'atele o tāulele'a ma le 'au tautua. 'O tāulele'a e leai so lātou leo e fai, 'ae na'ona fa'alogo ma fa'ataunu'u le finagalo o le matai o le 'āiga, po 'o le finagalo fo'i o le fono a le nu'u. Fa'ato'ā iai fo'i ni o lātou leo, pe 'ā o'o i aso e 'avea ai lātou ma matai.
'O faiga fa'atāulele'a, e mautū ma mālosi 'i nu'u 'uma o Sāmoa. 'Ua ta'ua lea faigānu'u 'o le 'aumaga, ma e ta'ita'i e le mānaia a le nu'u po 'o le sa'o 'aumaga. 'O le sa'o 'aumaga, 'o le alo o le ali'i pito maualuga o le nu'u. 'O le 'aumaga, 'o le mālosi lea o le nu'u e fa'amoemoe 'i ai gāluega fai a le nu'u ma le 'aulotu, 'ātoa ma le tausiga o le soifua o le nu'u o matai. O lo lātou faiva lava, 'o le tautua.

'O Tamaiti

'O tamaiti, e taulia tele i le Fa'asāmoa 'auā o le lumana'i manuia lea o se 'āiga pe 'ā to'atele le fānau, peita'i, 'o le Fa'asāmoa, e fa'ato'ā 'a'ai mulimuli tamaiti pe 'ā laulelei tagata mātutua ma ni mālō i le fale. E leai fo'i se avanoa e talanoa ai se tamaitiiti, pē fai sona loto, pē tete'e i se fa'atonuga a ona mātua; ma e tusa lava po 'ua fai sona 'āiga, e o'o lava 'i ai le pule mālosi a mātua. E usiusita'i tele tama fānau a Sāmoa 'i o lātou tua'ā mātutua; e lē mafai ona tu'utia'ia tamā ma tinā mātutua i fale; e lē fia 'avea fo'i o lātou mātua e tausi e ni isi tagata 'ese, po 'o le tu'u fo'i 'i nofoaga o tagata mātutua e pei 'o nei aso.

'O Tama'ita'i, Faletua, ma Tausi

'O le tama'ita'i, e fa'alagolago lona tūlaga i le nu'u, i le tūlaga e iai lona tamā po 'o lona ali'i 'i totonu o le 'āiga, po 'o le nu'u fo'i. E fa'apēnā fo'i tūlaga o faletua ma tausi. 'Ua vāevaeina faigānu'u a tama'ita'i 'i vāega nei:

'O le nu'u o tama'ita'i 'ua fa'aigoaina 'o le aualuma, ma e fa'auluulu i le tāupou a le nu'u po 'o le sa'otama'ita'i. 'O le sa'o tama'ita'i o le alo lea o le ali'i pito maualuga o le nu'u. E fa'alagolago tūlaga mamalu o le saofa'iga a tama'ita'i 'i tūlaga mamalu e iai o lātou tamā i le saofa'iga a le nu'u o ali'i.

'O le fono a faletua ma tausi e pūlea e faletua o ali'i sili. 'O le vāega lenei e aofia ai āvā a tāulele'a. E lē āiā le faigānu'u a faletua ma tausi i le faigānu'u a tama'ita'i o le nu'u; o tūlaga mamalu fo'i e iai ali'i, e fa'apēnā faletua ma tausi.

'O Tulāfono ma Fa'asalaga

'O nei faigānu'u 'uma, e fai lava e lātou a lātou fa'asalaga faigōfie: 'ā lē usita'i se tagata, pē lē faia le sala, 'ua 'ave loa i le fono a matai o le nu'u e 'aumai ai le fa'asalaga telē e sili atu ona mamafa. 'O le tete'e o se isi 'i nei fa'asalaga 'uma, e i'u ina fa'atūla'i 'ese ma lona 'āiga mai le nu'u, ma e lē mafai e lea tagata 'ole'ā fa'ate'a ona toe fo'i mai 'i lona 'āiga, se'iloga lava 'ua finagalo malie le fono a le nu'u 'ole'ā toe fa'aa'e mai, e ala i se talosaga a le matai o lona 'āiga.
'O faiga lā nei o le Fa'asāmoa 'ua māfua ai ona lē mālilie isi matai ma isi 'āiga, ma 'ua i'u ai lava 'ina fa'amāvae ma ō 'ese mai faigānu'u. 'Ae tasi 'o le mea ,o se matai lava e lē fai nu'u, e lē toe taulia ma āmana'ia i fa'alavelave fai 'i totonu o le nu'u, totonu o le itūmālō, ma le atunu'u 'ātoa, se'iloga lava 'o ni fa'alavelave fai a ona 'āiga.

'O Aga ma Āmioga a le Fa'asāmoa

'O le *fa'aaloalo* ma le *usiusita'i* e 'avea 'o se ta'utinoga tau'ave a tama fānau 'uma a Sāmoa mai 'i o lātou ōlaga lāiti se'ia o'o lava ina 'avea ma matai. 'O le talimālō fo'i e sili ona tausa'afia a Sāmoa, 'o le fa'aaloalo ma le mata fiafia; 'o le mea lea e tatau ai i so'o se Sāmoa moni ona fa'aaloalo ma mata fiafia e pei ona fa'avae mai ai e tua'ā 'ua mavae. 'O le fa'aaloalo o tagata e usiusita'i ai i tulāfono a le nu'u.

'O faigānu'u lā e pei ona mātauina nei, 'ua aofia ai fo'i aganu'u ma aga'ifanua, 'o le faiga o taligāmālō ma fa'alavelave fai a le atunu'u; 'ae lē gata i lea, 'o le fa'aalia lea o aga ma fa'aaloaloga a tagata, 'ātoa ma le fa'aaogāina o le gagana fa'aaloalo ma le gagana fa'amatai.

E ui lava ina faigatā ona mātau ma tāofi ʻi māfaufau o tupulaga talavou a le atunuʻu, ʻaemaise le faigatā mo fānau āʻoga, ʻa ʻo le mea moni lava, ʻo se matuā mitamitaga o Sāmoa ana aganuʻu ma agaʻifanua. ʻĀfai e mālamalama i le faʻauigaina o faʻaʻupuga o le gagana, ma poto ʻātoʻatoa e tautala ai, ʻona mafai ai lea ona faʻaalia manatu loloto ma le aogā mo taualumaga o le Faʻasāmoa i totonu o nuʻu ma ʻāiga.

III. ʻO AGANUʻU MA AGAʻIFANUA

ʻO Aganuʻu

ʻO aganuʻu ma agaʻifanua e tutusa i le tele o mea, ʻae naʻo nai mea lāiti e ʻeseʻese ai. ʻO aganuʻu, o aga ia po ʻo tū a tagata Sāmoa ʻātoa e laugatasia ai i le faiga ʻo a lātou faʻaaloaloga i taligāmālō ma faʻalavelave fai: e pei ʻo maliu ma faʻaipoipoga, po ʻo fesāgaʻiga o paōlo ʻeseʻese. E faʻapea foʻi ʻi le faiga o taʻaloga, faigāfaiva, gāluega taulima ma faʻafiafiaga; ʻātoa foʻi ma le sāuniuniga o mea tāumafa. ʻO isi faiga faʻaleatunuʻu e faʻaalia ai ana aganuʻu, ʻo le faiga lea o ana taligāmālō faitele: e pei ʻo le faiga o se taʻalolo, ʻo se laulautasi, ʻo se paega, ʻo se ʻaiavā, ʻo se umufono, ʻo se faitāuga, po ʻo se faitoʻonaʻi; ʻo le faiga o se usu; ʻo le ʻava faʻatali ʻi uiga māsani, ma le ʻava faʻatupu i mālō tau tupu a le atunuʻu; ʻo taʻigāsua ma folafolaga o faʻaaloaloga po ʻo le sulaina ma le ʻailaoina o soʻo se fōaʻi. ʻO nisi ia ʻo mea ʻua fōliga tutusa ai nuʻu ʻuma o Sāmoa, ma ʻua taʻua ai ʻo aganuʻu a le atunuʻu.

ʻO Agaʻifanua

ʻO agaʻifanua, ʻo tū faʻapitoa i vāifanua po ʻo lauʻeleʻele o le nuʻu lava ia, e pei foʻi ona lē tutusa ai le faiga ma le pūlega o le nuʻu po ʻo le alaalafaga o Matāutu i Falelātai, ma le faiga po ʻo le pūlega o le nuʻu o Sāoluafata i Anoāmaʻa. ʻĀ mātau lelei ma suʻesuʻe mea e ʻeseʻese ai, ona faʻapea lea, e ʻeseʻese pūlega o faigānuʻu; e ʻeseʻese faʻamamāluga ma faʻasalaga; e ʻeseʻese alaalafaga ma faʻasinomaga; e ʻeseʻese le faʻasoaina ma le faʻaigoaina o mea tāumafa. ʻO lona uiga, e lē āiā le faigānuʻu a le isi nuʻu i puleʻaga ma faiga a le isi nuʻu; e faʻapea foʻi ona ʻeseʻese faiga ma pūlega faʻaitūmālō.

ʻO ʻupu o Sāmoa e faigatā ona mālamalama ʻi ai ʻauā e lanu ʻeseʻese ona faʻatūlagaga ma ona faʻauīgaga i faʻasologa o mamalu ʻeseʻese. ʻO le ala foʻi lea ʻua faʻatusa ai faʻalupega o Sāmoa ʻi le iʻa iviivia ʻauā e leai se poto ʻo i le atunuʻu na te mafai ona auauina.

ʻO Sāmoa foʻi ʻua ʻuma ona tofi. ʻUa silafia lelei e tupu ma eʻe ma ponaoʻo o le atunuʻu, ʻaemaise lava faleʻupolu o tōfiga, tūlaga o lea nuʻu ma lea nuʻu; po ʻo gāluega ma matāfaioi a lea itūmālō ma lea itūmālō, pe 'ā o'o 'ina fa'atasi ma aofia le atunu'u 'ātoa.

Manatua, 'o aganu'u ma aga'ifanua a Sāmoa 'ātoa, ma lana gagana, 'o ni mea e āiā tutusa 'i ai tagata Sāmoa 'uma. 'O le tofi, ma mea tōtino e tatau lava i so'o se tagata Sāmoa ona tausi ma fa'apēlepele 'i ai.

'O ni Isi Mea e Tāua Tele ai le Fa'asāmoa

E mānaia tele le Fa'asāmoa i ana fa'aaloaloga pe 'ā taunu'u mālō. 'O se fa'ata'ita'iga: 'O le faiga o ali'itāeao i mālō, e 'ese le mālie i le fa'alogologo i faiga o fā'atau, lāuga fetalia'i, fa'a'upuga o le sulaga o 'ava, ma fa'aleoga o solo 'ava pe 'ā tufa le 'ava. Na'o le oso ai lava o le mana'o 'inā ta poto ia, 'ae se'i o ta tago atu e fa'atino le aganu'u. 'Ae lē gata i lea, 'o le māta'ina ai fo'i o le tausala palu'ava i lona 'aulelei ma ana gāoigoiga fa'atamāli'i; e fa'apēnā fo'i i le mo'emo'e tiotio o le sa'o 'aumaga po 'o le tautū uaina, i le soliga o le alofi o ali'i mo le tautūina o le 'ava.

E mānaia tele fo'i le faiga o fōa'i 'ese'ese i ni mālō fa'aaloalogia po 'o le fa'atinoga fo'i o ana fa'aaloaloga e pei 'o le ta'iga o sua, faiga o 'aiavā ma laulautasi, 'aemaise fo'i se ta'alolo.

'O le isi uiga mānaia o le Fa'asāmoa, 'o le tele o le vāfeāloa'i: e lē gata i tagata lautele e ālolofa lava so'o se isi, 'a 'o le vāfeāloa'i fo'i o le isi tamāli'i ma le isi tamāli'i.

'O le isi itū e sili ona mānaia i le faiga o fa'alavelave Fa'asāmoa, ona e leai ni isi e milionea pē iai ni ana tupe se tele e teu; 'ae 'ā fai se fa'alavelave o se 'āiga, e pei 'o se maliu po 'o se fa'aulufalega, e fesoasoani tagata 'uma o 'āiga ma gafa, 'aemaise uō ma ē māsani.

E tele lava ni isi mau mea e matuā o'otia ai a'u i le mimita, ma fia 'avea ai ma tagata Sāmoa moni, e pei lava fo'i o mea 'olo'o fai ma mitamitaga o tagata Sāmoa 'olo'o fa'amaumauina e Brother Henry ma Dr. Reverend Pratt, 'ātoa ma isi fo'i mea e pei ona ta'uta'ua ai le 'au a le Manusāmoa i le lalolagi 'ātoa.

'O Vāivaiga o le Fa'asāmoa

E tasi 'o le mea, 'o pūlega fa'anu'u, fa'a'āiga, ma le fa'alotu, 'ua fa'aalia ai le māfatia o tagata tautua. 'O lona uiga, 'ua tele 'ina fa'avāivai le to'atele o tagata tautua e osi 'āiga, ma 'ua fefefe fo'i tagata i 'auai 'i atiina'e 'ua faia e 'āiga, po 'o nu'u, po 'o mātua, 'aemaise fo'i le 'aulotu 'ona 'o le so'ona sasao o saogāmea e pei 'o tōga ma tupe e 'ave i fa'alavelave 'ese'ese, 'ae taugatā le ōlaga mo tagata e vāivai le tamāo'āiga.

'O le isi mea e fa'avāivaiina ai le Fa'asāmoa i loto o tupulaga, 'ona 'o le lē iloa fai fa'a'upuga ma fai lāuga i luma o matai po 'o luma o se fa'alapotopotoga 'auā sa leai ni faleā'oga mo lea mea, 'ae sā fesili lava i mātua. 'Ou te matuā lēlavā lava fo'i 'ona

ʻonosaʻia uiga o le ʻāiga e fai mai iā te aʻu pe ʻā ʻavea aʻu ma matai, ʻae ʻou te lē tomai. ʻO le isi itū, e matuā matamuli loʻu matai pe ʻāfai ʻou te lima vāivai. ʻAe lē gata i lea, ʻo le faigatā tele o ʻupu o le gagana faʻamatai, ʻou te lē mālamalama ai, ʻaemaise le lē tasi o se manatu po ʻo se tāofi ʻi tala faʻaanamua, ʻātoa ma māfuaʻaga o alagāʻupu a failāuga. ʻAe tasi ʻo le mea, " ʻo le ala lava i le pule le tautua;" ʻā vaeoso i feʻau a aliʻi ma mātau lelei faʻaʻupuga a matai, e vave foʻi ona poto.

ʻO le Faʻasāmoa lā e tatau lava ona māfaufau loloto ʻi ai le tagata Sāmoa pe ʻāfai e fiafia e fai, ma faʻataunuʻu ona tiute i le Faʻasāmoa; ona fai fuafua lea i le mālosi e fetaui ai. E lelei tele le fai ma le loto fiafia ma le loto tele, e talia ai le mau faʻafītāuli o le Faʻasāmoa.

ʻO Timaʻiga mo le Faʻasāmoa

E lē taulia i le Faʻasāmoa se tagata e manatu faʻapito naʻo ia lava ma lana fānau, ʻae manaʻomia tele le alofa ma le fealofani e felagolagomaʻi ai uso, ʻāiga ma nuʻu, i le faiga o faʻalavelave. Silasila foʻi, ʻāfai ʻe te lē osi ʻāiga, e lē alofagia ʻoe e ou ʻāiga. E lē iloa e tagata e tele ni au ʻoloa pe ʻā e lē ʻauai ʻi faʻalavelave a lou ʻāiga ma lou nuʻu, ma ʻo lou loto fōaʻi, e tumu ai tagata e fesoasoani ʻi ou faʻalavelave. ʻO le talitonuga Faʻasāmoa, "E tupu mea ʻavea". ʻO lona uiga, e alu ʻese atu au mea ʻi le isi itū, ʻae toe faʻatumu mai ʻi le isi itū. E te fiu i tau tiaʻi lou taʻu o le Sāmoa, ʻae iloa lava ʻo ʻoe ʻo le Sāmoa ʻi au aga ma lau gagana. Fai mai le ʻauʻauna teine a Hērota iā Pēteru: "E iloa ʻoe i lau gagana."

ʻO la tātou Faʻasāmoa, pe ʻā ʻē tomai ʻi tautala ma faʻatino le aganuʻu, ʻo lau lava lenā atiinaʻe mo lou ōlaga ʻauā ʻo le mālosi o le Faʻasāmoa, ʻe te maua ai le pule, mamalu, ma le tamāoʻāiga. ʻO lona uiga o lea faʻaʻupuga, ʻā poto i le Faʻasāmoa, ʻe te pulea soʻo se faʻalavelave fai. ʻĀ ʻe poto i le Faʻasāmoa, e faʻaaloalo le toʻatele o le atunuʻu iā te ʻoe ma ʻavea ai ʻoe ʻo se tagata mamalu. ʻĀ ʻe poto foʻi i le Faʻasāmoa, ʻe te maua ai le tamāoʻāiga e tele i se taimi puʻupuʻu lava.

ʻĀfai e ʻavea ʻoe ma faleʻupolu (tulāfale) tomai, po ʻo se toʻotoʻo ʻo le Faleʻula i Manuʻa, e tasi lau lāfolafo ʻae lafoia ʻoe; e lē itiiti ʻi le afe tālā tupe, po ʻo le lē itiiti ifo foʻi lou lafo i le 100 tōga. ʻO loʻu lava lā tāofi, tātou tōʻaʻaga e aʻo la tātou Faʻasāmoa, ma fiafia nei loa e fai lelei.

ʻUa ʻavea gāluega a le Talalelei o se vāega o aganuʻu a Sāmoa ʻauā foʻi ʻoloʻo gālulue faʻatasi le Talalelei ma le Faʻasāmoa. ʻUa faʻamalumalu mai le Faʻasāmoa i le Talalelei, ʻae faʻamalumalu atu foʻi le Talalelei ʻi le Faʻasāmoa ma ʻua saga faʻamālosia ai ia itū tetele e lua. ʻĀfai e saunoa se tagata Sāmoa moni e lē fia Sāmoa, ʻo lona uiga ʻua na tēʻena lona tofi mai le Atua, " ʻO ia ʻo le Sāmoa."

GĀLUEGA FAUTUAINA

I. Iloilo Mea 'ua Iloa e le Vasega.

'O le metotia 'ua fautuaina, 'ua ta'ua o le KWL i le 'Igilisi. 'Ā fa'amatalaina, o le **K**, "*what I* **know**"; **W**, "*what I want to know*," ma le **L**, "*what I learned*". E mānaia lava lenei 'auala 'e te silafia ma iloa ai mea 'ua 'e iloa, ma mea 'olo'o 'e fia iloa ma mālamalama ai, ma, 'ā 'uma loa le faitauga ma le talanoaina o le matā'upu, ona fa'aopoopo lea 'i ai a'oa'oga fou 'ua 'e maua. E aogā tele lenei gāluega e taula'i lelei ai āu su'esu'ega i se matā'upu. E fa'aaogā 'uma vāega o le gagana e pei 'o le tautala, fa'alogo, tusitusi, ma le faitau, e fafau ma fa'alautele ai lau lisi.

Fa'avasega ou lagona i lenei matā'upu o le Fa'asāmoa i vāega nei: 'o mea 'ua 'ou iloa (*What I* **know**), 'o mea 'ou te fia iloa (*What I* **want** *to know*), ma mea fou 'ua 'ou iloa. (*What I* **learned**).

Fa'ata'ita'iga:

'O mea 'ua 'ou iloa	**'O mea 'ou te fia iloa**	**'O mea fou 'ua 'ou iloa**

Tusi muamua ou manatu ona fa'asoa lea i se lua talanoaga ma sau pāga po 'o se kulupu; 'ā lē 'o lenā, fafau fa'atasi e le vasega vāega e tolu e pei ona ta'ua i luga.

II. Tusigātala (Essay)

a. Fai se tusigātala po 'o se tusigāata, e fa'amatala mai ai fōliga o faigānu'u a le tou nu'u i Sāmoa na 'e soifua ai.

e. Fa'atusatusaga: (compare and contrast)
Fa'atusatusa faigānu'u a Sāmoa ma faigānu'u a Hawai'i po 'o Niu Sila.

ILOILOGA O LE MATĀ'UPU

Mo le fia fa'amautūina o le mālamalama o le 'au ā'o'oga 'ātoa ma le fia faia pea 'o sā'ili'iliga o ni isi talitonuga maoa'e o tagata su'esu'e, e tatau ai lava i le faiā'oga ona faia se su'ega mo gāluega sa talanoaina ma fa'atinoina i ni lēsona ta'itasi o le vāiaso.

E fautuaina ai fo'i tama ma teine ā'o'oga, 'ina 'ia fa'aaogā ni isi 'o su'ega 'olo'o tūsia i lenei tusi 'ina 'ia fa'amanatu ai pea matā'upu sā faitauina.

Vāega I

Li'o le tali aupito talafeagai ma le fesili.

1. 'Ā 'e fia tomai 'i le Fa'asāmoa, 'ia 'e:
   A. Nanu i taimi 'uma.
   E. Faitautusi so'o.
   I. Tautala Fa'asāmoa ma 'auai 'i fa'alavelave Fa'asāmoa.
   O. Su'e ia tele ni tōga ma ni tupe.
   U. Osi o tātou 'āiga.

2. 'Ou te fia 'avea ma matai sili 'i le fono a le nu'u 'auā:
   A. 'Ou te pule ai 'i ola o le nu'u.
   E. 'Ou te fa'asa'osa'o ai 'i le matuātala.
   I. 'Ou te 'ai muamua ai.
   O. E taliagōfie ai o'u manatu.
   U. 'Ou te fa'amalumalu ai i le soifua lelei o tagata o le nu'u.

3. 'Ā pule ma le sauā ali'i ma faipule e:
   A. Mapuitīgā le nu'u.
   E. Fefefe 'uma tagata.
   I. Fa'asā 'uma fanua o 'āiga.

4. 'Ā osi'āiga le matai o le 'āiga, e:
   A. Sōsola tagata tautua.
   E. 'Auai 'uma tagata i ona fa'alavelave.
   I. Tele ana mea'ai.

5. 'O le Fa'asāmoa moni, 'o le:
   A. Mau'oa ma le tamāli'i.
   E. Fai fa'alavelave so'o.
   I. Tausiga o le vāfeāloa'i fa'atamāli'i.
   O. Fa'aalialiavale.

Vāega II

Tali mai ‘i fesili nei e iloa ai sā ‘e su‘esu‘e i le matā‘upu.

1. Tusi mai ni vāega tāua se lima o le Fa‘asāmoa ‘e te fiafia ‘i ai.
2. ‘O ā mālosi‘aga e tolu fa‘afaigāmālō ‘o onapō nei ‘olo‘o atagia i le fono a matai?
3. ‘O le ā sau agasala matuiā i totonu o le nu‘u e alagātatau ai ona fa‘asala ‘oe i le fa‘atūla‘i ‘ese mai lou ‘āiga ma lou nu‘u? ‘O le ā sou manatu i lea itū‘āiga fa‘asalaga?
4. ‘O le ā le uiga o le ‘upu osi‘āiga? E iloagōfie ‘aiseā le tagata e lē ōsi‘āiga?
5. ‘O ā ni vāivaiga o le Fa‘asāmoa e fa‘atupu ai lou musu e ‘auai ‘i fa‘alavelave?
6. ‘Āfai ‘o ‘oe ‘o se tulāfale tomai ‘i le aganu‘u i totonu o lo ‘outou nu‘u, ‘o ā ni fa‘amanuiaga e tatau ona ‘e maua?
7. ‘Aiseā e faigatā ai iā te ‘oe le gagana a matai?

FA'ALEOGA MA FA'AUIGAGA O 'UPU

aga'ifanua	aga ma tū ma faiga fa'apito a nu'u ma itūmālō
aganu'u	aga ma āmioga ma faiga a tagata o le atunu'u 'ātoa
'aiavā	'o le talimālō a Sāmoa
'āiga	tausoga; fānau; avā; tāne; fāiā
'ailaoina	fa'ailoa ma fa'alaua'itele le fōa'i
ali'itāeao	feiloa'iga a tamāli'i 'i le taeao
Anoāma'a	igoa o le itūmālō i 'Upolu
auauina	fa'amatalaina
'autasi	finagalo fa'atasi 'i se mea e fai.
e'e	ali'i māualuluga
iviivia	tele ivi pei se i'a/tele lavelave faigatā ona talatala
fa'aaloalo	'o lagona ma gaoioiga matagōfie e fa'aalia ai le agalelei.
fa'afaigāmālō	faiga o se mālō
fa'aitūmālō	faiga ma pūlega a le itūmālō.
fa'akomunisi	pūlega fa'amālosi e le mālō.
fa'alavelave	fa'atinoga o aganu'u moni a Sāmoa
fa'amamāluga	puipuiga o tulāfono.
fa'amatai	'o faiga o aganu'u ma tulāfono e sāvavali ai matai.
fa'apēlepele	fa'asaosao
Fa'asāmoa	fa'aleoga o le gagana ma le faiga o aganu'u a Sāmoa
fa'atamāli'i	faiga fa'aali'i
fa'atemokarasi	e tofu le tagata ma lona leo ma āiā.
fa'atūlagaga	fa'avasegaga.
fa'atupu	e tasi le 'upu e fa'alogo 'i ai.
fa'a'upuga	fa'aleoga o le gagana
faigānu'u	tu'ufa'atasiga o tagata o le nu'u i se pule'aga e tasi
faito'ona'i	mea'ai mo le Aso Sā.
Falelātai	nu'u o Ā'ana i 'Upolu
fale'upolu o tōfiga	failāuga tōfia a le itūmālō
laulautasi	'o le talimālō a Sāmoa
matāfaioi	gāluega patino
paega	'o le fōa 'i e ala i mea'ai
ponao'o	ali'i pito māualuluga
pule'aga	'o pūlega ma fuafuaga fai a vāega 'ese'ese o le nu'u

sa'oaualuma	'o le alo teine o le ali'i pito i maualuga o le nu'u.
sa'o 'aumaga	'o le alo tama o le ali'i sili o le nu'u e faia le 'aumaga; 'o le ta'ita'i i le fa'atāulele'a
saogalēmū	e leai se fa'alavelave e tupu
ta'igāsua	fa'aaloaloga i mālō
taligāmālō	fa'atinoga o le alofa i tagata asiasi mai 'i 'āiga ma nu'u.
tama'ita'i	'o teine o le nu'u; sa'oao; aualuma
tamāo'āiga	e mau'oloa; 'o le poto i le faiga o le Fa'asāmoa
tāua	mana'omia
tāulele'a	tama talavou; 'aumaga; mālosi o le nu'u.
tē'ena	matā'upu 'ua lē taliaina.
tō'a'aga	gālulue fa'aauau
to'oto'o	lā'au e toto'o i ai le failāuga
tulāfale	matai e faia lāuga
tu'ufa'atasiga	'ua aofia 'uma ai 'āiga.
vāifanua	fanua ma 'ele'ele o le nu'u.

MATĀ‘UPU 2: ‘O LE GAGANA SĀMOA

I. ‘UPU ‘ĀMATA

So‘o se gagana lava, ‘ua vāevaeina ‘i o lātou fa‘aaogāga i tūlaga tau feso‘ota‘iga e pei ‘o feso‘ota‘iga i aso faiso‘o i totonu o a‘oa‘oga ma gāluega, fa‘apea ma le gagana o lagona e pei ‘o pese ma solo. E fa‘apēnā fo‘i lā le gagana Sāmoa: e iai fo‘i ona vāevaega e pei ‘o le gagana ta‘atele, gagana fa‘aaloalo, ‘aemaise ai le gagana a matai. ‘O vāega ‘uma lā nei e tatau ona mālamalama lelei ‘i ai tagata, ‘aemaise lava tagata Sāmoa.

II. ‘O LE GAGANA TA‘ATELE

‘O le gagana lea e tāutala ai tagata o le atunu‘u i aso ‘uma, e ‘āmata mai ‘i lē aupito matua e o‘o i lē aupito itiiti. ‘O le tele fo‘i o feso‘ota‘iga i aso fai so‘o, ‘ua faia i le gagana ta‘atele.

‘O le gagana ta‘atele, ‘olo‘o fefīnaua‘i ai le ‘au su‘esu‘e o gagana, po ‘o fea tonu le gagana moni a Sāmoa: po ‘o le gagana e tautala leaga, po ‘o le tautala lelei. ‘Ua manatu tagata Sāmoa, ‘ā tautala leaga, ona faigōfie lea ona fa‘ataunu‘u le mana‘o ‘auā ‘ua māsani ai; ‘ae ‘o le mea moni, ‘o le gagana lava a Sāmoa, ‘o le tautala lelei. ‘Olo‘o iai le māsalosaloga ‘ua ala ona fa‘apea, ‘ona sā feūsua‘i Sāmoa ma isi atunu‘u o le Pāsefika — ‘o a lātou gagana e fa‘aaogā tele ai le “k”.

III. ‘O LE GAGANA FA‘AALOALO

‘O le gagana fa‘aaloalo, e fa‘aalia ai lagona fa‘amaulalo po ‘o lagona fa‘aaloalo i le vā o tamāli‘i ma tagata lautele. ‘O le gagana lenei e mafai ai ona feso‘ota‘i atu tagata mātutua, po ‘o fānau, po ‘o tagata lautele ‘i ē suafa matai po ‘o ē māutofi, po ‘o tūlaga māualuluga o le mālō. Mo se fa‘ata‘ita‘iga: e lē mafai ona ‘e fai atu i se matai, “ ‘O fea sā ‘e alu ‘i ai?” ‘ae ‘e te fai atu ‘i ai, “ ‘O fea sā ‘e afio ‘i ai?” pe ‘āfai ‘o se ali‘i; “ ‘O fea sā ‘e maliu ‘i ai?” pe ‘āfai ‘o se tulāfale; “ ‘O fea sā ‘e susū ‘i ai?” pe ‘āfai ‘o se faife‘au, po ‘o so‘o se isi ‘e te lē mālamalama ‘i ai. E lē mafai fo‘i ona ‘e fai atu i se matai po ‘o se tagata māualuga, “ ‘E te fia ‘ai?” ‘Ae ‘e te fai atu ‘i ai, “ ‘E te fia tāumafa, ‘e te fia taute, ‘e te fia tausami?”

'O le gagana fa'aaloalo, 'ua tu'u fa'atasi ma le gagana māsani o aso 'uma, fa'apea fo'i ma le gagana a matai. E fesuia'i le ta'uga ma le fa'aigoaina o nauna ma veape o le gagana māsani 'i o lātou ta'uga ma igoa fou i le gagana fa'aaloalo. 'O le gagana lenei e fa'alagi ma fa'alupe ai le mamalu o le atunu'u e pei 'o faife'au, tama a 'āiga, tamāli'i ma failāuga, tagata mātutua ma ē e tatau 'i ai le fa'aaloalo, e o'o lava i tagata asiasi mai 'i le atunu'u, 'ātoa ma ē māutofi po 'o ē 'ua faigāluega.

Manatua, e lē se mea tatau lou fa'aaloalo lava 'oe iā te 'oe; e lē tatau fo'i ona 'e fa'aogā 'upu fa'aaloalo māualuluga i tamaiti vāganā le fa'afetai ma le fa'amolemole. E tāua tele le fa'alagi o fa'alupega 'uma o mamalu 'ese'ese 'olo'o i totonu o le fale po 'o so'o se aofia 'auā e matamuli ma fa'anoanoa se tagata mamalu 'ole'ā lē fa'alagia, ma fa'apea ane, " 'O ia e lē āmana'ia ma e lē fa'aaloalogia." 'O lou fa'aogāina o le gagana fa'aaloalo i talanoaga ma feiloa'iga, o le fa'aaloalogia fo'i lenā 'o 'oe e isi tagata. E mana'omia tele le fa'ata'ita'i so'o o le gagana fa'aaloalo, 'ina 'ia māsani lelei ma faigōfie ai ona fa'ataunu'u le mana'o.

'O lo'o to'atele pea alo ma tama fānau a Sāmoa e lē sa'o le fa'aogāina o le gagana fa'aaloalo pe 'āfai a lātou talanoaga. E mana'omia tele i le gagana fa'aaloalo a Sāmoa le lagona fa'amaualalo e sāunoa fa'alālolalo ai pe 'ā fai feiloa'iga i fonotaga, po 'o le fai fo'i o ni fa'asalalauga, po 'o ni *interview*, po 'o ni talanoaga fo'i fa'asausaunoa.

'O le mātagā ia pe 'ā 'e fa'alogo atu o fai se fa'amatalaga a se isi fa'apea: "Sā 'ou sāunoa ananafi i le fono;" pē fai mai, "Sā fa'aali lo'u finagalo e uiga 'i le matā'upu;" pē fa'apea fo'i, "Fa'amolemole tago mai lava i lota fofoga (*mata*) 'ua pa'ia i lota 'a'ao (*lima*)."

E ui lava ina lagona le fa'aaloalo e se tagata e talanoa fa'apea, 'a 'ole'ā fāitio 'i ai tagata i le māpo gagana, 'ae valea e fa'aogā le gagana. 'O le isi itū, 'ole'ā masalomia ma taumate fa'apea, 'o le fia tagata e māfua ai ona tautala fa'apea. 'O lea 'ia manatua lava lenei mea: 'O le gagana fa'aaloalo, e tatau ona fa'aogā fa'atasi ma āmio fa'aaloalo, ma fōliga fa'aaloalo, fa'apea fo'i ma gāoioiga ma le si'ufofoga fa'aaloalo. E leai se aogā 'e te fai atu ai 'i se tinā matua i se fono e fa'apea:" Maliu mai 'i lou ava lea," 'ae te leoleoā ma 'e mata fa'asiasia; 'ae sili pe 'ā 'e fai atu i le leo filēmū fa'apea, "Tinā, afio mai i'inei 'i lou ava lea."

Se'i māfaufau ma fuafua lelei pē fa'apēfea ona tali o fesili, ma manatua pea lenei mea tāua: "E te lē fa'aaloalo lava 'oe iā te 'oe pē fa'alagilagi lava e 'oe 'oe, po 'o tagata o lou 'āiga vāganā o ni tūlaga fa'apitoa e tatau ai.

IV. 'O LE GAGANA A MATAI

'O le gagana sili lenei ona faigatā 'auā e fa'aogā tele ai fa'alupega o tagata 'ese'ese ma fa'alupega o 'āiga po 'o nu'u, itūmālō, ma le atunu'u 'ātoa. E fai ai fo'i fa'alupega o maota ma malae. 'O le isi vāega faigatā o le gagana a matai, 'o le fa'aaogāina o alagā'upu ma muāgagana lanu 'ese'ese.

'O le gagana a matai o le atunu'u, e fa'aaogā i feiloa'iga, po 'o fono a matai. E fa'aaogā i feiloa'iga a matai o nu'u ma itūmālō, 'aemaise lava pe 'ā aofia le atunu'u i ni fa'alavelave fai. 'O se gagana faigatā tele ona fa'aaogā pe 'ā lē mālamalama i fa'alagiga ma fa'alupega o nu'u ta'itasi ma fa'alupega o itūmālō, 'ātoa fo'i ma fa'alupega o Sāmoa 'ātoa.

E tatau ona mālamalama matai 'uma i tala fa'aleātunu'u, po 'o tala ma 'upu tu'u o le vavau. E tatau ona mālamalama i alagā'upu ma o lātou māfua'aga 'ātoa ma tūlaga o fa'alavelave, po 'o tūlaga o mea e fai e tatau 'i ai lea alagā'upu ma lea alagā'upu. E fa'aaogā fo'i 'i le gagana a matai le poto i tala tu'ufa'asolo 'o Sāmoa 'ona 'o mea tāua na tutupu i 'āiga o tupu i lea taimi ma lea taimi, ma 'ua ta'ua ai o "Taeao o le Atunu'u".

Silasila fo'i 'i le faigatā o le gagana a matai e pei 'o le fa'ata'ita'iga 'o i lalo:

'O le 'ā se'i o'u tāina le vaiāfei
Ma 'ou sausauina le pa'ia tele ma le mamalu maualuga
'O sā ma faigā o Sāmoa;
'Ina ne'i 'ou malaga loa 'ae le'i āfea lape o 'upu;
Pe sala gagana 'auā e faigatā Sāmoa o le ao mamala.

'Ou te mua'i fa'apa'i mālū atu
'I le pa'ia o le 'aufaigāluega a le Atua;
Le susū a le nofo a fa'afeagaiga taulagi
'I so'o se itū'āiga tapua'iga Sāmoa. Tulou.

'Ia tulouna ia le pa'ia o 'Āiga ma a lātou Tama;
'O Tama fo'i ma o lātou 'Āiga.
'Āiga o tupu,
'Āiga o nofo,
'Āiga o pāpā.

'Ia tulouna fo'i le pa'ia tele i le susū o Sua ma le Vāifanua,
Sā'ole ma le Launiusaelua.
Susū Fofō ma Aitūlagi
Le mamalu o Itū'au ma Alātaua
Ma afioga a Ma'opū.
'O le pa'ia lava lea i le Faleagafulu.
Tulouna le pa'ia tele i le Afioali'i; le Lā'au na Amotasi.
Susuga i Fa'atui ma le 'Auva'a o To'oto'o o le Fale'ula,
Ma 'Upu i le Manu'atele.

ʻIa tulouna foʻi le mamalu tele o Pule ma Tūmua,
Itūʻau ma Ālātaua,
Vaʻa o Fonotī, ma le Fofoga o le Fua.
ʻĀiga i le Tai ma le Vaʻatau o Nāfanua;
E faʻapea foʻi le mamalu o mātua ʻuma
ʻO loʻo pāpāʻaʻao i soʻo se itū o le lalolagi.
Tulou, tulou, tulou lava.

Faʻataʻalolo le paʻia o Sāmoa,
ʻAe māgalo le leo o lā ʻoutou ʻauʻauna.
ʻO le ʻā ʻou toliʻulu i le fuata o ʻAmitonu
Talu ai le ātuāmanatu ma le ātuāfāʻatu
ʻOna ʻo aganuʻu ma agaʻifanua,
Ma le gagana Sāmoa ʻai ʻā mamulu atu.

Le Pāʻīa e ʻo Sāmoa,
ʻUa ʻou valuvalusia aʻa o le fau
Po ʻo le ā se tōfā fetuʻunaʻi,
ʻAe tātou gālulue faʻatasi ia
Mo le tāumafaiga o se manuia mo le soifua solo lelei
ʻO alo ma fānau a Sāmoa i totonu o atunuʻu ʻese;
ʻAe tainane foʻi ʻi totonu lava o Sāmoa.

E leai sē faʻafiapoto na te toe mafai ona aʻoaʻoina
Le mamalu o tamāliʻi ma tuaʻā o le atunuʻu,
Peitaʻi ʻo le fia fesoasoani lava o le ʻōfisa nei
Mo le sāga faʻateleina o le tomai
E fōʻia ai faʻafitāuli mātuiā o fānau.
Talu ai ona ʻua pīsia o lātou ōlaga i faiga faʻatōsina
A tupulaga o isi atunuʻu ʻeseʻese, ʻua lātou tutupu aʻe faʻatasi
I totonu o atunuʻu ʻoloʻo alaala ai.

Tau ina ʻia faʻaifo mai lagī manū
Ma ʻia soifua lelei le fuifui o le fōaga ʻoloʻo totogo aʻe.
ʻIa alofa foʻi le Atua ia faʻafualoa le soifua o mātua ʻuma.
ʻIa lagimāina le tapuaʻiga a le atunuʻu,
ʻAemaise le paʻia o le ʻaufaigāluega a le Atua. Soifua!

ʻOleʻā suʻesuʻe auʻiliʻili ʻi le gagana a matai ʻi le Iunite 5, ʻoloʻo talanoa ai matāʻupu tau failāuga.

V. 'O LE TAUTALA LELEI MA LE TAUTALA LEAGA

'O nei lā vāega e tolu o le gagana Sāmoa: gagana ta'atele, gagana fa'aaloalo, ma le gagana a matai, e mafai ona fai ai le fāitalia pē mana'o e tautala lelei pe tautala leaga. 'O le gagana moni a Sāmoa, o le tautala lelei, ma, 'ā tusitusi ma faitautusi e tatau, e tatau lava ona tautala lelei. E ala ona tautala leaga le tagata po 'o se failāuga 'ona 'o mea nei:

1. 'Ua māsani 'i le tautala leaga i taimi 'uma.
2. E lē mālamalama i fa'aleoga o isi 'upu 'auā e le'i lava le a'oa'oina i le gagana Sāmoa.
3. E tele le paiē e tau fa'avasega po 'o le ā le fa'aleoga sa'o o 'upu talafeagai mo se mea 'olo'o tautala 'i ai, 'aemaise le lē fa'aaogā so'oa o le tautala lelei.
4. E lē lava le faitau Tusi Pa'ia ma isi tusi 'olo'o fa'aaogā sa'o ai le gagana.
5. E tele le 'a'amu ne'i sasi 'ona ula lea o tagata iā te ia.

'O le ā lā se fofō e fō'ia ai ia fa'afītāuli? E tasi lava le fofō — o le fa'ata'ita'i so'o, fa'alogo so'o, faitautusi so'o ma le tautala so'o 'i ai.

Fānau e a Sāmoa, o lau gagana Sāmoa, o lou tofi mai le Atua, e tatau ona 'e fiafia ma mitamita ai. 'O lau gagana Sāmoa, o se tasi vāega e sili ona aogā o lou ōlaga 'auā e fa'aalia ai māfaufauga ma manatu o le tagataola. 'O se 'au'upega po 'o se mea faigāluega pito aogā o le ōlaga, mā 'o se mea alofa tāua fo'i a le Atua tātou te lē mafai ona fa'atau maia i se fale'oloa pe 'āfai e lē iloa.

GĀLUEGA FAUTUAINA

I. *Paso (Jigsaw)*

(E pei lava ‘o le paso (*puzzle*) le faiga o le gāluega lenei.)

- Vāevae le vasega i kulupu (*groups*) ta‘ito‘a 3 i le 5, ia tofu le kulupu ma le vāega o le matā‘upu lenei e faitau ma talanoa ‘i ai . Vāevae lelei le matā‘upu ‘ina ‘ia tutusa le tetele o fa‘amatalaga a kulupu ta‘itasi.
- Sāuni kulupu ta‘itasi e fa‘amatala ‘i isi o le vasega le vāega o le tusi sā lātou faitauina. Pule le vāega ma le fa‘atinoga o la lātou matā‘upu, ma ‘ia u‘una‘i vāega e fa‘aopoopo ni isi mea ‘olo‘o pa‘ū mai ‘i le tusi.
- ‘Ia lava le taimi e sāuni ai kulupu mo a lātou matā‘upu.
- Fa‘amāsani le vasega i tūlaga o gāluega faito‘atele; ‘o lona uiga, ‘o ā matāfaioi a tagata ‘uma o le kulupu — e pei ‘o le tusi‘upu (*recorder*), ‘o le tausi taimi (*time-keeper*), ‘o le fofoga o le kulupu (*reporter*), ma isi.

II. *Talanoaga i Pāga*

‘O nai fa‘ata‘ita‘iga faigōfie lā nei mo ‘outou . ‘Ou te fesili atu iā te ‘oe i le gagana fa‘aaloalo, ‘ae ‘e te tali mai ‘iā te a‘u i le gagana ta‘atele. ‘Ia fa‘alogo i le fa‘ata‘ita‘iga lea:

Fesili: ‘O ai lou suafa?
Tali: ‘O lo‘u igoa ‘o Sione. (‘aua ‘e te tali mai, “ ‘O lo‘u suafa ‘o Sione.”)

1. ‘O ai lou suafa?	‘O lo‘u igoa ‘o Toma.
2. ‘O ai le suafa o lou tamā?	‘O le igoa o lo‘u tamā ‘o Simi.
3. ‘O fea ‘e te alaala ai?	‘Ou te nofo i Kalihi.
4. ‘Ā ‘e susū/afio/maliu ‘i fea?	‘Ou te alu ‘i la‘u vasega.
5. Alaala mai ‘i lalo; lou ava lea.	‘Ua lelei fa‘afetai mo le avanoa.
6. Pē ‘aumai se mea tāumafa?	Leai fa‘afetai, ‘ou te lē fia ‘ai.
7. ‘Ua ‘uma ona ‘e tāusami?	‘Ioe, ‘ua ‘uma ona ‘ou ‘ai.
8. ‘O fea ‘ā sosopo/maliu ‘i ai lau tōfā?	‘Ou te āga‘i atu ‘i le fale‘oloa.
9. ‘Ua maleifua ou tua‘ā?	Leai, e le‘i feala lava.
10. E pei ‘ua ‘e fa‘agāsegase?	Leai, ‘ou te lē ma‘i.
11. ‘Ua ‘ē laulelei?	‘Ua ‘ou mā‘ona fa‘afetai.
12. ‘Ā ‘aveatu se vaitatafi?	‘Ua lelei, ‘aumaia se ‘apa fafano.
13. ‘E te maliu ‘i le fono taeao?	‘Ailoga, ‘ou te lē alu, ‘ua ‘ou lēlavā.
14. ‘E te finagalo malie e susū mai?	‘Ou te lē loto ‘i ai ‘ou te sau.
15. ‘Aiseā ‘ua ‘ē tutulu ai?	‘Ua ‘ou tagi ‘i lo‘u ita.

16. Silasila po 'o lou lā'ei moni lenā?	Leai, e lē 'o so'u 'ie.
17. 'A 'o le ā le mea 'ua 'ē to'atāma'i ai?	'Ua 'ou ita iā 'oe.
18. E lelei pe 'ā 'ē sāunoa mai 'i luma, 'a 'ea?	Leai, 'ou te lē fai atu.
19. 'Ia afio ia 'inā tōfā 'ua leva le pō.	'Ou te lē fia alu, 'ou te le'i fia moe fo'i.
20. Sā fa'aali sou finagalo i le fono?	Leai, e le'i faia so'u manatu.
21. 'E te sāunoa taeao i le fono?	'Ioe, 'ou te tautala ai.

III. Fa'amanatu Uiga Fa'aaloalo o 'Upu 'olo'o i le Lisi.

E mata 'e te sa'o pe 'ā 'ē tali mai. 'Ā leai, faitau ma tāofi le lisi o 'upu ma o lātou uiga fa'aaloalo 'olo'o tūsia i lalo:

igoa	suafa
tamā	tua'ā
nofo/mau	alaala
alu/savalivali/malaga, āga'i	susū, afio, maliu, tala'a'ao, sosopo
avanoa/nofoaga	āva/alaalafaga
mea'ai	mea tāumafa, mea tausami, mea taute, mea e tatau ai
ma'i	gāsegase
ala 'i luga sā moe	maleifua
mā'ona	laulelei
vaifafano	vaitatafi
'aumai se mea	tu'u 'a'ao mai
loto i se mea	finagalo i se mea
tagi	tutulu
lāvalava	lā'ei
manatu/tāofi	finagalo

IV. 'O Matā'upu po 'o Fesili mo ni Talanoaga ma Tusitusiga.

'O fesili 'olo'o tūsia i lalo, 'ua fuafuaina 'ina 'ia fafauina ai ni māfaufauga loloto. E leai se tali e sa'o pe sesē, 'ae 'ua na'o ni manatu e lagolago 'i mea 'ua 'e iloa ma ou talitonuga. 'Ia lagolagoina ou manatu i ni fa'ata'ita'iga po 'o ni mea na tutupu.

A. 'A 'o 'e ola a'e i lou 'āiga ma lou nu'u, 'e te manatua 'o ā taimi na 'e fa'alogo 'o tautala lelei ai tagata, 'ae 'o ai fo'i 'i lātou ia? 'Aiseā?

E. 'Ā 'outou talanoa ma au uō, po 'o ni isi o le tou 'āiga, 'o lē fea o gagana e pei 'ona ta'ua i luga e matala lelei ai ou māfaufauga?

I. 'Āfai 'o le tele o tagata Sāmoa e fa'aaogāina le "tautala leaga," 'aiseā lā e lē 'avea ai loa lenā tautala ma leo moni o le gagana Sāmoa?

V. Faigālāuga.

1. 'Ia a'o fa'atauloto le lāuga 'olo'o i lenei matā'upu 2.
2. Talanoa i fōliga ma uiga o se matai 'olo'o ona faia se lāuga.

ILOILOGA O LE MATĀ'UPU

Vāega I

Faitau 'ia manino lelei ma 'e mālamalama i le mea 'olo'o mana'o ai le fesili. Li'o le tali e aupito sili ona fetaui.

1. 'O le ā lea mea e ta'ua 'o le Fa'asāmoa?
   A. 'O le gagana a matai.
   E. 'O le poto i lāuga.
   I. 'O tū, ma aga ma le gagana e fa'atino ai le aganu'u.
   O. 'O tū ma aga e fa'atino ai le gagana ma le aganu'u.
2. 'O le 'ogātotonu po 'o le poutū o le aganu'u, 'o le:
   A. Fa'amatai
   E. Fa'ale'āiga
   I. Fa'ale'ekālēsia
   O. Fa'apapālagi
3. 'O le tagāvai po 'o le fa'avae o le mālō o 'Amerika Sāmoa, 'o le:
   A. Fa'avae i le Atua Sāmoa.
   E. Fa'amuamua le Atua.
   I. In God we Trust.
   O. Our land is perpetuated in righteousness.
4. 'O le gagana moni a Sāmoa, 'o le:
   A. Tautala lelei.
   E. Tautala fa'aaloalo.
   I. Tautala fa'amatai.
   O. 'O vāega 'uma e tolu e pei ona ta'ua i luga.
5. 'Ā fai atu le tulāfale o 'Aumua, "Susū mai ia," 'ona 'e tali lea 'i ai fa'apea:
   A. Susū lava lau susuga.
   E. Afio lava lau afioga.
   I. Alaalata'i lau tōfā.
   O. E fetaui 'i ai tali e lua 'olo'o muamua i luga.

Vāega II

'O le ā le tali e sa'o mo fesili nei 'i le gagana fa'aaloalo? Tusi le tali 'ātoa.

1. 'O ai lou suafa?
2. 'O fea 'e te alaala ai?
3. 'Ā 'e susū 'i fea?
4. 'O fea 'e te tōfā ai?
5. 'Ua maleifua lou tua'ā?
6. 'Ai 'ua 'e fia tāumafa?
7. 'E te maliu mai 'i le fono?
8. 'Aiseā 'ua 'e tutulu ai?
9. 'O sou finagalo lea?
10. 'E te sāunoa i le fono?
11. E pei lava 'ua 'e to'atama'i.
12. 'Ua 'e silafia a'u?

Vāega III

Tusi mai sau fa'a'upuga 'e te vala'aulia ai mālō a lo 'outou 'āiga e tāumamafa.

Vāega IV

Tusi mai ni mea tāua se lima e filifilia ai 'oe e le 'āiga potopoto e 'avea ma matai e tausia le 'āiga.

Vāega V

Fa'afeagai fa'alupega i le lisi "I" ma tagata e fa'asino 'i ai fa'alupega olo'o i le lisi lona "II".

I.	II.
lau tōfā	faife'au
lau afioga	tulāfale
lau susuga	fale'upolu
lau fetalaiga	tamāli'i
mālō le sāunoa	failāuga
mālō le lāfolafo	faiā'oga

FA'ALEOGA MA FA'AUIGAGA O 'UPU

'a'amu	fa'atauemu
Afio o Ali'i	ali'i o Manu'a
afioga i ma'opū	tamāli'i māualuluga o Sāmoa
'Āiga i le Tai	Manono ma Apolima
'āiga o nofo	'āiga e filifilia nofo a tama a 'āiga
'āiga o pāpā	'āiga e au i pāpā
alagā'upu	ala na maua mai ai fa'a'upuga
āmana'ia	mana'omia
ananafi	aso 'ua te'a
ao mamala	tupu e mamalu ma faigatā
ātuāfā'atu	popōlega
ātuāmanatu	fā'atu i manatu 'ese'ese
au'ili'ili	su'esu'e 'ia māe'a
'au'upega	meatau
ava	avanoa; nofoaga
in God we trust	fa'amoemoe ma talitonu i le Atua
Itū'au ma Alātaua	itūmālō
'upu tu'u o le vavau	tala fa'aanamua
fa'afiapoto	fa'afiaatamai
fa'afītāuli	māfatiaga
fa'afualoa	fa'a'umi'umi; ola 'umi
fa'agāsegase	fa'ama'ima'i
fa'aifo	fa'atotō ifo; āga'i i lalo
fa'aifo mai lagī manū	liligi ifo (manuia a le Atua)
fa'aigoaina	tu'u i ai se igoa
fa'alagi	laulau mai ma fa'ailoa mamalu
fa'alagia	fa'ailoa mai
fa'alagilagi	fa'aalialia vale; fa'avi'ivi'i
fa'alagolago	fa'amoemoe
fa'alālolalo	fa'afītifiti; fa'afōliga 'ae lē moni
fa'ale'ekālēsia	faiga fa'alelotu
fa'aleoga	fai o se manatu; ta'uga o se 'upu
fa'alupe	laulau mai ma fa'ailoa fa'alupega
fa'alupega	mamalu ma pa'ia
fa'amaualalo	tu'utu'u i lalo māfaufauga
fa'amuamua le Atua	fesili muamua i le Atua

fa'apa'i mālū	sōsō atu e fa'amalie
fa'apapālagi	fōliga i faiga a papālagi
fa'asalalauga	fa'alaua'itele; fa'alauiloa
fa'asausaunoa	e lē tāua
fa'asiasia	mata fa'a'ū'ū
fa'ata'alolo	fa'ata'atia atu
fa'atauloto	a'o 'ia maua
fa'ataunu'u	faia se mea
fa'ateleina	fa'atupula'ia
fa'atinoga	gāluega fa'atino
fa'atōsina	fa'amana'omia
fa'atui	ali'i o Manu'a
fa'avae i le Atua	fa'atuatua ma atia'e i le Atua
fa'afeagaiga taulagi	'au'auna a le Atua; faife'au
faigatā	lē mafaia
faitalia	pule 'oe
fāitio	faipona
Faleagafulu	fa'alagiga o Tutuila
fale'upolu	failāuga
fefīnaua'i	fefālōa'i manatu
feiloa'iga	'ua fetaui; feiloa'i
feso'ota'iga	soso'o; talanoa so'o
fesuia'i	e sui le isi mata'itusi 'i le isi mata'itusi
fiatagata	manatu fa'amaualuga
finagalo	manatu
fofō	togafiti
Fofō ma Āitulagi	itūmālō o le Falelima i Sisifo
Fofoga o le Fua	fa'alupega o Faleāpuna ma Molio'o
fō'ia	fa'aleleia
fuata o 'amitonu	toli'ulu tonu 'i le 'ulu 'olo'o fua
fuifui o le fōaga	tupulaga fou
gāoioiga	āmioga fa'atino
Lā'au na Amotasi	Tuimanu'a
lā'ei	lāvalava
lāfolafo	lāuga
lagimāina	matafi ao o le lagi

lagolagoina	fa‘amaonia
lagona	manatu
lape o ‘upu	sesē fa‘amatalaga
laulelei	mā‘ona
leoleoā	leo telē
leva	‘umi
māfaufauga	mānatunatuga
māfua‘aga	pogai; ala na ‘āmata ai se mea
mālamalama	iloa lelei; mautinoa
maleifua	ala mai
mamulu	lē iloa; pa‘ū
mana‘omia	e mānana‘o ‘i ai tagata
Manu‘atele	atumotu o Manu‘a
manuia	tamāo‘āiga
ma‘opū	tamāli‘i māualuluga
maota	fale o le ali‘i
māpo gagana	fiafia e fa‘aaogā le gagana
masalomia	taumātemate
māsalosaloga	taumatega
matagā	leaga i le va‘ai
matamuli	e mā mata
matuiā	lē matūla‘ia; tīgāina
māualuluga	pito i luga
māutofi	maua gāluega; tūlaga
muāgagana	‘o fa‘a‘upuga e fa‘amālie ai le gagana
pa‘ia	mamalu
pāpā' a‘ao	alālata‘i
paso	tupua
Pule ma Tūmua	nu‘u e pūlea itūmālō o ‘Upolu ma Savai‘i
sā ma faigā	pa‘ia ma mamalu faigatā
sa‘o	talafeagai
Sā‘ole ma le Launiusaelua	itūmālō o Falelima i Sasa‘e
sāunoa	tautala
sausauina le pa‘ia	fa‘atulou pa‘ia
sosopo	maliu; alu
Sua ma le Vaifanua	itūmālō o Falelima i Sasa‘e
susū mai	‘upu fa‘afeiloa‘i — sau i‘inei, sau ‘i fale nei

ta'uga	fa'aleoga
ta'atele	maua so'o
taeao o le atunu'u	mea tutupu i 'āiga o tupu
tāina le vaiāfei	sāunia se vaifofō
tainane	fa'apēnā fo'i
tala 'a'ao mai	maliu mai
talafeagai	fetaui tonu
talitonuga	manatu māumaututū
tama a 'āiga	tamāli'i pito māualuluga; 'o tupu
tamāli'i	matai
taulia	faitaulia
tāumafa	'ai po 'o le inu
taumafaiga	galuea'ina
taumate	māsalosalo
tausami	'ai
taute	'ai po 'o le inu
to'atāma'i	ita
tōfā	fa'alupega o le failāuga
tōfā fetu'una'i	finagalo feliua'i
toli'ulu	tau fua o 'ulu
tomai	poto
To'oto'o o le Fale'ula	failāuga tāua o Manu'a
totogo a'e	tutupu a'e
tū ma aga	āmioga
tua'ā	mātua
tulāfale	'o matai e faia lāuga
tūlaga fa'apitoa	mea e tālafeagai ai
tulou	fa'ato'ese; fa'amaualalo
Tusi Pa'ia	afioga a le Atua
tutulu	tagi
tu'ufa'asolo	fa'asolo mea tutupu i tausaga ta'itasi
Va'a o Fonotī	itūmālō o Fagaloa
Va'atau o Nafanua	fa'alupega o Manono
vāganā	se'iloga
vaitatafi	vaifafano
valuvalusia	tauānau; fa'aoleole
kulupu	vāega

MATĀ'UPU 3: 'O LE MATAI SĀMOA

I. ʻUPU ʻĀMATA

ʻO le uiga o le ʻupu matai ʻi le Faʻasāmoa, ʻo le tagata e mata ʻi ai mea ʻuma a le ʻāiga, e faʻapōlopolo ʻi ai mea lelei, ma ʻo se faʻatumutumuga o māfaufauga o le ʻāiga; e faʻaeaea ma fia faimealelei ʻi ai tagata o le ʻāiga i aso ʻuma. I aso anamua, sā mata ʻuma tautua a tama Sāmoa i le tūlaga faʻamatai ʻauā ʻo le faʻamoemoe tūpito lea, ʻina ʻia ʻavea ma matai; ʻo lona uiga, e mātagā i le aganuʻu se tama e toeaʻina lava e leʻi matai.

ʻO isi tama Sāmoa e mumusu e matai ʻona ʻo le vāivai i le aganuʻu. ʻO le isi e musu ʻona ʻo le manatu faʻapito ʻina neʻi soʻona alu vale ana tupe ma lona mālosi ma ona taimi ʻi mea faʻapea; ʻo le isi tama e fiamatai tele, ʻa ʻo le faʻalavelave e musu le fafine pe loto vāivai le toʻalua; ʻo le isi foʻi tama e fiamatai, ʻae musu pe ʻā maualalo le suafa matai; ʻa ʻo le isi tama e tuai ona matai ʻona ʻo le leai o ni suafa matai a lona ʻāiga.

ʻO le tofi matai, ʻo le totonugalēmū lea o le aganuʻu a Sāmoa. ʻO se aganuʻu vāivai ma se aganuʻu e alualu mate le aganuʻu a Sāmoa pe ʻana leai le mālosi o pūlega faʻamatai ma ona aogā ʻeseʻese i tagata o le atunuʻu. ʻO le mālosi foʻi ma le mamalu ma le tāua o gāluega a le matai, ʻua faʻaosofia ai le mimita ma le lotonuʻu ma le loto tetele o fānau a Sāmoa. ʻO le faʻamoemoe o le aganuʻu, ʻo tama tane ʻuma a ʻāiga e faʻasuafa matai pe ʻā oʻo ina mātutua. Sā lē faitauina teine e suafa matai, peitaʻi na ʻāmata mai iā Salamāsina ona filifilia teine e faʻasuafa matai, ma ʻua āiā tutusa ai tama ma teine i lea tūlaga o le agunuʻu.

ʻUa talitonu ni isi tagata Sāmoa, ʻo fōliga o matāfaioi ma tiute tauʻave a le matai, ʻoloʻo atagia ai fōliga alofa ma le āmiotonu o le Atua. ʻUa manatu ni isi ʻua vāvālalata tele faiga o le nuʻu o ʻIsarāʻelu ma aganuʻu a Sāmoa, ma ʻua lagona ai foʻi e isi, ʻo matai, ʻo ni atua faʻalelalolagi ʻua vaelua ʻi ai le suafa o le Atua; ʻo le ala foʻi lea e uluaʻi faʻapaʻiaina ai le suafa matai pe ʻā fai lana saofaʻi.

E lē taulia i faigānuʻu a Sāmoa se matai e lē usu le nuʻu i lana saofaʻi, ma e lē taulia foʻi pe ʻā lē resitaraina lona suafa matai ʻi le ʻŪfisa o Fanua ma Suafa i Sāmoa. ʻO matai e fai saofaʻi ʻi nuʻu i fafo po ʻo ʻekālēsia, e tatau lava ona faʻasao se taimi e alu ai ʻi Sāmoa e fai sona momoli ʻi le nuʻu; po ʻo le matuā toe fai lava o lana saofaʻi, ʻaemaise lava ʻia resitara lona igoa i Sāmoa ʻina ʻia aloaʻia lona matai i le nuʻu ma le ʻekālēsia, ʻaemaise foʻi ʻia aloaʻia ai ana ʻupu e fai ʻi totonu o le atunuʻu, ʻae faʻapēnā foʻi pe ʻā alaala i atunuʻu i fafo e pei ʻo Hawaiʻi, Niu Sila, ma isi atunuʻu.

II. 'O LE FA'AMATAI A SĀMOA

'O le Fa'amatai, 'o se mālōtū. 'O le pūlega a tagata 'ua suafa matai e fausia 'auala po 'o tūlāfono e ta'ita'i ai soifua o matai ma tagatānu'u 'uma o Sāmoa, 'ina 'ia laugatasia ai nu'u 'uma ma itūmālō o le atunu'u. E o'o lava i tupu po 'o Tama a 'Āiga o Sāmoa e aofia 'uma i le Fa'amatai, 'auā 'o 'i lātou fo'i 'o matai. 'O faiga fa'a'āiga, fa'anu'u, fa'aitūmālō ma fa'a'aulotu ma tagata ta'ito'atasi fo'i, e tatau ona mālamalama lelei 'i faiga ma gāoioiga, taualumaga ma le fa'atinoga, fa'amamāluga ma le fa'ataunu'uga o fuafuaga 'uma e fai i luga o le pule a le Fa'amatai.

'O le Fa'amatai i le Fa'asāmoa, 'olo'o 'ūmia le pule ma le mamalu ma le tamao'āiga o le atunu'u. 'O se faigāmālō mālosi ma le mamalu 'auā e tutusa fa'atūlagaga o mamalu o tamāli'i. 'O le isi itū e atili ai ona mālosi ma mamalu, 'ona 'o le gālulue o matai 'uma i le talitonuga e tasi, 'ua mafai ai ona māopoopo pule'aga i nu'u ma itūmālō. 'Ā o'o lā ina potopoto se nu'u po 'o se itūmālō, e lē toe tau fa'asinoa nofoaga pe toe tau fa'atonua gāluega ma gāoioiga e tatau mo mea e fai mo se fono po 'o so'o se aofiaga.

E fa'avae le fa'amatai i tagata 'uma 'ua fa'asuafa matai e 'āiga, nu'u ma itūmālō. E iai faleā'oga e a'oa'o atili ai le poto ma le tomai o matai mo le fa'aleleia atili o le nu'u o matai po 'o le mālō o matai. 'O ia faleā'oga e ta'u o Fono a le nu'u, Fono fa'aleitūmālō 'ātoa ma Fa'alavelave Fa'asāmoa.

'Ua fa'afaigāluega e le Fa'amatai tagatānu'u 'uma lātou te atia'e matāgāluega 'ese'ese e pei lava 'o le faiga o se mālō. 'O le matāgāluega a tāulele'a 'ua ta'ua 'o le Fa'atāulele'a. 'O le matāgāluega a teine po 'o tama'ita'i 'ua ta'ua o le Fa'atama'ita'i 'ātoa fo'i ma faigāsōsaiete 'ese'ese. 'O nei fa'alāpotopotoga 'uma 'e i lalo o le Fa'amatai.

E fai le fale fa'amasino o le Fa'amatai e fa'amasino ai le 'au nofosala, ma e ta'u lea fa'amasinoga o le "Tautoga," e faia lea i le laoa o le Pulenu'u; 'a 'o leoleo e fa'ataunu'ua fa'asalaga, 'o tāulele'a; 'o 'avefe'au a le mālō, 'o tulāfale ia fa'avāipou e fa'ataunu'ua le finagalo o le fono sili 'i lē 'ua fa'asala.

'O le falepuipui muamua a le fa'amatai, 'o le fa'asala i le ati ma le lau fa'ato'aga a le 'āiga o le matai lea 'ua fa'asala 'ātoa ma le selau 'aumatua (pua'a). 'O lona uiga 'ole'ā lē toe 'a'ai lea 'āiga i le tausaga 'ātoa.

'O le isi fa'asalaga o le tuli 'ese mai lona 'āiga ma lona nu'u. E ta'ua lea falepuipui o le Fa'aaunu'ua po 'o le Fa'asavali i le ala.

'O le isi fa'asalaga faigatā, o le sāisai 'ae fa'alā i le malae. Tulou.

Ma le fa'asalaga mātuiā, 'o le togi 'i se afi e susunu ai. Tulou.

'Olo'o i le Fa'amatai le pule tū tasi, e fa'aola ma fasioti ai le tagata. E iai le pule e nofo pologa ai le tagata ma toe fa'asa'oloto ai.

E fa'aeteete tagata 'uma i pūlega a le Fa'amatai, peita'i e iai malae ma maota o le fa'aolataga e pei 'o le Papa i Galagala e ta'u o le Maota o le Sulufa'iga. 'Ā sulu 'i ai se pāgotā ona ola lea. E fa'apēnā maota o tamāli'i māualuluga o Sāmoa, ma maota o faife'au, 'ā sulufa'i 'i ai lē 'ua fia ola, e lē toe āu atu 'i ai se mālosi 'o ona fili. 'O le ala fo'i lea e mamalu ai se matai e vala'au atu i se misa e tupu 'ina 'ia tāofi, 'ona tāofi loa lea, 'auā 'o le vala'au a lenā matai, 'o le finagalo lea o le Fa'amatai. 'Ā lē usita'i ai le tagata, ona fa'asala lea o matai o 'āiga e ona tagata ia sā misa.

So'o se mea sesē lava e fai e se tagātānu'u, e lē fa'asalaina lea tagata, 'ae fa'asala le matai 'olo'o tautua 'i ai. E muamua 'otegia le matai e le nu'u, ona fa'aopoopo lea 'i ai ma le sala. Peita'i, 'o le mea e fai e tulāfale e faia 'upu o le nu'u, lātou te totōgia sala, 'a 'o le mea e fai a tamāli'i po 'o ali'i māualuluga e vāesala. 'O lona uiga — e fa'amālūlū e ali'i finagalo o le nu'u, e pei 'o se fa'ato'esega, ona talosaga ai lea i le pule a tulāfale 'ina 'ia fa'amāmā le sala. E maua ai alagā'upu ia —"E manatua pule 'ae lē manatua fa'alaeō," po 'o le isi lea —" 'Ua ola pule 'ae gase toa."

'O le fa'amatai lātou te pūlea le fa'aaogāina o le gagana ma aganu'u 'uma a Sāmoa. Lātou te fa'atūlagaina mamalu 'ese'ese o le saofa'iga a nu'u ma itūmālō. E fa'aeteete tagata 'uma ne'i sesē se 'upu pē sala le gagana i tamāli'i, ne'i te'i 'ua fa'amālaia e le nu'u, ona ta'u lea 'o lea tagata 'ua mala auanu'ua.

'O le Fa'amatai ma ona fa'avae e lē lepetia e so'o se mālosi, e o'o lava i pūlega fa'alemālō lātou te lē mafaia. E mamae pea le tava'e i ona fulu, ma 'o le ala fo'i lea e mimita ma lotonu'u ai tagata Sāmoa 'ona 'o puipuiga mālosi a le Fa'amatai. 'O le Fa'amatai e mamalu ai le mālō. 'O le Fa'amatai e māopoopo ai 'aulotu. 'O le Fa'amatai e māopoopo ai 'āiga. 'O le Fa'amatai 'ua faigōfie ai ona fō'ia fa'afītāuli o tagata ta'ito'atasi, 'āiga, nu'u, ma itūmālō, 'aemaise fo'i gāluega o le Talalelelei.

'O aso nei o le Fa'amatai, 'ua tauau e mou mālie atu lona mālosi ma lona mamalu, 'ona 'ua peisea'ī 'o le 'avea ma matai 'ua na'o se ta'u, 'ae lē'o mālamalama i tāua o le Fa'amatai ma ana tiute fai mo le soifua saogalēmū o tagata.

'Ua fa'avāivaia le Fa'amatai a Sāmoa 'ona 'ua tele fesuia'iga 'ona 'o le poto mai fafo, ma 'ua tupu ai le fai manatu ma le tete'e o matai talavou. 'O le isi vāivaiga 'ua aliali mai nei 'o le tāofia lea o le āmiotonu 'ona 'o le Vāfeāloa'i a Sāmoa. 'Ua fai ai le vāfeāloa'i fa'atamāli'i ma mea 'ua 'alofaga 'i ai faiga o le Fa'amatai, 'a 'o le vāfeāloa'i a Sāmoa, 'o le 'ī'oimata lea 'o le Fa'amatai e fa'asi'usi'umata 'uma 'i ai tagata 'auā 'o se vai fa'alanu po 'o se vaiāfei e teutēua ma fa'a'auleleia atili fōliga o le Fa'amatai.

'Ua tu'ua'ia le Fa'amatai fa'apea 'ua pologa ai ma mātitiva ai tagata o le atunu'u, peita'i 'o le fa'amatai 'olo'o iai le mamalu ma le matagōfie o aganu'u. 'O le ala fo'i lea o le tūlaga 'ese o le gagana a matai 'auā e puipui ai mamalu 'ese'ese o matai 'uma 'olo'o i totonu o le Fa‘amatai. E tatau ona māsiasi se ‘āiga e lē taulia lo lātou matai ‘i āiaiga o le fa‘amatai ‘ona ‘o le lē usita‘i ma le fa‘amaualuga.

‘O Sāmoa ‘ua ‘uma ona tofi ona mamalu — silasila i le ata lea:

Tama a ‘Āiga

Ali‘ita‘i po ‘o Ali‘i Sili	Tulāfale Ali‘i
Isi ali‘i māualuluga	Tulāfale fai ‘upu
Vāiali‘i	Tulāfale fa‘avāipou

Tagata lautele

‘Ua ala ona ‘inosia le Fa‘amatai ‘ona ‘o le so‘ona pule sauā ‘o ē ta‘ita‘ia nu‘u ma ‘āiga. Fai mai le Tusi Pa‘ia -- ‘Ā pule ē āmio leaga, e mapu ‘i tīgā le nu‘u, ‘ae ‘ā pule ē āmiotonu e saogalēmū le nu‘u. ‘Ā lē alofa lava le matai ‘i lona ‘āiga, ona so‘ona sasao lea ‘o saofaga o fa‘alavelave, ‘a ‘o le fa‘amoemoe lava ia o le Fa‘amatai, ‘o le puipuīga o le ola saogalēmū o tagata ma ta‘uleleia ai le suafa o Sāmoa.

III. ‘O LE FILIFILIGA O LE MATAI

‘O le matai, ‘o le sui o le ‘āiga ‘ua filifilia i le finagalo ‘autasi o le ‘āiga potopoto. E lē faigōfie le filifiliga o se matai ‘auā e tele faletama, ma tele itū pāepae o se ‘āiga. I le ‘āmataga, sā mafai ona tōfia lava e le matai ‘olo‘o suafa sona sui pe ‘ā o‘o ‘ina maliu, ‘a ‘o aso nei, ‘ua lē toe mafai.

E muamua ona tapa le ipu a lē ‘ua filifilia i totonu o le ‘āiga ‘ona fa‘ato‘ā o‘o lea o le matai fou i luma o le nu‘u e ‘ave ‘i ai lona momoli, ma fai ai lana saofa‘i. ‘O le taimi lenā, ‘ua ‘āmata loa ‘ona ofi le matai i le saofa‘iga a le nu‘u.

E fa‘apei ona tele ta‘u e fa‘amatala ai le uiga o le ‘upu “matai,” e fa‘apēnā fo‘i ona tele ona aogā ma ona tāua i manatu o tagata. ‘Ā poto lā le tagata Sāmoa e au‘ili‘ili uiga o le matai, ona leai lea ‘o se tau fesili po ‘o le ā sona aogā.

IV. ‘O MATĀFAIOI A LE MATAI

‘O nisi nei o ta‘u o le matai, ma e tofu lava le ta‘u ma lona uiga ma lona aogā, ‘ātoa ma lana gāluega e tatau ‘ona fai mo le ōlaga fa‘amatai.

‘O le ā le matai? ‘O le matai, ‘o le:

Tamā o le ‘āiga:	e ta‘u ‘uma ‘i ai mana‘o o tagata o le ‘āiga.
Ta‘ita‘i o le ‘āiga:	e faia fa‘ata‘ita‘iga lelei o āmio a tagata, ma gāluega fai.
Fa‘atonu o le ‘āiga:	na te faia fa‘atonuga ma tonu o mea e fai.

Tausi mea a le 'āiga:	na te va'aia lelei ma puipui mea tōtino a le 'āiga e pei o fanua ma suafa.
Fa'amalumaluga o le 'āiga:	e mamalu ai le 'āiga, ma e fa'amalumalu i mea e tutupu i le 'āiga.
Faife'au a le 'āiga:	na te ta'ita'i lotu a le 'āiga ma a'oa'o uiga fa'akerisiano i tagata o le 'āiga.
Faiā'oga a le 'āiga:	na te a'oa'o le gagana ma aganu'u i le 'āiga 'aemaise āmio fa'aaloalo ma le vāfeāloa'i.

'Ā tu'u fo'i i ni isi fa'a'upuga, 'o le matai, 'o le:

Sa'o o le 'āiga:	na'ona ia fa'asa'osa'o 'ae fa'aeaea 'i ai le 'āiga.
Pule o le 'āiga:	na te pūlea gāluega fai, ma fa'asoaga o mea tōtino.
Fa'auluuluga o le 'āiga:	e pito maualuga i manatu o le 'āiga.
Atua fa'alelalolagi a le 'āiga:	e tapua'i ma fa'atalitali 'i ai le 'āiga.
Faifa'ai'uga o mea fai a le 'āiga:	'o le fa'ai'uga po 'o le i'uga o se talanoaga po 'o se fa'alavelave, e fai e le matai.

E tatau ona mālamalama lelei, 'o le 'upu "matai" 'o le mea tōtino nūmera tasi lea o le aganu'u. E lē āfāina pe se matai tamāloa, pe se matai fafine; e lē āfāina fo'i pe se matai 'ua āfu le soifua pe se matai talavou. E leai se 'āiga Sāmoa e fa'aloaloavale, 'ae tepa taula'i 'uma manatu o le 'āiga i le matai. E fa'alogologo ma le toto'a taliga o tagata 'uma o le 'āiga i le matai. E fai lava fuafuaga 'uma a tagata o le 'āiga 'ae fa'atali lava i le fa'amasinoga ma fa'ai'uga a le matai.

'Ae tasi 'o le mea, e tatau ona silafia e le atunu'u, 'o matai o Sāmoa, 'ua 'uma ona fa'avasega 'i o lātou tūlāgāmamalu, e o'o fo'i 'i a lātou gāluega e fai, 'ua 'uma ona tu'umatāmaga. 'O lona uiga o lea fa'a'upuga, 'o Sāmoa 'ua 'uma ona tofitofi o lātou tūlaga, ma, e nofouta 'uma 'i ai ē 'ua 'avea ma matai.

V. 'O ITŪ'ĀIGA O MATAI

E 'ese le matai o le 'āiga, e 'ese le matai o le nu'u, e 'ese le matai o le itūmālō, e 'ese le matai o le atunu'u, e 'ese le matai i le vā 'i fale, e 'ese fo'i le matai i le vā 'i fafo.

'Āfai lā e tu'ufesili tamaiti ā'oga, po 'o tūpulaga talavou, po 'o le ā le uiga o lea mea 'o le matai, 'a 'o le ā sona aogā iā te ia ma le 'āiga. 'O le tali e faigōfie, 'o le matai, 'o le tofi, 'o le atiina'e, 'o le gāluega. 'E te maua mai i le suafa matai le mamalu, le tamāo'āiga, ma le pule; 'a 'o nā mea 'uma e lautua ai le alofa, ona tāua tele lea 'o le matai.

VI. ‘O FA‘AMANUIAGA O LE MATAI

‘O le Mamalu

‘O le aso ‘e te matai ai, e fa‘amalumalu ‘uma atu tagata o le ‘āiga ma le nu‘u iā te ‘oe. E leai se isi na te toe ‘upuvale pē lē usita‘i iā te ‘oe; ‘ole‘ā ‘e iai fo‘i i le fale o matai, ma ‘ole‘ā fa‘aaloalo tagata ‘uma iā te ‘oe.

‘O le Pule

‘O le matai, ‘o ia lea na te pūlea mea e fai a le ‘āiga ma le nu‘u; e fa‘anoi mea ‘uma iā te ia. E lē mafai ona fau sou fale i fanua tau le ‘āiga pe ‘ā lē tō maia le pule a le matai; ma e lē mafai fo‘i ona ‘e nofo lava ‘oe ma fai sou suafa matai, ‘ae se‘iloga e finagalo malie le matai o le ‘āiga. ‘O le isi lā lenei mea e tatau ona manatua e fānau a‘oa‘oina a Sāmoa: po ‘o le ā le tele o lou poto, po ‘o le ā fo‘i le maualuga o lou tikerī, ‘ae ‘ā ‘e lē matai, e lē mafai lava ona ‘e sa‘oloto e fai sou manatu i se talanoaga a le ‘āiga po ‘o le nu‘u, vāganā ‘ua tatala sou avanoa. E lē mafai fo‘i ona fa‘aali sou lē malie pe ‘ā ‘e lē matai, vāganā ‘ua fa‘aui atu sou manatu i le mea ‘olo‘o talanoa ‘i ai ‘i lē ‘o ‘avea ma matai o le ‘āiga.

‘O le Tamāo‘āiga

‘Ā poto le matai i le aganu‘u ma poto e fai lāuga, ‘aemaise lava ‘o se matai o le vā ‘i malae, e pei ‘o se tūmua i ‘Upolu, se pule mai ‘i Savai‘i, po ‘o se to‘oto‘o o le Fale‘ula, e tasi le itūlā e lāuga ai, ‘ae lafoia i le 100 tōga po ‘o le lē itiiti ifo i le afe tālā tupe.

VII. ‘O AGAVA‘A E TŌFIA AI SE MATAI

‘O le ‘avea ma matai, e lē ‘o se fa‘afītāuli o le ōlaga, po ‘o se mea e pologa ai se isi. ‘O le suafa matai, ‘o se mea tu‘ufa‘asolo a le ‘āiga potopoto, ‘ae lē ‘o se mea tōtino a se tagata e to‘atasi ma lana fānau.

- ✦ E filifili ‘oe e fai ma matai pe ‘āfai e tau lou gafa pe tau lou toto i le ulua‘i matai sā suafa.
- ✦ E filifili ‘oe e ‘avea ma matai pe ‘āfai ‘e te tautua lelei.
- ✦ E filifili ‘oe pe ‘ā ‘e loto alofa.
- ✦ E filifili ‘oe pe ‘ā ‘e lima mālosi.
- ✦ E filifili ‘oe pe ‘ā ‘e mata‘āiga.
- ✦ E filifili ‘oe pe ‘ā ‘e iloa tautala ma fa‘atino le aganu‘u.
- ✦ E filifili ‘oe pe ‘ā ‘e tō‘aga i le lotu ma tautua le gāluega a le Atua.
- ✦ E filifili ‘oe pe ‘ā lelei lou a‘oa‘oina.

VIII. ‘OLE AOGĀ O MATAI ‘I ŌLAGA O TAGATA SĀMOA

‘A ‘o le‘i tōfia le tagata Sāmoa e fai ma matai, e muamua talatalanoa ma le matai o le ‘āiga po ‘o ona mātua; e ‘auai ‘i fono ‘uma a le nu‘u na te mātauina ai fa‘a‘upuga o le faiga o le nu‘u; na te mātauina nōfoaga ma fa‘atūlagaga o mamalu o le nu‘u. ‘O lona uiga ‘o ia fa‘a‘upuga, e mālamalama ai pē fa‘apēfea ona fa‘asolo mamalu o matai, po ‘o le ā le tūlaga o lona matai i totonu o le nu‘u. Na te iloa ai fo‘i po ‘o ā matāfaioi a le itū‘āigā matai e iai lona matai ‘i le faiga o le nu‘u, ‘ae po ‘o fea tonu lona nōfoaga i se maota pe ‘ā pōtopoto le nu‘u.

‘O le matai sā soifua mai ‘i totonu o le nu‘u, ‘o le matai fo‘i lenā e pito poto i le aganu‘u ma mālamalama lelei ‘i le vā ‘i fale ma le vā ‘i fafo o le aganu‘u. ‘O le matai fo‘i sā tautua lelei ‘i totonu o le nu‘u, ‘o le matai fo‘i lenā e pito āloa‘ia e le aganu‘u. ‘O le poto i sāunoa fa‘amatai ma poto i failāuga, ‘o se mea alofa a le Atua i matai ‘uma, ‘aemaise lava mo ē e loto ‘ia ‘avea ‘i lātou ma matai ātamamai.

E fa‘alagolago le lelei o le ‘āiga ma le fiafia o tagata tautua a le ‘āiga ‘i uiga fa‘aalia o le matai ‘i ana mea e fai, ‘aemaise lava ana fa‘a‘upuga e apoapoa‘i ai ‘i le ‘āiga. E iloagōfie le matai lelei e tumu ‘i ai tagata i ona fa‘alavelave fai.

E ta‘u matai ‘uma o Sāmoa o tamāli‘i o le atunu‘u; ‘ae tasi ‘o le mea, ‘o nei tamāli‘i ‘ua vaeluaina i vasega o ali‘i ma tulāfale.

IX. ‘O VASEGA O MATAI O LE NU‘U

‘Ua fa‘avasegaina ali‘i, i ali‘i sili ma vāiali‘i. ‘O ali‘i sili, ‘ua ilogagōfie pe ‘ā sāofafa‘i ‘i pou matuātala o maota pe ‘ā fa‘atasi le nu‘u, ‘a ‘o vāiali‘i, e nonofo fa‘asolosolo i pepe o tala o le fale.

‘O tulāfale, ‘ua fa‘aigoa o fale‘upolu po ‘o failāuga ‘auā o lātou e fetalai mo lāuga i fa‘alavelave fai po ‘o taligāmālō a le atunu‘u. ‘Ua vaelua fo‘i tulāfale i vāega e lua: ‘o tulāfale sili, ma vāitulāfale. E iai fo‘i tulāfaleali‘i; ‘o lona uiga o tulāfaleali‘i, o tulāfale ia sā mua‘i ‘avea ma ali‘i, ‘a ‘ua mānana‘o e ‘avea ma failāuga, ‘auā fo‘i o ali‘i e lē lāuga vāganā lava ‘ua leai se tulāfale. ‘Ā lāuga se ali‘i, ‘o lona uiga ‘ua to‘oto‘o ali‘i le aso ‘auā ‘ā lāuga se ali‘i e tali fo‘i e se ali‘i. ‘Ā fa‘apea e lāuga muamua se ali‘i ‘ae ‘ole‘ā tali e se tulāfale, ‘o lona uiga e lē tatau ona toe lāuga āloa‘ia le tulāfale ‘ae na‘ona fa‘afetai ‘i le sāunoaga a le ali‘i ma vave fa‘a‘uma lana lāuga.

E tasi ‘o le mea, ‘o le tulāfaleali‘i, e mafai ona fai ma ali‘i; ma e mafai fo‘i ona fai ma tulāfale. ‘O le māfua‘aga o lea mea, ‘ona ‘o le ‘āmataga o faigānu‘u. Sā ‘āmata lava e ali‘i māualuluga po ‘o ali‘ita‘i, ona manatu lea ‘o ali‘i e tatau ona tāutala i le faiga o le nu‘u, ‘aemaise le vā ma le atunu‘u. ‘O lea e tatau ai ona ‘a‘ami se ali‘i maualuga mai se isi itūmālō e fai ma ali'ita'i o le nu'u e fa'alagilagi 'i ai ana faiga fa'aaloalo ma ana fa'a'upuga. 'O le tasi fo'i lea itū e māfua ai ona fai se tāupou po 'o se mānaia a se tulāfaleali'i 'i aso anamua 'auā 'olo'o iai mālosi'aga e lua: 'ā ali'i, e ali'i; 'ā tulāfale fo'i, e tulāfale lava; e leai se isi e so'ona fa'alavalave 'i ai. 'O 'i lātou fo'i ia e ta'u o tula po 'o tumutumu o le atunu'u. 'Ā poto le tulāfale i lāuga ma poto i 'upu o le aganu'u, 'o le tulāfale lava lenā e tāi lāuga i mea 'uma.

GĀLUEGA FAUTUAINA

I. *Tusigāsolo ma Tusigāpese*

Iloilo le pese ʻo i lalo ona pepese ai lea pe ʻā iloa le fati. ʻĀ māeʻa ona iloilo le matāʻupu lenei e 3, ona fatu loa lea ʻo sau solo, po ʻo sau pese, ma fai loa se tauvāga po ʻo ai e susua ma mālie ana faʻaʻupuga ʻi ia itūʻāiga tusitusiga.

ʻO le Pese i le Matai
Sāmoa loʻu atunuʻu pele ta te faʻanoanoa
Le puletini ʻua salalau i le vasaloloa.
ʻUa iloa e le lalolagi ʻua fesuisuiaʻi Sāmoa,
Talu ai ʻo le fia poto ma le fia iloa.

Tali:
Sāmoa e, ʻo le tā faʻavae lēnā.
E lē ʻo le tino, ʻa ʻo le agāga.
ʻĀfai e tumau, i le tagāvai lenā,
ʻO le ʻā tūmau le manuia mo Sāmoa.

Fai mai ʻua sesē ona filifili sui o le fono sili
Ina ʻua mālō ʻo le lē iloa ʻIgilisi.
ʻO isi foʻi ʻua popoto i le ʻIgilisi ʻae leai o se faʻautauta
Pe lē ʻo Tāfaʻigata ʻea lona iʻuga?

Na tōfia e le Atua Sāmoa ʻina ʻia pūlea e matai
ʻAuā o lona suafa ʻua vāelua ʻi ai.
E tau nanā fua le tetea ʻae manino lava ʻo le mata o le vai
ʻO le ʻaʻano moni ʻia lē toe iai ni matai

II. *Iloilo Uiga o le Gagana o le Pese*

1. ʻO le ā le ʻautū o lenei pese? Faʻamatala auʻiliʻili lau tali, ma lagolago ʻi ni mea moni ʻua ʻe iloa mai lou ōlaga.
2. ʻO ā ni feʻau po ʻo fāutuaga tāua ʻoloʻo ʻauina mai i le pese? ʻO ā ʻupu ma laina e lagolago ai lau tali?
3. ʻO le ā le uiga o laina e lua ʻoloʻo faʻaiʻu ai le pese? ʻO ā māfuaʻaga o le alagāʻupu: "E tau nanā fua le tetea ʻae

manino lava o le mata o le vai?"

4. 'O le ā, po 'o ai Tāfa'igata?
 'A 'o le ā le mamanu lea e lalaga ai le pese (*style, patterns, motifs, etc.*)

III. *Tusigātala*

Tusi sau pepa i faiga fa'amatai 'i nu'u 'olo'o 'e nofo ā'oga ai 'i lenei vāitaimi; po 'o Sāmoa, Honolulu, Niu Sila, Ausetālia, po 'o 'Amelika tele (U.S. *mainland*). Fa'amatala fōliga o ia faiga, fa'apea fo'i ma mea e aogā ma lelei ai (*advantages*), 'aemaise fo'i ni fa'afītāuli (*disadvantages*) 'ua aliali mai. Fa'ai'u lau pepa 'i ou māfaufauga i le lumana'i 'o faiga fa'amatai. Lagolago lelei ou manatu 'i ni fa'ata'ita'iga moni po 'o ni māfaufauga e ono fa'atinoina.

IV. *Talanoaga ma se Matai*

Sāuni se talanoaga (*interview*) ma se matai. 'O ā ni fesili e fetaui mo lea talanoaga?

'O ā ni mea 'o fia maua ('autū) e tatau 'ona 'e fesili ai?

1. Fa'afeso'ota'i le matai ma fa'atonu le talanoaga.
2. Fa'ata'ita'i ma sau pāga au tala ma au fesili 'ole'ā fai i le matai.
3. Fai le talanoaga i le gagana fa'aaloalo.

V. *Tusigālīpoti*

1. Tusi se līpoti 'i mea 'ua maua mai i le talanoaga.
2. Toe faitau tusitusiga 'o i le tusi lenei ma fa'atusatusa pē iai ni mea fou e tatau ona fa'aopoopo.
3. Fa'asoa su'esu'ega i le vasega 'ātoa.

ILOILOGA O LE MATĀ'UPU

Vāega I

Liliu fesili nei 'i le Gagana Fa'aaloalo:

A. Tu'ulima mai lava lau afitusi se'i tutu ai la'u umu.
E. 'O fea e tū ai le fale o le tamāloa matua?
I. Usu a'e e se isi se pese se'i siva le faiā'oga.
O. 'E te iloa e sau le faife'au i le 'aiga?
U. Fai atu i le to'alua o le tulāfale e fai e ia se tātou 'upu.

Vāega II

Tali 'i Fesili nei:

A. 'O ā ni mea tāua se tolu e fau a'i le gagana a matai?
E. 'O ā ia mea e ta'u o fa'alupega?
I. 'O le ā le vāega o le gagana e fa'aogā pe 'ā 'oulua talanoa ma se matai, 'ae lē 'o 'oe 'o se matai?
O. 'O ā ni fa'amanuiaga se tolu e te maua pe 'ā 'avea 'oe ma matai tomai 'i le aganu'u?

Vāega III

Fa'asāmoa mai uiga o 'upu ia:

abasement	*legacy*
acknowledgment	*paramount chief*
dignity	*prestige*
high ranking chief	*respect*
heritage	*salutation*

Vāega IV

'Ua 'e alu i le fono a le 'aulotu 'ae fai ane tagata iā te 'oe, "Susū mai ia."
Fa'aaogā 'upu 'olo'o i lalo e fai ai au tali. E mafai ona fa'aogā fa'alua se 'upu pē fa'amisi fo'i se 'upu.

'ekālēsia	faletua
maota	susuga
fa'afeagaiga	a'oa'o
afioga	mamalu

Vāega V

Filifili tali sa'o.

1. 'O le fa'auluuluga o le Fa'asāmoa, 'o le:
   A. faife'au.
   E. tulāfale.
   I. ali'i.
   O. matai.
   U. tamaitiiti.

2. 'O le nōfoaga i se fono o le tulāfale fai'upu o le nu'u, e nofo i le:
   A. matuātala o le falefono.
   E. pepe o le tala.
   I. fafo o le fale.
   O. talāluma o le fale.

3. 'O le matai fai'āiga lelei, e:
   A. sasao fa'atetele saofaga o fa'alavelave.
   E. fuafua saofaga i tamāo'āiga o tagata.
   I. tautala so'o.
   O. apoapoa'i 'i 'upu fa'alā'ei'au.
   U. fetaui 'i ai le "E" ma le "O" 'ua ta'ua i luga.

Vāega VI

Tali 'i le sa'o po 'o le sesē:

1. 'O matai 'uma lava e fai ma sa'o o 'āiga.
2. 'O tamāli'i e lē tautala so'o.
3. E fia tamāli'i lava le tūfanua 'ae iloa i ona fua.
4. E tutusa tūlaga o matai 'uma.
5. E fa'ai'u e le ali'i sili talanoaga 'uma.

Vāega VII

Tusi sau pepa e fa'amatala mai ai uiga ma gāluega fai a le matai o lo 'outou 'āiga. Fa'alautele ou māfaufauga i ni isi mea tāua.

Vāega VIII

1. Faitau le pese i le matai ma talanoa ʻi ni faʻaʻupuga fou.
2. Tali fesili ia:
   A. ʻO ā agavaʻa e tatau ai ona filifilia ʻoe e fai ma matai e tausia le ʻāiga?
   E. E mata e mafai e le mālosi o le Faʻasāmoa ona faʻasala se suafa matai maualuga po ʻo se tama a ʻāiga?
   I. ʻĀ misa matai Sāmoa i se fono a le nuʻu, e lē mafai ona osovale ai se isi, ʻauā e fofō a alamea le feʻeseʻeseaʻiga. ʻO le ā lona uiga o lea mea?
   O. ʻO aso nei ʻua fiamatai tagata ʻuma e popoto. ʻAiseā?
   U. Faʻamatala lea faʻaʻupuga mai ʻi le pese, " ʻO le matai e leai sona faʻautauta."

Vāega IX

Fai sau tupua po ʻo sau solo e uiga ʻi le matai.

Vāega X

Faʻasolo lelei le saofaʻiga a matai ʻi ona tūlaga mamalu.

1. lautīnalaulelei
2. aliʻitaʻi
3. tama a ʻāiga
4. faleʻupolu o tōfiga
5. vāialiʻi
6. faʻavāipou
7. usoaliʻi
8. tagatānuʻu

FA'ALEOGA MA FA'AUIGAGA O 'UPU

au'ili'ili	vā'ili'ili; auau 'uma vāega po 'o fa'amatalaga
āfāina	a'afia
agava'a	tomai
alaaala	nonofo mai
ali'i sili	ali'i māualuluga
ali'ita'i	ali'i fa'aaloalogia:
āloa'ia	taualoa; āmana'ia
āmana'ia	āloa'ia
'āiga potopoto	aofiaga o itūpaepae 'uma
'aunofosala	tagata fa'asalaina 'o se matā'upu
itūpāepae	itū 'āiga po 'o faletama
iloilo	su'esu'e; iloiloga
ivi	tomai; agava'a; tāleni
'i'oimata	'i'o o le mata
'Isarā'elu	'o le nu'u o le Atua i talitonuga fa'akerisiano
'otegia	fa'atonu
'upuvale	'upu leaga; palauvale
fa'autauta	fa'aogā le māfaufau; fa'aeteete
fa'afītāuli	faigatā
fa'alagilagi	fiailoa; fiatagata; fiamamalu
fa'amālūlū	fa'amalie
fa'amalumaluga	fai 'ia malu
fa'amamāluga	fai 'ia mamalu.
fa'amasinoga	su'esu'ega o le mea tonu
fa'amatai	faiga o le mālō o matai.
fa'apa'iaina	fa'amamaluina
fa'atāulele'a	pūlega a tāulele'a
fa'ato'esega	fa'amāualaloga
fa'atūlagaga	fa'avasegaga; tu'u i vasega
fa'atama'ita'i	pūlega o tama'ita'i
fa'asi'usi'umata	'ave 'i ai mata
fa'avāipou	tulāfale fesoasoani
faletama	itūpāepae; 'au uso 'ese'ese
fale'upolu	failāuga; tulāfale
finagalo 'autasi	'ua tu'u i le tonu e tasi

gafa	fāiā po ʻo fesoʻotaʻiga o ʻāiga
lima mālosi	tele mea e maua
māopoopo	lelei mea ʻuma
mālosiʻaga	faʻamoemoega; pou tū o se ʻāiga
mamalu	paʻia
manino	mālamalama lelei
matāgāluega	itūmālō
mataʻāiga	osi ʻāiga; alofa i ʻāiga
matai	tagata e vaʻaia le ʻāiga; e mata ʻi ai mea e fai a le ʻāiga
mea tōtino	mea patino; ʻo au lava mea
nanā	faʻalafi; tuʻu i se mea lilo
pologa	tīgāina
pule	ʻo lē na te pūlea se mea; paoa; faʻasoa
puletini	nusipepa
salalau	taʻape: soʻo ai le vasaloloa
saʻo o le ʻāiga	ʻo le matai aupito maualuga o le ʻāiga
saofaʻi	faʻaeʻetia i le suafa matai; nofo i le suafa
saofaʻiga a le nuʻu	fono a matai
seʻiloga	vāganā
sui	tagata ʻauai ʻi se fono
susua	mālie, mānaia
taualumaga	faʻasologa
tamāoʻāiga	ʻoloa maua
tapa le ipu	asu le ʻava; tāumafa le ʻava
tausi	vaʻaia le ʻāiga; āvā a le tulāfale
tautua	ʻauʻauna; tagata ʻauʻauna
taʻuleleia	lelei mea e faia
tūmua	nuʻu e pūlea itūmālō i ʻUpolu
tuʻu matāmaga	tuʻu i vāega; faʻavasega
tuʻuaʻia	lafo ʻi ai leaga
vaesala	faʻalāʻitiiti le sala
vāialiʻi	aliʻi maualalo
vasaloloa	sami lāolao
resitalaina	faʻamauga o suafa

MATĀʻUPU 4: ʻO LE TAUTUA A LE SĀMOA

I. ‘UPU ‘ĀMATA

‘O le Ala ‘i le Pule le Tautua.

‘Ā filifili matai a Sāmoa e fa‘atūla‘i muamua mai lava le tagata sā tautua lelei ‘i le matai ma le ‘āiga ma le nu‘u, ‘aemaise fo‘i le ‘ekālēsia. ‘O tautua a le atunuu e maua mai ai fa‘amanuiaga ‘ese‘ese. ‘Ā iai sē e fia o‘o i le tūlaga pule, alu e tautua, ‘auā ‘o le āla i le pule le tautua. ‘Ā iai sē e fia sili, alu e fai ma ‘au‘auna, ‘auā e lē ‘avea ma ali‘i sili pe ‘ā lē ‘au‘auna muamua; ‘o se a‘oa‘oga fa‘akerisiano fo‘i lea. “ ‘Aua le fa‘amasinoina le mālō po ‘o le ā se mea aogā ‘ua fai mō ‘oe; ‘ae fa‘amasino ifo ‘oe po ‘o le ā sau gāluega lelei sā fai ‘e te tautua ai mo le mālō;” ‘o le ‘upu lea a President John F. Kennedy ‘ina ‘ua fa‘atautōina ‘o ia e ‘avea ma ali‘i sili o le mālō o le Iunaite Setete. ‘Aua fo‘i le fa‘amasinoina le matai ma le ‘āiga ma le nu‘u, po ‘o le ā sau mea aogā e maua pe ‘ā ‘e tautua; ‘ae ‘ā ‘uma ona fai se tautua, ona fa‘apea ifo lea, ‘o a‘u ‘o se ‘au‘auna lē aogā.

‘O le tautua e lē ‘o se gāluega faigōfie ‘auā e fuafuagatā e le māfaufau le fa‘atinoga ‘o lenei gāluega. E fōliga mai le tautua ‘o se gāluega to‘ilalo ma le fa‘alumaina ‘auā ‘o isi taimi e ula ‘i ai tagata i se tagata tautua tuāvae ma fa‘aigoa o le ‘au‘auna, po ‘o le tāvini, po ‘o le pologa; peita‘i ‘o le tautua ‘o se gāluega e atagia ai uiga fa‘atamāli‘i ma uiga fa‘afale‘upolu, ‘aemaise uiga o le loto maualalo Fa‘aIesū. E tusa lava pē tele ni tautua e fai, ‘ae ‘ā lē moni le lagona lilo na ala ai ona fai le tautua, ona pei lava lea ‘o se ano e tafea i le auau. ‘Ā laulau mai fo‘i le mau tautua sā fai, ‘ae lē moni le agāga na fai ai le tautua, ona moni lea ‘o le ‘upu a Paulo, e na‘o se sūmepalo tagitagi.

II. ‘O LE UIGA O LE TAUTUA

‘O le uiga faigōfie o lea ‘upu o le “tautua,” ‘o le tau mai ‘i le itū ‘i tua, ‘o le gāoioi mai ‘i tuāfale, ‘o le nofo mai ‘i le talātua o le fale ma ‘au‘auna mai mo fe‘au a ali‘i ma le fono a le nu‘u. E fa‘apēnā fo‘i ona ‘au‘auna mo le matai o le ‘āiga, po ‘o le fesoasoani fo‘i ‘i mea fai a le lotu ‘e te lotu ai.

Sā manatu le aganu‘u anamua, ‘o le tofi o le tautua e fai lava na‘o tāulele‘a ma o lātou ta‘ito‘alua, ‘auā ‘ā maliu le matai ‘olo‘o fai ‘i ai le tautua, ona solo‘a‘i ane lea ‘o lea taule‘ale‘a i le suafa matai na te tausia le ‘āiga ma na pūlea mea e fai a le ‘āiga. ‘O ‘i‘inā tonu lā e taunu'u ai le 'upu, " 'O le ala 'i le pule le tautua."

'O aso nei 'i le Fa'asāmoa, 'ua lē na'o tāulele'a e faia le tautua, 'a 'o tagata 'uma o le 'āiga potopoto. 'Ā iai se sa'o o le 'āiga, e tatau ona tautua 'i ai matai 'uma o le 'āiga ma o lātou faletua; tāulele'a ma ta'ito'alua; 'o tama'ita'i ma sa'oao o le 'āiga e o'o lava i fānau. E tofu le tagata o le 'āiga ma lona tofi 'ua tofiina mai e fai ai le tautua, 'ae 'ese'ese ala 'ua filifilia e le tagata e fai ai lana tautua.

III. 'O ITŪ'ĀIGA TAUTUA

'O ni isi nei 'o tautua lelei a Sāmoa e tatau lava ona fai ma le fiafia ma le loto malie.

'O le Tautua Lelei

Tautua Tuāvae
'O le fa'aaogāina o vae ma lima e tamo'emo'e ai e fai fe'au e finagalo ai le matai, e solisoli tūlāgā'a'ao ma mulimuli 'i le matai 'i mea 'uma e afio 'i ai. 'O se 'au'auna ma se 'avefe'au e vāvālalata o lā lagona ma le matai 'i mea e fai; 'o se tautua e fa'aogā ai le māfaufau o le tagata e aunoa ma se tau fa'atonu, 'ae na te faia mea 'uma e malie ai le matai.

Tautua Matapala po 'o le Matavela
'O lona uiga o lea tautua, 'o le āfu o mata i le faiga o suāvai 'i aso 'uma mo le suataute a le matai; e susū mata i le sami i le fa'aa'ega o le tai 'auā se ina'i o le sua a le matai. E o'o lava i le faife'au ma le nu'u 'ua tāumamafa i suāvai fu'e a le tautua. 'Ua lē tau tulia i ni suāvai fu'e tautua o aso nei 'auā 'ua faigōfie ona maua tāumafa vela i aso 'uma i fale'aiga. 'O le mea lea, 'o le tagata tautua lelei lava ia, e 'ave lava le sua a le matai o le 'āiga, e pei ona māsani ai 'i Sāmoa, e ala i se saka fa'i e fai 'i le fale, po 'o mea'ai e fa'atau mai 'i fale'aiga. 'Ā lē 'o lenā, 'ave se tupe mo mea tāumafa a le matai, 'aemaise ana mea fa'alelotu.

Tautua Mamao
E lē fa'apea 'ā alu 'ese mai 'i Sāmoa le tagata ona galo ai lea 'o le tiute o le tautua. E tatau 'i ē nonofo mamao atu, ona fesoasoani i fa'alavelave o le 'āiga ma le matai 'i taimi e tatau ai. 'Ā silafia e le tagata nofo mamao se fa'alavelave i Sāmoa, e lē tau fa'atali se'i fai mai le matai, 'ae fai lava le tautua mamao atu i le loto malie. E lē 'o lou 'avea o se tupe na'o ou mātua 'ole'ā ta'u ai 'o se tautua i le matai, 'ae tatau lava ona 'ave fo'i sina tupe mā le matai. E sili ona alofagia tagata tautua mamao e 'āiga i Sāmoa ma le matai o le 'āiga, i taimi e asiasi atu ai 'i 'āiga i Sāmoa; 'auā e fā'i 'o le faiva o pule, 'a 'o le faiva o fa'aaloalo. E teu fatu e le matai lelei le pule e tō atu i mea e lē va'aia; ma manatua, 'o se tala lelei e

'ave atu i nu'u mamao, 'o se vaimālū lea 'i lē 'ua gālala i le fia inu.

Tautua Toto

'O le tautua lea e fai 'i le loto tele; e lē mafai ona 'alo i se mea faigatā, e tusa lava pē o'o i le oti, e lē fo'i ai; mo se fa'ata'ita'iga: 'Ā fai atu lava le matai po 'o le fono a le nu'u, "Tāulele'a, 'ia su'e mai lava le tagata leaga lea 'ia maua!" E va'ai atu lava 'ua sāisai mai lea tagata; e tusa lava pē maligi ai le toto o le tagata tautua, po 'o le oti ai fo'i 'i lea fa'atonuga e fai lava. 'O itū'āiga tautua 'inosia nā e lē mana'o ai se isi e fai, 'ae 'ona 'o aga lava a le tautua, 'e ala ai ona fai se tautua toto. 'O le tautua lea, e tutusa ma le tautua a fitafita e ō 'i taua.

Tautua Matalilo

'O le tautua lea e lē fa'alaua'itelea, ma e lē tau fesili fo'i 'i le matai po 'o se ā se mea e fai, 'ae fa'aaogā ai le loto fuatia ifo lelei. E alu lava le tautua ia fai gūgū saogāmea a le matai 'i faigānu'u ma le 'ekālēsia fo'i. 'O le itū'āiga tautua lea na fai mai ai le Tusi Paia, " 'Ā 'e faia se fōa'i, 'aua le ilia le pū," po 'o le isi uiga, " 'Aua le iloa e le lima tauagavale, mea e faia e le lima taumatau". E ui ā lā 'ina lē iloa e le matai le fa'atinoga o lau tautua, 'ae leai se mea e lilo i le silafaga a le Matai o matai.

Tautua 'Upu

E galo i le 'au tautua 'upu, le aogā o le tautua 'upu. 'Ā lima vāivai le taule'ale'a, po 'o le tagata tautua, e tatau ona poto e tautala mo fa'a'upuga o le aganu'u i totonu o le 'āiga, nu'u, ma le atunu'u. 'Ia tomai fo'i le tautua i fa'alupega o le matai ma le nu'u 'auā e mimita le matai pe 'ā mālie le fa'aeaea a le tautua e ala i le sa'o ma le māualuluga o ona fa'alupega; 'aemaise fo'i, 'ā iai ni fa'alētonu i le vā o le 'āiga ma le fono a le nu'u, e fa'amoemoe lava le matai 'i le lava o le tōfā a lana matai tautua po 'o lana 'autautua.

'O le Tautua Leaga

Tautua Pa'ō

E tasi 'o le mea, e iai tautua leaga 'ua mātauina e matai o le atunu'u sā faia e ni isi 'i aso 'ua mavae, ma 'olo'o va'aia pea lava i tagata tautua o 'āiga i aso nei. E fa'alogo atu lava ni matai ma ni mālō i le fale, 'o fa'apa'ō mai ipu ma 'ulo i tuāfale; po 'o le feato solo 'o fafie o le umu; po 'o le fa'agaolo solo 'o sapelu, fa'atasi ma le mau fa'a'upuga lē leoa, 'ae fa'aali mai e fōliga lē tāutagata. 'Āfai lā e fu'e atu e lea tautua se sua a le matai, 'o lona uiga, 'ua lē fia tāusami ai le matai; 'auā 'ole'ā 'ai ma le foa ana mea'ai. E fa'aigoa fo'i e isi le tautua pa'ō, 'o le tautua suā 'ona 'o le fā'ali'igōfie ma le tete'e, 'ae lē 'onosa'i 'i lona tofi o le tautua.

Tautua Gutuā

E pei e mafuli le tautua gutuā i fafine 'auā e seāseā masua mai fa'a'upuga i tamāloloa, 'ae 'ua iai fo'i tamāloloa e pei 'o fafine. 'O le itū'āiga tautua mata'utia lenei, 'auā e sasi loa fuafuaga a le matai, osofa'ia loa e le 'au tautua, ma lau ai le fai mea so'o ma le lē alofa o le matai i le 'āiga. E ta'u fo'i le tautua gutuā 'o le tautua fa'atuā'upua. E māfua 'ona 'o le uiga lea e lē fa'aalia maia 'i luma le lē malie o se tagata, 'ae tomumu i tua pe 'ā 'uma se talanoaga. Ona lau ai lea e le 'au tautua le fai 'āiga leaga o le matai, ma lātou tausua ai 'i tua ma isi tagata e fa'apea, 'o le matai e poto e sasao mai mea, 'ae valea e fa'asoa atu mea.

Tautua Fiamatai

'Ona 'o le tutupu o matagi 'i liu o va'a, e tutupu ai pea lagona fa'anatura o le tagata tautua. E lelei, 'ae toe leaga fo'i le tautua fiamatai. 'O itū e leaga ai le tautua fiamatai, 'ā maua loa le suafa matai, ona sola loa lea 'ae lē tausia le 'āiga; ma le isi mea, 'o le manatu fia pule aoao i le ola o le 'āiga ma a lātou mea tōtino, e ala ai 'ona fiamatai. 'O le isi mea, 'o le manatu, 'ia fa'aeaea 'uma mai tagata o le 'āiga iā te ia, ma 'avea ai e pei 'o se tupu e tau fa'anoinoi 'uma 'i ai mea. 'O le isi fo'i itū, 'o le fia maua o le ola filēmū na'o le fa'asa'osa'o 'ae sapalai mai e le 'āiga mea tāumafa ma isi ala o le tamāo'āiga; 'auā o le aganu'u, 'ā ta'u loa 'o le sa'oali'i o le 'āiga, ona na'ona fa'asa'osa'o loa lea ma fa'amāepaepa, 'ae tautua mai tagata 'uma o le 'āiga. 'O le tautua fiamatai lā lea na a'oa'o mai ai Iesū i ona so'o e to'alua, 'o Iākopo ma Ioane, 'ātoa ma lo lā tinā manatu fa'asāusili. Su'e le Tusi Pa'ia i le 'Evagelia a Ioane mo lea fa'amaumauga.
Peita'i, e ala ona tautua fiamatai le isi tagata, 'ona 'o le mana'o e fa'aui'ese le suafa matai mai 'i lē 'olo'o tausia le 'āiga ona 'ua ta'u valea le 'āiga i faiga a lea matai.

IV. 'O FA'AMANUIAGA E MAUA E LE TAGATA TAUTUA LELEI

E pei lava 'o 'upu māsani: 'o le fua 'e te fuaina atu, e toe fuaina mai; 'o mea lelei na 'e faia mo le matai na 'e tautua 'i ai, e toe faia mai fo'i iā te 'oe e le 'au tautua a le 'āiga pe 'ā 'avea 'oe ma matai. 'O le lā'au lelei na 'e totō mo le 'āiga, e fua mai ai fua lelei ma le aogā. 'O le tautua lelei, ma le loto maualalo, ma le fa'aaloalo mo le 'āiga ma le nu'u, e fa'afualoa ai lau nofoa'iga pe 'ā 'avea 'oe ma matai, ma 'avea ai lava 'oe 'o se tamāli'i sili o le nu'u. E fōa'i fo'i 'i ai e le Atua le tamāo'āiga o lima ma le tamāo'āiga o le poto ma le fa'autauta, 'aemaise le mau e tele i le fofoga e fa'a'upu ai le tōfā mamao ma le fa'autaga loloto; 'ae lē gata i lea, na te maua ai fo'i fa'amanuiaga mai le matai o le 'āiga 'ātoa ma le nu'u ma le faife'au.
'O le mālosi ma le lelei o le tautua a le Sāmoa, na te maua ai isi fa'amanuiaga

māualuluga e pei ʻo le matūpālapala ma le igagatō.

V. ʻO LE MATŪPĀLAPALA

E faʻapei ona ʻeseʻese agaʻifanua a nuʻu ma alaalafaga o Sāmoa, e faʻapēnā foʻi ona ʻeseʻese faʻaleoga ma faʻaigoaga o ni mea tōtino a nuʻu; e pei foʻi ona manatu ʻeseʻese tagata i le faʻaleoga ma le faʻauīgaina o lenei ʻupu ʻo le matūpālapala. Fai mai isi o le atunuʻu, ʻo le saʻo o le ʻupu, ʻo le "matuʻupalapala"; e lē ʻo se mea mātuiā lea i loʻu manatu, ʻae pau lava le mea tāua, ʻia tutusa lona faʻauīgaina i le aganuʻu, ma ʻia saʻo le taimi e faʻaaogā ai lea ʻupu.

ʻO le matūpālapala, ʻo se aganuʻu a tupu ma tamāliʻi o Sāmoa; e lē soʻona faia e ni tagata lautele. Na māfua lenei ʻupu o le matūpālapala ʻona ʻo tautua a tulāfale i tupu po ʻo tamāliʻi o nuʻu. ʻĀ māfaufau se tulāfale ʻoleʻā fai sana tautua i lea aso, ona usupō lea i lana faʻatoʻaga; ʻo le taimi o le vaveao e usupō ai le tulāfale, e susū ʻuma le tagata i le tūlusau ma le o le ala i le faʻatoʻaga, ʻauā ʻua na asā le gasū o le taeao. ʻĀ foʻi mai le tulāfale i le ʻaʻai, e ʻaumai se ʻava po ʻo se toloufi, po ʻo se puaʻa ʻaivao, ʻaemaise ʻo se muʻa; ona alu lea ma mea ʻuma nei ʻi le fale o le aliʻi.

Manatua, e lē solia le maota o le alii e se tagata palapalā ma le susū. ʻO le mea lā e fai e le aliʻi ma lona faletua, ʻo le taui atu o le tīgāina o le tulāfale i le togi ane ʻi ai o se matūpālapala; ʻā lē ʻo se ʻie, ʻo se taʻafi siapo e sulu ai ma matū ai, ma fai atu ʻi ai , " ʻO lou matūpālapala lenā. Faʻafetai fai tamāliʻi."

ʻO isi tamāliʻi lelei, e lē faia ni matūpālapala o tulāfale i ni siapo, ʻae fai ʻi ʻietōga. ʻĀ oʻo lā ʻina faifai pea lea tautua lelei e le tulāfale, ona maua lea ʻo le taui e sili atu ona telē mai le tamāliʻi. Mo se faʻataʻitaʻiga: e tuʻu ʻi ai se suafa matai maualuga o lona ʻāiga e tiu ai lea tulāfale i totonu o le nuʻu ma le itūmālō.

ʻO lona uiga moni lava lā, ʻo le matūpālapala, ʻo le taui o se gāluega lelei, po ʻo se tautua tuāvae po ʻo se tautua toto. E tāi fōliga le matūpālapala a Sāmoa i le faʻailoga lea a ʻEgelani o le VC po ʻo le Victoria Cross. ʻO le taui mo le tagata fitafita e toa ma lototele mo le faʻasaoina o le atunuʻu po ʻo se tagata puapuagātia.

E faʻapēnā foʻi ona maua e Lesi le matūpālapala mai iā Levālasi, ʻo le tuʻuina atu lea o le ʻie faʻatupu a le masiofo e taui ai le tautua lelei a Lesi. ʻO le ala lea o le segi e Sālelesi ʻie o le mālō e pito lelei pe ʻā fai faʻalavelave tau tupu.

E toe faʻamanatu atu, ʻo le matūpālapala, ʻo le taui o se tagata ʻese e tautua lelei ʻi totonu o se ʻāiga po ʻo se nuʻu. Silasila i matūpālapala nei ʻo ni isi o tamāliʻi o le atunuʻu na taui ai a lātou tautua toto.

ʻIna ʻua tōfia Fonotī e fai ma tupu, ona soloaʻi ane lea ʻi ai ʻo le ʻie faʻatupu lenei o le

Pepeve'a. Ona tupu lea 'o le taua i le vā o Fonotī ma ona uso taufeagai o Tole'afoa Va'afusu'aga ma Sāmalā'ulu 'ona 'o lenei lava 'ietōga 'o le Pepeve'a. 'Ina 'ua mālō Fonotī i le taua ma fa'amaonia lona tupu, ona tō atu ai lea 'o matūpālapala nei o nu'u ma itūmālō sa fesoasoani mālosi i lana itū'au.

'Ua maua le fa'alupega fou o Falefā, 'o le 'a'ai a le tupu, po 'o le 'a'ai a Fonotī.
'Ua maua le fa'alupega fou o Fagaloa, 'o le Va'a o Fonotī.
'Ua maua le fa'alupega o Molio'o ma Faleāpuna, o le To'oolefua.
'Ua maua le fa'alupega fou o Tofaeono: 'o le faleagafulu 'i ai 'o Leulumoega 'ae fālefitu 'i ai Lufilufi.

E fa'apēnā fo'i matūpālapala na fai e Sāmalā'ulu i tagata sā i lana itū'au.

'Ua maua le fa'alupega fou o 'Alipia: 'o le matua na togi.
'Ua maua le fa'alupega fou o Tanuvasa: 'o le itūlua 'i ai 'o Ā'ana.

'O le matūpālapala lā, e lē 'avea i so'o se tagata tautua, po 'o se tōtino o le 'āiga, 'a 'o le taui mo se tautua maoa'e a se tagata 'ese. E ui lā ina tu'uina atu se matūpālapala i se tagata 'ese, 'ae iai pea 'i lalo o le fa'amalumaluga a le tupu ma 'āiga e ona le matūpālapala.

VI. 'O LE IGAGATŌ

'O le igagatō ma le matūpālapala, e manatu le to'atele o le atunu'u e tutusa lelei lava 'o lā uiga, peita'i, 'o le māfua'aga o le igagatō, e fa'apea: 'O le malaga a le tama'ita'i o Sinālefiti mai 'i le atunu'u o Fiti, sā ta'amilo 'i Savai'i ma lana si'uola e iai lona oso, 'o tama'i i'a e tolu: 'o le igaga, 'anae, ma le tu'u'u. 'Ona 'o le tali leleia o le malaga e le nu'u o Puleia i le Falefā i Palauli, na fai meaalofa ai Sinālefiti 'i tamāli'i o Puleia. Na ia tō a'e ai lana tama'i i'a o le igaga ma tu'u i le vaitafe i Puleia ma fai atu 'i ai, " 'Ia 'outou tausi lelei 'i lenei i'a, 'auā tou te manuia ai."

'O le uiga moni lā o le igagatō, 'o se meaalofa e taui ai le agalelei ma le māfanafana o le māfutaga; 'o lona uiga fo'i, 'āfai 'ua 'e maua se igagatō, 'o lau lava mea tōtino e lē toe āiā mai 'i ai lē e ona le fōa'i.

GĀLUEGA FAUTUAINA

I. Tusi mai fa'amatalaga 'uma 'ua 'e iloa i lenei taimi i le uiga o le alagā'upu lea: " 'O le ala 'i le pule le tautua."

II. Fa'atino itū'āiga tautua 'ese'ese i ni faleaitu. Vāevae le vasega i kulupu ta'i to'afā ona pule lea o le kulupu ma le 'autū o le lātou faleaitu, ma isi faiga fa'afaleaitu.

III. Iloilo ta'uga ma uiga o le 'upu "tau" ma 'upu 'uma e tupuga mai ai. Fa'ata'ita'iga: tau, taualuga, tāupou, tautua.

ILOILOGA O LE MATĀ'UPU

Vāega I

Fa'amatala se tautua aupito lelei e vave ai ona filifilia 'oe e 'avea ma matai.

Vāega II

Tusi mai ni isi tautua lelei e te manatua 'ae lē 'o tūsia i le matā'upu.

Vāega III

'O ai e tautua 'i ai tagata nei; fa'afetaui le Lisi A ma le Lisi E.

LISI A	LISI E
tamaiti	mālō o le U.S.A.
tāulele'a	Atua
fafine	matai
matai	nu'u
'aulotu	'ekālēsia
Sāmoa i Sasa'e	itūmālō ma nu'u
faife'au	'āiga
tama a 'āiga	mātua
nu'u	atunu'u

Vāega IV

Tali fesili nei:

1. 'Aiseā e fai ai nei mea 'o tautua?
   Fa'amatala 'uma ni mea 'e te manatu e tatau ai.
2. E fa'amata 'e te fia faia lea tiute o le tautua? 'Aiseā?
   Tusi mai ni mea se tolu e lagolago ai lau tali.
3. Fa'amatala ni mea e fa'amaonia ai le fa'a'upuga lea a Sāmoa,
   " 'O le ala 'i le pule le tautua."
4. 'O le 'upu **tau**, e 'ese'ese ona ta'uga ma ona uiga.
   Tusi le uiga o le 'upu **tau** i le i'uga o le fuai'upu. Tu'u muamua fa'ailoga e sa'o ai le ta'uga o le 'upu ma faigōfie ai ona 'e iloa le uiga o le 'upu "tau" i le fuai'upu.

Fa‘ata‘ita‘iga: ‘o le uiga o le tautua, ‘o le tāu mai i tua. (‘au‘auna)

i. ‘Ou te usu atu, ‘ua tau e le tagata fua o le mātou esi.
ii. ‘Ua pa‘ū le tau o le tālā ‘Amerika i Sāmoa i Sisifo.
iii. ‘Aua ‘e te tautala pe ‘ā lē tau lou gafa i le Mālietoa.
iv. ‘Aua ‘e te ta‘u fua le suafa o le Atua.
v. ‘Ua malie le papa i Ta‘ū.
vi. ‘Aua ‘e te tau le pua ma lafo mai.
vii. ‘Ua tau le ‘āiga o Ioane.
viii. ‘Ua ‘e tau mai ‘ua ‘uma le mea e tatau ai.
ix. E fia le tau ‘o le moa?
x. ‘Ua agi fa‘ata‘uta‘u le fīsaga, ‘ona ‘ua leaga le tau.

Vāega V

Fa‘amatala le ‘ese‘esega o le matūpālapala ma le igagatō.

Vāega VI

‘O le ā se tala i le Tusi Pa‘ia e fa‘aalia ai le tautua fiamatai?

Vāega VII

Tusi mai se tomumu a se tagata tautua o le ‘āiga i lo lātou matai pe ‘ā lē malie ‘i ai.

FA‘ALEOGA MA FA‘AUIGAGA O ‘UPU

alofagia	mana‘omia
‘evagelia	tala lelei iā Iesū
igagatō	taui o se gāluega alofa
osofa‘ia	fa‘afeto‘aia
usupō	alapō
fa‘aa‘ega o le tai	fāgota so‘o; fāgota ‘umi
fa‘aeaea	tu‘u i luga
fa‘afualoa	fa‘alevaleva
fa‘agaolo	fa‘apa‘ō solo; fa‘atololī
fa‘alumaina	fa‘amāina; fa‘amāsiasia
fa‘amanuiaga	maua mea e fiafia ai
fa‘anoinoi	taufa‘anoi ‘i ai mea
fa‘asa‘osa‘o	nōfonofo e lē gāoioi
fa‘asāusili	manatu fiasili
fa‘ataunu‘uga	faia o mana‘o
fa‘atautōina	ta‘utinoga
fa‘atuā‘upua	taumuimui
fa‘atūla‘i	tūla‘i pē alu ‘ese ma le ‘āiga po ‘o le nu‘u
fa‘aui‘ese	tu‘u‘ese
fa‘autaga loloto	māfaufauga loloto
feato solo	o‘ona fetogi solo
fitafita	tagata tau; vaegā‘au
fofoga	‘o le gutu; sāunoa; fetalai
fuafuaga	taupulega
gālala	fia inu
lē tau tagata	‘ua lē pei se tagata ‘ae pei se aitu (pe ‘ā ita)
liu o va‘a	suāsami ‘i le ta‘ele o le va‘a
loto fuatia ifo	faia o se mea e aunoa ma se fa‘atonuga
māfuli	mātele
mata‘utia	maoa‘e le faigatā
matūpālapala	taui o se tautua lelei
nofoa‘iga	āugānofo
palapalā	‘ele‘elea
puapuagātia	tumu i fa‘afītāuli po ‘o fa‘alavelave
sapalai	tu‘u lima atu

sapelu	‘o le naifi; fa‘aolafanua
si‘uola	‘ato e tu‘u ai i‘a ma figota
solia	ulufale ‘ae leai se ala
sua a le matai	mea tāumafa a le matai
sūmepalo tagitagi	lā‘au pese leo malie
tāumamafa	‘a‘ai
tautua matalilo	e fai ‘i le loto fuatia ifo; e lē tau fesili
tautua fiamatai	e ala ona tautua ‘ona ‘o le fia ‘avea ma matai
tautua gutuā	faife‘au tomumu; gutu oso
tautua mamao	nofo i nu‘u ‘ese ‘ae fai lava le tautua i le matai i Sāmoa.
tautua matapala	e afu ma susū le muāulu ma mata i le faiga o tāumafa a le matai
tautua matavela	e velasia mata i aso ‘uma i le faiga a le suataute a le matai.
tautua pa‘ō	tautua leaga; faife‘au pa‘ō; tomumu
tautua tuāvae	fai mea ‘uma e finagalo ai le matai; mulimulitu‘i
tautua ‘upu	e poto e fai ‘upu o le matai; poto i lāuga
tautua	‘au‘auna; nofo tuāvae
ta‘u valea	ta‘u leagaina
tomumu	pisapisa lēmū
vaivaoa	‘ua vaia vao
vāvālalata	felāta‘i; latalata

IUNITE 2

‘O LE VĀFEĀLOA‘I MA LE FA‘AALOALO

IUNITE 2: ‘O LE VĀFEĀLOA‘IMA LE FA‘AALOALO

Fa‘asologa o Matā‘upu

‘UPU TOMUA

‘Olo‘o talanoaina le vāfeāloa‘i (*respect or politeness sets*) ma feutaga‘iga (*communicative patterns*) Fa‘asāmoa i le iunite lenei e lua o le tusi. ‘O lenei vāega e silafia ai e tagata su‘esu‘e po ‘o ā fōliga ma āmio a tagata e fa‘atino ai itū‘āiga o vāfeāloa‘i ‘olo‘o fa‘aogāina. ‘Ia mālamalama ai tagata ā‘o‘oga, po ‘o se Sāmoa, pe lē ‘o se Sāmoa, i le mālosi fo‘i ma le mautū o talitonuga a Sāmoa i lenei vāega tāua o le ōlaga, ‘o le vāfeāloa‘i. ‘Ua tātou mālamalama i le tofu o so‘o se aganu‘u (*culture*) ma ana tūlāfono e fa‘atino ai le vāfeāloa‘i. E ta‘ita‘ia e le vāfeāloa‘i a se atunu‘u po ‘o se aganu‘u le itū‘āiga tū, tautala, ma gāioioiga a se tagata i fesāga‘iga ma isi tagata. E fa‘apea fo‘i lā le Fa‘asāmoa, e iai faiga o le vāfeāloa‘i pe ‘ā lua fa‘afesāga‘i ma se matai, po ‘o se faife‘au, po ‘o mālō tali, po ‘o le tama i le teine, ‘o le tuagane i le tuafafine, fa‘apea ma tamaiti. ‘O ā fo‘i fōliga o ou mata ma lau gāoioi, ‘aemaise ai lou leo pe ‘ā lua fa‘afesāga‘i ma lou pule po ‘o lou faiā‘oga.

‘Ua fa‘atino i le Iunite 2 talitonuga e pei ‘o le tāua o le alofa, usiusita‘i, ma le gālulue fa‘atasi. E fa‘apea fo‘i ma le tali‘upu, so‘ona pisavale, ma le fe‘alo‘alofa‘i i gāluega fai. ‘O mea ‘uma ia e fa‘aalia ai lou mafai, po ‘o lou lē mafaia, ona fa‘atino le vāfeāloa‘i, po ‘o āmio ma aga e tausa‘afia.

‘Olo‘o tele i lenei iunite fa‘ata‘ita‘iga o ia mea e pei ona ta‘ua i luga, fa‘atasi ai ma tūlaga o taimi ‘ese‘ese e fa‘atino ai le vāfeāloa‘i Fa‘asāmoa. ‘Olo‘o iloilo fo‘i ‘i lenei iunite gagana ma gāoioiga e fai ‘i taimi o taligāmālō, po ‘o taimi e folafola ai to‘ona‘i ‘i Aso Sā, po ‘o le ‘alagaina o fa‘aaloaloga ‘i o lātou tūlaga ‘ese‘ese; ‘o lona uiga, e gālulue fa‘atasi le vāfeāloa‘i ma le gagana fa‘aaloalo i le fa‘alauteleina o le mālamalama o tama ma teine ā‘o‘oga, e uiga ‘i lea aganu‘u.

‘A ‘o le‘i o‘o atu le matā‘upu i le fa‘amatalaina o le vāfeāloa‘i ma le fa‘aaloalo Fa‘asāmoa, e tatau lava ona muamua fai se iloiloga o ni ‘upu tāua ‘ina ‘ia maua vave ai le ‘a‘ano ma le agāga tonu o le iunite. ‘O le ‘upu māsani a tagata Sāmoa, “ ‘Ia teu le vā”; ‘ā tātou talanoaina le ‘upu lea “vāfeāloa‘i,” ona maua lea ‘o ‘upu fa‘avae e lua — o le “vā” ma le “alo.”

‘O LE VĀ

‘O le ‘upu vā e maua mai ‘i le ‘upu “āva.” ‘Ā āva se mea, ‘o lona uiga ‘ua iai le vā e pei ona vā nifo; e pei fo‘i ‘o ā‘au o le sami, ‘ua iai le vā e ofi atu ai va‘a i tai ma uta. ‘Ā fesili se isi po ‘o le ā lenei ‘upu po ‘o lenei mea o le “vā,” ona fuafua lea ‘o lau tali ‘i le uiga o le fesili, ‘auā e ‘ese‘ese vā, ma e fuafua fo‘i ‘i taimi e fa‘aaogā ai, ma tūlaga o tagata ‘ole‘ā fa‘afesāga‘i. ‘Ua tātou iloa e tofu lava atunu‘u po ‘o aganu‘u ma tulāfono tau vāfeāloa‘i po ‘o feso‘ota‘iga (communication). ‘O le Fa‘asāmoa, e fuafua le vāvāmamao o mea ‘i āga; e pei ‘o le alofilima ma le alofivae e fua ai aga o le mamao. ‘O le vāfeāloa‘i a Sāmoa, e fua le vāvāmamao o tūlaga o tagata ‘i o lātou mamalu ma tūlaga o le aganu‘u. E māsani fo‘i tagata Sāmoa ona fua le vāfeāloa‘i ‘i fāiā ma gafa o ‘āiga, nu‘u, ma itū‘āiga o tagata; ‘o lona uiga, ‘āfai e ‘āiga ni tagata se to‘alua, e pei ‘o le tuafafine ma le tuagane, e iai tulāfono e fua ma teu ai lea vā, e pei ‘o le mamao e tutū ai pe ‘ā talanoa, ma āmio a le isi ‘i le isi, fa‘apea ma le itū‘āiga gagana e fa‘aaogā.

‘O LE ALO

‘O le ‘upu “alo,” ‘o lona uiga, ‘o “luma,” po ‘o “talāluma”; e ‘āmata mai ‘i le tumua‘i e o‘o i le tamatama‘i vae o le tagata, ‘o lona alo ‘ātoa lenā. ‘O le isi ona uiga pe ‘ā tu‘utu‘u i le loloto, ‘o le fiafia; mo se fa‘ata‘ita‘iga: “ ‘Ua tātou feiloa‘i ‘i alo o le nu‘u, ‘ae lē‘o tua o le nu‘u.” ‘O lona uiga, ‘ua feiloa‘i ‘i le fiafia ma le soifua lelei.

E fa‘apēnā fo‘i pe ‘ā feāloa‘i tagata, e tatau ona iai le fiafia e fa‘afesāga‘i ai fofoga, ma fa‘a‘upuga, ma lagona; ‘o ia fo‘i lagona, e tatau ona fuafua lelei ‘i le vā o tagata ‘auā ‘o isi taimi, e ‘ese‘ese ai itū‘āiga mamalu o tagata, ‘aemaise fo‘i le ‘ese‘ese o lagona pe ‘ā fa‘afesāga‘i. ‘O le vā lā lea o tagata e māfua mai ai le ‘upu “vāfeāloa‘i.”

Mo lenei matā‘upu ma le feso‘ota‘i i le vāfeāloa‘i, ona fa‘apea lea, ‘ā feāloa‘i, ‘o lona uiga ‘ua fai āmio tausa‘afia e fiafia ‘i ai lē ‘ole‘ā lua talanoa pē fa‘afesāga‘i, ‘auā ‘ā feāloa‘i lelei, ‘ua manino mea ‘uma, ‘ua mālamalama ma filēmū; ona sōloga lelei lea ‘o se talanoaga i le vāfeāloa‘i. ‘O le iloiloga lā ‘olo‘o soso‘o mai, ‘ole‘ā fa‘atino atu ai le feso‘ota‘iga o nei mea e lua, ‘o le vāfeāloa‘i ma le fa‘aaloalo.

MATĀ‘UPU 1: ‘O LE VĀFEĀLOA‘I

I. ʻUPU ʻĀMATA

ʻO le ā ʻea lenei mea ʻo le vāfeāloaʻi e saunoa soʻo ai tagata mātutua, ma matai, ʻaemaise foʻi le ʻaufaigāluega a le Atua?

ʻO le ʻauʻāiga lenei o le vāfeāloaʻi: ʻo le āva, mīgao, faʻaaloalo, ma le alofa. ʻĀ gālulue faʻatasi mea ʻuma ia, ona maua lea ʻo le vāfeāloaʻi Faʻasāmoa moni.

ʻO le uiga o le ʻupu vāfeāloaʻi, ʻo le fefaʻaaloaloaʻi ʻi le vā o le tasi tagata ma le isi. E faʻafesāgaʻi lelei, e alo atu le isi ʻae alo mai foʻi le isi; ma faʻafesāgaʻi lelei o lā fofoga ma o lā tino, ʻātoa ma o lā lagona ʻoleʻā fefaʻaaliaʻi.

ʻO le faʻatinoga lea ʻo le alofa ma le faʻaaloalo e ala i manatu fefaʻasoaaʻi ma ni meaalofa e fetufaaʻi. E ala ona feʻinoʻinoaʻi tagata ʻona ʻo le lē femālamalamaaʻi, ʻauā e lē feāloaʻi lelei. E lē mafai ona faʻatino le vāfeāloaʻi pe ʻā lē tūlaʻi mai le faʻaaloalo ma le alofa lā te faʻagāoioia.

II. ʻO VĀFEĀLOAʻI A TAGATA SĀMOA

ʻO le Vāfeāloaʻi o le isi Tamaitiiti ma le isi Tamaitiiti

E faʻatonu e mātua tamaiti ʻi uiga faʻapea: " ʻĀ ʻe taʻalo, ʻaua ʻe te fai mea ita neʻi faʻaʻesea ʻoe e isi tamaiti; ʻā ʻaisi ane se isi tamaitiiti ʻi sau fasi fuāuli po ʻo se fasi esi, tuʻu ʻi ai seʻi ū. E tusa lava lā pe ʻeleʻelea lima ma nifo sa ū ai le fasi meaʻai, e ʻai lava ʻona ʻo le vāfeāloaʻi."

ʻO le Vāfeāloaʻi a Mātua ma Fānau

ʻĀ faʻatonu atu e mātua fānau i se feʻau e fai, e leai se isi e fai mai se manatu e tusa lava pe musu. E leai se isi e tatū mai vae pē gutu oso mai, pe faʻapaʻō se faitotoʻa ma teva ʻi fafo e pei ʻo tamaiti o aso nei.

E leʻi māsani taliga o tamaiti Sāmoa anamua i le ʻupu faʻaaloalo, ʻae faʻalogo soʻo i le ʻupu "āva" ma le ʻupu "usitaʻi." E leʻi mautinoa foʻi e tamaiti, ʻo lo lātou faʻaaloalo ma le āva i mātua, lea e ala ai ona usiusitaʻi.

ʻO le faʻauīgaina e mātua Sāmoa o le ʻupu usitaʻi, " ʻo le fai loa," ʻae ʻaua le faʻataliʻi se isi taimi; ma ʻo le ala lea sā sasa faʻamoʻamoʻa ai tamaiti ʻona ʻo le lē faia loa ʻo le faʻatonuga. E lē faʻapea lā ʻua sasa leaga tamaiti ʻona ʻua lē ālolofa ma ʻua lē faʻaaloalo i tamaiti, 'ae 'ona 'o a'oa'oga ia sā iloa ai e tamaiti lo lātou vā ma mātua; 'ia iloa ona usita'i ma āva. 'Ua 'avea fo'i le fa'aopoopo mai o le tūlāfono e lima a le Atua fa'apea, " 'Ia 'e āva i lou tamā ma lou tinā 'ina 'ia fa'alevaleva ai ou aso i le nu'u 'e te nofo ma ola ai." 'O le ala lea na faigōfie ai ona mālamalama tamaiti i le 'upu usiusita'i, 'auā 'ātonu fo'i ona pau lava lea 'o le tulāfono e iai lona i'uga, po 'o lona taui 'olo'o ta'utino mai e le Tusi Pa'ia, 'o le tulāfono lea e lima i le vāfeāloa'i a mātua ma fānau, " 'Ia 'e āva i lou tamā ma lou tinā, 'ina 'ia fa'alevaleva ai ou aso i le nu'u 'ole'ā fōa'i mai e le Atua iā te 'oe." 'O lona uiga, 'ā usiusita'i ma āva, 'ua 'umi fo'i ona ola.

'O le Vāfeāloa'i a le Tuagane ma le Tuafafine

'O le vā lenei e ta'u e Sāmoa o le vā pa'ia, 'o lona uiga e pa'ia le ōlaga o le tuafafine i le manatu o le tuagane; na soifua le tuagane Sāmoa e tautua lona tuafafine, e fa'asi'usi'umata 'uma 'i ai ana mea lelei, ma e fa'ataunu'u 'uma e le tuagane mana'o o le tuafafine; pē faigōfie, pē faigatā, pē tau fo'i 'i le oti se mana'o o le tuafafine, e fa'ataunu'u lava e le tuagane. 'O le ala fo'i lea e ta'u ai Sāmoa e isi tagata 'ese 'o le "atunu'u taufetogi" 'auā fo'i, e sesē loa le tutū ma talanoa le tuafafine ma se isi tama 'ese, pā loa le ma'a i le ulu o lenā tama 'auā 'o le 'i'oimata o le tuagane lona tuafafine.

E lē mafai ona 'a'ai fa'atasi le tuagane ma le tuafafine, 'ae 'au'auna mai le tuagane i le 'avega o le mea tāumafa, ma sāofa'i mai i le talātua o le fale ma le 'apa fafano ma le solo; se'i iloga 'ua laulelei le tuafafine, ona fa'ato'ā 'ai lea 'o le tuagane. E fa'aeteete le tuagane 'i soli mea e tōfā ai le tuafafine; e lē palauvale fo'i le tuagane i le tuafafine; 'ae sili ona matagā pe 'ā matamata fa'atasi 'i ata o televise ma tīfaga, 'ona 'o lagona lava fa'anātura o le Fa'asāmoa. E fa'aeteete tele fo'i le āvā ma le fānau a le tuagane ne'i lē malie le tuafafine, 'auā e ono fa'atō ai e le tuafafine lea fafine ma tamaiti.

'O le vāfeāloa'i lea o le tuagane ma le tuafafine, 'ua 'ave sesē i aso nei ma 'ua fela'asa'i ai le vāfeāloa'i Fa'asāmoa moni.

'O le Vāfeāloa'i a le 'Aulotu ma le Faife'au

'Ua manatu le to'atele o tagata lotu, 'o le faife'au ,'o lo lātou ali'i po 'o se fa'auluuluga o mamalu ma mea 'uma e fai. 'O le ala fo'i lea 'ua 'ave ai 'i faife'au lea fa'alagiga, 'o le Ao o Fa'alupega; peita'i, 'ua manatu ni isi o le 'aufaigāluega a le Atua, 'ua lē fetaui lea fa'a'upuga mo 'i lātou; 'auā e tasi lava le Ao o Fa'alupega, 'ua na'o Keriso; ma 'o Ia lea 'ua Ao 'i ai le 'ekālēsia. 'Ua lē āfāina lea mea i lo'u manatu, 'a 'o le mea e sili ona tāua, 'ia femālamalamaa'i le faife'au ma le 'aulotu ia lātou matāfaioi ma gāluega fai, mo lo lātou vala'auina 'i tofi ma tiute, e pei ona a'oa'o mai faife'au o le Tusi Pa'ia e fa'apea, " 'O le a'oa'o, 'ia a'oa'o ia; 'o le ti'ākono, 'ia faia le tofi o le ti'ākono; 'o le faife'au, 'ia faia ma le tofi o le fa'atuatua." 'Ā fē'ese'esea'i lā le faife'au ma le 'aulotu, 'o lona uiga e lē 'o tausia le vāfeāloa'i fa'aleatunu'u, po 'o le vāfeāloa'i fo'i fa'akerisiano. 'O le tele o le vāfeāloa'i, e ala ai ona mata mea lelei 'uma mā le faife'au.

'O le Vāfeāloa'i a le Mālō ma Tagata Lautele o le Atunu'u

So'o se atunu'u lava, e iai ona ta'ita'i o faigāmālō; 'o 'i lātou fo'i ia 'o sui na filifilia e tagata lautele. 'O le mea lā e tatau ona fai e ta'ita'i o le mālō, 'o le silasila toto'a i mea e manuia ai tagata lautele o le atunu'u ma fa'ataunu'u lo lātou mana'o; 'ae lē tatau fo'i 'i so'o se tagata ona tāgisā i le mālō, 'auā e fai fuafua gāluega ma atiina'e a le atunu'u i ana tupe maua.

'O le fe'ino'inoa'i, felā'ua'i, ma le sāga fe'ese'esea'i o ta'ita'i o se mālō, 'o le fa'avāivaiina lea o la lātou tōfā fa'atamāli'i, ma fa'aalia ai 'ua leai se vāfeāloa'i. 'O le mālamalama fo'i o tagata lautele o Sāmoa i le āmiotonu a le mālō, 'o le fiafia fo'i lea o tagata e gālulue mālosi e atia'e le mālō; ma sāga aliali ai lava le vāfeāloa'i a le mālō o Sāmoa ma ona tagata; ma fa'ateleina ai fo'i le vāfeāloa'i a le mālō o Sāmoa ma isi mālō o le lalolagi.

'O le Vāfeāloa'i a le Ulugāli'i

'I talitonuga Fa'akerisiano, na faia e le Atua le tāne ma le fafine ia 'avea ma tino e tasi; na osi fo'i le feagaiga i le aso o le fa'aipoipoga i 'upu fa'apea: pē ma'i pē mālosi, pē mau'oa pē mativa, e fetausia'i lava; 'ae mulimuli ane 'ua leai se alofa; 'ua leai se fa'aaloalo o le isi 'i le isi; 'ona 'ua iai fē'ese'esea'iga, ma o'o ai ina fela'ua'i, ma i'u ai lava ina tēte'a. 'Aiseā? 'Ua leai se vāfeāloa'i; 'ua lē mafai ona talanoa lelei 'a 'ua 'ino'ino le isi 'i le isi, ma 'ua 'ino'ino fo'i 'i toe māfuta fa'atasi e pei ona māsani ai.

'O le vāfeāloa'i a le ulugāli'i, e tatau ona femālamalamaa'i 'i o lā fōliga, 'i o lā manatu fa'aalia, ma o lā tagatalilo. E leai se vāfeāloa'i lelei pe 'ā 'ōnā mai le tamāloa, asu i luga le fafine 'olo'o mālōlō filēmū, talu le lē fa'avevelaina o ana mea'ai. E sola fo'i le vāfeāloa'i, pe 'ā mānava mai le tamā o le 'āiga i le fale, ona palauvale lea i 'upu māsoā i le tinā ma le fānau 'olo'o talanoa, 'ae lē faia se mea'ai. 'O se 'āiga filēmū ma le fiafia i aso 'uma, 'o se 'āiga lenā e pito lelei lana vāfeāloa'i.

'O le Vāfeāloa'i Fa'atamāli'i

E lē tauilo tamāli'i. 'O le 'upu māsani lea a Sāmoa pe 'ā āmio tausa'afia se tagata. E tusa lava pe lē 'āiga le isi matai ma le isi matai, e fai lava se si'i 'i se fa'alavelave 'ona 'o lo lā vā fa'atamāli'i. 'Ā api se tamāli'i i lou fale, e tatau lava ona ta'i se sua 'ona 'o le vā fa'atamāli'i. 'Ā misa tamāli'i, e toe teuteu lava lenā misa i le gagana fa'atamāli'i, ma e ta'ua lenā teuteuga o le misa, 'o le fofō a alamea. 'O le uta a le tamāli'i e fetalai mai ma sāunoa mai, 'a 'o le uta a le tūfanua e ita fa'auliulitō. 'Ā tausi le vā fa'atamāli'i, e filēmū mea e fai a Sāmoa 'auā 'o le vāfeāloa'i a tamāli'i, 'olo'o iai le mālosi ma le mamalu.

III. 'O ISI ITŪ'ĀIGA O VĀFEĀLOA'I

'O le Vā Tapuia

'O le vā lea e pa'ia; e tapu (*taboo*), po 'o le sā, ma mamalu, e lē so'ona solia pe so'ona tautala 'i ai se isi. 'O le āvatuli ma le āvafatafata, e lē so'ona la'asia pē 'ale'ale 'i ai se isi; 'o le ala fo'i lea e fa'apea ai se isi o failāuga, "Vae atu lo mā vā tapuia ma lo mā vā nonofo ai ma tamāli'i nei." 'O lona uiga e lē tatau ona nonofo fa'atasi ali'i ma tulāfale, ma e tatau ona tautala fa'aeteete tulāfale i tafatafa o ali'i.

'O le āvatuli, 'o le vā lea e fa'asino i tulāfale 'olo'o soso'o lelei o lātou tuli pe 'ā sāofafa'i 'i fono a le nu'u. E vāvālalata tele tuli o tulāfale, 'ae lē mafai ona soso'o tuli o tulāfale ma tuli o ali'i. 'O le vā fo'i lenei e mafai ona uia e tagata; mo se fa'ata'ita'iga: 'Āfai e ulufale mai se ali'i 'i totonu o le sāofa'iga a le nu'u, e mafai ona ui mai 'i le vā o tuli o tulāfale 'auā e mafai ona fa'ia le pou o le tulāfale, ma 'o le ala fo'i lea e fa'apea ai tagata, "Ui mai pea i'ī 'ae 'aua le poia faleolo," 'auā e mafai ona tū 'ese le tulāfale 'ae fa'aavanoa le ala o le ali'i.

'O le āvafatafata; 'o le vā e fai sina mamao e pei 'o le fa'afesāga'iga a ni ali'i 'i o lā matuātala. Mo se fa'ata'ita'iga: 'āfai e to'alua ni ali'i e tumua'i tutusa, e nofo mai le isi ali'i 'i le isi tala o le maota, 'ae nofo mai le tasi 'i le isi tala; e fa'afesāga'i lelei o lā alo ma o lā fatafata.

E lē mafai ona so'ona solia e se isi lea vā; e lē mafai fo'i ona suia e se tulāfale le nofoaga o se ali'i.

'O le Vā To'oto'o

'O le vā lenei fa'afale'upolu o tōfiga: 'o fale'upolu o tōfiga 'o failāuga nei e tutū ma to'oto'o i le vā o malae. 'O failāuga o nu'u 'ua tofia e 'avea ma tūmua e pei 'o Lufilufi, Leulumoega, ma Afega; 'ia, po 'o nu'u fo'i 'ua tōfia e 'avea ma pule i Savai'i e pei 'o Sāfotulāfai, Sāle'aula, Sāfotu, Āsau, Sātupa'itea, ma Palauli, e fa'apēnā fo'i 'i to'oto'o āu o Manu'a ma Tutuila.

'Āfai lā e tūla'i fale'upolu o malae nei 'i se fā'atau i fa'aaloaloga ma fa'alavelave o le atunu'u, e lē mafai ona paoina pe ta'uvalea e le isi le fetalaiga a le isi, 'ae fetalai 'i vāgana lelei 'i le vāfeāloa'i fa'ato'oto'o: "Vāe atu lo mā vā to'oto'o ma le fetalaiga iā Sāfotulāfai," 'o lona uiga 'ia fa'atulou ma teu muamua le vā fa'afailāuga.

'O ulua'i fale'upolu lava o tōfiga i Sāmoa anamua 'o Sāfune ma Taulauniu, Sālemuli'aga, Sāleutogipo'e, ma Faleata. 'O fale'upolu ia sā fai la lātou tutugātaume.

'O le Vāfeāloa'i a le Atua ma Tagata na la Faia

'Ua 'uma ona tu'u mai e le Atua ana tulāfono i le lalolagi e tausi ai le vāfeāloa'i mo Ia ma tagata, ma le fa'amoemoe 'ia lelei pea le tagata; peita'i, 'ua fia Atua fo'i le tagata ia, masalo e māfua mai lava i le lē tausia e 'Ātamu la lā feagaiga ma le Atua, 'o Lē na faia ia.

'Ua tātou 'ave le fa'amuamua o mea 'uma i le Atua 'ona 'o lo tātou vā ma le Atua. So'o se mea lava e fai a Sāmoa, e tatau ona fai se tāulaga tatalo fa'afetai 'ona 'o le vā ma le Atua. E talafeagai lea ma le fuai'upu, " 'Ia muamua mea i Matāutu Sā." 'O lona uiga, ia muamua lava se tāulaga i le Atua. Tātou te faitāulaga ma fai alofa 'ona 'o le vāfeāloa'i. 'Ua tātou fa'aofia i le 'ekālēsia 'ona 'o le vāfeāloa'i ma Keriso, le Ao o le 'ekālēsia. E ala fo'i lā ona tātou fealofani 'ona 'o le vāfeāloa'i fa'akerisiano.

E ui ina lē tatau ona iai so tātou vāfeāloa'i ma le Atua pa'ia, 'a 'ua māgalo a tātou fa'a'upuga ma manatu e ala i lo tātou sā'ili mālō i le Atua, e ala iā Iesū Keriso.

GĀLUEGA FAUTUAINA

I. Māfaufau ma Talanoa

'Ae le'i 'āmataina gāluega o le iunite fou lenei, e mānaia lava 'ae toe tepa 'i tua fa'alemāfaufau i le Iunite Muamua. 'O ni isi nei o metotia po 'o 'auala e mafai ai ona fa'atino lou mālamalamaga i matā'upu 'ua māe'a:

Su'e sau pāga ma fa'asoa manatu e pei ona mapuna mai 'i gāluega o le Iunite Muamua.

Tusi 'uma fa'amatalaga o le Fa'asāmoa 'ua mafai ona 'e manatua.

Fai sau tusitusiga i so'o se matā'upu 'ua 'e fia maua tele ai se fesoasoani.

II. Fa'amatala mai 'i se tusitusiga uiga o lo 'oulua vā ma lou tuagane po 'o lo 'oulua vā ma lou tuafafine. 'O ā talitonuga a ou mātua na fa'avae ai lea vā?

'O ā fo'i ni lavelave o a'afia ai lea vā?

III. Su'e le pese Sāmoa a le Ā'oga Fa'afaiā'oga i Mālifa 'ua ta'ua 'o le "Soufuna Sina."

IV. Pepese ma fa'amanatu le tala o Soufuna Sina. Fa'atusatusa le vā o Sina ma ona tuagane ma le vā 'olo'o va'aia nei 'i tuagane ma tuafāfine Sāmoa.

V. Vaevae le vasega i kulupu ma su'esu'e fa'amatalaga i mea nei:

'O ā talitonuga o tagata Sāmoa 'i au aga e tatau ona fai pe 'ā lua talanoa ma se matai, faiā'oga, tama po 'o le teine lua te tupulaga, matua tausi, ma faife'au.

VI. Tusi se ata o se lā'au ma ona lālā mo le fa'atūlagaga o lo 'outou 'āiga fa'apitoa (immediate family), i se tolu o augātupulaga. 'O lona uiga, 'āmata le tumutumu o le lā'au i mātua o ou mātua ona fa'asolo mai ai lea i lalo se'i pā'ia lau tupulaga.

ILOILOGA O LE MATĀ'UPU

Vāega I

'Āfai sā 'e faitau i le matā'upu lenei, 'e te maua tali 'uma o fesili nei.

1. 'O le ā moni lava le uiga o le 'upu, vāfeāloa'i?
2. 'O ā lagona fa'atagata ola 'ā fa'atino mai 'ua maua le vāfeāloa'i?
3. 'O le ā se 'ese'esega o le vāfeāloa'i a le tuagane ma le tuafafine Fa'asāmoa ma le vāfeāloa'i a le tuagane ma le tuafafine fa'apapālagi? Fa'amatala 'uma mea 'olo'o 'e mātauina i aso nei.
4. 'Aiseā e lē pūlumisa ai so'o se tagata pe 'ā misa matai?
5. 'O ā ni uiga o tagata Sāmoa e fa'amaonia ai lana vāfeāloa'i?
6. 'O le ā le ala e vave ai ona fō'ia fa'afītāuli o tagata Sāmoa?
7. 'O le ā le uiga moni o le fa'a'upuga lea, "E lē tauilo tamāli'i?"
8. 'O le ā le māfua'aga e itaitagōfie ai se tagata?
9. 'Ua tele lava 'ina tēte'a ulugāli'i. 'Aiseā? Fa'amatala 'uma ni lagona tāua.
10. E tatau ona iai se vāfeāloa'i a le Atua ma le tagata? E fa'apēfea ona fa'atino lea vā, pe 'ā 'e manatu e tatau ona iai?

Vāega II

Fa'a'ēkisi manatu sesē o le vāfeāloa'i.

1. Tīgā ona nōfoi le 'aulotu, 'ae tautala tū mai lava le faletua o le faife'au.
2. 'Ai savali lau hemupeka e leaga 'ua tuai.
3. Nofo mai 'i lalo se'i o tā talanoa.
4. Tīgā ona sāunoa le ta'ita'ifono, 'ae taliē lava le 'au fa'alogologo.
5. 'Ā fu'e atu le sua a lou tamā, tago loa e 'ai.
6. Misa ma lou tinā pe 'ā valea.
7. 'A'ai muamua 'outou e leaga 'ua tuai mai le faife'au.
8. 'Aua 'e te leoleoā pe 'ā iai tagata i le fale.
9. 'Ā ō atu tagata 'i lo 'outou fale, fai 'i ai, pe 'ave atu se vai tāumafa.
10. To'otuli ma fa'ato'ese i ou mātua pe 'ā 'e sesē.

FA'ALEOGA MA FA'AUIGAGA O 'UPU

a'afia	lavea; taulia
'a'ano	'autū po 'o le pogai
'a'ānoa manatu	tu'utu'u i le loloto; loloto māfaufauga
agāga	fa'amoemoe; loto
alo	luma o le tagata
āmiotonu	āmio sa'o
Ao o Fa'alupega	fa'alupega aupito maualuga
'aua le poia faleolo	fa'i 'ese le pou
'au'āiga	tagata o le 'āiga e nonofo fa'atasi
'aufaigāluega	'o le 'au e faia gāluega; 'o faife'au; 'o fa'afeagaiga
āva	fa'aaloalo
āvatuli	'o vā o tulivae; 'o le āva fa'atulāfale
'e lē tauilo tamāli'i	e lē taufa'ailoa maia le tamāli'i
fa'aata	fa'atino
fa'a'esea	vavae 'ese; tu'u 'ese; tia'i to'atasi
fa'afeṣāga'i	va'ai mai, va'ai atu
fa'amuamua	nūmera tasi
fa'anatura	āmioga 'ua māsani ai
fa'atau a tulāfale	fīnauga a tulāfale po 'o ai 'ā lāuga
fa'auliulitō	fa'a'umi'umi ona ita
fa'auluuluga	fa'atumutumuga
fa'avāivaiina	fa'alētāuaina
fa'avevelaina	fa'amāfanafana
fai mea ita	itaitagōfie
fāiā ma gafa	feso'ota'iga o paolo ma 'āiga
faitāulaga	fōa'i mo le lotu; tāpua'iga
fale'upolu o tōfiga	failāuga tōfia
fasi fuāuli	fasi talo
fe'alo'alofa'i	faiaga solo po 'o le fesolasolata'i
fe'ese'esea'i	'ua lē tutusa loto
fefa'aalia'i	fefa'ailoaa'i
fefa'asoaa'i	fetufaa'i
fe'ino'inoa'i	ita le isi 'i le isi
fela'asa'i	soli; sosopo
felaua'i	fa'aleaga e le isi le isi

femālamalamaa'i	'ua tau fai iloa se mea
fesāga'iga	fa'afesāga'i ma talanoa
feso'ota'iga	feiloa'i so'o, talanoa so'o
fetausia'i	tausi e le isi le isi
feutaga'iga	felafolafoa'iga o tāofi
fofō a alamea	toe fofō lava e ē na misa la lātou misa,
fuafua	fa'atulaga
gutu oso	fa'atonu atu 'ae tali mai
iloiloga	su'esu'ega
māfua	pogai; 'o se mea 'ua ala ai
māfuta	nonofo fa'atasi; māsani lelei
matāfaioi	gāluega fai
Matāutu Sā	'o le atua tagata i le tolotolo i Matāutu
matuātala	'o le pito o le fale
mātutua	fualoa le soifua
fa'aaloalo	mīgao
palauvale	tautala i 'upu leaga
paolo	'āiga o le nofotane po 'o le faiāvā
pisavale	pisapisaō
sāunoa	tautala
si'uleo	'o le i'uleo; fa'ai'uga o le leo
sōloga lelei	e leai se mea e fa'alavelave
tagata lilo	'o lou loto ma le agāga e le iloa e se isi
tāgisā	'o le mana'o lasi
tali'upu	e lē pa'ū se 'upu; gutu oso
tapu	'o sā e lē fa'atagaina
tatū vae	fa'ali'i; feato vae
tāulaga tatalo	fai se lotu
tōfā fa'atamāli'i	finagalo mātagōfie
tuafafine	feagaiga a le tuagane
tuagane	feagaiga a le tuafafine
tuatuagia	tele o gāluega; 'o fa'asalaga e tua 'i ai le tali'upu; 'o fa'alavelave
tulāfono	puipuiga
tumua'i tutusa	tutusa le māualuluga (o ni ali'i)
usiusita'i	fa'aaloalo 'i lē ona le fa'atōnuga

uta a le tūfanua	loto o le tagata leaga
vā pa'ia	vā o le tuagane ma le tuafafine
vā tapuia	'o le vā e sā pe tapu
vā to'oto'o	vā o failāuga
vāfeāloa'i	fefa'aaloaloa'i 'i le vā o tagata
vāvālalata	latalata mai
vāvāmamao	mamao 'ese

MATĀ'UPU 2: 'O LE FA'AALOALO

I. ‘UPU ‘ĀMATA

‘Ua na‘ona tātou tāutala so‘o fa‘apea, “E ‘ese le fa‘aaloalo o lau tama,” po ‘o le fa‘apea, “E ‘ese lou lē fa‘aaloalo,” ‘ae tātou te lē ‘o āmana‘ia lelei le uiga moni o lea ‘upu ‘o le fa‘aaloalo. ‘O le mea lea e tatau ai ona tātou toe māfaufau loloto, ‘auā ‘o le fa‘aaloalo e fafau mai ai le vāfeāloa‘i a Sāmoa. ‘O le vāfeāloa‘i fa‘atamāli‘i lea a Sāmoa ‘olo‘o lāualuga ai Sāmoa i manatu o isi atunu‘u.

E leai se aogā tātou te fa‘aalia ai ‘i mālō a tātou fa‘aaloaloga fa‘atino i taligāmālō, ‘a ‘o le ōlaga o tagata i aso ‘uma, e lē ‘o moni ai le fa‘aaloalo. E pei ona tātou fa‘anoanoa i le tele o le faikegi o fānau, ‘o le fasi tagata, ma le tautala i ‘upu mātagā, ‘ātoa ma le fefa‘aleagaa‘i o tagata mātutua. ‘O uiga nā, e ta‘u mai ai, tātou te lē ‘o mālamalama i le ‘upu fa‘aaloalo. ‘Ā fa‘aaloalo le isi ‘i le isi, ona faigōfie loa lea ona fō‘ia o tātou fa‘afītāuli.

II. ‘O LE FA‘AALOALO

‘O le ā ‘ea le fa‘aaloalo?

‘O le fa‘aaloalo, ‘o le agāga (*spirit*) lea ma se mālosi lilo (*supernatural*) na te fa‘ata‘avilia ma u‘una‘i lagona e fa‘ataunu‘u ai le vāfeāloa‘i. E fa‘atino mai le vāfeāloa‘i e āmio fa‘aaloalo ma le lē gāoiā; e fa‘atino mai e fōliga fa‘aaloalo ma le laumata fiafia; ‘ātoa ma gāoioiga o mea e fai ‘i le fa‘aaloalo ma le fa‘aeteete. ‘O le fa‘aaloalo, ‘o le fa‘avae lea o aganu‘u ‘uma a Sāmoa. ‘Ua ‘avea le fa‘aaloalo ‘o se vāega pito tāua o le aganu‘u a Sāmoa, ma ‘olo‘o fa‘avae ai mea ‘uma e fa‘atino o le aganu‘u. ‘Ua ‘avea fo‘i le fa‘aaloalo ‘o se tulāfono po ‘o se ta‘ita‘iala; ‘i ōlaga o tagata Sāmoa mai ‘i le lāiti se‘ia o‘o ‘ina matuā mātutua lava.

‘O le fa‘aaloalo e māfua ‘ona ‘o le alofa, ‘a ‘o le usita‘i, e māfua ‘ona ‘o le fa‘aaloalo. ‘O lona uiga, ‘o le alofa e maua fua ai le fa‘aaloalo; ‘a ‘o le fa‘aaloalo e maua fua ai le usiusita‘i. ‘O uiga tāua ia o le aganu‘u a Sāmoa e talafeagai lelei ma le aganu‘u fa‘akerisiano, po ‘o a‘oa‘oga a le Tusi Pa‘ia e fa‘apea, “ ‘Ia āva le tasi i le tasi ‘ona ‘o le Ali‘i.” E lē mafai lava ona ō ‘ese‘ese le alofa ma le fa‘aaloalo, ma o lā mana‘o, e fa‘atino e le usita‘i.

E osi o tātou ‘āiga ma fai ‘uma fa‘alavelave ‘ona ‘o le alofa ma le fa‘aaloalo, ma le tāua o o tātou ‘āiga. E ala ona tali mālō Sāmoa ‘ona ‘o le alofa ma le fa‘aaloalo i tagata ‘ese.

E ala ona ō i le lotu tagata ‘ona ‘o le alofa ma le fa‘aaloalo i le Atua ma lana Talalelei.

‘O le fa‘aaloalo, ‘o se matā‘upu lautele ma felefele ona fa‘auīgaga i le mālamalamaga o tagata Sāmoa. ‘O le fa‘aaloalo a tamaiti lāiti e ala ai ona fa‘amolemole ma fa‘afetai ma fa‘atulou; ‘o le fa‘aaloalo fo‘i e ala ai ona ‘augōfie ma vaeoso i fe‘au; ‘o le fa‘aaloalo e ala ai ona nofo ‘i lalo pe ‘ā ‘ai, pē inu, pē tautala. ‘O le fa‘aaloalo o tagata mātutua lātou te fa‘aaogā ai fa‘alupega o tagata ma fa‘atulou ‘i ai; ma lātou talia ai so‘o se tagata ‘ese ‘i o lātou fale e aunoa ma se tau fa‘anoi. ‘O le fa‘aaloalo e lē so‘ona pisavale ai, pe fīnauvale ‘a ‘o sāunoa se isi ‘i se fono; ‘o le fa‘aaloalo e lē fa‘amāsiasia ai e le isi Sāmoa le isi Sāmoa.

E le tau a‘oa‘oina le fa‘aaloalo, ‘a ‘o se mea alofa fōa‘i fua a le Atua e ta‘ita‘i ai soifuaga o tagata ‘ina ‘ia filēmū; vāganā o se tagata na te lē taliaina le a‘oa‘o atu a ona mātua, po ‘o lona ‘āiga ma lona nu‘u, ona lē mālamalama lea. ‘O se tala fa‘anoanoa tele pe ‘āfai e ‘inosia ma mātagā uiga o se tagata o se ‘āiga; ‘auā ‘ole‘ā fai ia ma fa‘afītāuli, ma mea e māsiasi ma ta‘u valea ai tagata ‘uma o lea ‘āiga; ma e o‘o ina fai ai ma gao o lea tagata ma lona ‘āiga ana āmio lē māfaufau. ‘Ā pūlea lā e le alofa ma le filēmū le loto o le tagata, ‘o ia lava lenā e pito tumu i le fa‘aaloalo, ma e pito lelei fo‘i lana vāfeāloa‘i.

Silasila ane i lisi ‘olo‘o i lalo mo ni fa‘ata‘ita‘iga o itū‘āiga āmioga fa‘aaloalo, e tatau ona faia e tamaiti ma tupulaga a Sāmoa i totonu o ‘āiga ma nu‘u.

III. ‘O ĀMIOGA FA‘AALOALO

- Usita‘i ‘i tulāfono a le nu‘u ‘e te nofo ai.
- Fa‘aaloalo i tagata ‘uma (fa‘amolemole, fa‘afetai, fa‘atulou ma fa‘asoifua ‘i ai).
- ‘Ā ulufale i se fale, tō‘ese se‘evae ma ui mai tua o le fale.
- Nofo ‘i lalo ma tautala fa‘aaloalo fa‘apea: “vae atu lau susuga,” pe ‘ā fai mai se isi, “susū mai ia.”
- Fa‘aāvanoa lou nōfoaga mo tagata mātutua i totonu o pasi po ‘o totonu o fale.
- Fa‘ano‘uno‘u i lalo pe ‘ā ‘e la‘asia mea ‘olo‘o iai tagata ma fai le ‘upu “tulou.”
- Nofo i lalo pe ‘ā ‘ai, pē inu, pē tautala fo‘i.
- Alu ‘ese ma le fale ‘o fai ai se sāofa‘iga a ali‘i.
- ‘E te lē ‘auai ‘i talanoaga a tagata mātutua.
- ‘Ia ‘e vaeoso i fe‘au a mātua ma fe‘au a ali‘i.
- Fa‘atali se‘i ‘uma ona tāumamafa tagata mātutua ma ni mālō i le fale ona fa‘ato‘ā ‘e ‘ai lea.
- Loto fesoasoani e amo se ‘avega pe ta‘ita‘i se ‘ato a se tagata matua ‘o savali i le ala.
- Tautala fa‘amaualalo.
- Ofo atu mea‘ai ma tupe mo tagata mātutua po ‘o ē mama‘i.

- Sulu 'ao'ao se 'ie lāvalava pe 'ā alu e tā'ele.
- Tāofi ta'aloga po 'o se gāluega 'o fai 'i le ala se'i te'a mamao se malaga.
- Saofa'i lelei 'i lalo, 'ae 'aua le 'ai fa'atūvaetasi.
- 'Ia āva i mātua ma tausi le vāfeāloa'i o uso, tuagane ma tuafafine.
- Fa'anoi muamua pe 'ā 'e fia alu 'ese ma le fale.
- 'Ā 'e si'ia se laulau'ai Sāmoa, 'ia ū le fīliga o le laulau i le tagata e 'ave 'i ai le laulau.
- Fa'ata'ita'i e tautū se 'ava a ali'i.
- Fa'amāsani e fa'afetai 'i ou mātua mo se mea lelei 'ua fai mo 'oe.
- 'Ia 'e iloa ona fa'ato'ese pe 'ā 'e sesē.
- Fa'afetai ma fa'amāvae lelei 'i se 'āiga sā 'e āumau ai.

IV. 'O ĀMIOGA E LĒ FA'AALOALO MA LE MĀTAGĀ

- 'Aua le soli vavao po 'o sā a le nu'u 'e te nofo ai.
- 'Aua le fa'aleotelea lau leitiō.
- 'Aua le 'ai savali 'i le alatele.
- 'Aua le soli tōfāga.
- 'Aua le ususū pē palauvale.
- 'Aua le 'a'amu pē 'ata fa'amaēla 'a 'o sāvavali ane tagata i le ala.
- 'Aua le faitala fela'ula'ua'i.
- 'Aua le fa'anapeina ou vae pe 'ā 'e sāofa'i, pe fa'aloloa ou vae, pe fa'atutū vae 'a 'o 'e iai i se fale 'olo'o iai ni tagata mātutua.
- 'Aua le ti'eti'e uila pē ti'eti'e solofanua i vāifale o le nu'u.
- 'Aua le pisa pe 'ā fai lotu o le afiafi.
- 'Aua le tautala ma le mama pē 'ai ōu.
- 'Aua le faitauina le aofa'i o tagata 'i se naifi po 'o se lā'au.
- 'Aua le nofo i luga o se nofoa 'a 'o nonofo i lalo ou mātua ma ni isi tagata 'ese.
- 'Aua le 'ofu pu'upu'u po 'o le 'ofu mini 'i so'o se mea e fai o le aganu'u.
- 'Aua le faife'au togi 'ae tu'u lima.
- 'Aua le fa'aūina le mata o le naifi, po 'o le seleulu, po 'o so'o se mea ma'ai 'i se tagata pe 'ā mana'o mai 'i ia mea.
- 'Aua le ato maia ma fa'apa'ō leo tele le faitoto'a, pe 'ā 'e alu 'ese ma le fale po 'o lou potu.

V. 'O LE FA'AAOGĀINA O LE GAGANA FA'AALOALO

E pei ona talanoaina i le Iunite Muamua, Matā'upu e Lua, e tolu vāega o le gagana

Sāmoa: ‘O le gagana ta‘atele, gagana fa‘aaloalo, ma le gagana fa‘afailāuga a tamāli‘i po ‘o matai. ‘I lenei iunite, ‘ole‘ā iloilo ātili ai le fa‘aaogāina o nei gagana; manatua, ‘āfai lua te talanoa ma se tagata matua atu iā te ‘oe, ‘aemaise lava o se tamāli‘i po ‘o se tasi e tāua i totonu o le nu‘u, ia ‘e sāunoa fa‘aaloalo ‘i ai. E lē gata i lea, e tatau lava ona ‘e manatua, ‘e te lē fa‘aaogāina le gagana fa‘aaloalo iā te ‘oe lava ia; ‘o lona uiga, ‘ā fesili atu se tasi, “ ‘O fea sā ‘e afio ‘i ai?” E lē mafai ona ‘e tali ‘i ai fa‘apea, “Sa ‘ou afio i le lotu.” E matagā tele ma e fāifai pe fa‘alili ai ‘oe e isi tagata. ‘O lau tali e tatau ona fai, “Vae ane lau afioga, sa ‘ou alu i le lotu.”

‘O ni fa‘ata‘ita‘iga lā nei o le vā o gagana — ‘o le gagana ta‘atele ma le gagana fa‘aaloalo, ma le fa‘aliliuga i le Fa‘aperetānia.

Gagana Ta‘atele	**Gagana Fa‘aaloalo**	**Fa‘aliliuga**
‘O ai lou igoa?	‘O ai lou suafa?	*What is your name?*
‘O fea ‘e te mau ai?	‘O fea ‘e te alaala ai?	*Where do you live?*
‘O ai lou tamā?	‘O ai lou tua‘ā?	*Who is your father?*
‘O ai le igoa o lou tinā?	‘O ai le suafa o lou tinā?	*What is your mother's name?*
Sau i totonu.	Susū/afio/maliu mai i totonu.	*Come inside.*
‘O lou nofoa lea.	‘O lou āva lea.	*Here is your seat.*
‘O le ā se mea ‘o ‘e mana‘o ai?	‘O le ā se mea ‘o ‘e finagalo ai?	*Is there anything you would like?*
‘E te iloa nanu?	‘E te silafia ona sāunoa Fa‘aperetānia?	*Do you know how to speak English?*
E ‘aumai se kofe?	E ‘aumai se kofe tāumafa?	*Would you like some coffee?*
‘O ai na ‘otia lou lauulu?	‘O ai na na fa‘afugaina lou lauao?	*Who cut your hair?*
‘Ua lavea ‘aiseā lou vae?	‘Ua masoe ‘aiseā lou ‘a‘ao?	*Why is your leg injured?*
‘E te loto malie pe ‘ā ‘ou ‘avea lau naifi?	‘E te finagalo malie pe ‘ā ‘ou ‘avea lau ‘o‘e?	*Do you mind if I take your knife?*
E iai se nofoa ‘o i‘inā mo si fafine lea?	‘O iai se alaalafaga i‘inā mo si faletua lea?	*Is there any seat available for this lady?*
E mama‘i ou nifo?	E gāsegase ou ‘oloa?	*Do you have problems with your teeth?*
‘O ai le igoa o le fofō na na fofōina lou manava?	‘O ai le suafa o le taulāsea na na tāgofia lou laualo?	*What is the name of the doctor or therapist who massaged your stomach?*

‘O fea le fale o le faife‘au o lo ‘outou nu‘u?	‘O fea le maota o le fa‘afeagaiga o lo tou alaalafaga?	*Where is your village pastor's house?*
‘E te iloa le vaitā‘ele o lenei nu‘u?	‘E te silafia le fa‘amālūga o lenei alaalafaga?	*Where is this village's bathing pool?*
Sulu mai sou ‘ie solosolo pe ‘ā ‘e sau. ‘O iai sou ‘ie lelei?	Lā‘ei mai sou lā‘ei solosolo pe ‘ā ‘e susū mai. ‘O iai sou lā‘ei lelei?	*Wear a floral lavalava when you come. Do you have any?*
‘O fea na ‘e fānau ai?	‘O fea na ‘e soifua a‘e ai?	*Where were you born?*
Aiseā ‘ua ‘e lē iloa ai tautala Fa‘asāmoa?	‘Aiseā ‘ua ‘e lē silafia ai sāunoa Fa‘asāmoa?	*Why don't you know how to speak Samoan?*
Fai ane i lou tamā e sau i le fono.	Sāunoa ane i lou tua‘ā e susū mai i le fono.	*Tell your father to come to the meeting.*
Fa‘amolemole, asu a‘e se vai inu.	Fa‘amolemole, tu‘u‘a‘ao a‘e se vai tāumafa.	*Please give us water/ something to drink.*
Tou te fia ‘a‘ai?	Tou te fia tāumamafa?	*Are you hungry? Would you like some food?*
E iai se naifi se‘i pena ai le pua‘a?	E iai se polo se‘i fa‘alalo ai le manu?	*Is there a knife to carve the pig with?*
‘O i‘inā se taule‘ale‘a se‘i ati mai ia se afi?	‘O i‘inā se ‘aumaga se‘i ala maia se malaia?	*Is there a boy to fetch something to light the fire?*
‘Ua iai se tā‘isi o le sua?	‘Ua iai se fa‘avevela o le fa‘atamāli‘i?	*Is there a bundle of cooked taro for the food presentation?*
‘O lou ‘aluga lea ‘e te ta‘oto‘oto ai.	‘O lou lalago lea ‘e te falafalana‘i ai	*Here's a pillow for you to lie on.*

VI. ‘O IGOA FA‘AALOALO O ITŪTINO O LE TAGATA MA GĀOIOIGA

‘O le tasi vāega tāua o le fa‘aaloalo ma le vāfeāloa‘i, ‘o lou fa‘aaogāina lea o uiga fa‘aaloalo o vāega o le tino o le tagata. E mātagā i le vāfeāloa‘i lou fesili atu i se isi, “ ‘O le ā le mea ‘ua tupu i lou gutu?” ‘ae ‘e te fai ‘i ai, “ ‘O le ā le mea ‘ua tupu i lou fofoga?” E fa‘apēnā fo‘i pe ‘ā ‘e fa‘apea, “ ‘Ua leai ‘aiseā ni ou nifo?” ‘ae lelei lou fa‘apea, “ ‘Ua leai ‘aiseā ni ou ‘oloa?” ‘O le ala lea e tatau ai lou fa‘aaogāina o ‘upu fa‘aaloalo ‘olo‘o lisi atu i vāega ‘olo‘o tūsia i lalo.

Gagana Ta'atele	**Gagana Fa'aaloalo**
ulu	ao
lauulu	lauao
isu	fofoga
gutu	fofoga
taliga	fofoga
mata	fofoga
laulaufaiva	laufofoga
manava	laualo
pute	soesā
'ia 'oti lo'u lauulu	'ia fa'afuga lou lauao
'o la'u 'ava	'o lau soesā
'o o'u laumata	'o ou laufofoga
nifo	'oloa
'ava	soesā
loimata	loifofoga
lima/vae	'a'ao

E fa'apēnā fo'i ona 'e mālamalama i fa'a'upuga mo gāluega po 'o tāga a itū tino e fai e pei ona ta'ua i lalo:

tautala le ali'i/faife'au	sāunoa, tulei, malele, fofoga
tautala le tulāfale	fetalai, lāfolafo
pese, tatalo	fofoga, fogafoga
va'ai, matamata	silasila, taga'i, māimoa
'ata	soisoi
ita	to'atāma'i, fa'agaulēmalie, to'asā
nofo/mau	alaala
moe	tōfā
ala maleifua	
tā'ele	fa'amālū, penapena, 'au'au
'aumai, 'avatu, amo	tu'u'a'ao, fa'agāsegase
'ai	tāumafa, tausami, taute
inu	tāumafa, taute
ma'i	fa'atafa gāsegase, falaefu, 'āpulupulusia o tōfāga
oti	maliu, tu'umālō, usufono
malaga, savali, tafao	afio, susū, maliu
talanoa, fono	fa'afaletui

manatu fa'aalia	tōfā, moe, finagalo, fa'atōfala'iga
siva	sa'asa'a, sāusaunoa
ta'alo	sāusaunoa
fāgota	fa'agātai, fa'atamasoāli'i
galue, gāsese	fa'agāsegase, gaseā
nofo i se fale leaga (faife'au)	fa'afaletuluia
vala'au, taufōnō	fōnofōno, fofoga, mānu
ususū	fa'aumu, 'alaga, fa'ailo
alaalafaga i le pō	fa'asausauga
ulufale mai ali'i	afio mai, tala mai 'a'ao, e'eta'i
ulufale mai tulāfale	maliu mai, sosopo mai
ulufale mai faiā'oga, faife'au	susū mai
tamo'e televave	vaelise
folafola se mea	fa'ailo, sula, fa'amanusina

VII. 'OFA'A'UPUGA FA'AALOALO O FALE MA MEĀFALE

E o'o fo'i lā i nofoaga i fale ma alaalafaga, e iai fo'i o lātou 'upu ma igoa fa'aaloalo e fuafua i tūlaga mamalu o tagata. 'O ni isi nei o fa'ata'ita'iga 'ua ta'ua i lalo:

Gagana Ta'atele	**Gagana Fa'aaloalo**
fale o le ali'i	maota
fale o le faife'au	maota
fale of le tulāfale	laoa
falesā	malumalu
faleo'o	fale i tua
umu (fale)	tūnoa
umu (fu'e)	suāvai
falevao	fale'ese
sai pua'a	lo'ilo'i
moega, falamoe	tōfāga
'aluga, 'ali	lalago
nōfoaga	alaalafaga
nofoa, avanoa	ava
laulau'ai	la'o'ai
tānoa palu'ava	laulau a Tūmua ma Pule
tānoa fai mea'ai	'umete
naifi	'o'e; fa'aolafanua; polo

to'i	matau
afi	mālaia
teuga, 'ofu, 'ie lāvalava	lā'ei
pusa oti	va'a; alaalafaga; fale
mea'ai	mea tāumafa; mea e tatau ai; mea tāusami; mea taute

VIII. 'O FA'A'UPUGA FA'AALOALO O TOFIGA MA TAGATA FAIGĀLUEGA

I le gagana ma aganu'u a Sāmoa, e iai 'upu fa'aaloalo o tofiga e tatau ona fa'aaogā, 'aemaise lava mo le 'aufaitofi 'i totonu o se nu'u, gāluega, mālō, fa'apea fo'i 'āiga ma 'ekālēsia. E tatau lava i tagata ta'ito'atasi ona lātou fa'aaogāina ia suafa, ma e pito 'i māta'ina fo'i ni tamaiti po 'o le 'autalavou pe 'ā lātou tāutatala ai 'i ia gagana:

Tofiga	**'Upu Fa'aaloalo**
tufuga; kāmuta	agaiotupu; matuaofaiva
āvā a le tufuga	meana'itāua
āvā a le faife'au/ali'i/faiā'oga	faletua
āvā a le tulāfale/tu'ua/fale'upolu	tausi
āvā a le tama a 'āiga	masiofo
āvā a le kōvana	faletua, masiofo
lo'omatua tomai i le lāga tōga	matua'u'u
fafine o le fale lalaga	'ause'epapa
lo'omatua fa'afānau tama	fa'atōsaga
fōma'i fai vai Sāmoa	taulāsea
tāupou a le nu'u	'augafa'apae/sa'o aualuma/tausala/tautūuaina
mānaia a le nu'u	sa'o 'aumaga/aloali'i/tautūuaina
faifaiva/'aufaifaiva	tautai
tamā ma tinā mātutua	matua tausi/tua'ā
tulāfale	fale'upolu/tula
tamāli'i ma ali'i	tama fa'asa'osa'o/sa'o o le 'āiga, fa'asuaga, ma'opū, fa'atui, lūpega
tāulele'a ma a lātou āvā	'aumaga/mālosi o le nu'u
tama'ita'i o le 'āiga po 'o le nu'u	sa'o ao, sa'o tama'ita'i, sa'o aualuma
'auosilagi 'i le fale o le maliu	maota osilagi, maota namu'oli
tama'ita'i e tausia se maliu	se'e/faifa'aali'i
fānau/tamaiti	alo, nofoaalo
'aukāmuta, 'autufuga	'āiga Sālemalama, 'āiga Sālevaiolo, 'āigātufuga

GĀLUEGA FAUTUAINA

I. Talanoa le Vasega
Māfaufau po ‘o ā ni āmio ma ni aga fa‘aaloalo e tatau ona faia, ‘ae lē‘o aofia i lisi ‘o i le matā‘upu. Fa‘asoa lau lisi ‘i isi tagata.

II. Fa‘aliliu le Palakalafa lea ‘i le Gagana Ta‘atele.
E tatala atu le faitoto‘a ‘ae susū mai i totonu le susuga a le fa‘afeagaiga a lo mātou ‘ekālēsia. ‘Ua ‘ou te‘i lava, ma vave loa ona ‘ou fofolaina le fala e nanā ai le ‘ele‘elea o le fola o lo mātou fale. Sā alaala ifo ‘i lalo le fa‘afeagaiga ma ‘āmata loa ona sāunoa e fa‘afeiloa‘i mai lo mātou ‘āiga. E ‘ese le mānaia o le sāunoaga a le fa‘afeagaiga ma ‘ua o‘otia ai lava o mātou loto ‘ina ‘ua māe‘a la mātou tāpua‘iga pu‘upu‘u i le Atua.

ILOILOGA O LE MATĀ‘UPU

Vāega I

1. Fai sina fa‘amatalaga e ta‘u mai ai ‘e te mālamalama i le matā‘upu, ‘o ‘upu fa‘aaloalo.
2. Liliu fesili ia i le gagana fa‘aaloalo:
   a. ‘E te ala mai ‘ua ‘uma le mea‘ai i le tāeao?
   e. E ā pe ‘ā ‘e alu e ‘oti lou lauulu ‘ua tīgā mata?
   i. E mafai ona ‘e tuli maia se taule‘ale‘a ma se afi se‘i tutu ai la‘u umu?
   o. ‘E te fia sau i totonu o le fale ne‘i ‘e ma‘i i le lā?
   u. ‘O ai le igoa o le fofō sa fofōina lou manava?

Vāega II

Liliu fuai‘upu i uiga fa‘aaloalo.
1. E ‘ese lou fia moe i moega o lou tamā.
2. E iai sa ‘outou naifi se‘i pena ai le pua‘a?
3. ‘Ua fai le mea‘ai a le kāmuta.
4. ‘Ā sau le āvā a le tulāfale, ona ō lea ma le to‘alua o le faife‘au.
5. ‘O le tinā matua le faiā‘oga o le ‘au lagafala pe ‘ā fai fale lalaga o le aualuma.

Vāega III

Fa'a'uma fuai'upu ia:

1. 'Ou te lē alu pe 'ā
2. 'O lo'u 'ino'ino ia 'ina 'ua
3. 'Ou te lē mafaia se mea pe 'ā
4. E lē faia se lotu vāganā
5. Fiafia lā'ia o lea

Vāega IV

Tali sa'o mai, 'ou te fesili atu iā te 'oe i le gagana fa'aaloalo.
Manatua, 'e te lē fa'aaloalo lava 'oe iā te 'oe.

1. 'Ua 'e masoe o le ā?
2. 'E te silafia lo 'outou alaalafaga i Sāmoa?
3. 'Ua māliliu 'uma ou tua'ā?
4. 'E te finagalo malie i la'u tonu?
5. 'O 'e fa'afofoga atu i 'upu lē māfaufau a lou uso?

Vāega V

Fai sau fa'ato'esega i le agāga fa'amaualalo ma le fa'aaloalo pe 'āfai 'ua 'e soli tōfāga.

Vāega VI

Toe tusi mai e 'oe i le gagana sa'o a Sāmoa, o le tautala lelei ma le fa'aaloalo, le 'ote lea a le āvā a le matai:

" 'O fea sa kekē 'i ai ou fela 'ae alu le kama; e ga'o mea'ai lava 'e ke poko ai; 'aua 'e ke māsae fa'amaēla so'o ma le 'igo'igo mai o kagaka iā ke 'oe; kusa pē mūkigikigi le lā, 'ia 'e o'o vave mai 'i le fale pe 'ā kū'ua le ā'oga."

Vāega VII

Tusi sau solo pu'upu'u i le fa'aaloalo a le Sāmoa.

FA'ALEOGA MA FA'AUIGAGA O 'UPU

'a'ao	lima ma vae
agāga	tagatalilo
agaiotupu	tufuga; kāmuta
'ai ōu	'ai tautala pe 'ā va'ai mai e lē'o o'o atu le tufa
'āiga Sālemalama	kāmuta faufale
'āiga Sālevaiolo	kāmuta fau va'a.
'ata fa'amaēla	'ata leo telē
'ause'epapa	fafine o le falelalaga
'inosia	'ino'ino 'i ai tagata; e lē fiafia 'i ai tagata
'o'e	naifi
'ofu mini	'ofu pupu'u i luga a'e o tuli
'umete	tānoa faimea'ai
ususū	'e'ē; fa'afono; fa'aumu
u'una'i	tūlei
fa'afuga lou lauao	'oti lou lauulu
fa'ailo	fa'ailoa
fa'alili	fa'aita
fa'aloloa	fa'asasa'o
fa'amanusina	folafola
fa'amāsiasia	fa'amāina; fa'amātagā
fa'anapeina	tu'u le isi vae i luga o le isi vae pe 'ā fā'atai
fa'ano'uno'u	punou i lalo ma savali
fa'aolafanua	sapelu
fa'asuaga	tamāli'i
fa'ata'avilia	fa'ata'avalevale; fa'agāoioia
fa'atōsaga	fafine fa'afānautama
fa'atulou	fa'amolemole
fa'atutū vae	tu'u i luga vae
fa'atūvaetasi	fa'atū le isi vae 'ae fā'atai le isi vae
fa'avevela	tā'isi 'ua vela
faifa'aali'i	tagata e tausia le lagi
faife'au togi	feato mea i tagata
faitala fela'ula'ua'i	fe'avea'i solo tala
faitauina	mātauina
falafalana'i	ta'oto'oto

fale'ese	falevao; faleuila
fīnauvale	tete'e tele
la'asia	'ua uia
lā'ei	lāvalava
lalago	'aluga
laufofoga	laumata
laulau a Tūmua ma Pule	tānoa fai'ava a le atunu'u
laumata fiafia	fofoga lelei
loifofoga	loimata
lo'ilo'i	saipua'a
lūpega	tamāli'i
mālaia	afi
mālosi lilo	mālosi 'ese
maota osilagi	maota e osi ai le lagi o se maliu
māsiasi	'ua tele le mā
masiofo	faletua o le tama a 'āiga
matau	to'i
matuaofaiva	kāmuta tomai
matua'u'u	faiā'oga o le lagagāfala; lo'omatua lāga tōga
meana'itāua	āvā a le tufuga
nāmu'oli	manogi o le 'oli
polo	naifi po 'o le 'o'e
soesā	'ava a le tama; pute o le pepe
soli tōfāga	moetolo
soli vavao	lē usita'i 'i le sā a le nu'u
sula	vi'ivi'i
tagofia lou laualo	fofō lou manava
ta'ita'iala	muamua i le ala; fa'ata'ita'iga
taulāsea	fofō; fōma'i
tausala	tāupou
tōfāga	moega
tu'ulima	u'u mai 'i le lima 'ae 'aua le togia
va'a	pusa oti
vāe atu lau susuga	vavae atu ou mamalu
vaelise	televave
vāifale	'o vā o fale o 'āiga

MATĀ'UPU 3: 'O FA'AAFEGA O MALAGA MA FEILOA'IGA MA MĀLŌ

I. ‘UPU ‘ĀMATA

Sā leai ni ta‘avale anamua, ‘ae sā sāvavali pe sopo malaga a tagata ma moemoe solo i le ala pe ‘ā mamao. E tāua tele le agaalofa ma agafa‘aaloalo e fa‘aafe ai malaga ma vala‘aulia mai ‘i fale se malaga e mālōlō atu se‘i fai se mea e tatau ai po ‘o se fa‘amālositino.

‘O le aganu‘u mānaia lava lenei a matai ma o lātou ta‘ito‘alua. E tusa lava pē māsani, pē lē māsani, e tatau lava ona fa‘aafe se malaga. ‘Ā lē faia lā e se matai lea uiga, ona iloa lea e lē ‘o se matai tomai ‘i le aganu‘u, ‘aemaise le vāfeāloa‘i. E tusa lava pe iai se mea e fai ai se mea‘ai pē leai, ‘ae tatau lava ona fa‘aafe le malaga, ‘auā ‘o le la‘asaga muamua lava lea o taligāmālō a Sāmoa. E tau lē tāua i tamāli‘i Sāmoa ni mea‘ai, ‘ae tāua le laumata fiafia ma le fofoga lelei e te‘a ai le vāivai o le faigāmalaga. “E muli mai ni ōli ‘a ‘o ni foli.” “E lē tauilo tamāli‘i.” ‘O ni isi ia ‘o muāgagana e fai ‘i se matai ma se ‘āiga lelei ‘i le aganu‘u ma le vāfeāloa‘i. Silasila i fāsi fuai‘upu po ‘o fa‘a‘upuga nei e fa‘aogā i talanoaga a matai pe ‘ā fa‘aafe mai ‘i fale se malaga.

II. ‘O FA‘AAFEGA O MĀLŌ

‘O Fa‘aafega e le Matai o le Tagata Malaga:

Matai	**Tagata Malaga**
1. Tālofa, po ‘o fea ‘ā afio ‘i ai le malaga?	Tālofa lava; ‘o le malaga nei e aga‘i ‘i le fono a le itūmālō.
Māpu mai ia i fale nei se‘i fai se mālōlōga ma se‘i fai se mea e tatau ai, afio ai.	Fa‘afetai fa‘aaloalo. ‘Ua māe‘a fo‘i le mea e tatau ai sāvalivali mai.
‘Ia, faia ‘o lea; soifua ia pe ‘ā nānei.	Soifua lava.
2. Tautala fale atu, mālōlō mai ia i fale nei ‘ua vevela le lā ma se‘i tāumafa se vai mālūlū.	Tautala tū atu, ‘ua malie le fa‘aaloalo; ‘ua lē‘o toe mamao fo‘i le mea ‘o fa‘amoemoe ‘i ai le malaga. Fa‘afetai le alofa.

'Ia susū ia pe 'ā fai 'o lea. Soifua ia.

Soifua.

3. 'Ua fa'amālō le malaga, 'ae mapu mai ia i fale nei, 'o lenei 'ua fai le mea e tatau ai a le 'āiga.

Fa'afetai tele le alofa, fa'aauau ia le taliga o le sua; 'ae 'ole'ā alu loa ia le malaga manū 'o mālū le taeao.

'O Fa'aafega e le Tulāfale o le Ali'i:

Tulāfale
Tālofa, susū mai ia ma afio mai lau afioga se'i fai se mālōlōga, ma se'i fai se mea e tatau ai, 'o lea 'ua tali le sua a le 'āiga.

Ali'i
Tālofa lava, fa'afetai tele atu i le vala'au fa'aaloalo a lau tōfā a le failāuga; alo ia i le taliga o le sua, 'ua māe'a fo'i le mea e tatau ai sāvalivali mai.

'O Fa'aafega e le Ali'i o le Tulāfale:

Ali'i
Tālofa, pe 'ā fa'apēfea lenā malaga? Afe mai ia lau tōfā se'i mālōlō 'ua vevela le lā fa'aauau ai le malaga.

Tulāfale
Tautala atu i tūlagavale, vae atu le pa'ia o lau afioga ma le mamalu o le 'āigaali'i; 'o le malaga nei e 'avefe'au atu i le lā pitonu'u. Fa'afetai lava le fa'aaloalo; 'ole'ā tu'utu'u loa ia le malaga nei.

Soifua ia pe 'ā nānei.

Soifua lava.

'O Fa'aafega e le Ali'i o le Faife'au:

Ali'i
Tālofa lau susuga a le fa'afeagaiga. Pe 'ā lē mālōlō le malaga i le 'āiga nei se'i tāumafa se vai mālūlū ona fa'aāuau ai lea 'o le āsiasiga?

Faife'au
Tālofa i lau afioga a le sa'o o le 'āiga, fa'afetai fo'i le fa'aaloalo mo le vala'aulia; 'a 'ole'ā faia o lea. 'Ole'ā afe atu le asiasiga se'i āsia le 'āigaali'i po 'o fa'apēfea mai. Fa'afetai lava.

'O Feiloa'iga i le ala:

1. Tālofa lau susuga.

Tālofa lava lau susuga a le faiā'oga, vae atu lau tōfā 'Aumua, 'o le pa'ia lava lea o alo o Fānene ma Faleālili.

Fa'amālō le soifua.

Fa'amālō fo'i le soifua laulelei i lau susuga a le faiā'oga.

‘O ā mai lau afioga?

‘O lo‘o manuia lava fa‘afetai ‘i le alofa o le Atua, vāe atu lau susuga.

Po ‘o ai lou suafa?

‘O lo‘u igoa ‘o Sione.

‘Ā ‘e susū i fea?

‘Ou te alu atu i le fale‘oloa vae atu lau susuga.

Tā mālōlō i lo mātou fale, se‘i fai se mea e tatau ai.

Leai fa‘afetai. ‘Ou te lē fia‘ai.

‘Ia, susū ia, soifua.

Tōfā soifua.

2. Tālofa, mālō le soifua.

Tālofa lava, mālō fo‘i le soifua i lau susuga.

Po‘o fea ‘ā fa‘aafio ‘i ai?

E fofogaina, e asiasi atu lava i se mea o le lā pitonu‘u.

E ‘ave fe‘au atu fo‘i ‘i lea itū o le alaalafaga nei.

‘Ae ā fa‘apēfea lau susuga?

‘Ā tātou lē mālōlō ‘ea i si o mātou ‘āiga se‘i fai se tāumafataga ona malaga ai lea?

‘Ailoga ‘ea; ‘ole‘ā tu‘utu‘u loa ia le faigāmalaga nei manū ‘o feoloolo le lā; ‘ua māe‘a fo‘i le mea e tatau ai.

‘Ia afio ia, soifua.

Soifua lava.

3. Tālofa Toma.

Tālofa, Sina. Na susū mai anafea mai Hawai‘i?

Fa‘ato‘ā ‘ou sau ananafi.

‘O fea lā ‘o ‘ē alaala ai nei?

‘Ou te nofo i le Tusitala. ‘E te silasila ane ‘o ā mai si o‘u tamā ‘o Vai?

Tālofa, ‘olo‘o gāsegase le tulāfale.

E tīgāina?

‘Oi, ‘ioe; sā malomaloā lava lona gāsegase i le vāiaso talu ai. Tasi le mea, ‘ua toe maua lona laulelei.

‘E te silafia ‘o iai se sā ‘o fealua‘i i le vāinu‘u?

‘Ioe, ‘olo‘o iai le sā o Lei‘ataua Iosefa.

Se fa‘amolemole, sāunoa ane ‘i ai e fa‘atali mai a‘u nānei

‘Ua lelei.

Tōfā soifua.

Soifua ia pe ‘ā nānei.

III. 'O FA'AFEILOA'IGA O MĀLŌ I TOTONU O 'ĀIGA

E pei ona silasila i fa'a'upuga a le faimalaga, e tele lava ina fa'aaogā le 'upu "vae atu." E mānaia pe 'ā fa'aaogā le 'upu vae atu po 'o le vae ane. 'O lona uiga o ia 'upu, ia vavae atu ou mamalu 'ae se'i o'u fai atu. 'O le isi manatu e fa'apea, 'o le vae atu, 'o lona uiga, 'o le āva atu i lau susuga. Pule 'oe po 'o le ā le uiga sa'o 'a 'o le mea lava e tasi; 'o lona uiga lava, 'o le fa'aali o le fa'aaloalo ma le āva tele i tamāli'i ma faife'au po 'o ē 'olo'o 'e tautala 'i ai.

'O le feofoofoa'iga ma le feiloa'iga āloa'ia a se 'āiga ma tagata mālō i totonu o fale, e 'āmata lava i le: "Susū mai ia ma tala mai 'a'ao o lau susuga," po 'o le, "Afio mai ia ma tala mai 'a'ao o lau afioga," pē, "Maliu mai ia ma tala mai 'a'ao o lau tōfā." 'O le vāega lenei o le aganu'u, e maua ai le tagata e lē mālamalama i fa'alupega ma mamalu fa'aleatunu'u i le tulimanu. E to'atele alo o Sāmoa 'olo'o ā'o'oga ma faigāluega māualuluga i le mālō, 'ae o'o lava fo'i 'i ē 'ua suafa matai, 'olo'o femēmea'i lava 'ona 'o le lē mautinoa po 'o le ā tonu se 'upu e tali ai se tagata e fai atu, "susū mai ia."

Silasila fo'i, e matagā tele se tagata e fai atu le 'āiga, "susū mai ia," pē, "afio mai ia," 'ae na'o le va'ava'ai solo ma 'ata'ata mai, po 'o le fa'amimigi fo'i o tau'au 'ae lē tautala. 'Ioe, 'āfai 'e te lē tali, 'o lona uiga e vāivai tele lau gagana fa'aaloalo ma lau aganu'u; 'o lou lē tali fo'i, e lē āmana'ia ai 'oe e tagata. 'O le mea lea e tatau ai ona 'e mālamalama i fa'alupega o tagata ta'ito'atasi, po 'o se susuga, po 'o se afioga, 'o se tōfā, po 'o se fetalaiga. Manatua fo'i, e lē tusi maia i le muāulu o le tagata ona fa'alupega; 'o le mea lea ia mātau lelei po 'o ā mea e ta'u o fa'alupega ma fa'alagiga. Va'ai pē fa'apēfea ona fa'asolo mamalu o le atunu'u ma o lātou fa'alupega pe 'ā fa'alagi; ona 'e toe fa'alogologo lea i le fetālia'iga i le gagana fa'aaloalo e fa'aaogā ai ma fa'alupega, pe 'ā talanoa matai.

'O nei feiloa'iga 'olo'o fa'amanatu ai feofoofoa'iga fa'aleatunu'u i totonu lava o ona vāifanua i Sāmoa. 'Ātonu e lē fa'aaogāina i atunu'u 'ese, 'ae mo le tomai o fānau 'i aga fa'aleaganu'u ma le vāfeāloa'i fa'atamāli'i, e tatau ai lava ona 'aua le fa'agaloina ia vāega, 'auā 'o tū fa'aaloalo o le aganu'u.

Fa'afofoga ma mātau le fa'aaogāina o le gagana fa'aaloalo pe 'ā fesili i le gagana fa'aaloalo, 'ae tali mai i le gagana fa'alālolalo. E tusa lava pe 'e te tamāli'i ma 'e maualuga, 'e te fa'aaogāina lava le gagana i le agāga fa'alālolalo. 'O ni fa'ata'ita'iga nei 'olo'o tūsia i lalo:

1. Susū mai ia ma tala mai 'a'ao o lau susuga.	Le pa'ia tele o le maota, susū lau susuga Fepulea'i ma le faletua; alaalata'i lau tōfā Laumau.
Fa'amālō le soifua. Fa'amālō fo'i le malaga.	Tātou taufaifa'amālō lava, mālō fo'i le tāpua'i. Fa'amālō le soifua laulelei.

E agatonu Manu'a 'ona 'o le fesili, po 'o le ā le ala o le faigāmalaga?

Vae atu le pa'ia o le maota, 'o le malaga nei o le sā'iligāfofō.

Tālofa. 'O ai e gāsegase?

'E te sāunoaina, 'o le tinā o le 'āiga 'olo'o uagagau.

'O le ā le gāsegase o le faletua?

E leai, 'o lona ulu lava e tīgā. E iai se taulāsea a lo 'outou 'āiga se'i ona tāgofia le ma'i o si o'u to'alua?

E iai. 'Ole'ā alu 'i ai se fe'au nānei, ona tuli atu lea tāeao. 'O iai se sā 'o fealua'i atu i Savai'i?

'Ioe; e iai le va'a. Fa'afetai tele le ālolofa, 'ae fai 'i ai 'i le taulāsea e maliu mai nānei se'i o mā talanoa muamua.

'Ole'ā se'i o tātou talatalanoa, ona sā'ili mai lea 'o se mea e tatau ai a le malaga.

Fa'afetai le fa'aaloalo i lau susuga ma le 'āigaali'i; 'o le malaga nei, na uia le ala i Sa'ō.

'Ua lelei, 'ae fa'amuli atu ia, se'i 'ou malaga i Apia o'u sau ai nānei.

Faia 'o lea. 'Ia manuia le malaga.

2. Afio mai ia ma susū mai lau susuga To'oā.

'Ia, le pa'ia tele o le maota; alaalata'i lau fetalaiga Futi, 'o 'oe 'o le tausi va'atele i 'Āiga i le Tai, fa'apea fo'i le nofo a fale'upolu o le Falemanono.

Mālō le malaga manuia.

Mālō fo'i le tapua'i manuia i lo tātou 'āiga. 'O ā ni mea fou o tutupu i lenei taimi iā Sāmoa?

'E te susūina, e leai lava ni tala fou, vāganā lava le vevesi i le faigāpālota 'ua lata mai.

'Oi, 'o āfea e fai ai le gāsegase o le mālō?

E fai iā Fepuari i le tausaga fou.

'E te lē'o finagalo 'e te 'auai 'i lea fo'i fa'aagātama?

'Ailoga, e maumau lo'u taimi 'ae lē moni tagata; 'e tumu i le taufa'ase'e.

'Ioe, e moni lau tōfā, e sili lava ona 'e tapua'i; 'o le māumauga o tupe ma mea tāumafa i mea fa'apolokiki.

Falafalana'i ifo ia se'i susu'e mai le suāvai a tamaiti, ona fai lea 'o la tātou mea e tatau ai.

'Ā 'e fia fa'amālū, 'o le faletā'ele lale ma le potu lea 'e te tōfā ai pe 'ā mātū mai.

'Ua lelei, fa'afetai tele.

GĀLUEGA FAUTUAINA

I. *Gāluega Ta'ito'atasi*

Fa'avasega le talanoaga 'olo'o nunumi atu i lalo i le fa'asologa e tatau ona mālamalamagōfie ai ma sa'o po 'o ai lea e tautala, 'a 'o ai lea e tali.

Si o'u alofa Malu; mālō le soifua.	E sa'o lava 'oe le tinā. 'Ua to'atele tagata e fai 'i ai fa'alavelave 'ae 'ua tuai le lalaga.
'Ia, tu'u ane i'inā lau ta'ita'i, 'ae tago ane e tūlei mai tā'aiga nā se'i fa'aogā ane ai lenei taimi.	'O le leaga faia ia o āvā a nei tama, na'o le fia ō lava e fa'aalu tupe a lo mātou 'āiga i fa'atauga o tēuga 'ae lē 'ilafia ona lalaga se fala.
E lelei lava lo tou 'āiga e to'atele fafine e faia le fale lalaga.	'Ā lalaga fo'i sou fala?
Tālofa e, 'o le mea lava lenā pe 'ā fa'alētonu le pikiga o le to'alua o le tagata. 'Ua avane le tele o a'oa'oga ma mea 'ua lē iloa ai e nei fafine le faiga o fe'au Fa'asāmoa, 'ā 'ea?	'Oka, e na'o le to'atelevale, 'ae 'o le lē 'ilafia ia e ia tagata fai ni fe'au Fa'asāmoa.
'Ioe, 'ā fa'apēfea 'ea le tele o le mau fa'alavelave; na'o le lalaga atu lava o nei mea ma mou atu.	Tālofa lau afioga a le matua'u'u. Mālō fo'i le soifua maua.

II. *Gāluega Ta'ito'atolu*

Fa'aigoa ni tagata se to'atolu 'iā A, E, I, po 'o ni isi ala e iloa ai tofiga o le kulupu. Tofu le tagata ma tofi nei: A = tagata malaga; E = 'o le matai 'ua āfea lona fale e le malaga; I = 'o le to'alua o le tagata malaga.

Fa'aali mai i se tusitusiga, po 'o se fa'atinoga ni tautalaga o fa'aafega o malaga. Tu'u i le faitalia a le kulupu po 'o ai ia tagata, 'a 'o le ā fo'i le 'autū o le malaga. Manatua gagana a tagata 'ese'ese e tatau ona fai, 'ina 'ia tusa ai ma o lātou tūlaga i le Fa'asāmoa.

'Ā māe'a sāuniuniga a kulupu, ona fa'aali lea i luma o le vasega 'ātoa. Fa'alogo lelei le vasega i le fa'aogāga o le gagana, ona talanoa lea i mea na lelei, 'ae toe fa'ata'ita'i mea e le'i 'āto'atoa ona lelei.

ILOILOGA O LE MATĀ'UPU

Vāega I

Tusi tali o fesili ia e tolu:

1. 'Aiseā e fa'aafe ai fua e tagata Sāmoa malaga?
2. 'O ai tonu lava tagata o Sāmoa e ana lea aganu'u o le fa'aafe o malaga?
3. Fa'apea lā 'o 'oe le matai o le 'āiga, fatu sa 'oulua talanoaga ma sau mālō 'i lo 'outou fale.

Vāega II

'O le "vae atu" ma le "vae ane," 'o 'upu e fa'aalia ai le fa'amāualalo tele. Tali mai lā 'i tagata māualuluga ia 'ole'ā fai atu. Fa'aaogā mai le vae atu ma le vae ane. Pule 'oe po 'o fea le vāega o le tali e tu'u 'i ai:

Ali'i	'O fea sa 'e alu 'i ai?
Tulāfale	'O ai na 'oulua ō mai?
Faife'au	'O ā mai si ou tamā?
Faiā'oga	'O fea 'o 'e nofo ai nei?
To'oā	Tā te momoe nānei?

Vāega III

Su'e sau pāga. Va'ai so'o se feiloa'iga i fale 'olo'o i le matā'upu lenei, 'e te lua fa'aaogāina e fai ai la lua feiloa'iga.

FA'ALEOGA MA FA'AUIGAGA O 'UPU

alaalata'i sāofafa'i mai
'ave fe'au alu e 'ave se fe'au
e fofogaina vae atu lou fofoga
e lē fa'agaloina e lē mafai ona galo
uagagau ma'i
fa'aagātama ta'aloga
fa'aauau alu pea le malaga
fa'afeiloa'iga fa'amāsani
fa'aleatunu'u faiga Fa'asāmoa
fa'amuli nofo i le fale
faigāmalaga 'o tagata o le malaga
falafalana'i ta'oto'oto
Falemanono mamalu o Manono
femēmea'i lē mautonu
feofoofoa'iga feiloa'iga fiafia
fetalia'iga talanoaga fetalia'i
fofoga lelei tautala fa'aaloalo; talanoa fiafia
laulelei mālōlōina
malomaloā pisapisaō; tīgāina le ma'i
māumauga o tupe fa'alēaogā tupe
moemoe solo so'o se nu'u e momoe ai
taufa'ase'e taufa'avalea
taufaifa'amālō taufai fa'afetai
taulāsea fōma'i fai vai Sāmoa
tautala fale atu vala'au mai 'i le fale
tautala tū atu tautala ma tū i le 'auala
tūlaga vale leaga le tūlaga
vae atu vavae atu pa'ia
vevesi lē mautonu

MATĀ‘UPU 4: ‘O FA‘ALUPEGA MA FA‘ALAGIGA

I. ‘UPU ‘AMATA

‘O Sāmoa, ‘ua ‘uma ona tofi ona mamalu ma ona tūlaga, ma ‘ua ‘uma fo‘i ona fa‘avasega ona fa‘alupega e fa‘alagilagi ai pa‘ia ‘ese‘ese o tagata ta‘ito‘atasi; ‘aemaise ponao‘o ma tūlaga māualuluga. E o‘o lava fo‘i ‘i malae o nu‘u ma maota o ali‘i e fai fa‘alupega.

‘O matai po ‘o tamāli‘i o le atunu‘u, ‘ua vāevaeina i vāega o ali‘i ma tulāfale. ‘Ua fa‘avasegaina ali‘i ‘i ali‘i sili ma vāiali‘i, ‘ae fa‘avasegaina tulāfale ‘i tulāfale sili ma pitovao; ‘ā tu‘u fo‘i ‘i ni isi fa‘a‘upuga, ‘ua ta‘ua ‘o tulāfale sili ma vāitulāfale. ‘Ua fa‘alupe ali‘i o susuga ma afioga, ‘ae ‘ua fa‘alagi tulāfale o tōfā ma fetalaiga.

E tutusa aogā ma tāua o matai ‘uma i totonu o ‘āiga ma nu‘u, vāganā le fa‘atūlagaga o mamalu ‘ua ‘ese‘ese ai fa‘alupega. ‘O gāluega a ali‘i pe ‘ā aofia le nu‘u, e na‘ona fa‘asā‘osa‘o, ma fa‘alogologo, peita‘i, e fesili ‘i ai tulāfale mo se finagalo e fa‘ai‘u ai se matā‘upu o le fono a le nu‘u. ‘O tulāfale e fetalai i fa‘alavelave fai a le atunu‘u; ‘o ‘i lātou fo‘i e ‘āmataina fono. E tatau ona poto le tulāfale i fa‘alagiga o tamāli‘i o le nu‘u, itūmālō, ma le atunu‘u ‘ātoa.

‘O le faife‘au, e fa‘alagi o le fa‘afeagaiga a le nu‘u, ‘auā fo‘i e osi le feagaiga ‘ina ‘ia felagolagoma‘i ‘i le atiina‘e o le gāluega a le Atua. ‘O le susuga e ‘ave i faife‘au ‘uma, vāganā Pātele o le Lotu Katoliko, e ‘ave ‘i ai le afioga. ‘O le susuga e ‘ave i le faletua o le faife‘au. ‘Ā fa‘apea ‘e te lē mālamalama po ‘o se faletua, po ‘o se tausi, ona ‘ave lea ‘i ai ‘o le susuga fa‘atasi ma le ‘upu faletua, ona fa‘apea lea, “Susū mai ia lau susuga a le faletua.”

‘O le tōfā po ‘o le fetalaiga, e ‘ave i tausi o tulāfale, po ‘o so‘o se fale‘upolu. ‘O le susuga, e ‘ave i so‘o se tama ma so‘o se teine, po ‘o so‘o se isi e faigāluega; ‘a ‘o le afioga, e ‘ave i tama‘ita‘i ma tinā mātutua. E lē ‘avea ni susuga i tamaiti, ‘ua na‘ona fai lava ‘i ai pe ‘ā sau i le fale, “ ‘ua ‘e sau?” po ‘o le fai ‘i ai pe ‘ā alu ane i le ala, “ ‘a ‘e alu i fea?

I le talanoaga lā o le vāfeāloa‘i, e tatau ona fa‘aaogā ai fa‘alupega, ‘auā ‘ā lē faia, ‘o lona uiga, ‘ua leai se vāfeāloa‘i ma se fa‘aaloalo. ‘Ae tatau fo‘i ona silafia le fa‘asologa o mamalu, mai ē māualuluga e o‘o i tagata lautele. ‘Ia ‘e fa‘alogologo lelei ‘i fa‘alupega o se ‘āiga ma se nu‘u ‘e te alu e ‘ave ‘i ai se si‘i, po ‘o se nu‘u fo‘i ‘ole‘ā ‘e lāuga ai.

II. ‘O FA‘ALUPEGA MA FA‘ALAGIGA

‘Ā lē fa‘aaogāina fa‘alupega e fa‘alagi ai mamalu o tamāli‘i, e lē iā te ‘oe le fa‘aaloalo ma le vāfeāloa‘i. Tou te silafia lā ‘o ā ia mea o fa‘alupega ma fa‘alagiga?

‘Ua tai uiga fa‘atasi fa‘alupega ma fa‘alagiga i manatu o tagata, ‘ae peita‘i, ‘o iai nai ‘ese‘esega.

‘O Fa‘alupega

‘O mamalu ia ma pa‘ia o tamāli‘i ma failāuga po ‘o tagata ‘uma e tatau ‘i ai le fa‘aaloalo.
‘O mamalu ia ma pa‘ia o maota ma laoa ma malae o nu‘u ma itūmālō.
‘O mamalu ia ma pa‘ia o le ‘aufaigāluega a le Atua ma ē māutofi i lotu ‘ese‘ese.
‘O mamalu ia ma pa‘ia o ē mautofi i le mālō ma matāgāluega ‘ese‘ese.
‘O mamalu ia ma pa‘ia o ‘augafa‘apae ma sa‘o‘aumaga ma ō lātou aualuma.
‘O mamalu ia ma pa‘ia o measina a le atunu‘u e pei ‘o le tōga.
E leai ni pa‘ia ma ni mamalu e i tamaiti.

‘O Fa‘alagiga

‘O le mea e fai ‘i fa‘alupega, ‘o le fa‘alagi. ‘O lou laulau atu lā o mamalu ma pa‘ia o vāega ‘uma ‘olo‘o ta‘ua i luga, ‘o le fa‘alagiga lea o fa‘alupega, ‘o lona uiga ‘olo‘o ‘e faia fa‘alupega, po ‘o le laulau atu o fa‘alupega, po ‘o le lagi atu fo‘i o fa‘alupega. ‘O le poto o se Sāmoa e fa‘alagi fa‘alupega o le atunu‘u, ‘o se tagata pito tomai lea i le faiga o ‘upu o Sāmoa; manatua:

‘Ā afioga le ali‘i, e afioga fo‘i lona faletua.
‘Ā tōfā e ‘ave i le tulāfale, e tōfā fo‘i e ‘ave i lona tausi.
‘Ā susuga le faife‘au, ‘o le susuga fo‘i e ‘ave i lona faletua.
‘Ā tautala se tulāfale, ona ‘e fa‘amālō lea ‘i ai fa‘apea: “Fa‘amālō le fetalai ‘i lau tōfā,” e fa‘apēnā fo‘i ‘i lona tausi.
‘Ā tautala se ali‘i, ona ‘e fa‘amālō lea ‘i ai fa‘apea: “Fa‘amālō le sāunoa i lau afioga,” e fa‘apēnā fo‘i ‘i lona faletua.
‘Āmata ona ‘e fa‘amāsani i le fa‘alagiga o fa‘alupega faigōfie e pei ‘o nei:
Susū lau susuga a le fa‘afeagaiga ma le faletua.
Afio lau afioga a le Tama a ‘Āiga ma le masiofo.
Susū lau susuga a le Mālietoa ma le masiofo.
Alaalata‘i lau tōfā a le failāuga ma le tausi.
Maliu mai lau fetalaiga a le tu‘ua ma le tausi.
Afio lau afioga a le sa‘o o le ‘āiga ma le faletua.

Afio lau afioga a le tinā matua.
Afio lau afioga a le tamā, Pātele.
E'eta'i le pa'ia o le maota 'olo'o āfifio ai tupu ma tamāli'i.
Afio lau afioga a le faletua o le faipule.
Alaalata'i lau tōfā a le tausi 'o sē 'o tu'ua i le nu'u nei.
Susū lau susuga a le faiā'oga a le mālō.

'Ae 'āfai e to'atele tagata 'olo'o i totonu o le maota ona tā aofa'i lea 'o pa'ia fa'apea: "Vae atu le pa'ia o le maota, 'olo'o susū ai susuga a fa'afeagaiga taulagi, āfifio fo'i tamāli'i; alaalata'i failāuga, fa'apea tamā ma tinā, ma le pa'ia o le 'āigaali'i; fa'apea le nofo a alo."

III. 'O FA'ASOLOGA O MAMALU

So'o se failāuga tomai, na te iloa fa'alagi mai fa'alupega 'o tamāli'i o le atunu'u 'olo'o i le maota, e 'āmata mai 'i ē māualuluga, e o'o lava i le lautīnalaulelei 'i totonu o nu'u. E fa'apēnā fo'i ona fa'asolo mamalu o se 'āiga; e tatau lava ona 'āmata mai 'i le sa'o o le 'āiga ma le faletua, se'ia o'o lava i le nofo a alo. Na'o se fa'ata'ita'iga faigōfie lenei ma ona fa'alupega faigōfie, 'ina 'ia mālamalamagōfie ai le 'autalavou, i le fa'asologa o mamalu o se 'āiga, nu'u, itūmālō, faigāmālō, 'ekālēsia, ma le atunu'u 'ātoa.

E fa'amalie atu 'i le mamalu o tamāli'i ma alaalafaga, 'ona 'ua 'ou fa'aaogāina ni isi 'o o lātou fa'alupega, e tau fa'afaigōfie ai 'i tūpulaga le fa'atinoga o nei matā'upu faigatā. Silasila i nai fa'ata'ita'iga ia:

'O le Fa'asologa o Fa'alupega o se 'Āiga	*Fa'ata'ita'iga pe 'ā Tautala*
1. Sa'o o le 'āiga ma le faletua	Lau afioga a le sa'o ma le faletua.
2. Tamāli'i ma failāuga	Le pa'ia o tamāli'i ma failāuga.
3. Faletua ma tausi	Le mamalu o faletua ma tausi.
4. Tamā ma tinā mātutua	Afioga i tamā ma tinā mātutua.
5. 'Āigaali'i	Le pa'ia o le 'āigaali'i.

'O le Fa'alupega o se Nu'u	*Fa'ata'ita'iga pe 'ā Tautala*
1. Ali'i sili	Susū 'Ie e lua, Tagaloa ma Sāgapolutele, Āfifio tama fa'asisina, 'o tūlāniu o Ātua.
2. Isi ali'i	Susū Taofia ma le Usoali'i
3. Tulāfale sili	Alaalata'i le matua
4. Lautīnalaulelei	Le mamalu iā te 'oe Sāoluafata.
5. Sa'o 'aumagaAfioga	Afoafouvale ma Tualamasalā
6. Sa'o tama'ita'i	Fa'apea fo'i a 'oulua afioga Tulula utū ma Teu'ialilo.

'O le Fa'alupega o se Itūmālō	*Fa'ata'ita'iga pe 'ā Tautala*
1. Ali'i sili	Afio lau afioga Faumuinā ma 'āiga.
2. Isi ali'i	Le pa'ia o ma'opū ma lūpega; afioga a le tama a 'āiga.
3. Tulāfale sili	Alaalata'i a 'oulua fetalaiga Sā'ole
4. Ta'u fa'atasi isi tulāfale	ma le mamalu o le itūmālō.

'O le Fa'alupega o le Fono a Faipule o 'Amerika Sāmoa	*Fa'ata'ita'iga pe 'ā Tautala*
1. Kōvana Sili	Afio lau afioga a le Kōvana Sili o 'Amerika Sāmoa.
2. Sui Kōvana	Susū le susuga a le Sui Kōvana;
3. Peresitene ma le Senate	Le mamalu o le Peresitene ma le Senate;
4. Ta'ita'ifono ma le Maota o Sui	Susuga a le Fofoga o le Fono ma le mamalu o le Maota o Sui;
5. Fa'amasino Sili ma Ali'i Fautua	Lau afioga a le Fa'amasino Sili ma Ali'i Fautua; Le pa'ia o le Mālō o 'Amerika Sāmoa.

'O le Fa'alupega o le Fono a Faipule o Sāmoa	*Fa'ata'ita'iga pe 'ā Tautala*
1. Ao o le Mālō	Lau afioga a le Ao mamalu o le mālō Tūto'atasi o Sāmoa; susū lau susuga a le Tapa'au Fa'asisina; lau Susuga Mālietoa Tanumafili II.
2. Sui Ao	Lau afioga a le sui Ao ma le nofo a Sui Tōfia;
3. Pālemia	Lau afioga a le ali'i Pālemia;
4. Fofoga o le Fono	Afioga a le Fofoga o le Fono;
5. Minisitā o le Kāpeneta	Afioga a Minisitā o le Kāpeneta ma le
6. Sui o le Pālemene	mamalu o Sui o le Pālemene.

'O le Fa'alupega o le 'Ekālēsia Sāmoa

Fa'asolo le 'ekālēsia e pei ona iai. Fa'aaogā le 'upu "susuga"

1. Susuga a le Ta'ita'ifono ma le Fono a le 'Au Toea'ina
2. Susuga a Fa'afeagaiga ma faletua
3. Susuga a A'oa'o ma faletua
4. Afioga a Ti'ākono ma le mamalu o le 'Ekālēsia Aoao

'O nai fa'alupega faigōfie nā e 'āmata ai ona 'e mālamalama i le faiga o fa'alupega o 'āiga, nu'u ma itūmālō. 'Ae pe fa'apēfea ona 'e fa'alagilagia ia fa'alupega i le fa'asologa tatau. E tatau lava ona ‘āmata mai ‘i tūlaga māualuluga se‘ia o‘o i le vāega maualalo, ma ‘aua ne‘i galo ona fa‘alagi mamalu ‘uma ‘olo‘o i le fale. Manatua, ‘o mamalu po ‘o fa‘alupega nā ‘ua tusi atu, e na‘o fa‘alupega e ala i tōfiga po ‘o gāluega a tagata, ‘a ‘olo‘o iai fa‘alupega fa‘aleaganu‘u o tamāli‘i o le atunu‘u ‘olo‘o aofia i lāuga a failāuga ‘olo‘o i iunite ‘olo‘o mulimuli mai; e tatau ai ona mātau lelei pe fa‘apēfea ona fa‘alagi fa‘alupega o tamāli‘i pe ‘ā fa‘aogā i lāuga.

Silasila i fa‘alupega o Sāmoa ‘ātoa, ‘olo‘o i le Iunite 5, ‘O le Failāuga.

GĀLUEGA FAUTUAINA

I. Fa'ata'ita'i ona Fa'alagi Fa'alupega o Tagata na Ōmai 'i le Malaga.

A. 'O le malaga fa'alemālō sā i Hawai'i, sā 'auai:

1. Mālietoa Tanumafili II
2. Tuala Sale, 'o le minisitā o le kāpeneta o le mālō o Sāmoa
3. Olo Letuli, 'o le senatoa mai 'i le fono a 'Amerika Sāmoa
4. Papāli'i Audrey, 'o le failautusi fa'apitoa a Mālietoa.

E. 'Ua maliu se tasi 'o faipule mai i le pālemene o Sāmoa e tau 'i ai le kovana o 'Amerika Sāmoa. 'Ua alu le si'i a le kovana ma lana 'aumalaga; e aofia ai le peresitene o le senate, le fofoga fetalai o le maota o sui, 'o le pule o le 'ōfisa o femālagaa'iga i Tutuila, fa'apea ma le lōia sili a le mālō. 'O le ā lau fa'alagiga o mamalu 'o ia ali'i?

II. Fai Gāluega Ia:

A. Iloilo le a'a po 'o le 'upu e tupuga mai ai le 'upu "fa'alupega." 'Ā lē mafai ona taliina i totonu o le vasega, ona fa'afeso'ota'i lea 'o se tasi tagata e maua ai le fa'amālamalamaga o lea 'upu. Tu'u 'i ona uiga tu'usa'o (*literal*) fa'apea ma uiga loloto (*metaphorical*) e ta'ita'iina ai aga ma tū a Sāmoa.

E. Tauloto fa'alupega o le tou 'āiga ma le nu'u; ma fa'amatala tūlaga o tagata 'uma 'olo'o aofia ai 'i ia fa'alupega; 'o lona uiga, 'ia 'e mālamalama lelei 'i tala o māfua'aga o fa'alagiga o ia tagata po 'o ia suafa, ma 'o le taimi tonu lava lenei e pu'eina ai tala o le vavau a lou tou 'āiga na maua mai ai o lātou fa'alupega.

ILOILOGA O LE MATĀ'UPU

Vāega I

Fa'afetaui 'upu i le Lisi A ma le Lisi E:

	A	E
1.	susū	tulāfale
2.	afio	lo'omatua
3.	maliu	tamaitiiti
4.	sosopo	faife'au
5.	alu	ali'i

Vāega II

Fau sau 'apefa'i po 'o se piramita (*pyramid*) 'e te fa'asolo ai mamalu o lo 'outou nu'u e 'āmata mai 'i lē aupito maualuga. (Fa'ata'ita'i muamua ona faia se 'apefa'i o mamalu o lou 'āiga.)

FA'ALEOGA MA FA'AUIGAGA O 'UPU

afioga	fa'alupega o le ali'i
atiina'e	faiga o se gāluega tauāti a'e
e'eta'i	afio mai
usoali'i	vasega o ali'i
fa'alagiga	'o le laulau atu o fa'alupega o tamāli'i
fa'alagilagi	fa'alupelupe; fa'alaulau atu
fa'alupega	'o mamalu ma pa'ia o tamāli'i
fa'asā'osa'o	na'o le nofonofo
faletua	to'alua o le ali'i
fale'upolu	tulāfale failāuga
felagolagoma'i	fa'amoemoe le isi 'i le isi
fetalaiga	fa'alupega o le fale'upolu
lautīnalaulelei	aofa'iga o tulāfale
nofo a sui	'o le nofoa o sui tōfia
pitovao	vasega lona tolu o tulāfale
ponao'o	tamāli'i e o'o i tūlaga māualuluga
suiao	e sui 'i le ao o le mālō
susuga	fa'alupega o le faife'au ma so'o se isi 'e te lē iloa pe māsani ai
tama fa'asisina	tama māualuluga
Tāofia	fa'alupega o ali'i o Sāoluafata
tausi	to'alua o le tulāfale
tōfā	fa'alupega o le tulāfale
vāiali'i	vasega lona tolu o ali'i

MAT'A'UPU 5: 'O PALAPALA A MĀLŌ MA FOLAFOLAGA O FŌA'I

I. ‘UPU ‘ĀMATA

‘O le uiga o lea fa‘a‘upuga ‘o “palapala a mālō,” ‘o mea ‘ai po ‘o mea tāumafa. E pei lava ona iai ‘upu ma aga e fa‘atino ai le vāfeāloa‘i ‘i talanoaga ma vāega o le tino, e fa‘apea ona iai le gagana fa‘aaloalo o mea tāumafa i taimi o faigā‘ai.

‘O le tasi lenei tomai e tatau i tama fānau a Sāmoa, ‘aemaise le itūpā o ‘aumaga ma o lātou ta‘ito‘alua ma le ‘au tautua, fa‘apea fo‘i le ‘au taufafo o faigāmalaga, ona lātou mālamalama ‘i ia mea.

‘Ā folafola fa‘aaloaloga e ala i palapala a mālō, ona sui lea ‘o igoa māsani o mea tāumafa ‘i o lātou igoa fa‘aaloalo. ‘Ā ‘e alu i se malaga ‘ae ‘e te taufafo i fe‘au a le ‘aumalaga, ona ‘e mua‘i fesili lea i tagata o le nu‘u ‘olo‘o talia la ‘outou malaga, pē iai ni suiga o fa‘a‘upuga o a lātou mea tāumafa. ‘O se tū lē fa‘aaloalo pe ‘ā ‘e fa‘aigoaina se mea‘ai ‘i se suafa matai; ma e i‘u ‘ina tāofi lau folafolaga e le nu‘u ‘olo‘o ‘e ‘alaga ai pē ‘otegia ai fo‘i ‘oe. ‘O le mea lea e tatau ai fo‘i ona fa‘aeteete i lea itū, ma ‘o le fa‘amaoniga lea o nei manatu:

1. ‘E te lē ta‘ua le ‘upu moa i Manu‘a; ‘ae fa‘aigoa o le manulele, ‘auā ‘olo‘o iai le suafa matai o Moa i Manu‘a.
2. ‘E te lē ta‘ua le ‘upu “talo” i le nu‘u o Sātalo i Faleālili; ‘ae fa‘aigoa o le fuāuli, ‘auā ‘olo‘o iai le suafa o le tulāfale tāua o Talo i lenā nu‘u.
3. ‘E te lē ta‘ua le i‘a o le “ ‘anae” i le nu‘u o Falelātai; ‘ae fa‘aigoa o le āfumatua, ‘auā ‘olo‘o iai le suafa tāua o ‘Anae i lea nu‘u.
4. ‘E te lē ta‘ua le i‘a o le “tu‘u‘u” i le nu‘u o Si‘umu; ‘ae ta‘u o le palepō, ‘auā e iai le tulāfale tāua o Tu‘u‘u i lea nu‘u.

E tele mau suafa ‘i isi alaalafaga e tutusa ma igoa ta‘atele o ni isi o tāumafa. E alofagia se tama po ‘o se teine poto pe ‘ā fa‘afofoga mai le nu‘u, ‘o māsani atu le gutu i ta‘uga fa‘aaloalo ‘o a lātou mea fa‘apitoa, ma ‘o uiga ‘uma lava na‘o le vāfeāloa‘i.

II. ‘O LE SĀ‘AFI‘AFIGA I LE PĪSUPO HELAPĪ

‘Ona ‘o le pīsupo lava ‘o le mea‘ai mana‘omia a Sāmoa i totonu o palapala a mālō, ‘ua tatau ai lava ona tātou muamua fai ni vi‘ivi‘iga o le pīsupo.

Sā saveioloolo le fatuga o le solo
‘Ina ne‘i iai se manu e olo.
‘Ua fa‘atauaitu nei le lamaga
‘Auā ‘ua fofoga Sāmoa i le fa‘aagātama.
‘Ua tatau lā ona musamusa Sāgālala
‘Auā e lua pusa ‘apa o le tauvāga.
‘Aua le ‘avea le tu‘inanau ma le fia tausami
E fa‘atau ai le tofi i le ‘ai e tasi.
Tulou Sāmoa pe ‘ā sala le gagana
‘Auā ‘o ou tamāli‘i o se tāu‘upega‘afa.

Fa‘afetai i le Atua mo lenei avanoa,
‘Ua laga ai le ‘au‘afa teu mau a Sāmoa.
Le gagana a tamāli‘i pe ‘ā lumāfatutoto;
Fai ‘i ai sau solo ‘ae mātou fa‘alogologo.
‘O le pīsupo mai Niu Sila ‘ua fa‘asalalau mai.
‘O ai ‘ā lē fia tāumafa ai?
‘O le Hellaby le kamupanī vī‘ia i Aotearoa ma ‘Ausetalia.
‘Ua pei ni lupe o māsina lona talitalia
‘I motu o le Pāsefika ma le Polenesia.

‘O pīsupo e gaosia i ‘a‘ano o meaola.
Le lafupovi i Petele‘ema na mua‘i iloa le Fa‘aola.
Sāmoa e, e tele naunau au matai‘ai,
‘Ae nūmera tasi le pīsupo falai.
E mānaia tele fo‘i pe ‘ā tao ‘ātoa
‘Ina‘i ‘i se fuāuli e to‘a ai lou moa.
‘E te lē tau fafano pe ‘ā ‘uma ona tāumafa
Ne‘i lē toe lagona le manogi sasala.
Fa‘amālō KNDI ‘i au fa‘aaliga,
‘O le tasi lenā ala o le fa‘atōsina.

Manatua e leai se Sāmoa e fa‘afiti
Pe ‘ā fai fa‘atauga o le Lotu a Tamaiti.
‘O isi ‘āiga e lē lāvalava fou le fānau

'Ae fa'atau le pīsupo ono pauna mo le to'ona'i a le faife'au.
E lelei fo'i lenā talitonuga e manuia ai
'Auā 'o Sāmoa 'o le Atua lo lātou matai.
E lē se mea tāua le tauvā i pīsupo lololo
'Ae sili ona aogā pe 'ā iloa fatu se solo.
Manatua lau gagana 'ia mautū ma 'ia ola
Ona 'avea lea 'o Sāmoa ma atunu'u iloga.

Se'i fautua atu i le kamupanī fai 'apa.
'Ua tau lē gafatia le tau e tagata.
'O pīsupo 'uma e mamafa atigi'apa
'A 'o mea i totonu e lē lava ai se mama.
Tau fa'ala'itiiti māsima ma ga'o i le 'apa;
Ma le oso maualuga o toto o tagata.
'Ae 'ā maua sa'u pusa'apa 'ātoa
'O taeao lava e momoli ai i Sāmoa.
E lelei pe 'ā sa'o fa'ai'uga a le komiti 'ole'ā fai,
Ne'i fāimea fo'i ma sē e tāu 'i ai.

III. 'O LE FAITAUGA O PALAPALA A MĀLŌ

E mānaia fo'i pe 'ā mālamalama i le faitauga fa'afuainūmera o le aofa'i o mea'ai. 'Āfai 'e te ta'ua ni fuainūmera po 'o le aofa'i o mea'ai, ona sui fo'i lea 'o o lātou ta'u. Va'ai lelei igoa fa'aaloalo o mea'ai ta'itasi 'olo'o lisi atu, 'ātoa ma ni isi 'upu 'e te fa'aooopo 'i ai.

'O le faitauga o le aofa'i o palapala a mālō a Sāmoa anamua, e leai ni fōliga o fuainūmera, 'ae fa'aigoa i le aofa'i o mea 'ua va'aia. Mo se fa'ata'ita'iga: 'ā lua lupe 'ua felelei mai, ona fa'apea lea, "e lua fua lupe"; 'ā lua tama'i pua'a 'ua 'uma ona tao, ona ta'u lea, " 'e lua le lafu." 'Ātonu 'o le 'auala fo'i lea na maua ai le fa'a'upuga fa'apea, " 'o le saesaegālaufa'i a tūmua ma pule," 'o lona uiga, 'ā faitau le aofa'i o ni mea, e mātau i le sasae o le laufa'i. Fa'afofoga fo'i 'i faitauga ia:

- ✦ 'Ā lua (2) i'a, 'ua ta'u 'o le luagalau.
- ✦ 'Ā luasefulu (20) i'a, 'ua ta'u 'o le laulua.
- ✦ 'Ā lua (2) pa'a po 'o ula, 'ua ta'u e lua tu'e.
- ✦ 'Ā luasefulu (20) pa'a po 'o ula, 'ua ta'u 'o le tu'e lua.
- ✦ 'Ā sefulu (10) 'ulu, 'ua ta'u e fuāgafulu le maualuga.
- ✦ 'Ā luasefulu (20) 'ulu, 'ua ta'u e fualua le maualuga.
- ✦ 'Ā selau 'ulu (100), 'ua ta'u e fuaselau le maualuga.
- ✦ 'Ā lua talo (2), 'ua ta'u e luagamata.

- ‘Ā sefulu talo, ‘ua ta‘u ‘o le matāgafulu.
- ‘Ā luasefulu talo, ‘ua ta‘u e matalua.
- ‘Ā selau talo, ‘ua ta‘u e mataselau.
- ‘Ā lua ‘ogāufi, ‘ua ta‘u e luatoloufi po ‘o le lua‘au.
- ‘Ā luasefulu ufi, ‘ua ta‘u e pu‘elua, pē tololua ufi, pē ‘aulua ufi.
- ‘Ā tu‘u fa‘atasi talo, fa‘i, ‘ulu, ma ufi i se ‘ato, ‘ua ta‘u ‘o le atolīlī.
- ‘Ā lua lupe, ‘ua ta‘u e luafua.
- ‘Ā tele lupe, ‘ua ta‘u ‘o le fuifui.
- ‘Ā sefulu atu (i‘a), ‘ua ta‘u e tinoagafulu po ‘o le ‘aui.
- ‘Ā luasefulu atu, ‘ua ta‘u e tinolua pē lua ‘aui.
- ‘Ā sefulu malie, ‘ua ta‘u e sefulu le ‘ata.
- ‘Ā luasefulu malie, ‘ua ta‘u e ‘atalua.
- ‘O laumei, e ta‘u ‘o i‘a sā, ‘o i‘a a tamāli‘i.
- ‘Ā sefulu ‘ofu palolo, ‘ua ta‘u e ‘ofuagafulu.
- ‘Ā luasefulu ‘ofupalolo ‘ua ta‘u e ‘ofulua.
- ‘O palusami/lu‘au, ‘ua ta‘u ‘o le ‘otomalesau.
- ‘O meleni, fala‘aina, fa‘iotā po ‘o fa‘ipala, e ta‘ua ‘o fua o fa‘a‘ele‘eleaga, po ‘o fua o velevelega.
- ‘O fa‘ausi e ta‘u ‘o pua‘alēvaea, po ‘o le momoemaleusi.
- ‘O le taufolo e ta‘u ‘o le fatumalemo.
- ‘O le pua‘a la‘itiiti e ta‘u ‘o le lafu.
- ‘O le pua‘a telē e ta‘u ‘o le manufata, ‘ae ‘ā ola ‘ua meaituā‘olō.
- ‘Ā sefulu niu e ta‘u ‘ua sea‘ea le vailolo.
- ‘Ā luasefulu niu e ta‘u ‘ua lua‘ea le vailolo.
- ‘O povi e ta‘u ‘o manu papālagi.
- ‘O paēlo e ta‘u ‘o tā‘aifā.

E lelei pe ‘ā sāga fa‘amanatu ‘upu ta‘atele nei i le gagana fa‘aaloalo ‘auā e fa‘aogā so‘o i folafolaga.

IV. ‘O ‘UPU FA‘AALOALO O PALAPALA A MĀLŌ

‘Upu Māsani:	**‘Upu Fa‘aaloalo:**
talo	fuāuli
‘ulu	maualuga
fa‘i ma uli	līlī
ufi	tolo/pu‘e

palusami	‘otomalesau
fa‘iotā/meleni/fala‘aina	fa‘a‘ele‘eleaga
tā‘isi talo	fa‘avevela
taufolo	fatumalemo
pua‘a la‘itiiti	lafu
pīsupo/‘ēleni	tāumafa tu‘u‘apa
laui‘a	fīliga
atu	i‘a mai moana
laumei	i‘a sā
‘ofu palolo	‘ofu fono
alili/‘ali‘ao/fagu sea	fīgota
afīi‘a	afīfa‘apūlou/afītoso
moa tunupa‘u	moe pi‘ilima
moa vela	viniao/ta‘ailepāepae/manulele
oso o se malaga	masimasi mai vasa/saumōlia
mea‘ai tu‘u ‘umi	fa‘apaupau/fa‘atoetoe
‘aisakulimi	vaitāumafa mālūlū o le ‘aisakulimi
keke	keke mātagōfie

V. ‘O FOLAFOLAGA O FŌA‘I E ALA I PALAPALA A MĀLŌ

So‘o se mea e faia i le agāga fōa‘i fa‘aleaganu‘u, e tatau lava ona āgiga i luma ‘ia mālamalama ma māfolafola. ‘O le vāfeāloa‘i ma le fa‘aalia o le fa‘aaloalo, e māfua ai ona folafola so‘o se fōa‘i. E o‘o lava fo‘i ‘i mea tāumafa po ‘o palapala a mālō e folafola lava ‘auā e manatu tagata Sāmoa, ‘ā folafola le fōa‘i, e atili ai ona faimealelei tagata, e ui ina lagona fo‘i le māsiasi o isi pe ‘ā lau mai a lātou fōa‘i e lē lelei. ‘O le isi mea e lelei ai le folafola, ‘ina ‘ia lē lafi le isi tagata ma nofonofo e lē kea pē fesoasoani ‘i se mea e fai pē leai. ‘O lou lē fai mea lelei, ‘o lona uiga, ‘e te lē fa‘aaloalo, ma ‘e te lē kea i le vāfeāloa‘i ma isi tagata ‘olo‘o faia mea lelei.

‘O le tasi lā lenei tomai o fānau a Sāmoa e tatau ona maua, ‘o le folafola mai o mea‘ai i luma o tagata ‘auā ‘ā poto e folafola to‘ona‘i po ‘o so‘o se fōa‘i, e fia fa‘alogologo tagata i lou tomai ma vī‘ia ai ‘oe; e lē gata i to‘ona‘i, ‘a ‘o āsiga o malaga, po ‘o tāuga i alaalafaga. E tatau lā i tama ma teine talavou o le atunu‘u, ona vaeoso i fe‘au i le fale o matai ma le fale o le faife‘au; ‘ae ‘aua le ‘alovao ma fe‘alo‘alofa‘i ‘auā e ‘inosia ma lē āmana‘ia ai ‘oe i mea e fai a le nu‘u ma le ‘ekālēsia. E nene‘e fo‘i tino o ou mātua pe ‘ā fa‘alogo mai ‘e te poto e folafola fa‘aaloaloga o mea tāumafa.

‘O le Folafolaga o le Inati

‘O le ‘upu inati, ‘o lona uiga, ‘o le tu‘uga, po ‘o se vāega ‘ua vavae mo se tamāli‘i, po ‘o se faife‘au. E tatau i fānau a Sāmoa ona iloa folafola nai mea faigōfie e pei ‘o le inati. ‘O se fa‘ata‘ita‘iga lenei:

Silafaga maualuga maia lau susuga i le fa‘afeagaiga ma le faletua,
Fa‘apea fo‘i le mamalu o le maota.
‘O le inati po ‘o le fa‘aaloalo lenei
Na fa‘ao‘o mai e le afioga a Tui ma le faletua,
‘Ona ‘o le ‘aiga fiafia o le aso soifua o lo lā alo.
‘Ua iai le tua o le manu.
‘Ua iai le fīliga.
‘O le ta‘ailepāepae.
‘Ua iai le pīsupo e tolu pauna.
‘Ua iai fo‘i ma fuāuli ma le ‘otomalesau.
Fa‘afetai le fa‘aaloalo.

‘O le Āsiga o le Malaga

E māsani ona ō malaga a tagata Sāmoa ‘i isi atunu‘u, ‘ae tainane fo‘i le malaga i Sāmoa lava. ‘O le fa‘aaloalo o se ‘āiga, e ala ai ona asi se malaga a se tamāli‘i po ‘o se faife‘au, po ‘o so‘o se isi ‘o o lātou ‘āiga. E tatau ai ‘i tama fānau a Sāmoa ona iloa fōlafola mai le asiga o se malaga. ‘O se fa‘ata‘ita‘iga lenei:

Fa‘agafua ia lo‘u nofoaga ‘ae māgalo lo‘u leo,
‘Ae silafaga ia lau afioga a le ‘Anavataua, Te‘o ma le faletua,
Ma le mamalu o le maota.
‘O le fa‘aaloalo lenei po ‘o le asiga o le faigāmalaga
Na maliu mai ai le tōfā a Tafaoimālō.
‘Ua iai le manufata;
‘O le fīliga;
‘O le ta‘ailepāepae;
Ma le pīsupo e tolu pauna.
Fa‘afetai le fa‘aaloalo i lau tōfā.

‘O le Āsiga o se Gāsegase

Tulouna i le falaefu.
Tulouna i le ‘āpulupulusia o tōfāga.

Tulouna i le lagi fa'atafa o lau afioga i le Tuiatua Fa'anōfonofo.
Silafaga maia lau afioga ma le pa'ia o le maota,
'O le asiga lenei o lou lagi fa'atafa
Na fa'agāsegase 'i ai le tōfā a 'Aumua ma le tausi.
'Ua iai le fa'avevela ma le moepi'ilima.
'Ua iai le vailolo vevela ma le suaesi.
'Ua iai le sofesofe ufi ma le vaisū.
Liugalua lo'u leo, 'o le 'au'au o le āsiga,
'Ua iai le manufata.
'Ua iai le 'ie o le mālō.
Mālō, fa'afetai le fa'aaloalo.

'O le Folafolaga o To'ona'i 'i Aso Sā

1. 'Ole'ā sosopo le manuvale i le fogātia,
Vae atu le susuga a le toea'ina ma le faletua;
Le mamalu fo'i o le 'ekālēsia;
'Ae māgalo lo'u leo se'i o'u folafolaina le faito'ona'i pa'ia a le 'auuso.
Silafaga ia lau susuga i le tamā o le 'ekālēsia ma le faletua;
fa'apea fo'i susuga a a'oa'o ma ti'ākono, faletua ma tinā mātutua.
'O la 'outou faito'ona'i lenei mo se tāumafataga o le Sāpati
'Ole'ā 'ou folafolaina atu:
'O le tinā o le gāluega, 'ua iai le ono pauna pīsupo.
'O le susuga a le a'oa'o 'o Tui, 'ua iai le tolu pauna pīsupo.
'O le tōfā a Tua, 'ua iai le fīliga.
'O le susuga a Tai, 'ua iai le ta'ailepāepae ma le fīliga.
'O le tinā matua 'o Fui, 'ua iai le kuka manogi.
'O le tinā 'o 'Ula, 'ua iai le ta'ailepāepae,
Ma fuāuli, ma le 'otomalesau.
'O le susuga a Ta'a, 'ua iai le vae o le manu,
'Ua iai le luagamata ma le 'otomalesau.
'Ā ao la 'outou tāumafataga:
E tasi le ono pauna pīsupo;
Tasi le tolu pauna pīsupo,
Lua ta'ailepāepae,
Tasi le vae o le manu,
Lua fīliga;

Ma kuka manogi 'ua 'uma ona sāunia.
'Ua iai fo'i fuāuli ma le 'otomalesau.
'Ua sāunia fo'i e le tinā o le gāluega,
Le tīpoti koko Sāmoa ma ona tēuga.
Fa'afetai faito'ona'i; 'ae fetalai ia mo le pule.

2. 'Ua fa'afofoga le Atua i feofoofoa'iga o le taeao 'ula.
'O le taeao o le Sāpati 'ua fesilafa'i ai ana 'au'auna.
'Ae sau ia se itūlā ona fa'amāe'a lea 'o sāunoaga o le aso.
'A 'o lenei taimi, silafaga ia lau susuga a le tofi;
Lau susuga a le tamā o le matāgāluega.
'O le faito'ona'i lenei ma se fa'ifua 'auā le tāumafataga a lau susuga,
Fa'apea fo'i le mamalu o lenei 'ekālēsia.
'O le to'ona'i lenei a le susuga a le fa'afeagaiga ma le faletua.
'Ua iai le fīliga; 'o le ta'ailepāepae; 'o le 'apa pīsupo e tolu pauna.
'Ua iai ma fuāuli ma le 'otomalesau.
'O le afioga lenei a Toilolo.
'Ua iai le pīsupo tolu pauna.
'Ua iai le moepi'ilima.
'Ua iai ma le kuka manogi 'ua sāunia.
'Ua iai ma fuāuli ma le 'otomalesau.
'O le tōfā lenei a Nu'ualiu.
'Ua iai le i'a mai moana.
'Ua iai le viniao.
'Ua iai ma le maualuga.
'Ua iai fo'i le fa'a'ele'eleaga, 'o le fa'avevela o fa'iotā.
'O le susuga lenei a le ali'i a'oa'o 'o Liu.
'Ua iai le manufata.
'Ua iai le 'ofu'ofu o fīgota.
'Ua iai ma le afī fa'apūlou.
'O fuāuli ma le 'otomalesau.
Liugalua le tautalaga, 'ua iai le vaivevela 'ua sāunia.
'Ua iai le 'apa masi ma ona tēuga 'ese'ese.
'Ā ao la 'outou fa'aaloalo,
'Ua iai le manufata.

'Ua iai fīliga e lua.
E tolu ta'ailepāepae.
E lua 'apa pīsupo tolu pauna.
Tasi le 'ofu'ofu fīgota.
Tasi le afī fa'apūlou.
'O le fa'a'ele'eleaga ma fuāuli ma le 'otomalesau 'ua i tua nei.
Toe liugalua le tautalaga,
'O le vai vevela, 'ua iai le 'apamasi,
Ma ona tēuga 'ese'ese 'ua 'uma ona sāunia.

'O le tali a tagata 'uma, 'aemaise le susuga a le tofi: "Mālō le 'a'ao mālosi. Fa'afetai le fa'apaupau. Fa'afetai le fa'aaloalo."

'Ā māe'a le folafolaga o to'ona'i, ona fai lea 'i ai 'o le pule po 'o ā tāumafa e pule mo le 'au fāipine, 'a 'o ā tāumafa e fai a'i le to'ona'i. 'O mea lā nā e 'ave 'i tua e sāuni mai ai laulau pe 'āfai e sāofafa'i 'i lalo tagata. 'Āfai 'o se to'onai e sāunia i luga o se laulau, e tatau fo'i lā ona iai se tasi o le 'au faife'au na te vala'auina fa'aaloalo tagata mo le tāumafataga. 'Olo'o tūsia i lalo ni fa'ata'ita'iga o lea vala'au.

VI. 'O VALA'AU FA'AALOALO MO TĀUMAFATAGA

'O nai fa'ata'ita'iga nei mo le 'au vāivai i lea fo'i fōliga o aganu'u:

✦ 'Ou te vala'au atu ma le fa'aaloalo i le susuga a le tofi,
Ma le pa'ia o mālō fa'aaloalogia;
Fa'apea fo'i le mamalu o la tātou 'ekālēsia.
Āfifio mai ia ma tala mai 'a'ao i le laulau se'i tali le sua,
'Ua māe'a ona sāuni le tāumafataga.

✦ Sau ia se itūlā toe fa'aauau sāunoaga o le fa'asausauga a le pa'ia o le pō.
'A 'o lenei itūlā, āfifio mai ia ma susū mai 'i le laulau,
Se'i fai le tāumafataga lea 'ua 'uma ona sāunia.

✦ 'Ole'ā sosopo manuvale i le fogātia,
'A 'olo'o tapisa sūaga o le fa'asausauga, tulou;
'Ae 'ou te vala'au atu ma le fa'aaloalo i le pa'ia o le maota,
'Aemaise mālō mamalu.
Tala mai ia 'a'ao i le la'o'ai 'inā tali le sua,
'O lea 'ua māe'a ona sāuni le tautega.

'O le tasi lenei aganu'u a Sāmoa, 'o le sāuniga o faigā'ai. So'o se fa'alavelave fai a le atunu'u, e va'ai muamua lava i le itū tau mea'ai po 'o lava, 'ina 'ia laulelei tagata. E lē āfāina pe 'ā lē tele ni tupe ma ni tōga, 'a 'o le mea'ai lava, 'ia tele ma totoe; ona ta'uleleia lea 'o sea fa'alavelave. 'O le ala fo'i lea, po 'o le ā lava le 'augatā o se Sāmoa e alu 'i se fono, 'ae 'ā ta'u loa e tele mea'ai e maua ai, ona fiafia lea e alu 'i lea fono. 'Aiseā? 'Auā 'o tāumafataga, 'o le tasi lea vāega o le vāfeāloa'i a Sāmoa.

VII. 'O LE SU'IFEFILOI A LE MĀKETI FOU I APIA

'O la'u māimoaga i le māketi i Savalalo i aso o le Tūto'atasi 1986:

'Atotalo, 'atouli, ta'amū, 'ulu, ma ufi;
'Aufa'ipālagi, fa'isāmoa, taemanu, soa'a, misiluki.
Popo, fafie, 'avegātau, tāuaga, ma laulu'au;
'Ausa'alo, 'auto'i, tānoa, salu, ma titifau.
Fulumoa, 'ie tōga, papa laufala, fala lili'i, ma nai 'olomiti;
Tama, teine, papālagi, tūrisi, ma tamaiti.

Falaisōsisi, falaii'a, falaipanikeke i totonu o sefe;
Fai'aipusi, fai'aituna, fai'aiula, fai'aifee.
Fā'ausi, vaisalo, fa'alifu, oloolo, ma fa'apāpā;
Faguinu, fagupia, 'avasāmoa, ma tamāloloa 'onanā.
Kekepua'a, kekesaina, masisāmoa, ma falaoavela;
Pai, keke, tōnati, ma panipopo vevela.

Kokosāmoa, saga, pāsio, ku'ava;
Vī, mago, moli, 'isarā'elu, ma sāsalapa.
Niu, tolo, lōpā, esi, meleni;
Soko, kūkama, pī, kāpisi, maukeni.
Tugane, tuitui, vāga, pipi, 'ali'ao, alili;
Fatuaua, pae, sāva'i, mama'o, ma sisi.

Fagusea, fugafuga, loli, tūtū, ma fole;
'Ofulimu, 'ofugau, ula, papata, ma sāfole.
Afītu'u'u, afīgatala, afīmalau, afīlumane po 'o matalelei;
'Ata'ata, ume, malauli, filoa, malie, ma laumei.
'Asi'asi, masimasi, atu --'o i'a o le moana
Le 'aufāifaiva, moevāivai, ma tāliaga.

Pūloulaufala, pūloutaumata, polo ma pate;
Taulimauna, tāutaliga, mama, ma ʻulātaimane.
Matafiafia, matafaʻaʻūʻū, matafaʻaʻivi, mataʻeʻela;
Faleʻoloa, faleʻese, ma le ʻausāesaepepa.
Pasi, loli, taʻavalelāiti, pikiʻapu ma pāsese;
ʻAvetaʻavale ma tagata usupō mai e leʻi tāʻeʻele.

ʻUlāsisi, ʻulātifa, ʻulānifo, ʻulāfala;
ʻUlāseasea, ʻulāpua, ʻulāmosoʻoi e maʻeu le sasala.
ʻAtoʻato, atigifagu, paʻutolo, paʻumoli, fatumago;
ʻOka, le ʻaufuefuelago.
Nofo faʻaseuapa, faʻatūvaetasi, vaefaʻaloloa;
Solotaʻoto faʻasoloʻātoa; ʻua lē kea i le ʻau māimoa.
ʻAitū, tautala ma le mama, ʻaisāvavali le ʻauvāsi
Tālofa, Sāmoa, ʻua leai se vāfeāloaʻi.

Savalitafulu, savalifaʻaeteete, savalifaʻatamala;
ʻIsa, lale ʻua paʻū taliaga.
Si talanoa musumusu, si ʻata faʻamaēla, fialeolagona;
Tālofa i le ʻaufiaola.
Pupulasīoa, pupulagāugau, pupulaʻaisi, si au mea sia sifi;
ʻEu atu, faʻamolemole mai, vaʻai atu, e lē māsani ai.
Faʻatauniu, faʻatautāuaga, faʻatausea;
Ma tamaiti lē āʻoʻoga ʻua vālelea.

Moenofo, moepupula, moeʻumi, moetaʻagulu;
Faʻagāulua, moefaʻamaga, ʻatigū, vavalu le ulu.
Mataʻāiga, mataʻese, faʻatagā lē iloa pe ʻā taia le silasila;
Mataʻemoʻemo, fatu le pepelo pe ʻā leai se two i le lima.
Vaiaso ʻātoa, faʻasoloʻātoa, nā ʻo le tīfaga ma le inuʻava;
Lē lotu i le Aso Sā ʻae ʻōnā, palauvale ma āmio matagā.
Fia foʻi ʻi le toʻalua ʻae ʻua tau fōufōu;
Fusu lāʻia ʻae laufalī le Māketi Fou.

GĀLUEGA FAUTUAINA

I. E tele ni pese ma ni solo Sāmoa 'ua fatuina 'ona 'o mea tāumafa. Su'e po 'o ā ia pese ma ia solo. Talanoa i le agāga o le fatusolo 'olo'o momoli mai 'i ana solo e lua e pei ona faitauina i lenei matā'upu.

II. Faitau leotele solo e lua 'olo'o i le matā'upu, ona fai lea 'o tāga pē fa'aata ni isi o fuai'upu o se tasi o ia solo. Fa'amatala le pogai 'ua 'e filifilia ai lea vāega.

III. Fa'ata'ita'i folafolaga 'ese'ese o palapala a mālō e le vasega.

IV. Pepese i le pese lea a Pouono:

'Oka 'oka, la'u hani
La'u hani fa'asilisilī
'Ou te fa'atusaina 'i se 'apa Helapī
Po'o se pīsupo Sini, po 'o se masikeke mai Fītī
Po'o sina sapasui, 'o ni tamato ma ni pī.

ILOILOGA O LE MATĀ'UPU

Vāega I

Fa'aliliu le lisi lea 'i 'upu fa'aaloalo:

talo
ufi
tā'isi talo
pīsupo/'ēleni
laumei
afi'a
oso o se malaga
keke
'ulu
palusami/fai'ai
tāufolo
laui'a
'ofu palolo
moa tunupa'u
mea'ai tu'u 'umi
fa'i ma uli tu'ufa'atasi
fa'iotā/meleni/fala 'aina
pua'a la'itiiti
atu
alili/'ali'ao/fagusea
moa vela
'aisakulimi

Vāega II

E māfua mai 'i fea 'upu ia:

1. pīsupo Helapī
2. moe pi'ilima
3. palapala a mālō
4. 'atolīlī
5. meaituā'olō

6. manufata
7. ‘otomalesau
8. momoe ma le usi
9. fa‘a‘ele‘eleaga

Vāega III

‘Ā fa‘apea ‘ua gāsegase la ‘outou faife‘au, sau lā e folafola mai le āsiga a le ‘aulotu.

Vāega IV

Fai sau fa‘amatalaga mālie i lau va‘aiga i le māketi i Sāmoa. Tusi mai ‘i se pepa lea fa‘amatalaga.

Vāega V

Folafola mai le to‘ona‘i a le ‘aulotu. Fai ni au ‘upu e ‘āmata ai lau folafolaga ona fa‘ato‘ā folafola ai lea ‘o mea‘ai.

Vāega VI

Tusi le ‘upu **sa‘o** po ‘o le ‘upu **sesē** i ‘autafa o fuai‘upu:

1. ‘O lou vai tāusami lea.
2. ‘O lau sua taute lea.
3. ‘Ua ‘e fia tāusami ‘i se pia?
4. ‘Ā ‘e fia tāumafa i se mea ‘a‘ano, ‘o lau ipu tī lea.
5. ‘Ai ‘uma lau vai lenā ona ‘e moe ai lea.

Vāega VII

Folafola mai le asiga o le malaga a Lāsei na ‘aumai iā ‘Aumua. Manatua, ‘o Lāsei ‘o le ali‘i, ‘a ‘o ‘Aumua ‘o le tulāfale.

Vāega VIII

Fa‘avasega mea‘ai mai le sami ma mea‘ai mai i le vao i luga o laulau ia e lua o le māketi i Sāmoa, pe ‘ā ‘uma ona ‘e faitau ‘ia manino i le *Su‘ifefiloi a le Māketi Fou i Savalalo*, ‘olo‘o i lalo:

Laulau 1. Fīgota o le sami.
Laulau 2. Fua o fa‘ato‘aga.

FA'ALEOGA MA FA'AUIGAGA O 'UPU

afīfa'apūlou	afītelē
afītoso	afī'umī
'alovao	lāfilafi solo
'āpulupulusia o tōfāga	āfugia tōfāga
'ata fa'amaēla	'ata leotelē; 'ata 'a'amu
'aufāipine	tagata māualuluga ma māutofi
'au taufafo	'o ē faia fe'au pē folafolaina faigā'ai i fafo
i'a mai moana	atu
i'a sā	laumei
itūpā o 'aumaga	nu'u o tāulele'a
'ofu fono	'ofu palolo a tamāli'i
'ofu agafulu	sefulu 'ofu palolo
'ofu'ofu fīgota	afīfī fīgota
'otomalesau	lau lu'au
fa'a'ele'leaga	fua o fa'ato'aga
fa'apaupau	mea'ai fa'atotoe; mea'ai fa'apēlepele 'umi
fa'asausauga	tāfaoga i le po po 'o le alaalafaga i malae ma maota
fa'atauaitu le lamaga	'o le lama a aitu i le sami
faigā'ai	faigātāumafa; 'aiga tele; tele mea'ai
fatumalemo	taufolo
fe'alo'alofa'i	faiaga
feofoofoa'iga	feiloa'iga po 'o le fefa'amanuiaa'i
fīgota	mea'ai mai le sami
fīliga	lau i'a
fogātia	'o tia e seu ai ali'i
fuāgafulu	sefulu 'ulu
fuaselau le maualuga	selau 'ulu
fuifuilupe	tele lupe
lafu	tama'i pua'a
lagi fa'atafa	gāsegase; ma'i
laulua	e luasefulu i'a
liugalua lo'u leo	fa'aluaina lo'u leo
lua'ea le vailolo	luasefulu niu
luafua	e lua lupe
e lua i'a	luagalau

luagamata	e lua talo
lua tu'e	e lua pa'a po 'o ula
lumāfatutoto	tamāli'i o le atunu'u
matalelei	lumane
manufata	pua'a vela telē
manuvale	tagata lē taulia; manu lē taulia
masimasi mai vasa	'o le oso o le malaga mai le sami (tugase ma tōga)
mata'e'ela	segosego; e lē pupula lelei mata 'ae 'emo'emo; 'aemaise pe 'ā sesega i le lā
matāgafulu	sefulu talo
matalua	luasefulu talo
mataselau	selau talo
maualuga	fua o 'ulu
meaituā'olō	pua'a ola
moepupula	e moe 'a 'o lā e pupula mata
moepi'ilima	moa tunupa'u
momoemaleusi	fa'ausi
musamusa	siva
pua'alevaea	fa'ausi
pupula gāugau	pupula mai 'ua fa'anoanoa (pe 'ā leai se tupe)
saumōlia	mea'ai na 'aumai po 'o le oso o le malaga
savali tafulu	so'ona savali lē fa'aeteete
sea'ea le vailolo	sefulu niu
sefulu le 'ata	sefulu malie (i'a)
sofesofe ufi	mea'ai e fai 'i ufi
sosopo	osopā; sopotuā'oi
ta'ailepāepae	moa
talitalia	sāunia lelei mea'ai e fa'atali ai le malaga
tapisa sūaga	'ua pisa tausuaga po 'o tala mālie
taufōufōu	mānatunatu i se mea 'ole'ā fai po 'o le malaga 'ole'ā alu
tāupega 'afa	tamāli'i māualuluga e tua 'i ai
tauvāga	finauga po 'o le tausiliga
tinoagafulu	sefulu atu
tinolua	luasefulu atu
tololua ufi	e luasefulu tolo po 'o 'ōgaufi
to'ona'i	mea'ai o le Aso Sā

tu‘elua	luasefulu pa‘a po ‘o ula
Tuiatua fa‘anōfonofo	‘o le tamāli‘i o Āleipata
tu‘inanau	mana‘o tele
vaeoso	mo‘emo‘e i fe‘au
vailolo	niu
velevelega	fua o fa‘ato‘aga
viniao	moa

MATĀ‘UPU 6: ‘O FA‘AMĀLŌ MA FA‘AFETAI MO GĀLUEGA

I. ʻUPU ʻĀMATA

ʻO se tasi o vāfeāloaʻi ma le gagana faʻaaloalo a Sāmoa, e manaʻomia tele ma mātaʻina e le ʻau fai māfaufau, ʻo le faiga lea o se faʻamālō ma se faʻafetai (*remarks of appreciation*) mo se gāluega mānaia ʻo fai e se tagata. E matuā fāitioina se tagata matua e malaga loa ʻa ʻo fai se gāluega i le ala, ʻae lē afe e fai ʻi ai se faʻafetai. ʻO le faʻafetai ʻo se upu taʻatele, ʻa ʻo le faʻamālō, e loloto atu lona uiga ʻi lagona o tagata Sāmoa, ma ʻo se uiga e faʻatamāliʻi tele.

ʻĀ ʻe alu loa foʻi ʻi le ala ʻa ʻo fai se faigāʻai ʻi se nuʻu, ʻae te lē afe ʻi ai e maua mai ai sau meaʻai ma faʻamālō ʻi ai, ʻo lona uiga ʻe te lēʻo mālamalama foʻi ʻi lea itū o le Faʻasāmoa. ʻO le faiga lā o se faʻamālō ma se faʻafetai, ʻo le faʻaalia foʻi lea o le faʻaaloalo ma le aʻoaʻoina i le vāfeāloaʻi.

ʻO le tasi vāega tāua o le vāfeāloaʻi ʻoloʻo paʻū i mātua, ʻo le fai e mātua o se faʻafetai ma se faʻamālō i fānau pe ʻā foʻi mai ʻi le āʻoga po ʻo gāluega. ʻO le faʻatali atu o mātua i fale ma se faʻafetai, po ʻo se faʻamālō ma laufofoga e fiafia, e māfanafana ai foʻi le ulufale mai o tamaiti ʻi o lātou ʻāiga; ma e mafai ai ona faʻamālō atu foʻi lātou faʻapea, "Faʻamālō tāpuaʻi." ʻO le ʻupu "mālō," ʻo le faʻapuʻupuʻuga lea o le ʻupu "faʻamālō."

E faʻapēnā foʻi le mānava mai o le tamā o le ʻāiga, ʻa ʻo faʻatali atu le tinā ma le faʻafetai ma le faʻamālō i lona toʻalua, ʻona ʻua māpu mai ʻi gāluega fītā: "Mālō le galue; māpu mai ia i gāluega fītā."

ʻO le ʻupu moni, po ʻo le ā le lē malie o le tamā sā iai ʻi lona ʻōfisa, po ʻo le vāivai foʻi ʻi le gāluega; ʻa ʻo se vaimālū ʻave i fale ma se faʻaola tōtōga i le tamā, ʻupu mālie ma le alofa a le tinā. E mafai foʻi e le tinā ona faʻaopoopo ʻi ai ʻi ana ʻupu faʻamālō le pese foʻi lea, "Teu ʻuma ou faʻalavelave i lau ʻatopaʻu, ma ʻe ʻata, ʻata, ʻata (*Pack up your troubles*)." ʻŌ se āvā āmio lelei faʻapēnā e silisili lona tau i pēnina.

E tatau i tagata ʻuma ona maua le agāga faʻamālō; e ʻāmata mai ʻi ē mātutua e oʻo i tamaiti. E mātagā foʻi le faʻamālō atu o se isi iā te ʻoe ʻae te lē tali faʻafetai ʻi ai.

E māsani ona ʻou faʻamālō ʻi ʻave taʻavale faʻapea, "Mālō le faʻauli," ʻae tali mai, "Mālō le silasila," ʻo isi foʻi taimi e lē iloa e le ʻavetaʻavale tali mai. ʻO loʻu talitonuga, e tatau lava ona iloa ʻuma e ʻavetaʻavale Sāmoa ona tali. ʻO le mea e fai e le ʻavetaʻavale, ʻo le uli ma silasila lelei ʻi le ala; ʻa ʻo le mea e fai e le pāsese, ʻo le tāpuaʻi ma tatalo neʻi lavea le taʻavale. ʻO le tali lā e tatau ona ʻaumai e le ʻavetaʻavale, ʻo le "faʻamālō le tāpuaʻi, faʻamālō le tatalo."

'Ae peita'i, e lē āfāina lea mea, 'a 'o le mea e sili ona galo i le to'atele o fānau, 'o le tope o le tatalo i le Atua 'ina 'ia fa'amanatu mai mea 'ua galo o le su'ega; 'ae 'ā manuia loa le su'ega, ona galo lea ona fa'afo'i le fa'amālō i le Atua 'ona 'o lana fesoasoani.

'O nai mea ia, e ui ina lāiti, 'ae tāua i le soifuaga o le tagata ma lana vāfeāloa'i; manatua, 'o le mea lava lea e pito māta'ina ai Sāmoa, 'o lana vāfeāloa'i fa'atamāli'i, ma ana fa'aaloaloga fa'aleaganu'u.

'Ai se mānaia i le 'au a le Manusāmoa, pe 'ā 'ave'ese le 'upu māori o le "haka" 'ae fa'aigoa o le "fā'alo"; e pei ona māsani ai pe 'ā fai le fā'alo mo le tāpua'iga a tamāli'i 'o le atunu'u i aso o fa'aagātama.

'O le fa'amālō Fa'asāmoa pe 'ā fai ta'aloga, e ta'u o le fā'alo. E tusa pe tele fale tāpua'i a matai, e o'o 'uma lava 'i ai le 'au tā'a'alo e fai le fā'alo. 'O fa'a'upuga e fa'apea, " 'Aumai ni fa'amālō mo le maota tāpua'i." 'O le tali a le nu'u i le fā'alo, " 'Ia 'outou ta'alo fa'atausala. 'Ia ta'alo fa'atamasāmoa moni. 'Ia tafetoto o 'outou ala; 'ia pōuliuli o 'outou tino, 'ae 'ia mālamalama o 'outou mata. 'Ole'ā mātou tāpua'i atu ma tu'i le mulipapaga; 'o o 'outou māmā nā. 'Ia manuia le ta'aloga." Manatua, 'ā 'e lē fa'amālō ma fa'afetai i so'o se isi, e leai sou fa'aaloalo.

Silasila i le agāga fa'amālō o ni isi o le atunu'u e ala i lāuga 'olo'o mulimuli mai i le fa'ai'uga o le iunite.

II. 'O FA'AMĀLŌ MA FA'AFETAI 'ESE'ESE

Fa'amālō fa'apea	Tali mai fa'apea
Mo le Faiga o se Gāluega:	
Mālō le galue.	Fa'afetai tāpua'i.
Mālō le limalima.	
Mālō le 'a'ao solo.	
Mo Mea Tāumafa:	
Fa'afetai fai mea tāumafa.	
Fa'afetai fa'aaloalo.	Fa'afetai fa'aaloalo.
Fa'afetai 'a'ao mālosi.	E lē āfāina.
Fa'afetai le alofa.	
Mo le Uliga o se Ta'avale/Va'a:	
Fa'afetai fa'auli	Fa'afetai tāpua'i.
Fa'afetai silasila.	Fa'afetai faitatalo.
Mālō le fa'atamasoāli'i.	

Mo se Faiva:

Mālō tautai.
Mālō le sisi.
Mālō le fa'atamasoāli'i.

Mālō tāpua'i.

Mo se Alogāva'a:

Mālō le pale.
Mālō le ulimasao/fa'auli.
Mālō le fa'atoatoa.
Mālō le tauivi.

Fa'afetai tāpua'i.

Mo Ē Sisiva:

Mālō le sāusaunoa.
Mālō le sā'asa'a.

Mālō le silasila.

Mo Ē Pepese:

Mālō le fogafoga.
Mālō le taulagi.

Mālō le tāpua'i.
Mālō le fa'afofoga mai.

Mo Lāuga a Tupu ma Tamāli'i:

Mālō le sāunoa.
Mālō le malele.

Fa'afetai tāpua'i.

Mo Lāuga a Tulāfale po 'o Fale'upolu:

Mālō le fetalai.
Mālō le lāfolafo.
Mālō le moe.
Mālō i le fa'autaga

Fa'afetai tāpua'i.

Mo Lāuga a le Kovana/Ao o Mālō/Pālemia/Peresitene:

Mālō le malele.
Mālō le tulei.

Fa'afetai tāpua'i (po 'o le leai
fo'i o se tali e 'aumai e nei tagata)

Mo le Tāina o se Tatau/Va'a/Faiga o se Fale:

Mālō le 'a'ao solo.
Mālō le silasila.
Mālō le 'a'aomāe'a.
Mālō le 'onosa'i.

Mālō le tāpua'i.

Mo se Si'i Tōga i se Fa'alavelave:

Mālō le teu.
Mālō le pele o paolo.

Fa'afetai fa'aaloalo.

Fa'afetai le alofa/agalelei.
Mālō le pele o tama.
Mālō le pele o gāluega.
Fa'afetai le fa'atamāli'i.
'Ua lē 'ole lea.

Mo se Tā'aloga:

Mālō le ta'alo tausala.
Mālō le lotonu'u.
Mālō le fai o le faiva.
Mālō le fa'atamatane.
Fa'afetai i le tāpua'iga.

III. 'O LĀUGA O LE AGĀGA FA'AMĀLŌ

'O le Lāuga Fa'afetai a le Tamaitiiti Ā'oga i le Faife'au mo Lona Fa'au'uga

Sau ia 'o se taimi sāunoa atu o'u mātua ma le 'āiga e agatonu ai lau susuga ma le faletua. 'O lenei taimi 'ua 'ou lagona le fiafia loloto; peita'i 'ua lagona fo'i le māsiasi ma le salamō 'ona 'o lo'u lē usita'i 'i lau susuga a le fa'afeagaiga ma le faletua; 'auā e ui ina 'ou lē 'auai i le tele o sāunigālotu, 'aemaise le 'autalavou, 'a 'o lea lava 'ua 'oulua susū mai 'i lo'u fa'au'uga. Fa'afetai le alofa; fa'afetai finagalo fa'amāgalo; fa'afetai mo 'upu tāua fa'atamā; fa'afetai fo'i mo le fe'au o le Talalelei; alofa le Atua 'ia 'ou lagona ma fa'aogā. 'Ole'ā lē galo fo'i lo 'oulua ālolofa ma le fai tālosaga, 'ua i'u manuia ai lo'u taumafai. Fa'afetai tele mo lenei meaalofa tāua mo lo'u ola fa'aleagāga; 'o le Tusi Pa'ia ma le Tusi Pese. Fa'amanuia le Atua i lo 'oulua soifua gālulue; 'ia manuia fo'i o'u mātua, 'ae 'ou ola. Soifua.

'O le Lāuga Fa'afetai a le Tamaitiiti Ā'oga i le Auvala'aulia

'Ua tātou fesilafa'i 'i pu'eomanū 'ae lē 'o pu'eomala. 'Ua tātou 'oa'oaina i faleseu lupe o māsina pōpōloloa. Lea 'ua vāelupemaua, 'ae lē vāelupesā'ā lou tou soifua e pei 'o 'upu i faiva o tamāli'i.

'Ua mātagōfie fo'i lo tātou aso e pei 'o le fale na i Āmoa, e lau 'i 'ula 'ae pou 'i toa. 'Ua mamalu lenei aofia 'auā 'ua āfifio ai tupu ma tamāli'i o le atunu'u ma o lātou fale'upolu tōfia. 'Ua susū mai fo'i fa'afeagaiga tāulagi ma feoi o le Talalelei a le Atua. 'Ioe, e ui lava 'ina pipi'i tia, 'ae mamao lava ala.

Fa'amālō i le alofa o le Atua. Fa'amālō i le soifua lelei o le atunu'u. Fa'afetai āfifio mai. 'O lea 'ua maluali'i le asō 'auā 'ua fa'afesāga'i sega'ula. Fa'afetai i le agalelei o lo tātou Keriso mānumālō ma lo tātou fa'aola, 'ua fa'afualoa ai lou tou soifua ma lo mātou ola. 'O le 'upu moni e lē taumāsina se isi ma le finagalo o le Atua, 'ae 'ua 'avea le

Keriso toetū ma ala o lo tātou lavea'iina mai o tātou vāivaiga fa'aletino, fa'alemāfaufau, ma le fa'aleagāga. E lē gata i lea, sā tele mala ma fa'alavelave e tau laveia ai lo tātou si'osi'omaga, 'a 'ua fa'asesē 'ese ia mala e le Atua. 'O le mea lea, tātou vivi'i atu ia i le Ali'i; 'auā e fa'avavau lava lona alofa.

'O lenei aso ma le fa'amoemoe 'ua taunu'u, 'o le lā'au o le ola lea e pei ona fai mai le Tusi Pa'ia. 'O mea 'uma lā 'o i totonu iā te 'i tātou i lenei taimi, 'ia fa'amanū atu i lona suafa pa'ia.

'O le vī'iga ma le fa'afetai i le Agāga o le Atua e lē fa'aitiitia, 'ona 'o lana musumusuga sa fa'amālosia ai a'u i nei tausaga 'uma o le tauiviga. Fa'afetai 'i tālosaga a le 'aufailotu ma le 'aufaitatalo; 'auā 'ou te talitonu, 'ana leai lea mālosi'aga, e lē manuia taumafaiga a alo o Sāmoa mo a lātou ā'oga.

Fa'afetai atu i o'u mātua ma lo'u 'āiga 'ātoa, mo le lagolagosua i le fa'atupega o la'u ā'oga; 'aemaise fo'i le sāuniga o le tausama'aga fiafia 'ua tātou molimauina i lenei aso.

Fa'afetai i le ta'ita'i o le sāunigālotu ma le 'autalavou, mo le sāuniga pa'ia ma 'upu fa'alā'ei'au mo le lumana'i manuia o fānau; 'aemaise fo'i la'u fa'afetai tele i le 'autalavou i lo lātou 'auai mai, 'ua lātou molimauina ai le moni o le fa'aeaina pe 'ā poto. 'Ia, 'o ai a'u nei ma lenei 'āiga, 'ua āfifio mai ai lenei mamalu?

Fa'afetai atu i pa'ia 'ese'ese o le 'auvala'aulia; 'ona 'ua lē gata i lo 'outou āfifio mai, 'a 'ua fa'agāsegase fo'i 'i meaalofa tāua ma le mātagōfie; 'aemaise le mau pepa o fa'amanuiaga. 'Ia alofa le Atua e taui atu lo 'outou agalelei i so'o se ala o ana fa'amanuiaga.

Fa'afetai atu fo'i 'i nai a'u uō tama ma uō teine; 'ona 'o lo lātou lē fa'alavelave mai 'i uiga 'ese'ese ma le mātalasi o mau fa'atōsina; 'ae sā lātou fa'afiafia mai iā te a'u i o'u taimi avanoa. Sā lātou fōa'i mai tupe, mea'ai, vai inu, ma tusi fa'amāfanafana, 'a 'o o'u aumau i totonu o le ā'oga. E lē gata i lea 'o ā lātou ta'avale sā 'ave ai a'u i le lotu 'ae fa'ai'u i le tāfafao i le paka. E moni ai fo'i le 'upu, "e alofa le uō mō aso 'uma." Peita'i, a'u uō e, fa'afetai atu mo ia mea 'uma, 'ae 'aua fo'i ne'i galo o 'outou uso, 'ātoa ma o 'outou 'āiga; 'auā 'e te tua 'i ai mo asovale.

'Ia lagimāina susuga i fa'afeagaiga tāulagi. 'Ia lagimamā tupu ma tamāli'i o le atunu'u 'ua fa'atasi mai. 'Aua ne'i tulolo to'oto'o pē solo fue o fale'upolu o tōfiga. 'Ia soifua lelei o tātou tamā ma tinā mātutua. 'Ia manuia tupulaga talavou o Sāmoa. 'Ā ta'ape lenei aofia, 'ia muā'au, muli'au le alofa o le Atua 'ina 'ia taunu'u manuia i alaalafaga. Soifua.

'O le Lāuga Fa'afetai a le Failautusi o le 'Aulotu

Fa'amālō i le alofa o le Atua 'ona 'o le tūmau pea o le lagi e mamā ma le soifua maua i le susuga a le fa'afeagaiga ma le faletua ma le nofo a alo; e fa'apea fo'i le soifua lelei o le mamalu o la tātou ‘ekālēsia i ona tūlaga ‘ese‘ese. ‘Ua fa‘afofoga la tātou ‘aulotu i le mānavaga pa‘ia, ma le fe‘au o le Talalelei sā sāunoa ai le ‘au‘auna a le Atua. ‘Ia tau ia ‘ina mōlio‘o e le mana o le Agaga Pa‘ia ‘i o ‘outou finagalo le ‘upu o le ola.

Alofa le Atua e sāga fōa‘i pea le mau e tele i lana ‘au‘auna; ‘auā le gāluega ‘olo‘o feagai ai. ‘A ‘o lenei itūlā, ‘ole‘ā ‘outou fa‘afofoga mai ‘i nai a tātou matā‘upu e fia fa‘asilasila atu.

Fa‘afetai tele le gālulue ma le tau atia‘e, ‘ona ‘o lo ‘outou silasila i le Atua ma lana gāluega. Soifua.

‘O le Lāuga Fa‘afetai mo se Si‘ialofa

‘Avea ia lenei laupepa e momoli atu ai la mātou fa‘afetai tele ma le agāga o‘otia loloto, ‘ona ‘o le manatu mai ma le ālolofa mai ‘i taimi e mana‘omia moni ai le fesoasoani. ‘Ua mātou vī‘ia le suafa o lo tātou Ali‘i le Atua, ‘ona ‘o lo ‘outou lagolago mai ma fa‘amāfanafana mai. Fa‘amanuia atu le Atua ma toe taui atu a ‘outou ‘oloa ‘ua tō‘esea, ‘ona ‘o le maliu o le tamā o le ‘āiga; ma ‘ua mātou tatalo ai nei, “Le Atūa e, se‘i ‘e silasila atu ma le alofa i le ‘auuso ālolofa, ma taui atu e lau afio le agalelei; ‘auā ‘ua lē lava a mātou ‘upu e sulaina ai lo lātou alofa.” Fa‘amālō. Fa‘afetai, fa‘afetai tele. ‘O ‘āiga e lua.

‘O le Lāuga Fa‘afetai a le Ta‘ita‘ifono

‘Ua aofia moli i futiafu e tasi, ma ‘ua onomea ona tātou sulaina le agalelei o lo tātou Atua; ‘auā ‘o tātou sā vao‘ese‘ese ‘a ‘o lenei ‘ua fuifui fa‘atasi. Fa‘amālō i le Atua. Po‘o le ā so ‘outou finagalo ma so mātou loto; ‘o ā fo‘i ni poto o le lalolagi ‘ua fa‘afaigōfie ai ala o femalagā‘iga; e leai, ‘o le finagalo o le Atua, ‘o se ma‘a togi fa‘atō; ma ‘o se mua e lē fuatia.

‘O lenei lā aso ma la tātou māfutaga, ‘ua lē ‘o ni feāloa‘iga o paolo i fa‘alavelave fai a le atunu‘u, ‘a ‘o le māfutaga fa‘aa‘oa‘oga a alo ma fānau a le atunu‘u, ‘o ē ‘ua fia fa‘aalia le lotonu‘u moni ‘i atunu‘u ‘ese; ‘aemaise ‘o lo lātou naunau i le fia fa‘aolaolaina o le gagana fa‘aaloalo ma tū ma aganu‘u fa‘aaloalo a Sāmoa. ‘O fa‘aaloaloga lā ia ‘ua māfua ai nei ona mo‘omia ma āloa‘ia Sāmoa e tagata o mālō i fafo. ‘O le ‘upu moni mai le Tusi Pa‘ia, “E iloa ‘oe i lau gagana”; e iloa Sāmoa i lana gagana.

‘Ou te fa‘afetai atu fo‘i i a ‘outou susuga ‘ona ‘o o ‘outou lagona lelei; ‘ua ‘outou fia fa‘amautūina ai le mālamalama ‘i la tātou gagana fa‘aaloalo. ‘Ua ‘ou iloa nei, ‘o ‘outou ‘o tamāli‘i ma failāuga o le atunu‘u; ‘o le mea lea, ia ‘outou silafia lelei, e iloga lava le tamāli‘i ‘i lana tautala ma ana āmio fa‘aaloalo. Manatua, ‘o le talimālō a lo tātou atunu‘u, ‘o le laufofoga fiafia ma le fa‘aaloalo. Alofa le Atua ia fa‘amanuia lo tātou fa‘amoemoe.

Fa'ata'i lā ma so'u leo, 'ia lagimāina le afioga a le ali'i pule o le iunivesitē, fa'apea fo'i susuga a faiā'oga. 'Ia leai ni ao gāsolo i le pa'ia o 'āiga ma afioga i tamāli'i; 'aua fo'i ne'i gau le to'oto'o pē solo le fue o fale'upolu o tōfiga, 'ae 'ou ola. Soifua.

'O le Sāunoaga Fa'afetai 'i se 'Āiga 'ae 'E te le'i Tūlai 'ese

'Ua fa'apōpō 'a 'o ni aso ua; 'ua lē tu'ua fo'i aso folau. 'O le alofa ma le agalelei o lo tātou Atua e tutusa i aso 'uma; 'ua aoina ai pea le māsina i lo 'outou soifua ma lo mātou ola; ma 'ua tatau ai ona tātou vī'ia lona suafa. 'O lenei lā itūlā ma la tātou māfutaga, 'ole'ā lē tū'ua fa'apōevaga, pe 'ou te sola fa'atama o le pō; 'ae tatau lava ona fai atu sa'u fa'afetai mo la tātou māfutaga.

'Ou te mua'i fa'atulou i le pa'ia o le 'āigaali'i, 'i le susū o lau susuga Tagaloa ma le mamalu o lau tōfā a le matua fetalai. 'O le mamalu lava lea 'i 'Ie e lua ma Sāoluafata; 'o le pa'ia fo'i 'i le itūmālō 'o Uso o Atua.

E leai so 'outou agatonu iā te a'u 'ua na'o se atali'i, tulou. Peita'i e lē mafai ona 'ou tūla'i gūgū, 'ae tatau lava ona fai atu sina fa'afetai fa'atauva'a; e ui ina lē lanu ai lo 'outou agalelei, 'ae pā'upa'u ia 'ae o'o i Lepea e pei 'o lea 'upu.

Fa'amālō, fa'afetai le agalelei; fa'afetai le fa'aaloalo; fa'afetai le alofa i tagata 'ese. 'O ai 'ea a'u nei sā 'outou tausi ai ma le alofa? Sā 'outou fafaga ma fa'afiafia; 'a 'o le ā se mea lelei sā 'ou faia mo 'outou? E leai leai lava; peita'i 'ua 'ou talitonu, 'ua māfua ia mea 'uma 'ona 'o le agalelei lē fa'atuā'oia Fa'asāmoa; 'ātoa fo'i ma lo 'outou silasila i le Atua ma lona finagalo. Pau lava lā le mea 'ou te mafaia na'o le fa'afetai, ma 'ou vī'ia ai le Atua 'ona 'o 'outou.

'Ole'ā lē mafai ona galo i lo'u ōlaga lenei māfutaga mātagōfie, 'ātoa ma nei meaalofa 'ua 'outou sāunia mo la'u malaga; fa'afetai tele. 'Ia toe fa'atūtumu e le Atua mea 'ua gāogao 'ona 'o lo 'outou ālolofa. 'Ia lagimamā lau susuga Tagaloa ma le faletua ma lo tātou 'āiga; 'aua fo'i nei gau le to'oto'o pē solo le fue 'i le fetalaiga a le tu'ua, 'auā le tausiga o le itūmālō ma 'upufai o Atua. 'Ia manuia fo'i le 'āigaali'i, 'ae ola le faigāmalaga. Soifua.

'O le Agāga Fa'afetai o le 'Au'auna a le Atua mo Āsiga o Lona Gāsegase

Ta'oto ia fa'alā'au mamafa pa'ia lē popo ma pā lē solo 'o Ao mamala o Sāmoa ma ona tūlaga fa'alupelupe. E fa'apea fo'i feoi o le Talalelei ma le mamalu o le 'au faigāluega a le Atua; 'ae tau ina 'ou fa'atulou atu 'i o 'outou apisā 'a 'olo'o lāgomālie fa'asausauga o le afiafi o tamāli'i. Tulou, tulou lava.

'Ua pafuga le " 'Ā" e pei 'o le 'upu i le seugāgogo; 'ua tele fo'i 'upu 'i ofō 'ae itiiti 'i 'eā; 'ona 'o le puletō ma le fa'aolataga fa'avāvega a le Atua i le ola vāivai o le tagata lē fa'atuatua. 'O lenei 'ua mapu mai 'i falematū le sā'iligāfofō a lē na 'ave le fusisaito ma lūlū ma loimata, 'a 'ua fo'i mai ma le 'alaga fiafia.

Le 'au pēlē iā Keriso, 'avea ia lenei laupepa e fa'aali atu ai le o'otia loloto 'o le fia fa'afetai atu ma fa'amālō atu i la 'outou tāpua'iga tatalo i taimi 'o o'u puapuagā. 'Ou te ta'utino atu, sā 'ou i le agāga o le Ali'i 'i aso 'uma o lo'u ta'oto ai i le falema'i. Sā to'ia fo'i a'u i le 'ulia o le tamāo'āiga ma le sosia o fa'amanuiaga. 'O fua ia o le agāga sa tupu tele ai le 'onosa'i; le fa'atuatua ma le fa'amoemoe, i le fa'aolataga a le Atua e ala i togafitiga a fōma'i.

Fa'afetai ma fa'amālō atu i le 'auuso sā asiasi atu i le falema'i, 'aemaise fo'i le 'auuso sā tāpua'i ma fai tatalo mo ē puapuagātia o le lalolagi. 'Ua 'avea lo 'outou alofa fa'aalia e ala i asiasiga, teu fugālā'au, tupe ma pepa o fa'amāfanafanaga, 'aemaise o le fa'ao'o mai o le finagalo o le Atua e ala i pesepesega ma tālotaloga; 'aemaise fo'i le Tusi Pa'ia ma lāuga o le fa'aolataga 'ua mumū fa'aafi ai le fiafia, le vī'iga ma le fa'ane'etaga i le Atua soifua. 'O le 'upu moni, 'o le mana 'o a 'outou tālosaga ma fa'anōnōgāmanū i le Atua, na 'ou toe maua ai lenei lelei.

Fa'afetai i le fono a le 'au toea'ina ma le fono tele a le 'ekālēsia aoao, 'ona 'o le āmana'ia ma le tālosia faitele o lo'u ma'i. 'Ia 'o ai 'ea le tagata, 'a 'o ai fo'i e tāupale'u'u ma le finagalo o le Atua? Le Atua e, 'ia vī'ia 'oe e fa'avavau; ma 'ia 'e fa'amālosia pea le 'au faitatalo a le lalolagi.

'Ia lagimāina le pa'ia o le 'aufaigāluega a le Atua, 'aemaise mamalu 'ese'ese o le atunu'u. Soifua.

P.F.S.

GĀLUEGA FAUTUAINA

I. Vāevae le vasega i ni kulupu (*groups*) i le nūmera o lāuga fa'afetai 'olo'o i le Iunite. Tofu le kulupu ma le lāuga e iloilo.
'O gāluega nei a kulupu ta'itasi:
   1. Faitau 'ia mālamalama lelei 'i le 'autū o le fa'afetai.
   2. Iloilo po 'o ā vāega patino o le lāuga.
   3. Mātau po 'o 'ātoa lelei le lāuga e tusa ai ma le 'autū, ma, po 'o 'ātoa tagata 'olo'o fai aga'i 'i ai le fa'afetai.
   Tusitusi 'uma i lalo manatu ma fa'amatala i le vasega 'ātoa.
   4. 'O ni fesili fa'alaua'itele:
      a. 'O ā ni mea e tutusa 'uma ai nei lāuga i le fauga?
      b. 'O ā ni mea patino e tatau ona iai 'i se lāuga?
      c. 'O ā ni lagona o le vasega i lenei matā'upu?
      d. 'O ai e māsani ona lāuga fa'afetai 'i mea e fai a fa'alāpotopotoga 'ua 'e 'auai?

II. Fa'atino mai fa'amālō 'ese'ese 'o i luga.
Su'e le pāga a le tagata. Fa'atino mai fa'amālō ma fa'afetai 'ina 'ia manino lelei po 'o ai e tali atu pē tali mai. 'Ia tofu le tagata ma lana fa'afetai.

III. Pu'e i se līpine (*tape*) lāuga 'olo'o i le iunite.

ILOILOGA O LE MATĀ'UPU

Vāega I

Gāluega ta'ito'alua. Fai tāga e le isi 'ae mātamata le isi.

Fa'ata'ita'iga: si'i mai se laulau mea'ai a le isi 'i luma 'o le isi. 'Ia fa'amālō atu i le tagata 'ona 'o mea'ai pe 'ā 'uma ona 'ai, 'ae tali mai 'i ai le tagata sā 'aumaia mea'ai; va'ai i le mea lea:

tagata mālō:	fa'amālō le gāsese;
	fa'afetai le fa'aaloalo;
	fa'afetai fai mea tāumafa;
tagata o le 'āiga:	Fa'afetai fo'i, e lē āfāina

Va'ai i so'o se fa'amālō 'olo'o i le matā'upu lenei lua te fa'aaogāina.

Vāega II

Tusi mai sau lāuga fa'afetai mo lou fa'au'uga. 'Ia 'ātoa le tolu itūlau.

Vāega III

Iloilo uiga o 'upu ma fāsi fuai'upu nei ona fa'aaogā lea 'i ni fuai'upu:

fā'alo
mulipapaga
tafetoto ou ala
'ia pōuliuli lou tino, 'ae mālamalama ou mata.

FA‘ALEOGA MA FA‘AUIGAGA O ‘UPU

agatonu	fetaui
ao mamala	tupu o le atunu‘u
apisā	maota o tamāli‘i
‘au faitatalo	‘o ē faia tālosaga
‘autalavou	tupulaga mālolosi
‘au vala‘aulia	‘o ē vala‘aulia i le ‘aiga
e leai se agatonu	e lē tutusa
ulimasao	uli ‘ia sao le va‘a
fa‘alemāfaufau	fa‘aogā le māfaufau
fa‘alēmāfaufau	‘ua leai se fa‘aaloalo
fa‘alupelupe	fa‘alagilagi mai
fa‘asausauga	tāfaoga; alaalafaga
fa‘atamasoāli‘i	tautai; fāgota
falematū	fale e mapu ‘i ai le ‘aufaiva
lagimāina	manuia
lagimamā	‘ua leai se ao o le lagi; manuia
lagolagosua	fa‘alagolago ‘i ai; e fesoasoani ‘i ai
lagomālie	lagomalū; filēmū
lē fa‘atuā‘oia	e lē gata
mālō le ‘a‘ao solo	mālō le solo lelei o le gāluega
mālō le fa‘atamatane	mālō le ta‘alo mālosi
mālō le limalima	fa‘amālō le faimea vave
mālō le malele	mālō le sāunoa
mālō le pele o paolo	fa‘afetai ‘i pēlega o ‘āiga
mālō le taulagi	mālō le pese
mātalasi	‘o le tele o uiga;
molimauina	faia o se molimau
musumusuga	‘upu tu‘u taliga
pā lē solo	‘o pa‘ia māualuluga e tūmau
pa‘ia lē popo	‘o pa‘ia tūmau
seugāgogo	faiva o tamāli‘i
tāupale‘u‘u	fīnau; fa‘ataute‘e
tausama‘aga	‘aiga tele o se fiafia
tūla‘i gūgū	alu ‘ese e leai se ‘upu

IUNITE 3

‘O TALIGĀMĀLŌ A SĀMOA

IUNITE 3: ‘O TALIGĀMĀLŌ A SĀMOA

Fa‘asologa o Matā‘upu

‘UPU TOMUA

‘O taligāmālō a Sāmoa, e matuā fa‘aalitino ai aganu‘u fa‘atamāli‘i, aganu‘u fa‘aaloalo, ma aganu‘u mātagōfie ‘olo‘o tau sā‘afi mai ‘i ai ona tagatānu‘u ‘olo‘o i fafo, fa‘apea fo‘i le mānana‘o mai ‘i ai o tagata o isi atunu‘u sā i Sāmoa. ‘O le aganu‘u lea a Sāmoa o le talimālō, e ‘ese ai Sāmoa i lō isi atunu‘u o le lalolagi, ‘ona ‘o lagona alofa ma le fia fai mea lelei ‘o ona tagata. E tusa lava po ‘o se ‘āiga limavāivai ma le lē lava o mea e tali ai mālō, ‘ae fa‘atitino ‘i ai le fai mea lelei ma fa‘aali ‘i ai ‘i mālō le laumata fiafia.

“E muli mai ni ōli ‘a ‘o ni foli”, ‘o le muāgagana māsani lenei e uiga ‘i le o‘otia vave o loto o tagata i le taimi muamua e feiloa‘i ai le ‘āiga ma mālō; ‘o lona uiga, e mulimuli ona fa‘atino mai ni fa‘aaloaloga po ‘o ni mea tāumafa, ‘a ‘ua muamua ona mā‘o‘ona pē laulelei mālō i ‘upu mālū ma fōliga ‘ata‘ata o tagata o se ‘āiga.

E lē tau fa‘anoīa fale o Sāmoa pe ‘ā fia āfea e ni tagata malaga; e māta‘ina fo‘i se ‘āiga o Sāmoa e afe ‘i ai se malaga; e iloagōfie fo‘i maota o tamāli‘i, po ‘o maota o faife‘au, po ‘o laoa o tulāfale tāua, ‘o afe so‘o ‘i ai malaga.

‘Āfai e lē lāvavā se sopo po ‘o se malaga, e na‘ona afe lava i se maota o se tamāli‘i tāua, e aunoa ma se tau fa‘anoi. E ō atu lava, tō ‘i lalo fala ma folafola, ‘aumai ma ‘aluga ona tōfafā lava lea ma le fīlēmū e pei ‘o so lātou fale. ‘Āfai fo‘i e ō atu i se fale ‘ae leai se tagata ‘o iai, ‘a ‘o iai ni mea‘ai o se tāuga ‘o tautau, po ‘o ni mea‘ai ‘o i totonu o se sefe, e ō atu lava lātou tāumamafa e pei ‘o ni a lātou mea‘ai na fai. ‘O tū ia ma āmio a Sāmoa e ta‘u fa‘apapālagi o le “*help yourself*”; e mumusu ai tagata o isi atunu‘u.

‘Ā tōfafā se malaga, ona fa‘ato‘ā fa‘aogā lea ‘o ‘ie ‘afu ma tāga‘aluga ‘aulelei a le lo‘omatua o le ‘āiga, ‘a ‘o lea lava sā momoe lea ‘āiga i mea ‘ua tuai ma ‘auleaga; e o‘o lava ‘i ipu ma sipuni, fa‘ato‘ā fa‘aogā lava ni mea fou ina ‘ua iai ni mālō i le fale. ‘O uiga lā nā o Sāmoa ‘olo‘o tausā‘afia ma fa‘amaonia ai le agaalofa o tagata ma le talimālō lelei.

‘O le iunite lenei e fai sina faigatā, ‘ae mānaia ‘ona ‘ole‘ā maimoa ai fānau talavou ‘i isi a lātou matāfaioi e tatau ona fetāgofi e fa‘atino.

E tele itū‘āiga o taligāmālō a Sāmoa e pei ‘o nei:

- Ali‘itāeao ma le Usu‘ālele
- ‘Ava fa‘atupu
- Ta‘igāsua

- Ta'alolo
- Laulautasi
- 'Aiavā
- Umufono
- Āsiga o malaga
- Fa'afiafiaga/ma pōula
- Ta'aloga

'O nei talimālō 'uma 'olo'o tūsia i luga, 'olo'o aofia 'uma o lātou fa'amatalaga i totonu o lenei iunite; 'ātonu 'o ni isi o nei fa'amatalaga e 'ese mai 'i talitonuga o ni isi tagata po 'o nu'u ma alaalafaga; 'ae ui 'i lea, e sāga fa'amanatu atu pea le tala lasi o o tātou tagata. 'Ia 'avea nei fa'amatalaga e fa'avae ai māfaufauga ma su'esu'ega o lenei matā'upu i ona tūlaga aoao, 'ina 'ia aogā ai 'i tagata ta'ito'atasi.

MATĀ'UPU 1: 'O FA'ATINOGA O TALIGĀMĀLŌ

‘UPU ‘ĀMATA

‘Ā tali mālō a se nu‘u, e fiafia ‘uma tagata o lea nu‘u ‘auā ‘ole‘ā iai le fa‘asiligāmālosi. ‘O le tasi lenei uiga māta‘ina o taligāmālō a Sāmoa pe ‘ā fa‘afesāga‘i aualuma, ‘o le faiga lea o se solo ‘ava; e tomai tele ai le aualuma mātutua. ‘O le sā‘afi‘afiga i le ‘ava ‘o i lalo, ‘olo‘o fa‘amatala mai ai aga o le aganu‘u i le fa‘aaogāina o le lā‘au lenei o le ‘ava, ‘ole‘ā mālamalama ai fānau ā‘oga i le ‘oa o le gagana Sāmoa mo le vi‘ivi‘iga o mea tōtino a le atunu‘u. E ui lava ina faigatā le gagana ‘a failāuga ‘olo‘o fa‘aaogā i le solo ma isi matā‘upu o taligāmālō, ‘a ‘o le mea tāua, ‘ole‘ā fa‘alogo ‘i ai fānau i fa‘a‘upuga mālie ma le susua pe ‘ā fai fa‘aaloaloga ‘auā e ō fa‘atasi ai vī‘iga ma fa‘alālolaloga. Silasila lā i le sā‘afi‘afiga lea i le ‘ava ‘ole‘ā ‘āmata ai lenei iunite, ‘ātonu e fiafia ‘i ai ni isi o le vasega, ‘ae tīgā ai ulu o isi; ‘ae tasi ‘o le mea, ‘ia tauivi pea ‘i ai.

I. ‘O SĀ‘AFI‘AFIGA I LE ‘AVA TĀUMAFA

‘O le uiga o lea ‘upu ‘o le sā‘afi‘afiga, ‘o mo‘omo‘oga ma mānatunatuga loloto i se mea e pele i le manatu o le tagata. Mo se fa‘ata‘ita‘iga: ‘ā fa‘apea ‘ua ‘e fia tāumafa i se i‘a mai moana, ona ‘e sā‘afi‘afi lea ma ‘e mo‘omo‘o fa‘apea: “Ta ota a‘e ia se atu o le moana.” E fa‘apēnā fo‘i le tāua i manatu o tamāli‘i o Sāmoa, la lātou ‘ava tāumafa ‘auā ‘o lenei lava lā‘au ‘o le ‘ava, ‘ua ‘avea ‘o se lā‘au tāua i taligāmālō a le atunu‘u.

‘Ava, ‘Ava e, ta inu a‘e ia se ipu ‘ava.
‘O le ‘Ava a Tagaloamana ma Pava.
‘O le ‘ava sā lāfita‘i ‘auā mālō fegāsoloa‘i.
‘O le ‘ava o velevelega ‘ua ati a‘a ‘ae totō ‘ata.
Talu ai mātematega ma su‘egāmālō a ‘Āiga ma Tama.
‘O Ao o mālō ma I‘u o gafa e tasi le fa‘afitiga a ‘aleaga.
‘O tamāli‘i o Sāmoa le to‘ala fa‘a‘autama o le ‘ava.
Fa‘aeteete tamaiti ne‘i soli le ‘ava
‘Auā o le fa‘asalaga e matuā mamafa.

Sa‘ili mai ia so tātou ‘ava ‘auā le faigāmalaga;
‘A‘ami ‘ava o ipu o le Fale‘ula tautagata ma le Fale‘ula tauaitu.

'Ua tau sufi 'ava o le nu'u, 'ona 'o le aganu'u 'ua tau mamulu;
'A 'o fea 'ava sā fa'anānāsua e leo a'i maota ma laoa o tu'ua?
Momoli ia se 'ataiti 'ua maua 'auā 'ua laulautoafa maota nā,
'Ua tuāfale i le papa, 'ae lumāfale i moana,
'Ua lē mau'ava fo'i le tamāloa Sāfata.
'I le, 'ua mata o māsiasi le ali'itāeao 'auā 'ua mativa le punaoao.

Le fuatauala a le malaga e 'ese le tomai i le sulaga o 'ava.
E ui ina 'uti'uti le fā'asoa, 'a 'o vī'iga ma fa'alupega 'ua alu i le 'ātoa.
'O le lātasi 'ua se lupesina ma tugase fa'alalelei 'ua taulimaina.
'O ūnaolei'asā, o fetaia'imauso, ma 'ava felafoa'i — 'o tā'ua e tasi.
E ui ina lē 'a'u'a'u le fa'asoa, 'ae 'ua te'a le inati o le tānoa.
Lu'ilu'i mālie lā ia gāluega a le 'aumaga,
'Ua fa'amālō fa'atōfāla'i'ava.
Sau se taimi ta'i ipu a tamāli'i i matuātala,
'Ae tāumafa se 'ava mā le tulatoa ma le fua'auala.

Mānaia le va'aiga i le paega o le 'aumaga,
Le tausala palu'ava ma le tāfau tiotio mata'ata'ata.
E lē pisa, pē tautala pē gaoiā 'auā e pa'ia le alofisā.
Va'ai lelei po 'o 'ua māvae le fau ma le efu,
Manatua, e silaalofi le maota pe 'ā 'uma ona gaepu.
'Alaga ia 'oe le fa'asoa'ava, 'o lea 'ua fōtupule le faiva o tama.
'Ua siliga'a fo'i le seuga 'ae se'i tapa ipu o le tāeao 'ula.
'Ua ātimālie fetalaiga ma sāunoaga
'Auā 'ua māi vai 'ae māgalo 'ava. 'Ava!

Fa'asoa felafoa'i le agatonu o le alofi a ali'i.
'O se 'ava e totoe 'ia sa'afua mā Pule ma Tūmua.
'Ave i le aloilima pe 'ā ta'i ipu a tapa'au ma 'āiga,
'Ae 'ave i le tuālima 'ava 'a ē e faia fetalaiga.
Sa'asa'a se suā'ava i tua mā le sāofa'iga ma atua,
Pe 'ā māe'a se suā'avamua ma lo tātou Atua soifua.
Mua ia 'inā mua — muaō e pei 'o le 'upu ia Tuālemoso
'Ae ta'ape 'aumaga e la'u mai fono o le 'ava
'Auā se mālū tāeao a le malaga.

II. 'O LE ALI'ITĀEAO MA LE USU'ĀLELE

'O le la'asaga muamua lava o taligāmālō a Sāmoa, 'o le faia lea 'o le usu po 'o le ali'itāeao, e fa'afeiloa'i ai e le nu'u mālō; po 'o ni mālō talitalia po 'o ni mālō fa'afuase'i, e muamua lava ona fai le usu. 'Āfai e lē faia e matai o se 'āiga po 'o se nu'u se usu, 'o lona uiga, e leai se vāfeāloa'i fa'atamāli'i o matai o lea 'āiga po 'o lea nu'u; 'ae lē gata i lea, e fa'aalia ai, e lē aloa'ia tamāli'i po 'o matai o lea faigāmalaga.

'O le ali'itāeao, e fa'aaogā ai le 'a'ano a tamāli'i; 'o lona uiga, o tugase ia po 'o 'ava o le usu.

'O le isi 'upu e 'ave i le usu, 'o le inu. 'O le 'upu usu, 'ua usupō le feiloa'iga; 'o le 'upu inu, o' le tāumafagā'ava, 'ā tu'ufa'atasi mea ia e lua, ona ta'ua lea 'o le ali'itāeao. 'O le uiga faigōfie o le 'upu ali'itāeao, 'o le feiloa'iga a ali'i o le nu'u ma ali'i o le malaga i le tāeao.

Sā na'o le tāeao lava sā fai ai usu ma ali'itāeao; 'a 'o aso nei, 'ua fai isi usu po 'o ali'itāeao i le afiafi po 'o le pō. 'O lea e māfua ai ona fai le 'upu, " 'o le tāeao na liugalua."

'O le talimālō fa'aleatunu'u lenei a Sāmoa, e sili ona maualuga, e sili ona fa'aaloalo; e sili ona leva; e sili ona pa'ia ma e sili fo'i ona āmana'ia. E tūlaga 'ese ai Sāmoa i lo isi atunu'u o le Pāsefika, i le faiga o lana 'ava o le feiloa'iga ma le 'ava fa'atupu.

'O malaga e sili ona ōlioli 'i ai le usu a le nu'u, 'o le paolo ma malaga fa'alelotu. E muamua nōfoi le paolo i le maota, po 'o le laoa talimālō, ona sau loa lea 'o le solo a matai o le nu'u e tofu ma le tugase; ma e ta'u 'ava o le usu o le " 'a'ano a ali'i."

E muamua mai tulāfale fāi'upu o le nu'u, e leai ni a lātou 'ula 'auā e tatau ona fa'aaloalo tulāfale i ali'i 'olo'o fai 'ula. 'Ona soso'o mai ai lea ma ali'i o le nu'u, e tofu ma le 'ulāfala, 'ae mulimuli 'uma mai isi tulāfale e lē fāi'upu; 'ae 'āfai e iai se 'ula a se tulāfale 'ole'ā lāuga, e tatau ona 'ave'ese 'ae le'i 'āmata.

'O igoa 'uma nei o 'ava e tatau ona maua mo le ali'itāeao:

✦ tugase fa'alālelei
✦ 'ava felāfoa'i
✦ fetaia'i ma uso
✦ una o le i'a sā (unaolei'asā)
✦ 'ava olo

'O Feōfoofoa'iga i le Ali'itāeao

'Ā ulufale loa le nu'u i le maota 'olo'o iai mālō, ona fa'atālofa fa'ata'amilo lea 'o matai o le nu'u i matai o le malaga; 'ae 'ā nōfoi loa le nu'u, ona ofo alofa atu lea 'o le malaga fa'apea:

'Ia afio maia ma tala mai 'a'ao o le pa'ia maualuga o lenā itū o le maota.
Le afio o lau afioga i le matua.
E faigatā lau afioga Tofaeono, 'o 'oe 'o le tupu o le Vaimauga.
E fa'apea fo'i le afio i le aoe'e, 'Asi ma Pātū,
E fa'apea fo'i le mamalu iā Tamāpua ma Manogiāmanu,
Ma le nofo a itū'āiga iā Fuata.

E tali le nu'u fa'apea:

Vae atu le pa'ia o le maota,
'O pāpā 'a'ao ma āfifio ai so'u paolo ma so'u fa'amalumaluga.
'O so'u paolo tau i tupu,
'O so'u paolo maualuga 'ou te malu ai 'i itū e fia o Sāmoa.
Lau afioga i le tama a le mālō, lau susuga i le Tagaloa.
'O le mamalu fo'i lea i le Sāgapolutele;
Tāofia ma le Uso ma 'upu iā Sāoluafata.

E tau fai fa'amālō ma fa'afetai le mamalu o itū e lua fa'apea:

Malaga: Fa'amālō le soifua maua.
Nu'u: Tātou tau fai fa'amālō lava; mālō le malaga manuia.

'O fa'alupega o Moata'a 'olo'o fa'aogā i lenei feiloa'iga, e lē fa'aogāina i usu po 'o ali'itāeao a isi nu'u; 'ua na'o se fa'ata'ita'iga lava.

E fa'apēnā fo'i le 'avea o fa'alupega o le alaalafaga o Sāoluafata ma fa'ata'ita'iga; 'ae lē fai ai usu po 'o ali'itāeao 'uma.

'O le Usu'ālele

'Ā usu potopoto le itūmālō ma le atunu'u i se malaga, ona ta'u lea 'o le "usu'ālele", 'o lona uiga, 'o le usu 'ua mamalu ma le to'atele, ma e tumu i le fa'aaloalo 'auā 'ua iai tulāfale e ōmai mamao mai 'i isi itūmālō o le atunu'u. 'Ole'ā fā'atau fo'i 'i ai tulāfale o le nu'u i tulāfale o le usu'ālele, ma e tapa fo'i 'ava 'olo'o 'ūmia mai e le usu'ālele. 'O isi mea e iloa ai le fa'aaloalo o le usu lenei, 'ona 'ua tele fono o le 'ava ma tugase fa'atamāli'i.

'O le Sufiga ma le Momōliga o 'Ava i Mālō

'O le uiga o le 'upu sufiga o 'ava, 'o le vala'au atu lea a se tulāfale o le nu'u 'olo'o i le ātualuma i le mamalu o le ali'itāeao, e ao mai se 'a'ano'aali'i mo le malaga. E fai muamua se fa'a'upuga a le tulāfale na te sufiina 'ava ona fa'ato'ā toso fa'ata'amilo lea 'o le fala 'ava i luma o ali'i ma tulāfale o le nu'u.

E fa'apea 'upu a le tulāfale e sufia 'ava:

'Ua maualuga le asō.
'Ua tō fo'i le fale o tautai,
'Ina 'ua fa'atauata mamalu o le tāeao usu.
'O lea 'ua nōfoia matuātala e le pa'ia o le faigāmalaga.
E fa'apea fo'i lea itū o le maota,
'I le afio atu o Tofaeono ma Tama
Ma le mamalu iā Fuata.
'Ua fa'afeagai lā pa'ia ma 'ua fetaui ulumanu,
E pei 'o le 'upu i le lagimālōfie.
'O lea 'ua ali'itāeao 'āiga.
'Ua usu fa'aaloalo fale'upolu ma le Vāimauga.

'Ua 'ou solia lā le fogātia 'ona 'ua manatu
'Ua tatau ona tau'a'ao maia o se 'ava o le ipu o le ali'itāeao,
Ma le usu fa'aaloalo a lo tātou nu'u,
'Auā le susū mai ma tala mai o 'a'ao o le faigāmalaga mamalu.

'Ia sau ia 'o se 'aumaga se'i tau'a'ao mai 'ava o le ali'itāeao.
E pei ona māsani ai le aganu'u,
E muamua ona 'a'ami 'ava o ipu a o tātou ali'ita'i.
'Ia, 'a'ao maia le 'ava o le ipu a le Tofaeono.
'A'ami le 'ava o le ipu a le Aoe'e.
'A'ami ia le 'ava a Tūmua ma Pule ma mālōusu;
Le mamalu o le tātou nu'u,
'A'ao maia so tātou 'ava 'auā le faigāmalaga.
Fa'afetai fa'aaloalo.

Momōliga o 'Ava
Le pa'ia e o le faigāmalaga,
'O lea 'ua sa'afa'aoti le utu a le faimea.
'Ua lē tu'ua ni lelei 'ae ave atu ni māsei.
Tau ia 'o se mea e āvagalimaa'i le fa'asoa fa'alē'a'u'a'u a le fuatauala.

'O le Folafolaga ma le Sulaga o 'Ava e le Fuatauala

E tu'u tonu le fala 'ava i luma o le tulāfale o le malaga, na te pōina le fala ma fa'apea lana 'upu, 'ava. 'O ia lenā e tu'u tonu ai le fala 'ua tumu i 'ava 'auā 'o ia e folafolaina 'ava o le usu.

'I le taimi lea, e lē toe gāsē se mea pe pisa se isi 'auā 'o le isi lea tofiga pito tāua o le aso. E fia fa'alogologo le nu'u 'ātoa, pē tomai le folafola'ava a le malaga i 'upu o le atunu'u ma ana aganu'u, 'aemaise fo'i pē iloa fa'alupega o le nu'u lea e usu. 'Ā to'a ma poto le folafola'ava, ona mimita lea ma fiafia le 'aumalaga; 'ae 'ā fesāsia'i 'upu ma fa'alagiga a le folafola'ava, ona mamā lea 'o matai o le malaga, ma 'ole'ā lē fiafia. 'Ae tasi 'o le mea, 'ole'ā mafai ona toe fa'aleleia 'upu a le malaga, pe 'ā poto la lātou failāuga, po 'o le fua'auala.

'O le uiga o le sulaga o 'ava, 'o le fa'amālō ma le fa'afetai; po 'o le vi'ivi'iga o 'ava lālelei ma le fa'atamāli'i. E ta'u le tulāfale na te folafolaina 'ava o le "fuatauala." E tō'ese lona 'ofutino, tō'ese le 'ula, tō'ese le sei; ma 'o le fa'ailoga lea o le fa'aaloalo i tamāli'i. 'Ia tasi lana se'e i luma; 'aua le lotea 'ava 'a 'o le'i sulaina; fa'ato'ā lote pe 'ā 'uma ona sula 'ava, ma e 'āmata ana 'upu fa'apea:

'Ua pa'ia lo tātou aso 'auā 'ua ali'itāeao 'āiga.
'Ua afio le Tofaeono ma Tama.
'Ua afio mai 'āiga e tolu ma usoali'i.
'Ua usu fa'aaloalo i lā'ua na ta'i — Tamāpua ma Manogiāmanu
Ma le mamalu iā Fuata ma le Launiusaelua.
E fa'apea fo'i le usu'ālele a Tūmua ma Pule.

'Ua mapu'e le tiasā.
'Ua laga le galu fuliafā.
'Ua lavelave peau o le sami.
'Ua lē toe tū se ola i lo tātou tāeao fesilafa'i.
'Ua ta lili'a, 'ona 'o se silamālō i se fa'atōfāla'i'ava.
Sē, 'ua malie le fa'atupu i 'āiga.
'Ua fa'amālō i le pule fa'atūmua ma le fa'afale'upolu.
Sāō fa'alālelei 'i le 'a'ano 'a ali'i lea 'ua i luma nei.
Fa'afetai fa'aaloalo.

'Ua 'ou nofo nei i le vaomalu,
'Auā lo mā vātapuia ma usoali'i.
E fa'apea lo mā vā to'oto'o ma fale'upolu nei,
'Ae fa'agafua ia lo'u nōfoaga 'ae māgalo lo'u leo,
Se'i o'u tautala i fua o fa'aaloaloga.
E faigatā le 'a'ano a ali'i 'olo'o 'ua ōpea nei 'i maota.

'O 'ava na 'a'ao mai e le ali'itāeao
A le afioga a le matua Tofaeono ma Tama,

> ʻAe usu faʻaaloalo mai ai Tamāpua ma Manogiāmanu
> Ma le nofo a itūʻāiga iā Fuata.
> ʻA ʻo ʻava foʻi o le usuʻālele a Tūmua ma Pule,
> Itūʻau ma Ālātaua, ʻĀiga i le Tai ma le Vaʻa o Fonotī.
> E faʻapea foʻi le maliu mai o le Faleagafulu
> Ma Toʻotoʻo o le Faleʻula."

ʻO le taimi tonu lenei e faʻatoʻā lote ai e le fuatauala po ʻo le tulāfale folafolaʻava le ʻaʻano a tamāliʻi. ʻOleʻā faʻavasega ai itūʻāiga o ʻava ʻua maua mo le usu. E pei lā ʻo faʻaʻupuga ia ʻoleʻā faʻasoa ai le ʻava:

> Silafaga maia lau susuga a le Faʻasisina
> Ma le paʻia o usoaliʻi ma la tātou faigāmalaga.
> ʻO lenei ʻua ʻou taulimaina tugase faʻalālelei.
> ʻUa iai le lātasi.
> ʻUa iai tugase faʻatamāliʻi e valu.
> ʻUa iai fetaiaʻimauso.
> ʻUa iai ʻava felafoaʻi e sefulu.
> ʻO ʻava nei o ipu sā faʻatōfālaʻi ʻi maota ma laoa
> ʻAuā le leoina o le afioʻaga
> ʻAemaise le tautuaina o le gāluega a le Atua.
> ʻO ʻava ʻua mago faʻalā ma teuteuina lelei.
> ʻĀ ao le mālō ʻua lē ma faitaulia.
> ʻIa alo maia, ʻoleʻā fai ʻi ai laʻu pule ʻauā ʻua lava ma totoe laʻu faʻasoa.
> ʻOleʻā teʻa le tugase lea i ʻaumaga
> Lātou te luʻiluʻiina ʻauā le agatonu o le tāeao fesīlafaʻi.
>
> (ʻĀ fōnō mai se isi — ʻua sua le tānoa,
> ona tāofi lea ʻo le inati o le tānoa, ʻae faʻaauau le faʻasoa.)
>
> ʻO le lātasi lenei ʻauā le ipu i le susuga a le ʻIe.
> ʻO le isi lenei tugase i le ipu a le Tofaeono.
> ʻO isi ʻava o totoe, ʻoleʻā mānoa ia e leo aʻi le maota, e ʻumi foʻi le aso.
> Faʻafetai faʻaaloalo.
>
> E faʻamālō le sāofaʻiga ʻātoa i le fuatauala faʻapea:
> "Faʻamālō le pule ʻava."
> "Faʻamālō fetalai ʻava."
>
> E faʻamālō mai foʻi le tulāfale sā faʻasoaina ʻava faʻapea:
> "Faʻamālō le tāpuaʻi."

‘O Faiga o Fā‘atau

‘Ā ‘uma loa ona folafola ‘ava, ona laga fā‘atau lea ‘o se tulāfale o le nu‘u lea e usu; ‘o le tulāfale e laga fā‘atau e tatau lava ona lāuga, vāganā ‘ua lafo le fa‘aaloalo i se tu‘ua o le nu‘u.

E fōliga mai e taua‘imisa tulāfale ‘ona ‘o le naunau i le tāeao; ma e ‘ava‘avau se tulāfale tomai ‘ona ‘o le mana‘o ‘ia sao ma mātagōfie le lāuga o le fesilafa‘iga. ‘A ‘o le‘i ‘āmataina lāuga a le tulatoa ma le fua‘auala, e tatau lava ona fai le fā‘atau.

‘O ‘upu nei a le tulāfale laga fā‘atau a le nu‘u lea e usu:
Tau ina ‘ua o‘o atu se ‘ataiti po ‘o se agatonu fa‘alē‘a‘u‘a‘u
Na ‘a‘ao mai e ‘āiga ia ma le mamalu iā Fuata.
‘Ua fetalai ‘ava fo‘i lau tōfā a le fuatauala, ma ‘ua te‘a le inati o le tānoa.

E sau se itūlā ona tāpaipu lea ‘o le maota.
Tapa se ipu i le Tagaloa ma le Sāgapolutele, ‘o tama a le Mālō,
Tāofia ma le Uso.
Taumafa fo‘i se ‘ava mā Sāoluafata.

E fa‘apea se ipu i lenei itū o le maota.
Tapa se ipu i le Tofaeono ma Tama.
Tali fo‘i se ‘ava iā Tamāpua ma Manogiāmanu ma Fuata.
‘Ae e‘eta‘ia i lagī le pa‘ia o le faigāmalaga a so‘u paolo maualuga,

‘Ae se‘i o‘u liliu ane e sa‘ili se gafa o le fale.
‘Ā maua se tasi, ona fetalai lea ‘auā le afio mai o so‘u paolo tautupu.

‘O lenei itūlā i lo tātou ‘auva‘a o to‘oto‘o ma fale‘upolu,
Po‘o le ā so ‘outou finagalo:
‘Ua ‘ou manatu, vāe atu lo tātou paolo, tāpua‘i mai ia,
‘Ae ‘ou faia sa tātou fa‘afetai
‘Auā le lātō i le tai ma le lātō i le ala o lo tātou paolo.

E fā‘atau le tulatoa i tulāfale ‘uma o le inu ‘olo‘o sāofafa‘i ‘i talāluma, e o‘o fo‘i ‘i mālō po ‘o tulāfale fāi‘upu o isi nu‘u o le itūmālō po ‘o le atunu‘u ‘olo‘o sāofafa‘i ai i le ātualuma, e fā‘atau lava ‘i ai. E lē tatau ona fā‘atau i tulāfale ‘olo‘o i talātua.

‘Ā ‘uma ona fā‘atau i tulāfale, ona fā‘atau fo‘i lea i tamāli‘i mo sa lātou fa‘amanuiaga. ‘Ā tasi le fā‘atau ma ‘ua loto mālilie ‘uma i le tulāfale e to‘atasi lea ‘ole‘ā fai ma tulatoa, ‘ona fa‘amanuia lea ‘i ai o ali‘i ma fa‘apea:

" ‘Ia fetalaia; ‘ia manuia le lāuga."

'O Faiga o Lāuga

E tofu le failāuga (tulatoa) a le nu'u lea e usu, e fa'apea fo'i ma le failāuga (fua'auala) a le nu'u lea e malaga, ma le "lamalāuga" po 'o le tulāfale "tu'ualalo." 'O tagata lamalāuga e tatau lava ona popoto lelei 'i fa'asologa ma fa'a'upuga o lāuga. 'O le māfua'aga lea o le isi fa'a'upuga a le atunu'u, "E mau ē fāi'upu, mau ē mātau." E nonofo latalata le 'autu'ualalo po 'o lamalāuga i talaane o tulāfale e lāuga.

'Ā lāuga le tulatoa a le nu'u, e 'āmata 'upu fa'apea:

'Ua tala tu'u le tafaoga i le fā'atau pa'ia 'auā se gafa o le fale;
Ma 'ua tasi nei le fa'afitiga a 'aleaga,
'O a'u 'ole'ā 'ou si'itia sa tātou fa'amua
Ma se fa'asagi i le Tapa'au i le lagi.

'A 'o alu pea le lāuga a le tulatoa, 'olo'o lamalama mai lava e le fua'auala a le malaga ma lana lamalāuga, po 'o sa'o le fa'asologa o le lāuga; e pule lava le failāuga ia 'i vāega o lana lāuga, 'ae mātau vāega nei:

1. Folamua/Tūvaoga.
2. Tautala i 'Ava.
3. Fai se fa'afetai i le alofa o le Atua ma aofia ai ma 'upu o le to'asā.
4. Tautala i tāeao o le atunu'u.
5. Fa'alagi pa'ia o le aso ma ta'u ai le māfua'aga o le malaga.
6. Fa'amātafi lagi o le tāeao.

'Ā galo se vāega o le lāuga a le tulatoa, 'o le vāega tonu lava lenā e 'āmata tonu ai le lāuga a le fua'auala o le malaga. 'Ā seu lā le lāuga e le tulatoa, ona fa'ato'ā tautala loa lea 'o le fua'auala i 'ava o le usu. 'O i'inā tonu 'ua iloa ai 'ua mālō le lāuga a le fua'auala, 'ae 'ā sa'o lelei le lāuga a le nu'u, ona mālō lea 'o le tulatoa.

'O le fa'ata'ita'iga lenei o le lāuga a le tulatoa e fa'aogā ai vāega e ono:

Folamua po 'o le Tūvaoga

'Ua pa'ia ma 'ua mamalu le asō,
Ma 'ua 'ou manatua ai le 'upu i le seuga a Mālietoa La'auli:
'O lupe nei sā i luga o tumutumu o mauga māualuluga.
Sā i totonu o vanu loloto 'a 'o lenei 'ua fuifui fa'atasi.
Lea 'ua ali'itia Falefatu ma Fa'ato'ia'alemanū,
'O le maota ma le malae e susū ai le Mālietoa,
Ma āfifio ai Tofaeono ma Tama.
'O le malae o le sulufa'iga e pei ona tā'ua
'I ona pō o le Feagaiga Tuai.

Tulouna i le susū mai ma le tala mai o ‘a‘ao o lau susuga i le ‘Ie;
Ma le āfifio o Tāofia ma Usoali‘i.
‘Ua ‘ou popole ma ‘ua ‘ou fefe fo‘i;
Fā‘i ‘o le pa‘ia o le atunu‘u, ‘a ‘o le pa‘ia fa‘aleAtua.
‘Ae ui ‘i lea, ‘ua ‘ou manatua le tala iā Manuvao ma Fulu‘ulalēmamae;
" ‘Ua ‘ese ā la‘u va‘ai i lenei tāeao, ‘ua ‘e tino i ‘ula, ‘a ‘ua ‘e fofoga ‘i rosa.
Afio maia se‘i o tā pōpō fesunu‘ia‘i ‘auā ‘ua fa‘amumutivale o tā loto."
‘Ua muaō le ‘ano mālō.
‘Ua pāti lima sā o le Atua.

Tautala i ‘Ava

Tau ia ‘ina ‘ua motu i le ta‘i lau pule ‘ava ma lau fa‘asoa fa‘alēlava,
E pei ona fetalai lau tōfā a le failāuga.
‘Ua naumati Vailoā e pei ‘o le ‘upu i alo o Lilomaiava;
‘Ua leai se inati o le Tuitoga e pei ‘o le ‘upu iā Seamalepua;
‘Ua fa‘avaovaotoafa tuāmaota o le nu‘u nei.
‘O lea ‘ua fai lau fa‘asoa;
Ma ‘ua te‘a le inati o le tānoa i lona ‘āiga lātou te tāulia.
‘Ā māe‘a, tapa ipu o le tāeao; tapa le ipu i lenā itū o le maota,
‘I le pa‘ia o so‘u paolo ma so‘u fa‘amalumaluga.
Taute se ipu i le susuga a le Tagaloa, Tāofia ma le Uso;
‘Ā māe‘a, liliu le laulau i lenei itū o le maota;
Taute se ‘ava a Tofaeono ma Tama.
‘Ā totoe se ‘ava, inu sa mātou ‘ava.

Fa‘afetai

Fa‘afetai le Atua i lou alofa;
‘Ua ‘au o manū ‘a ‘ua lē ‘au o mala le e‘e mai o le malaga mamalu.
Sā tū i Fagalilo le tapa‘au o le Ālātaua i le tala mai o ‘a‘ao o so‘u paolo;
‘Ae fa‘afetai ‘ua tātou fesilafa‘i ‘i lagi e mamā ma le soifua manuia.
‘O le to‘asā o le Atua, e tūto‘atasi lana pule ‘auā ‘o le ma‘a togi fa‘atō;
Fa‘afetai i lona agaalofa ma lona agalelei.
Nu‘unu‘u ia i le ‘aufaigāluega a le Atua lona agalelei;
‘Auā ‘o le lātou matāfaioi ‘o le tālosagaina o so outou soifua manuia,
Ma so mātou ola sololelei.

Tāeao o le Atunu‘u

‘O tūlaga i tāeao o le atunu‘u, ‘ou te lē fa‘atauagavale ‘i ai;
‘Auā ‘o tāeao o Pule ma Tūmua;

‘O tāeao e pa‘ia ma mamalu;
‘A ‘o le tāeao fa‘aleAtua,
‘O le tāeao lea na ‘alalaga ai le motu o tagata,
Ma lātou fa‘apea ane,
" ‘Ōsana i mea aupitoaluga,
‘O le manuia i le lalolagi,
Ma le finagalo alofa i tagata."

Fa‘alagiga o Pa‘ia
‘O pa‘ia o Sāmoa, ‘ua ta‘oto ā alao‘o.
‘Ua tā‘ele a magāvai ona ‘upu lē popo.
‘A ‘o le e‘e mai ma le afio mai, lea ‘ua fa‘afeagai sega‘ula.
Tātou te uso i tamāli‘i; tātou te uso fo‘i ‘i fale‘upolu.
E fa‘apea fo‘i le gāluega a le Atua.
‘A ‘o la tātou māfutaga, ‘o lea ‘ua ‘ila le ‘ai
‘I le finagalo o le faigāmalaga, ‘o so‘u paolo.
Lo‘u paōlo e, e lē ‘o sou laki ‘a ‘o lou manuia
‘Auā ‘o lea ‘ua sala tonu lou lā i maota,
Ma lou tao ‘ua tau i le niusina ‘ae lē ‘o le fusiga.

Fa‘amātafiga o Lagi
Fa‘ata‘i lā ma so mātou leo ‘ole‘ā fo‘i.
Lagi e mamā lenā itū o le maota
‘I tamāli‘i ma failāuga o le faigāmalaga,
Fa‘apea fo‘i lenei itū i ‘āiga ma tamāli‘i nei.
Tātou ālo‘ava ia ‘ua māi vai ‘ae suamalie ‘ava i le alofa o le Atua.
Soifua.
S.U.S.

‘O Lāuga Tali a le Fua‘auala a le Malaga

E tutusa lelei lava lā‘asaga ma le fa‘asologa o le lāuga a le tulatoa a le nu‘u ma le lāuga a le fua‘auala a le malaga i le lāuga tali: silasila i le fa‘ata‘ita‘iga ‘o i lalo:

Folasaga po ‘o le Tūvaoga
‘Ua fa‘aifo le tuamafafilimalae
‘I le vāgana ma le fetalaiga pa‘ia.
‘Ua fa‘aifo fo‘i le segaali‘i.
‘Ua silimea fo‘i le seuga.

'Ua sili'ofe fo'i tautai ina 'ua tasi
Le fa'afitiga a 'aleaga i le fā'atau pa'ia.
'O a'u 'ole'ā 'ou fa'alēagatonuina le vāgana
Ma le fetalaiga 'ua ōpea i maota.

'Ua liligo le fogātia.
'Ua paū le tuā'au mafuamalu.
'Ua paū mauga, 'ua liligo fo'i vanu
E pei 'o le fetalaiga i le alofisā o le Tuimanu'a.

'O lo'o 'ua sua le loto.
'Ua sūsua fo'i vāipapa 'auā 'ua nōfoia āva tāua.
'Ua tau fai sunu'i ao o le lagi 'auā 'ua nōfoia matuātala.
'Ua mamalu fo'i le talāluma 'auā 'ua nōfoia pou o lāuga.
'Ua pa'ia le mea nei. 'Ua pa'ia i se ā?
'Ua mamalu i se ā? 'Ua maualuga i se ā?
'Auā, ta'ilo i le lagi ma mea 'o iai,
'A 'o ata o le tāuafiafi, 'Ā!
Sē, 'ua punapunā le māsina 'auā 'ua alaalata'i le ali'itāeao.
'Ua āfifio ma pāpā 'a'ao le usu fa'aaloalo.
'O le ali'itāeao a le Tofaeono ma Tama, 'Asi ma Pātū.
'Ua afio mai 'āiga e tolu ma usoali'i.
'Ua maliu mai le mamalu iā 'i lā'ua na ta'ita'i ma Fuata
E fa'apea fo'i le mamalu i le Vāimauga ma Tuisāmau.

'Ua afio fo'i ma alaalata'i le mamalu iā Sāoluafata.
'Ua susū mai le Tagaloa, 'o le pa'ia o 'Ie e lua, Tāofia ma le Uso.
'O pa'ia ia o le tāeao toto'a ma le tāeao paū.
'Ua tala ai nei e Matataia tai o mulia'au.

'Ava

'O lau fa'atupu ma le fa'atamāli'i
'O 'ava sā tōfā i maota 'ae moena'i 'i laoa.
'O 'ava o velevelega; 'o 'ava sā fa'anānāsua
'Auā le tausiga o tupua ma laoa i le afio'aga o 'āiga ma tapa'au
Lea 'ua fetalai 'i ai sē 'ua tu'ua i lenei faigāmalaga.
'Ua te'a fo'i le inati o le tānoa i 'aumaga o tōfiga ma la lātou gāluega.
'Ā māe'a, ona tau'a'ao lea 'o ipu o le tāeao.
Taute se ipu i tamāli'i ma le afioga a le Tofaeono ma Tama

Fa'apea 'āiga ma gafa.
Liliu i lenei itū o le malu.
Taute se ipu i le Tagaloa ma le Sāgapolutele; Tāofia ma le Uso.
Tāumafa se 'ava i fale'upolu o le malaga ma Sāoluafata.
'A 'o se suāalofi o totoe, 'ole'ā sa'afua mā le tautalaga.
'Ia ta'alolo ia pa'ia o le agatonu ma le 'ava taute i le 'aumaga
Ma la lātou fatu'āiga tausi.

Fa'afetai
E lē fāgatua le aitu ma le tagata.
E leai fo'i sē taumāsina ma le finagalo o le Atua.
E leai. 'O le ma'a togi fa'atō ma le ū e fana i le māninoa.
'O le ti'a e lē sēua ma le mua e lē fuatia.
'Ua 'outou fa'alogo i tala i le 'ea iā Sāmoa ma le lalolagi.
Tālofa, 'ua maua ai le fetalaiga i le faigātiti a tausala
E gausia le moemoe, e to'ulu fo'i le lāgo'ele.
E toli le matua, e fa'i fo'i le moto.

'Ua lē motu le solo i le tūlāgātia o ali'i.
'Ua malepe fo'i le 'atosina 'i ē 'o i fale'upolū,
Ma 'ua masofa le fā 'i to'oto'o 'o Tūmua.
'Ua talai 'ofutau o le 'autau fitā a le Atua.
'Ua fāi 'i lagi le fōlauga a le 'au puputoa ma ponao'o o le atunu'u
'O tama fa'apēlepele a Sāmoa 'ua tōfafā i malae;
Ma tā'o'oto i tu'ugamau.

'A 'o le ā sa 'outou silasila i le tāeao ma le aso lenei?
Fa'afetai i le Atua 'ua tepa 'i 'ula
'Ua futifuti manu 'ula le asō.
'Ua tātou fesīlafa'i 'i ao to'a 'ae lē 'o ao gāsolosolo.
'Ua tātou fesīlafa'i 'i mauga o ao, 'ae lē 'o mauga o Liulaumea
E pei 'o le fetalaiga i le Manu'atele.

'Ua tātou sa'a ai nei 'i ma'a o mālie
'Ua 'oa'oa fo'i 'i faleseu 'ae mapu i falematū.
'Ona o le agalelei ma le alofa o lo tātou Atua.
'O lā Tavita, " 'O tātou agāga e, 'inā fa'amanū atu ia iā Ieova
'Auā 'ua na faia mea silisili tātou te ofo ai."
Ta'alolo ia le alofa o le Atua 'i ana 'au'auna

'O lo'o tauasuina le vai o le ola.

Tāeao

'O pa'ia o tāeao o le atunu'u, 'o tāeao lava faitauina,
E pei 'o le tāeao na i Sauā ma le tāeao na i Samanā,
Ma le aso na i Tūmua.
'O tāeao o le ta'asauali'i ma le fefulituaa'i,
'A 'o le tāeao na i Malaeola ma Gāfoaga,
Le tāeao na i Faleū ma Utuagiagi,
'O le tāeao na i Matāniu Feagaimaleata;
'O tāeao ia na utu ai le toto masa'a o le atunu'u,
'Ae fesīlafa'i ai tupu ma tamāli'i o Sāmoa,
'Ātoa ma fale'upolu o tōfiga.
'O tāeao ia o le Talalelei 'ua tātou maua ai le sa'olotoga
'Ae te'a ai tū fa'apaupau a Sāmoa.

Tau ia 'ina 'ou fa'apoi lā'au tūmanu i pa'ia o tāeao
'Ae ta'alolo ia tāeao o le atunu'u iā Tūmua ma Pule
Ma la lātou fatu'āiga tausi
'Auā le tausiga o 'āiga o tupu, 'āiga o pāpā, ma fale'upolu o tōfiga.

Pa'ia

'O pa'ia o le asō, e lē toe tau fa'amāupu'epu'eina.
'O pa'ia 'ua ta'oto 'a 'o se alao'o.
'O pa'ia 'ua 'uma ona tu'ulaupua
Ma 'ua 'uma ona tu'umatāmaga.
'O pa'ia ia e leai se poto,
E leai fo'i se vave na te toe āuauina fa'ai'aiviivia
'Auā 'o Sāmoa 'ua 'uma ona tofi.
E tala tau Toga, 'ae tala tofi Sāmoa 'auā 'o Sāmoa 'o ao mamala.
'O pa'ia lā o le tāeao ma le aso lenei,
E lē toe vāea pe fa'aopoopo se 'iōta po 'o se fāsimata'itusi,
Pe 'ā 'ou lē tautala 'i ai, 'auā 'o pa'ia mai i le 'āmataga,
E o'o lava i le gāta'aga.

'A 'o la tātou māfutaga ma le fesīlafa'iga,
'Ia fa'atasi mai le agaga o le Atua Soifua.
'O lenei aso, 'o lea 'ua ta'oto le ataata o Taulelei,
Ma 'ua ta'oto fo'i māfua'aga ma fuafuaga.

ʻĀ sau se taimi, ʻona tātou toe feiloaʻi lea.
Taʻalolo ia paʻia iā Pule ma Tūmua,
Ītūʻau ma Ālātaua, ʻĀiga i le Tai ma le Vaʻa o Fonotī.

Faʻamātafi le Lagi
ʻĀ finagalo le Atua e tatala le filialiʻi
Ma tātou faʻamāvae i se aso po ʻo se itū aso,
ʻIa iai le alofa o le Atua i soʻo se fuafuaga.
ʻIa iai Ieova i lo tātou vā.
Mamā le lagi i le afioga a Tofaeono ma Tama.
Mamao ni toʻotoʻo faʻataʻalolo, ma ni usugāfono
ʻIā Tamāpua ma Manogiāmanu ma Fuata.

Mamā foʻi le lagi i le paʻia iā Sāgapolutele ma Tagaloa.
Mamao ni toʻotoʻo gauia ma ni lauʻupega faʻatoʻia,
ʻI le mamalu o Sāoluafata.
ʻA ʻia silisili ona silasila le Atua,
ʻI lana ʻaufaigāluega tōfia mo lona finagalo
ʻAuā se manuia o Sāmoa mo ā tāeao.
T.A.S.

ʻO Fono o le ʻAva

ʻO le vāega mulimuli lava o le aliʻitāeao, ʻo le folafolaina lea o fono o le ʻava. E iloa le faʻaaloalo ʻona ʻo le tele o ʻava ma tele le fono o le ʻava o le aliʻitāeao, ʻae faʻatoʻā folafola le fono o le ʻava peʼ ā ʻuma le agatonu.

ʻO le fono o le ʻava e fai ʻi meaʻai e pei ʻo ʻapamasi ma falaoa e fai aʻi le mālū tāeao a le malaga. ʻO aso anamua, sā fai fono o le ʻava i le fāʻausi ma niu, ʻa ʻo isi nuʻu, e fai le laulautasi e fai ma fono o le ʻava pe ʻā ʻuma le sauniga o le usu; ma e taʻu lā lenā o le ʻavatāeao.

ʻIa manatua, e lē manaʻomia lou aʻo taulotoina o le gaogaosā o nei mau faʻaʻupuga o lāuga o le faiga o le aliʻitāeao, ʻae tau o se mea e faʻalautele ai ni ou māfaufauga mo le faiga o sau lāuga.

III. O LE ʻAVA FAʻATUPU

E naʻo malaga e afio ai se tupu po ʻo se Tama a ʻĀiga e tatau ona fai ai se ʻava faʻatupu. E tasi lava le faiga o le ʻava faʻatupu, e ui ina tele tupu o le atunuʻu. ʻO le tasi lenei o aganu'u tāua tele a Sāmoa, ma e o'o mai lava i onapō nei lona fa'aaloalogia. 'O le 'ava fa'atupu, i lona sāuniuniga ma lona fa'amamāluga e 'ese'ese i totonu o itūmālō 'ona 'o a lātou aga'ifanua.

'O le alofi taute, e leo e tāulele'a: e tutū mamao mai ma to'i, pelu, ma uatogi; 'a 'o isi alofi taute, e leo e le 'aufala o tao: e tutū mai fa'aitūalalua, 'ae fesāga'i 'i le malae ma o lātou tao. 'O le alofi taute, 'o le sāuniga lea o le 'ava tāumafa a tupu.

E 'a'ami 'i le ususū le 'avaati e fai ai le 'ava fa'atupu; 'o le 'avaati, 'o lona uiga, 'o le lā'au e ati ma sua 'ātoa mai ma a'a; e tausoa mai 'i le malae, ona fa'amalepe lea i se matau po 'o se to'i e le sa'o 'aumaga 'olo'o fai lona tuiga, ona fa'asoa lea e se tūmua mai 'Upolu, po 'o se pule mai Savai'i. E 'ese le 'avaati mai i le 'avatu'i lea 'ua 'uma ona sāuni e le 'aumaga, ma 'ole'ā paluina e le 'augafa'apae po 'o le sa'o 'aumaga a le itūmālō. Manatua, 'o le 'avatu'i, 'o le 'ava lea 'ua mago ma 'ua 'uma ona tu'i ma sāuni mai mo le 'ava taute a le sāofa'iga. 'O le 'ava taute a le tupu, sā lē fa'amalūina i ni ma'a tu'i 'ava e pei 'ona faia i aso nei, 'ae sā māia e le 'aumaga; 'o lona uiga, sā mama pē lamu le fāsi'ava mata.

'O aso anamua, 'o le tagata e solia le malae e fai ai le 'ava fa'atupu, e fasi e tagata 'olo'o leoa le alofi taute; peita'i, 'o aso nei o le mālamalama, 'ua lē toe fasia se tagata, 'ae na'ona 'alaga le fa'amamāluga o le alofisā a le tupu.

'O le Fa'ata'ita'iga o se 'Alaga

'Ua pa'ia Mulinu'ū.
'Ua pa'ia Lalogāfu'afu'a.
'Ua pa'ia lugā, 'ua pa'ia lalō.
'Ua sā le lau'ele'ele.
'Ua afio le Tuiatua.
'Ua afio tupu ma e'e o le atunu'u.
'Ua nōfoia āva tāua.
'Ua pa'ia le 'aumaga a Tupua.
'Ua pa'ia fo'i le vaosā 'auā e pa'ia tama a le lagi;
E pa'ia fo'i tama a le 'ele'ele.

E folafola atu ma le fa'aaloalo,
'Ua sā ona toe solia le 'ele'ele ma le malae
E 'āmata atu nei se'ia o'o i le fa'ai'uga o le alofisā.

E fa'apēnā fo'i manu ona fa'asā, po 'o se isi lava mea e solia le malae; 'o le ala lea e ta'u ai le 'ava fa'atupu, 'o le alofisā, 'auā e sā ona so'ona solia pe so'ona inu ai se isi 'i le alofi.

E tolu tamāli'i e fai o lātou tuiga e leoa le 'ava fa'atupu. 'O le tasi o ia tuiga e tatauina le 'ava; 'o isi tuiga e lua, e feoa'i solo i tafatafa o le mea e fai ai le 'ava e leoleoa le 'ava; 'o lā'ua fo'i ia e tuli 'esea se tasi po 'o se manu e solia le malae o le 'ava. 'O isi ali'i ma tulāfale, lātou te agaia le alofi i le laina sa'o i tua mai o le mea e tatau ai le 'ava.

'O le 'aumaga e leoleoina le alofi, e vali o lātou tino, fai o lātou titi; noanoa laufa'i po 'o lautī 'i o lātou ulu, ma fa'a'ese o lātou fōliga. 'A 'o le'i palua le 'ava, e 'āmi'ami ta'itasi tōtoga o le alofisā; e 'a'ami le laulau, 'a'ami le fau, 'a'ami vai sapai, 'a'ami le 'augafa'apae po 'o se tamāli'i e palua le 'ava; 'ae fa'ato'ā 'a'ami mulimuli le ipu.

E lē fa'aaogāina ni pakete vai, 'ae fa'aaogā taulua vai ia e fa'aigoa o vai sapai e sui a'i le 'ava taute. E gaosi le vai sapai mai atigi ipu o le niu 'afa fua lāpopo'a; e fa'apala le 'a'ano o le niu i le suāsami e utu i totonu o le niu; 'ā pala le 'a'ano, ona ta'u lea 'o le samilolo. 'Ā mamā 'ese le samilolo ona valuvalu lea 'o le tino i fafo o le niu 'ia mamā lelei; ona fa'amolemole lea ma fa'a'i'ila; ma e tui fa'atasi niu e lua ona maua lea 'o le taulua vai po 'o vai sapai. 'Ua ta'ua o le vai sapai 'auā 'e te alu ma sapai 'i le mea e 'ave 'i ai.

'O le 'ava fa'atupu, e iai tagata e ta'ua o tafa'i o le tupu. 'O tafa'i, 'o tulāfale tāua ia o le itūmālō e faia 'upu o le tupu. 'O 'i lā'ua ia e nonofo mai i tafatafa o le tupu e leoina le tupu. 'O le taimi e 'aumai ai le 'ava taute a le tupu , e tofo muamua e tafa'i. 'I le taimi e 'ave ai le 'ava, e 'a'ami ai le taufa po 'o le ipu vai ma sasa'a loa i lima o tafa'i. Ona asu atu lea i luma o le tupu ma fai atu 'upu ia: " 'O ou pa'ia nā, 'o ou ao nā, 'o ou sā nā, 'o ou faiga nā". 'Ā 'uma ona tāumafa le tupu ona toe fa'afo'i lea 'o lana ipu i le mea na 'aumai ai 'auā e sā ona inu ai se isi. 'O le tautūuaina a le tupu, na te tau'a'aoina lana ipu tāumafa. E fa'ato'ā tapati le 'ava mo le lautele o le sāofa'iga pe 'ā 'uma ona tāumafa le tupu.

'Ua lē mamalu le faiga o le 'ava fa'atupu i aso nei 'ona 'ua lē tausisia faiga o le 'ava fa'atupu a le atunu'u. 'O le 'ava tonu lenei e fa'ato'ā uiō ai se Sālelesi

'O le Fa'ata'ita'iga Lenei o le Fa'atinoga o se 'Ava Fa'atupu

E ala ona 'ese'ese le faiga o 'ava fa'atupu a itūmālō, 'ona 'o le 'ese'ese o aga'ifanua. 'O le failāuga iloga o le itūmālō e tomai i lenei aganu'u, e tatau ona lāuga ma fa'asolo le 'ava fa'atupu. E pei ona silafia e Sāmoa, e vavae 'ese lava le taimi e fai ai le 'ava fa'atupu mai lō le ali'itāeao. E iai tamāli'i o le sāofa'iga e iai i le agaiga o le 'ava fa'atupu, 'ona 'o le fa'amamāluga o le 'ava fa'atupu; 'ae tatau lava ona motu 'ese le sāuniuniga o le 'ava taute a le tupu; e 'āmata mai 'i le 'avaati ma lona fa'asoaga, se'ia o'o 'ina fa'afo'i le ipu taute a le tupu.

'Ā 'uma ona fa'afo'i le ipu taute a le tupu, ona fa'ato'ā 'alaga loa lea 'o le tufa'ava 'ae tapati le agatonu o le alofi a ali'i. 'O se mea lē mīgao le tufa 'i tua i tagata e lē 'o 'auai i le sāofa'iga o le agatonu, 'ae na'o ponao'o lava o le atunu'u 'olo'o i totonu o le sāofa'iga, e tatau ona tāumamafa i le 'ava.

'O le 'ava tautupu, e lē 'u'umi ni ona lāuga, 'ae mātele lava i le fa'atulouina o mamalu o le tupu. 'O se fa'ata'ita'iga lenei mo fānau ā'oga 'olo'o fia su'esu'e i lenei matā'upu 'o le faiga o le 'ava fa'atupu. 'Ole'ā 'aumaia ia le 'aumaga a Tupua, e faia le fa'ata'ita'iga o le 'ava fa'atupu mo le afio mai o le Ao o le Mālō, le tama a 'āiga, le tapa'au fa'asisina, le susuga a Mālietoa Tanumafili II.

'O le Tulāfale o Lalogāfu'afu'a

'O ni isi nei o fa'a'upuga a le tulāfale:
'Ua pa'ia le mea nei.
'Ua sā le vao.
'Ua sā le sami.
'Ua sā Lalogāfu'afu'a, 'o le malae o Tūmua
'Auā 'ua susū le susuga a le Tapa'au Fa'asisina,
'O le Mālietoa, 'o le tupu na fa'alogo 'i ai Sāmoa.

Tulou ia i ou sā ma ou faigā.
Tulou i ou ao ma ou pāpā.
Tulou i lou apisā ma lou nofoa vāevaeloloa.
Tulou i ou afio'aga 'auā e pa'ia Vaopipi, Malie ma Vaito'elau.
E pa'ia Pouniu ma Pouesi, ma Matāniu Feagaimaleata.
'O pa'ia fo'i ia o malae o Tūmua ma Pule, Itū'au ma Ālātaua
'Āiga i le Tai ma le Va'a o Fonotī,
Fa'apea fo'i pa'ia o le Faleagafulu ma le Manu'atele.

Tulou i lou afio mai.
Lau afioga a le Ao mamalu o le Mālō o Sāmoa.
Tulou i lou susū mai, lau susuga a le Mālietoa.
Tulou i lou lātō 'i ala.
Tulou i lou lātō i le 'ea, ma lou lātō i le tai
Ma lou va'a na tau mai 'i gātai.
Tulou i mamalu o tamāli'i o le atunu'u 'ua āfifio mai.

Tulou i le 'aumaga o tōfiga 'olo'o agaia le agatonu o lou afio mai.
Tulou i 'au'auna a le Atua sā tāpua'ia lou susū mai.
Fa'afetai i le agalelei o le Atua, 'o le tupu o tupu
'Ona 'ua tō'ai manuia lou sā 'i fanua o lenei itūmālō.

E pei ona ‘e silafia, ‘o le finagalo faito‘atasi o le Atua
E lē seua e se isi.
E ‘a‘ami tagatānu‘u, e ‘a‘ami fo‘i tupu. Tulou.

‘Ou te fa‘atulou atu i pa‘ia o ou tāeao e fia.
Tulou ia i lou tāeao na i le Tūlātalā na maua ai lou suafa o le Mālietoa.

Tulou ia, i lou tāeao na i Fili ma Puletu‘u
Na vālo‘ia ai e Nāfanua le ao tali‘ilagi o lou mālō.

Tulouna ia ‘i lou tāeao na i le sami Sanosano o le Tuimanu‘a
Na maua ai lou vasavasaoalofi.

Tulouna ia i lou tāeao na i Matāniu Feagaimaleata
Na ‘e talia ai le talalelei o le mālō o le Atua.
‘O le tāeao lea ‘ua fealofani ai nei Sāmoa.

Nu‘unu‘u atu ia fa‘atini o tausala ou pa‘ia,
‘Ae alo maia ‘ole‘ā feagai le ‘aumaga a Tupua
Mo le fa‘atinoga o ana fa‘aaloaloga i lou susū mai.

‘O le Fa‘asologa o le ‘Ava Fa‘atupu

‘O le taimi lenei ‘ole‘ā feagai le ‘aumaga e poipoi le lā‘au ma polo fa‘asoasoa i ‘āigātupu; ma ‘o fa‘a‘upuga nei a le fale‘upolu:

‘Aumaga, ‘a‘ami ia le le‘a a le ‘āigātupu.

Silafaga ia lau susuga i le Mālietoa.
‘Ole‘ā fa‘asafua le le‘a ‘auā le mamalu o ‘āigātupu.
‘Ole‘ā momoli atu le vaitīnasā ‘auā le ipu taute a lau Susuga
A le Tapa‘au Fa‘asisina — Lau Susuga a le Mālietoa.
Momoli ia le folasa ‘auā le ipu a le Tuiātua.
Momoli ia le sau‘ata ‘auā le ipu a le Tuiā‘ana.
Momoli le sau‘ata ‘auā le ipu a le tama a le ‘āiga Sālevālasi,
Le afioga i le Matā‘afa.
Momoli le sau‘ata ‘auā le ipu a le Tuimanu‘a.
‘O momoi ‘ava ma ‘ava olo, ‘ole‘ā māia e le ‘aumaga ‘auā le ‘ava taute.

‘O le Sāuniga o le ‘Ava Taute

‘Aumaga, ‘a‘ami ia le salamaotua a le Tuiātua
‘Auā le ‘ava taute o le fesīlafa‘iga.

'A'ami ia le efu o le 'ava, sā māia e le 'aumaga.
'A'ami le fau 'auā le gaēpuina o le 'ava taute.
'A'ami ia le vai sapai 'auā le suiga o le agatonu.
'Aumaga, 'a'ami le tausala na te gaēpuina le agatonu a le tupu.

'O le Fa'asoaga o le 'Ava Taute

E tatau ona asu fa'asefulu le 'ava taute a le tupu e fa'atatau 'i ona 'āiga. E 'a'ami muamua le ipu i 'upu fa'apea: " 'A'ami ia le iputaute na 'i'ite ai le tupu."

'Ia to'otuli se 'aumaga e latalata i le nofoa vāevaeloloa o le tupu. 'U'u limalua le ipu taute e lē 'o iai se suā'ava.

'Ā 'alaga le tulāfale e fa'apea: " 'Aumaia le iputaute a le tama a 'āiga", ona asu fa'aiva lea 'o le ipu 'ava mai i le tānoa 'ava, ma sasa'a i le ipu 'olo'o i lima 'o lē 'olo'o to'otuli.

'Ā o'o loa i lona fa'asefulu, ona vala'au loa lea 'o le tulāfale e fa'apea:

" 'O-o-o-o Taumāsina, 'aumaia Seufagafaga 'ae taute le Mālietoa."

E 'alaga loa 'upu ia, ona tūla'i mai lea 'o le tautū uaina a le tupu po 'o le sa'o 'aumaga a le itūmālō, na te tau'a'aoina le ipu a le tupu. 'A 'o tāumafa le tupu, 'o le taimi lea e tatau ona 'alaga uiō ai le Sālelesi, e fa'ailoga ai le pa'ia o le tautega a le tupu.

'Ā tau'a'ao le ipu taute a le tupu, e solomuli i tua le tagata tautū uaina. 'Ā fa'afo'i mai fo'i i tua le ipu, ona sau lea 'o se isi o le 'aumaga e toe momoli lelei le ipu taute a le tupu i le mea na 'aumai ai. 'O le taimi lā lea, fa'ato'ā 'alaga ai le tufa'ava, 'ae tapati le alofi mo le mamalu o le atunu'u 'olo'o i totonu o le sāofa'iga. Na'o ē lava 'olo'o i totonu o le sāofa'iga, e tufa 'i ai le 'ava, 'ae lē tufaina i ni isi 'o nōfonofo mai 'i tua. 'Ā 'uma ona moto o le agatonu a le lautele, ona muaō lea 'o le 'aumaga, 'ae ta'ape le aofia.

'O le 'Aumaga o Tōfiga ma Itūmālō e Aofia ai

'O le 'aumaga o tōfiga, 'o le 'aumaga lea 'ua 'uma ona tōfia fa'aleaganu'u lātou te fa'atinoina fa'aaloaloga po 'o aganu'u māualuluga a le atunu'u e pei 'o le 'ava fa'atupu. 'O le 'aumaga o tōfiga, e tatau ona aofia ai matai ma tāulele'a 'uma o le itūmālō. E na'o le fā lava 'aumaga o tōfiga na 'āmata ai le atunu'u; 'a 'o aso nei, 'ua iai fo'i ni isi 'aumaga 'ua fa'aopoopo. 'O 'aumaga lā nei e fā 'ua ta'ua o 'aumaga o tōfiga:

'Aumaga a Tupua:
'O le 'aumaga a Tupua, e aofia ai nu'u 'uma e i le 'āiga Sātupuā ma le 'āiga Sātuala 'aemaise nu'u nei o Lufilufi, Falefā, Āleipata, Faleālili, Lepā, ma isi.

'Aumaga a La'auli:
'O le 'aumaga a La'auli, e iai le 'āiga Sāmālietoā 'ātoa, 'āiga Sātuala, 'āiga Sālevālasi,

ʻāiga o Māvaega, ma isi.

ʻAumaga a Toleʻafoa:
ʻO le ʻaumaga a Toleʻafoa, e iai ʻāiga Taulagi, ʻāiga Sātunumafono, ʻāiga Tauāʻana, ʻāiga Sālemuliʻaga, ma isi.

ʻAumaga a Lilomaiava:
ʻO le ʻaumaga a Lilomaiava, e iai Palauli, Sātupaʻitea, Sālemuliʻaga, Sāmoelēoi, le itū o Sālega, ma isi.

E faʻamālūlū i le mamalu o le ʻaufaitau lauulu pe ʻāfai e lēʻo aofia ai lou ʻāiga ma lou itūmālō i nei tusitusiga, ʻa ʻoloʻo ʻe silafia lava le ʻaumaga e te ʻauai.

ʻO faʻaʻupuga o le folafolaga ma le tufaga o le ʻava faʻatupu e ʻeseʻese i itūmālō. Pau lava le mea, ʻia maua viʻiviʻiga ma faʻalupega saʻo o le tupu, na māfua ai le ʻava faʻatupu. ʻO itūʻāiga ʻava nei, e maniti ai tino o tagata pe ʻā sasi se ʻupu a le faʻasoaʻava.

GĀLUEGA FAUTUAINA

I. Sāuniuniga mo le Matā'upu.

A. 'A 'o le'i faitauina le solo i le 'ava, 'ia lava sauni le fai'āoga i le gagana ma ona uiga e pei ona fa'aaogāina. Vase 'upu fou ma taumafai e su'e uiga. 'Ia u'una'i ma fa'amāsani le vasega i le faitau ma māfaufau; ma 'ia fa'aaogā vāega 'olo'o ta'ua i le solo e ta'ita'i ai le su'esu'ega o uiga lautele o le solo.

E. Fai pāga ma faitau leotele le solo i le 'ava. Fesoasoani i pāga e fa'asa'o fa'aleoga o 'upu, ma fa'amatala o lātou uiga.

I. Talanoa i le faiga o le 'ava ma su'esu'e māfua'aga o 'upu e pei 'o le "usu'ālele", "ali'itāeao", ma isi.

II. Māfaufau ma Talanoa i Mea 'ua 'E Iloa.

A. Talanoa i faiga o le 'ava i nu'u e ōmai ai le vasega.

1. 'O ai 'ua va'ai i se faiga o se 'ava fa'atupu?
2. 'O ā mea e fai a'i se 'ava fa'atupu?
3. 'O ā fo'i taimi e tatau ai ona fai se 'ava fa'atupu?

E. Fa'alautele le tala i le 'ava 'olo'o i totonu o lenei iunite. Faitau fa'atasi ma su'esu'e 'upu fou 'olo'o maua ai 'i totonu o lea tala.

III. Su'esu'e ma Tusi mai Fa'amatalaga o Mea ia:

A. 'O se 'āigātupu o Sāmoa.

E. 'O ai tupu o Sāmoa 'olo'o soifua mai nei?

IV. Faitau leo tele le solo i sā'afi'afiga i le 'ava tāumafa. Iloilo uiga o 'upu ma alagā'upu fou.

V. 'Ā mafai ona fafau lea 'o se ata (mural) o se 'ava fa'atupu. Siaki le solo fa'apea ma le matā'upu 'ātoa mo fa'amatalaga o lea 'ava.

VI. E pito 'i vave lava ona mālamalama le vasega pe 'ā 'auai i le aso e fai ai se 'ava fa'atupu i so'o se atunu'u e ā'o'oga ai.

ILOILOGA O LE MATĀ'UPU

Vāega I

Tali i fesili ia:

1. 'O le ā le uiga o le 'upu sā'afi'afiga?
2. 'Āfai sā 'e fa'alogo muamua 'i ia 'upu o le fale'ula tautagata ma le fale'ula tauaitu, 'o fea le motu e ona ia fale 'a 'o ā māfua'aga o ia igoa?
3. Fa'amatala le uiga o le fa'a'upuga lea, " 'Ua lē māu'ava le tamāloa Sāfata." Fesili i se isi pe 'ā 'e lē iloa.
4. Su'esu'e muamua 'i isi vāega o le matā'upu, ona 'e maua lea 'o fa'amatalaga o 'upu ia, ma tusi loa 'o o lātou uiga:
   a. una o le i'asā
   e. fetaia'i ma uso
   i. 'avafelāfoa'i
   o. 'ava olo
   u. agatonu
   f. 'a'ano a ali'i
   g. le'a
5. Fa'amatala mai le faiga o le tau'a'aoina o ipu a matai.
6. 'O le ā le 'ese'esega o le usu a le nu'u ma le usu'ālele?
7. 'O ā mea e fai a'i fono o le 'ava?
8. 'Āfai sā 'e mātāua ni lāuga a tulāfale, 'o ā ni vāega tāua se lima pe ono 'o 'e manatua?
9. Se'i tusi mai lā ni au 'upu 'āmata o se lāuga.
10. Folafola 'ava o le usu.

Vāega II

Tautala fa'afailāuga i fa'a'upuga ia:

Fa'ata'ita'iga: 'Ua lafo le 'auaō, 'o lona uiga, 'ua sau le vāivai i le mamafa o le gāluega.

1. 'Ua ta fia'ai.
2. 'Ua 'e lavea talu lou sau fua i lo mātou fale.
3. 'Ua leaga le 'āiga 'ona 'ua fāutua e tagata 'ese le matai.
4. E lē āfāina, 'o tāeao fo'i le isi aso.
5. E lē se manu'a mai fafo 'a 'o totonu lava o le 'āiga.

Vāega III

Fa'a'upu mai le sufiga o 'ava o le usu.

Vāega IV

Fa'a'upu le 'alaga o sā o se malae e fai ai se 'ava fa'atupu.

Vāega V

Tali i fesili ia:

1. 'O ai ni tamāli'i o Sāmoa e tatau ona fai 'i ai se 'ava fa'atupu?
2. Fa'amatala mai sou mālamalamaga i lea fa'alupega o Sāmoa: 'O Tama ma o lātou 'Āiga; 'Āiga fo'i ma a lātou Tama.
3. E mata'utia 'aiseā le leoga o le 'ava fa'atupu?
4. 'O ā mea e fai a tagata ia e ta'u o tafa'i o le tupu?
5. Tusi 'uma mai igoa o 'aumaga o tōfiga a le atunu'u ma itūmālō e aofia i 'aumaga ta'itasi.

FA'ALEOGA MA FA'AUIGAGA O 'UPU

'a'ano a tamāli'i	o 'ava o le usu
agatonu o le alofi a ali'i	o le 'ava taute a le sāofa'iga 'a ali'i
agatonu o le tāeao	o le 'ava taute o le tāeao
ali'itāeao	o le feiloa'iga a ali'i o le nu'u ma mālō i le tāeao
ali'ita'i	ali'i aupito maualuga o le nu'u
ali'itia	'ua iai ali'i i le maota
alofisā	'o le 'ava taute a le tupu
alofisā o le Tuimanu'a	'o le sāofa'iga a le Tuimanu'a ma ona tamāli'i e fai ai la lātou agatonu
aloilima	'o le alo o le lima
'ami'ami ta'itasi	'a'ami āuaua'i mai
'anomālō	o tamāli'i o le mālō po 'o tupu o le mālō
ao gāsolosolo	'o ao o le lagi 'ua lelea
Ao ma Pāpā	'o mamalu o le tupu; suafa tau tupu
apisā	'o le fale e sā ona ulu 'i ai so'o se isi
'ataiti	'o nai tama'i 'ava; 'ava fa'atauva'a
ati mālie fetalaiga	'ua i'u mālie lāuga a failāuga
auauina fa'ai'aiviivia	'ua lē mafai ona tō'ese ivi e tele o le i'a
'au faitau lauulu	tagata mātau 'upu
'aufalaotao	'o le vāega o le 'aumaga e tutū mai ma tao
'avaati	'o le 'ava e sua mai 'ātoa ma a'a
'ava fa'atupu	'o le 'ava e fai 'i fa'aaloaloga tau tupu
'avafelafoa'i	tugase lāiti po 'o tātupu o le lā'au
'ava o velevelega	fa'ato'agā'ava e fa'amamā 'i aso 'uma
'ava olo	'ava nuti po 'o fāsi'ava
'ava sā lafita'i	'ava sā nanā le totōga
'ava tāeao	'o le mea'ai o le tāeao
'ava'avau	fīnau leotelē
āvagālimaa'i	'o mea e tagolima 'i ai
e lē āloa'ia	e leai se isi e manatu pe kea 'i ai
e leai sē taumāsina	e lē finauina
efu	penu o le 'ava
inati o le tānoa	tu'uga o le tānoa fai'ava
inu	'o le isi 'upu e 'ave i le usu
ū e fana i le maninoa	o le meatau e fana i le 'ea
'ua ati a'a 'ae totō 'ata	'ua se'i i luga a'a o le 'ava 'ae totō ona i'o

'ua fetaui ulumanu	'ua fetaui mamalu
'ua lē mau'ava	'ua leai ni 'ava; igoa o le tamāloa Sāfata 'o Māu'ava
'ua māi vai 'ae māgalo 'ava	'ua līua le suāvai o le 'ava; 'ua suamalie le 'ava i le inu
'ua malepe le 'atosina	'ua malepe le fetalaiga o lāuga
'ua mativa le punaoao	'ua lē maua ni 'ava e tamāli'i o le nu'u
'ua pātilima sā o le atua	'ua pātipati lima o 'au'auna a le Atua
'ua paū le tuā'au ma fuamalu	'ua pa'ia le alofitai
'ua paū mauga; 'ua liligo fo'i vanu	'ua pa'ia tamāli'i maualuluga o le atunu'u
'ua punapunā le māsina	'ua susulu mānaia le māsina
'ua sūsua vāipapa	'o vā o papa 'ua tumu i le vai; 'ua tumu i fa'amanuiaga
'ua tasi le fa'afītiga a 'aleaga	'ua tasi le loto o le 'aufaiva; fa'afiti tautai; 'o le pepelo a tautai o le fua
'ua tau sufī 'ava	'ua tauanau 'ava
'ulāfala	'o le 'ula e su'i i fua o le lā'au o le fala
una o le i'asā	'o una o le laumei
'upega o lāuga	fue lāuga
'upu lē popo	'o 'upu pa'ia o le atunu'u; 'upu fa'avae o le atunu'u
usu	'o le inu po 'o le ali'itāeao
usu'ālele	'o le usu 'ua 'auai tulāfale o isi itūmālō
usugāfono	maliu o le tulāfale
usupō	alapō pe alu i le vaveao
fa'agafua	fa'amāgalo; fa'aavanoa
fa'aitūalalua	fa'afesaga'i i itūala
fa'alēagatonuina	fa'alētalafeagai; fa'alēfeagai
fa'alē'a'u'a'u	'ua fa'alēlava le fa'asoa
fa'amalepe	fa'ata'ape
fa'amalumaluga	leoleo; fa'amamalu
fa'amanū	fa'afetai
fa'amanuiaga	'o manuia po 'o lelei 'ua maua
fa'amāupu'epu'eina	fa'alagilagia; tu'utu'u i luga
fa'amua ma se fa'asagi	fa'afetai muamua i le Atua
fa'amumutivale	fa'aosofia i le alofa
fa'anānāsua	sā nanā solo

fa'apoi lā'au tūmanu	fa'ailoga o mea e tutū ai manu i lā'au
fa'asisina	tamāli'i māualuluga
fa'asoa felafoa'i	feauaua'i ona fa'asoa ipu 'ava
fa'ata'alolo	lafo atu
fa'atamasoāli'i	faifaiva;tautai
fā'atau a tulāfale	fīnauga a tulāfale
fa'atauata mamalu	'ua fa'afesāga'i tamāli'i
fa'atōfāla'i'ava	fa'aaloalo i 'ava
fa'atulouina	fa'amālūlū i mamalu o le atunu'u
fā'ausi	mea'ai e fai i talo po 'o fuāuli
fāgatua	tauiviga; pi'i
faigātiti a tausala	'o le fatuga o titi a tāupou
fale o tautai	'o le fale e tō e tagata e tautaia se faiva pē fa'afoea se mea; pou o lāuga
fale'ula tauaitu	'o le fale'ula o le Tuimanu'a e leo e aitu pe fau 'i aitu
fale'ula tautagata	'o le fale'ula o le Tuimanu'a e leo e tagata
fatu'āiga tausi	matāfaioi
fau tāu'ava	tāuaga e tatau ai le 'ava
fefulituaa'i	felotoleagaa'i; fe'ese'esea'i
feofoofoa'iga	'o le ofo atu 'ae ofo mai pe 'ā feiloa'i ma le fiafia
fesilafa'iga	feiloa'iga
fetaia'imauso	'ua feiloa'i ma le malaga; 'o a'a o le 'ava
fetalaiga	fa'a'upuga a le tulāfale; tautalaga
Fili ma Puletu'u	'o malae i Faleālupo
fogātia	tia seulupe a tamāli'i
folamua	'upu 'āmata
fono o le 'ava	mea'ai pe 'ā 'uma le 'ava
fotu pule le faiva o tama	foufou e fa'asoa le 'ava
fua'auala	failāuga a le malaga
fuatauala	'o le tulāfale e folafolaina 'ava o le usu; tulāfale folafola'ava
gaepu	palu le 'ava
gaepuina	paluga o le 'ava
galu fuliafā	'o lāuga a fale'upolu
gaogaosā	tele naunau mea 'ua fola i le fale
gaoiā	tafulu
lē gāsē	leai se pa'ō

gausia le moemoe	'ua fati 'i lalo le moemoe o le lā'au
lagimālōfie	'o le tatau a le tamāli'i; tāgātatau a tamāli'i
Lalogāfu'afu'a	'o le malae i Lufilufi
lama lāuga	'o tulāfale e lamaina sesē o lāuga
la'o'ai	'o le laulau'ai
lātasi	'o le lālā na tupu mai ai le 'ava
lau'upega fa'ato'ia	fue 'ua solo; 'ua to'ulu fuatifue; 'ua maliu le failāuga
laulautasi	'o le talimālō e laulau ta'itasi mea
laulautoafa	'ua pei se toafa le fanua
Launiusāelua	fa'alupega o le Vāifagaloa i Tutuila
lē 'a'u'a'u le fa'asoa	'ua tau lē lava le fa'asoa
lē mafaitaulia	'ua lē mafai ona faitau 'i le tele
lili'a	fefe
liligo le fogātia	'ua paū le vao po 'o le tia; 'ua leai se pa'ō i le fale e seu ai tamāli'i
lu'ilu'i mālie	faifaimālie
lu'ilu'iina	gāseseina; sāuniuniga
lumāfale 'i moana	e i luma o le fale le sami
lupesina	'o le lupe pa'epa'e; tugase 'aulelei
ma'a togi fa'atō	'o le ma'a e togi 'i le ilititai po 'o le ta'ele o le sami
malae o le sulufa'iga	nu'u e sulu 'i ai pe tua 'i ai 'i taimi 'o puapuagā
mālō fegāsoloa'i	tagata malaga e ulufale mai isi ma ulufafo atu isi
mālōusu	'o mālō e usu mai i isi nu'u
mālū tāeao	tāumafataga po 'o mea'ai o le tāeao
mamulu	'ua se'e 'ese
maniti tino	'ua ma'alili; 'ua fefe le tino
maota na	totonu o maota
mapu i falematū	mālōlō mai 'i fale le fa'atamasoāli'i
mapu'e le tiasā	'ua tumu le maota i le mamalu
masofa le fā	'ua solo le faupu'ega o fala; 'ua gau le fa'amoemoe o failāuga
Matāniu Feagaimaleata	'o le malae o le Mālietoa i Sapapāli'i
matau	'o le to'i
mātematēga	māsalosaloga
matuātala	'o le pito o le fale Sāmoa
mauga o Liulaumea	'o le mauga o le Tuimanu'a

moena'i i laoa	'o 'ava sā fa'amoe i fale o tulāfale
mua e lē fuatia	'o se manumālō e lē mafai ona fua e se isi
Nāfanua	'o le tama'ita'i e pulea taua a Sāmoa
nofoa vāevaeloloa	'o le nofoa maualugā
'oa'oa	fa'aaogā ma le fiafia ni mea 'ua maua
'oa'oa i faleseu	fiafia le 'au seu; 'ua fiafia tamāli'i 'ina 'ua maua manuia
ōlioli	sasalu; fa'atalitali
ōpea i maota	'ua 'auai i maota
paega o le 'aumaga	'ua sasao le 'aumaga i o lātou nōfoaga
paolo	'āiga o le faiāvā po 'o le nofotane
pāpā 'a'ao	'o le alaala po 'o le nonofo mai
pōpō fesunu'ia'i	'u'umau lima
puputoa ma ponao'o	'o tamāli'i maualuluga o le atunu'u
sa'a fa'aoti le utu a le faimea	'ua sasa'a 'uma i fafo mea o le 'ato a le tautai
sa'a i ma'a o mālie	sisiva fiafia
sa'afua	inufua e le tufa'ava
sa'asa'a	sasa'a la'itiiti; sasa'a sina mea
salamaotua	'o le tānoa fai'ava a le 'āiga Sātupuā
sami sanosano	'o le 'ōgāsami i Manu'a
samilolo	'o le 'a'ano o le niusami e fa'apala
sa'olotoga	'ua maua le fiafia
seuga	'o le faiva o tamāli'i
silaalofi	silasila i le suā'ava
silamālō	'ua māta'ina tōga
siliga'a	'ua tasili mea seulupe a tamāli'i
solia le fogātia	'ua iai manuvale i le fogātia
suā'ava mua	suā'ava muamua
su'egāmālō	taumafai e fa'atū se mālō
sulaga o 'ava	vi'ivi'iga o 'ava
tāeao na liugalua	'ua liliu le tāeao i le afiafi
tāeao o le atunu'u	'o aso na tutupu ai mea fou tau 'āigatupu
tāeao 'ula	tāeao 'aulelei; lagi lelei
tā'ele a magāvai	tu'u 'ese'ese pui'āiga
tafa'i o le tupu	tulāfale tāua e leoina le tupu ma 'alagaina pāpā a le tupu
talai 'ofu tau	'ua mānava galuega o le 'aufaigāluega a le Atua

tali'ilagi	fa'atali i le lagi se tonu
talitalia	fa'atalitali 'uma 'i ai tagata
ta'oto ā alao'o	'ua ta'atia 'upu fa'avae o le atunu'u
tapa'au ma 'āiga	tamāli'i o le atunu'u
taua'imisa	fīnau i 'upu; fufusu
tauasuina le vai o le ola	momoli mai le tala lelei o le ola
taufa	o le ipu vai; timu
taulimaina	'u'uina
taute	tāumafa; inu
tia	faleseu o tamāli'i; tu'ugamau o tamāli'i
ti'a e lē seua	'o le ti'a a le tamāli'i po 'o le finagalo o le Atua e le fa'alavelavea
tiotio mata'ata'ata	gāoioi vave toe mata fiafia
to'ala fa'a'autama	'o le manava na tupu mai ai se tama
tōfafā i malae	'ua ta'atia i tu'ugamau
to'oto'o tulolo	'o to'oto'o 'ua fa'alava
to'ulu le lago'ele	'ua to'ulu 'ese lau mamago o le lā'au
tu fa'apaupau	āmioga lē taupulea fa'anu'upō
tuā'au mafuamalu	paū le gātaifale
tuāfale i le papa	'ua na'o papa tua o fale
tuālima	'o tua o le lima
tuamafafilimalae	'o le lupe ta'ita'i o le fuifui po 'o le lauāmanu
tugase fa'alālelei	tugase 'aulelei po 'o 'ava 'aulelei
tuiga	'o le lauao fa'apipi'i o le tamāli'i
tulagātia o ali'i	'o mea e tutū ai tiaseu o ali'i po 'o faleseu o ali'i
tulatoa	failāuga a le nu'u
tu'ulaupua	fa'avasega
tu'umatāmaga	tu'u vāega
tūvaoga	'upu 'āmata o se lāuga
'uti'uti le fa'asoa	'ua lē lava le fa'asoa
vātapuia	'o le vā o tamāli'i e tapu pē sā
vāto'oto'o	'o le vā o fale'upolu e faia lāuga
vāfeāloa'i fa'atamāli'i	'o le vā o le isi tamāli'i ma le isi tamāli'i; 'o uiga lelei e fa'aalia e tamāli'i
vai sapai	taulua vai e fai i atigi ipu niu e tuifa'atasi
vaomalu	'o le vao 'ua mamalu; po 'o le maota 'ua mamalu
vasavasaoalofi	'o le tānoa fai'ava 'a le 'āiga Sāmalietoā

MATĀ'UPU 2: 'O LE TALA'AGA O LE LE'A A TAMĀLI'I

‘UPU ‘ĀMATA

‘Ua leva ona tia‘i ma fa‘agalogalo e Sāmoa le ‘upu o le “le‘a”, ‘a ‘o se ‘upu tāua tele i le sāofa‘iga a matai ma le faiga o lana aganu‘u.

‘O le lā‘au lea ‘ua ta‘u nei o le “ ‘ava”, sā ta‘u e Sāmoa anamua o le “le‘a.” ‘Ae masalo ‘ona ‘o le fefiloi o igoa o lā‘au a atumotu Polenesia; e pei ona ta‘u e Toga ‘o le kava, ‘ae ta‘u e Hawai‘i o le ‘awa, ‘ua tau mou atu ai la tātou ‘upu tōtino ‘o le le‘a. Manatua, ‘ua ta‘ua i talafa‘asolopito o Sāmoa, pē tusa ma le 200 tausaga o nonofo Toga i Sāmoa. ‘O le le‘a lea a Sāmoa, sā totō lāfilafi e aitutagata o Saua, ‘ae na maua lava le mea na totō ai e Lefanoga, le alo o le Tuimanu‘a.

‘O le ‘upu “ ‘ava”, e lē gata ‘o se vai inu, ‘a ‘o se mea‘ai fo‘i; e mafai ona fa‘aigoa ai ni mea‘ai e pei ‘o lea:

1. Afe maia, ‘o lenei ‘ua fai le ‘ava a le ‘āiga nei”, ‘O lona uiga, ‘o lea e fai le mea‘ai a le ‘āiga.
2. Tātou fu‘e ‘ava mo le fono tāeao”, ‘o lona uiga, ‘ia tofu le tagata ma ana mea‘ai e ‘ave mo le fono tāeao.
3. ‘Ua ‘ave se ‘ava a le lo‘omatua mo le fale lalaga?”, ‘o lona uiga, po ‘o ‘ua iai se mea‘ai a le tinā matua mo le falelalaga.
4. ‘Ae māsani fo‘i ona fa‘apea isi tagata, “E ‘ese lou ‘ai ‘ava.” ‘O aso anamua, ‘a ‘o ta‘a sauali‘i le atunu‘u, ‘ā fia ‘ai le sauali‘i, ona lamu lea ‘o ‘ava ma inu lona sua.

‘O le isi uiga o le ‘ava, ‘o le vai inu e pei ‘o se pia. Masalo ‘ua fa‘aigoa ‘o le “‘ava” ‘ona ‘o le ‘a‘ava o lona tofo; ‘o le ‘ava lā, e lē gata ‘o se mea inu, ‘a ‘o se mea‘ai fo‘i.

I. ‘O LE LE‘A PO‘O LE ‘AVA A TAMĀLI‘I SĀMOA

Sā manatu le ‘au faifa‘ato‘aga a Sāmoa anamua, e tusa e sefulu itū‘āiga o “le‘a,” ‘ae peita‘i, e lē maua i nu‘u ‘uma o le atunu‘u ia itū‘āiga. ‘O le ‘upu “le‘a,” ‘ua seāseā fa‘aigoaina ai le ‘ava i aso nei, ‘a ‘o le “le‘a,” o le ‘upu tonu lea a le atu Sāmoa; ma ‘o itū‘āiga lā nei o “le‘a” ‘olo‘o fa‘aigoa ai e ni isi toea‘i‘ina o le atunu‘u:

- ✦ le‘a ‘ula, e fōliga mai e mūmū ona lālā.
- ✦ le‘a uli, e iai togitogi ūli o ona lau.

- ✦ le'a pu'a, e pupu'u lālā 'ae fōliga ona lau i lau o le lā'au o le pu'a
- ✦ le'a talo, e lāpopo'a ona 'ata ma ona lau.
- ✦ le'a fīgota, e mafai ona ola latalata i le sami.
- ✦ le'a 'afa, e lāpopo'a ma tetele ona 'i'o.
- ✦ le'a 'ofe, e tauponapona ona lālā e pei 'o lālā o le lā'au 'o le 'ofe.
- ✦ le'a matila, e ola le lā'au lea i luga o papa po 'o 'ele'ele gaoā.
- ✦ le'a sapai, 'o se lā'au tupu la'itiiti e mafai ona ati ma sola ma le tagata.

'O le le'a sapai lea na sola ma le aitu 'ua ta'ua ai o le 'ava'ava aitu. E leai ni ona lālā lāpopo'a.

Masalo, 'o ni le'a 'uma ia 'ua tā'ua, sā i le togā'ava a Pava i Saua i Manu'a. 'Ā totō le lā'au 'o le 'ava, ona ta'u lea 'o le le'a; 'ā poipoi ma fa'alā ia mamago ona 'ata ma ona a'a, ona ta'u lea 'o le 'a'ano a ali'i, 'ae 'a tu'i ma palu 'ole'ā inu, ona ta'u lea 'o le agatonu.

'O Fa'aigoaga o 'Ata o le Le'a

'Ā o'o ina ati 'ātoa mai lea lā'au o le le'a, ona poipoi lea i vāega. 'O le lālā lava na totō ai le le'a, e fa'aigoa o le "vāitīnasā." 'O le vāitīnasā, 'o le lālā aupito lāpo'a lona 'ogālā'au. 'Ua manatu ni isi o le atunu'u, 'o le vāitīnasā, 'o le inati lenā o le laulau a Tūmua ma Pule; 'ae fa'apea le manatu o isi, 'o le vāitīnasā, 'o le inati lenā o tupu.

'O le isi lālā e pito lāpo'a, 'ua fa'aigoa 'o le "folasa." 'O le folasa lea 'ua fa'aigoa i aso nei 'o le "lātasi" po 'o le "lupesina." 'O 'ava nā e 'ave i tamāli'i māualuluga.

'O isi lālā 'ua fa'aigoa o le sauata, lea 'ua fa'aigoa i aso nei o tugase lālelei, ma e 'ave fo'i tugase nā 'i isi ali'i po 'o tulāfaleali'i.

E fa'aigoa le 'i'o o le lā'au, 'o 'ata o le 'ava. 'O isi vāega o le 'ata, 'ua vāevae fa'alāiti e pei ni poloka, ma 'ua fa'aigoa 'o "unaolei'asā."

'O tātupu o le lā'au, 'ua fa'aigoaina o 'ava felafoa'i. 'O le māsani a se tulāfale atamai, na te fa'aaogā momoi 'ava 'ua nuti nini'i, ona fa'aigoa lea 'o 'ava olo.

'O a'a o le lā'au, 'ua fa'aigoa 'o uso, 'o lona uiga, 'o lea 'ua fa'aigoa i aso nei, 'o "fetaia'imauso." E lē fa'aaogāina lau o le lā'au, vāganā lau o le 'ava'ava aitu e fai ai vaiaitu po 'o vaifa'alaga'ese.

'O le Fa'amatalaga o le 'Ava

Masalo 'ua fa'aigoa 'o le 'ava lenei lā'au 'ona 'o le igoa o le tama o 'Ava'avaali'i; na tupu a'e i lona tu'ugamau lenei lā'au 'o le 'ava. E moni lava 'o le lā'au 'o le 'ava, 'o le lā'au talimālō a Sāmoa 'auā 'ā leai se usu e fa'aaogā ai le 'ava, e lē mānaia le feiloa'iga a mālō ma le nu'u 'olo'o api ai mālō. 'O le lā'au lā lenei 'o le 'ava, sā fai ai feiloa'iga a tupu anamua e pei ona feiloa'i ai Tagaloamana ma Pava; 'o lea na maua ai le tāeao, 'o le Tāeao na i Sauā.

Sā taumate anamua po 'o fea tonu lava le 'ava na mua'i tapati 'i Sāmoa; po 'o le 'ava o le feiloa'iga a le Tuimanu'a ma le Mālietoa i le sami sāmasama i tala atu o Saua i Manu'a; po 'o le ulua'i 'ava na tapati 'o le 'ava lea a le 'āiga o Sātagaloā na fai i le sāofa'i a Tagaloaaleniu, le ulua'i matai o Sāmoa. Peita'i 'olo'o tele pea isi 'ava o le feiloa'iga sā mua'i tapati. 'Ia silasila ma faitau le tala lea o le 'ava, pē mata 'e te talitonu 'i ai.

'O le Tala:

E to'alua le fānau a Tagaloa sā ola a'e i Manu'a. 'O suafa o tama, 'o 'Avaali'i ma Sa'aali'i. Na maliu 'Avaali'i ma 'ua tupu a'e i lona tu'ugamau se lā'au e fōliga mai i se alofilima ma ni tamatama'ilima.

Na asiasi atu le uso o lē 'ua oti i le tu'ugamau, 'ua ola a'e ai le lā'au e pei 'o se lima o se tagata ona lālā. Ona fa'apea lea 'o lana upu, "Tālōfa e, 'ua ola le lā'au mai i le 'a'ano o 'Avaali'i." 'O lea na māfua ai le isi igoa o le 'ava, " 'o le 'a'ano a ali'i."

'O le lā'au lenei, e fe'ai ona a'a ma ona 'ata; e fefefe fo'i tagata e 'eli, peita'i, 'o le isi aso, na 'eli ai e Sa'aali'i le lā'au i le vaeluāpō, 'ae te'i 'ua tau atu ona lima i alofilima o le tagata 'i a'a o le lā'au. 'O lea na fa'apea ai le 'upu a le tama o Sa'aali'i, " 'Oi, 'ua fetaia'i o mā lima ma si o'u uso." 'O le mea lea na māfua ai le igoa o a'a o le 'ava, o "fetaia'imauso."

Na fa'atonu e 'Avaali'i lona uso 'ina 'ia felafoa'i solo lālā o le lā'au, 'ae 'aua le tu'ufa'atasia 'auā e toe fepi'ita'i lava. 'O lea na maua ai le igoa o tātupu o le lā'au, 'o " 'ava felafoa'i."

E tafa mai ata, e le'i 'uma ona 'eli le lā'au 'ae 'ua sāua mata o le tama i le 'ava. 'O le igoa lā lea o le 'ele'ele sā ola a'e ai le lā'au, 'o Sāua po 'o Saua; ma 'olo'o igoa ai nei le 'ele'ele lea e pito i sasa'e o Manu'a iā "Saua."

E malama a'e le tāeao 'ua toe 'o le lālā e tasi 'olo'o totoe, ona fa'apea lea 'o le tama, " 'Ua 'ite le malama 'ae toe tasi le lālā 'o totoe, 'ae tālia ia 'o mālama"; 'o lea na maua ai fo'i le 'upu, " 'ua 'ite le malama na i Saua." 'O le ala fo'i lea na maua ai le igoa o le lālā pito telē, e ta'u 'o le "lātasi," ma 'āfai e 'aulelei le lātasi pe 'ā mago, ona vivi'i lea e tulāfale ma fa'aigoa o le lupesina.

Na suluia le lātasi i le vevela o le lā, ona va'aia loa lea 'o lau o le lā'au, 'ua mamae ifo, ona fa'apea lea 'o le tama, "Fa'afetai, e tū fua le lā'au 'ae 'ua gase", 'o le ala lea, 'o le igoa 'o isi lālā lāpopo'a e ta'u o "tugase."

E tāofi 'ese'ese le atunu'u i le mea na mua'i maua mai ai le lā'au o le 'ava. 'Ua manatu ni isi, 'o le ulua'i 'ava, na 'aumai i Fiti; ma na taunu'u i Vailele i Sāmoa i Sisifo lea na māfua ai le igoa o le malae o le Niniva, ‘ona ‘ua niniva ‘isumu i le galiga o ‘ava na ‘aumai e Sina ma lana fānau. ‘A ‘ua manatu ni isi, ‘o le ulua‘i ‘ava, na mua‘i ola i Manu‘a, ma ‘o le tāofi lā o Manu‘a, e pito tele ona fa‘a‘upuga ‘olo‘o tau‘ave mai e o‘o mai i le asō, ma ‘olo‘o fa‘aaogā pea i le faiga o le ‘ava i nei aso. E ui ina ‘ese‘ese talitonuga a le atunu‘u i le ulua‘i ‘ava i Sāmoa, ma le mea na maua ai, ‘a ‘o le mea sili ona tāua, ‘ia mālamalama tupulaga i lona fa‘aaogāina mo le aganu‘u.

II. ‘O PA‘IA MA TĀUA O LE ‘AVA I LE AGANU‘U A TAMĀLI‘I

‘O le fa‘aigoaina o vāega o le ‘a‘ano a tamāli‘i, e iai o lātou uiga mo le aganu‘u i lana sāofa‘iga, e pei ‘o lea:

> ‘O le lātasi: ‘o le tugase lea e pito maualuga ma le telē, ‘o lona uiga o tamāli‘i māualuluga ia.
>
> ‘O le lupesina: ‘ā ‘aulelei ma pa‘epa‘e le tugase ona ta‘u lea ‘o le lupesina, masalo e fa‘atusa i le tausala ‘olo‘o palua le agatonu, ‘auā fo‘i so‘o se teine ‘aulelei lava anamua, e fa‘aigoa iā Sina. ‘A ‘o lona uiga moni lava, ‘o le lupesina, e fa‘atusa i le ‘aulelei o tamāli‘i māualuluga o le atunu‘u.
>
> ‘O ‘ava felafoa‘i: e fa‘atusa i le sāofa‘iga ‘ole‘ā felafolafoa‘i ‘i ai le tōfā a tamāli‘i ma le fa‘autaga a tulāfale.
>
> ‘O fetaia‘imauso: e fa‘atusa i le feiloa‘iga a tamāli‘i o le malaga ma tamāli‘i o le nu‘u.
>
> ‘O unaolei‘asā: e fa‘atusa i le fatufatuga o mamanu ‘ese‘ese o tūlāgāmamalu o le sāofa‘iga pe ‘ā fai le alofi a tamāli‘i.

‘O le filosofia a matai Sāmoa po ‘o tamāli‘i anamua mo le sauniga o le ‘ava, ‘o se tapua‘iga ‘i o lātou atua. ‘O le ala fo‘i lea e fai ai fa‘a‘upuga ma sa‘asa‘a le ‘ava ‘a ‘o le‘i tāumafaina ‘ona ‘o se tatalo ma se fōa‘i ‘i o lātou atua. ‘O matai o isi itūmālō, e sa‘asa‘a le suā‘ava i luma po ‘o ‘autafa, ‘a ‘o le itūmālō o Faleata, e asu ‘i tua a lātou ipu ‘ava pe ‘ā ‘uma ona tāumafa, ‘ona ‘o le talitonuga ‘olo‘o sāofafa‘i mai i tua o lātou atua; ‘ātonu ‘o le māfua‘aga lea o lo lātou fa‘alupega, “ ‘O le sāofa‘iga ma atua.”

‘A tātou māfaufau i le fa‘asologa ma aga o le ali‘itāeao ma le fa‘aaogāina o le ‘ava, ‘o se aganu‘u e matuā mamalu tele. I aso anamua, sā fa‘atusaina lava ‘o se sāunigālotu; ‘o se sāuniga pa‘ia e lē so‘ona pisavale ai se isi pe so‘ona tāfitifiti ai tagata. Manatua fo‘i, e ta‘u maota ma laoa o tamāli‘i ‘o fata faitaulaga e fai ai tapua‘iga, ‘ae ta‘u tulāfale ‘o faife‘au ‘auā e faia lāuga; ma e ta‘u fa‘a‘upuga o lāuga, ‘o pese lotu. ‘O aso nei, ‘ua tau lē mamalu le faiga o le ali‘itāeao, ‘ona ‘ua tāmomo‘e tautū‘ava; e togi mai fo‘i le ipu e le tulāfale ‘ae sapo e le tautū‘ava; ‘ua lē mafai ai ona atagia le pa‘ia o le nei aganu‘u, ‘aemaise le feso‘ota‘i atu i le agāga o le tapua‘iga fa‘akerisiano i nei onapō.

III. 'O MATĀFAIOI A LE 'AUMAGA

'O ē lātou te gāoioia le sāuniga o le 'ava mo le alofi taute, e ta'u 'o le 'aumaga, 'o lona uiga, o tāulele'a o le nu'u. E muamua ona sasao i talātua o le fale ma fafo i tuāfale ē lātou te agaia le 'ava. 'O tofiga tāua nei a le 'aumaga mo ē e gālulue mo le faiga o le 'ava:

- palu'ava
- sui'ava
- tāfau
- tufa'ava
- tautū'ava

E tatau ona mātau lelei e le 'aumaga, 'o ē māutofi mo le faiga o le alofi o ali'i, gāoioiga ma nōfoaga 'o ē 'ua tōfia e agaia ma gālulue mo lea aganu'u, e pei ona tūsia i lalo a lātou fa'amatalaga.

'O le Palu'ava

'O aso anamua ma le tūlaga moni o le Fa'asāmoa i le faiga o le 'ava, e lē so'ona palua e se isi le 'ava, 'ae vāganā le tāupou a le nu'u, po 'o se alo tama'ita'i 'o se tamāli'i. E sā ona palu e se alo o se tulāfale vāganā fo'i 'o se tulāfaleali'i. 'Ina 'ua o'o mai le lotu i Sāmoa, sā fa'ataga ai loa alo teine o faife'au po 'o teine fo'i e le'i nofo tāne lātou te palua 'ava, 'ae se'iloga lava 'ua lē maua se teine ona fa'ato'ā palu lea e se atali'i o se tamāli'i o le nu'u. Sā matuā sā lava ona palu'ava se teine 'ua nofotāne po 'o se fāilele; 'a 'o aso nei, 'ua palu lava so'o se isi le 'ava; ma 'ua lē mamalu 'ae tau'atagia ai le sāuniga o le 'ava ('ava ceremony).

E nofo le tāupou palu'ava i le vā o soga'imiti e agaia le tānoa i le talātua o le fale. E tu'u tonu le laulau po 'o le tānoa i ona luma. E iai le fa'ailoga e iloa ai e le teine palu'ava le itū o le tānoa e ū mai iā te ia. 'Ā iloilo vae o le tānoa, e iai le vae e pito lautele e 'ese mai 'i lō isi vae; 'o le vae tonu lenā e ū mai 'i le teine palu'ava.

E sā se palu'ava ona fai sana 'ula, po 'o se sei i le taliga; e sā se mama ma ni tautaliga; e sā ona lamu pulu; e sā fo'i ona 'ata pe tautala.

E fafano muamua le palu'ava i tua o le tānoa i le taimi tonu lava 'ole'ā 'āmata ai ona palu le 'ava. E nofo sa'o fa'atino'ao ma tu'u ona alofilima i 'augutu o le tānoa i taimi 'uma. 'Ā taunu'u loa le 'ava tu'i po 'o penu 'ava i totonu o le tānoa, ona tago loa lea i le fau ma fa'apūlou ai le penu o le 'ava; fa'afaō ona alofilima e lua i luga o le fau, 'ae tu'u limamatua i lalo ifo o le fau. Fa'ato'ā 'āmata ona palu le 'ava pe 'ā 'āmata le lāuga a le tulatoa po 'o le failāuga a le nu'u lea e usu. 'Aua ne'i palua le 'ava, 'a 'o fai fa'atau a tulāfale.

ʻĀ ʻuma loa ona asu ane vai i le tānoa e le tauleʻaleʻa suiʻava, ona gāoioi loa lea ʻo le paluga o le ʻava. E faitau taʻitolu gāoioiga ma sui, ma fefulisaʻi le fau ʻina ʻia tau lelei le paluga o le penu ma le suāvai. ʻĀ fetaui loa, ona tatau loa lea faʻatolu le fau ma togi ʻi fafo i le tauleʻaleʻa tāfau. Faʻatoʻā solo ʻaugutu o le tānoa ina ʻua faʻatolu ona togi mai le fau i totonu. E lē tepa le teine i tua, ʻae togi pe sapo le fau i luga o lona tauʻau taumatau. E tatau ona mātaala le teine paluʻava ma le tama tāfau ʻina neʻi teʻi ʻua paʻū i lalo le fau, ona ʻotegia lea ʻo lāʻua e matai.

E faʻatolu ona togi i fafo le fau, pe faʻafā foʻi, ona mālōlō lea ʻo le tāfau, ʻae tā ma pōpō e le teine le fau i lona itū taumatau ma saga tatau pea le ʻava. E faʻalagolago le vave ona usi o le ʻava i le tomai o le teine paluʻava ma le lelei o le fau. ʻĀ usi le ʻava, ʻo lona uiga ʻua mamā ʻese le penuʻava ma ʻua tau faʻaiʻu le gāluega o le paluga o le ʻava.

ʻĀ tatau le ʻava, e faʻasasaʻo lima o le teine ia feagai lelei ma le fatafata; ʻae leaga foʻi pe ʻā siʻi maualuga le fau ʻina neʻi sisina mai le ʻava i tulilima, ona ʻinoʻino mai lea ʻo le ʻau maimoa o le maota. E fia feinu fua le alofi o tamāliʻi pe ʻā ʻaulelei ma tūmamā le paluʻava.

E palupalu pea lava le ʻava seʻiloga lava e ʻalaga le tufaʻava, ona sāuni loa lea e siʻi le fau seʻi silasila le sāofaʻiga po ʻo ʻua usi lelei le ʻava; ma e siʻi faʻatolu le fau, ona faʻatoʻā tatau lea. E taʻu loa e le tufaʻava le ʻupu lea, " ʻua usi le ʻava," ona siʻi faʻatolu loa lea ʻo le fau ma tatau faʻatolu ona faʻataʻatia loa lea i luga o le ʻaugutu taumatau o le tānoa. ʻIa nofo faʻasaʻo i luga le teine ma tuʻu ona lima e lua i ʻaugutu e lua o le tānoa, ma mātamata i le faʻasoaga o le ʻava. E lē mafai lava ona tūlaʻi ʻese le teine ma le ʻaumaga, seʻiloga ʻua māeʻa lelei le sāuniga ʻātoa o le ʻava (*ʻava ceremony*).

ʻO le Suiʻava

ʻO le suiʻava e nofo i le itū taumatau o le teine paluʻava. E faʻatoʻā sui le ʻava pe ʻā oʻo i le taimi ʻoleʻā palu ai; e asu ipu vai i le aloilima o le lima taumatau, ma ʻā oʻo foʻi ʻina usi le ʻava pe ʻā ʻuma le tatāuga mulimuli o le fau a le teine paluʻava, ona toe asu foʻi lea ʻo ipu vai i le aloilima e sui ai le ʻava.

ʻO le Tāfau

ʻO le gāluega lenei e fai e soʻo se sogaʻimiti tiotio ma le ʻaulelei. E tatau ona faʻatū latalata mai ʻi tua o le teine paluʻava, ʻina ʻia sāunia lelei mo le sapoga o le fau, ma le togi maina i luga o le tauʻau o le teine paluʻava. E faʻaavanoa le ʻauala o le tāfau e le ʻaumaga ʻoloʻo sasao i fafo.

E faʻatū i lalo le tāfau i taimi ʻuma e tatau ai le ʻava, vāganā foʻi ʻua togi mai le fau e tā, ona faʻatoʻā tū lea i luga. E tā faʻatolu le fau i tua o le tauʻau taumatau, ona toe togi saʻo foʻi lea i luga o le tauʻau o le teine le fau, faʻatatau i lona alofilima ʻoloʻo faʻatali mai. E tatau ma e mānaia tele, pe ‘ā iai se pe‘a a le tama tāfau.

‘Ā iloa e le tāfau ‘ua pōpō ma tā e le teine le fau, ona mālōlō lea; ‘ae tatau pea lava le ‘ava e le teine ma tātā pea e ia le fau. E lē mālōlō le teine palu‘ava se‘iloga lava ‘ua ‘uma ona si‘i le fau pe ‘ā usi le ‘ava.

‘O le Fa‘asoa‘ava

‘O le fa‘asoa ‘ava, ‘o le gāluega lea a le alo o le tu‘ua o le nu‘u, po ‘o so‘o se alo o se tulāfale e poto i tautala i le aganu‘u. ‘O se gāluega faigatā; e seāseā ona mafai e so‘o se isi ona fai.

‘O le poto i le aganu‘u, e lē maua i ni tusitusiga, ‘ae maua i le tu‘utaliga ma le mātauga ma le fa‘ata‘ita‘iga o le aganu‘u. ‘O le matāfaioi a le ‘aumaga, ‘o le mātau ma fa‘ata‘ita‘i fa‘a‘upuga ma gāoioiga o le aganu‘u. E nofo lā le fa‘asoa ‘ava i le itū taumatau o le tama lea na te suia le ‘ava, ma e fa‘alogologo le fa‘asoa ‘ava i ‘upu o lāuga. ‘Ā fa‘amātafi loa lagi i le lāuga a le fua‘auala a le malaga, ona ‘āmata loa lea ‘o le solo‘ava. ‘Ā ‘alaga loa le fa‘asoa‘ava i le ‘upu, “ ‘ua usi le ‘ava,” ona si‘i fa‘atolu lea ‘o le fau a le teine palu‘ava, ‘ae tapati le ‘ava o le alofi; e tatau i matai ‘uma ‘olo‘o i le alofi ona pati.

E muamua le ipu a le ali‘i o le malaga, ona soso‘o lea ma le ipu a le ali‘i o le nu‘u; ona soso‘o atu lea ma le ‘ava a le fua‘auala, soso‘o ane ai le ‘ava a le tulatoa o le nu‘u. E tu‘ualalo atu e se taule‘ale‘a o le malaga suafa ma igoāipu o matai o le malaga, ‘ātoa ma le taimi e tatau ai ona asu a lātou ‘ava, ‘ina ‘ia faigōfie le gāluega a le fa‘asoa‘ava i le felafoa‘iga o tūlagāmamalu o matai o le malaga; e fa‘apea fo‘i tūlagāmamalu o matai o le nu‘u i le tau‘a‘aoina o ipu.

‘Āfai e lua ni ali‘i māualuluga e tutusa lelei o lā tūlaga i totonu o le nu‘u, ona tāumafa muamua lea ‘o le isi ali‘i, ‘ae moto le ‘ava po ‘o le agatonu i le isi ali‘i. ‘Ia fa‘aeteete le fa‘asoa‘ava ‘ina ne‘i sesē le fa‘asoa, ona ‘otegia lea ‘o ia e matai. E lē mafai ona fa‘asopolia matai ‘uma ‘olo‘o i le alofi pe ‘āfai o se fesāga‘iga o paolo, ‘auā e to‘atele, ‘ae tau o suafa iloga ma ē e tatau ‘i ai ona tāumamafa.

‘Ā leai se ali‘i e moto ‘i ai le ‘ava ona moto lea i se tulāfale ‘ae ‘aua ne‘i fa‘apea, “ta‘i ‘alu o le ‘ava e taute” e pei ona fai i le ali‘i, ‘ae tau lava ‘ina fa‘apea, “ ‘ua moto lo ‘outou agatonu.”

‘O ‘upu ia e fa‘ai‘u ai le fa‘asoa pe ‘ā moto le agatonu. “ ‘Ua moto le agatonu, ‘ua mativa le fau, ‘ole‘ā mātou faitasia i tua nei ona toe.”

E matuā tatau lava fo‘i ona iai se pe‘a a le fa‘asoa‘ava.

‘O le Tautū‘ava

‘O le mānaia po ‘o le sa‘o ‘aumaga a le nu‘u na te tautūina le ‘ava. E nofo le tautū‘ava i le itū tauagavale o le tama lea e soso‘o ma le teine palu‘ava i le itū tauagavale, pe ‘āfai ‘o se sa'o 'aumaga moni; 'ae 'āfai e lē 'o se sa'o 'aumaga, ona nofo lea i le itū taumatau i tua tonu o le fa'asoa'ava. 'Ā tapati le 'ava, ma vala'au mai le fa'asoa'ava, "tūla'i se soli tamāli'i"; ona tūla'i mai lea 'o le tautū'ava; u'u le ipu ma fa'atali se'i 'uma ona si'i fa'atolu le fau i luga, se'i silaalofi le sāofa'iga i le suā'ava. 'Ā 'uma ona tatau le fau, ona asuasu fa'atolu lea 'o le ipu a le tautū'ava, ona fa'ato'ā asu lea 'o le ipu 'ava muamua. 'Ia tū ma fa'asaga i luma, i luma tonu ane lava o le tānoa, ma fa'alogo lelei 'i le igoa 'ole'ā ta'u.

'Ā ta'i le 'ava a le ali'i maualuga, ona ta'i limalua lea 'o le ipu, e fa'asaga muamua i le isi tala o le fale, ona fa'ato'ā fuli lea i le tala 'olo'o iai le ali'i e ona le 'ava, ma savali loa 'i ai. 'Ā tau'a'ao le ipu, ona solomuli lea i tua le tautū'ava ma tū i luma o le tānoa; 'ae 'ā 'aumai i tua le ipu e savali sa'o mai lava i tua.

E fua le 'avega o le ipu a le ali'i 'i le muāulu o le tautū'ava ma ta'i atu le ipu i le aloilima, 'ae 'āfai 'o se ipu a se vāiali'i, e tu'u le lima agavale i le papātua 'ae 'u'u le ipu i le lima taumatau e feagai ma le muāulu, ona ta'i fo'i lea i le aloilima. 'Ā 'ave le 'ava a le tulāfale, e fua i le fatafata o le tautū'ava, ma ta'i i le tuālima; ona fuli lea 'i ai lona tua i le tulāfale, 'ae savali i tua ma tū i luma o le tānoa.

'Ia mātau lelei, 'ā vala'au, " 'o lau ipu lenei", 'o lona uiga e 'ave i le ali'i, 'ae 'ā vala'au, " 'o lau 'ava lenei", 'o lona uiga e 'ave i le tulāfale; manatua, e lē solomuli 'i tua le tautū'ava, 'ae savali sa'o i tua pe 'ā 'ave le 'ava a le tulāfale. 'Aua le oso vave le tautū'ava, 'ae fa'alogo ma le toto'a lelei. 'Āfai e lē mālamalama le tautū'ava i le igoa 'ua vala'au, ona va'ai solo lea po 'o ai lea 'ua pōpō ona lima, po 'o le vala'au mai fo'i 'i 'upu nei, "sē, fa'afetai 'ua ta inu." E tatau ona fa'aaogā igoāipu a tamāli'i. 'Ā tele matai i le suafa e tasi, ona tapa fua lea 'o ipu a isi suafa, 'ae inu na'o lē na muamua i le suafa i lo lātou igoāipu; 'o le fa'ata'ita'iga:

> 'Āfai e to'alima e suafa matai iā Lā'au, ona vala'au lea 'o le igoāipu o lea suafa, ma ta'i le ipu i lē na mua'i suafa i le matai; 'ae inu fua isi matai o lea lava suafa i le vala'au lea e tasi.

'Ia manatua e le tautū'ava, e lē fa'atūtumua ipu 'ina ne'i masua ma ne'i 'uma le 'ava 'ae lē tofu le alofi. 'O ipu a ali'i e tatau lava ona i lalo ifo o le 'afa o le ipu le suā'ava.

'O 'upu ia e fai pe 'ā sa'asa'a suā'ava pe 'ā tapa le ipu: "Le suā'ava lea le Atua fa'atasi ma le fa'afetai i Lau Afio 'ona 'o le matagōfie o lenei feiloa'iga. 'Ia feiloa'i i le manuia ma toe fa'amāvae i le manuia — Soifua."

'O le Fa'asologa o se Usu i Mālō a le Nu'u

'O le fa'asologa sa'o lenei o le usu i mālō, 'ia mālamalama 'i ai fānau ā'oga i nei onapō ma le fesēa'i o gāoioiga o le 'ava:

1. Sāofafa'i ali'i o le malaga i le maota.
2. Gāsolo mai matai o le nu'u ma tugase.
3. Sao le 'aumaga i tuāfale.
4. Sufi 'ava o le usu
5. 'A'ami 'ava o ipu ma ao 'ava o le usu e se tulāfale taule'ale'a.
6. Folafola e le fuatauala a le malaga 'ava o le usu.
7. Pule se 'ava mō le tānoa.
8. Tu'i le 'ava e le 'aumaga.
9. Sau le teine palu'ava.
10. Fai le lāuga fā'atau a tulāfale o le nu'u.
11. Lāuga le tulatoa.
12. 'Āmata ona palu le 'ava ma tā le fau.
13. Lāuga le fua'auala.
14. Fa'asoa le agatonu; 'āmata i se solo 'ava.
15. Tūla'i mai le tautū'ava.
16. Fai se solo e moto ai le 'ava a le fa'asoa'ava
17. Muaō ma ta'ape le 'aumaga.
18. Folafola fono o le 'ava.
19. Ta'ape le usu.
20. Sāuni mai le mālū tāeao.
21. Mua'i ta'i mai se sua a le tamāli'i o le malaga.
22. Sau le si'i laulau o le tāumafataga.

'O le faia lā o se usu po 'o se ali'itāeao, 'o se mitamitaga lea o se faigāmalaga, 'a 'o le māfanafana fo'i lea o lagona o le sāofa'iga a le nu'u. 'Ā mamalu se faigāmalaga, e fai le 'ava usu po 'o le ali'itāeao; 'ā o'o fo'i i le aso e fa'amāvae ai mālō, ona toe fai fo'i lea 'o le 'ava taumāvae.

'O 'Anofale mo le Agatonu i Totonu o Maota ma Laoa

'O le 'upu 'anofale, 'o lona uiga 'o mea e i totonu o se fale e pei 'o meaafale e iai laulau, moega, po 'o isi mea e fa'aaogā e se 'āiga; ma e aofia ai fo'i la mea ia, e tatau ona iai 'i maota o ali'i ma laoa o tulāfale i aso 'uma o le ōlaga fa'atamāli'i ma le fa'amatai.

- ✦ 'ia tautau i totonu o le fale se tānoa palu'ava.
- ✦ 'ia iai se fau e palu ai le 'ava.
- ✦ 'ia iai se ipu e tāumafa ai le 'ava.
- ✦ 'ia iai se fue ma se to'oto'o.

- ‘ia iai se tuiga po ‘o se lauulu.
- ‘ia iai se vai sapai po ‘o se taulua vai.

‘O ni Isi Nei o Tānoa Fai‘ava a le Atunu‘u e Māsani ai

- ‘o le tānoa pito telē lava e ta‘u ‘o le laulau a Tūmua ma Pule.
- ‘o le tānoa fai‘ava a le ‘āiga Sātupuā ma le ‘āiga Sātuala e fa‘aigoa ‘o le Salamāotua.
- ‘o le tānoa fai‘ava a le ‘āiga Sālevālasi, e fa‘aigoa ‘o le Totea.
- ‘o le tānoa fai‘ava a le ‘āiga Sāmālietoā, ‘o le Vasavasaolealofi.

E māsani ona fa‘apea ‘upu a le fa‘asoa ‘ava pe ‘ā moto le ‘ava, “ ‘ua papa‘u le ‘ano a ‘Upolu”; po ‘o le fa‘apea, “ ‘ua papa‘u le liufolau”, ‘o lona uiga o ia fa‘a‘upuga, ‘ua moto le ‘ava, ‘ua ‘uma le suā‘ava i le tānoa, po ‘o ‘ua lē lava le ‘ava.

‘O le Pese o le ‘Ava

Se‘i tātou pepese fa‘atasi i le pese a faiā‘oga mo lea aganu‘u o le faiga o le usu. ‘O le pese lenei na fatuina e le ‘au siva a faiā‘oga o Sāmoa i Sisifo mo lo lātou ‘auai i le South Pacific Arts Festival sā faia i Rotorua i Niu Sila i le tausaga e 1976. E mafai lava e le faiā‘oga po ‘o tamaiti ā‘oga ona fatu ni a lātou solo po ‘o ni pese e fa‘atatau i le ‘ava, ma fa‘ata‘ita‘i ‘i le fa‘a‘upuga e pei ‘o fuai‘upu ia ‘olo‘o tūsia i lalo:

Sāmoa lo‘u atunu‘u usi le fa‘afofoga
Logo fa‘atutuila ‘ae se‘i ‘ou talanoaina.
Le ‘a‘ano a tamāli‘i, ‘o le tugase a Sāmoana
E sili ona pele i loto o tagata.
Fa‘afofoga maia ‘ae se‘i fa‘amatala

Tali:
Le folafola‘ava ‘ia ‘e manatua
Le inati o le tānoa ‘ia te‘a muamua
‘O ‘oe ‘o le lātasi, lea ma le lupesina
‘O ‘ava o ipu e puipuia e lau fetalaiga.

Le ‘ava e sili ona tāua i le aganu‘u
Pe ‘ā alu ‘o se usu, le matai ma lana e ‘u‘u
‘Ae ‘ā te‘a le inati, le ‘aumaga ia fa‘anatinati
‘A ‘o le tāupou i le tānoa ‘aua ne‘i sasi
Le palu ‘ava ia popoto ai uma o tama‘ita‘i

Tali:

IV. 'O FESOASOANI MO LE 'AUMAGA I FOLAFOLAGA MA TUFAGA O 'AVA

'O le Folafola 'Ava o le Usu i le Paolo

'O ni fa'ata'ita'iga ia mo ē 'o fia mālamalama 'i lea fo'i tomai:

1. 'Ua 'ite nei le malama,
'A 'ua gogoā i le maota le ata o le Tuitoga.
'Ua maluali'i fo'i le ata o le Tuifiti.
'Ua nōfoia 'auoloolo.
'Ua o'oo'o tutū le tai.
'Ua su'ena le 'aufuefue.
'Ua suasua vāipapa.
'Ua sua fo'i le vālogoua 'auā 'ua nōfoia āvatāua.
'Ua taufaisunu'i ao o le lagi, 'auā 'ua ali'itia matuātala.
'Ua mamalu fo'i le talāluma,
'Auā 'ua nōfoia pou o fetalaiga ma lāuga.
'Ua pa'ia le tāeao.
'Ua paū ma mamalu le aso,
'I le ali'itāeao ma le usu fa'aaloalo,
'Auā 'ua afio mai lau afioga i le fa'asisina ma ou agai.
'Ua susū mai le tama a le aitu ma le tagata
Le mamalu o tāuto'oto'o ma 'upu i le Ālātaua.

'O lea fo'i e āfifio i lea itū o le maota, afioga i tapa'au ma gafa.
Afio fo'i le afioga a le aloali'i.
'Ua maliu mai Taulauniu ma 'upu iā te oe Sāfune.
E leai lā se isi e toe 'āle'ale i fa'afeagaiga mamalu ma le faigatā fa'apēnei.
'Ua afio mai so'u paolo maualuga; 'o se paolo tau tupu.

'Ia fa'agafua ia lo'u nōfoaga 'ae māgalo lo'u leo,
Se'i 'ou tautala i le teu fa'atupu ma le teu fa'atamāli'i;
'Auā 'ava o le ali'itāeao ma le usu fa'aaloalo;
'O 'ava teu i maota ma laoa, 'auā le gāluega a le Atua ma mālō fegāsoloa'i.
'O lenei 'ua tālā measina 'auā le ali'itāeao a 'āiga,
'Ua usu fa'aaloalo lo lātou fale'upolu;
'Ua tālā fo'i, 'auā lo 'outou ōpea i le tai.
'O lenei 'ua 'ou taulimaina le lātasi.

E lua lupesina.
E tolu tugase fa'atamāli'i.
'O fetaia'imauso ma unaolei'asā.
'Ā aofa'i le fa'aaloalo 'ua sefulu.

'O le tugase lea 'ole'ā te'a i 'aumaga
Lātou te lu'ilu'ina 'auā le tāeao fesilafa'i.
'O le lupesina lenei 'auā le ipu a le fa'asisina.
'O le tugase lea 'auā le ipu a le aloali'i.
'O 'ava 'o totoe, 'ole'ā mānoa 'auā e 'umi la tātou māfutaga.
Fa'afetai le teu; fa'afetai mau 'ava."

T.A.S.

'O aso anamua, sā lē 'avea se 'ava mo le ali'i maualuga o le nu'u lea e usu, 'a 'o aso nei 'ua fai 'i ai le fa'asoa 'ona 'o le vāfeāloa'i fa'atamāli'i.

2. 'Ua pa'ia ma 'ua mamalu le aso.
'O le tāeao manino ma le tāeao toto'a
'Auā 'o le tāeao sā tu'u 'i ai le tōfā i 'āiga,
'Ole'ā fa'ataunu'u ai le fa'amoemoe.
'O le fa'aipoipoga, 'o le tu'u fa'atasia o fānau a le Atua.
Le afioga iā Meleiseā ma Seutātia,
'O le fa'ato'ā faiāvā ma le fa'ato'ā nofotane.
'O lea 'ua fa'afeagai sega'ula.
'Ua pa'ia 'ātoa le maota ma le malae i Sāgameauta
E afifio ai le 'āiga Sātuala, alalata'i ai le pa'ia i le Faleā'ana
'O le pa'ia lava lea i 'āiga e fia na tausi e Leulumoega.

'I le vātapuia ma le vālelei ma le 'āiga Sātalo,
E gafua ai lo'u nōfoaga 'ae māgalo lo'u leo 'ae se'i 'ou tautala,
'Ae ā le pule ma le fa'aaloalo i 'ava o ipu ma le ali'itāeao.

'Ae silafaga ia pa'ia 'ese'ese i la tātou malaga.
Lau afioga i le minisitā,
'O le pa'ia lava lea iā Sātunumafono ma le fa'auluga.
Silafaga fo'i lau tōfā Tuiloma, 'o le manu o le tuasivi, e fāgota i tai e lua,
'O le pa'ia i alalagafa,
'A 'o se maimoa i lo 'outou 'āiga Sātalo ma Faleālili,
'I 'ava o ipu na afio mai ai ma ali'itāeao ai le 'āiga Sātuala,
'Ae usu fa'aaloalo le Faleā'ana ma le nofo itū'āiga,

'O le pa'ia lava lea i le Faleiva ma le Matuanatogi.

E sefulu tugase fa'alālelei.
'Ua iai ma 'ava felafoa'i 'ua i o'u luma.
'Ā ao le malae, 'ua selau.
Fa'afetai mau 'ava. Fa'afetai le fa'aaloalo.
Ma 'ole'ā fai loa le pule a Sāle'a'aumua.

E lua tugase ia 'ole'ā te'a i le 'aumaga
Se'i agatonu ai le tāeao fesilafa'i (sau se tama).
'O le 'ava lea 'ole'ā te'a i le ipu a le ali'i faipule, le ali'i minisitā.
'O le 'ava lea 'ole'ā te'a i le ipu a Alālagafa.
'O 'ava ia 'ole'ā mātou nōfonofo atu e lagolago ai lo tātou aso.
Fa'afetai le fa'aaloalo.
S.U.S.

3. 'Ua sā le vaosā.
'Ua pa'ia tama a le lagi,
'Ua pa'ia fo'i tama a le 'ele'ele.
'Ua vavala fa'auna lenei tāeao 'ula, i le fa'ausuga a sega'ula.
'O le aganu'u a si o tātou atunu'u, 'ā lumāfatutoto fanua, 'ua tō usu.

Se'i usi ane ia le silasila i le 'a'ano a ali'i 'olo'o 'ua i luma nei.
'Ia, fa'agafua ia lo'u nōfoaga 'ae māgalo lo'u leo,
Se'i 'ou tautala i fua o fa'aaloalo.
'O 'ava nei na ali'itāeao mai ai tupu ma tamāli'i o le atunu'u,
'Ae usu'ālele ai fale'upolu o tōfiga.
'O 'ava na afio mai ai ali'i fa'asisina
'Aemaise le mamalu o le Ālātaua.

Silafaga ia le mamalu o la tātou faigāmalaga.
Le susū mai o lau susuga Lāsei.
Alaalata'i mai lau tōfā 'Aumua,
Fa'apea fo'i le mamalu o le vasega o faiā'oga o le Iunivesitē o Hawai'i.
'Ua 'ou taulimaina le lātasi fa'alālelei.
'Ua iai tugase lālelei e lima.
'Ua iai 'ava felafoa'i ma fetaia'imauso.
'Ā ao le fa'aaloalo 'ua sefulu.
'Ole'ā fai loa 'i ai la'u pule 'auā 'ua lava ma totoe.

'O le tugase lea, 'ole'ā te'a i 'aumaga lātou te lu'ilu'iina
'Auā lo tātou tāeao fesilafa'i.
'O le tugase lea 'ole'ā te'a i le susuga iā Lāsei.
'A 'o 'ava 'o totoe 'ole'ā mānoa ia 'auā e 'umi taualumaga o le asō.
Fa'afetai fa'atōfāla'i 'ava.

4. 'Ua pa'ia le fa'atafafā o le maota.
'Ua pa'ia lenā tala 'ātoa 'auā 'ua susū mai Tuitele, 'o le fa'atui o le motu.
Afioga i ma'opū fa'apea fo'i le usoga a Fofō ma Aitulagi.
'Ua pa'ia fo'i lenei tala 'ātoa 'auā 'olo'o susū ai le pa'ia
O le Iunivesitē a Hawai'i.

Tulouna la pa'ia o le tāeao 'ae māgalo lo'u leo,
Se'i 'ou folafolaina le mā'au ma le fa'aaloalo 'ua ōpea nei i maota.
'O 'ava nei o ipu sā fa'anānāsua ma 'au'afa i maota ma laoa
E leo a'i le afio'aga ma le gāluega a le Atua
'A 'o lenei 'ua tālā 'ona 'o le silafaga i le Atua ma lona finagalo.
'O 'ava 'ua mago fa'alā ma teuteuina lelei.

'Ua iai tugase fa'atamāli'i nei e tolu.
'Ua iai fo'i ma le lupesina e tasi.
'O le ao o le fa'aaloalo e fā.
'Ole'ā faia 'i ai la'u pule 'auā 'ua lava le fa'asoa.

'O le tugase lea 'ole'ā te'a i 'aumaga o tōfiga 'auā lo tātou tāeao.
'O le lātasi lea i le afioga a Fepulea'i.
'O 'ava 'o totoe 'ole'ā mā nōfonofo 'auā e 'umi la tātou mafutaga.
Fa'amālō mau 'ava.

5. 'Ua taufaisunu'i ao o le lagi 'auā 'ua ali'itia matuātala.
'Ua mamalu fo'i le talāluma
'Auā 'ua nōfoia pou o fetalaiga ma lāuga.
'Ua pa'ia le tāeao; 'ua paū ma mamalu le asō
'Auā 'ua afio mai le 'āiga o Māvaega.
'Ua afifio mai Māta'utia ma Sātele.
Le pa'ia o Tupua ma le 'āiga Sālevālasi.
Maliu mai le falefā o Taua ma lau fetalaiga Lealuga.

'O lea fo'i e āfifio i lea itū o le maota le afioga iā Ulualofagia
Ma le pa'ia o le 'āiga Sālevālasi ma Sāfenunuivao.

Fa'apea usoali'i ma le matua o Talamaivao.
Ma le mamalu o Atua a le Fāuono.
'Ua fa'afesāga'i nei sega'ula; 'ua tepa i 'ula; 'ua taga'i i 'ula.
'Ua futifuti manu 'ula le asō.
'Ia, 'ae e'e maia i va'atapu le pa'ia o le maota.

Fa'agafua ia lo'u nofoaga, 'ae māgalo lo'u leo
Se'i 'ou tautala i le teu fa'atupu ma le teu fa'atamāli'i
'Auā 'o 'ava o le ali'itāeao ma le usu fa'aaloalo.
'O 'ava o ipu; 'o 'ava o fale'upolu ma 'upega o lāuga.
'O 'ava o fa'a'ele'eleaga ma velevelega.
'O 'ava sā fa'atōfāla'i; 'o 'ava sā fa'anānāsua.
'O 'ava sā teu i maota ma tupua 'auā le gāluega a le Atua.
'O lenei 'ua tālā measina 'auā le ali'itāeao a 'āiga
Ma le usu fa'aaloalo 'i o lātou fale'upolu.
'Ua tālā fo'i 'auā lo 'outou ōpea i le tai.
'Ia, silasā'aga ia e pei 'o le fetalaiga i agatonu o 'āigātupu.
'Āiga o Nofo ma 'āiga o Pāpā.
'O lenei 'ua 'ou taulimaina le 'a'ano a tamāli'i.

'O lātasi, 'o lupesina, tugase 'aulelei, fetaia'imauso, ma unaolei'asā.
'O 'ava lālelei, 'ua mago fa'alā.
'Ā aofa'i le fa'aaloalo, 'ua tele naunau
Ma 'ole'ā fai loa 'i ai la'u pule 'auā 'ua lava ma totoe.
'O le tugase lea 'ole'ā te'a i 'aumaga lātou te lu'ilu'iina
'Auā le tāeao fesilafa'i.
'O le lupesina lenei 'auā le ipu iā Ulualofagia.
'O le tugase lea 'auā le ipu iā Tupua.
'O 'ava 'o totoe, 'ole'ā mānoa 'auā e 'umi la tātou mafutaga.
Fa'afetai le teu, fa'afetai mau 'ava.
S.U.S.

'O le Tufaga o le 'Ava o le Usu

1. 'Ua soliga'a lupe o le tāeao.
'Ua seu nei le fua i fanua.
'Ua talaga'i maea o fetalaiga o le tāeao fesilasilafa'i
'Ae fa'aifo se manuia mai le lagi
'I le afio o le 'āiga Sāluamanuvae ma la lātou tama.

Susū Su'a ma 'āiga mamalu o le falefā ma le falesalāfai;
E fa'apea fo'i le afio o Maiava ma Matai'a.
Alaalata'i le aitutagata ma 'upu iā Sāto'alepai.
'Olo'o 'ua malū ai le tai o Alo 'ae 'ou togi ai nei le seuga
'Ae fa'aifo i le tuālima se ipu vai mālū e sui a'i lo 'outou agatonu.
'Ā māe'a le gāluega a le tausala, 'o a'u e fa'asoa.

'Ua usi le 'ava a fa'asoa.
Tula'i se soli tamāli'i ma fale'upolu.
'Aumaia lau ipu Logotāeao.
Lau ipu Nūmia ma Tūmua.
'O lau 'ava lenei Seumanu.
Lau 'ava lenei Mauigoa.

'Ua moto lo 'outou agatonu.
'Ua mātū le fau.
'Ua papa'u le laulau 'ae fa'asavali 'alu o le 'ava e taute Matai'a.

2. 'O lo'o 'ua tu'ulima le seuga a le manusina.
Mapu ia i mālolo le sega'ula i lona pupū.
'Ua sāusau fia lele le manu nai le tolotolo o Utufiu.
'I le 'ua liligo le fogātia, 'ua paū le tuāvao.
'Ua to'a le tai o Alo 'ae lavelave le tai o Tigilau.
'Ua malu le taufa'anu'u.
'Ua paū le tuā'au mafuamalu.
'Ua ta'afanua le igafo tuā'au.

'A 'o le pa'ia o le tāeao fesilafa'i i le afio mai o so'u paolo
Lau susuga i le 'Anavataua,
Le pa'ia o alo o Fānene ma Faleālili,
Fa'apea fo'i le susū o 'Ie e lua o tama a le mālō.
Le Tāofia ma le Uso ma 'upu iā Sāoluafata.
'O lou tou agatonu lenei 'ua mātou suia i vai.
'Ā māvae le lupe ma le 'upega
'O a'u 'ole'ā fa'asoa.
'Oōō — 'ua usi le 'ava a fa'asoa.
Tūla'i maia se tautū uaina na te solia le alofi o ali'i ma fale'upolu.
S.U.S.

3. 'O lo'o 'ua mātu'utu'u āu a le matagi,
'Ua paū fo'i le lau'ele'ele.
'Ua lāfolafo fo'i peau o le sami.
'Olo'o 'ua talaga'i i gaoā fa'aopega a sauali'i.
'Ua paū fo'i toiloloa i faga o le Tuitoga.
'Ua sōloa āmoaluga,
'Ae talana'i tolofa'i le u'ulalama ma le u'utausala.
Moe ia i lī'aga manu o le vāteatea,
'O foe o le taisua, 'o ū o le filifili, 'o tao o le niusina.

'A 'o le agatonu o le tāeao fesilafa'i
I le afio mai o le afioga i le Tūpufia,
Le afio o lūpega,
Le afioga i le tama a 'āiga ,
Ma le fetalaiga iā 'i lā'ua matua ma Sā'ole,
Fa'apea le afio o le Pūnefu ma ma'opū.
Alaalata'i le matua ma 'upu i le Tuālāuta
'Olo'o 'ua mātou suia i vai.
'Ā māe'a le gāluega a le tausala, 'o a'u e fa'asoasoa.
'Oōō — 'aumaia le ipu 'ae taute le Faumuinā.
'Oōō — lau ipu a le pūnefu.
Lau 'ava a le tāuto'oto'o.
'Ua moto le agatonu.
'Ua mativa le fau.
'Ua fa'asoa i tua nei ona toe."
T.A.S.

4. 'Ua lupepe le taumanu'ula.
'Ua malū galu o le toafa.
'Ua salana'a nei lupe o le tāeao;
'O le tāeao manino ma le tāeao toto'a.
'O le tāeao sā lupe.
Le tāeao sā tu'u 'i ai le tōfā mamao
'I le pa'ia o le mālō o 'Amerika Sāmoa
'I ona tūlaga fa'alupeina.
'O le pa'ia lava lea iā Sua ma le Vaifanua,
'O Fofō ma Aitulagi,
Itū'au ma Ālātaua,

Sā'ole ma le Launiusāelua,
Ma le afioga i ma'opū.
Fa'apea fo'i le afioga i Fa'atui,
Tama a le Manu'a ma To'oto'o o le Fale'ula.
Fa'apea fo'i le pa'ia maualuga i 'au'auna a le Atua,
'I so'o se tapua'iga i le atunu'u.

'O lea 'ua aofia potopoto Sāmoa i le Malaeoletalu
Ma le tala o Gāgamoe,
'I le fa'au'uga o le Kōvana Sili ma le Lūtena Kōvana,
'O le Mālō o 'Amerika Sāmoa.

'O lea 'ua e'e mai le pa'ia i mālō 'ese'ese o le lalolagi.
'Ua āfifio mai le pa'ia i le ali'i Palemia
Ma le Mālō Tuto'atasi o Sāmoa,
'O le pa'ia lava lea iā Tūmua ma Pule,
Itū'au ma Ālātaua,
'Āiga i le Tai ma le Va'a o Fonotī.

'O le agatonu lenei 'o le fesilafa'iga 'ua mātou suia i vai,
'Ua usi 'ole'ā fa'asoa.
Tūla'i se soli tamāli'i ma fale'upolu.

'Aumaia lau ipu a le Kōvana Sili
Lau ipu a le Pālemia o Sāmoa.
Lau 'ava lenei Tuāolo.
Lau 'ava lenei Fui'ava.
'Ava mā Tutuila ma Manu'a.
'Ava mā Sā'ole.
'Ua moto le agatonu 'ua mātū le fau ma le laulau.
Fa'asavali 'alu o le 'ava 'ae taute le Tama a 'Āiga."
S.U.S.

5. 'Ua talatu'u le tafaoga i sāusauga o le tāeao pa'ia
Taeao manino, tāeao lagimāina.
'O le tāeao 'ua pepese ai fetū ta'i matagi,
'Ae fepulafi ai fetū o le lagi.
'O le tāeao fa'asoifua i le pule alofa a le Atua.
'O le afio mai o so'u paolo ma so'u fa'amalumaluga,

'Olo'o 'ua sila alofi nei i le tānoa ma le tō,
Ma le ipu 'ava na 'ave ifō.
'I le 'ua siliga'a le seuga, 'ole'ā tapa ipu o le tāeao 'ula.
'O le agatonu o le fesilafa'iga a le tama a le mālō,
Le susuga a le Tagaloa.
'O le pa'ia o 'Ie e lua ma 'upu iā Sāoluafata.
E fa'apea fo'i le afio atu o le matua, Tofaeono ma Tama
Ma le mamalu o Fuata.
'Ua mātou sui nei 'i ai vai, 'ā usi 'ole'ā mātou fa'asoasoa.

Oōō — 'ua usi le agatonu 'ae tūla'i se soli tamāli'i
Tamamusu ___, talitali le ipu e taute le Tagaloa.
'Ailaomaletagata ___, 'aumaia le ipu e taute le Tofaeono.
Lau 'ava lenei Evaimālō
Tali maia lau 'ava Tamāpua.

(Siliasila 'i le faiga o le vala'auga o le ipu a le Tagaloa ma le ipu a Tofaeono: 'olo'o fa'atali mo se sēkone — lenā 'olo'o fa'iloga i le vase — ona fa'ato'ā ta'u lea 'o le suafa "Tagaloa" po 'o le suafa "Tofaeono." 'O le "Tamamusu" 'o le igoāipu lenā a Tagaloa i Sāoluafata. 'O le " 'Ailaomaletagata" 'o le igoāipu lenā a Tofaeono. 'O lona uiga lā 'o igoāipu a ali'ita'i o Sāmoa, e fa'apēnā ona vala'au pe'ā tufa le alofi taute.)

Oōō — Fa'aifo i Faleū.
'Aumaia 'alu o le 'ava e taute le Aoe'e.
'Ua moto le agatonu.
'Ua mātū le fau.
'Ua malele le fa'asouga o ao.
'Ua lupepe lā taumanu'ula o le tāeao.
Āfifio ia ma pāpā'a'ao.
'Ole'ā fa'ai'u si o'u sao.
'Ave le tānoa e afio i le tau.
'Ave le fau e fa'amālū i le sau.
'Ave le ipu e tālisau.
Tāfimala le efu i nu'u o Sāvavau.

Mua ia inā mua.
Muaō.

GĀLUEGA FAUTUAINA

Māfaufau ma Talanoa

Masalo ‘ua tele na‘uā lavelave o lenei matā‘upu, ‘ae peita‘i, e leai lava se mea lelei e maua ma le fīlēmū. ‘Ona ‘o le gagana o lāuga ‘o se gagana tautala, e fa‘amanatu atu ai le aogā o le faitau leotele o lāuga ‘olo‘o tusi atu ‘ina ‘ia fa‘amāsani ai taliga i fa‘aleoga ma si‘uleo o le gagana.

Mo ni gāluega fai ‘i tua (out of class assignments), vaevae le vasega i ni itū po ‘o kulupu e lua ona tofu lea ma le itū e agai: ‘o le itū e fai ma mālō malaga mai ma le itū e fai ma nu‘u ‘olo‘o talimālō ‘i ai. ‘Ia sa‘oloto le kulupu i le fa‘atinoga o la lātou ata, ‘ae na‘o le faufautua o le faiā‘oga. Fa‘aloloto ātili le mālamalama o le vasega pe ‘āfai e maua mai ni fesoasoani mai i nu‘u i taimi e fa‘atino ai se taligāmālō, ‘ae pito sili lava pe ‘ā matuā ‘ave le vasega i se usu a le nuu ‘olo‘o fai ‘i mālō.

ILOILOGA O LE MATĀ‘UPU

Vāega I

Fa‘aali mai ou māfaufauga i ni au tusitusiga. ‘Ā silasila ma mātau le sauniga o le ‘ava mo se taligāmālō, ‘o le ā se feso‘ota‘iga o lea aganu‘u ma saunigālotu a tātou?

Vāega II

Tū i luma o le vasega ma fa‘amatala le tala o le ‘Ava.

Vāega III

Tusi ‘uma mai gāluega e fai a le palu‘ava.

Vāega IV

Fa‘amatala ma fa‘atino mai le ta‘iga o ipu a tamāli‘i.
Asu ipu ‘ava ma ta‘i ‘i ali‘i nei:

1. ‘O lau ipu lenei Lāsei. E fa‘apēfea ona ‘ave ma ta‘i lana ipu?
2. ‘O lau ‘ava lenei Tamāpua. E fa‘apēfea ona ‘ave le ipu ma ta‘i lana ‘ava? ‘Aiseā?
3. ‘Ua moto lou tou agatonu ‘ua mātou faitasia i tua nei ona toe.
   ‘O ai ‘ole‘ā inu? ‘Aiseā?

Vāega V

'O ai 'āiga e ona tānoa fai'ava nei?

1. Vasavasaoalofi
2. Salamāotua
3. Laulau a Tūmua ma Pule
4. Totea

Vāega VI

Fa'aleo le 'upu "ava" 'ia sa'o. Tusi ni fuai'upu se lima e fa'aaogā ai fa'aleoga 'ese'ese o le 'upu "ava." 'Aua ne'i tusi fa'alua se uiga e tasi.

FA‘ALEOGA MA FA‘AUIGAGA O ‘UPU

‘āle‘ale	tofotofo
ali‘itia matuātala	‘ua nōfoia matuātala e ali‘i
aloilima	‘o le alo o le lima
‘alu o le ‘ava	tōega o le ‘ava
‘ānofale	meaafale
‘augutu	si‘ugutu o le tānoa
‘ava	lā‘au po ‘o le vai tāumafa
e‘e maia i va‘atapu	āfifio pa‘ia maualuga
igoāipu	igoa e inu ai le ‘ava
o‘o tutū le tai	tumu le fale i tulāfale tāua; o le tai ‘ua fāna‘e tutū
fa‘asavali ‘alu o le ‘ava	‘ave tōega o le ‘ava
fa‘asopolia	‘ia tofu matai ma le ‘ava
fa‘asouga o ao	fa‘asoaga o le ‘ava i tamāli‘i
fa‘atafafā	e fā itū
fa‘atōfāla‘i	sā fuafua e tamāli‘i; fuafuaga a le tamāli‘i
fa‘atuiolemotu	fa‘alupega o Tuitele po ‘o ali‘i tāua o le motu
fafano	fufulu lima
fatufatuga o mamanu	fa‘asolosologa o mamalu
felafoa‘i solo	fetogi solo; fa‘asalalau
fepulafī	fe‘ilafi; ‘i‘ila
fetū ta‘i matagi	‘o fetū e fa‘aali maia le matagi
gogoā i le maota	ta‘atia i maota
lātasi	lālā na tūtasi
Laulau a Tūmua ma Pule	tānoa fai‘ava pito telē a le atunu‘u
lē fa‘atutumua	‘aua le o‘o i ‘augutu le tumu o le ipu
le‘a	igoa anamua o le ‘ava
logo fa‘atutuila	leai se isi e toe pisa
lupepe le taumanu‘ula	‘ua tumu i manu‘ula; tumu i tamāli‘i
lupesina	lupe pa‘epa‘e; igoa o le ‘ava ‘aulelei
maea o fetalaiga	soso‘oga o lāuga a tulāfale
malu le taufa‘anu‘u	‘ole‘ā totō tīmuga; ‘ole‘ā fai lāuga
maluali‘i	‘ua mamalu mai le ali‘i; ‘o le tamāli‘i tino‘ese
mamae ifo	momoe ifo lau o le lā‘au
masua	masa‘a
mātū le fau	‘ua mago le fau; ‘ua ‘uma le gāluega a le fau

matuʻutuʻu ʻau o le matagi	fai ifo le agi a le matagi
moe ia i liʻaga manu o le vāteatea	mapu ane ia i maota tamāliʻi
moto le agatonu	ʻua ʻuma le suāʻava
muāulu	ʻo luma o le ulu
nōfoia ʻauoloolo	nōfoia pou o lāuga
nōfoia avatāua	nōfoia pou lāuga ma pou matuātala
nuʻu o Sāvavau	nuʻu o sauališi, nuʻu o Tigilau
papātua	ʻo le tua o le tagata po ʻo le papa o le tua
papaʻu le laulau	ʻua ʻuma le suāʻava i le tānoa
paū foʻi toiloloa	loaloa; mamalu soloʻātoa
paū le tuāʻau mafuamalu	paū le fogātai; ʻua mamalu tamāliʻi o le maota
penu ʻava	ʻo le penu o le ʻavatuʻi
pōpō	faʻamaveve le fau
pou o fetalaiga	nōfoaga o failāuga
sā le vaosā	ʻua sā le nōfoaga o aliʻi
saʻasaʻa	sasaʻa faʻaeteete
sami sāmasama	ʻo le sami ʻua lanu sāmasama i Manuʻa
sāofaʻiga ma aitu	sāofafaʻi aliʻi ma aitu
sauali'i	ʻo le aitu
sauʻata	tugase lāpopoʻa
sāusau fialele	ʻua ʻapatā le manu i le fia lele; ʻua fia lāuga le tulāfale
silaalofi	silasila i le ʻava po ʻua lelei
sogaʻimiti	tauleʻaleʻa e tā le peʻa
soligaʻa le seuga	ʻua tuʻu i lalo meatau
solitamāliʻi	tautūʻava
sōloa amoaluga	māualalalo mauga
solomuli	agaʻi i tua
suʻena le ʻau fuefue	susuʻe e le tai le ʻau fuefue; ua tele lāuga tāua
taʻafanua le inafo tuāʻau	ʻua oʻo mai i le lauʻeleʻele le ʻauiʻa; ʻua aofia i maota le mamalu o tamāliʻi
tāeao sā lupe	ʻo le aso sā faʻamoemoeina
tafa mai ata	ʻua malama le tāeao
tāfimala le efu	ʻave ʻese mālaia
taʻi limalua le ipu	uʻu limalua le ipu
talanaʻi i gaoā faʻaopega o sauali'i	ʻua tumu le lauʻeleʻele i sauali'i

talatu'u le tafaoga	'ua fa'ai'u sāunoaga
Tama a le Manu'a	tama fa'atui o Manu'a
tapati	'ua pati lima mo le 'ava
tātupu o le lā'au	'o lālā tutupu 'ese
tau'a'ao	tu'ulima atu
tau'a'aoina	'ūmia o le ipu
taufai sunu'i ao o le lagi	taufai nōfoia pou matuātala
taulauniu	failāuga o Sāfune
tāuto'oto'o	failāuga o le Ālātaua
to'a le tai	'ua malū le tai
tolofa'i le u'ulalama ma le u'utausala	tu'ufa'atasi māfaufauga o tagata; pei se suāu'u
Totea	tānoa fai'ava a le 'āiga Sālevālasi
tupua	alaalafaga; malae
'ua 'ite le malama na i Saua	'ua ataata mai le ao i le nu'u o Saua
vālogoua	'ua soso'o le fa'afofoga a tagata
vaifa'alaga'ese	vaiaitu
vāitīnasā	'o le lālā na totō ai le lā'au o le le'a
vaeluāpō	'o le vaeluaga o le pō

MATĀ‘UPU 3: ‘O TA‘IGĀSUA FA‘ATAMĀLI‘I

‘UPU ‘ĀMATA

‘O le ta‘iga o le sua, ‘o le tasi lea talimālō mamalu ma le matagōfie i le matamata. ‘Olo‘o iai uiga loloto o le aganu‘u i māfaufauga o le ta‘iga o le sua; ‘ae peita‘i ‘ua pei ‘o se mea ta‘alo ma ‘ua fia fai mea mālie ‘i ai tūpulaga o nei aso. ‘Ua lē mafai fo‘i e ‘āiga ma tamāli‘i ona fa‘asa‘o gāoioiga sesē ‘ua fa‘aopoopo ‘i ai ‘ona ‘o fa‘a‘upuga fa‘apea, “ ‘O ai na te fa‘asa‘oa le mamalu o le atunu‘u?” ‘Ua fefe fo‘i ‘i le fa‘a‘upuga fa‘apea, “E tatau ona fa‘aaogā āiā tatau a le tagata Sāmoa i ana lava aganu‘u.” ‘O lea lā ‘ua tagi ‘ū‘ū ai Sina ma fa‘apea ane, “E! Lota vāi e ‘ua līua.”

Masalo ‘ana mafai ona silasila a‘e tua‘ā ‘ua tōfafā i malae i le fa‘atāsinaga o a lātou mea tōtino sā tau fuafua lelei mo a lātou tama fānau o le lumana‘i, ‘ai lava se fa‘anoanoa ‘ona ‘ua lē sa‘o ona fai. E ui lava ‘i lea, e lē tu‘ua ai le fia fesoasoani i tupulaga i nei onapō mo le fa‘atūmauina pea o talitonuga i fa‘avae o le aganu‘u. E moni, e fesuisuia‘i taimi ma faiga a tagata, ‘ae tūmau lava fa‘avae mai le ‘āmataga o aganu‘u. ‘O le talitonuga fo‘i ‘i foafoaga a le Atua, ‘o le mea sā iai i le ‘āmataga e toe fo‘i lava ‘i ai i le gāta‘aga.

‘O le sua, ‘o lona uiga, ‘o le fōa‘i ‘i mālō e ala i mea tāumafa ma le maniti a tamāli‘i, ma ‘o le tasi lea talimālō maualuga ma le fa‘aaloalo a Sāmoa. Fa‘ato‘ā ta‘i lava se sua ina ‘ua mālōtia fanua, po ‘o ina ‘ua fai se fa‘alavelave o se ‘āiga po ‘o se nu‘u, ‘ekālēsia, itūmālō ma le atunu‘u. E lē nofo, nofo lava se isi, te‘i ‘ua ta‘i se sua. E o‘o lava fo‘i ‘ina fai se si‘i ‘i se fa‘alavelave ‘ae leai se tōga o le si‘i, e lē ta‘ia lava se sua. E lē ta‘ia fo‘i se sua i se tamaitiiti, ‘ae na‘o tamāli‘i ma tagata māualuluga. ‘O le isi mea, e tatau ona nofo uta se ‘āiga ‘ole‘ā alu se lātou si‘i i se fa‘alavelave, ‘ina ‘ia afio ai se tamāli‘i e ta‘i ane ‘i ai le sua ma fa‘aaloaloga a le ‘āiga; ‘auā e lē ta‘ia se sua i se tulāfale, ma e lē ta‘ia fo‘i se sua i se fafine nofo tāne sā folaina tōga o le si‘i.

I. ‘O SĀ‘AFI‘AFIGA O LE SUATA‘I

‘O le talimālō lenei ‘o le suata‘i, e mimita ai tagata Sāmoa, ‘ae lē ‘o tagata Sāmoa ‘uma e ta‘i ‘i ai ni suata‘i. E silasila muamua po ‘o ai mamalu o se ‘aumalaga po ‘o ē ‘ole‘ā fuafua ‘i ai le sua. Mo se fa‘ata‘ita‘iga: ‘āfai ‘o se malaga a le mālō o ‘Amerika Sāmoa, e tasi lava le suata‘i e fai na‘o le sua a le Kōvana Sili, e ui lava ina iai isi mamalu o le atunu'u. 'A 'o le Fa'asāmoa moni lava, e lē fa'aluaina le sua a le tumutumu o le faigāmalaga, po 'o le tamāli'i pito mamalu o le faigāmalaga. Silasila ane lā i le sā'afi'afiga i le suata'i 'e te mālamalama ātili ai i taualumaga o lenei talimālō.

'O le Suata'i

1. E pei 'o ni ufi e tutupu o ta tino pe 'ā ta'i mai sa ta sua.
'Ua fou ai le va'a o Toilolo pē alo i luma pē alo i tua.
'O ai 'ea lo'u nei tagata 'ua gāpatia ai 'aiga na?
Tafēfē, po 'o ai e va'ai atu 'o sau fa'atagata sona mala.
E lē faia so'u loto pē gugulu ai fua le atunu'u,
'Auā e māsani lava le tupu 'i aga fa'atupu.
E fā'i fo'i 'o le tamāli'i, 'a 'o le igoāmatua na 'aumai ai le sua,
'A 'o le failāuga fo'i, 'o le tu'ua e leoa le Salamāotua.
Fa'amālō le fa'aaloalo ma le fai 'āiga lelei.
Malie lau tōfā 'o lou lafo fa'atauva'a lenei, tau 'ina tala Masinei.

2. 'Ou te lē nofo, nofo lava ta'i fua se sua;
Se'iloga lava 'o fa'alavelave po 'o ni mālō tāua.
'Ioe, po 'o se paolo 'ea 'ua fōtua'i mai na,
Po 'o ni tamāli'i, po 'o se fa'afeagaiga?
'Āfai 'o au mālō tali 'o se so'o po 'o se fa'auō,
Va'ai po 'o iai ni au tamafānau ne'i ua fālōlō.
Tīgā lava le mativa ma le lē tāgolima
'A 'o le vāfeāloa'i ma le aganu'u a Sāmoa — " 'Ia osi 'āiga."
Le 'au tautua, 'aua le muimui pē lima mau;
'Ā 'ou iloa 'oe i Si'ulepa, 'ou te iloa fo'i 'oe i Togamau.

3. 'Ā pāpā 'a'ao i maota se malaga mamalu po 'o se si'i taualoa,
Fai 'ia sa'o le ta'iga o le sua 'ia māta'ina le Fa'asāmoa.
Le tausala lā'ei i le vala ma le su'iga 'ia ta'iala,
Gāulua se tuāniu mamā, momono i le niu, 'ae lē 'o se tālā.
Le amoamosā 'o se fa'avevela talo 'ae lē 'o se falaoa vela.
Se moepi'ilima tunupa'u 'ua lelei ona fa'avela.
Le suataute lenā a lau susuga po 'o lau afioga;
Lau suatalisua o le manufata e ufita'i i le tōga.
'Alaga leo tele 'oe le taule'ale'a taufafo o le malaga.
Solitū le maota ma fa'atulou, 'ae sāusau i moana.

4. ‘O le sua fa‘atupu, e lē ta‘ia i fale ‘ae āgiga i malae.
‘Ua fōlifoli mai, ‘ā lē ‘o se mānaia, ‘o se ‘augafa‘apae.
Se ususū tatagi, fa‘apā se fana, ma ni sulu ‘aulama,
Se mea i tuā‘olō, po ‘o se manu papālagi ‘ua ta‘i ola i le ala.
Le ufita‘i o le sua, le ‘ie fa‘atupu o le ‘alavatualua moni,
‘O Sāmoa e lē ‘o se taliola ‘a ‘o le atunu‘u tofi.
‘Ua sāusau fia lele le manu na i Utufiu ‘ona ‘o fa‘aaloaloga;
‘Ua sousou fo‘i gataifale ‘ua lē tū se ola.
Lau talimālō Sāmoa ‘o le laumata fiafia ma lelei le fofoga
E nene‘e fo‘i o tātou mātua pe ‘ā tūla‘i mai fānau iloga.

II.‘O SĀUNIUNIGA MA LE TA‘IGA O LE SUA

‘O Itū‘āiga o Sua ma le Ta‘iga i Tamāli‘i

‘O le uiga o le suata‘i, e ta‘i aloa‘ia i malae. ‘O aso anamua sā na‘o sua fa‘atupu e ta‘i aloa‘ia i malae; ‘o le māfua‘aga lea ‘ua ta‘ua ai ‘o le suata‘i. ‘Ā lē ta‘ia i lumāfale o le ‘āiga, ‘ua ta‘i ‘i le malae.

E lua vāega o le faiga o le suata‘i: E muamua le “suataute” ona soso‘o atu ai lea ma le “suatalisua.”

Suataute

‘O le uiga o le suataute, ‘o le mea tāumafa mo lenā lava taimi. ‘O le sua lea e fa‘aaogā ai le niu ma le ufi laulau ‘o le siapo vala; ‘ātoa ma le laulau e iai le fa‘avevela ma le ta‘ailepaepae (moa). ‘A ‘o nei aso, ‘ua fa‘aaogā ‘apa inu e momono ‘i ai le tālā, ma le lā‘ei ‘o se ‘ie papālagi. ‘Ua tele ina sui le fa‘avevela ma le moa i le pepa masi (*crackers*) ma se ‘apa a papālagi. E ui ina lē Sāmoa ia mea, ‘ae ‘ua fa‘aaogā i nei aso ‘ona ‘o le mauagōfie, ma ‘ua ‘avea ai lava ma vāega o lea fo‘i Fa‘asāmoa.

Ta‘iga o le Suataute

E muamua le tāupou ma le su‘iga (niu) ‘ua ‘uma ona su‘i ma fa‘atū ai se tuāniu mata ‘ua gāulua, ma ‘olo‘o lā‘ei e le teine le siapo vala; ona alu lea ma le niu e fua le maualuga i le muāulu. E nofo fa‘aseuapa ma fa‘asēsē i le itū tauagavale ona tu‘u atu lea ‘o le niu i le aloilima i luma tonu o le tamāli‘i, ‘ae tatala le vala, tu‘u i ‘autafa o le niu; ona alu lea ‘i fafo i le ‘auala lava na sau ai ‘i totonu. E ta‘u le vala, po ‘o le ‘ie papālagi lea e lā‘ei e le teine ‘olo‘o ‘avea le sua taute, ‘o le “ufi laulau.”

Va‘ai le ‘avega o le niu ‘ia fai sina vā ma le tamāli‘i ‘ae ‘aua le tāli si‘i lava i vae o le tamāli‘i. E ala ona fa‘aseuapa le nonofo a tagata e ‘avea le sua taute, ‘auā e lē tatau ona fa‘afesāga‘i lelei mata o se tamāli‘i ma se ‘au‘auna.

‘Ā taunu‘u loa i fafo le teine sā ‘avea le niu, ona fa‘ato‘ā alu atu lea ‘o se tama ma le laulau ‘olo‘o iai le tā‘isi ma le ta‘ailepaepae. E ta‘u le tā‘isi ‘o le "fa‘avevela." E ‘ave le laulau e fua i le fatafata; ‘aua le ‘avea maualuga le laulau e pei ‘o le niu, ‘ina ne‘i to‘ulu ifo mea‘ai ‘i lalo. E ta‘u le laulau lea ‘o le "amoamosā" pe ‘āfai ‘o se sua fa‘atupu. E nofo fa‘aseuapa fo‘i le tama ma tu‘u le laulau i tua mai o le niu, ma fa‘aū le filiga o le laulau i le tamāli‘i ona alu lea ‘i fafo i le mea lava lea na sau ai.

Suatalisua

‘O le uiga o le suatalisua, ‘o tāumafa ia mo se isi taimi. ‘O le sua lea, e fa‘aaogā ai se manufata, po ‘o se paelo, ‘ae ufita‘i i le ‘ie o le mālō. E mafai fo‘i ona ta‘i ola se suatalisua. ‘O lona uiga, e mafai ona ta‘ita‘i mai se povi po ‘o se pua‘a ola e ta‘i ai le sua. E lē fa‘aumu pē ususū sua ‘uma, vāganā lava sua a tamāli‘i māualuluga. ‘Ā lē maua se manufata e ta‘i ai le sua, ona fa‘aaogā lea ‘o paelo povi māsima, pusa ‘apa ‘ēleni po ‘o le pilitati. ‘O nei taimi, ‘ua fa‘aaogā pusa pīsupo (Hellaby corned beef) pe ‘āfai e mafai e le ‘āiga ona fa‘atau mea taugatā.

Ta‘iga o le Suatalisua

‘Ā o‘o loa i fafo le tama na sau ma le laulau, ona si‘i mai loa lea ‘o le manufata ma fa‘ata‘atia i le ‘ōgātotonu o le fale, e fa‘aū i luma le ulu. ‘Ā o‘o i fafo tama na ‘aumaia le pua‘a, ona fua mai loa lea ‘o le ‘ie o le mālō, ma ‘avatu tu‘u i ‘autafa o le manu. ‘Āfai ‘o se sua e ta‘i i le malae, ona afio pea lea ‘o le tamāli‘i i le maota, ‘ae alu i fafo lana tāupou po ‘o le sa‘o ‘aumaga a le malaga e ta‘i ane ‘i ai le sua.

III. ‘O ITŪ‘ĀIGA O SUA ‘ESE‘ESE

‘O ni isi nei o itū‘āiga o sua sā māsani ai le aganu‘u anamua, ‘a ‘ua faigatā ona fai ‘i nei onapō, ona ‘ua lē toe feta‘aloloa‘i le atunu‘u i aganu‘u māsani, ‘aemaise ni faigāmalaga mamalu ‘ua lē mafai ona nonofo ‘umi i se alaalafaga ona ‘ua televavave ala o femalaga‘iga i nei aso.

Sua Asonoa

E na‘o se suataute: ‘o le vailolo ‘ae ufi laulau i le siapo vala.
‘O le tā‘isi ma le ta‘ailepaepae; e ta‘i ‘i totonu o le fale le sua lea.

Sua Fa'atamāli'i

Suataute:

'O le vailolo e lā'ei e le teine le siapo vala po 'o le 'ie papālagi.

'O le tā'isi talo ma le ta'ailepaepae.

Suatalisua:

'O se manufata e ufita'i i le 'ie o le mālō.

E fai 'uma tēuga a le tulāfale ma tū i fafo le lāuga.

E ta'i 'i lumāfale o le fale.

Sua Fa'atūmua

E teteu lelei le tulāfale i ana tēuga fa'afailāuga.

E 'ave le tugase a le tulāfale.

'O le manufata e fata mai.

E muamua le tulāfale ma lona to'oto'o 'umi ma lona fue ma le fusi lauu'a.

E ta'i 'i fafo i lumāfale o se laoa po 'o se maota.

Sua Fa'atupu

E na'o tupu e ta'i 'i ai.

E ta'i 'i malae le sua lenei.

E teu le lauao o le tāupou lea e alu ma le niu 'ae lā'ei 'i le tōga e fai ai le ufi laulau.

E sā'esa'e mai pē tausoa mai le 'avaati ('ava mata e ati mai ma lau ma a'a).

'O le laulau, 'o le fa'avevela ma le ta'ailepaepae e fata mai fo'i. 'O le mea tonu lea e ta'u o le amoamosā.

E ufiufi le fata i se siapo taloa.

'O se manufata telē e fata mai ma ona sei.

'O le 'ie tōga telē, 'o le 'ie o le mālō e fua mai 'i le malae e ufita'i ai le sua.

Ususū leo tele se soga'imiti.

E fa'apā se fana.

E tutu ni sulu 'aulama e sulu i 'autafa o le manu e momoli ai le sua.

E fai 'uma tēuga a se tūmua po 'o se pule e faia le lāuga o le 'avega o le sua.

Sua Api

'O le isi fo'i sua e māsani ona fai, 'o le "sua api," 'o lona uiga, 'ā iai ni mālō mamalu e 'ātoa se aso 'o nonofo, e ta'i lava e le 'āiga le sua a lo lātou api 'i lo lātou fale 'ona 'o le vāfeāloa'i ma le talimālō lelei o le 'āiga. 'O le sua lea e leai se pua'a 'ae ta'i 'i le fā'ausi, 'ua ala ai ona ta'ua le fā'ausi, 'o le pua'alēvaea.

'O mamalu nei o le atunu'u e ta'i 'i ai sua:

- Ta'i le sua a le paolo.
- Ta'i le sua 'ona 'o le vā o le isi tamāli'i ma le isi tamāli'i.
- Ta'i le sua a le faife'au.
- Ta'i le sua a se fa'auō.
- Ta'i le sua a le feagaiga a le 'āiga.
- Ta'i le sua a ta'ita'i o le atunu'u ma ta'ita'i o matāgāluega.
- Ta'i le sua a le ta'ita'ifono.
- Ta'i le sua a le malaga e ala i se tama fānau a le 'āiga 'olo'o sau ai i le malaga.

IV. 'O LE FOLAFOLAGA O SUA MA LE 'AILAOGA O LAFO

'O le Folafolaga o le Sua

'O le taule'ale'a taufafo o le malaga, na te folafolaina le sua i fafo. E ala ona folafola le sua, 'ona 'o le fa'aali atu o le fiafia, ma ia fa'alauiloa i tagata fa'aaloaloga fa'atamāli'i a le 'āiga. E fa'alaulau 'uma mea 'olo'o 'aumai i le sua, ma fa'alagi fa'alupega o le malaga ma fa'alupega o le 'āiga e 'aumai ai le sua.

'Ia 'alaga leo tele le folafolaga o le sua i 'upu nei:

1. 'Ua 'ou tū nei 'i sī'ui 'ae sāusau i moana,
'Ona 'o le teu fa'atupu ma le teu fa'atamāli'i
Na fa'afaō 'i ai 'a'ao o le afioga iā Fepūlea'i ma le faletua
Ma le pa'ia o le 'āiga ali'i.

Silafaga ia lau susuga La'auli.
'O le pa'ia lava lea i le susuga a Lei'ataua
Ma le mamalu o le Falemanono.
'O lau fa'atamāli'i lenei.
'Ole'ā 'ou folafolaina atu.

'Ua i ou luma lau suataute.
'Ua iai le su'iga, e ufi laulau i le vala.
'Ua iai le laulau o le fa'avevela ma le ta'ailepaepae.
Liugalua so'u leo, 'ua iai lau suatalisua.
'O le manufata 'ua ufita'i 'i le 'ie o le mālō.
Fa'afetai le fa'aaloalo, fa'afetai le teu.
Mālō fa'atamāli'i.

2. Solitū pea ia pa'ia o le maota 'ae māgalo lo'u leo,
Se'i 'ou tautala i fua o fa'aaloaloga
Na fa'afaō 'i ai 'a'ao o le peresitene ma le 'autalavou.
'O se fa'aaloaloga maualuga fo'i lea i le susuga i le toea'ina fa'atonu
Ma le 'ekālesia i Waimanalo.
Silafaga ia lau susuga Ioane ma le faigāmalaga mai Niu Sila.
'O la 'outou sua fa'atamāli'i lea 'ole'ā 'ou folafolaina atu.

'Ua i ou luma le suataute.
'Ua iai le vailolo e lā'ei i le vala.
'O le amoamosā 'ua iai le fa'avevela ma le moepi'ilima.
Liugalua so'u leo, 'ua iai le suatalisua o le manufata,
E ufita'i i le 'ie o le mālō.
Fa'afetai le alofa, fa'afetai fa'aaloalo.

3. E fa'atulou atu i le pa'ia o le maota, 'ae māgalo lo'u leo.
Se'i 'ou 'alagaina fa'aaloaloga fa'atamāli'i
Na fa'agāsegase 'i ai le susuga a Tui ma le faletua ma le 'āiga ali'i.
Silafaga ia lau susuga i le ti'ākono toea'ina ma le faletua
Ma le mamalu o le matāgāluega.
'O lau tou sua fa'atamāli'i lenei 'ole'ā 'ou folafolaina atu.

'Ua i o 'outou luma le suataute.
'Ua iai le vailolo e lā'ei i le siapo.
'O le laulau, 'ua iai le fa'avevela ma le moepi'ilima.
Liugalua le tautalaga, 'o le suatalisua, 'ua iai le tā'aifā.
E ufita'i i le 'ie o le mālō.
Mālō le teu; fa'afetai le fa'aaloalo.

4. 'Ua sāusau fia lele le manu na i Utufiu 'ona 'o le lupe solo mai.
'O tēuga fa'atupu ma fa'atamāli'i 'ona 'o pēlega o lagi
Silafaga ia lau susuga Liu ma le faletua.
'O lau fa'atamāli'i lenei na fa'afaō 'i ai 'a'ao
O le afioga a le tinā o Fetū ma le nofo a alo.
(Tautala loa i vāega o le sua.)

Manatua

1. E lē tautala le tamāli'i 'olo'o ta'i 'i ai le sua, na'o na fa'asa'osa'o lava ma mātamata i le ta'i maiga o le sua, 'a 'o tulāfale o le malaga e sula maia le sua ma fa'afetai i le 'āiga.
2. 'Āfai o se tulāfale o le nu'u po 'o se tulāfale 'ese sā ia folafolaina le sua, ona lafoia lea 'o lea tulāfale i se tupe, po 'o le vala sā lā'ei mai ai le teine. Tasi lea mea ia manatua, e lē momonoina i se tālā se niu o le sua, 'ae gāulua se tuāniu 'ua 'uma ona salusalu ona tutui ai lea i le mata o le niu; e lē āfāina 'i se sua pe 'ā leai se tupe e ufi ai le niu,'auā e lē se aganu'u lea a Sāmoa.

'O 'Ailaoga o Lafo

'Ā 'uma ona tali fa'afetai le malaga i le ta'i maiga o le sua, ona fai lea 'o se lafo o le tulāfale na alu atu ma le sua. 'Ā leai se lafo, 'aua le 'ailao fua. 'O le lafo, 'o lona uiga o le taui o le gāluega a le tulāfale, ma 'o le 'ailaoga o le lafo, 'o se aga fa'afale'upolu, e na'o tulāfale e faia. E fa'alagi muamua tamāli'i o le 'āiga lea na 'aumai ai le lafo, ona fa'ato'ā fa'alagi ai lea 'o tamāli'i o lou 'āiga.

Fa'ata'ita'iga:

To'oā e, To'ōā e, To'oā e.
La'aūli e, La'aūli e, La'aūli e.
Lei'ātaua e, Lei'ātaua e, Lei'ātaua e.
Sāō fa'alālelei.
Fa'afetai le teu
Mālō fa'atamāli'i.

E māsani isi tulāfale ona fa'alagi Tama a 'Āiga e pei 'o lea:

Mālietōa e, Mālietōa e
Le Tuiātūa e, le Tuiātūa e
Le Tuiā'āna e, le Tuiā'āna e
Le Tamasoālī'i e, le Tamasoālī'i e
Le Nato'aitēle e, le Nato'aitēle e
Sāō fa'alālelei
Fa'afetai fa'atupu.

V. 'O LĀUGA O TA'IGA O SUA

'O sua e ta'i i totonu o fale, 'ia nofo le failāuga i talāluma ma fai le lāuga pe 'āfai 'o se matai . 'Ae 'āfai 'o se taule'ale'a e 'avea le sua, 'ia nofo i le talātua.

'O le Lāuga e 'Ave ai le Sua i Totonu o le Fale

Lāuga
'Ua pa'ia le maota i Faleū
'I le mea 'olo'o susū ai Lei'ataua.
'O le pa'ia fo'i lea i le afio i le usoali'i
Ma le mamalu o le Falemanono.
'A 'o lo'u o'o mai i le maota,
E faigatā le afio mai o le aloali'i
Po 'o le susuga a le ali'i lōia.

'Ia lau susuga La'auli,
Se'i tau 'ina tala Masinei, le faigāmalaga.
'O lau sua lenei na fa'afaō 'i ai 'a'ao
O le afioga iā Lāsei ma le 'āiga ali'i
'Ole'ā 'e silasila 'i ai.
'O lau suataute lenei e ufi laulau i le vala.
'Ua iai le su'iga.
'Ua iai le laulau o le fa'avevela ma le ta'ailepaepae.
'O lau suatalisua lenei,
'Ua iai le manufata e ufita'i 'i le 'ie o le mālō.

E fa'amalie atu i lau susuga a le ali'i lōia.
'Āfai e lē tau lau silasila, ona pau 'o se mea 'ua mafai.
'Ua 'a'ao vāivai le afioga a le matua,
Le susuga a Lāsei ma le 'āiga.
'O le mea sili lava 'o le fa'aalia o lo tātou feālofani.
'Āfai 'o le ā se tōfā i le faigāmalaga i se aso e toe taliu ai i fanua,
'Ia alofa le Atua e fa'alaolao ala.
Soifua.

Lāuga Tali
'Ua fa'amālō fetalai i lau tōfā a le failāuga.
Fa'afetai tele i le afioga a Lāsei ma le 'āiga ali'i
'Ona 'o lenei fa'aaloalo maualuga 'ua fa'agāsegase 'i ai.
E le'i iai so'u manatu 'ole'ā liliu le tōfā
'I se fa'atamāli'i fa'apēnei e ala i lo'u nei tagata.
'Ae ui 'i lea, e māsani lava le tupu i aga fa'atupu.
E leai lā se mea tāua e mafai ona 'ou taui atu ai lo 'outou agalelei

'Ae na'o le fa'afetai tele le fa'aaloalo, fa'afetai fo'i le alofa.
'Ae fa'apea, lau tōfā i le failāuga,
'O lou lafo lea e limasefulu tālā.
E fa'amalie atu 'ona 'ua lima vāivai le malaga nei.

'O le Lāuga e 'Ave ai le Sua i Fafo

Lāuga
'Ua pa'ia Mānoa, 'ua matagōfie fo'i le asō.
'Ua 'o se fale e lau 'i 'ula 'ae pou i toa, e pei 'o le fale na i Āmoa.
'Ua pa'ia fo'i le maota 'auā 'olo'o susū ai le susuga i le fa'atonusili;
Lau susuga Tavita Hiple ma lou 'ōfisa,
'Aemaise susuga a faiā'oga o 'Āsia ma le Pāsefika.
Fa'amālō i le alofa o le Atua 'auā 'ua taunu'u le fa'amoemoe.

Tālofa, 'ua mata o māsiasi le susuga a Lāsei ma le polokalame Sāmoa
'Ona 'ua 'outou lē silasila i le 'a'ano a tamāli'i, ma aga o ali'itāeao.
'O tāeao usu o le atunu'u e leai sē e fa'atalaleu 'i ai
'Auā 'o tāeao mamala o le atunu'u.
'A 'o le tāeao sili lava 'o le tāeao na mālamalama ai Sāmoa i le Atua,
E pei fo'i 'o lenei tāeao o la tātou māfutaga fa'aa'oa'oga.
Fa'amālō le 'onosa'i, fa'amālō ona fai o le faiva.

'O lenei taimi, alo maia,
'Ole'ā mātou taumafai atu e fa'atino fa'aaloaloga Fa'asāmoa
E ala i la 'outou sua fa'atamāli'i.
Ia silafaga ia:
'O la 'outou suata'i lenei 'ole'ā fōufou atu.
'O le suataute, 'ua iai le su'iga, 'ua iai le ufi laulau.
'O le laulau, 'ua iai le fa'avevela ma le ta'ailepaepae.
Liugalua so'u leo, 'o la 'outou sua talisua, 'ua iai le tā'aifā
E ufita'i i le 'ie o le mālō

E fa'amalie atu.
'Āfai e lē tau la 'outou silasila,
'Ona 'ua pau 'o se mea 'ua mafai.
'Ā ta'ape le filiali'i, 'ia malutia 'i 'a'ao alofa o le Atua.
'Ia lagimamā lau susuga i le ta'ita'i fa'apea susuga a faiā'oga.
'Ā tātou māvae, 'ia tātou manatua le māvaega tusitusi.
Soifua.

Lāuga tali

'Ua fa'aifo le ga'aloa i le fetalaiga ma le vāgana.
'Ua malie taliga i fa'alogo, 'ua malie fo'i mata i va'ai.
'Ua silafaga le susuga i le peresitene ma le faigāmalaga
'I lau fa'aaloalo maualuga.
'Ua silamiō atunuu 'ese'ese o le lalolagi i au faiga fa'atamāli'i.
Fa'amālō fai o le faiva.
'Ole'ā tali ta'oto lā le gase o mālolo 'i au fa'aaloaloga;
'Ole'ā iai se taimi tali le suataute i le faigāmalaga.
'A 'o lau fetalaiga i le tāuto'oto'o,
'O le sāunoaga lava lea i le Gāfatasi ma le fetalaiga a Aitulagi.
'O le mea lea, 'o lou lafo lea 'ua iai le 'ie o le mālō.
Liugalua so'u leo, 'o lou pāsese lea e selau tālā.
'Ae fa'amalie atu, 'ua 'a'ao vāivai le susuga a le peresitene;
Ma le 'ōfisa nei.
Soifua.

'O le 'Avega o Isi Itūāiga o Sua

Lāuga
'Ua pa'ia fafo, 'ua pa'ia fale.
'Ua pa'ia le mea nei 'auā 'o le malae o le sa'iligāmālō i le Atua.
'Ua pa'ia 'auā 'o le afio'aga o le toea'ina fa'atonu
O le 'ekālesia Sāmoa.
'Ua pa'ia fo'i maota na 'auā 'olo'o alaalata'i ai
Le faigāmalaga mamalu mai Niu Sila.
Lau susuga a le peresitene ma le 'autalavou.
Fa'amālō i le alofa o le Atua
'Ona 'olo'o aoina pea le māsina i lou tou soifua ma lo tātou ola.

'A 'o lenei itūlā, alo maia:
Se'i taumafai atu le 'autalavou a lenei nu'u
'Auā e faigatā lo tā vā nonofo.
Silafaga ia:
'O la 'outou sua fa'atamāli'i lenei:
'O le suataute, 'ua iai le su'iga, e ufi laulau i le vala.
'O le laulau, 'ua iai le fa'avevela ma le ta'ailepaepae.

Liugalua lo'u leo, 'o la 'outou suatalisua lenei.
'Ua iai le tā'aifā, 'ae ufita'i 'i le 'ie o le mālō.

E fa'amalie atu i lau susuga a le peresitene
Ma le mamalu o le 'autalavou.
'Āfai e lē tau la 'outou silasila,
Mālilie 'ua lima vāivai lenei nu'u.
'O le mea sili o lo tātou mativa fesāga'i.
'Ā iai se aso tātou te fa'amāvae ai,
Vāelua tutusa e le Atua so tātou manuia.
Soifua.

Lāuga Tali

'Ua taliga i fialogo e pei 'o le mauga i Salāfai i lou fofoga lafolafo.
'O le finagalo taumomoli lava lea i le susuga a le toea'ina fa'atonu
Ma le mamalu o le 'ekālesia.
'Ua silasā'aga fo'i le faigāmalaga nei
E pei 'o le 'upu i le Manu'atele.
Lea 'ua silasila atu le susuga a le peresitene
Ma le nofo a tofi o lenei faigāmalaga
'I au teu fa'atupu ma le fa'atamāli'i.
'A! 'Ua fa'amālō le fa'aaloalo, fa'amālō le teu.
'Ia, 'ole'ā teu ma afīfī faiva o Matalā'oa.
E sau se taimi tali le suataute a le faigāmalaga.
'Ae fa'apea, lau tōfā i le failāuga,
'O lou lafo lea e selau tālā.
Finagalo malie, ona pau lava o tupe 'ua maua;
'Ua 'a'ao vāivai le faigāmalaga.
Soifua

GĀLUEGA FAUTUAINA

I. Siaki po ʻo ā mea ʻua iloa e le vasega e uiga ʻi nei tū ma aganuʻu Faʻasāmoa i le faiga o le sua.

II. Iloilo uiga ma taʻuga ʻuma o le ʻupu "sua."

III. Sāuni ʻuma mea e faʻatino ai taʻigāsua.
Fai se lisi ma suʻe po ʻo ai e maua maia ni isi o mea e fai aʻi le sua faʻatupu.

IV. Talanoaga i mea ia:
ʻO ā faiga o le sua faʻatūmua pe ʻā taʻi? Faʻamatala i se tala po ʻo se ata.
ʻO ai ʻua ʻauai i taʻiga o ni sua? Faʻamatala lea tūlaga o le aganuʻu.
Fai sau lāuga e taʻi ai le sua i se matai o lo ʻoutou ʻāiga. E manaʻomia lou silafia o faʻalupega o lo ʻoutou ʻāiga ma le nuʻu.

ILOILOGA O LE MATĀʻUPU

Vāega I

Fai mea ia ma tali fesili:
Taʻi mai le suataʻi ma faʻavasega mai mea e faʻatino ai vāega e lua o le sua.

Vāega II

Faʻamatala mai le faiga ma le taʻiga o le sua faʻatupu

Vāega III

ʻO ā ala e tatau ai ona taʻi e lo ʻoutou ʻāiga se sua a se isi?

Vāega IV

Folafola le sua a lou tamā sā taʻi atu e se ʻāiga; manatua faʻalupega o le tagata e ona le sua ma le tagata na ʻaumai ai le sua.

Vāega V

ʻĀ ʻe talitonu e saʻo lou manatu, ona e tago lea e faʻasaʻo:

1. ʻĀ taʻi mai lau suataute, ʻave le niu e inu e lau tulāfale.
2. ʻAve se lafo o le tagata lā e folafolaina lau sua.
3. ʻAua neʻi folafolaina lau sua neʻi iloa ʻe se isi.

4. 'Ā mā ō ma le faife'au, e ta'i fo'i la'u sua.
5. 'O le tofiga lava o le tulāfale, 'o le 'ailao o le lafo.

Vāega VI

Fatu sau solo i le ta'iga o le sua.

Vāega VII

Fai sau lāuga e tali a'i le fa'atamāli'i lea 'ole'ā ta'i atu iā te 'oe.

Vāega VIII

Fa'asolo lelei le ta'iga o le sua, 'āmata fa'apea: "Alo maia 'o lau fa'atamāli'i lenei 'ole'ā fōufou atu."

Vāega IX

'O le ā le sua aupito mamalu? Fa'amatala le faiga o lenā sua.

Vāega X

'O le 'upu "sua" 'o le fa'avae po 'o le a'a (*rootword*). Fau mai ni au 'upu e maua ai le 'upu "sua"; fa'ata'ita'iga: sua, suasua, susua, tausua.

FA'ALEOGA MA FA'AUIGAGA O 'UPU

'ailaoga o le lafo	folafolaga o le foa'i
aloali'i	alo o le ali'i po 'o le alo o le tupu
amoamosā	'o le laulau e iai le tā'isi ma le moa
ufi laulau	siapo po 'o le 'ie e ufi ai le laulau
fa'afaō 'i ai 'a'ao	fa'agāsegase pē fa'aaogā 'i ai lima
fa'agāsegase	'ua lailoa i le faiga o le sua
fa'atālaleu	fa'alēāmana'ia
fa'atāsinaga	fai ma mea ula
fa'avevela	tā'isi o le sua
feta'aloloa'i	'o le feoa'i solo
filiga o le laulau	itū o le laulau'ai e iai le filiga
finagalo taumomoli	tōfā a tamāli'i
foafoaga a le Atua	gāluega a le Atua
fofoga lafolafo	fetalaiga a le tulāfale
gāfatasi	gafa e alu to'atasi; fa'alupega o Fuimaono
gāoioiga sesē	e lē sa'o faiga
lafo	totogi o le tulāfale lea e lāuga
liugalua so'u leo	fa'aluaina le leo i se isi fōa'i
malutia	puipuia
maniti a tamāli'i	lā'ei o tamāli'i
maota nā	fale nā o tamāli'i
mativa fesāga'i	mātitiva lava 'ae fesāga'i i fa'alavelave
moepi'ilima	moa tunupa'u
nofo fa'aseuapa	nofo fa'atafa; fa'asēsē 'ese
pēlega o lagi	'oloa ma mea'ai e fa'aali ai le pele o le maliu
sā'iligamālō	tausu'ega o se mālō
sāō fa'alālelei	fa'afetai fa'aaloalo
silamiō	mata'i lelei
solitū	tū ma tautala
sua asonoa	sua e fai 'i aso 'uma a le matai
sua fa'atamāli'i	sua e ta'i āloa'ia mai 'i le tamāli'i
sua fa'atūmua	sua e ta'i 'i tulāfale
sua fa'atupu	sua e ta'i 'i tupu
suatalisua	sua e tāumafa i se isi taimi

suataute	‘o le sua e taumafa i lenā lava taimi
suaapi	sua e ta‘i i le api po ‘o le tagata malaga ‘olo‘o nofo i le ‘āiga
suata‘i	‘o le sua e ta‘i āloa‘ia i malae
su‘iga	‘o le niu o le suataute
sulu ‘aulama	sulu po ‘o le afi e fai i ‘aulama
ta‘ape le filiali‘i	ta‘ape ali‘i e to‘atele
tāeao mamala	tāeao e malaia ai le tagata pe ‘ā so‘ona tautala ‘i ai
tagi‘ū‘ū	tagi lē tautala; fa‘anoanoa loloto
ta‘iga o le sua	‘o le talimālō fa‘atamāli‘i
tala Masinei	fafine faitala
taule‘ale‘a taufafo	tama e folafolaina mea i fafo
teu ma āfīfī faiva o Matalā‘oa	fāgota ma nanā le faiva o le nu‘u o Matalā‘oa
tū ‘i sī‘ui ‘ae sāusau ‘i moana	tū i se fa‘asi‘usi‘uga o se mea ‘ae fāgota i le moana; tū i tūlagavale ‘ae tautala aga‘i i le mamalu o tamāli‘i
vai ‘ua līua	‘ua liliu le ālavai

MATĀ'UPU 4: 'O TALIGĀMĀLŌ A SĀMOA 'UA TAU MOU ATU

‘UPU ‘AMATA

Masalo e to‘atele le tūpulaga i nei aso e le‘i tau ane lava ‘i isi o talimālō ‘olo‘o tūsia i lalo, ‘ae masalo fo‘i e lē ‘o popole tele ‘i ai; e leai fo‘i se mea ‘o iai ‘auā e sau lava le fuata ia ma lona lou. E tāua tele i nei aso ona toe fa‘amanatu ‘a ‘o tau fa‘avasega e le ‘ausu‘esu‘e tū ma aganu‘u a Sāmoa. E tatau lā ona fa‘amatala po ‘o ā ia talimālō a Sāmoa ‘ua lē toe mamao ‘ae mōu atu. I lenei taimi, ‘ua tele ‘ina āmana‘ia tū ma aganu‘u a atunu‘u ‘ese‘ese e tagata o le lalolagi; masalo ‘ona ‘o le faigōfie o ala o feso‘ota‘iga i nei onapō, ‘ua mafai ai e tagata i atunu‘u mamao ona silafia mea ‘olo‘o tutupu ‘i isi atunu‘u.

‘Olo‘o fa‘amatala atu lā i lenei matā‘upu, talimālō a Sāmoa ‘ua tau mou atu; e pei ‘o le ta‘alolo, laulautasi, ‘aiavā, ma umufono; e fa‘apēnā fo‘i ma ni isi o ta‘aloga e pei ona māsani ai tagata Sāmoa i taimi o faigāmalaga; e pei ‘o ta‘aloga ia o le kirikiti, tāgāti‘a, ma le taulafoga. ‘Olo‘o tūsia au‘ili‘ili atu i lalo fa‘amatalaga o nei mea ‘ese‘ese. E fa‘apēnā fo‘i āiaiga mo le faiga o se so‘o po ‘o se malaga e alu, ‘ina ‘ia mātauina ai e le ‘autalavou faiga moni o taligāmālō fa‘aleatunu‘u.

I. ‘O TALIMĀLŌ ‘ESE‘ESE

‘O le Ta‘alolo

‘O le tasi lenei talimālō a Sāmoa ‘ua seāseā faia i aso nei; ‘ae sā māsani ona fai ta‘alolo pe ‘ā talimālō tautupu ma mālō māualuluga a le atunu‘u, ‘aemaise le taliga o paolo po ‘o le faiga o fa‘aulufalega.

‘O le uiga o lenei mea ‘o le ta‘alolo, ‘o le talimālō e aofa‘i atu ‘i ai tagata e to‘atele i se mea e tasi. ‘O le fa‘ata‘ita‘iga: “ ‘O fea ‘ua ō ‘i ai tagata o lo ‘outou nu‘u?” ‘O lona tali e fa‘apea, “Sē, ‘o le lā ‘ua ta‘alolo ‘uma atu lava i le fale o le pulenu‘u mo le taliga o mālō.” ‘O lona uiga, ‘o se talimālō e ō potopoto ‘i ai le to‘atele o tagata o le nu‘u po ‘o le itūmālō e fai se fōa‘i mo mālō.

‘O le faiga o le ta‘alolo, e sāvalivali potopoto ‘uma matai ma tāulele‘a o le itūmālō po ‘o le nu‘u, ma pepese i le ‘auala tele aga‘i i le malae ‘olo‘o tali ai mālō. ‘O le talimālō lenei e ta‘ita‘i e le sa‘o ‘aumaga, po ‘o le ‘augafa‘apae, po ‘o tamāli‘i fo‘i ‘olo‘o tuīga. E pito ‘i luma tamāli‘i, ma e fa‘aaogā nifo‘oti e ‘ailao ai pe vili, ‘a ‘o fa‘amāliuliu i luma o le ta'alolo. E fōlifoli aga'i i luma ma toe fo'i i tua tamāli'i ma e fefo'ifo'ia'i i luma ma tua mo se taimi. 'Ā sisiva, ona tu'u 'ese lea 'o nifo'oti; pe tusa e fa'alua pē fa'atolu ona fa'atutū i lalo le solo potopoto lenei, 'ae fai le pese se'i sisiva tamāli'i 'olo'o mo'emo'e i le ta'alolo. 'O lona fa'atolu o le fa'atutū i lalo o le ta'alolo e pepese, 'ole'ā sisiva tonu ai loa i luma o le maota 'olo'o iai mālō tamāli'i nei 'olo'o mo'emo'e ma tuīga. 'Ā 'uma le siva fa'ai'u lenei, ona fo'i mai lea i tua o tamāli'i, 'ae gāsolo atu tagata o le ta'alolo ma ā lātou fōa'i i le malaga. 'O isi fōa'i e fai meaalofa i niu po 'o fua o fa'ato'aga; 'a 'o isi ta'alolo, e fai fōa'i i mea taulima e iai 'ato ma to'oto'o, ma isi mea taulima a Sāmoa.

'O le fa'a'au'au o le ta'alolo, o se manufata, 'auā 'o le manufata e tāua tele mo se fa'aoso o mālō. 'Āfai fo'i 'ole'ā ta'i ai se sua, ona āgiga ai fo'i lea 'o se 'ie o le mālō. 'E ōmai 'i fafo tulāfale o le malaga 'olo'o i le fale o mālō, e tali maia le ta'alolo 'ua ave atu.

'O tamāli'i sā tuiga i le 'avega o le ta'alolo, e sao aluma i le sāofa'iga a le itūmālō i le malae. 'O fale'upolu o tōfiga, po 'o fale'upolu fāi'upu o le itūmālō, e faia le fā'atau; 'o lona uiga o le fā'atau, 'ole'ā fīnau po 'o ai 'ā lāuga mo le 'avega o le ta'alolo.

E fai tēuga fa'atūmua a tulāfale 'uma. E lā'ei 'i le siapo; e tū le to'oto'o, e tautau fo'i le fue. 'Ā tasi le fā'atau, ona lāuga lea 'o le to'atasi o tulāfale, 'ae fa'amaui to'oto'o o isi tulāfale ma nonofo i lalo. E muamua tu'u i lalo to'oto'o o tulāfale ma tō'ese fue mai 'i tau'au, ona fa'ato'ā nonofo lea i lalo; e lē ō 'i tua 'ae nonofo ai pea i lo lātou laina i luma.

'O tēuga a le tāupou ma le mānaia e mo'emo'e i ta'alolo, 'o tēuga lava fa'atamāli'i ma tēuga moni fa'aleatunu'u. E fai le lauulu po 'o le tuīga, e lāvalava i le 'ie tōga po 'o le siapo; e fai le titi fulumoa ma le 'ulānifo. 'O le mānaia e tatau ona iai sana pe'a, 'a 'o le 'augafa'apae, e tatau ona iai sana malu. 'O le isi lea māfua'aga tāua na ala ai ona fai le tatau a Sāmoa. Sā iai le manatu Fa'asāmoa anamua e na'o tāupou ma mānaia e fai a lātou tatau ma a lātou nifo'oti ma o lātou tuīga, 'auā na'o lātou e mo'emo'e i ta'alolo; 'ae peita'i 'o aso nei, 'ua pule lava le tagata ia.

'O le Laulautasi

'O le talimālō māsani lenei 'olo'o fa'aaogā pea i nu'u i Sāmoa i aso nei. 'O le laulaútasi, 'o lona uiga, e togi tasi saofaga, ma e laulau ta'itasi mea tōgia o le talimālō. E potopoto fa'atasi 'i ai matai o le nu'u 'ātoa. 'O ē 'uma e fai mōnotaga, e 'auai i lea talimālō; 'a 'o tāulele'a e 'au'auna i le faiga o le talimālō. E potopoto matai o le nu'u ma tāulele'a i se fale e latalata i le fale 'o iai mālō. E na'o le ali'i maualuga o le nu'u e ulufale i le fale 'olo'o iai mālō, ona lātou māimoaina fa'atasi lea 'o le faiga o le laulautasi.

E sāofafa'i 'uma i fafo matai ma tāulele'a o le nu'u, 'ae tū se tulāfale i luga e fōlafola saofaga a matai ta'ito'atasi ma fai ana 'upu fa'apea,

'O le laulautasi lenei a le Manu o le Tuasivi,

'Ua iai le fīliga,
'Ua iai le ta'ailepaepae;
'Ua iai le luagamata,
'Ua iai ma le vailolo.

'Ā 'uma, ona momoli lea 'o le 'ato e iai lea laulautasi i luma o mālō. E auaua'i ta'itasi 'ato o laulautasi i luma o mālō se'ia māe'a lelei saofaga a matai o le sāofa'iga. E sāofafa'i tulāfale o le malaga i lumāfale o le fale e tali maia le laulautasi a le nu'u 'olo'o fa'asolo atu, 'a 'o tāulele'a o le malaga, lātou te fa'avasegaina mea'ai, ona fa'ato'ā folafola ai lea.

'O le tagata e laulauina le laulautasi, ma le tagata o le malaga e folafolaina, e tatau ona māsani i 'upu fa'aaloalo o le palapala a mālō. 'O le taule'ale'a taufafo o le malaga, na te 'alagaina ma fōlafola le laulautasi i 'upu fa'apea,

'Ua pa'ia maota na ma le tupua, tulou,
'Ae māgalo ia lo'u tūlaga
'Ae se'i 'ou fa'amanusinaina le fa'aaloalo maualuga '
'Auā le 'avatāeao ma le laulautasi pa'ia,
Na fa'agāsegase 'i ai le pa'ia o lo lātou to'afā,
Le pa'ia o alo o Mālietoa
Ma le mamalu o le lotoifale o le Manusāmoa.
Silafaga maualuga maia lau afioga a le Tuiātua fā'anōfonofo
Ma le mamalu o le Faleātua ma Sāle'a'aumua,
Fa'apea fo'i le mamalu o la tātou faigāmalaga.
'Ua i o 'outou luma le manufata: e sefulu fīliga;
E sefulu moepi'ilima; e sea'ea le vailolo,
Ma le matāgafulu o fuāuli. Fa'afetai le fa'aaloalo; fa'afetai le teu.

'O isi nu'u, e fai le laulautasi pe 'ā 'uma le 'ava o le feiloa'iga ma mālō, ona ta'u lea 'o le laulautasi lenā o le " 'avatāeao"; 'a 'o isi nu'u, fa'ato'ā fai le laulautasi i le aso 'ole'ā fa'amāvae ai le malaga; 'o mea'ai nā e fai ai lo lātou fa'aoso.

'Āfai 'o se malaga e malaga mamao i le vasa e pei 'o le ō i Savai'i, ona ta'u lea 'o lo lātou fa'aoso o le "masimasimaivasa", 'ae 'āfai e ō i nu'u tuā'oi, ona ta'u lea 'o le fa'aoso o le "saumōlia."

'O le 'Aiavā

'O le 'aiavā, 'o le talimālō lea e tulimata'i e tagata o le malaga, pe mata e fai se 'aiavā pē leai a le nu'u lea 'ole'ā momoe ai. 'O le talimālō lenei, 'o le fōa'i i mālō e ala i mea tāumafa po ʻo ʻoloa pe ʻā faʻamāvae ma mālō; ma e tali tutusa le faiga o le ʻaiavā ma le laulautasi; ʻae peitaʻi o le ʻaiavā, e faʻatoʻā fai i le pō. E fōliga mai le talimālō lenei, ʻo se mea e patino i aualuma ma ʻaumaga a le nuʻu. E saofaga tutusa tagata i mea e faʻatino ai le ʻaiavā, ʻae ʻā maumea lava le tagata ia, ona lē faʻatuāʻoia lea ʻo lana ʻaiavā po ʻo lana fōaʻi. Sā māsani lava ona fai ʻaiavā naʻo meaʻai, ʻa ʻo lea foʻi ʻua faʻaopoopo ʻi ai ma ʻoloa a papālagi ʻi nei aso, ʻai ona ʻua maua tupe e tagata ʻuma.

I le taimi o ʻaiavā, e tū le alo o le tulāfale ma laulau taʻitasi saofaga a tāuleleʻa po ʻo tamaʻitaʻi o le aualuma. ʻO lenei aganuʻu, ʻāfai ʻo mālō e iai se aualuma teine, ona ʻaiavā lea ʻo le aualuma tama a le nuʻu, ʻae ʻāfai o le malaga a se aualuma tama, ona ʻaiavā lea ʻo le aualuma teine; ʻo le taimi foʻi lea, e lē toe taʻua ai le ʻupu lea ʻo le ʻaumaga, ʻae taʻu loa ʻo le aualuma, ma faʻaaogā loa lo lātou igoa aualuma. ʻO se faʻataʻitaʻiga: ʻĀfai ʻo le ʻaumaga a Meleiseā i Faleālili lea e faia le ʻaiavā, ona faʻaaogā lea o lo lātou igoa aualuma, ʻo Tama o le Lagaʻali; e faʻapēnā foʻi i isi nuʻu o Sāmoa e fai igoa aualuma o a lātou ʻaumaga.

ʻO se talimālō faʻafiafia loto le ʻaiavā. Masalo na faʻaigoa lenei talimālō ʻo le ʻaiavā ʻona ʻo pō e fai ai le ʻaiavā, e nofo tovā ai teine o le nuʻu ma tama o le malaga pe ʻā ʻaʻai. ʻO le taimi foʻi lenei e fai ai a lātou soloʻava. ʻĀ leai se soloʻava a se pāga, ona tutū lea i luga e sisiva. ʻUa lē mautinoa lelei le māfuaʻaga ma le uiga o lea ʻupu ʻaiavā ma le māfuaʻaga ʻua faʻaigoa ai lea talimālō a le atunuʻu ʻo le ʻaiavā, ʻae ʻua naʻo se tau mātematega faʻapea ʻo le ʻupu ʻaiavā e māfua mai, ona ʻia " ʻai ma le āva"; pē māfua i le ʻaʻai tovā o tama ma teine; pē māfua foʻi i le ʻaʻai ma fai ai ma soloʻava. ʻA ʻo le mea sili ona popole ai, neʻi faʻauiga le talimālō lenei a Sāmoa o le ʻaiavā, ʻona ʻo le maua ai o se āvā a se tasi o le malaga. ʻO le faʻamoemoe o malaga a aualuma tama anamua pe ʻā faʻalelea, ʻia foʻi lava le malaga ma so lātou ʻai; ʻo lona uiga o le upu " ʻai," ʻia foʻi le malaga ʻua ʻave ai se āvā a se tama o le ʻaumalaga. Ona faʻapea lea ʻo faʻaʻupuga, ʻua sau le malaga ma le ʻai; po ʻo le faʻapea, ʻua maua le ʻai o le malaga.

ʻO le Umufono

ʻO le talimālō lenei ʻo le umufono, e fai ʻona ʻo mālō faʻafuaseʻi. E faʻatoʻā iloa mulimuli ane e tāuleleʻa o le nuʻu ʻua pō. E lē faia i se tāeao se umufono, ʻae fai i le afiafi pō ʻa ʻo leʻi faia faigālotu o le afiafi.

ʻĀfai ʻo se aualuma teine mālō ʻo i se ʻāiga, ona faʻapotopoto lea ʻo tāuleleʻa o le nuʻu e ao mai soʻo se meaʻai ʻua maua. Ona pepese faʻatasi lea ma ō agaʻi ʻi le fale o le ʻāiga ʻoloʻo iai mālō. E tusa lava pē iai se isi o le ʻāiga e tali maia le umufono pe leai; ʻae naʻona tuʻu lava ʻo meaʻai i lumāfale o le ʻāiga ma fai ʻi ai le lāuga e momoli ai le umufono e faʻapea,

E fa‘amalie atu i le afio mai o lau afioga Tāiai
Ma le pa‘ia o le aualuma,
‘Ua lē māua e tama o le Laifogi lou taimi tō‘ai i le nu‘u nei;
‘Ae ‘ole‘ā mātou toe ōmai i se taimi o le pō nei tātou te fiafia.

‘O tama o le Laifogi, ‘o le aualuma a Palauli i Savai‘i.

E toe fo‘i tāulele‘a ma fai la lātou saofaga o mea‘ai, ona ‘aumai lea e fai ai la lātou tāuga i teine o le malaga. E laulau mai e le taule‘ale‘a o le ‘āiga ‘olo‘o iai le malaga le umufono ma le tāuga a tāulele‘a. ‘Ā ‘uma tāumafataga o le afiafi, ona fai lea ‘o siva; e tusa lava pē to‘atasi pē to‘alua teine o le malaga, e fai lava siva a tāulele‘a ma teine, ma ‘ole‘ā fa‘asiva ai le sa‘o ‘aumaga a le nu‘u pe ‘ā ‘auai; ‘ae fa‘ai‘u i le alaalafaga ma teine o le malaga. E tāli alu le pō ‘ātoa, ‘o talanoa lava le sa‘o ‘aumaga ma teine o le malaga, ‘ae pēsepese lava le to‘atele o tāulele‘a ma tātā le ukulele mai i le talātua o le fale, se‘ia o‘o ‘ina fa‘atōfāina le pō.

‘O le Āsiga o le Malaga

‘O le māsani a le atunu‘u o Sāmoa, e femālagaa‘i ona tamāli‘i i totonu o le atunu‘u po ‘o atunu‘u fo‘i i fafo. E tatau ona asi se malaga a lou ‘āiga, ‘auā ‘o le āsiga o le malaga, ‘o se talimālō fa‘apitoa i lagona o le tagata lava ia, ‘aemaise le fa‘aalia o le alofa ma le fa‘aaloalo o tagata o ‘āiga. ‘O mea e asi ai malaga, ‘ā lē ‘o se pua‘a, ‘o se tā‘aifā; po ‘o se tupe ma ni lavalava; ‘aemaise ‘o le ta‘iga o se sua. ‘O se mea tāua fo‘i i fānau a le atunu‘u ona mālamalama i fa‘a‘upuga e folafola ai se āsiga o se malaga e pei ‘o ‘upu nei:

Fāliu ia se silafaga maualuga i lau susuga a le ‘Ie, Sāgapolutele,
Se taga‘i mālamalama i le Tāofia ma le Uso,
‘Ae ‘ole‘ā ‘ou tautala i le teu fa‘aaloalo na fa‘afaō ‘i ai ‘a‘ao
Ma mā‘au ‘i ai le afioga a Tagoa‘i ma le faletua.
‘O pēlega nei ‘o lou lātō i le ‘ea ma lou lātō i le ala
Ma le āsiga o lau faigāmalaga,
‘Ole‘ā ‘ou folafolaina atu:
‘Ua iai le tā‘aifā;
‘Ua iai le ‘ie o le mālō;
‘Ua iai le luaselau tālā;
Fa‘apea fo‘i tēuga ‘ese‘ese i mea tāumafa ma ‘oloa.
Fa‘afetai fa‘aaloalo.”

'O Ta'aloga

'O le tasi talimālō a Sāmoa, 'o le faia lea o ni ta'aloga e fa'afiafia ai le 'aumalaga ma tau fa'anōfogōfie ai le 'u'umi o aso 'ole'ā nonofo ai le malaga i se nu'u pe 'āfai 'ole'ā loulouā le tau.

'O le Kirikiti

'O ta'aloga lava e māsani ona fai, 'o le kirikiti, 'o le tāgāti'a, ma taulafoga. 'Āfai 'o le kirikiti e mānana'o 'i ai mālō po 'o le nu'u, ona fa'atū loa lea 'o se tama'i fu'a 'ie'ie i luma o le fale 'o iai mālō. 'O lona uiga, 'ua lu'i e le 'au a le nu'u le 'au a mālō. Pē fa'atū fo'i e mālō se fu'a i le malae o le nu'u; 'o lona uiga, 'ua lu'i e mālō le 'au a le nu'u. 'Āfai e talia e so'o se itū 'ua fa'atū ai le fu'a, ona se'i 'ese lea 'o le fu'a; 'o le fa'ailoga lea 'ua talia le mana'o 'ole'ā fai ta'aloga. E 'ave le fa'aaloalo i le malaga e tatā muamua ai.
E 'āmata kirikiti e tāulele'a, 'ae 'uma ane ta'aloga, 'ua 'auai le nu'u 'ātoa. 'O tamāli'i e tatā, 'a 'o tāulele'a e talitua'ā. 'O fafine ma tamaiti, lātou te faia le lape, ma e fa'ai'u le ta'aloga lenei i siva o le osiga o le to'ilalo.

'O le Tauti'aga po 'o le Tāgāti'a

'Āfai 'o se tauti'aga, 'o lona uiga, e ta'a'alo na'o tamāli'i. E sāuni e le nu'u fusiti'a, ona momoli lea i luma o le maota 'o iai mālō le fusiti'a. 'Ā tūla'i mai se matai o le malaga e tā se ti'a i pāga, 'o lona uiga, 'ole'ā fai le ta'aloga. E auaua'i 'uma matai e tatā, ma e tofu le tagata ma lana ti'a.

'O le ti'a, e faia i se fasi lā'au lāpotopoto e tāi pei 'o le limatusi lona lāpo'a; 'a 'o le 'umi pē tusa 'o le tolu futu, ma e fai i se lā'au e molemole 'ae lē pōnā. E fa'aaogā le oneone e fa'amolemole ai le tino o le ti'a, 'ina 'ia malie le lele a le ti'a.

'A 'o sāuni le tāga o le ti'a a se tamāli'i, e pepese 'uma le 'au tāpua'i a tamāli'i i le pese e fa'apea:

Sau sau tī'a e,
Tau tālia mai.
E iloga le ti'a e malie,
Na'ona fifīmālie.

'Ā malie le ti'a ma lele mamao, e savali se taule'ale'a e fua le mamao o le alu a le ti'a; 'ae 'āfai e mamao tele ma lē iloa le mea 'ua sulu 'i ai le ti'a, 'o lona uiga 'ua lē mafai ona fua le mua a le ti'a. Ona maua loa lea 'o le alagā'upu lea e fa'aaogā so'o e tulāfale e uiga 'i le to'asā o le Atua: " 'O le ti'a e lē seua ma le mua e lē fuatia." 'O lona uiga o ia fa'a'upuga, 'o le to'asā o le Atua, e fa'atusatusa i le ti'a e lē mafai ona seua e se mea, 'a 'o le mua fo'i e lē mafai ona fuafuaina e se isi. 'O le 'au lā e tele mua 'ua lē mafai ona fuatia, 'o le 'au lenā e mālō.

'O le Taulafoga

'O le tasi fo'i lenei ta'aloga fa'apitoa i tamāli'i po 'o matai fo'i. 'O le ta'aloga e fāi'au. E fetaui le 'au lafo i tagata mātutua, 'o ē e lē lāvavā tā'a'alo i fafo 'auā e na'ona se'e lava i luga o fala. 'A 'o le'i faia le ta'aloga, e sāunia muamua tōtoga o le ta'aloga e pei 'o le "fafao" po 'o le 'ato e fai 'i ipu popo e teu ai tupe. E tatau fo'i ona iai ni tupe e fai ai le lafoga. 'O tupe ia sā fai i atigi ipu po 'o tifa vao i aso anamua. E tatau ona iai ni launiu ta'isāelua e fa'aputuputu aga'i i luga, ona fofola ai lea i luga o le fala lafo.

E iai le gagana fa'apitoa o lenei ta'aloga e mana'omia ai au su'esu'ega; e pei 'o nei:

'Ua 'ātoa tupe i le fafao.
'Ua nōfoia fala o 'au lafo.
'Ua pao le tupe muli.

II. 'O FA'AFIAFIAGA, PŌULA, MA FA'AMĀVAEGA

So'o se taligāmālō lava a Sāmoa, e māsani lava ona fa'ai'u i fa'afiafiaga ma pōula. 'Ā fai fa'afiafiaga, ona fa'afesāga'i lea 'o aualuma, ma e tasi lenei talimālō e fiafia tele ai tagata 'auā 'o le soifuaga o tagata Sāmoa e fiafia, mimita, ma lotonu'u; 'aemaise le fene'ei ma le fia sisiva.

E femitai aualuma pe 'ā fa'alagi mai o lātou fa'alupega o aualuma. 'O isi nu'u po 'o itūmālō e fai igoa fa'apitoa o o lātou aualuma e fa'atatau i uiga 'o se 'upu 'olo'o fa'aigoa ai.

'O le taimi e fa'aaogā tele ai le igoa aualuma, 'o le taimi e fai ai pōsiva ma pōula pe 'ā alu se malaga; pe 'ā fai ni ta'aloga po 'o le fa'afesāga'i o paolo i fa'alavelave fai a le atunu'u. 'O le uiga lā o le 'upu aualuma, 'o le pito 'i luma, po 'o le auaua'i i luma e fesuisuia'i ai le saoaluma pe 'ā fai fiafia. 'O ni isi nei o aualuma a nu'u ma itūmālō lātou te faia fa'afiafiaga. Va'ai pē iai se aualuma a lo 'outou nu'u i le lisi 'olo'o i lalo.

'O ni isi nei o aualuma tāne o nu'u po 'o itūmālō:

Fasito'outa	Tama o le Mau'utoga
Falefā	Tama o le Togo'ula po 'o Tama o le Fua'ō
Faleālili	Tama o le Laga'ali
Sāfata	Tama o le Sātali
Palauli	Tama o le Laifogi
Matāutu	Tama o le Talaulelo

Amaile	Tama o le Pani'ula
Fale'ula	Tama o le Mati'ula
Satupa'itea	Tama o le Tipa'ula
Si'umu	Tama o le Tuna'ula
Pu'apu'a	Tama o le Fala'ula
Āsau	Tama o le Gata'ula
Faleāsi'u	Tama o le Ise'ula
Sāsina	Tama o le Gau'ula
Sala'ilua	Tama o Apialua
Lefaga	Tama 'Ainiusami
Manono	Tama o le Tu'iē
Aleipata	Tama o le Matāmatagi

E iai fo'i aualuma o tama'ita'i e pei 'o nei:

Matāutu i Lefaga	Teine o le Lausalato
Fasito'outa	Teine o le Tēvolo
Sātalo	Teine o le Lautīpolo
Si'umu	Teine o le Laumoso'oi
Apia	Teine o le Vine'ula

'O Faigāsiva

'O le tasi lenei talimālō tāua, 'o le faia o faigāsiva; ma 'o se fa'amālosi tino fo'i i tagata 'uma 'auā e mālosi ai le tino; e mālōlōina ai le māfaufau ma le loto pe 'ā fiafia. E 'āmata mai lava i tamaiti, e o'o i lo'omātutua ma toea'i'ina le matatiaiala o tagata 'uma pe 'ā sāuni ni fa'afiafiaga; 'aemaise lava pe 'ā ōlioli i ni taligāmālō tetele i le fa'afesāga'iga o paolo ma aualuma i nunu fa'aipoipo ma nunu fānau. E fa'aoso ai lagona mimita, lagona fiafia, lagona fa'aalialiavale, ma lagona fiailoa. 'O ni isi fo'i fa'afiafiaga, e tutupu ai misa pe 'ā sesē ona fuafua le faiga o le taualuga 'auā 'ole'ā fa'aali ai le fia maualuga o le isi 'āiga tamāli'i 'i lō le isi 'āiga tamāli'i. E ui lava 'ina 'ua 'uma ona tofi tūlaga o nu'u, 'ae galo lava pe 'ā fiailoa, 'aemaise fo'i pe 'ā lē mālamalama i fa'avae o le nu'u ma le itūmālō.

'Ā fa'asolo lā taualumaga o pō fiafia, e fa'apea ona fai, e pei ona pepese ai le 'ausiva a faiā'oga a Sāmoa i le South Pacific Arts Festival sā faia i Rotorua, Niu Sila, 1976.

'O le Laulausiva

'O le pese 'āmata lenei o le feiloa'iga e vivi'i ai le pa'ia o le afio'aga 'olo'o tali ai mālō ma pa'ia o le malaga. E fai ai le fa'afetai i le Atua ma le agalelei o le nu'u.

Laulausiva:

'Ua muā muā lenei pō.
'Ua 'ātoa tupe i le fafao.
Le pa'ia 'ua aofia.

Tulou ia, tulou ia
Tulou na
Le pa'ia 'ua aofia.

1. Tālofa le pa'ia ma le mamalu.
'O ou faigatā ia nu'unu'u atu.
'O fiafiaga teu 'i si ou fatu.

Tali:

Sāmoa i Sisifo lenei 'ole'ā fa'afiafia atu.
'Ā iai 'o so'u sesē 'ia 'e alofa fa'amagalo a'u.
'O le tautai matapala e sesē lava 'i ama lana atu.
Ia malie afenoa, 'o lau māimoa
Tula'i mai loa
Se'i 'e silasila i fiafiaga Fa'asāmoa.

2. Tātou molia le fa'afetai
'Ina 'ua tātou aulia mai
Lenei aso sā fa'atali 'i ai.

Tali:

Le pa'ia ma le mamalu lenei 'olo'o 'ua aofia mai
Mai atunu'u 'ese'ese na 'outou āfifio mai ai.
'O 'ita o Sinafa'amanu 'e te lē lilo 'e te lē lanu.
E lē 'o se timu tō fa'aafuafu,
'A 'o le tai papa'u,
'Ae 'avatu pea ia e fa'amālū ai lou fatu.

3. Sala o se pati mālū o le vai,
Va'atele mai 'o 'oe 'o le tautai.
E fa'amoemoe 'o 'oe 'ou te malu ai.

Tali:

(Va'ai le tali o le fuai'upu lona lua e tali ai le fuai'upu tolu.)

'O le Soa 'Āmata

'O le soa lea e māta'ina 'auā 'o se tamāli'i tāua lava na te tatalaina, ona soso'o ai lea ma le auaugāsoa a tama ma teine, po 'o fafine ma tamāloloa. 'O le isi uiga o le upu soa, 'o le pāga; 'ā fai le soa, e siva teuteu le isi, 'ae 'aiuli le isi.

Pese:

1. Usi lau fa'alogo, 'ae se'i ou tala 'oto'oto.
   'O le siva Sāmoa, e pele lava i si o'u loto.
   Ta te moemiti 'i nai ona taga
   Pe 'ā fai 'ole'ā fa'asolo
   E ofo o si ou loto, e tau lē mau fo'i au nofo.

Tali:

Atunu'u 'uma 'ou te ta'utino atu
E sili 'o le siva Sāmoa.
'Ā fai la 'e te fia talitonu
Sau ia se'i 'e māimoa
'I si ona faiga e fesuisuia'i .
E lē tūmau 'i se mea e tasi.
E lē gata i le se'e, tino'ao fa'amāne'ene'e.

2. Silasila lā'ia, 'o lenā 'olo'o 'ua 'āmata.
   'Ole'ā sa'asa'a le tamāli'i i le tatālaga.
   'A 'o tagata e muamua, 'o 'aiuli e to'alua
   E tau tuliususū, oso i luga fo'i ma fa'apa'ū.

3. 'O le soa lenā a tagata lautele
   E oso fa'afiasiva, e tutusa 'uma tama ma teine.
   Siva ma le mata 'ata'ata.
   Le pōula 'ua maualuga.
   Fa'aali lou fiafia, 'i si a'u siva Sāmoa.

'O le Fa'atafiti

'O le soa lea a se isi tagata tāua o le nu'u e fai 'ae le'i faia le taualuga.

Pese:

'Ua lamalama taualuga
'Ae muamua le fa'atafiti.
'Ua lata ona fa'ai'u

Se'i sasae o le mata o le aitu.
Fa'aali lou onomea,
'Aua le faia 'uma au mea.
Ta'alo fa'atausala,
'Ua tetele le faigāmea.

'O le Taualuga

'O le soa mulimuli lenei e fa'ai'u ai le pō; e lē so'ona tāfitifiti ai se isi vāganā tulāfale 'o ē 'aiuli 'auā 'ole'ā sāusaunoa ai le 'augafa'apae po 'o le sa'o 'aumaga a le nu'u. 'O le fa'ai'uga o lenei soa, e tatau ona fai ai lafo o tulāfale 'uma e 'aiuli, 'o ia lafo e 'aumai mai i 'āiga o le 'augafa'apae po 'o le sa'o 'aumaga. E lē tatau ona 'aiuli ai ni ali'i pe 'ā fai taualuga, 'ae tusa fo'i pē 'aiuli ai se ali'i e lē faia lava sona lafo.

Pese:

'O le taualuga 'ole'ā fa'ai'u mea 'uma.
Ōliōli mālie teuteu mai 'ia mātagōfie.
'Ua oso 'o le māsina.
'Ua 'emo mai fo'i le uila.
Teu le siva Sāmoa 'auā le 'au maimoa.
Tautuliususū.
Pō mai loa.
Sau le soa 'aiuli, le soa 'aiuli.
Siva tāfitifiti.
'O le pō ma le pati 'ia ma'ini.
Lia'i mai lou ulu 'ae sā lava ona 'ai'ū'u.
Ta'alo fa'aeteete 'auā 'o le pōula 'ua tetele.

Le 'augafa'apae afio mai 'inā sāusaunoa.
Se'i silamiō le mamalu 'ua potopoto.
Ōlioli mālie fa'atamāli'i nai au tāga.
'Ia olo le fua 'ua mamalu le fa'aagātama.

Nai ou lā'ei 'e te māsani ai.
Sulu i le mālō, pale i le palefuiono
Mamalu o lou tuiga.
'Ua sili 'oe nai lō penina.
'Ata'ata mai loa 'ua sili lava 'o le siva Sāmoa.

Tali:

Atunu'u 'uma 'ou te ta'utino atu,
E sili 'o le siva Sāmoa.
'Afai lā 'e te fia talitonu
Sau ia se'i 'e maimoa
Isi ona faiga e fesuisuia'i.
E lē tūmau i se mea e tasi.
E lē gata i le se'e, tino'ao, fa'amāne'ene'e.

'Ae lē 'uma lo'u fiafia ma lo'u fa'afetai.
'Ua fai mo a'u le alofa o le tautai.
Lenei atunu'u pele sā 'ou fānau mai ai.
Sāmoa lona suafa.
E pele tasi i lo'u agāga.
(Faiā'oga Sāmoa)

Su'e ane se līpine po 'o se *tape* tou te pepese fa'atasi ai i le pese 'o i luga. Sisiva loa ma fa'asolo fa'afiafiaga Fa'asāmoa moni.

'O Siva Moni Nei Fa'aleaganu'u

1. sāsā
2. mā'ulu'ulu
3. fa'ataupati
4. sakē
5. siva naifi
6. siva afi

Sāsā

'O le sāsā, 'o le siva fai fa'atasi; e fai nonofo i lalo. 'O le siva tāgatasi e fa'atatau i le pa'ō o le fala po 'o le atigi 'apa i nei aso. E māta'ina tele lenei siva 'ona 'o le ō gatasi o le pa'ō o tino o le 'ausiva pe 'ā tapati ma tapō. E fa'aogā fo'i se pātē po 'o le atigi 'apa e fuataimia le faiga o tāga o le sāsā. 'Ua tele ina fa'atino tū ma aganu'u 'ese'ese a Sāmoa i lenei siva e pei 'o filigā'afa, paluga ma le tufaga o le 'ava, faigāfaiva, ma isi mea o le ōlaga. 'O le to'atele o le 'ausiva ma le maua lelei o tāga, 'o le māta'ina fo'i lenā o le sāsā. E matagā se sāsā 'ae lē gatusa 'uma tāga a tagata, ma fa'apalupē le 'ausiva.

E lē gata ina fa'atonuina e le pātē po 'o le atigi 'apa le siva, 'ae fa'apea fo'i ona fai e se fa'aaluma; 'o ia lea e fai mea mālie 'ina 'ia ola ai le 'ausiva ma fa'amālie ai le siva. 'O ni isi taimi, e tele 'ina taliē tagata i le fiamālie o le fa'aaluma, 'ae lē matamata 'i le faiga o le sāsā ʻoloʻo sisiva ai le toʻatele.

Māʻuluʻulu

ʻO le māʻuluʻulu ʻo le siva tāgatasi e faʻatatau i uiga o ʻupu o le pese. ʻO le siva sā faʻapitoa naʻo tamaʻitaʻi e faia, ʻa ʻo aso nei ʻua fefiloi ai foʻi ma tama. E mātaʻina tele se māʻuluʻulu ʻae gatasi lelei ona tāga e pei ʻo le sāsā; ma ʻo le toʻatele o le ʻausiva, ʻo le mānaia foʻi lenā o se māʻuluʻulu; ʻaemaise lava pe ʻā gatasi lelei ma tiotio gāoioi a le ʻausiva.

Faʻataupati

ʻO le siva lenei e faʻapitoa mo tama, e sisiva faʻatatau i faitauga o fuainūmera, ʻa ʻo pātisolo ma faʻapaʻō lima i le tino ʻātoa. E tatau ona fai se mamanu (*rhythm*) e pei ʻo le tatasi, talua, tatolu, pē usu le pese "Nonu a Togi," lea ʻua lauiloa i le faʻataupati a tama pe ʻā fai. ʻO le siva lenei e lē aogā ʻi ai se tagata puta mā lē mālosi lelei, ʻona ʻo le saosaoa o le gāoioiga.

Sakē

ʻO le siva faifaʻapitoa lenei ʻi tama ma tamāloloa, e faʻaaogā ai lapalapa ma lāʻau. E faʻatatau le paʻō o lāʻau i ʻupu o le solo po ʻo le tāaga o le pātē po ʻo le lali. ʻO le tasi lenei siva ʻoloʻo fefīnauaʻi ai tagata Polenesia. ʻOloʻo iai se manatu, ʻo le sakē na ʻaumai i le atunuʻu o Uea ʻona ʻo le suʻega o lo lātou tupu na tafea. Na taunuʻu mai ai tagata Uea ʻi motu o Sāmoa ma fai ai la lātou siva lenei e lagi ai ʻupu faʻatatau i le suʻega o lo lātou tupu; e pei ona taʻua e isi tusitala e suafa iā Moyle ma Kramer. Fai lā se siva sakē ma pepese i lona pese ʻoloʻo i lalo:

Usu	Lautilafoa, Lautilafoa.
Tali le ʻausiva	Laolao le folau e,
	Mai ava, sokē, mai ava
	Mai matua Uea
	Vilitau sisimolea.
Usu	Tapuitea ma Tuiuea
	Tonu la lua matea
	Sinataufanua lenā
	E mō Tuimanuʻa
	E veveʻa lugā
	Sokē, iō!
Tali	Fakalele, Sokē!
	Fakalele ia Pāuli

Na maua ai e matagi
Na lua fasi taumuli
Ta lau foe e fatauli
'Oi e lē taitaivale
'Oi e lē vaovaosesē
Sauni mai se sokē, iō!

Siva Naifi po 'o le 'Ailao Nifo'oti

'O aso anamua, e na'o le to'atasi e siva ai e fa'atatau i le pa'ō o le lali, 'a 'o aso nei, 'ua to'atele. Sā fa'aaogā ai nifo'oti po 'o tālavalu, 'ae talu ona taunu'u mai papālagi, 'ua fa'aaogā sapelu ma nifo'oti u'amea.

'O le nifo'oti, sā fai mai 'i ma'aolo sā tu'i ma fai le lave e pei 'o se nifo o se 'oti. 'O aso anamua, sā na'o tāupou ma mānaia e sisiva ma nifo'oti, pe 'ā fai se ta'alolo, e mo'emo'e le tāupou ma vili le nifo'oti, 'a 'o isi taimi e 'ailao ai i le nifo'oti, 'o le māfua'aga lenā o le siva 'ailao.

Sivaafi

'O le siva e fai to'atasi e fa'aaogā ai se lā'au e tolu futu le 'umi; ona sāisai lea 'o le pito o le lā'au fa'atasi ma se fāsi moia'a o le niu, ma tutu 'i ai le afi, ona 'ailao ai lea. E na'o tama sā sisiva ai, 'ae 'ua maoa'e le poto o Sāmoa i le fa'alautelega o le 'ailaoafi i nei augātupulaga. O le sivaafi 'o se mea fou 'ua fa'aopoopo i le 'ailao.

'O Pōula

'Ā ta'ape le fa'afiafiaga ona fa'amuli lea 'o aualuma e alaala ma fai ai isi fa'afiafiaga valea. 'O le uiga lea o le 'upu pōula: 'o le fai ai o ūlaga po 'o tausuaga ma 'upu valea, po 'o faleaitu. E toetoe 'ina 'ā soli ai le vāfeāloa'i o tuagane ma tuafāfine i le Fa'asāmoa. 'O le ala lea 'ua fa'asā ai e le lotu le toe faia o ni pōula. 'Ua fa'asā ai fo'i ona toe ō ni tagata 'ua 'ekālēsia 'i ni koneseti fa'asavali 'auā 'ole'ā 'auai i fa'afiafiaga ma pōula lē talafeagai. 'O aso nei, 'ua sui pōula i faleaitu, 'ae 'ua pūlea lelei fa'a'upuga o ia faleaitu. 'O isi mea e fai i pōula, 'o taufāifaiga fa'atamāli'i e pei 'o taufāifaiga nei a le 'auali'i o Tigilau ma Alo. 'O nei ali'i o Tigilau ma Alo sā fai a lā aualuma.

'O Tigilau mai le nu'u o Sāvavau, 'a 'o Alo e sau mai le nu'u o Punaoa. 'O tamāli'i nei e logologoā o lā tala i mea tau aualuma 'auā 'o tamāli'i 'aulelei. 'Ā tele lā āvā a se tamāli'i ona fa'apea lea 'o 'upu, "Sē 'o Tigilau," pē fa'apea, "Sē 'o tala o Alo"; 'o lā'ua ia sā taufāifai fa'apea:

Fai mai Tigilau iā Alo:	"Alo, Ālo e. E, le tama a Naisā'afa, 'e te ulu 'i 'isumu 'ae mata 'i tagata."
Tali Alo iā Tigilau:	"Tigilau, Tigilāu e. 'Ua galo ane fo'i fā'ā le tinumasālasala, 'ua ala ai nei ona 'e pā'i tausala, ma Faufauitane lea na pua'i, 'ae tūla'i mai Alo ma le vaifofō, 'ua ala ai ona toe mālōlō."

'O Tausala Sāmoa

'O fa'afiafiaga a Sāmoa, e fa'asi'usi'u mata i le 'augafa'apae po 'o le sa'o 'aumaga 'auā 'o tausala mea nā.

'O le 'upu tausala, e fa'aigoa ai tagata Sāmoa 'aulelei ma āmio fa'atamāli'i; e lē gaoiā pē tautala so'o; e laumata fiafia ma fesoasoani i so'o se isi. E vae oso i fe'au a matai ma e poto i le aganu'u; ma 'o se tagata e tatau ona tumu i le fa'aaloalo; 'ae lē fia sili pē fia tagata. So'o se tagata Sāmoa lā e iai uiga 'ua ta'ua i luga, 'o ia lenā e ta'u 'o le tausala. E fa'apēnā fo'i 'i se mānaia a se nu'u po 'o se sa'o 'aumaga, 'ā lē āmio solia ma tausa'afia ia tagata, e lē tatau ona ta'u 'o ni tausala.

E lē 'o se tausala pe 'ā na'ona 'aulelei, pē poto e siva, 'ae lē āmio solia ma lē āmio tausā'afia. 'O asonei, 'ua fai fa'aaliga a tausala e su'e ai le poto e siva, ma fōliga 'aulelei, 'ae lē'o moni ai lagona ma uiga e tatau ona 'avea ai se tagata 'o se tausala.

'Ai'aiuliga i le Tausala Sāmoa

E lē tauilo tama a tausala
'Auā e 'aulelei toe mata 'ata'ata.
E muli mai ni ōli a'o ni foli
'I le afiafi o mānaia 'ua nāmu'oli
E lē tioa sā'afi Fitimaupologa le tausala o Toga
'I le ataata o Taulelei lea na fofola.

'Ia, pē tausala, pē tāupou, pē 'augafa'apae
'O 'outou 'i'oimata o launatausala tāumalae.
'O le tausala Sāmoa e lē gaoiā pe tāfitifiti
Ne'i ilo ve'a ma fale'upolu i ana tāga tafili.

'A! sau ia 'oe le tausala Sāmoana.
'Ia 'e tomai i au aganu'u ma lau gagana.

ʻIa ʻe mālamalama lelei i lona faʻaaogāina.
E sili atu lenā i lou poto i siva.
Manatua e lē tāua lou mālō i se tauvāga.
ʻA ʻo le mea sili lava pe ʻā iai sou sao mo tūpulaga.
Sāusaunoa lāʻia ʻoe le falenafuafua
ʻO le ʻau maimoa lea ʻua fia Faleālili fua.

Faʻafetai mo lenei polokalame lelei
ʻO le Miss Sāmoa Teen USA.
Faʻamālō foʻi iā ʻoutou susuga a le ʻau sponsors.
ʻIa aogā a ʻoutou tupe mo a mātou āʻoga.
E lē māumau fua lo tou alofa,
ʻAe ʻātonu e ʻavea ai ʻi mātou ma Sāmoa iloga
Pe ʻā maualuluga āʻoaʻoga.

Fānau a Sāmoa tuʻutuʻu le tōfā i le loloto
ʻAuā o le mea moni e tamāliʻi lava le poto.

ʻO lea ʻua fōtupule le faiva o tama.
ʻO mātua foʻi o Sāmoa ʻua mālamalama.
ʻO le lupe lea ʻua tūlima ʻia tātou ʻaeʻae
ʻAuā manū mai le Atua lo tātou faʻavae.

ʻO le Tāupou

ʻO le uiga o le ʻupu tāupou, ʻo le tamaʻitaʻi e leʻi nofotāne pe faiʻāiga (virgin). ʻO le tāupou, ʻo le alo o le aliʻi pito maualuga o le nuʻu ʻua filifilia e le matai ma le ʻāiga e faia tiute faʻapitoa ʻaua ʻo le tamaʻitaʻi e iai lona pou i le saofaʻiga a tamāliʻi.

- na te faia feʻau a matai e pei ʻo ʻava taute
- taualugaina o siva
- moʻemoʻe i taʻalolo
- na te faia le nuʻu o tamaʻitaʻi

ʻĀ oʻo loa ina nofotāne le tāupou, ona lē toe solia lea ʻo le nuʻu, ma e lē toe faʻaaloalo foʻi ʻi ai se isi pe ʻā fai e leʻi faʻaipoipo. Na te lē toe faia foʻi ona tiute ʻuma sā māsani ai ʻi totonu o le nuʻu.

ʻO le ʻAugafaʻapae

ʻO le ʻaugafaʻapae, ʻo se tāupou lea ʻua ʻuma ona fai lana sāofaʻi ʻi totonu o le nuʻu ma le itūmālō. E tusa lava po 'ua leva ona tāupou se teine, 'ae 'ā lē faia se sāofa'i po 'o sona momoli 'i totonu o le faigānu'u a ali'i ma le faigānu'u a le aualuma, e lē ta'ua lava 'o se 'augafa'apae. E tatau ona tāumamafa le nu'u ma le itūmālō i lana sāofa'i; e tatau fo'i ona 'afu fale'upolu o le nu'u ma le itūmālō i ana fa'aaloaloga, e ala i le maniti a tamāli'i. E tusa lava lā pē 'ua fai se to'alua o le 'augafa'apae, e fa'aaloalogia pea ma e faia pea ona tiute e pei ona māsani ai.

'O le uiga o le 'upu 'augafa'apae, 'o le 'auga po 'o le 'autū o **pae'āiga** a tama'ita'i o le nu'u po 'o le itūmālō. 'O le **pae'ā'iga**, 'o augātama'ita'i po 'o augātāupou ia e pei 'o se augātupulaga. E paepae lelei la'asaga o lona soifua fa'atāupou 'auā e 'auga mai 'i ai fale'auga po 'o āumoega a mānaia po 'o fa'asuaga a le atunu'u.

'O le 'augafa'apae, 'o le alo o le tupu po 'o le tamāli'i maualuga o le nu'u ma le itūmālō. 'Ā 'augafa'apae le tāupou, ona 'ave lea 'i ai 'o le suafa sa'o tama'ita'i o le 'āiga. Mo se fa'ata'ita'iga: 'āfai 'o Salamāsina le 'augafa'apae a Mālietoa, 'o lona uiga, 'ole'ā fa'asuafa loa i le suafa sa'o tama'ita'i o le 'āiga Sāmalietoā, 'o le To'oā.

'Ua seāseā iai ni sa'o tama'ita'i moni po 'o ni 'augafa'apae a Sāmoa i nei aso, 'ai 'ona 'o le taugatā o le soifuaga 'auā e lē 'o se tofi taugōfie. 'O se suafa taugatā tele le 'augafa'apae, ma se'iloga lava 'o se tamāli'i maumea e tele 'oloa, ona manatu lea e fai sana 'augafa'apae. 'O fa'afiafiaga a Sāmoa, e fa'asi'usi'u mata i le 'augafa'apae.

'Ā fai loa le sāofa'i a le 'augafa'apae, 'o lona uiga, 'ua fa'aaloalogia i mea 'uma e fai a le nu'u ma le itūmālō; ma 'ole'ā iai 'i totonu o le sāofa'iga po 'o fonotaga a le nu'u e pei lava 'o se isi matai. So'o se taligāmālō a le nu'u ma le itūmālō, e taulāmua lava le 'augafa'apae.

'O le 'augafa'apae, e lē toe pule mālosi 'i ai ona mātua ma ona 'āiga, 'ae 'ole'ā pūlea lona soifua e tulāfale o le nu'u ma le itūmālō, ma na te faia mea 'uma e finagalo ai fale'upolu. E ta'u e fale'upolu le 'augafa'apae 'o lo lātou ali'i 'auā e 'ai'aiuli 'i ai; ma e o'o lava i le su'ega o sona to'alua, e pūlea lava e tulāfale, e tusa lava pē musu.

'O aso nei 'ua tausala fo'i fa'afāfine lātou 'auā e 'ese le āmio lelei 'ae toe 'aulelei. 'Ia, 'o nai 'ai'aiuliga ma vi'ivi'iga nei e femitai ai fa'afāfine Sāmoa.

'Ai'aiuliga i Tausala Fa'afāfine Sāmoa

Pē fa'afāfine pē fa'afātama
'O ni tagata soifua 'uma lava.
Tasi 'o le mea 'o le Atua ma lana foafoaga
Na te le'i fausia ni tagata 'afa'afa.
Peita'i 'o āmioga a teine ma tama
'Ua fa'amānaia ātili ai le ōlaga.

E lē fāitio lā se isi ʻi ia tagata
ʻAuā ʻo le mea faigatā le suʻega o se ama.
ʻIoe, ʻo le tasi foʻi lea atinaʻe
ʻUa alualu ʻi luma le māoaʻe.

ʻO le lalolagi e leai ni tagata itūlua
ʻA ʻo saienitisi ma le poto o fomaʻi.
ʻUa liliuina ai aliʻi e fai ma tamaʻitaʻi.
ʻO faʻafāfine ʻo ni tagata tāua.
ʻĀ tūlaʻi mai i tiute faʻatama,
ʻO iʻinā e iloa ai le uluaʻi fausaga.
ʻAe ʻā teteu mai foʻi i tēuga faʻateine
ʻUa tōsina ʻuma ʻi ai mata o le toʻatele.

E pito ʻaulelei faʻafāfine Sāmoa
Pe ʻā teteu i a lātou lava ʻoloa Sāmoa.
ʻO le mūmū ʻo le loa e vali ai laugutu,
Le uliuli ʻo le lama e faʻamalō ai laumata.
ʻO atigilima ma atigivae e pōlesi i le ʻana
Ona polili loa lea ʻi le ano sāmasama.
E pīniki ʻālāfau pe ʻā nini ʻi le ʻoʻa ʻulaʻula,
ʻO se fusipaʻu ma se ʻula e fai i tifaʻula.
Siva lāʻia le tausala faʻafāfine
ʻO lenā ʻua ʻe folau i le taipinepine.
E lē se mea ula le faʻafāfine
ʻAe fāufautua i si māfine tama.
ʻIa piʻiama i mātua lona vaʻa,
ʻAuā e lē solo lelei pea le ōlaga.
Ta te fia faʻalogo ʻi si ona leo vaivai
Ma lana saele e faʻatapulima vaivai.

ʻĀ liliu mai e fōliga tamāliʻi,
ʻAe mulimuli ane ʻua fia isu sisi.
ʻO le tasi lenā matāʻupu ʻoloʻo talanoaina nei,
ʻIa faʻaaogā āiā tatau ʻo nai uso nei.

ʻO faʻafāfine Sāmoa ʻo alo o tamāliʻi ma tula.
ʻO mamalu o Faʻatui ma toʻotoʻo o le Faleʻula.
ʻO le Faleagafulu ma tama mātutua

'O ni fānau fo'i a Pule ma Tūmua.

E leai sē fa'atauagavale iā te 'outou
'Auā 'o 'outou 'uma lava 'o tāupou.
'Ae 'ā 'e mālō 'i le tauvāgātausala
Alu loa 'i Sāmoa e lalaga sou fala.
Fa'amālū atu pe 'ā 'ua sala se 'upu
'Auā e mamala ao o le atunu'u.

Fa'afetai 'i le tauvāgatausala a le Lumana'i o Sāmoa,
Tasi lea ala e a'o ai solo a tamaiti o Sāmoa.
Fa'amālō i lou tou sogasogā
'Ua maua ai fo'i lenei polokalame aogā.
'O lau fa'asalalauga ma le fa'afāfine sā iai
E 'ese lota fia fa'alogologo i lona tomai.
Fai 'ia sa'o le fa'amasinoga o solo
Ne'i mālō ane fo'i le ti'āpolo.
'O ātina'e 'ua 'outou taumafai 'i ai
'Ia vī'ia ai lo tātou matai.

III. 'O LE FAIGA O SE SO'O

'O le uiga o le 'upu "so'o," 'o se māfutaga po 'o se faigāuō a ni nu'u po 'o ni fa'alāpotopotoga se lua 'ua so'ofa'atasi agāga ma 'ua tino e tasi i faiga.

'Ā fai se so'o ma se isi nu'u, po 'o se ā'oga, po 'o se 'autalavou, 'o lona uiga 'ole'ā alu se malaga. E pule lava le vāega ia 'i le māfua'aga po 'o le 'autū o le so'o, 'ae tāua tele lenei Fa'asāmoa e mālamalama ātili ai lau vasega i le faiga o taligāmālō.

Talatalanoa muamua ma tagata mātutua, po 'o tama ma teine e aofia i le malaga, e uiga 'i le ala o le so'o. 'Ā mālamalama lelei tagata 'uma, 'ole'ā mafai fo'i ona fa'atino le mana'o. 'O mea nei e tatau ona fa'amautū pe 'āfai 'ole'ā alu se malaga mo se so'o:

'O le 'Autū

'Ia manino le 'autū (*purpose*) o le so'o, e pei 'o se su'esu'ega o ni aganu'u, po 'o isi vāega o le Fa'asāmoa a lea alaalafaga. 'Āfai 'o se so'o ma se nu'u 'ona 'o se su'esu'ega o matā'upu tau Sāmoa, e iai fanua ma suafa, po 'o fāiā ma gafa, e mana'omia se fa'atagaga a ali'i ma faipule o le nu'u mo le su'esu'eina o a lātou mea tōtino. 'Āfai e talia e lea nu'u, ona fai loa lea 'ia maua se aogā 'umi o su'esu'ega a tagata o le malaga (*long-*

term outcomes or results) ‘ae lē na‘ona fai e fa‘atino ai le fiafia.

‘O Fesili

‘Ia sāunia lelei ni fesili e fetaui mo matai ma tagata mātutua o le nu‘u ‘ole‘ā fa‘atalanoaina, ‘ina ‘ia mālilie ‘uma tagata ‘ole‘ā a‘afia ai i lenei gāluega.

‘O Sāuniuniga

‘Ia fa‘atūlaga la‘asaga ‘ese‘ese o le malaga, e ‘āmata mai i le fa‘afeso‘ota‘iga o le nu‘u ‘ole‘ā talimālō, se‘ia o‘o i le toe fo‘i ane o le malaga.

‘O Matāfaioi

‘Ia manino matāfaioi po ‘o gāluega a tagata ta‘ito‘atasi, ‘auā ‘o le tele o taimi, tātou te so‘ona fa‘amoemoe ma fa‘atalitali po ‘o ai ‘ā faia lea fe‘au ma lea gāluega. E tatau lava ona fa‘amālamalama lelei ‘i tagata ‘uma a lātou mea e fai, ‘ina ‘ia mafai ona tū lelei mai le ‘aumalaga.

‘Ia manino tūlaga tau tupe ma matāfaioi a tagata. ‘Ia tu‘utaimi ma ‘ia mautū aso e fa‘agata ai mea tōgia a le malaga. ‘Ia a‘oa‘o lelei vāega ‘ese‘ese o le faiga o taligāmālō ‘a ‘o le‘i alu le malaga. E faigōfie le gāluega pe ‘ā āmana‘ia ma fa‘aaogā le poto o ali‘i ma tulāfale o le nu‘u ‘auā ‘o ‘i lātou ia ‘olo‘o soifua tonu i le nu‘u, ma ‘o ‘i lātou fo‘i ia e ona mea tōtino. E aogā fo‘i lenei talimālō ‘o le So‘o e tau fai mālamalama ai ‘autalavou a le malaga, ma le ‘autalavou a le nu‘u, i aganu‘u e tatau ona tau‘ave e tupulaga.

IV. ‘O LĀUGA O LE FA‘AMĀVAEGA MA MĀLŌ

‘A ‘o le‘i tūla‘i ‘ese mālō, e matuā fai le fa‘amāvaega, e lē gata i fa‘afiafiaga, ‘a ‘o le maniti a tamāli‘i ma tāumafa; ma e fa‘ai‘u lava i faigālāuga. Silasila i le fa‘ata‘ita‘iga o le lāuga fa‘amāvae ‘olo‘o tūsia i lalo.

Lauga:
‘Ua fa‘amālō le sāusaunoa. ‘Ua fa‘amālō fo‘i le silasila.
‘Ua silaloa le ‘au māimoa i aga o fa‘afiafiaga o lenei pō
‘Auā ‘ua sāsā fala o pōula e pei ‘o le ‘upu iā Salamāsina.
‘Ua musamusa fiafia Sagalala ‘auā ‘ua ‘au‘autetele lo tātou pō fiafia.
‘Ua a‘enoa lā lo tātou pō fiafia, ‘auā ‘ua leai se fa‘alavelave e tupu.
‘Ua na‘o le vī‘iga o le Atua. ‘Aiseā?

'Auā sā tātou utuvai i vaipuna o fa'amanuiaga a le Atua,
Mai le āfuaga o lenei fa'amoemoe e o'o mai i le asō.

'Ua tātou savini ai nei fa'apunu o manu ma vivi'i vaifanua o le Talalelei.
'Ua atuē ai le faga i Lalau 'ae fa'amālō le faga i Foā
'Ona 'o le tele o le agalelei o le Atua.
'Ioe, e leai se isi e tāupaleu'u ma le finagalo faito'atasi o le Atua;
'Ae fa'amālō i lona alofa.

'A 'o la tātou māfutaga
E lē 'o ni mulivai fetaia'i po 'o ni fa'afesāga'iga o paolo,
'I fa'alavelave fai o le aganu'u.
'A 'o le māfutaga Fa'akerisiano,
E fa'avae i luga o le alofa ma le feālofani.

'O le mea sili ona tāua
'Ua tau tonu lou tao i le niu sina 'ae lē 'o le fusiga.
'Ua tō'ai tonu mai lo 'outou mana'o
'I le tamā fa'atonu o le 'ekālēsia Sāmoa.
E lē 'o so 'outou laki lā 'a 'o le manuia.

'O 'outou o lo mātou paolo i le Talalelei;
'O lo mātou malu e malu ai pe 'ā mātou ō atu i Niu Sila.
'Ua mātou talitonu e lē 'o se malu i se falevai,
E tā atu 'ae toe tafe mai.
E lē 'o se malu fo'i a se fale'ulu, e tū 'ae toe tutulu.
'A 'o le malu 'ua so'oū, so'otagata, so'oagāga
'Ona 'o le alofa Fa'akerisiano.
Le pā'ia e o le faigāmalaga,
Sā silasila le tamā fa'atonu o le nei 'aulotu
'I lau teu fa'atupu ma le fa'atamāli'i i le ulua'i aso o la tātou māfutaga.
E lē fa'agaloina lā Āfi'a i si ona vao;
E lē folo molemoleina fo'i pe fa'alēāloa'ia au fa'aaloaloga.
E faigatā le tōga pa'ia a le 'āiga Sātuala,
'O le Nafinafi ma le Natunatu,
'Aemaise le taofegauia'i a Sātupuā.
'Ae tainane le Aneanea ma le Lauta'amū tafea a le Mālietoa.
'O le 'upu moni, 'o mamalu o lā 'outou 'aulotu,
'O pa'ia 'uma o Sāmoa e ona tōga ia.

E lē gata fo‘i lā i le tōga pa‘ia,
‘A ‘o le saumōlia, ‘o le palapala a mālō
‘Ua ‘o se masimasimaivasa.

Tālofa i le tau ‘aumai o le nei fa‘aaloalo telē i ala mamao
‘Ona ‘o le alofa ma le fa‘aaloalo.
‘O lea fo‘i ‘ua ‘outou toe ma‘ama‘au i nei fa‘aaloaloga e tele i lenei taimi
‘Ua tūtumu ai utu a lenei ‘aulotu.
‘Ua suasua fo‘i vaiāgia.
‘Ua papa fo‘i o mātou tumua‘i i au fa‘atamāli‘i.
‘Ua tā‘ele lā le pepe ma ‘ua matuā malemo le sē.
E leai sa mātou ‘upu e toe fai i nei mea
‘Ae na‘o lo mātou ofo ma le fa‘afetai, ma fa‘apea atu ai i le Atua,
Le Atūa e o manuia; alofa toe fa‘atūtumu avanoa o nei mea
‘Ua ‘ave‘esea ‘ona ‘o le alofa.
‘A ‘o pa‘ia o la tātou māfutaga ma lenei maota,
‘O pa‘ia o la ‘outou fa‘afeagaiga;
‘O pa‘ia lava ia o Su‘a, usoali‘i ma ma‘opū,
Ma le mamalu o Gāgaifo o le vao.
‘O pa‘ia fo‘i o Lemalu ma Lemāmea, ma lo lā fale na to‘ese.
‘O le mamalu fo‘i iā Sāleleaali‘i ma Tuisāvaelu‘u.
‘O pa‘ia lava ia o Sātuala ma le ‘āiga Taulagi,
Ma ‘upu i le Faleā‘ana ‘olo‘o puipui e le fetalaiga a Leulumoega.

‘Ā liliu fo‘i i pa‘ia o lenei itū, ‘o le susuga a le toea‘ina ma le ‘aulotu,
‘O pa‘ia lava o Pulefa‘asisina ma alaalamatuātala.
‘O le afioga fo‘i a ‘Aveao, ‘o le tama a le aitu ma le tagata,
Ma le pa‘ia o Sāmātua ma le Ālātaua.

‘O lo tātou aso ma tāeao e fia o le atunu‘u,
‘Aumaia na‘o le tāeao e tasi fa‘aleaganu‘u.
‘O le tāeao lea na sāua ai le teine o Magamagāfetua i ‘ave o le lā,
Lea na maua ai lana tama o ‘Alo‘aloolelā.
‘O le tama lenā na ia ‘aumaia le ‘auomanū
Mai i le maota tulutulu ‘i tao ‘ua so‘o ona ta‘iao,
Lea ‘ua ‘auomanū ai lo tātou pō taumāvae.

Ma le tāeao e tasi mai i le Talalelei;
‘O le tāeao lea na sāua ai le tāupou Nasareta e suafa iā Māria

'I 'ave o le Agāga Pa'ia lea na maua ai le tama o Iesū,
Lo tātou Keriso toe tū,
'Ua tātou manumālō ai nei i puapuagā o le ōlaga.
'Ae tātou fa'atali ia i le pepe o le Kerisimasi e ta'ita'ia la tātou malaga
Se'ia o'o atu i le Kerisimasi ma le Tausaga Fou.

'O se itūlā tātou māvae,
'Ia faigōfie ala 'uma i le alofa o le Atua.
Lagimāina lau susuga a le fa'afeagaiga ma le faletua.
'Ia fa'amanuia fo'i le faigāmalaga i tamāli'i ma failāuga
'Aemaise le susuga a le peresitene ma le 'autalavou.
Lagimamā fo'i le susuga a le tamā o lenei matāgaluega,
'O le toea'ina fa'atonu o le 'ekālēsia Sāmoa
Ma le ma'ave 'ese'ese o lenei 'aulotu.
'Ole'ā mātou fa'amuli 'ae tou malaga.
Tātou māvae i le māvaega na i le Falepunaoa,
'O manū nā, 'o manū nei.
Soifua lo tātou pō.

GĀLUEGA FAUTUAINA

‘O se matā‘upu telē lenei ma e aogā ai ona fa‘atūlaga lelei ni taimi e a‘oa‘o ai, ‘ina ‘ia mālamalama lelei le ‘aufaitau i fa‘asologa o taligāmālō ‘ese‘ese a Sāmoa. E pei ona mātauina, e leai se talimālō a le atunuu e lē fa‘aaogāina ai lāuga ma mea tāumafa. So‘o se fiafia lava e fai, e aofia ai lava siva ma se faigā‘ai, ‘aemaise ai le teuina o le vāfeāloa‘i ‘i faigālāuga. ‘O le mea lea, e aogā tele ai pe ‘āfai ‘e te māfaufau i mea nei:

I. Tusigātala

1. Tusi sau tala i se taligāmālō a lo ‘outou ‘āiga po ‘o le nu‘u sā ‘e va‘ai ‘i ai.
2. Tu‘ufa‘atasi tala a le vasega. Faitau ni tala pito lelei ‘a ‘o fa‘alogologo le vasega ‘ātoa, ona filifili lea ‘o le tala aupito maoa‘e ma fa‘amatala loa i le vasega ‘ātoa. Ta‘u pē ‘aiseā ‘ua filifilia ai lea tala.
3. Talanoa po ‘o ā talimālō ‘ua mou mālie atu. Su‘e pē ‘aiseā ‘ua tupu ai lea mea. Fa‘amatala manino ia māfua‘aga ‘auā e lē sa‘o pe ‘ā na‘ona fa‘apea mai, “ ‘ona pau lava o le ōlaga.”

II. Alagā‘upu

Fa‘amatala uiga o alagā‘upu ‘o i totonu o le iunite.

Tofu le tagata ma lana alagā‘upu ma sa‘ili po ‘o le ā le māfua‘aga. ‘Ia tusi fa‘alelei ma sāuni e fa‘amatala fa‘afāgogo i le vasega ‘ātoa. Aofa‘i ‘uma tala ma fa‘apipi‘i fa‘atasi. Su‘e se mea e lolomi ai ‘ia mānaia, ‘ina ‘ia fa‘atele ai tusi faitau e fai ai ā‘oga.

III. Siva

Sāuni e siaki po ‘o ā mea ‘ua iloa e lau vasega i le faiga o fa‘afiafiaga.

1. Vāevae le vasega i ni kulupu ona fa‘atonu lea ‘o kulupu ta‘itasi e fa‘atūlaga se fa‘afiafiaga ‘ina ‘ia aofia ai mea tōgia. ‘Ia pule le kulupu i le pese ma le fa‘atinoga o le fa‘afiafiaga, ‘ae taumafai ia manino le fa‘amatalaga ma le fa‘aataga o vāega ‘ese‘ese o le fa‘afiafiaga. Fuafua taimi ‘ina ‘ia ‘aua le ‘ave ‘uma e le gāluega lenei le tele o taimi o le ā‘oga; ‘ā ‘umi lava, ‘o le ‘afa itūlā.
2. Manatua, ‘ua na‘o se mātauga o mea ‘ua iloa e le vasega e uiga ‘i fa‘afiafiaga ‘ae lē tau sasālua.

IV. Fīnauga – *Debate*

‘Autū: ‘Ou te lē fia ‘avea a‘u ma fa‘afāfine:

Talanoa i fa‘afītāuli ‘olo‘o feagai ma uso fa‘afāfine i atunu‘u ‘ese‘ese o le lalolagi, ma ‘ia aofia ai mea nei:

1. 'O ā talitonuga o lou 'āiga e uiga 'i fa'afāfine.
2. 'O le ā sou manatu i fa'afītāuli 'olo'o feagai ma fa'afāfine i le Iūnaite Setete.
3. 'O ā ni talitonuga i le tūlaga o le fa'afāfine i totonu o lo 'outou nu'u, atunu'u, 'aemaise ā'oga, ma lotu.
4. 'O ā ni 'auala e mafai ona taliaina ai e se 'āiga se tama 'ua iloa e fa'afāfine.

v. Tusi sau solo e fa'amatala mai ai se 'augafa'apae po 'o se sa'o aualuma a lo 'outou nu'u. 'Ā leai se 'augafa'apae, su'e i se isi nu'u.

ILOILOGA O LE MATĀ'UPU

Vāega I

Tali fesili ia:

1. 'Āfai na 'e va'ai 'i lenei talimālō o le ta'alolo, fa'amatala ni ou lagona i lea talimālō a Sāmoa.
2. 'O ai tagata o le atunu'u e tatau ona mo'emo'e i ta'alolo?
3. 'Aiseā e fiafia ai tagata o le nu'u pe 'ā fai se 'aiavā i mālō?
4. 'O lota fiafia ia 'ae āsi mai sa ta malaga e sota 'āiga. 'O ā mea 'ua ala ai ona 'ou fiafia?
5. Su'e uiga o fa'a'upuga ia o le ta'aloga o le taulafoga:
   - 'ua 'ātoa tupe i le fafao.
   - 'ua nōfofala 'aulafo
6. 'Ā fa'apea lā 'ua fai le so'o a le Fealofani o Sāmoa i le Iunivesitē o Hawai'i 'i Mānoa ma le 'autalavou a Leone i Tutuila. Fa'amatala ni māfua'aga e ala ai ona fai lea so'o.
7. 'O le ā sou manatu i ni 'auala e toe fa'aolaola ai talimālō a Sāmoa 'ua tau mou atu?
8. 'O ai le tamāli'i Sāmoa sā ta'uta'ua 'ona 'o le ta'aloga lea 'o le tauti'aga ma le taugāmoa?
9. 'Aiseā 'ua ta'u ai ta'aloga 'o se talimālō?
10. Fa'amatala mai le tala iā Metotagivale ma le ti'a a Alo.

Vāega II

Fai gāluega ia:

1. Fai mai ni au fesili se lima e uiga 'i fa'afiafiaga Fa'asāmoa.
2. Se'i fa'amatala mai sou mālamalamaga i le pōula Fa'asāmoa.
3. 'O ā soa e pito sili ona tāua i pō siva a Sāmoa? 'Aiseā?

4. Fa'asolo lelei mai la'asaga o pō siva a Sāmoa.
5. Su'e mai nu'u e ona aualuma ia e tūsia i lalo:
   - Tama o le Tipa'ula
   - Tama o le Mau'utoga
   - Tama o le Fala'ula
   - Tama o le Laifogi
   - Tama o le Tuna'ula
   - Teine o le Lausalato
   - Teine o le Tēvolo
   - Teine o le Lautīpolo
   - Teine o le Laumoso'oi
   - Teine o le Vine'ula
6. Fatu sau solo i tausala o Sāmoa
7. 'O ā fa'afītāuli 'olo'o fa'alavelavea ai le ola fiafia o fa'afāfine o le lalolagi?
8. Fa'amatala le 'ese'esega o le tāupou ma le 'augafa'apae.
9. A'o 'ia maua le pese a faiā'oga lenā i le matā'upu ma sisiva ai e vavae ai foe o le matā'upu.
10. Tusi se ata o le tuiga i tala ane o suafa o tagata e pa'i le tuiga i o lātou ao:
    - faife'au
    - 'augafa'apae
    - tamāli'i
    - tulāfale
    - taule'ale'a tautua
    - sa'o 'aumaga
    - tamaitiiti

FA'ALEOGA MA FA'ĀUIGAGA O 'ŪPU

'ae'ae	fiafia
a'enoa	aunoa ma se fa'alavelave
Afi'a i si ona vao	'o le tamāloa e iai lona vao i Savai'i; 'aua ne'i galo mai a'u
āfuaga	'āmataga
'ai'aiuliga	faifai'upu 'i ai; fa'ane'ene'e 'i ai
'ailao	siva e faia i le nifo'oti e vili
āmio solia	āmio maualalo
āneanea	tōga a tamāli'i
ano	a'a o le lā'au e fai ai vali o siapo
atuē	fa'amālō
aualuma	fa'alāpotopotoga a tāulele'a po 'o sa'o tama'ita'i o le nu'u
'au'au tetele	'ua mamalu le maota
'au maimoa	'o ē mātamata i siva
'auomanū	pā e seu ai i'a
e lē tauilo tausala	e lē tau fa'ailoaina tamāli'i
'i'oimata	mata 'i ai mea; 'i'o 'o le mata
ilovea	masalomia
fa'afāfine	tama e pei ni teine
fa'afātama	teine e āmio fa'atama
fa'afesāga'i	fealoa'i; fa'asaga mai fa'asaga atu
fa'asi'usi'umata	e 'ave 'i ai māfaufauga; 'o se tagata e 'ave 'i ai mata ma māfaufauga
fa'atapulima vaivai	saele fa'apepepepe lima, pē fa'avāivai le lima
fa'atauagavale	fa'alēāmana'ia
falenafuafua	tausala na fuafua lelei a lā fa'aipoipoga
faleā'ana	itūmālō o Ā'ana; fa'alupega o Ā'ana
faleaitu	pōula po 'o mea mālie
fale'auga	āumoega
Falepunaoa	'o le fale o Mālietoa po 'o le fale o Itū'au ma Ālātaua e i le nu'u o Sapunaoa
faufautua	apoapoa'i
fausaga	faiga po 'o le fafauga o se mea
fia Faleālili fua	loto nu'u; fia 'auai; fia 'avea ma tagata Faleālili
foafoaga	'amataga o se mea; fuafuaga a le Atua

lama	fua o le lā'au e susunu ona fai ai lea 'o le vali uliuli
launatausala	so'o'upu
lauta'amū tafea	toga a Mālietoa
loa	fua o le lā'au e vali ai siapo
logologoā	ta'uta'ua
lupe 'ua tūlima	lupe 'ua tū i le lima; manuia 'ua maua
ma'ama'au	gāseā
ma'aolo	'o ma'a e olo ma tu'i
malu i se falevai	'o le fale e taualuga fa'afalevai
maota tulutulu i tao	fale o Pōmaao e ma'ama'ai lona tulutulu
masimasimaivasa	oso o le malaga e malaga i le vasa
muli mai ni oli 'a 'o ni foli	e muamua mai mata fiafia i lo mea'ai
mulivai fetaia'i	feusua'iga o paolo
musamusa	siva
Nafinafi ma le Natunatu	igoa o le tōga a le 'āiga Sātuala
nifo'oti	naifi e fai le lave e pei 'o se nifo o se 'oti
niusina	tamāli'i māualuluga
paea'iga	sāofa'iga
pi'iama	pipi'i i le ama o le va'a; pipi'i i mātua
polili	toe totō pē toe 'o'omi atu; fa'aluaina; e se'i talo 'ae toe totō tiapula
pōula	pō fiafia e fai ai ūlaga ma faleaitu
sā'afi	mo'omo'o
sa'o aualuma	'o le tagata e fa'auluulu 'i ai le aualuma
sāsā fala o pōula	tele le fiafia 'ae fa'aeteete
sāusaunoa	siva
savini fa'apunuomanu	'apatā a manu; fiafia
sogasogā	mau māfaufau
susua vaiāgia	tutumu vāipapa po 'o avanoa
tāfitifiti	tātō; tafiti solo; lē filēmū
tagatafili	taga ma āmioga nanā
taipinepine	sami malū; 'ua gau atu le tai.
tālavalu	'o le mea tau e valu ona itū
Taofegauia'i	tōga a le 'āiga Sātupuā
taualuga	siva mulimuli
tāumalae	tagata e nonofo i le malae

taumāvae	‘ole‘ā fa‘amāvae ma tēte‘a
tausuaga	‘upu mālie
tauvāgātausala	tausinioga a tausala
to‘oto‘o o le Fale‘ula	tulāfale tāua o Manu‘a
tumua‘i	tumutumu o le ulu
tu‘utu‘u le tōfā i le loloto	‘ia loloto le finagalo fa‘aalia; ‘ia tele ni manatu lelei
vāifanua	‘ele‘ele o le nu‘u

IUNITE 4

MANITI A TAMĀLIʻI

IUNITE 4: MANITI A TAMĀLI'I

Fa'asologa o Matā'upu

‘UPU TOMUA

‘Ā maniti o‘u tino, ‘o lona uiga ‘ua ‘ou fa‘ali‘ali‘a ma ‘ou fa‘a‘ite‘ite ‘i se mea ‘ole‘ā tupu. ‘O le maniti a tamāli‘i i la tātou Fa‘asāmoa, e lili‘a ai tino ‘ae nene‘e ai lagona ‘ona ‘o mea fa‘apēlepele, ‘aulelei ma le mātagōfie. ‘O ni mea fo‘i e fa‘aalialia ma vi‘ivi‘i ‘i ai.

‘O le uiga o le ‘upu “maniti a tamāli‘i,” ‘o lā‘ei po ‘o tēuga a tamāli‘i. ‘O ni ‘oloa tāua e fa‘anānāsua ma teumau; e lē so‘ona fa‘atalalē ‘i ai se isi. ‘O ni mea na‘o tamāli‘i lātou te fa‘aaogāina. E tele maniti ‘ese‘ese a tamāli‘i, peita‘i ‘ole‘ā fa‘aaogā na‘o maniti nei e ono tātou te māfaufau ma su‘esu‘e ai; pē fa‘apēfea ona fai nei measina a Sāmoa e pei ‘o le ‘ie tōga, lauu‘a, siapo, ‘ie sina, ‘ula, lauao po ‘o le tuiga, ma le mālōfie po ‘o le tatau. ‘A ‘o le ā fo‘i so lātou aogā i le aganu‘u.

MATĀ'UPU 1: 'O LE 'IE TŌGA PO 'O LE 'IA O LE MĀLŌ

‘UPU ‘ĀMATA

‘Ā pele se mea i le loto, e fa‘avi‘ivi‘i ‘i ai, e fa‘atafai ‘i ai, e mimita ai, e fa‘ateteine ma fa‘amānaia ‘i ai, ma e i‘u lava ina gugutu ai. ‘Ua māumau le lā‘ei ‘aulelei a tamāli‘i o Sāmoa o le ‘ie tōga, lea ‘ua fa‘a‘auleaga e faiga a le tu‘inanau. ‘Ua tau lē sa‘afi ai tamāli‘i o Sāmoa i le ‘ie tōga. Te‘ia ia ‘ua iai se teiō e fa‘a‘uma ai lālaga matagā ia ‘ua fa‘atino ai le aganu‘u, ‘ae fa‘atotoe mai ‘ie o le mālō sā ‘aulelei ma momosi i le va‘ai a Sāmoa.

I. ‘O SĀ‘AFI‘AFIGA I LE ‘IE TŌGA

Se‘i taga‘i ane i ni sa‘afia‘afiga ‘o i lalo. ‘Ātonu e toe fa‘amanatu ai ni tāua o le ‘ie tōga ‘ua tau mou atu.

‘O ai ‘ea e ona le ‘ie tōga, ‘o Sāmoa ‘ea po ‘o Toga?
‘Oi, ‘ā ‘e taufesili ma fa‘amasino ‘ae lē nofoilo i lau meatōtino.
Mata‘i ma mātau lelei tamāli‘i Toga ma o lātou tāuvala
E lalaga mai le pa‘u o le fau, fa‘aponapona ma fa‘atāutau.
‘A ‘o lau fala lau‘ie Sāmoa e lalaga solo‘ātoa
‘O lona māta‘isau o le tausala o Maofa lona igoa.
‘O se matua‘u‘u māgafagafa i le ola, ‘ua maua ai le ulua‘i ‘ie tōga.
‘Ā fa‘ausu lā le gafa o le ‘ie tōga, e tauane lava iā Le‘iato ma Togiola.
‘O le fala lenā na ‘ave i Toga e sa‘oloto ai le ‘au nofo pologa.
Fa‘agalo le ‘ie tōga anamua, ‘ae fa‘asuafa i le Mālō Āfua, Mālō ‘ua Maua.

‘Ā ‘e fia talitonu, āsiasi i le Matātula o Vāifanua
‘Olo‘o iai ona vavau mai anamua.
‘O le vai o taogālau‘ie ma le papa o Legagāie i Ma‘opua.
‘O vavau e fa‘amemelo ‘i ai tamāli‘i ‘o Sua ma le Vāifanua.
Se tama ‘ea a se aitumaletagata ‘ua mānaia ai le matālālaga?
Ta‘ilo, lea ‘ua tau lē sulā fala o ‘Ie‘ie ‘auā e ‘ese le mātagōfie.
‘Ave lā‘ia Maofa lou fala i le fa‘alelegāpepe,
‘Ua ‘e mata‘aevave e pei ‘o le ‘upu i le Fa‘asālele.
E toe tāfifiti ane le ‘autālaia, ‘ua suipi lau ‘ause‘epapa sololima.

Muaō, ‘ua tini le matālālaga, ‘ua so‘o‘ula fo‘i le fala.
‘Ua pā‘ia Vaioletama. Sāō!

Tau‘oloāsī‘i e, matuā ‘e lototele i nu‘u ‘ese;
Sā ‘e fāufautane ‘ae te le‘i mamate ‘o lau ‘ie o le Tasi‘aeafe.
‘O lea ‘ua fai ‘oe ma masiofo a le tupu
‘Ona ‘o le fa‘aaogā tatau o le atigi po‘o ma le ulu.
‘Ua fa‘agafua le ola o tagata Sāmoa mai Toga
Talu ai le fofogalua o lau ‘ie ma lau īfoga.
Sē, ‘ua malie tau, ‘ua malie toa;
‘Ua fa‘amālō le lotonu‘u Fa‘asāmoa.
E lē tioa fa‘aigoa lou ‘ie o le Pūlouoleola
‘Auā ‘o ‘oe ‘o se Sāmoa iloga i le lototele ma le alofa.

E lē tauilo vae o malaga i Mulinu‘ū
Na‘o Leutelele‘i‘ite na matea le gasū.
Na ia fa‘apa‘ia le ‘ie fa‘afo‘i mai Toga e Tau‘oloāsi‘i
Na ea mālō ai Sāmoa mai le nofo pologa i ona fili.
Le ‘ie lā lea o le mālō ‘olo‘o ‘ua fuafua mai.
E ma‘eu le momosi, ‘ena‘ena, memea, toe vāivai.
‘O fōliga moni o measina e tetelē ma mamalu
‘Ae lē ‘o le lāiti, sūpasupa, toe pātuavalu.
‘O ai lā se poto na te fa‘asa‘oa lenei sesē?
‘Ua o‘o lava i tupu e fautua mai, ‘ua fa‘atuētuē ‘i ai.

E lē a‘oa‘ia e Laupu‘ā, Tamafaigā
E lē fa‘atonua fo‘i e le matapala le mānaia
‘O le mālō lenā fa‘ato‘ā tatala pe ‘ā iai ni fāiā
‘Auā ‘o le ‘ie a Sāmoa ‘o le fala si‘igatā.
‘O le maniti a tamāli‘i, ‘o le ‘au‘afa teumau.
E āfīfī i lauu‘a ma siapo ma ‘afa e sāisai mau
Va‘ai i sātia e manu nini‘i ma mogamoga, pē malivaoa
Nanā lau ‘ato ponapona mai toma‘aga a le ‘au fiaola.
‘Ave lau ta‘ui e tautau i se tāupegā‘afa
‘Ā lē ‘o lenā, tatao i lalo o tōfāga.

‘Ā ono māsina, laga le tāomaga e fā‘asau
Le tata i le suāpulu popo ma solo ia ‘ena‘ena tūmau
Sāga fa‘a‘i‘ila e mānaia ai i le va‘aiga.

E lē tioa fa'asuafa ou lā'ei, 'o au measina.
'Ā 'e mitamita i lau aganu'u, va'ai po 'o lava ni au measulu.
'O le gagana a le mālōtōga e lē faiumu le isi tōga i le isi tōga
'A 'o aso nei 'ua alu fa'alēiloga, 'ua te'a fo'i le momoga.
Le 'ie o le sua 'ā ta'i mai o si tama'imea.
'O le tōfā fo'i ia 'ua fa'alē'olea.
E lē tā'aia le folamua i ni fusi tōga,
'Ae āgiga ta'itasi i malae ma maota.
Le maniti a tamāli'i 'ua leai se maōfa
'Auā 'ua folafola solo e pei ni otaota.

Tulou ia 'ae talia fāutuaga,
'O le tele o manatu e maua ai mālama.
Tinā o 'āiga, faletua ma tausi,
Le mālō lenā 'ia lelei ona sā'ausi.
Fua i malae se 'ie o le nofo
'O lea 'ua fōtuali'i le fa'anōfonofo.
Se 'ie tū o le teine po 'o se 'ie āvaga,
Se fusitā o le lagimālōfie o le tama.
Se 'afuelo ma se māvaega 'ia māta'ina,
Pe 'ā fesāga'i paolo ma 'āiga.
'Ie o le fa'amāgaloga o tautua pa'ō sā fai
Se ufita'i o le 'ele'ele 'ese e ta'oto ai.

Ufi lā'ia lau si'i 'ātoa i le 'ie fofogalua lea 'ua tausoa
'Ua ofo, 'ua silaloa, 'ua silamālō le 'au maimoa.
Sāō fa'alālelei Tamasi'i Toga Mālō lelei.
Fa'amālō le pele o le gāluega a le Atua
'Ua 'afu fo'i Pule ma Tūmua.
Le maniti a tamāli'i lea 'ua āneanea
Sē, 'ua lē 'ole lea!

II. 'O LE ULUA'I 'IE TŌGA A SĀMOA

'O le 'ie muamua lava a Sāmoa sā ta'u 'o le fala; 'a 'o lenā fala e vāivai, mase'ese'e, ma pei se silika. 'O lenā nā ala ai ona ta'u 'o le 'ie. Sā tatau lā ona ta'u pea lava 'o le 'ie Sāmoa 'ae 'aua le ta'ua 'o le 'ie tōga. Peita'i na fa'ato'ā mapuna mai le 'upu 'ie tōga ina 'ua tu'umuli 'ese Toga mai lau'ele'ele o Sāmoa ma 'ave ai le teine Sāmoa ma lana 'ie 'i Toga. 'O le 'ie lā lenā na toe fa'afo'i mai Toga ma fa'apea ai tagata Sāmoa 'ai 'o se 'ie na mua'i fai i Toga; ma e o'o mai 'i onapō nei 'o fa'apēnā lava manatu o ni isi tagata Sāmoa. 'O le 'ie tōga lā e talalasi, e tele talatu'u a le atunu'u e uiga 'i ai, 'ae pule le tagata po 'o fea le tala e talitonu 'i ai; 'ae tasi lā lenei tala e uiga 'i le 'ie tōga. 'O le uiga o le 'upu tōga 'o le 'afu, e 'ese mai le 'upu Toga, 'o le atunu'u.

'O le Tala

'O onapō ina 'ua tutuli 'ese Toga mai lau'ele'ele o Sāmoa e Tuna ma Fata i 'Upolu, na tutuli ai fo'i e Fuā'au o Pago Pago tagata Toga sā i Tutuila. 'O le taimi lenā sā fāufautane ai lava Tau'oloāsi'i le teine Tutuila iā Lautīvunia, le ta'ita'i'au a Toga; 'o lea na malaga ai Lautīvunia ma Tau'oloāsi'i i Toga ma 'ave ai lona 'ie. 'O le isi aso, na masalomia ai e le tupu o Toga 'ua tau fōua lona mālō e Lautīvunia, ona sa'ili loa lea e le mālō Lautīvunia e fasioti.

Na fa'atonu e Lautīvunia ona tagata e 'eli se lua i le vā o 'alia ona 'ave lea 'o ia e tanutū ai. 'Ua fiu tagata Toga e su'e le tamāloa po 'o fea, 'a 'o lā lava e iai i lau'ele'ele o le tupu. Na i'u lava 'ina alu le su'ega o Lautīvunia iā Leutelele'i'ite i Sāmoa, se'i ona itea po 'o fea Lautīvunia. 'A 'o le'i o'o atu le malaga i le maota o Leutele, 'ae 'ua matea e Leutele 'ole'ā o'o atu se malaga, 'ona 'ua āsā lona vai tā'ele e vae o tagata malaga. Na fa'apea ai lana 'upu, "E lē tauilo vae o tagata malaga."

E ta'u atu iā Leutele le ala o le malaga, 'ae tali mai Leutele e toe fo'i i Toga 'olo'o tanutū Lautīvunia i le vā o 'alia. 'O le vāitaimi fo'i lenā na fuafua ai e le tupu ma le mālō o Toga 'ole'ā mū le fōaga i tama'ita'i Sāmoa, 'ona 'ua lātou faia le mea mātagā i le tupu. E fa'apea le tala, na lātou samaina le tupu ina 'ua āumoe ane iā Tau'oloāsi'i. Na fa'atoga Tau'oloāsi'i i le tupu 'ina 'ia fa'amāgalo tagata o lona atunu'u; na ia talanoa ai fo'i i tagata Sāmoa 'ina 'ia ō ane 'uma i le malae 'ole'ā lātou pūlolou ai 'i lona 'ie. 'Ātonu o le māfua'aga fo'i lea o īfoga a Sāmoa.

Na fa'agafua ma fa'ataga le tūlaga o tagata Sāmoa e le tupu, 'ona 'o le fa'aaloalo o le aganu'u a Sāmoa na fa'aali e Tau'oloāsi'i; ma 'ua māgalo ai mea 'uma. 'O le aganu'u lea sā fua ai i malae le 'ie 'ula fofogalua a Tau'oloāsi'i ma pūlolou ai tagata Sāmoa e to'atele i le 'ie e tasi. Ona maua ai lea 'o igoa e lua o le 'ie, o le Pūlouoleola ma le Tasi'aeafe. Na matuā mo'o ma āvaga le māfaufau o le tupu i le 'aulelei o le teine Sāmoa ma lana 'ie, ma na i'u ai lava 'ina 'avea Tau'oloāsi'i ma masiofo a le tupu Toga.

Na fa'afo'i mai tagata Sāmoa mai Toga ma toe 'aumai ai le 'ie o Tau'oloāsi'i. Na taunu'u le malaga i le maota o le Tuiātua Leutelele'i'ite i Falefā, ona fa'apa'ia lea e Leutele le 'ie i le sāuniga tele sā faia i le malae. 'Ua āiā 'uma nei lā 'i ai tamāli'i Sāmoa i lenei 'ie e fai ma o lātou lā'ei, ma fai ai aganu'u a le atunu'u.

'Ua lē gata ina fa'ailoga ai le manumālō o Sāmoa iā Toga, 'a 'ua āiā tutusa 'uma 'i ai tamāli'i o le mālō o Sāmoa 'ātoa, ma 'o lea na māfua ai ona fa'aigoa o le 'Ie o le Mālō. E sili ona mātau igoa 'uma o le 'ie tōga a Tau'oloāsi'i, 'ina 'ia sāga fa'amanatu ai pea le mea tāua na fai e lenei tama'ita'i Sāmoa mo le atunu'u ma lana aganu'u.

'O ulua'i igoa nei o le 'ie a Tau'oloāsi'i e tusa ai ma le tala tu'utaliga sā fa'amaumauina e Dr. Kramer ma Brother Henry:

'O le Moeilefuefue

'Ua fa'aigoa le 'ie o le Moeilefuefue 'ona sā fa'amoe Tau'oloāsi'i i le fuefue o le matāfaga 'ae fa'a'aluga i lana 'ie, 'a 'olo'o alu le lama a lona tinā.

'O le Pi'imale'ele'ele

'Ua māfua ona fa'aigoa le 'ie o le Pi'imale'ele'ele, 'ona 'ua sua mai le tai ma susū ai le 'ie 'a 'o moe le teine; 'o lea na ala ai ona pi'ipi'i 'ele'ele i le 'ie.

'O le Pūlouoleola

'Ua fa'aigoa le 'ie o le Pūlouoleola, 'ona sā pūlolou ai tagata Sāmoa i Toga, mo la lātou īfoga e pei ona fa'amatalaina muamua.

'O le Tasi'aeafe

'Ua fa'aigoa 'o le Tasi'aeafe, 'ona e tasi le 'ie tōga na pūlolou ai le afe o tagata Sāmoa i le aso o le īfoga i Toga.

Falaofuka

'O le igoa lenei o le Falaofuka, 'olo'o fīnau ai tagata Sāmoa ma tagata Toga; fai mai tagata Tula, 'o le teine e igoa iā Fuka, 'o le alo o le tamāli'i o Tula; 'ae fai mai tagata Toga, 'o le teine o Fuka, 'o le alo o le tupu Toga.

E leai se mea 'o iai pe 'ā fefīnaua'i i le suafa lea o le 'ie; 'ae pau lava le mea, 'ia tāua iā Sāmoa suafa o le 'ie a Tau'oloāsi'i. 'O le igoa Tau'oloāsi'i, 'o le suafa ta'atele lea ma le lata mai 'olo'o fa'aaogāina i tala o le 'ie tōga. 'O nei igoa o 'ie tōga a Tau'oloāsi'i 'ātoa ma ni isi suafa 'olo'o tūsia mulimuli mai, 'ua fa'asuafa ai 'ie o le mālō po 'o maniti a tamāli'i.

III. 'O LE GAFA O LE 'IE TŌGA

Na usu Fe'ealoalo o Utumea iā Matātula le tama'ita'i Tula i Tutuila, fa'ae'e le gafa 'o le teine 'o Maōfa. 'O Maōfa lā lenei na lalagaina le ulua'i 'ie tōga i Sāmoa. E fa'amaonia lenei tala 'auā 'olo'o iai vavau o le faiga o le 'ie tōga i lau'ele'ele o Tula i le itūmālō o Vāifanua. 'Olo'o iai le vai i le fanua o Ma'opua na tatao ai lau'ie e ta'u o le Taogālau'ie. 'Olo'o iai le malae na fa'alalā ai lau'ie e ta'u o le Fa'alāgālau'ie. 'O le tūlāgāmaota fo'i na sosoli ai le ʻie, ʻua taʻua ʻo le Soligāʻie ʻātoa ma le pāepae papa na lelega ai le ʻie ʻoloʻo taʻu o le Legagāʻie.

Na usu Tuisāmata iā Maōfa, faʻaeʻe le gafa ʻo le teine ʻo Logoiʻālise. Na usu mai Togiola iā Logoiʻālise ona maua loa lea e Togiola ʻo le ʻie lenei. ʻO le alo o Togiola ma Logoiʻālise e suafa iā Manalita, lea na usu mai ʻi ai Leponafaigā o Masefau, ona alu loa lea ʻo Manalita i le ʻāiga o lona toʻalua ma ʻave ai le ʻie lava lenei.

ʻO le alo o Leponafaigā ma Manalita e igoa iā Manuosofusi na usu mai ʻi ai Tuiāfono, ma faʻaeʻe ai le gafa ʻo le teine ʻo Tauʻoloāsiʻi lea na alu ma lana ʻie i Toga.

IV. ʻO LE FAIGA O LE ʻIE TŌGA

ʻO le ʻie tōga moni a Sāmoa, e maseʻeseʻe, vāivai, ma momosi. ʻO le ʻumi e lalaga ai se ʻie o le mālō, e ʻātoa le luasefulu tausaga o lalaga le ʻie e tasi, ʻona ʻo le faʻamoemoe ʻina ʻia faʻaipoipo le teine ʻua māeʻa lelei lona ʻie tū ʻauā e lē faigōfie ona gāoioiga. ʻO le ʻie tū, ʻo le ʻie lea e ʻofu pe sulu ai le teine pe ʻā faʻaipoipo i aso anamua, po ʻo le ʻie foʻi e ʻautū ʻi ai tōga o le teine pe ʻā faʻaipoipo.

E faia le ʻie tōga i le lāʻau e taʻua o le lauʻie. E sala mai ʻia tele lau, ona ʻautala ʻese lea ʻo tala; e faʻamaʻauʻa i le lā i se ʻafa itūlā ona faʻamāsina lea ʻae saka. ʻĀ ʻenaʻena, ona ʻave ʻese lea ma le afi ma faʻamātūtū. E saelua le lauʻie, ona ʻave lea fili faʻatasi ma nonoa i se ʻogālāʻau māmā e pei ʻo le ʻofe; e fili ʻeseʻese le tuālauʻie ma le alo, ona taula lea i le sami seʻia ʻātoa ni pō se fā pē lima ona ʻave lea e faʻalanu. E faʻalā i le vāiaso ʻātoa seʻia oʻo ina mamago, ona faʻavai lea i se tapuvai le alo lauʻie ma āuauʻese ʻalava, ma faʻatāʻele ʻia mamā lelei ma toe faʻalalā. ʻĀ mamago, ona tāʻai loa lea i taʻaiga ma teu i taga. E lalaga le ʻie tōga ʻi le alo o le lauʻie, ʻa ʻo le tuālauʻie e lalaga ai fala. ʻĀ oʻo i le aso e lalaga ai le ʻie tōga, ona talai lea ʻo taʻaiga ʻae sālo. ʻO aso nei, ʻua ʻāuli taʻitasi lauʻie, ma e ʻāuli faʻaeteete ʻina neʻi māsaesae ma mōtumotu ʻauā ʻua mānifinifi ma muʻamuʻa.

E totosi faʻaeteete lauʻie i le tua o le ʻāviʻiviʻi; e faʻaniniʻi lava tāi pei ʻo se filo lāga ʻupega lona lautele, ma nonoa i mea e taʻua ʻo fausa. ʻĀ lava fausa, ona fātuaʻi lea ʻo le ʻie tōga; pē tusa e ʻātoa le ono māsina ʻo fai le fatuaʻiga o le ʻie, ma fai pea lava fausa. E lalaga i luga o le fola o le fale, ʻa ʻo isi e faʻaaogā laupapa lalaga, ma tāotao i maʻa mamafa neʻi ʻoʻuʻoʻu le ʻie ona lē taulia lea.

ʻO Le Fale Lalaga a le Aualuma

ʻO se gāluega fai ʻumi pe ʻā lalaga le tagata i lona lava fale. ʻO le ala lea o le faʻatū ʻo fale lalaga a aualuma o nuʻu taʻitasi. E taʻitaʻi ai loʻomātutua pito lima lelei ma le tomai i le gāluega. E faʻaigoa ia loʻomātutua ʻo matuaʻuʻu, ʻae taʻu isi teine ʻuma o le fale lalaga o le ʻauseʻepapa. E mafai ona tofu le tagata ma lana ʻie e lalaga po ʻo le taʻitoʻalua foʻi i le 'ie. 'O le ulua'i fale lalaga lava i Sāmoa sā fai i Āmoa i le Fa'asālele'aga i Savai'i.

Fa'alelegāpepe

'O le upu "fa'alelegāpepe," e māfua mai i le ta'aloga o le seugāpepe a tamaiti Sāmoa i aso 'ua mavae. 'O le pepe, o le 'iniseti. 'Ā o'o i aso o le fōaga, ona tele loa lea 'o pepe i le 'ea. 'O pepe fou lā, e felanulanua'i o lātou 'apa'au e 'aulelei ai. E tapu'e e tamaiti pepe ma noanoa o lātou 'apa'au i fau ona taula lea i vae po 'o lima. E o'o lava i lau taliga o tamaiti 'o noanoa ai pepe. 'O le tamaitiiti e pito 'i tele ana pepe, 'o ia lenā e mālō; 'ae 'ā matavalea le tamaitiiti, ma sōsola ana pepe, ona tagi lea; 'o le ala lea na maua ai le isi muāgagana a Sāmoa, " 'Ua sola le pepe na i le vae, sola le pepe na i le lima." 'Ua fa'atusa lā le falelalaga o tama'ita'i Sāmoa i le fa'alelegāpepe 'auā e pūnoua'i i aso e tele e lalaga 'ie tōga, 'ae o'o loa i le aso e fa'aali ai lavagālima po 'o lāgaga ona malaga loa lea i fafo o tama'ita'i i le malae e fa'aali a lātou 'ie sā lalaga ma teuteu mānaia i fulu manu e fai ai fofogalua o le 'ie. E lē gata ina taufai laga i fafo 'ie mānanaia sā nanā, 'ae 'ua fua solo i le malae ma fa'aaneanea, e pei 'o ni pepe e felelei solo. 'O le aso lenei e o'otia ai agāga ma fa'aosofia ai le mimita o le 'ause'epapa. 'O le ala fo'i lea, 'ua fa'atāua ai le fa'alelegāpepe i le lalolagi o tama'ita'i o Sāmoa.

E tu'upōina le aso e 'uma fa'atasi ai 'ie o le fale lalaga, ona fai loa lea 'o le fa'atā'elega, soso'o ai ma le fa'alelegāpepe. 'O le aso mulimuli lea 'ole'ā fai ai tāumafa ma fiafia ai le nu'u 'ātoa. E fa'asavali ma fa'atāfafao 'ie i le malae o le nu'u, 'ina 'ia fai 'i ai le fa'amālō a ali'i o le nu'u; ona fa'ata'amilo loa lea 'o 'ie 'uma nei 'i nu'u tuā'oi o le itūmālō, se'i silamiō le atunu'u i lenei gāluega mānaia. E māsani ona muamua ni tulāfale ma a lātou fa'asolo i le solo, 'ae pepese 'uma atu i tua teine ma a lātou 'ie tōga 'olo'o fua i le malae.

'O le 'ie tōga, 'o le 'oloa tāua a le atunu'u e teu 'umi ma āfifī i lalo o tōfāga o 'āiga; ma e ta'ua lea mea 'o le "'au'afa o maniti a tamāli'i." 'O isi 'au'afa e matuā ta'ui malu i siapo ma fala, ona sāisai lea i 'afa 'ae sisi ma tautau mai le utupoto o le fale; 'ae 'o isi maniti e tatao i moega. 'Ā tatao 'umi se 'ie tōga ona 'ena'ena lea ma vāivai ma 'aulelei. E iloagōfie le 'ie tōga fou e pa'epa'e, 'ae tau lē tāua 'ie nā. E sili ona tāua le 'ie 'ua leva i lō le 'ie fou. E ala ona 'ena'ena tele le 'ie tōga 'ua leva, 'ona 'o le solo so'o i le sua o le pulupopo, ma le tatao 'umi.

'Ou te fa'afetai tele i le fa'alelegāpepe a tinā ma tama'ita'i o Sāmoa

'O le tausaga 1990, na a'e ai se finagalo o le mālō o Sāmoa, 'ina 'ia toe fa'aolaola measina a Sāmoa 'ole'ā mou atu, e pei 'o le 'ie tōga. 'O lea na tonu ai i le Fono So'ofa'atasi a Tinā, e faia se fa'alelegāpepe i le laumua o Apia.

E fa'ailoa atu le agāga fa'agae'etia 'ona 'o le fiafia ma le fa'afetai ma le fa'amālō 'i le

Fono So'ofa'atasi a Tinā o le Mālō Tūto'atasi o Sāmoa, 'ona 'ua lātou toe lalaga mai 'ī'oimata o le aganu'u; 'o le maniti a tamāli'i e fa'asi'usi'umata ma fa'amemelo 'i ai tagatānu'u o Sāmoa. 'Ia fa'amanuia le Atua i matua'u'u ma 'ause'epapa 'ese'ese a Sāmoa, 'aemaise lava i le aso o le fa'alelegāpepe. Fa'afetai taumafai. Fa'amālō le tau lāgalaga. Fa'amālō fai o le faiva. 'Ia sāga āu pea la 'outou īna'ilau, tinā ma tama'ita'i.

V. 'O AOGĀ O LE 'IE TŌGA MO LE AGANU'U A SĀMOA

'O 'ie lāiti 'uma e ta'ua 'o lālaga ma e fai ai folamua o si'i o fa'alavelave. Sā leai ni 'ie lāiti i aso anamua, 'ae 'ua fa'aopoopo 'ona 'ua manatu le atunu'u e tatau ona iai ni isi 'ie e fesoasoani i si'i o fa'alavelave ma faigāmeaalofa. 'O le mana'otele lā lea 'ua 'auleaga ai le Maniti a Tamāli'i.

'O 'ie pito tetele e sili ona taulia i le Fa'asāmoa, 'aemaise lava pe 'ā fofogalua. 'O le ala lea e maniti ai tino ma mimita ai tamāli'i. 'O 'ie tetele lā nei e filifili e fai ai mea ia o le aganu'u:

1. 'Ie o le sua a se tupu po 'o se tagata tāua.
2. 'Ie o le ta'alolo pe 'ā fai se taligāmālō po 'o se fa'aulufalega.
3. 'Ie o le tōfā a se tamāli'i.
4. 'Ie o le lafo o se fale'upolu tāua.
5. 'Ie o le nofo pe 'ā fa'afōtutupu pe fa'afōtuali'i se tamāli'i.
6. 'Ie tū o le teine pe 'ā fa'aipoipo.
7. 'Ieāvaga pe 'ā Fa'asāmoa le fa'aipoipoga a se 'augafa'apae po 'o le āvaga o se tāupou.
8. 'Ie o le fa'amāgaloga pe 'ā fai se īfoga.
9. 'Ie a Feagaiga po 'o le Tamasā a le 'āiga.
10. Fusitā o le tama pe 'ā tā le tatau.
11. 'O le 'ie e 'ave ai le si'i; e fa'ai'u ai ma ufi ai le faitōga 'ātoa.
12. 'Ie o le osigāfeagaiga pe 'ā 'a'ami se faife'au fou.
13. 'Ie o le malae e teu e tulāfale tāu malae.
14. 'Ie o le fa'amatua pe 'ā fānau se pepe fou.
15. 'Ie mo'emo'e pe 'ā sāusaunoa se tāupou.
16. 'Ie fa'atupu e pito 'i sili ona telē e teu i maota o tupu e leo ai Nofo.
17. 'Ie e fai a'i measulu a tamaiti pe 'ā māliliu mātua.
18. 'Ie e ufi ai le 'ele'ele pe 'ā tanu se isi i se fanua 'ese.
19. 'Ie o le 'afuelo e ufi ai le pusa oti.
20. 'Ie o le āsiga o se gāsegase.
21. 'O le fala se'ese'e o le tamāli'i e lāvalava ma nofo ai.

22. 'Ie o le māvaega pe 'ā maliu se isi o le ulugāli'i.
23. 'Ie ufi moega pe 'āfai se ulumoega o le teine fa'aipoipo.

'O 'ie 'ua igoā o fa'alavelave, 'o lona uiga, 'o 'ie lava e matuā tetele ma memea. 'O le uiga o le 'upu memea, 'o le 'ie 'ua matuā 'ena'ena, vāivai, ma mase'ese'e pei e silika; 'O 'ie nā e teu 'umi i maota o tupu; 'o 'ie aupito tetelē; ma 'ua ta'u ai fo'i 'o 'ie fa'atupu. 'Ua seāseā toe va'aia 'i nei aso ia 'ie, ma 'ua lē toe galuea'ina fo'i e matua'u'u o le atunu'u.

E mo'omo'o ai fa'alupe o naumati, 'inā toe mafaia ia e se afioga tūtasi a tupu ma tamāli'i ma fale'upolu o tōfiga, ona toe tīmata le 'upega ma toe usuia le tao i se faiga e mafai ai ona fa'amuta le fa'aaogāina o lālaga matagā, 'ua lē mānaia ai le maniti a tamāli'i o Sāmoa.

'O 'Auafa a Tupu ma Tamāli'i o le Atunu'u

'O 'ie a tupu ma tamāli'i o le atunu'u 'ātoa, e iai o lātou uiga i le aganu'u. E tele 'ie e fa'asuafa i mea faigatā sā tutupu i soifua o tagata 'i o lātou vāifanua; 'o ni isi 'ie sā fa'aigoa 'ona 'o ni va'aiga matagōfie e taia ai le silasila, ona fa'atusa lea 'i ai 'o ia 'ie; na'o ni nai fa'amaoniga nei o lea tāofi.

'O le Lauta'amūtafea a Mālietoa, na māfua ona 'o tala nei e lua:

1. 'O le lauta'amū na tafea mai i le vasa ona 'ave lea e Mālietoa e fai ma liufolau po 'o se tānoa, e fai a'i lo lā alofi taute ma le Tuimanu'a, lea na fai i le sami sāmasama.
2. 'O le lauta'amū na tafea mai na fa'amalu ai Mālietoa 'a 'o tau tata'i atu 'i uta i le malae i Falefatu ina 'ua tē'ena i le tai lana sāvali.

'O le Taofegauia'i a Sātupuā

'O le fānau a Tupua Fui'availili o 'Afoa, Luafalemaga, ma Galumalemana. 'O le tama lava lea o 'Afoa, na na fōua le mālō o lona tamā o Tupua Fui'availili, ma 'ua fa'a'umi ai lona igoa iā 'Afoafouvale. 'O le mea lea na lē malie ai Luafalemaga, ona tupu ai lea 'o le taua i le vā o nei tama 'o 'Afoafouvale ma Luafalemaga. 'O le tao na sāuni e Luafalemaga, 'o le tao lea na gagau e Taloolema'agao i Sātalo, 'a 'o nōfoia nei 'autau e lua i gā'uta o Faleālili. 'Ua fiu le itūmālō o Faleālii e tau pupulu lenei fa'alavelave 'ae lē mafai le 'auali'i. Tago loa Talo gaulua le tao ma 'ave le ulu iā Luafalemaga 'a 'o le i'u iā 'Afoafouvale. 'Ua iloa e 'Afoafouvale 'ua leai se mea na te mafaia ona 'ua lē malilie Faleālili, 'ona toe fa'alelei ai lea 'o lo lā uso.

'O le 'ie lava lā na sāuni e 'Afoafouvale e ifo ai lo lā uso i lo lā tamā, sā fa'aigoa o le Taogaulua ma 'ua toe fa'aigoa fo'i 'o le Taofegauia'i a Sātupuā. E iai le isi tala e uiga i le vā o 'Afoafouvale ma le isi ona uso o Galumalemana 'o lē na na fōua le mālō o 'Afoafouvale.

Lautafifi ma le Lautamatama a le 'Āiga Sātunumafono.
E fa'apea le tala, 'o lauu'a 'uma lava na fai ai e le 'āiga Sātunumafono i Sāfata le gāsegasge o Tamaalelagi, 'o lauu'a nā na maua ai le tōga a le 'āiga Sātunumafono.

Laufafa o Fenunu'ivao.
'O le tōga lea na sāuni e Fuimaono ma 'āiga e momoli ai Tupua Fui'availili i ona mātua o Muāgututia ma Fenunu'ivao i le 'āiga Sātuala. 'Ua fa'aigoa lea tōga 'o le Laufafa o Fenunu'ivao; 'auā 'o le tōga lea na fafa ai Fui'availili 'i ona mātua i Sātapuala. 'O tōga fo'i ia na tali ai tōga o Leulumoega, Fasito'o, le Falefitu, ma le Faleā'ana.

'O le Pepeve'a a Fonotī
'A 'o lalaga le 'ie lenei i Lufilufi, sā māsani lava ona tagi fa'apepe mai le ve'a i tuāmaota. 'O le ala lea na fa'aigoa ai le 'ie lenei a Fonotī o le Pepeve'a. 'O le 'ie fo'i lenei na māfua ai le taua a Fonotī ma Tole'afoa ma Sāmalā'ulu. Na fa'aigoa ai fo'i lenā taua, 'o le taua o le Pepeve'a.
E tofu lava le 'ie ma le māfua'aga o lona suafa, e pei lava ona tūsia i luga. 'O tōga ia e teu i 'au'afa a tamāli'i. 'O le uiga o le 'upu "'au'afa," 'o teugātōga a tupu, po 'o le teuga o maniti a tamāli'i.

'O 'Au'afa nei a Tupu ma o lātou 'Āiga:

Mālietoa	Lauta'amūtafea; Tao ma Uatogi
Tupua	Taofegauia'i
Tuiātua	'O le Anapapa
Tuiā'ana	Moemoe o le Mālō
Sātuala	Nafinafi ma le Natunatu
Tauā'ana	Lauolefaleoaitu
Sālevālasi	Pulu ma le Leuleu
Sātunumafono	Lautafifi ma Lautamatama
Sāfenunuivao	Laufafa o Fenunuivao
Sālilomaiava	Fuataiua
Taulagi	Si'imatu'u
'Āiga o Māvaega	Falase'ese'e o Tamaalelagi
Sālemuli'aga	Failāmatāfaga
Sāmoeleoi	Lauu'a ma Tafo'e
Sāgauifaleai	Momoemauāniu
Sātagō	Pulu ma le Leuleu
Sāamituana'i	Tutugātaume

Sāpesetā	Falase‘ese‘e o Tamaalelagi
Tagaloa i Sāoluafata	Aneanea
Sāgapolu i Sāoluafata	‘Ie se‘ese‘e o Teuialilo
Tupua	Fetuatuana‘iga o Malae
Lei‘ātaua i Manono	So‘otino ma So‘ototo
Fonotī	Pepeve‘a

‘O ‘Au‘afa a Nu‘u ma Itūmālō:

Āsau	Falase‘ese‘e o Gāluega a Pāpā
Faleālupo	Lā‘ei o Nāfanua
Sāle‘aula	Fa‘atuaniutū
Sāfune	Failāmatāfaga
Sāsina	Sautiaivasa
Fagaloa	Aneanea i Vaitu‘u
Falefā	Laufafa o Fenunuivao
Sāoluafata	Fofolaifafo
‘Eva	O le Lupe na Seu Silasila
Tuisāmau ma Auimatagi	Lau o le Fale Tā‘ita‘i o Mālietoa
Alo o Fānene i Faleālili	Laufafa o Taufau
Sāle‘imoa	‘Afu i Moana
Tuana‘i	Umutītoga
Falelātai	Tologatā/Ti‘eti‘e/Va‘atu‘itu‘i
Āleipata	Aneanea
‘Āiga ma Salāfai	Sinaolelauao/Falase‘ese‘e o Tupua
Alātaua	Tafo‘e ma le Lauu‘a
Faleata	‘O le Pula o Si‘ufaitoto‘a/Lau o le Fale o Aitu
Sātuimalufilufi	Moemoe o le Mālō
Sāasomua	Aneanea
Mulifanua	‘O le Pona o le Titi o Nāfanua
‘Iva	Loimata o Si‘alei
Vāifanua	Falaofuka
‘Aunu‘u	Puipui o Tama lē Paoā
Malaeloa	Lauao o Tuife‘ai
Aūa	Puipui o Paepae Ulupo‘o
Pago Pago	Puipui o Gagamoe
Faga‘alu	Puipui o Vāovai/Fale‘ula

Tutuila	Pūlou o le Ola/Toto ma Lauulu
Manu'a	Alavatualua/Matūmaivai
Saua	Afimūtasi o le Matāsaua

E fa'amālūlū i tupu ma tamāli'i o le atunu'u 'ua lē tūsia suafa o a lātou 'au'afa, 'a 'o le talitonuga lava, e lē 'ave'esea ai le pa'ia ma le mamalu o a 'outou measina.

E tolu vāega 'ua fa'avasega 'i ai 'ie tōga po 'o 'au'afa a tamāli'i e tusa ai ma talatu'u a Sāmoa:

1. 'Ie Fa'atupu:
   'O lona uiga, 'o 'ie aupito tetele ma 'aulelei (kingsize). 'O nei 'ie na'o tupu ma tamāli'i lātou te teuina.
2. 'Ie o Nofo:
   Na'o ē 'ua nōfoia nofoa o 'āiga tupu, 'āiga o nofo, ma 'āiga o pāpā lātou te 'au'afaina nei 'ie tetele.
3. 'Ie o le Mālō:
   'Ā to'ilalo le isi itū i le isi itū taua, ona tatala lea 'o nei 'ie tetele e fa'asifo ai 'āiga ma nu'u ma itūmālō, ma ta'u ai fo'i ia 'ie 'o 'ie o le fa'amāgaloga.

'O Sulaga o Tōga

'O suafa o 'ie 'ua 'uma ona fa'avasega atu, e mātagā tele i le Fa'asāmoa le fua mai o tōga 'aulelei po 'o le mālō a le atunu'u, 'ae na'o le nōfonofo ma mātamata atu 'o le 'aumalaga ma le paolo 'ae lē fa'amālō pe fa'asāō pe fa'afetai fa'apea: "Sāō fa'alālelei; mālō le teu; fa'afetai le pele o paolo; sē 'ua lē 'ole lea"; 'ā lē 'o lenā fo'i, 'ia tū loa 'i luga se tausi tomai ma fai loa se solo fa'apea:

Sīna e, te'ite'i ane ia.
Na si'i le faiva e lē alafia.
Na 'ou tago ai si'i se mānaia.
Na 'ou maua ai, maua āi ē
'Auē, 'ua malie ō.

'O le 'ie lā lenā ma lona ta'afi
'Ua fa'amemea fa'aataata o le lagi,
'Ae sasala fa'asiligāasi.

Mānu e, taufai ala
'Ami'ami fagafaga.
'A'o Mataiva le vāigagana

Sā moeana ai le pa'a.
E ana tama ua pā'iama

Lufilūfi e ma Leulumoega
Leālātaua ma Sāgaga
Fa'avā so'u nōfoaga i lo outou alofi pa'ia na.
E lē 'o a'u se tagata leaga.
'O a'u 'o le tagata o Lilomaiava
Na si'i ai si o mā paopao e ala.
'Ua sau le manogi, sau le sasala
'Ua sau le nāmu mea a tausala.

Manatua lava 'o le sulaga o tōga ma le 'ailaoga o lafo, 'o se gāluega a tulāfale ma o lātou tausi. 'O se gāluega fa'atamāli'i ma 'o se gāluega e fai lona taui. 'Ā tele au solo e sula ai tōga, 'o le tele fo'i lenā o ou lafo e fa'apūlou ai 'oe. 'O le isi mea e tatau ona mālamalama 'i ai tausi sula tōga, e na'o tōga a tamāli'i e sula 'ae ta'imā inati o faife'au 'ātoa ma lafo o tulāfale e lē sulaina. 'O le isi mea, 'aua le sulaina tōga o si'i 'i maliu, 'ae le'i lafoa'ia pe tanu le maliu.

'Āfai e lē lava ia solo sula tōga mo lau tōfā a le tausi, va'ai isi solo 'olo'o i le sulaga o tōga o fa'aipoipoga i le Iunite Ono.

GĀLUEGA FAUTUAINA

I. Talanoaga

Fesili i le vasega po ‘o ā ni o lātou manatu i le tūlaga ‘ua iai nei le faiga ma le fa‘aaogāina o ‘ie tōga i nei aso. Pē tālafeagai ia ma talitonuga o le Fa‘asāmoa pe leai? Talia ‘uma manatu, ‘ae ia talanoa i le itū‘āiga ōlaga ‘olo‘o feagai ai tagata Sāmoa i nei aso.

Mo vasega i atunu‘u i fafo o Sāmoa, talanoa pē fetaui le fa‘aaogā o ‘ie tōga i atunu‘u i fafo; ‘o le ā se aogā tele; e fa‘apēfea le faiga lea o le fa‘atau o ‘ie tōga; ‘ae fa‘apēfea fo‘i ona a‘afia ‘i ia faiga le sāuniuniga ma le lalāgaga o ‘ie tōga i nei onapō.

II. Iloiloga o le solo, po ‘o le sa‘afi‘afiga i le ‘ie tōga ‘olo‘o i le ‘āmataga o le matā‘upu.

1. Faitau auaua‘i le solo ma talanoa i lona ‘autū.
2. Fai se fa‘atinoga o le fa‘alelegāpepe.
3. Fa‘ata‘ita‘i se ta‘iga po ‘o le fuaga o le ‘ie tōga.
4. ‘Ā maua ni lau‘ie po ‘o laufala, ‘aumai ni lo‘omātutua o se nu‘u e fa‘ata‘ita‘i ona fai se fale lalaga.
5. Fai tāga o le fāgogo i le malaga a Tau‘oloāsi‘i i Toga ma le īfoga sā fai ai.

ILOILOGA O LE MATĀ‘UPU

Vāega I

Tali i fesili nei:

1. Fa‘amatala sou mālamalamaga i lea ‘upu o le “maniti a tamāli‘i.”
2. Tusi ‘uma mai ni maniti a tamāli‘i Sāmoa ‘e te iloa.
3. Fesili ‘i ou mātua ma le matai o lo ‘outou ‘āiga, po ‘o ā ni maniti a o ‘outou tamāli‘i, ona fa‘aigoa mai lea.
4. Fa‘amatala mai fōliga ‘uma o le ‘ie tōga e tatau ai ona maniti ou tino.
5. Fa‘aigoa mai le ‘ie tōga a Tau‘oloāsi‘i ‘i ni igoa ‘uma ‘e te iloa.
6. ‘O ā ni aogā o le ‘ie tōga i la tātou aganu‘u?
7. Fai sau faitioga i ‘ie tōga o aso nei.
8. ‘Āfai ‘o ‘oe ‘o le teine, ‘o le ā le igoa o le ‘ie sā lalaga e lou tinā mo lau fa‘aipoipoga? ‘Āfai ‘o le tama, ‘o ā igoa o ‘ie a lou tinā na lalaga mo ‘oe pe ‘ā fai lau sāofa‘i po ‘o le tā o lau pe‘a,?
9. Fai sau solo pu‘upu‘u i le ‘ie tōga.

10. Fa'amatala māfua'aga o igoa nei e lua o le 'ie tōga:
    a. 'Ie tōga
    e. 'Ie o le Mālō.

Vāega II

Puipui i i'uga o fuai'upu igoa fa'aleaganu'u o 'ie tōga fetaui i fa'alavelave.

1. Tinā, va'ai po 'o iai se 'ie o le tama o lea 'ole'ā tā lana pe'a.
2. 'Aua le popole i se 'ie 'o lā e fai e le paolo le 'ie e ufi ai le pusa oti o le toea'ina.
3. 'Ā fa'aipoipo lau tamateine i se alo o se tupu, ona sāuni lea 'o sona 'ie.
4. 'Ua iai se 'ie pe 'ā maliu lou ali'i?
5. 'Ai lava se tautua pa'ō o lou to'alua; sāuni ane se 'ie e māgalo ai ma se 'ie o le 'ele'ele 'ole'ā ta'oto ai.
6. 'Ā fānau sa lua pepe muamua ona 'ave loa lea 'o se 'ie manū o soifua tua'ā o lou to'alua.
7. 'Ave 'ia lava ni 'ie a tamaiti e leaga e to'atele ne'i feau le si'i i le maliu o lou to'alua.
8. 'O le 'ie o le tēte'aga 'o le mea tau le paolo o lē 'ua maliu.
9. 'Ole'ā 'ave fala o le teine i le 'āiga o lona to'alua; su'e ia maua se 'ie e ufi ai fala.
10. 'O anamua e fa'ailoga le 'ie e se'e ai le tamāli'i fa'aipoipo.

FA'ALEOGA MA FA'AUIGAGA O 'UPU

'afu	'o tōga e fai ai fa'aaloaloga o se fa'alavelave
'afuelo	'ie tōga e ufi ai le pusa oti
alafia	'ua saofia
'alia	'o paopao e pi'ilua
alo	afafine po 'o le atali'i
alofi pa'ia na	'o le alofi pa'ia lenā
Mataiva le vāigagana	'o le vai e tautala mai
atigi po'o	atigiulu
'ato ponapona	tōga a le tupu
'au'afa a tamāli'i	teugātōga a tamāli'i
'au'afa teumau	'o tōga e lē talaia so'o
'au'afaina	teuina o tōga
aualuma	tama'ita'i o le nu'u
'au fiaola	'au lē maua ni mea
'ause'epapa	tagata lāga fala
'autālaia	'o le 'au fai māfaufau
e lē tauilo vae o malaga	e mate'iagōfie vae o tagata malaga
'ie fa'atupu	'ie pito tetele e teu e 'āiga o tupu
'ie o le lafo	meaalofa i le fale'upolu
'ie o le mālō	'ie e totogi ai le to'ilalo
'ie o le fa'amāgaloga	'ie e fa'asifo ai 'āiga
'ie o le tōfā	meaalofa i le tamāli'i po 'o le faife'au
'ie o le nofo	'ie pito tetele e teu e 'āiga e au i nofo
'ie'ula fofogalua	'o le 'ie e lua ona 'ula
'ie tū	'ie tōga e fa'aipoipo ai le teine
'ie o le īfoga	'o le 'ie e fofō ai fa'afītāuli mātuiā; 'e pūlolou ai le 'auifo
ītea	mate'ia
'o'u'o'u	lē māfolafola
usu	'ua tā le gafa
utupoto o le fale	lā'au fa'alava i luga o le fale Sāmoa
fa'afōtuali'i	sāofa'i a le ali'i
fa'afōtutupu	sāofa'i a le tupu
fa'agae'etia	totogo a'e
fa'agafua	fa'amāgalo; fa'aavanoa

fa'a'ite'ite	tau mātemate
fa'alalā	fa'amamago
fa'alanu	fa'amāgalo i le vai
fa'alēiloga	e lē iloa tonu
fa'alelegāpepe	'o le fa'aaligā'ie tōga
fa'alē'olea	fa'alētonuga
fa'alialia	'o le mimita vale
fa'ali'ali'a	lagona 'ole'ā tupu se mea
fa'alupe o naumati	'o lupe 'ua fia feinu
fa'amā'au'a	fa'avāivai; fa'amamae
fa'amāsina	tā'ai fa'alapotopoto e pei o fōliga o le māsina
fa'amatua	meaalofa a le fānau i mātua o mātua
fa'amātūtū	fa'amago
fa'amaumauina	tusitusia
fa'amemea fa'aataata o le lagi	ataata o le tauafiafi
fa'amemelo	matanana 'i ai
fa'aponapona	e lalaga ma fa'apona
Fa'asālele	fa'apu'upu'uga o le itūmālō o le Fa'asālele'aga
fa'asifo	fa'amaualalo
fa'asi'usi'umata	e 'ave 'i ai mata i taimi 'uma
fa'asuafa	fa'aigoa
fa'atā'elega	fa'amamā le 'ie tōga
fa'atalalē	fa'atamala 'i ai
fa'atuētuē	fa'a'amu'amu
fa'aulufalega	umusāga o le falesā
fa'ausu le gafa	'ua āfua le gafa po 'o le so'otaga o 'āiga
fa'avā so'u nōfoaga	fa'aavanoa se nōfoaga
fafa	tau'ave i le papātua;
faiumu	ta'uvalea; e lē manatu fa'atauva'a 'i ai
fala lau'ie	fala e lalaga i lau'ie
falasi'igatā	tamāli'i e si'isi'igatā
fale lalaga	fale e lalaga ai fala
fatua'iga	'āmataga o le fala
fāufautāne	fia fai tāne
fausa	fa'apona o lau'ie
fautua	fa'atonu; apoapoa'i
fofogalua	'o 'ie e lua ona 'ula

fōlamua	‘o mea e muamua fa‘aali
fuafua	fa‘atūlaga
fusitā	‘ie tōga e umusā ai le lagimālōfie
gasū	‘o le susū po ‘o le mālūlū o le tāeao
lā‘ei	lāvalava
lama	‘o le faiva i le pō
lau‘ie	lau e lalaga ai le ‘ie tōga
Lauta‘amūtafea	‘o le tōga a le Mālietoa
Lautafifi ma Lautamatama	tōga a Sātunumafono
Lautīvunia	tagata Toga
sasama	fa‘asāmasama
Leutelele‘i‘ite	tamāli‘i Sāmoa
lili‘a	fefe
malivaoa	‘ua sosolo ai le limumea
mānaia	sa‘o ‘aumaga
mānifinifi	e lē māfiafia
maniti a tamāli‘i	lā‘ei o tamāli‘i
maniti tino	mogea tino
Maōfa	tama‘ita‘i na na mua‘i lalaga le ‘ie tōga
maōfa	‘o le ofo
mapuna	aliali mai
māsaesae	mālepelepe
mase‘ese‘e	mamulu gōfie
masiofo	faletua o le tupu
mātaisau	fa‘atufugaga
matālalaga	‘auala e lalaga ai le fala
matapala	‘auleaga
mātea	mate‘ia
matua‘u‘u	ta‘ita‘i o le fale lalaga
matua‘u‘u māgafagafa	‘o le ta‘ita‘i o le fale lalaga e tumu i fuafuaga
mea tōtino	mea moni pe patino i le tagata
measulu	meaalofa a tamaiti i maliu o mātua
moeana ai le pa‘a	‘o le ana sā moe ai le pa‘a
Moeilefuefue	moe i le vaovao; ‘o le isi igoa o le ‘ie a Tau‘oloāsi‘i
mōmoga	lololo po ‘o le mana‘omia
momosi	lāmolemole
mōtumotu	ō ‘ese‘ese

mū le foaga	fa'asalaga; susunu
mu'amu'a	vaivai
nene'e	fiafia
nofoilo	nofo ma le iloa
pā'iama	'ua maua le to'alua; pa'i i tausala
Pi'imale'ele'ele	'o le 'ie a Tau'oloāsi'i 'ua palapalā ma pipi'i i le 'ele'ele
pā'ia Vaioletama	'ua tā'e'ele i le vai o le tama i Āleipata; taunu'u fa'amoemoega
paopao e ala	va'a fāgota
pātuavalu	māfiafia
Pepeve'a	tōga a Fonotī
Pūlouoleola	'ie tōga a Tau'oloāsi'i; 'o le 'ie na pūlolou ai tagata;
sāō	mānaia tele.
sāelua	vāelua
sāō fa'alālelei	fa'afetai fai mea lelei
sasala	manogi
sasala fa'asiligāāsi	manogi e pei 'o le āsi
sātia e manu nini'i	'ati'ati e manu nini'i
sē 'ua lē 'ole lea	sē 'ua malie mata e va'ai.
se'epapa sololima	'aulāgafala lima vave
silaloa	'ua lē 'emo mata
silamālō	matamata i tōga
silika	'i'ila vāivai
so'o'ula	soso'o 'ula o le fala
sosoli	soli i vae
suipi	'ua 'uma; 'ua māe'a
sulaga o tōga	vivi'iga o tōga
sūpasupa	lē sa'osa'o
tāfitifiti	māpunapuna solo; ta'alo tele; e lē mālōlō
tala tu'utaliga	tala musumusu i taliga
tamasā a le 'āiga	feagaiga a le 'āiga
Tamasi'i Toga Mālō lelei	'o le fa'amālō a tagata Toga; po 'o le sāō fa'alālelei
tanutū	e tanu 'a 'o lā e tū
Taofegauia'i	tōga a Sātupuā
tāotao i ma'a	fa'amau i ma'a
Tasi'aeafe	'o le isi igoa o le 'ie a Tau'oloāsi'i; e tasi le 'ie 'ae afe tagata na ola ai

tatao i lalo o tōfāga	tanu i lalo o moega
Tau'oloāsi'i	tama'ita'i Sāmoa e ona le 'ie tōga
tāupegā'afa	'o le tāupega o maniti po'o ta'ui a tamāli'i māualuluga
tausala	tāupou
tausi	to'alua o le tulāfale
tāuvala	lāvalava po 'o le titi o le tagata Toga
te'ite'i	moe alaala
toma'aga	'aisigātōga
tuālau'ie	tua o le lau'ie
tu'umuli 'ese	ō 'ese
tu'upōina	taimi e fa'ataunu'u ai se mea
vavau	'o mea e fa'amaonia ai tala 'o le 'āmataga

MATĀ'UPU 2: 'O SIAPO, 'IE SINA, MA FA'ASOLO

ʻUPUʻĀMATA

ʻO le siapo, ʻo le maniti aupito ʻi leva lea a Sāmoa. Na teʻa loa tū faʻapaupau a le atunuʻu, ona iloa loa lea e Sāmoa ona faʻaaogā lelei o lātou lāʻei nei ʻo le siapo ma le ʻie tōga, e lāʻei ai ʻi sāuniga mamalu faʻaleaganuʻu. Manatua foʻi, ʻo lāvalava o tagata Sāmoa anamua ʻa ʻo taʻa saualiʻi le atunuʻu ma onapō o le vālelea o tagata, sā naʻo nai malo lava e fai ʻi lauuʻa ma moiʻaʻa o niu. ʻĀ lē ʻo lenā, e fai lava naʻo titi launiu, lausului ma lautī, ʻae faʻasausau le tino ʻātoa.

Sā ʻavea le siapo ma lāʻei tōtino faʻaleatunuʻu. Sā fai ai foʻi taʻinamu a Sāmoa anamua e teteʻe ai namu; ʻo le ala lea na faʻaigoa ai le taʻinamu ʻo le siapo. ʻO le isi aogā o le siapo e vāevae ai nōfoaga o ulugāliʻi ma tagata lautele ʻauā e leai ni potu o fale Sāmoa.

ʻO le ʻie sina, ʻua tātou faʻatōfā atu nei ʻi lea maniti a tamāliʻi o Sāmoa, ʻauā ʻua matuā lē faia lava i fale lalaga a tamaʻitaʻi ʻi nei aso ʻona ʻua lē iloa fai. Maʻimau pe ʻana toe ola mai o tātou tinā sā tomai tele i le faiga o le ʻie sina, ʻae sōia ia, ʻo le tai ma le taimi, e lē faʻatali ʻi se tagata lē māgafagafa.

ʻO le faʻasolo, ʻo le tasi lenei īnaʻilau a tinā e tatau ona fai ma aʻoaʻo faiga ʻeseʻese e suʻi ai ʻula a le atunuʻu, e pei ʻo fafine Hawaiʻi ia e fai a lātou āʻoga o suʻiga o ʻula ma faʻatau e maua ai a lātou tupe.

I. ʻO LE SIAPO A SĀMOA

ʻO le siapo, ʻo le uluaʻi lāvalava lenei a Sāmoa anamua ʻa ʻo leʻi oʻo mai papālagi ma a lātou ʻoloa, e pei ona faʻaaogāina nei e tagata. E sāunia mai le siapo i le paʻu o le lāʻau o le uʻa. E tatā mai ʻia tele ni lālā sasaʻo ma faʻaputu seʻia lava le fāiga ona ʻave lea i se ālia po ʻo se vai tāʻele e sae ma fafai ai.

ʻO le Faiga o le Siapo

E vaelua le paʻu o le lālā uʻa ona tiaʻi lea ʻo le pito i tua ʻae faʻaaogā le vāega i totonu o le paʻu. E faʻavai mo se itūlā ona ʻāmata loa lea ona sasa i le iʻe. ʻA ʻo sasa le uʻa, e faʻaaogā foʻi le ʻasi, ma le pae, ma le mageo e olo ai le uʻa ʻina ʻia alu ʻese le vavale ma ʻia māfolafola ma lautele; ʻā ʻuma lea, ona afifī lea ʻo se faʻaputugālauuʻa ʻua ʻuma ona gāugau. E fa‘ata‘atia le tutua i luma o vae ona ‘aumai lea ‘o lauu‘a sā gāugau ‘ua fofola i luga o le tutua po ‘o le lapa ‘ae sasa i le i‘e ma olo i le mageo. ‘Ā mamā lelei le lauu‘a, ona ‘ave lea fālōlō i luga o se fala ma fa‘alā ai ‘ina ‘ia mago lelei. ‘Ā mamago lauu‘a ona gāugau lea ma fa‘aputu se‘ia lava lelei mo le faiga o le siapo i le aso o le ‘ēleiga.

E muamua ‘eli mai ‘ia lava ni māsoā (*arrowroot*) ona saka lea ‘ia vela lelei e fai ma mea fa‘apipi‘i (*paste*). E alu fo‘i le faigā‘o‘a,‘o le faigāano ma le faigāloa; ‘ātoa ma le susūnuga o lama. ‘O ia mea ‘uma e maua mai ai le sua e fai ma vali (*dye*) e mamanu ai le siapo. ‘Ā ‘uma ona sāunia mea ‘uma, ona ‘āmata loa lea ‘o le ‘ēleiga.

E fa‘ata‘atia lelei le ‘upeti i luma o vae, ‘aumai lauu‘a sā gāugau ona tasele ‘ese lea ‘o ulumalō i se fasi ‘ofe. Fofola le lafialalo pe ‘ā ‘uma ona vali muamua le ‘upeti e le tata ‘ua fufui i le ‘o‘a. Fonofono mea māsaesae o le lauu‘a ma olo i le māsoā ‘ia pipi‘i lelei. ‘Ia olo le ‘ele i le tua o le mageo ma fa‘asalalau solo i luga o le siapo ‘ina ‘ia ‘ena‘ena lelei. ‘Ā māopoopo ma māfiafia le lauu‘a, ona fofola lea ‘o lauu‘a e pito lāutetele ma laulelei mo le lafialuga; ona fa‘apipi‘i loa lea ‘ia māumau lelei le tino o le siapo i le māsoā, ma sāga olo pea le tata i luga o le siapo ‘ina ‘ia aliali lelei a‘e i luga mamanu o le ‘upeti.

‘O le ‘Eleiga o le Siapo

‘O le ‘upeti, o le laupapa māfolafola ‘ua vane ai mamanu ‘ese‘ese Fa‘asāmoa moni; ‘o le laupapa lea ‘ole‘ā fai ai le ‘ēleiga o le siapo. ‘Ā mānaia le olaola lelei mai o mamanu o le siapo (*designs*), ‘o le siapo mānaia lenā. ‘Ā ‘uma ona ‘ēlei, ona ‘ave loa lea ‘o le siapo e tautau e fa‘asavili se‘ia mātūtū vali, ona ‘oti loa lea fa‘agatasi pito ‘uma e fā o le siapo ‘i se fāsi‘ofe ma‘ai ‘auā e lē fa‘aaogāina se seleulu.

E lua itū‘āiga o ‘ēleiga, ‘āfai e na‘o le lanu ‘ena‘ena lava sā vali i ‘o‘a ma na‘o mamanu lava o le ‘upeti ona fa‘aigoa lea ‘o le siapo lea ‘o le taloa; ‘ae ‘āfai ‘ole‘ā fa‘aaogā le fua o le fala su‘i‘ula e fufui i le lama po ‘o le ano po ‘o le loa, ona tutusi ai lea ‘o mamanu o le siapo; e fa‘aigoa le siapo lenā o le siapo mamanu po ‘o le siapo tutusi.

‘O Aogā o le Siapo mo le Aganu‘u

E fa‘alagolago le fua (*size*) o le siapo i le fa‘aaogāina. ‘Āfai ‘o se pupuni, e o‘o i le sefulu lua i le luasefulu futu le telē po ‘o le sili atu fo‘i; ‘āfai ‘o se lā‘ei, e o‘o i le fā futu le telē; ‘āfai fo‘i ‘o se ufilaulau, e fua lava i le telē o le laulau. E ta‘u siapo lāiti ‘o vala, ‘a ‘o siapo tetele ‘o pupuni.

‘O le tasi lenei o ‘oloa tāua a Sāmoa. E aogā tele i le ta‘iga o sua. Sā fai ai ‘ie lāvalava ma ‘ofu; fa‘aaogā i tōgiga o siva; ‘a‘afu ai i aso mālūlū. Sā fai ai tā‘inamu ‘i nā aso. Sā lā‘ei ai tāupou ma mānaia, ‘aemaise tamāli‘i ma failāuga o le atunu‘u. E taulia le tele o siapo pe ‘ā fa‘aipoipo teine ‘auā ‘ā lē lava lafo o tulāfale i ‘ie tōga ona fa‘alava lea i siapo.

ʻĀ tuʻu faʻatasi tōga ma siapo i faʻalavelave e faʻaigoa ʻo le " ʻoloa" po ʻo le "ʻafu" po ʻo le "lauuʻa." ʻĀ tele siapo ma tōga a se ʻāiga, e taʻu ʻo se ʻāiga tū lelei po ʻo le māumea.

Faitau lā i le fāgogo lea i le fafine ʻo Sina ma le māsina, lea na ia faʻataʻitaʻi maia le faiga o le uluaʻi siapo i Sāmoa.

ʻO le Fāgogo i le Fafine i le Māsina

Sā tele le oge i Sāmoa i aso anamua. Sā tau lē maua ai se meaʻai. Sā faʻaleagaina niu i le afā; e lē fua foʻi ni ʻulu. ʻUa leai ni faʻi, talo, ma ufi, ma sā tīgāina tele tagata i le fiaʻaʻai. ʻO onapō ia sā iai le fafine e igoa iā Sina, e iai lona togāuʻa i Āʻele i gāʻuta o Apia. ʻO aso ʻuma lava, sā nofo ai lea fafine ma valu le uʻa, ma sasa i le iʻe i luga o le ʻogālāʻau. ʻO le tasi aso, sā nofo ai Sina e latalata i le vaitafe ma fai lana gāluega. Sā faʻatasi ai ma lana tama teine i lenā aso. Na tagi si teine ʻi le fia ʻai ʻa ʻua leai se meaʻai e maua, ma ʻua alofa lava Sina ʻi si ana tama.

ʻO le afiafi pogisā na vaʻai atu ai Sina ʻi le māsina ʻua oso aʻe i luga o le sami. ʻO le māsina ʻua ʻātoʻatoa ma lāpotopoto lelei, ma ʻua manatu ai Sina ʻi se ʻulu telē lava ʻua tao ʻātoa. Ona ʻeʻē atu loa lea ʻo le fafine ʻi le māsina, "Tao ia ʻoe i se umu ʻae seʻi ʻai ma si aʻu tama."

Na ita tele le māsina ina ʻua palauvale Sina iā te ia. ʻO lea na tifa ifo ai le māsina ʻi lalo ma aofaʻi atu Sina ma lana tama, faʻatasi ma le tutua, le iʻe, ma le ʻupeti, ma ʻavaʻe i luga i le lagi. ʻO nei onapō, ʻā tātou mataʻia le māsina pe ʻā ʻua ʻātoa lelei, ona tātou iloa atu lea ʻo Sina ma lana tama ma ana mea fai uʻa i totonu o le māsina. Tou te silafia, na māfua le igoa o le māsina ʻona ʻua mā Sina (māsina)?

ʻO le pese lenei e atili ai ona maniti ou tino pe ʻā ʻe lāʻeiina maniti moni a tamāliʻi. ʻO le pese moni foʻi lenei e sisiva ai tamāliʻi pe ʻā moʻemoʻe i taʻalolo:

Lāvalava, teuteu Faʻasāmoa.
E sulu le siapo, e lelei, ʻe maʻeu le mānaia.
ʻO laʻu pēnina ma laʻu pāʻaga ʻua malie ō
Sau ia ʻua ʻou lē toe failotō.
ʻO le ʻā seu loʻu vaʻa e mālōlō.
Lafo ia le taula i fanua ʻua leva le pō.

E faʻaopoopo atu ʻi ai le pese lenei a faiāʻoga sā usu i le Faʻaaliga o Aganuʻu sā faia i Niu Sila i le 1976, e sāga faʻalautele ai le mālamalama o tupulaga i le faʻasologa o le faiga o le siapo.

'O le Siapo

Teine Sāmoa 'ua vavaō.
Ua galo le faiga o le siapo.
Sau ia e 'aumai se maunu e totō i lalo.
Le u'a 'ua ola tupu sa'o i luga.
Tago ane loa inā sasala.
Sae lā 'ia ma fofo'e le pa'u 'ia mamā.
Mua, mua ia muaō.

Sau ia le tausāla e.
Sau ia le tausāla e sāuni mai lau fāiga.
Si'i mai lau papa fa'atū i ou luma.
Ma le 'au fāiga tu'u mai i ou tafatafa.
'Aumai le tutua ma au i'e e lua.
'O le i'e molemole ma le i'e talatala.
Ma se tānoa vai, e fufui ai ou lima.
Tu'u u'a i totonu ne'i te'i 'ua malivaoa
Mua, mua ia muaō.

'Ua 'ata mai le tama i lau gāluega
Lafo mai le u'a i luga o le papa.
'Aumai loa le 'asi e vavalu muamua.
'A 'o le pae e fa'alauteleina
'O le fa'alaulelei e fa'amolemole ai,
'Aumai ma le tata e fa'amātūtū ai le vai.
Fa'ata'atia le u'a i luga o le tutu'a.
Sasa 'ia malū, 'ave loa e lelega.
'Ā māfolafola, tatao i ni ma'a.
'Ave e fa'alā ia mamago mānaia.
'Aumai loa e puni 'ae sāuni le 'ēleiga.
Mua mua ia muaō.

'Auē le māfine e, le māfine 'aua le te'i.
'Ae fa'ata'atia mai le 'upeti.
Nofo mai 'i lalo. Fofola muamua le lafialalo.
Olo i le māsoā, fa'apipi'i le lafialuga.
Lūlū le 'ele ma le lama, se ipu popo e tu'u ai 'o le 'o'a.
Fufui ai ma le tata, 'ēlei 'ia mānaia.
Silasila lā 'ia 'i mamanu o le 'upeti 'ua iloga.

‘Ā tā laupapa, ‘o le siapo lenā o le vala.
‘Ā vali ‘i loa, ‘o le siapo lenā, ‘o le taloa.
‘Ā ‘ese‘ese lanu, ‘ua ta‘ua ‘o le siapo mamanu.
Mua, mua ia, muaō.

Sāmoa, ‘ia manatua ‘o tā lā‘ei mai anamua.
‘O lauu‘a lava ma siapo sā lāvalava o tā mātua.
‘O le ala lea o lo‘u sau, se‘i fa‘amanatu atu.
‘O lā‘ei Sāmoa, e lē ‘avea le mamalu.

II. ‘O LE ‘IE SINA, ‘ULA MA FA‘ASOLO

‘O le ‘Ie Sina

Masalo ‘o le to‘atele o fānau a le atunu‘u e le‘i silasila ‘i le isi lenei lā‘ei o Sāmoa sā ta‘u ‘o le ‘ie sina. ‘Ua ala ona ta‘u ‘o le ‘ie sina, ‘ona ‘o le pa‘epa‘emā pei ni sina. ‘O le isi manatu, ‘o le ‘ie lenei sā ta‘u ‘o le ‘ie o le teine ‘o Sina. Manatua fo‘i, so‘o se alo tama‘ita‘i lava o se tamāli‘i maualuga, sā fa‘asuafa lava iā Sina.

‘O le ‘ie lenei e fai mai ‘i pa‘u o lā‘au e ta‘u ‘o le olasina ma le lā‘au o le fau, o lā‘au e a‘o ma le sa‘o ‘ae toe ‘anagatā; ‘o le pa‘u i fafo e mu‘amu‘a, ‘ae fefeu pa‘u i totonu. E valuvalu ‘ese pa‘u i tua, ona fufulu mamā lea ‘o le ‘ogālā‘au i totonu; ona ‘ave lea tatao i le vaitafe mo se vāiaso se‘ia vāivai ma mataga le moi‘a‘a ona ‘aumai loa lea valuvalu ‘ese i se tānoa. ‘O nei moi‘a‘a e pei ‘o le maveve o ni pulu popo. E fa‘alā lava nei moi‘a‘a se‘ia o‘o ina papa‘emā. ‘Ā lava ma tele fusi moi‘a‘a ona fātua‘i lea ‘o le ‘ie e pei ‘o le ‘ie tōga; ‘ae tasi ‘o le mea, ‘o le ‘ie sina, e pei e fili lona faiga, e fatu le ala ma fa‘asolo le lalāgaga, ‘ae fa‘atotoe fuati moi‘a‘a ‘ina ‘ia fa‘alavelave ma fa‘amaveve i luga o le i‘e. E fōliga mai le ‘ie pe ‘ā ‘uma le folaaluga, ‘o se ‘ie māmoe pa‘epa‘e. E manatu ni isi matua‘u‘u, ‘ā saka i le namu, e atili ai ona pa‘epa‘emā.

‘O le Fa‘aaogāina o ‘Ie Sina

E lāvalava ai tāupou, e fai ai ‘ie ufimoega o tāupou pe ‘ā fa‘aipoipo; e mafai fo‘i ona fai ai se ‘ofu e mo‘emo‘e ai le tāupou. E tutusa lava le tāua o le ‘ie sina ma le ‘ie tōga, ‘ae ‘ona ‘o le lē ta‘atele o lenei itū‘āiga measina, e lē lauiloa ai e le mamalu o matua‘u‘u talavou o le atunu‘u i nei aso lona faiga; masalo ‘ole‘ā gotouga lava lea tufugālima a le atunu‘u.

III. FA‘ASOLO A TAMĀLII

‘Ona ‘o le ‘ese‘ese o fa‘alupega o tamāli‘i o le atunu‘u, e māfua ai fo‘i ona ‘ese‘ese fa‘aigoaga o a lātou tēuga po ‘o lā‘ei. ‘O le ‘ula, ‘o le isi lea lā‘ei a Sāmoa, ma e lē so‘ona fa'aogā soloa e ni isi 'ula a tamāli'i 'auā 'ua 'uma ona fa'avasega e pei 'o igoa nei:

Tuive'eve'e

'O le 'ula a le tāupou po 'o le 'augafa'apae e fa'aigoa o le tuive'eve'e, ma se'iloga lava 'ole'ā siva i se fa'afiafiaga po 'ole'ā mo'emo'e i se ta'alolo, ona fa'ato'ā fa'aaogā lea 'auā e iloagōfie ai o se alo o se tamāli'i.

'O mea e fai ai lea 'ula, 'o nifo o i'a, po 'o atigi ipu, taimane, tifa o le sami, po 'o tifa o le vao. E tausi fa'alelei ma fa'a'i'ila e le tinā o le tāupou i aso 'uma ma teu i totonu o se tuluma. 'O le tuluma, 'o se ato po 'o se pusa e fai i le ipu popo po 'o se lā'au e tu'u 'uma ai mea tōtino a le tinā e fa'aagāga mo lana fānau.

'Ulānifo

'O le 'ula a le mānaia, po 'o le sa'o 'aumaga, e ta'u o le 'ulānifo. Se'iloga lava 'ole'ā sāusaunoa pe mo'emo'e i se ta'alolo ona fa'aaogā lea. E su'i lenei 'ula mai nifo o pua'a 'aivao.

Talu mai onapō 'o le tama fa'asausau a le Si'uāmoa, e suafa iā Alo le atali'i o Naisa'afa, na maua ai le isi igoa o le 'ula a mānaia. Na fa'aigoa lana 'ulāfala 'o le "tinumasālasala" 'auā e sasala le manogi pe 'ā alu ana aumoega. 'O lenei 'ula, e su'i 'i fua o le fala su'i'ula fua lāiti, ma lona fuga manogi e ta'u 'o le sigano.

Tuipapa'i

'O le 'ula a le Ali'i, e ta'u 'o le tuipapa'i ma e su'i i fua manogi o le paogo, fa'atasi ma le sigano ma le suni manogi. Se'iloga lava 'ole'ā sāusaunoa i fa'afiafiaga faitele se ali'i, ona fa'ato'ā su'i lea e lona to'alua po 'o lana feagaiga lea 'ula. Āfai 'ole'ā mo'emo'e se tamāli'i matai, ona fa'aaogā lea 'o le 'ulānifo a le sa'o 'aumaga. 'O nei aso 'ua fa'aaogā le 'ulāfala po 'o le tinumasālasala e ali'i pe 'ā tali ni mālō.

Fa'asolo

'O le 'ula a le tulāfale e fa'aigoa i le igoa ta'atele 'o le fa'asolo. E lē sasālua le faiga o le fa'asolo, 'ae so'o se fugālā'au lava e fa'aaogā e pei 'o fua o le moso'oi, fua o laga'ali, po 'o teuila; po 'o so'o se fatu lā'au fo'i e pei 'o fua o fetau ma pu'a po 'o tifavao. E lē tatau ona fa'aaogā e tulāfale le tinumasālasala po 'o le 'ulāfala a ali'i, 'auā e lē tatau ona tutusa le 'ula e 'ula ai le ali'i ma le fa'asolo e 'ula ai le tulāfale. 'O nei aso 'ua fia ali'i fo'i tulāfale lātou.

'Ula Laumaile

'O le 'ula a tāulele'a pe 'ā fai fa'afiafiaga, 'o le 'ula'laumaile, po 'o 'ula laugasēsē; 'ae 'āfai e fifi taufolo ma le faiga o fe'au a ali'i, ona 'ula lea 'o laufa'i ma fai ai tauvae.

Su'ifefiloi a Tama'ita'i

'O 'ula a le aualuma tama'itai, e pule lava lātou i so'o se fugālā'au manogi ma le matagōfie e su'i ai. 'O le tasi lenei gāluega taulima fa'apitoa a le falepa'ia o tama'ita'i o le nu'u. E alaala i le aso 'ātoa i le maota o le tamāli'i maualuga o le nu'u, ma sāuniuni le maota ma ona 'anofale 'auā mālō fegāsoloa'i a le atunu'u.

GĀLUEGA FAUTUAINA

I. 'Āfai e mafai, ona tā lea pe a'o le pese o le faiga o le siapo mai i le līpine a le 'au siva a faiā'oga a Sāmoa i Sisifo. Iloilo vāega o ia faiga 'olo'o tā'ua i le pese, ma fa'aopoopo 'i ai ma ni mea 'ua silafia e le vasega mai i o lātou 'āiga ma nu'u.

II. E mānaia fo'i 'ae su'e mai se ata e pei 'o ata a Mary Pritchard o 'Amerika Sāmoa, e talanoina ai faigāsiapo o aso 'ua mavae, fa'apea fo'i ma ana suiga sā fai mo le tupulaga, 'ina 'ia fa'asao ai le siapo 'ua 'āmata ona mou atu.

III. E leai lava se mea e sili i lō le 'ave o le vasega i se togālauu'a ma 'a'ami se fafine fai lauu'a na te fa'amatalaina le faiga o le siapo ma ona fa'aaogāga 'ese'ese, 'a 'o mātamata ma fa'alogologo le vasega.

ILOILOGA O LE MATĀ'UPU

Vāega I

Tali Fesili

1. Fa'amatala mai le faiga o le siapo.
2. 'O le ā le 'aitia e vave ai ona maua mamanu o le siapo?
3. 'O ā ni 'ese'esega o siapo taloa ma siapo mamanu?
4. 'O ā 'uma aogā o le siapo i ōlaga o tagata Sāmoa?
5. E 'ese'ese i seā fua o siapo?

Vāega II

Tusi mai 'i sau pepa se 'upeti 'ua 'uma ona tā (*carve*) ai mamanu.

Vāega III

Tusi sau solo e lua ni fuai'upu 'e te aualofa ai 'i le siapo.

Vāega IV

Su'i 'ula ma fa'aigoa ma fa'a'ula ai tagata ia e tūsia igoa i lalo:

tulāfale
ali'i
sa'o 'aumaga
'augafa'apae
tāulele'a taufafo

Vāega V

Tusi se fuai'upu o se pese 'o 'e manatua e ta'u ai tēuga a Sāmoa 'aemaise le siapo.

FA'ĀLEOGA MA FA'AUIGAGA O 'UPU

ano	sua o le lā'au e fai ai le vali samasama
'anofale	meaafale i totonu o le fale
'ēleiga	'ua fai mamanu o le siapo
'ie sina	lāvalava Sāmoa
'ulānifo	'ula e fai i nifo o meaola
'upeti	'o le laupapa 'ua vane ai mamanu o le siapo
fa'amaveve	fa'afelefele
fa'asolo	'ula
falepa'ia o tama'ita'i	'o le fale e sā ona so'ona solia, 'o le fale o aualuma; maota o le tāupou
fifi tāufolo	vāevae puta o le tāufolo
fonofono	punipuni
gāluega taulima	gāluega e faia e lima
lauu'a	'ie'ie po 'o fasi u'a e fai ai le siapo
lā'au o le u'a	lā'au e fai ai le siapo
laugasēsē	lauvao
laumaile	lau o le lā'au
lafialalo	fa'avae po 'o lauu'a pito i lalo o le siapo
lama	fua o le lā'au e susunu ona liu pauta lea; e palu ai le vali uliuli
loa	sua e fai ai le vali mūmū
mageo	'o le atigi figota
mamanu	'o ata o le siapo
māsoā	'o le 'i'o o le māsoā e fai ai mea fa'apipi'i
namu	vali e fai mai i 'amu o le sami
pae	atigi figota e fa'amāfola fola
palauvale	fai'upu leaga; 'upuvale
sasalu	fai māe'ae'a se fe'au
siapo	lāvalava Sāmoa
siapo mamanu	'o le siapo 'ua 'uma ona tutusi ona mamanu
tauvae	'ula o le tapuvae
taloa	siapo e le'i faia mamanu
tifavao	fua o le lā'au o le tifa
tinumasālasala	'ula a le mānaia

tōgiga	togitasi lā'ei
tutua	'ogālā'au e sasa ai le lauu'a o le siapo
valuvalu	salisali pe tafitafi 'ese
vane	sua 'ese pe tā ata i le laupapa

MATĀ'UPU 3: 'O LE LAUAO MA LE MĀLŌFIE

‘UPU ‘ĀMATA

Sā tele lava ‘ina taua‘imisa ‘āiga tamāli‘i ‘ona ‘o le fia tuiga o tagata. ‘Ua tele fo‘i tama‘ita‘i o isi ‘āiga ‘ua fa‘aigoa iā Fiatuiga. ‘Aiseā? ‘Ona ‘o manatu lava fa‘asāusili o tinā.

E pei ‘o se ‘upu taufāifai se igoa Fiatuiga pe ‘āfai sā tuiga se afafine o se matai e lē māsani ai. E lelei fo‘i pe ‘ā fa‘amatala e le tinā ‘i lana tama le māfua‘aga o lona igoa, ‘ātonu e maua ai se isi a‘oa‘oga mo le loto maualalo ma aga fa‘atamāli‘i.

‘O le fa‘aaogāina o le tuiga, ‘o se fa‘ailoga (*identity*) o se tamāli‘i aupito maualuga o le nu‘u po ‘o le itūmālō. ‘O le mea lea e tatau ai i ‘āiga tamāli‘i ona tausi lelei o lātou tuiga, ‘auā o la lātou meatōtino ma ‘o o lātou lā‘ei fa‘aleaganu‘u le tuiga ma le mālōfie.

I. ‘O LE LAUAO PO ‘O LE TUIGA A TAMĀLI‘I

‘O le ‘upu tuiga, ‘o le lauulu fa‘apipi‘i e tu‘u i le ulu; ‘o se tēuga fa‘atamāli‘i, ma ‘o lona ta‘uga fa‘atamāli‘i, ‘o le “lauao.” ‘O lona uiga, ‘o le lauulu e tu‘u i le ao o le tamāli‘i. E iloga tamāli‘i e o‘o ‘i ai le tuiga i o lātou ao; ‘a ‘o isi tamāli‘i e lē o‘o ‘i ai.

‘O le tasi lenei tēuga a Sāmoa e tatau ona tautau i totonu o le maota tōfā o le tamāli‘i. E iloagōfie lava e mālō fegāsoloa‘i le ‘āiga e mo‘emo‘e o lātou tagata i ta‘alolo ‘ona ‘o se tuiga o tautau i le fale. E lē faigōfie le fauga o le tuiga, ‘auā e fausia i mea fa‘apitoa a le atunu‘u e pei ‘o fulu o manulele moni lava, ‘ae lē ‘o ni fulumoa; ‘a ‘o le lauao moni fo‘i o le tagata ‘ae lē ‘o ni pulu; ‘o fāsilā‘au fa‘apitoa mai i le vao e fai ai lave e tolu; ma e teuteu ‘i tifa o le sami e fai ma fā‘ata i luma.

‘O isi laulu e fai pūlou, ‘a ‘o isi e sāisai fa‘atasi ma le fa‘apatu. E lē lāuiloa ‘uma e le atunu‘u ona fau se tuiga ‘ae tasi lea gāluega taulima a le aganu‘u ‘ole‘ā mou atu lava. ‘Ua fa‘amātagā talimālō a le atunu‘u ‘ona ‘o lauulu pepelo ia ‘ua fa‘aogā e isi tagata pe ‘āfai ‘ole‘ā sisiva fa‘atāupou. E pei ‘o lauulu ia ‘ua fai ‘i pulu popo ma fā‘ata ‘ua fa‘atau mai ‘i fale‘oloa.

‘Ā lē poto le tagata e teu le lauulu o le tāupou, e lē fiafia le tāupou e siva, ‘auā ‘ole‘ā fa‘alavelave le tīgā o le ulu, ma ‘ole‘ā tafela ai ma mata; pe i‘u lava fo‘i ‘ina pa‘ū ‘ese le tuiga. E mātagā i le Fa‘asāmoa pe ‘ā sipa pe pa‘ū‘ese le tuiga mai le ao o se tamāli‘i ‘olo‘o mo‘emo‘e; ‘a ‘o se mea to‘ilalo fo‘i i vā o tamāli‘i pe ‘ā sesē le tēuga o le lauulu.

'O le Fauga o le Tuiga

'O se va'aiga lenei i le fauga o le lauao po 'o le tuiga a Sāmoa. 'Ā fau sau tuiga, 'o mea nei e tatau ona iai:

- 'o se 'ie'ie uliuli pe tusa ma le tasi ma le 'afa 'iata lona 'umi
- 'o se lauulu moni o se tagata
- 'o ni moi'a'a o pulu popo
- 'o se mānoa
- 'o se fusi lauu'a
- pale lauitiiti
- palefuiono
- lave o le tuiga
- 'o ni fā'ata po 'o ni tifa
- 'o fulu manu (e lē 'o fulu moa)

'O le lave, 'o le pou lea o le tuiga e tusa e tolu ona maga, e fa'atutū fa'atasi. 'O le lauulu moni lava o le tagata e fai ai le lauao. 'Āfai e 'ena'ena le lauulu o le tāupou, ona fai lea 'o lona tuiga i lona lava lauulu, 'ae 'āfai e uliuli, ona fai lea 'o le lauulu fa'apipi'i. 'Ā leai ni lauulu fa'asao a le 'āiga, ona fa'atau mai lea 'o lauulu mai i isi tagata; e mana'omia le lauulu malō e tusa lava pē sē'ea, 'ae lē taulia le lauulu migimigi (*fuzzy*). 'Āfai e uliuli le lauulu, ona 'ave lea e fufui i le sami ma fa'alā i ni vāiaso po 'o se māsina se'ia 'ena'ena lelei.

'Ā fau le tuiga, e muamua lava vāevae lauulu i vāega e ta'u o fuati lauulu. E tā'ai fa'alāpotopoto fuati lauulu ona saisai lea i moi'a'a o le pulu popo se'ia matuā malō lelei.

'O le Teuga o le Tuiga

'Ā māe'a ona saisai fuati lauulu, ona tui lea ta'i sefulu fuati lauulu i se mānoa. E mana'omia ni tui fuati lauulu se tele e fa'atatau i le lāpo'a o le ao. Fofola loa le 'ie uliuli ma fa'apipi'i atu 'i ai tui fuati lauulu. 'Ia ao fa'atasi pito 'ie ma nonoa loa pito e fā 'ia mau lelei i le pou po 'o le fa'apatu; 'ā 'uma, ona fusi lea i se fusi lauu'a 'ia mau lelei. 'Ā fa'apūlou le tuiga i le ulu o le tāupou, ona fa'atū lea 'o le lave, e fua i le 'ogātotonu o le muāulu, ma fusi loa i le pale lauitiiti, ona tu'u atu ai lea ma le pale fuiono e pito mai 'i luma. 'Ia tau fai nonoa pale ia e lua i le muliulu; 'ia mau lelei ma 'ia tū sa'o le lave. 'Ā teu le lauulu, e fua i le pupula a le tāupou 'ina 'ia lē tīgā ai le ulu ma 'auleaga ai mata o le tāupou.

'O le Palefuiono

'O le palefuiono, 'o se mea pa'ia; 'o se mea tau tamāli'i. E lē so'ona fa'aaogāina e so'o se isi, e pei ona faia i aso nei. 'O fuiono, 'o ni isi ia o itū'āiga o tifa o le moana sā maua i Sāmoa i aso anamua; 'ua lē toe maua i aso nei, 'ae fōliga mai fuiono 'i ni lopa su'i'ula le lāiti 'ae 'i'ila. E su'i fa'atasi i luga o se fasi 'ie'ie ona fusi ai lea 'o le muāulu o le tāupou po 'o le mānaia e sāga fa'a'i'ila tele ai fōliga o le tuiga. 'O le isi manatu, 'o fuiono 'o figota o le sami mai Toga, e fōliga i ni tama'i faisua sā ta'ili ma fa'a'i'ila.

II. 'O LE MĀLŌFIE A SĀMOA

Silasila 'i le Iunite Ono mo le fa'amatalaga 'ātoa o le Mālōfie. 'O le fa'amoemoe o lenei maniti, e na'o tāupou ma mānaia e tatau ona tatā ni a lātou tatau po 'o mālōfie 'auā 'o se lā'ei mānaia ma le māta'ina pe 'ā o'o ina sāusaunoa pe mo'emo'e i ta'alolo. 'Āfai e siva se tāupou, e tu'utu'u i luga ona lā'ei 'ina 'ia iloa lelei mai lana tatau. E fa'aigoa le tatau a le tāupou, 'o le malu. E 'āmata mai ona tā i 'ogāvae se'ia o'o i lalo ifo o tulivae. 'Ā sāusaunoa le mānaia, e fa'asāniti ona lā'ei 'ina 'ia aliali lelei mai lana tatau. 'O le tatau a le mānaia, e 'āmata mai i le puimanava, ma aofia 'uma ai nōfoaga, se'ia o'o i lalo o tulivae. 'O ata o lā'au ma mea ola o le si'osi'omaga 'olo'o tatā i pe'a a tama ma malu a teine.

'O nei aso 'ua so'o se isi lava e fia tā sana pe'a, ma 'ua 'avea ma mea 'ua tau lē āmana'ia ai nei maniti a Sāmoa. 'Āfai 'o se taule'ale'a 'ua tā lana pe'a, ona fa'aigoa lea 'o le soga'imiti; 'a 'o le taule'ale'a e leai se pe'a, e fa'aigoa 'o le pula'ū. E lē so'ona tā fua se taule'ale'a, 'ae iai lona aogā i le aganu'u pe 'āfai e tā se pe'a a se taule'ale'a. 'O aogā nei:

- E fa'aalia ai le lototele ma le lotonu'u.
- 'O le tautūina o le agatonu a ali'i.
- 'O le fifiina o le tāufolo a ali'i.
- 'O le 'aiuli i tāupou pe 'ā sisiva.
- 'O le faiga o fe'au i le fale o ali'i.

E māsani ona vala'au mai matai i tāulele'a, " 'Aumaga, tuli mai se maniti se'i ona tautūina le 'ava." 'O lona uiga, sau se taule'ale'a e iai se pe'a e tautū le 'ava a ali'i.

GĀLUEGA FAUTUAINA

I. Fa'atusatusaga

Su'e mai ni tuiga 'ese'ese ona iloilo lea po 'o ā mea 'o fai ai tuiga ta'itasi. 'O ā mea e tutusa ai 'a 'o ā fo'i 'ese'esega? E mānaia fo'i 'ae maua 'uma ni tuiga mai i itū 'ese'ese o le Polenesia 'olo'o fai ai le Fa'asāmoa e pei 'o tuiga mai Hawai'i, Niu Sila, Tutuila, 'Upolu, Savai'i, ma Manu'a.

II. Faigāsiva

Su'e mai le pese a le 'au siva a faiā'oga o le Mālō Tūto'atasi o Sāmoa e fa'atatau i le siapo. 'A 'o se mā'ulu'ulu e fa'atāga pe fa'aata mai ai 'upu o lea pese. Vāevae i kulupu ma tauvā po 'o ai le kulupu e matuā manino lelei mai le faiga ma le fa'aogāga o le siapo.

III. Tusigātala

E taunu'u mai papālagi ma le lotu Kerisiano, 'o tele 'ina feōa'i tagata Sāmoa ma malo ma titi lautī e lāvalava ai. Sā fa'asausau lava fo'i tama'ita'i. Fa'amatala mai i lou iloa, fa'atasi ma ni fa'amaoniga e sapasapaia ai ou manatu, pe 'aiseā na mafai ai e papālagi ona vave suia tū ma aganu'u tau lā'ei a Sāmoa. 'Āfai 'o 'oe 'o se tupu o Sāmoa i lenā taimi na taunu'u mai ai papālagi, fa'amata 'e te taliaina tū ma aganu'u fou?

'Ia manino lelei au tusitusiga

ILOILOGA O LE MATĀ‘UPU

Vāega I

Toe tusi le palakalafa lea i le gagana fa‘aaloalo.
‘Ā siva mai le tāupou a lo mātou nu‘u e tīgā mata o tagata ‘auā e lē ‘o se tāupou ‘ua usu ‘i ai le nu‘u ma le aualuma. ‘Ae ‘ā nofo mai fo‘i i se fono e ‘ese le sisi o le isu. E leai se isi e fia tautala ‘i ai.

Vāega II

Fa‘ata‘ita‘i ona tusi se ata o se tuiga ma fa‘amatala mai i lalo pē fa‘apēfea ona teu le tuiga o le tāupou.

Vāega III

Fa‘amatala mai fa‘a‘upuga ia e uiga ‘i le tatau a Sāmoa.

A. Faletā
E. ‘Ato au
I. ‘Ua fetaui Ulumanu

Vāega IV

Tusi mai fa‘alupega o tufuga tā pe‘a a Sāmoa.

FA'ALEOGA MA FA'AUIGAGA O 'UPU

'upu taufāifai	'upu taufa'aleaga/fa'amātagā
fa'apatu	fa'apona o le lauulu
fa'asausau	e leai se 'ofualuga
fa'asāniti	fa'amau i luga le isi pito lavalava pe 'ā siva
fiatuiga	mana'o e siva ma se tuiga
fuafuati lauulu	'o vāega o le lauulu
lauao	'upu fa'aaloalo o le lauulu
lauulu migimigi	lauulu pi'ipi'i
lauulu sē'ea	lauulu sasa'o
mālō fegāsoloa'i	tagata faimalaga solo
mālōfie	pe'a po 'o le tatau
malu	'o le tatau a le tama'ita'i
maniti	lā'ei o tamāli'i
māta'ina	'ua mata'i e mata
mo'emo'e	sivasiva ma si'isi'i vae
moi'a'a	'alava o le pulu popo
muāulu	luma o le ulu i luga a'e o mata
palefuiono	'o le pale fa'atamāli'i e 'i'ila
pula'ū	taule'ale'a e leai se pe'a
sapasapaia	lagolagoina; fa'amaonia
soga'imiti	taule'ale'a e tā le pe'a
tautūina o le 'ava	'o le 'a'aoina o ipu o le 'ava
tafela/matafefela	mata 'ua fesisi i luga laumata
tifa	ma'a tāua e maua i le sami
tuiga	'o le lauulu fa'apipi'i i le ao o le tamāli'i i taimi o ta'alolo ma 'ava fa'atupu.

IUNITE 5

‘O LE FAILĀUGA

IUNITE 5: 'O LE FAILĀUGA

Fa'asologa o Matā'upu

‘UPU TOMUA

‘O le failāuga, ‘o le isi ona igoa o le tulāfale po ‘o le fale‘upolu; ‘o le tagata lea e faia lāuga mo fa‘alavelave fai a ‘āiga, nu‘u, itūmālō po ‘o le atunu‘u. E popole ni isi matai Sāmoa e ‘auai i le ‘avega o si‘i ‘i fa‘alavelave ‘ona ‘o le vāivai i le faiga o lāuga, ‘aemaise lava le mātagā o se tulāfale ‘ae lē iloa fai se lāuga. E lelei pe ‘ana na‘o le tasi se itū‘āiga lāuga e fai, e mafai ai ona a‘o fa‘atauloto; ‘ae peitai, e lē ‘umi lava ona vāivai se matai ‘ae poto loa pe ‘āfai e mana‘o moni lava na te fia maua lea tomai o le failāuga. ‘O le poto e lāuga, ‘o le meaalofa a le Atua ‘i ē e ole atu ma le fa‘amāoni iā te Ia, ‘aemaise lava o matai. Manatua lenei mea, e ala ona ‘e fefe e fai se lāuga ‘ona ‘o le lē mālamalama i le fauga o lāuga; e pei ona iai fo‘i se isi talitonuga fa‘apapālagi fa‘apea, *“We are afraid of things that we don't understand.”*

‘O le fa‘afeiloa‘iga o tagata, ‘o le ‘āmataga lava lenā o lou iloa failāuga, e pei ‘o lea; “Susū maia ma tala mai ‘a‘ao o lau susuga.” ‘O le tali, “Vae atu le pa‘ia o le maota, le afio o lau afioga a le sa‘o ma le pa‘ia o le ‘āiga ali‘i.” ‘Ua lava nā ‘upu ‘e te ‘āmata ai pe ‘ā lē mālamalama i fa‘alupega o le ‘āiga.

‘O lāuga a matai Sāmoa, e lē tusitusia i pepa, e pei ‘o lāuga a papālagi ma isi atunu‘u pe ‘ā tōfia se isi e lāuga. ‘Ā iloa lelei e le tagata Sāmoa le fa‘asologa o vāega e tatau ona aofia i lea lāuga ma lea lāuga, e fa‘atatau i lea itū‘āiga fa‘alavelave ma lea itū‘āiga fa‘alavelave, ona faigōfie lava lea iā te ia.

MATĀ'UPU 1: 'O VA'AIGA I LE FAILĀUGA MA ONA TOMAI

‘UPU ‘ĀMATA

I totonu o le si‘osi‘omaga po ‘o le lalolagi o le failāuga, ‘o mea ‘uma nei po ‘o vāega o le aganu‘u e tatau ona silafia ‘auā ‘o mea ‘uma ia na te fa‘aaogāina i lana matāfaioi o le faiga o lāuga, e pei ‘o mea nei:

‘Ia iloa fa‘alupega o tamāli‘i, ‘āiga, ma nu‘u o le atunu‘u.
‘Ia iloa ni alagā‘upu ma muāgagana.
‘Ia iloa ni tāeaousu o le atunu‘u.
‘Ia iloa ni ‘upu fa‘amanuia po ‘o fa‘amatāfiga o lagi.
‘Ia iloa ni fāiā o ‘āiga ma itūmālō.
‘Ia iloa ni māvaega a tupu ma tamāli‘i.
‘Ia iloa fai fā‘atau pe ‘ā fia lāuga.

‘O ‘upu ‘āmata lava o se lāuga, ‘o le mea sili lea ona mānaia i le fa‘alogo. E lē lelei se failāuga e mau‘oa i ‘upu ‘ae lē mamalu ‘upu. ‘O lona uiga, ‘ā tele ‘upu fa‘atamaiti ma ‘upu ta‘atele, e lē fia fa‘alogo ‘i ai tagata; ‘ae tusa pē la‘itiiti ‘upu o le lāuga ‘ae mamalu ma fa‘atamāli‘i, e matuā fiafia tagata e fa‘alogologo ‘i ai.

E lē na‘o tulāfale e tatau ona iloa lāuga. E tatau fo‘i ‘i ali‘i ona silafia lāuga. Manatua, ‘o le tōfā a ali‘i e ta‘ua Fa‘asāmoa o le “ ‘au‘afa teumau” e totoma ‘i ai tulāfale ma sa‘ili ‘i ai fale‘upolu, pe ‘ā lē lava le fa‘autaga, po ‘o le moe ‘olo‘o iā ‘ilātou.

E ‘ese‘ese faiga o lāuga a Sāmoa ma papālagi. E ‘āmata lāuga a Sāmoa i alagā‘upu ma le fa‘atulouina o mamalu, ‘ae ‘āmata lāuga a papālagi i le fa‘alauiloaga o ē ‘olo‘o aofia i fa‘apotopotoga ‘ātoa ma o lātou tofiga. E tū a‘e lava se fale‘upolu Sāmoa fa‘apea loa, “ ‘Ua pa‘ia lo tātou tāeao fesilafa‘i ‘auā ‘ua fa‘afesāga‘i sega ‘ula;” ona soso‘o ai lea ma le sulaina o le aso ma pa‘ia o le atunu‘u; ‘a ‘o le papālagi, e muamua fa‘apea, “*It is indeed a privilege to address...*” ‘Āfai lā ‘e te fiafia ma ‘e fia fa‘ailoa atu lou loto mimita ‘i aga a lou atunu‘u o Sāmoa ma le faiga o ana lāuga, ona tō‘aga lea e mātau ma fa‘ata‘ita‘i lou failāuga. E pito mau‘oloa lava la tātou gagana Sāmoa i faiga o lāuga ‘auā e lanu ‘ese‘ese fa‘a‘upuga o mamalu māualuluga o ona tamāli‘i.

‘O le poto e failāuga ‘o le taunu‘uga lea o le a‘oa‘oina o tomai ‘ese‘ese o le Fa‘asāmoa. E lē ‘o se poto e mauagōfie, ‘ona ‘o ‘upu a le atunu‘u e mālamalamagatā; ‘ātoa ma le tāofi ‘ese‘ese ‘i ai o failāuga a le atunu‘u, ‘auā e lē mafai ona fa‘aaogā fa‘a‘upuga o le lāuga o le si‘i i le maliu e fai ai le si‘i i le fa‘aipoipoga.

E manatu ni isi failāuga o le atunu'u, 'o le tele o alagā'upu e so'o fa'atasi e fa'aalia ai le tomai o le failāuga; peita'i 'o le mea e sili ona tāua i se failāuga, 'o se failāuga e fetalai fa'atamāli'i ma maua lelei fa'alupega o le mamalu o Sāmoa 'olo'o aofia i se sāuniga 'olo'o faia ai se lāuga.

I. 'O VA'AIGA I LE FAILĀUGA MA ONA TOMAI

'O ni isi nei o lāuga fa'aleaganu'u e tatau ona maua ai le tomai o le failāuga:

Lāuga o fesilafa'iga i usu ma ali'itāeao.
Lāuga o le 'avega o si'i i fa'alavelave e pei 'o maliu, umusāga, ma sāofa'i.
Lāuga o taliga o fa'aaloaloga
Lāuga a le mālōtōga
Lāuga e folafola ai 'ava; sufiga, ma tufaga o 'ava.
Lāuga e 'ave ai sua ma fōlafolaga o sua
Lāuga o tūvaoga o fono
Lāuga fa'amāvae
Lāuga fa'alelotu ma isi mau lāuga

'O isi nei suafa fa'aleaganu'u o le failāuga:

'O le tulāfale
'O le fale'upolu
'O le fetalaiga
'O le tu'ua
'O le tula
'O le fueloloa
'O le tulatoa
'O le fua'auala
'O le fuatauala
'O le tulāfale ali'i
'O le to'oto'o ali'i
'O le ponao'o
'O le tāumalae
'O le fofoga fetalai
'O le tōfā; ma isi.

'O 'upu nei e gālulue fa'atasi ma le tofi tulāfale po 'o le failāuga pe 'ā tautala:

Maliu maia – Maliu maia lau tōfā a le failāuga.

Sosopo maia.	– Sosopo maia lau fetalaiga i le tu'ua.
Alaalata'i	– Alaalata'i lau tōfā i le fale'upolu.
Fa'autaga	– Fa'amālō i le fetalaiga ma le fa'autaga loloto.
'O le moe	– Fa'amālō i le moe a lau fetalaiga.
Lafolafo	– E ma'eu le lafolafo lelei o le tulāfale.

'O Failāuga Ali'i

E mafai fo'i ona failāuga se ali'i pe 'ā leai se tulāfale, 'auā 'ā lāuga mai se ali'i, e tali atu fo'i e le isi ali'i, ona fa'apea lea, " 'Ua to'oto'o ali'i le aso." 'Aua lā le numi fa'atasia fa'a'upuga e 'ave i ali'i ma fa'a'upuga e fai 'i tulāfale. 'Ia fa'atusatusa 'upu nei e 'ave i ali'i ma 'upu e 'ave i tulāfale po 'o le ā se 'ese'esega.

Mo le ali'i: susuga, afioga, sa'oali'i, fa'afeagaiga,
ma'opū, lūpega, sa'opāpā, ma isi.

Fa'ata'ita'iga:

susū	Susū maia lau susuga a le sa'oali'i.
susuga	Susū maia lau susuga a le fa'afeagaiga.
afio	Afio maia lau afioga i le sa'o o le 'āiga.
e'etai	E'etai ia lau afioga i le sa'o.
sāunoa	Sāunoa ia lau afioga.
sāunoaga	'O le mānaia ia 'o le sāunoaga a le tamāli'i.
malele	Na malele mai loa le Tama a 'Āiga, 'uma loa le pisa.
tulei	Sā tulei sāunoa le Kōvana o Hawai'i. Tulei ia 'oe 'ae 'ou tāpua'i.
tuleiga	Fa'amālō i le tuleiga ma le sāunoaga a lau afioga
tōfā	'O le ā se tōfā a lau afioga i le tātou matā'upu?

'O le tasi lava lea matāfaioi a le failāuga, 'o le tausiga o 'upu ma fa'alupega o tamāli'i. 'Ā poto le fofoga o le failāuga e fa'avi'ivi'i tamāli'i, e sasa'a 'uma lava 'i ai sua po 'o mea e maua a tamāli'i.

'O Lā'ei o le Failāuga.

E sulu le siapo 'ae fusi i le fusi lauu'a. E leai se 'ula pe 'ā lāuga. 'Ua 'avea le fue ma le to'oto'o 'o ni lā'ei o le failāuga 'auā 'o fa'ailoga ia o se failāuga moni fa'aleatunu'u. 'Ua 'avea fo'i le to'oto'o ma le fue 'o ni meatau a le failāuga e leoleo ai lona soifua. 'O le to'oto'o fo'i ma le fue, 'o ni mea faigāluega a le failāuga.

'O Uiga o le Failāuga.

'O mea e sili ona āmana'ia i fōliga o le failāuga, 'ia:

lā'ei fa'aleaganu'u.

leotele ma poto e fegauia'i le leo.

tū maluali'i

iloa lona tūlaga ma lona nōfoaga.

iloa po 'o fea e tū ai ma fai le lāuga. 'Ia iloa fo'i e nofo i luma po 'o talāluma o le fale, 'ae le 'o tua.

iloa le vāiatiga o lāuga. 'O le vāiatiga o lāuga, 'o lona uiga 'ole'ā sui le manatu o le lāuga.

tausi le vā to'oto'o 'o failāuga. 'O lona uiga, 'ia iloa po 'o ai failāuga e tatau ona lāuga.

II. 'O LE TO'OTO'O MA LE FUE LĀUGA

'O le Tala

Sa tupu a'e i Manu'a le lā'au 'o le niu, masalo fo'i 'o se niu a le 'āiga Sātagaloā. 'O lenei niu, sā ta'u 'o le niufe'ai, 'ae na maua lava le mea na tū ai le niu e le alo o le Tuimanu'a, e suafa ia Lefanoga. Ona ia fāsitu'e lea 'o le niu. 'O le uiga 'o lea 'upu o le fāsitu'e, 'o le matuā talepe le tino 'ātoa o se mea ma vāevae fa'alāiti.

'O le 'ogāniu o le niu lenei, na tā ai le ulua'i to'oto'o sā fa'aaogā e Tagaloaaleniu le ulua'i matai o Sāmoa i le aso o lana sāofa'i. Sā fa'aigoa le to'oto'o lenei 'o le "atipouniu." 'O moi'a'a o pulu o le niu lenei, sā fātua'i ai fuati fue o le fue ma fili ai le 'afa e sāisai ai le 'au o le fue. 'A 'o le fāsilā'au mai le 'ogāniu, sā fai ai le 'au o le fue. 'O le igoa o le fue, 'o le " 'upega o lāuga." E iai uiga o le to'oto'o ma le fue i le aganu'u a Sāmoa.

'O le to'oto'o, e tāpua'i ai le soifua o le failāuga.

'O le fue, 'olo'o iai le ola ma le oti o le failāuga; po 'olo'o iai le ta'u valea ma le ta'u leleia o le failāuga.

'O le uiga o ia 'upu, e mafai ona tutupu ai ni misa ma sā feoti ai tagata i aso anamua, 'aemaise pe 'āfai e sesē fa'alupega ona fai, pe mātuiā ni fa'a'upuga o le lāuga. 'Ā lē malie loa se failāuga, ona lafo lea 'i lalo 'o lona to'oto'o pe gāulua fo'i; e fa'apa'ū fo'i ma fa'asoloi lona fue, pe lafo 'i lalo. 'O le fa'ailoga lenā 'ole'ā fai se taua po 'o se misa. 'O le ala lea e fa'amatafi ai le lagi, pe 'ā fa'ai'u se lāuga ma fa'apea failāuga, " 'Ia manuia le lāuga." 'O lona uiga, 'ia sao le lāuga; 'aua ne'i gau le to'oto'o po 'o 'ia mamao ni to'oto'o gauia i fale'upolu; ma 'aua fo'i ne'i solo le fue o failāuga. 'O itūlilo fa'aleaganu'u o nei mea, 'aua ne'i usufono pe maliu le failāuga, po 'o le 'aua le 'ave'esea le lelei o le lāuga.

'O le isi fa'alupega o le to'oto'o, 'o le "tao." 'O lona uiga, 'olo'o i le tao le mālosi, le pule ma le mana. 'A 'o le isi uiga o le fue, 'o le "'upega o fetalaiga" 'auā 'o fetalaiga ma sāunoaga a le atunu'u, 'olo'o afīfī 'i totonu o le fue. Silasila fo'i, 'ā sui le nofoaga o le fue i luga o le tau'au o le failāuga, 'o lona uiga, 'ua sui le vāiatiga o le lāuga, po 'ole'ā sui fa'a'upuga o le lāuga.

'O aso nei, 'o aso o le mālamalama, 'ua lē toe tāpua'i 'i se to'oto'o ma se fue le soifua o failāuga, 'ae 'ua tāpua'i lava i le Atua 'ina 'ia fōa'i le tomai i le faiga o lāuga i le agāga fa'aaloalo; fa'ato'oto'o o lāuga. E ui 'i lenā, 'ia tausisi pea fa'avae o le aganu'u i so'o se tūlaga o le Fa'asāmoa; e sāga fa'atūmau ai le talitonuga i tū ma aganu'u a le 'aufailāuga; ma 'ia tata'i ane lava le fa'amoemoe, i le tōfā mamao ma le fa'autautaga loloto a failāuga.

'O le Fa'aaogāina o le To'oto'o ma le Fue mo le Aganu'u

Lāuga i Fafo

'O lāuga i fafo i malae, e fa'ato'ā fa'aogā ai e le failāuga lona to'oto'o lāuga 'umī, e ta'u 'o le "atipouniu" po 'o le "te'elagi"; ma lona fue lāuga o le " 'upega o lāuga" po 'o le "atilāuga a fale'upolu." 'O le tūlaga o le to'oto'o, e fa'atū i luma o le failāuga; e fa'atū le i'u o le to'oto'o i le vā o le vaematua ma lona lua o tamatama'ivae o le vae taumatau e tāofi ai le to'oto'o 'aua le fesōloa'i; ma 'o le lima taumatau e u'u ai le ulu o le to'oto'o ia fa'afeagai ma le muāulu po 'o le fofoga o le failāuga. E pule le failāuga i so'o se itū e lue 'i ai lona to'oto'o; 'ae 'aua lava le suia le tūlaga o le to'oto'o; ma e tasi fo'i le faiga e u'u ai le to'oto'o se'ia o'o ina 'uma le lāuga. E lē fa'aaogāina se to'oto'o pe 'ā fai lāuga i totonu o fale, se'i vāganā lāuga e fai 'i fafo; 'ae mafai ona fa'aogā fa'atasi 'i lāuga i fafo le to'oto'o ma le fue. 'Aiseā? 'Auā 'o le fue 'olo'o teu ai 'upu o lāuga.

'Ā fia lāuga se ali'i, ona fa'aogā lea 'o lona lava to'oto'o fa'apitoa i ali'i e ta'u o le "to'ona'a," 'ātoa ma lona fuesina e ta'u o le "fa'asau"; 'ae seāseā lava lāuga se ali'i 'i malae. 'Ā māui le to'oto'o o le failāuga, ona fa'alava lea ma 'apo mai e le lima tauagavale; fa'ata'atia fa'alava i 'autafa, ona fa'ato'ā nofo ai lea i lalo; 'ae 'aua ne'i lafoa i lalo le to'oto'o, ma 'aua ne'i alu 'i tua le tulāfale i le mea 'olo'o tāpua'i mai ai ali'i.

Fue mo Lāuga i Fafo

'Ia manatua, 'o le fue, e ta'u 'o le " 'upega o lāuga," e fa'aogā i lāuga i malae ma lāuga fo'i 'i totonu o fale. 'A 'o le'i 'āmataina lāuga i malae, e 'u'u le fue i le lima tauagavale. E fa'atautau ona fuati fue i lalo; 'ae 'ā 'āmata loa le lāuga, ona tā fa'afā lea 'o le fue. E 'āmata i le tau'au tauagavale, 'ae fa'ai'u i le taumatau, ma tautau ai pea e pei ona manatu ai le to'atele. E mafai ona fesuia'i le tūlaga o le fue i tau'au e lua, e fa'ailoa ai le 'auivi o le lāuga pe 'āfai e sui le vāega o le lāuga 'ole'ā tautalagia. 'Aua ne'i sui so'oa le fue ʻae leai se māfuaʻaga e sui ai. ʻA ʻo leʻi faʻaiʻuina lā le lāuga, ʻia toe faʻafoʻi le fue i le tauʻau taumatau.

Fue mo Lauga i Fale.

ʻUa faʻatusaina lā le fue, ʻo se faleʻoloa ʻoloʻo teu ai le ʻoa o lāuga, po ʻo sāunoaga ma fetalaiga a tamāliʻi ma faleʻupolu. E lē tioa faʻaigoa tuʻua tamāliʻi a le atunuʻu o le "ʻaupuputoa," ʻae faʻaigoa tuʻua faleʻupolu, ʻo le "ʻaufueloloa." ʻO le uiga o lea ʻupu o le tuʻua, ʻo se aliʻi po ʻo se tulāfale o se nuʻu e aupito matua ʻoloʻo totoe ʻi ai le ʻoa ma le tamaoʻāiga o faiga o le aganuʻu; ʻaemaise le poto māsani i sāunoaga ma fetalaiga. ʻUa tuʻu foʻi ʻi ai le faʻamoemoega o le nuʻu ʻauā e saʻili ʻi ai le tōfā ma le faʻautaga. ʻO le ʻumi o le soifua o se failāuga, ʻo le tele foʻi lea ʻo lona silafia o mea; e tusa lava lā pē matua se matai, ʻae ʻā leai se tōfā loloto ma se faʻautaga mamao, ma lē mālamalama i faʻavae o le nuʻu ma tala tuʻu o le atunuʻu, e lē taʻua lava lenā matai ʻo se tuʻua o le nuʻu.

Soʻo se mea e maliu ʻi ai se tuʻua tulāfale, e ʻuʻu lava lona fue; e lē gata ʻina fue ʻese ai lago, ʻae leo ai lona soifua neʻi faʻafuaseʻia i se mea e manaʻomia ai se lāuga, ʻae lē ʻo iai lona fue.

Tātou toe foʻi lā ʻi māfaufauga o le faʻaaogāina o le fue i totonu o fale.

1. ʻUʻu le fue i le lima taumatau.
2. Tā muamua i le itū tauagavale i luga o le fala. Toe tā i le itū taumatau i luga lava o le fala. Tā loa ʻi luma ʻia saʻo lelei le fue, ʻae tāofi pea e le lima taumatau le ʻau.
3. Faʻataʻatia le fue i luma o vae. ʻO le iʻu fue e i le itū tauagavale, ʻa ʻo le ʻau e i le itū taumatau. Sāgai loa e fai le lāuga ma ʻia nofo saʻo. Tuʻu le lima tauagavale i luga o le tulivae tauagavale, ʻae totoʻo le lima taumatau i luga o le fala i ʻautafa o le tulivae taumatau.

ʻAua nei toe lotea le fue, ʻae taʻatia ai pea i lona nofoaga ʻo iai, seʻi māeʻa le lāuga. ʻĀ ʻuma le lāuga, ona tago lea ʻo le failāuga i lona fue; ʻuʻu le ʻau e le lima taumatau ma gagau mai fuati fue i totonu, ma tāofi e le lima tauagavale. Tuʻu loa ou ʻaʻao e lua i luga o ou tuli ma nofo saʻo. ʻAe ʻā tali mai loa le failāuga o le isi itū o le maota, ona tuʻu ʻese lea ʻo le fue i ou ʻautafa, ma pule ʻoe po ʻo fea e tuʻu ai ou lima, ʻa ʻia faʻafofoga i le failāuga ma faʻamālō ʻi ai. ʻĀfai e tatau ona seu le lāuga ona seu lea; ʻae ʻāfai e lē tatau, ʻaua le seua fua. ʻOloʻo mulimuli mai faʻamatalaga o mea e tatau ai ona seu se lāuga.

III. ʻO LE FAUGA O LĀUGA

Mātau le faiga ma le fauga o lāuga ʻaemaise le faʻasologa o vāega. E faitalia lava le failāuga ia pē fia vāega o lana lāuga e faʻatatau i le tūlaga o le faʻalavelave ʻoloʻo tautala aga'i 'i ai, peita'i, 'ā fai lāuga o ali'itāeao ona manatua lea 'o vāega 'uma nei 'olo'o tūsia i lalo:

Tūvaoga
'O le tūvaoga, 'o 'upu 'āmata ia e vi'ivi'i ai le aso matagōfie ma le feiloa'iga mamalu. 'Ia fa'alagi mamalu o maota, malae, ma pa'ia o le malaga fa'apea ma pa'ia o le nu'u. 'O le vāega fo'i lenei e tatau ona tele ai au alagā'upu mānaia ma le mālie, ma 'ia fetaui lelei ma le aso.

Fa'afitifiti 'Ava
'O le fa'afitifiti 'ava, e fai e le tulatoa o le nu'u, e fa'aalia ai le agāga fa'alālolalo; e tusa lava pē tele 'ava o le usu, 'ae fa'afitifiti lava e pei 'o 'upu ia, "Tālofa i lau fa'asoa lē lava. 'Ua mativa tuāmaota o 'āiga ia."
'A 'o le fa'afetai o le 'ava, e fai e le fua'auala a le malaga e pei 'o 'upu ia, "Fa'amālō fa'atōfāla'i'ava. 'O lea 'ole'ā fai 'i ai la'u pule 'auā 'ua lava ma totoe." E fa'ai'u le vāega lea i le lafo i 'aumaga ma a lātou gāluega fai.

Fa'afetai i le Atua
Vī'ia le alofa o le Atua ma 'ia aofia ai ma fa'a'upuga o le to'asā o le Atua i le vāega lenei. E fa'ai'u le vāega lea i le lafo i 'au'auna a le Atua mo la lātou matāfaioi.

Tāeao o le Atunu'u:
E tatau lava i so'o se failāuga ona lavea tāeao i lana lāuga; vāganā 'ua seu le lāuga. Fa'ai'u le vāega lea i le lafo i fale'upolu o tōfiga ma le tāpua'iga a Tūmua ma Pule.

'Autū o le Aso ma Pa'ia o le Aofia:
Va'ai po 'o le ā le matā'upu lea na māfua ai le aso, ma fa'alupe ai fo'i pa'ia o le maota ma pa'ia o le atunu'u; 'ia aofia ai ma fāiā po 'o feso'ota'iga o 'āiga ma itūmālō. Fa'ai'u le vāega lea i fa'amanuiaga a le Atua ma ana 'au'auna.

Fa'amātafiga o le Lagi:
E tatau ona aofia i le vāega lenei 'upu fa'amāvae ma 'upu fa'amanuia, e fa'amātafi ai le lagi e pei 'o 'upu ia: " 'Ia mamā le lagi i le afio o 'āiga;" ona fa'ai'u lea i le alo'ava 'auā 'ua māi vai 'ae suamalie 'ava i le alofa o le Atua.

E 'ese'ese vāega tetele o lāuga 'ona 'o le 'ese'ese o fōliga o fa'alavelave; 'ae mafai ona tolu pe o'o fo'i 'i le ono vāega o se lāuga 'ae lē fa'atapula'aina, e ui lava ina manatu fale'upolu anamua e na'o le fā vāega tetele o se lāuga.

Silasila lā i lāuga 'olo'o mulimuli mai po 'o 'e maua 'uma ai vāega nā e ono o le lāuga o ali'itāeao; 'ae 'āfai e leai, va'ai pe māfua 'i se ā. 'Āfai e leai se 'ava o le feiloa'iga, 'aua le tautala fua i 'ava, vāganā 'ua fa'alālolalo mai le nu'u 'ua matuā lē maua lava se 'ava, ona 'e fa'afetai pea lea i le tau fa'ailoa mai o le māsiasi 'auā sā tatau lava ona maua se tugase e tasi e agatonu ma fa'aonomea ai le ali'itāeao pe 'āfai 'o se usu o se feiloa'iga. 'O aso anamua, 'ā leai se 'ava o feiloa'iga, e lē faia fo'i ni lafo o tulāfale.

Manatua, 'ā fau sau lāuga, fa'ata'atia muamua se 'auivi po 'o vāega o le lāuga e tatau ona tautalagia. 'O matā'upu 'olo'o talanoaina i lenei Iunite Lima, 'o vāega 'uma ia o le aganu'u e aofia i faiga o lāuga a failāuga; 'a 'o ni isi nei vāega 'olo'o fesiligia pea e le tupulaga pe fa'apēfea ona fa'atino:

1. Tāeaousu
2. Fā'atau a tulāfale pe 'ā fai lāuga.
3. Seuga o lāuga.
4. Feiloa'iga, Tōfiga ma Māvaega

'O Tāeaousu

'O le o'o mai o le mālamalama i le lalolagi, 'o lona uiga 'o se taeao po 'o se aso fou. 'O le manatu o tupu'aga o Sāmoa o le vavau, 'ā fou ma mata'utia se mea 'ua tupu, ona ta'u lea 'o le tāeao po 'o le aso 'auā e seāseā tupu; 'aemaise lava mea e tutupu i 'āiga o tamāli'i o le atunu'u.

Mo se isi fa'a'upuga, 'o Tāeao: 'o mea mata'utia e tutupu; e lē mafai e se tagata ola ona fai, vāganā se tagata fa'ataulāitu po 'o se tagata 'o iai sona mana e pei 'o mea nei:

1. Na poilua e Tagaloa le atali'i o Pava 'ae nofo Tagaloa toe soso'o le tamaitiiti, ona toe ola lea.
2. Na fiu tagata e fa'anā le tagi a le alo o le tupu; 'ana lē siva le taulāitu o Sālevao ma 'ua ta'avavale mai ai ulupo'o o tagata oti, e lē nā le tama'ita'i.
3. Silasila i le tāeao o le lalolagi Fa'akerisiano lea na maliu ai Iesū; tanu i le tu'ugamau 'ae toe tū mai. 'O ai lā na te mafaia ia mea mata'utia? E lē tāitāi ona mafai e se isi vāganā se tagata e fai sona mana. 'O mea tonu lā nā e ta'u o tāeao.

Pe'ita'i 'o le gāsolosolo mai pea ma le tau fa'atutū mai o faigāmālō fa'atūmua, na māfua ai le fetāua'i ma le fefulituaa'i o tupu ma tamāli'i o Sāmoa, ma o lātou 'āiga; ma 'ua ta'ua ai nei 'o "tāeao mamala" o tupu ma tamāli'i. Se'ia o'o fo'i lā ina o'o mai le lotu Kerisiano i Sāmoa. 'O se mea fou le va'aia o tagata papa'e i lau'ele'ele o Sāmoa, ona lātou fa'aigoa ai lea 'o ia tagata 'o "papālagi," 'ona e fa'apea se manatu, 'ua pā le lagi 'ae ōmai ai ia tagata fou na 'aumaia le lotu; na ta'ua ai fo'i lea aso, 'o le tāeao o tupu po 'o le tāeao o le Talalelei.

E tatau lava fo'i 'i le failāuga ona mālamalama i nei mea o tāeao 'auā 'o mea e fa'aogā i lāuga. 'O Sāmoa sā momoe 'i taua, toe ala 'i taua; 'āfai e tōfafā fīlēmū i le pō, 'ae ala mai fo'i 'i le taeao, 'ua iai se taua e fai; masalo 'o le mea fo'i lenā na maua ai le isi alagā'upu, "Sā momoe ma manū e lē fati, 'ae sau mala e atia'i," 'auā 'o le aso ma le fīliga. E lē so'ona tau Sāmoa 'ae na'o tupu lava e fai o lātou taua ma fai o lātou tāeao; 'o lona uiga lā, 'o tāeao o Sāmoa, e māfua mai i 'āigātupu ma mea na tutupu ai

E tele aso faitauina o le atunu'u, ma e tofu le aso ma le mea na tupu ai; e tofu fo'i le mea na tupu ma lona māfua'aga; e tofu fo'i le nu'u ia ma ona aso tau'ave mo ona lava vāifanua anamua. 'O le talitonuga o fale'upolu anamua, e na'o le ono lava tāeaousu a le atunu'u; e tolu tāeao fa'aleaganu'u, e tolu fo'i tāeao o le Talalelei.

'O tāeao lā, 'o lona uiga o mea fou ma le mata'utia sā tutupu fa'afuase'i 'i 'āiga o tupu. 'O fōliga o isi tāeao e pei 'o ni pālopaloga a tupu anamua o Sāmoa. 'O isi aso, 'o aso o taua ma misa, ma 'o aso nā, e ta'u e failāuga 'o tāeao o le toto masa'a. E iai fo'i tāeao o lotu, 'ua ta'ua nei 'o tāeao o le Talalelei; manatua lava, 'o 'āiga o tupu e māfua ai tāeao o le atunu'u. 'O isi lā nei 'o tāeao faitauina o le atunu'u:

Tāeao na i Sauā
Na poilua ai e Tagaloaalemana le atali'i o Pava i le nu'u o Saua ina 'ua fiu Tagaloa e fai atu e tuli 'ese le tamaitiiti ma le tānoa 'ava, 'ae lē fa'alogo 'i ai Pava; 'o se vāvega na toe soso'o ai e Tagaloa le tamaitiiti ma toe ola mai.

Tāeao na i Samanā
'O le tāeao lea na fa'ato'ā nā ai le tagi a le afafine o le tupu ina 'ua ta'avavale mai ulupo'o o aitu o Sātupa'itea i Savai'i, 'ona 'o le mālie o le siva a le taulāitu o Sālevao.

Tāeao po 'o le Aso na i Gamō
'O le manatu o Manu'a, 'o le aso na i Gamō, 'o le aso lea na liugalua 'i ai pālopaloga a Tagaloa ma Pava, 'auā o Gamo o le isi lea pitonu'u o Saua i Manu'a. Manatua fo'i, na poilua e Tagaloa le atali'i o Pava e fai ai fono o le 'ava i le tāeao muamua, 'a 'o le aso lea i Gamo, na fesili ai Tagaloa po 'o fea ni fono o le 'ava; 'ae te'i 'ua gāsolo mai i'a o le sami, ma fua o fa'ato'aga e fai ai fono o le 'ava, ina 'ua fai le solo a Pava. Na matuā ofo ai fo'i Tagaloa ia i le mana o Pava. 'O le isi tala, 'o le aso na i Gamō, 'o le aso lea na fai ai tūliga a le pi'ilua ma tagata o le fono i Gamo i Solosolo; po 'o le aso fo'i lea na a'e ai i'asā; 'a 'o le isi manatu, 'o le aso na i Gamō, e fa'aigoa o le aso na i Tūmua.

Tāeao na i Matāniu Feagaimaleata
'O le tāeao muamua lenei o le Talalelei i Sāmoa, na taunu'u ai misionare mai Peretānia o Ioane Viliamu (*John Williams*) ma Papu (*Charles Barff*) i Sapapāli'i i Savai'i, e 'aumai le

lotu o le LMS (*London Missionary Society*) i le tausaga e 1830. Sā fa'atasi ai ma faife'au mai Tahiti ma Rarotoga; na ala ai ona fa'aigoa le lotu lea 'o le Lotu Ta'iti.

Tāeao na i Faleū ma Utuagiagi

'O le tāeao lea na taunu'u ai misionare na 'aumaia le lotu Metotisi 'i Sāmoa ma taunu'u i Manono i le 1835. Na 'aumai e Misi Tana ma faife'au mai Tōga; na ala ai ona fa'aigoa 'o le Lotu Tōga.

Tāeao na i Malaeola ma Gāfoaga

'O le tāeao lea na taunu'u ai le Lotu Pope po 'o le Lotu Katoliko i Sāle'aula i Savai'i i le 1845. Na 'aumaia lenei tala'iga e misionare mai le Pope i Roma, na ala ai ona ta'u o le Lotu Pope. Sa faigatā le taunu'u mai o le Lotu Pope 'ona 'o le fete'ena'i ma le LMS, peita'i ona 'o le lototetele ma le lotomau o tamāli'i o le Alatele i Savai'i na mafai ai ona fa'amautū le Lotu Katoliko

E leai se 'ese'esega tele o tāeao o le atunu'u ma le tala tu'ufa'asolo o le atunu'u; 'ae tasi 'o le mea, 'o le tala tu'ufa'asolo, e fa'asolosolo lelei mai lea tausaga ma lea tausaga, so'o se mea tāua sā tupu i le atunu'u. 'O tāeao, 'o mea ia sā tutupu fa'afuase'i e aofia tele ai le aganu'u po 'o aga'ifanua a Sāmoa ma ona tamāli'i, e pei lā 'o taua i le vā o 'āigātupu ma le vā o nu'u ma itūmālō; po 'o le vā o lea tamāli'i ma lea tamāli'i; e ala ai fo'i ona ta'u o tāeao mamala o tupu ma tamāli'i. Manatua, 'ā 'e tautala i tāeao, e tatau ona 'e mālamalama i le māfua'aga ma le nofoaga na māfua ai lea tāeao, 'aemaise lona fa'aaogāina i le aganu'u.

E leai se aogā tele o tāeao i tagata lautele o Sāmoa 'auā lātou te lē fa'aaogā so'oa ia mea pe 'ā talanoa; pau 'o le mea, e tatau ona mālamalama 'i ai 'i uiga 'o ia mea a le atunu'u. 'A 'o matai lava, 'aemaise lava tulāfale, e tatau ona popoto i tāeao. E lē 'o toe tau Sāmoa pe 'ā sesē se lāuga, 'ae ta'u valea ai le failāuga pe 'ā lē ta'ua tāeao i lana lāuga; ma e seu fo'i e isi failāuga ni lāuga pe 'ā sesē ona fa'aaogā tāeao.

'O Gafa

Manatua, e 'ese'ese mamao gafa ma tāeao. 'O gafa, 'o tala'aga ia o 'āiga e aofia ai augātupulaga ma fāiā o isi tagata 'i isi tagata, po 'o isi 'āiga 'i isi 'āiga; e ta'ua fo'i ia mea o "Feusua'iga."

Mo se fa'ata'ita'iga: Na usu Simi o Manono iā Sina i Apia, fa'ae'e le gafa 'o Sala. 'O gafa lā mea nā. E aofia i gafa igoa o tagata, tupu'aga o tagata, lau'ele'ele o nu'u ma motu, po 'o le atunu'u 'ātoa.

E tasi 'o le mea, 'o tala fa'asolopito, 'o tāeao, 'o gafa, 'o fāgogo, ma tala o le vavau, e 'ese'ese 'i o lātou tūlaga; 'ae tatau ona aofia 'uma lava i le faiga o aganu'u a Sāmoa ma a lātou lāuga. E tatau fo'i ona mālamalama i gafa o nu'u ma itūmālō 'auā 'ā sesē ona fa'aogā mea ia i se lāuga, ona tāofi loa lea 'o le lāuga, ma māsiasi ai le tulāfale 'olo'o lāuga; po 'o le tupu ai fo'i o se fīnauga.

'Ia mālamalama lelei: 'o fāgogo, 'o lona uiga o tala fatu, 'ae na maua mai ai suafa ma fanua o le atunuu. 'O tala o le vavau, 'o lona uiga, 'o tala moni o mea sā tutupu i laufanua o le atunu'u i aso 'ua mavae 'a 'o pōvalē le atunu'u. 'O lau'ele'ele lava 'olo'o iai vavau ma mea e fa'amaonia ai se tala o gafa ma suafa, 'o le tala moni lenā.

'O Fā'atau a Tulāfale pe 'ā Fai Lāuga

'O le tasi lenei aganu'u mamalu a failāuga e sa'ili ai se tasi e agava'a e fai ma sui o se itū e faia se lāuga i ni mālō po 'o sauniga mamalu. 'Āfai 'o se fā'atau e fai i totonu o se fale, e fai sāofafa'i 'ae lē tutū; 'ae 'āfai e fā'atau i fafo i malae, ona fā'atau tutū lea 'o failāuga, ma e fai 'uma tēuga fa'aleaganuu a tulāfale. E 'āmata le fā'atau e le tulāfale tāumalae aga'i 'i tulāfale 'uma 'olo'o aofia i le fā'atau. 'O lē 'olo'o lāga fā'atau, e fā'atau atu 'i isi e mālilie e tāpua'i, 'ae tu'u mai iā te ia le lāuga. 'O le tulāfale lā 'ua tasi 'i ai le fā'atau e lāuga, 'ole'ā fa'amanuia 'uma loa 'i ai tulāfale; ona mālōlo lea 'o lātou ma tāpua'i 'ina 'ia manuia le lāuga.

'O Fā'atau i Malae

E lāga fā'atau le tulāfale tāumalae i tulāfale 'uma o vāimalae 'o ē e tatau ona aofia i le fā'atau. E pei lava e taua'imisa failāuga 'ona 'o le felafolafoa'iga o 'upu, ma e fōliga mai e taua'imisa, 'ona 'o le naunau i le lāuga, 'ae toe māui mālie ifo lava 'ona 'o le vāfealoaloa'i a le atunu'u. E ma'eu fo'i le mānaia i le va'ai ma le fa'alogo; peita'i 'o lenei fo'i aganu'u mamalu, 'ua lē toe tūlaga lelei 'i nei tupulaga. 'O le mātau atu a le māfaufau ma le va'ai 'i ai, e iai ni māfua'aga 'ua ala ai lenei fa'alētonu e pei 'o nei:

1. 'Ua lē lava le iloa o le aganu'u ma tū fa'aaloalo a Sāmoa.
2. 'Ua lē lava le iloa o 'upu fa'aaloalo ma 'upu e fa'aogā tatau mo le gagana o aso 'uma.
3. 'Ua lē lava le iloa o le vā o to'oto'o. 'O le uiga o lea mea, 'ua lē mālamalama i le vā o pou lāuga o nu'u. 'Ua lē iloa fo'i le va'afā'atau a itūmālō. E lē silafia to'oto'o o Tūmua ma Pule; fa'apea fo'i le Faleagafulu ma le Manu'atele. E fa'apea fo'i le vā talitōga o ona fale'upolu. 'O le tasi lea pogai o le fīnauvale o le tagata fā'atau; e tupu ai fo'i ma le itaitagōfie, 'ona 'ua leai se fa'avae mautū, e fa'apunalia mai ai 'upu ma le māfaufau lelei. 'Āfai 'o le failāuga 'ua fa'agau lona to'oto'o, 'ia fa'alava muamua lona to'oto'o; ona nofo lea i lalo pe 'āfai 'ua 'uma ona iloa se tasi e faia le lāuga.

Fa‘a‘upuga o Lāga Fā‘atau a Failāuga o le Nu‘u

1. ‘Ua fa‘amālō fetalai ‘ava i lau tōfā a le fuatauala, ‘o sē o tu‘ua i le faigāmalaga mamalu. ‘I le ‘ua logo lē naiatea, logo lē naiama, ‘ua ‘e pā‘ia fo‘i Vaioletama i pa‘ia ‘ese‘ese o le tāeaousu; ‘ae e‘e maia i lagitau, ‘ae se‘i liliu ane i fale‘upolu nei e sa‘ili se gafa o le fale e faigatā le lātō i le ‘ea ma le lagitō ‘i ala o le faigāmalaga. ‘Ā maua se tasi, ona fetalai lea e vī‘ia ai le alofa o le Atua ma le tātou fesilafa‘iga.
   ‘Ou te mua‘i fesili atu i lau tōfā Tauala, e faigatā ‘o ‘oe ‘o le To‘oto‘o o le Fale‘ula; po ‘o le ā sou finagalo, ‘ae tu‘u maia iā te a‘u la tātou lāuga; ‘ua ta mana‘o i le tāeao.

2. ‘Ua fa‘amālō fetalai ‘ava i lau tōfā, ‘o lē na āsā le gasū o le taeao. ‘Ua malie taliga e fa‘alogo; ‘ua malie fo‘i mata e va‘ai ‘auā ‘ua ‘e asa le uta lalata; ‘ua ‘e asa fo‘i le uta mamao. Mapu ane lā i falematū, pe lepa ane i le to‘o; ‘a ‘ole‘ā sa‘ili se gafa o le fale i sē na te fa‘alēagatonuina le susū mai o le fa‘afeagaiga, āfifio mai le pa‘ia o ‘āiga; ma le mamalu o le ūsoga a Tūmua ma Pule, ‘aemaise le faigāmalaga mamalu.
   ‘Ia, le pa‘ia o fale‘upolu o le matāgāluega, tāpua‘i maia ‘ae ‘ou faia se tātou tatalo pu‘upu‘u; e sili pe ‘ā fa‘akerisiano lo tātou taeao; ‘ua alofa fo‘i ‘i le malaga, ‘ua fia vave mālōlō. E ui lava ‘ina ‘ou tāumalae, ‘ae ‘ou te āva ma fa‘aaloalo i le matāgāluega. Tō maia sa ‘outou pule fa‘atamāli‘i, ‘ae ‘ou faia se tātou ‘upu e vave ai; ‘aemaise fo‘i ‘o a‘u e pito matua i le tātou atualuma.

3. Tau ia ‘ina ‘ua o‘o atu se ‘ataiti ‘i o ‘outou luma; ‘o se ‘ava lē tuā na afio mai ai tapa‘au ia; ‘ae ‘ūmia mai e fale‘upolu nei ‘auā lo tātou tāeao fesilafa‘i. ‘Ia, tōfā malie le pa‘ia o le faigāmalaga, ‘ae ēpa maia ‘i o ‘outou se‘etaga mālū, ‘ae se‘i ‘ou liliu ane i le fā‘atau pa‘ia ma fale‘upolu nei, se‘i sa‘ili se gafa o le fale, e faigatā le tāeao ‘ua malumaunu.
   Lo tātou nu‘u, ma lo tātou itūmālō, po ‘o le ā so ‘outou finagalo ‘ae mālilie maia se‘i ‘ou faia sa tātou tatalo pu‘upu‘u e vave ai. ‘Ā tātou fā‘atau nei, e alu le asō; ‘a ‘olo‘o ēpa le mamalu o mālō fa‘aaloalogia. Tu‘u maia iā te a‘u le toea‘ina matua.

4. Le pa‘ia o lo tātou fale‘upolu, e leai se isi e fia vāvevave, pe fia tagata iloa i aso fa‘apēnei; ‘o le mea lea ‘ua ‘ou fesiligia ai le tōfā fa‘atamāli‘i ma le utaga fa‘afale‘upolu, ‘ona ‘o a‘u ‘ua ‘ou fia pese i le tāeao, peita‘i, ‘ou te tumu i le fa‘aaloalo. ‘Ae ‘āfai lava e iai se failāuga e fia fetalai i lo tātou aso, ‘ole‘ā ‘ou tāpua‘i.

5. ‘Ua māsani Sāmoa i ona tautai matapālapala. ‘O Sāmoa fo‘i e talitonu, ‘o faiva e tāpua‘ia e manuia; ‘o lea ‘ou te sa‘ili atu ai i le tōfā alofa, ma le utaga sa‘ili mālō a lo tātou fale‘upolu; ‘a ‘o lea ‘ua si‘i lo‘u va‘a; ‘ua i luga fo‘i o le gāga tautai o le fua.

Ona tāpā ai lea e le ulia le tatā i la 'outou tāpua'iga; 'ae 'āfai lava 'o iai se Sālevī po 'o se Isara'elu e fia tatalo, 'ole'ā 'ou fa'aaloalo atu; e faigatā e fulisia i le sinapa'e lo tātou fale'upolu.

Tali i le Fā'atau a le Nu'u

1. 'Ua fa'amālō atu i le vāgana ma le fā'atau pa'ia, i lau fetalaiga i le to'oto'o; silasila fo'i, 'o aso fa'apēnei e lē toe aogā ai tamā mātutua. 'A 'o le isi itū, 'ua 'e tāeao lasi fo'i. 'O le ā lou finagalo, 'ae tu'u maia iā te a'u e talavou e pu'upu'u ai lo tātou tāeao? 'Ae tasi 'o le mea, 'āfai lava 'e te fia fetalai 'ole'ā 'ou tāpua'i, 'ou te āva tele i tagata mātutua.

2. Fa'afetai i le siva loa ma le fā'atau pa'ia, 'ae alo ia i ou faiva. 'Ia sao le lāuga.

3. 'Ole'ā lē se'etia lo'u va'a i le malū o le tai taeao; 'a 'ua fai alofa fo'i i le mamalu o a tātou mālō. 'Ole'ā lē sili fo'i le ta'i i lō le tāpua'i; 'ole'ā mātou tāpua'i. Fetalaia lau tōfā. 'Ia sao lau lāuga.

Fā'atau a Tulāfale o le Malaga

1. 'Ua tala tu'u le tafaoga; 'ua fa'aifo i atimālie le vāgana ma le fetalaiga; 'ua feso'ota'i nei ta'iao ina 'ua tala tuāvalu lau o le fō. 'Ua mānava fo'i le toaali'i, 'o lē sā fa'alele nei le lupe malie i le tātou tāeao mamalu. E'e maia i se'etaga mālū, le pa'ia tele o lenā itū o le maota; 'ae se'i liliu ane fale'upolu nei e fetu'una'i muniao i le fā'atau pa'ia, po 'o ai se tasi 'ole'ā na fa'alēagatonuina le vāgana ma le fetalaiga 'ua ōpea nei i le maota.
   'Ou te fā'atau atu ma le fa'aaloalo iā te 'outou fale'upolu, tāpua'i mai ia 'ae 'ou fa'aleagatonuina le fetalaiga 'ua i maota.

2. 'Ole'ā ta'oto pea le fa'afua o le uatea i le pa'ia ma le mamalu o le fa'atāfafā o le maota ma le tāeao fesilafa'i; 'ae tainane fo'i 'o Sāmoa o le niutui ma le aomamala; e fa'apea fo'i a tātou fa'asuaga. E fa'amalie atu i finagalo ma le fetalaiga 'ua ōpea i le maota; 'ae se'i liliu ane 'auā e faigatā fo'i le paū o lenei itū o le malu se'i sa'ili sē 'ole'ā na fa'amanusina lē soāina le fetalaiga.
   'Ia, le pa'ia o le tātou faigāmalaga, 'o le ā so 'outou finagalo; 'ae tapua'i maia;'ae 'ou fa'alēagatonuina le fetalaiga pa'ia sā fa'alele nei.

Tali i le Fā'atau a le Malaga

'Ua fa'amālō le fa'aaloalo i lau fetalaiga. 'Ua liliu fo'i le fa'autaga mo le fā'atau pa'ia i la tātou faigāmalaga. E ui lava ina 'ou fia pese 'ona 'o le tāeao 'ua tetele, 'ae fetalai ia lau tōfā. 'Ua mātou fa'amanuia atu. 'Inā fetalaia. 'Ia mālū ona fai 'o le faiva 'auā e pua'ina i vao 'ae lia'ina i ala. 'Ole'ā 'ou tāpua'i; 'ia manuia lau lāuga.

Fā'atau a se Vasega

'Ua fa'amālō sāunoa i lau susuga a le faiā'oga; 'ua taliga 'i fialogo le mauga o Māta'utia. 'Ua fa'afofoga fo'i le mamalu o le vasega i au sāunoaga; 'ae se'e maia i ou se'etaga mālū, 'ae se'i 'ou liliu ane e fesiligia finagalo o ali'i ma tama'ita'i nei, po 'o ai sē na te fa'alēagatonuina lau susuga.

'Ia, le mamalu o le tātou vasega, 'ou te talitonu 'ole'ā tātou lē finau i nei mea; 'ae na'ona 'ou fa'apenei atu: e tatau ona fa'ao'o sa tātou fa'afetai i le tātou faiā'oga 'auā le gāluega tele sā feagai ai 'i lenei vāitu'uaga. 'Āfai lā e iai se isi e fia lāuga, 'ole'ā 'ou tāpua'i; 'ae 'āfai e leai, 'ole'ā 'ou faia se tātou 'upu pu'upu'u.

Tali i le Fā'atau

Fa'afetai atu i lau susuga a le ta'ita'i o le vasega; sā fa'apea lava 'e te manatu mai i lo mātou taumafai atu e fia maua ni avanoa faigōfie fa'apēnei, se'i fa'afofoga ai lo tātou faiā'oga i fua 'o ana gāluega e ala i se mātou lāuga. Silasila fo'i, 'ua papasi fo'i lo 'oulua va'ava'alua ma lo tātou faiā'oga; 'ae ui 'i lea 'ole'ā mātou tāpua'i, 'ae fetalaia lau susuga. 'Ia manuia lau lāuga.

'O Fa'atinoga o Fā'atau a Tulāfale

'O 'upu e 'ave i fā'atau a tulāfale, 'o le sivaloa ma le fā'atau pa'ia. 'O isi fā'atau a nu'u ma 'aulotu, e filifili muamua i tua le tagata e lāuga ona alu ai lea 'o le usu. E ui lava lā 'ina fa'atagā fai le fā'atau i luma o mālō, 'ae 'ua iloa lava le tagata e lāuga. 'O le tagata lava lā e lāga fā'atau, 'o ia fo'i lenā e tatau ona lāuga, vāganā 'ua fa'alavelave le tu'ua o le nu'u, po 'o le tulāfale sili. 'O itū'āiga fā'atau lā nā e pu'upu'u le taimi e fai ai; 'a 'o isi fā'atau, e itūlā 'ātoa po 'o le sili atu fo'i 'o le taimi 'o fai lava 'auā 'ole'ā fa'ato'ā finau tulāfale i luma o mālō, 'aemaise lava pe 'āfai 'o se usu'ālele. 'O le ala lenā e ta'u ai o le "sivaloa," 'ona 'o le 'umi ma loa le taimi e fai ai le fā'atau. 'O fā'atau o usu'ālele e tutū 'uma ai to'o o le tai. 'O lona uiga, 'o to'oto'o au o le atunu'u po 'o le itūmālō 'ole'ā finau. E mānana'o 'uma lava to'oto'o e lāuga 'ina 'ia lelei le lāuga ma 'auā e maua ai le lafo pito telē; 'o le isi mea, e atili lava ona 'umi le fā'atau, pe 'ā mamalu tele le faigāmalaga; ma 'o le vā to'oto'o o le atunu'u e tatau ona aofia i le fā'atau. Peita'i e tatau ona 'āmata le fā'atau i le vā to'oto'o o le nu'u e ona le usu.

'O le fā'atau pa'ia, e lē tatau ona fia misa ai se isi; pē na te fuaaoina le mamalu o fale'upolu 'olo'o i le fā'atau. 'Ae tatau ona fetu'una'i mālie le fa'autaga; ma 'ia fa'aoloolomā'au, 'ina 'ia nofo fealofani fale'upolu. Silasila 'i le fa'ata'ita'iga lea o le fā'atau po 'o le sivaloa.

Lāga Fā'atau

Fualauto'alasi:
Lau tōfā Tāveuveu, 'o aso fa'apēnei e lē faigōfie 'auā e lē 'o se tāeao na fa'afuāveta; 'o le tāeao 'ua leva ona fuafua ma tu'u 'i ai le moe ma le fa'autaga a fale'upolu. 'O le mea lea e lē faigōfie ai lo tā vā to'oto'o ma lo tā nonofo ai 'i lo tātou nu'u 'auā 'o si o ta lima lava e pa'ia ai si ota mata. 'O lea 'ua 'ou fa'amalie atu ai 'i lau tōfā, po 'o fea 'o iai sou finagalo, 'a 'o a'u 'ua 'ou mana'o lava i le tāeao.

Taveuveu:
'Ua fa'afetai tele atu Fualauto'alasi i le vāgana; 'o lea 'ua 'e ta'i le soa o le tātou sivaloa; 'ua silasila fo'i ma fa'afofoga le faigāmalaga mamalu. Sā 'ou fa'apea 'e te fa'aaloalo mai 'iā te a'u le toea'ina matua, 'a 'o lea e pei 'ā alo sulu lau foe; 'ae fa'apea, Fualau, 'aua le mana'o 'i le i'a, 'ae mānumanu i le 'upega. 'Ua 'e tāeao lasi fo'i 'i lo tātou vā to'oto'o; 'ae 'ā iai ni ou alofa, tu'u mai iā te a'u lenei tāeao, 'ua ta fia lāuga. 'O le mea fo'i 'ua ta matua, e lē 'o toe tele ni o ta aso.

Fualauto'alasi:
Fa'amālō atu Tāveuveu; e leai, 'o a tā'ua lava mea e fa'apea ona fai; 'ae pau lava le mea e ao ina 'e manatua, 'o lou fa'alupega, 'o 'oe 'o le tei o Alo o Fānene. 'O le mea lea, 'o nai ota tei lava e tāpua'i. Fa'amanuia maia i lou uso 'ae 'ou faia se tātou 'upu. 'Āfai 'o a'u nei, 'ia 'o a 'oe taeao. E lē 'uma le fai aso a le Ali'i.

Tāveuveu:
Fualau, e ui 'ina leva ona 'ou sāuni 'i le aso lenei, 'a 'ole'ā 'ou pule i lo'u loto 'auā e manatua pule 'ae lē manatua fa'alaeō. 'Ole'ā 'ou tāpua'i. 'Ia manuia lau lāuga.

Fualauto'alasi:
Fa'afetai atu Tāveuveu le seu fa'aaloalo. Fa'amālō le
fa'afale'upolu fa'amāoni 'Ou te lē tau selu atu.
(Liliu iā Talo)
Lau afioga i le sa'o o le Tuiātua, po 'o lau fetalaiga Taloolema'agao. 'Ātonu 'ua 'e māua mai lo'u mana'o mo lenei tāeao; 'ou te talitonu fo'i lā, 'ole'ā 'e fa'autaga malie. 'O 'oe lava 'o le tamā fai nu'u lelei; 'ae 'ua 'e matua fo'i mo mea fa'apēnei. 'O le mea lea, 'ia 'e alofa lafo mai 'i lou atali'i la tātou lāuga.

Talo:
Fualau, 'ou te mana'o e fa'apu'upu'u le fā'atau; 'o lea e fa'availolo le mamalu o le faigāmalaga. 'Ou te mātau atu, e pei 'ua 'e fa'ase'e lo'u toea'ina, 'ae lē afāina, e toea'ina lava le pusi ma lana fela'u. 'O le isi itū, e lē tatau i se tagata fāgota ona toe nofo lava ia

ma tāumafa sona faiva. ‘O le mea lea, tāpua‘i mai; ‘ae fai e le toea‘ina le lāuga.

Fualauto‘alasi:
‘Ia, ‘ua fa‘amālō atu i lau fetalaiga Talo. Sā ‘ou fa‘apea lava ‘o ‘oe ‘o se matua fai tama ta te mapu atu ‘i ai; ‘a ‘o lenei ‘ua ‘e toe ‘eu fo‘i a‘u i lalo. Sā fa‘apea lo‘u manatu fa‘avalea, e tatau ona gālulue ma tautua le fānau, ‘ae tāpua‘i mātua; ‘a ‘o lea ‘ua ‘e mana‘o fo‘i ‘i le lāuga. ‘Ou te tatalo atu ai ma lo‘u fa‘amaualalo, ia ‘e alofa ‘ua ta maoluma; ‘ua se‘e fo‘i lo ta va‘a.

Talo:
Fa‘afetai Fualauto‘alasi; fa‘afetai tautua lelei; fa‘afetai fo‘i fai matua; peita‘i, ‘ā o‘o loa i tāeao fa‘apēnei, ona tāpua‘i lea ‘o le ‘autautua ‘ae lāuga lo lātou ali‘i. Na fetalai lava Iesū, “E lē sili le ‘au‘auna i lona ali‘i;” ‘o le mea lea, malie maia, tāpua‘i ‘ae ‘ou lāuga ‘ou te matua.

Fualauto‘alasi:
Talo; e lē tatau ona tā fā‘atautā ‘a ‘olo‘o alaala le pa‘ia o le maota. E ui lava lā ‘ina ‘ou maoluma, ‘ae ‘ua ‘ou āva atu i lau tōfā; ‘o lea lā, ‘ole‘ā sili la‘u foe; alo ane i le lāuga; ‘ia tafe toto ou ala e pei ‘o faiva o Le Atiogie.

Talo:
Fa‘afetai Fualau; ‘ua lologo lē naiatea; ‘ua fofoga fo‘i lē naiama i lau fa‘aaloalo maualuga; ‘o lau pule lea; ‘ae tāpua‘i maia.
‘Ae ‘ou te le‘i liliu ane i o‘u faiva fa‘afale‘upolu ‘auā le afio o le faigāmalaga ma lo tātou nu‘u, e muamua ona ‘ou tāpā se fa‘amanuiaga mai iā te ‘outou tamāli‘i; ‘ae tāpua‘i mai ia ma fa‘amanuia mai .

Te‘o: (‘O le tamāli‘i)
Fa‘afetai Taloolema‘agao, e ui lava ‘ina sā tetele pīsaga i le sivaloa, ‘a ‘o lea lava ‘ua matua i le ōō. Fa‘amālō i le fa‘autaga fa‘afale‘upolu ‘ae fetalaia; tau ‘ina ifo ‘i atimālie fetalaiga o le aso.

Talo:
Fa‘afetai mo le fa‘amanuiaga iā ‘outou afioga a tamāli‘i; ‘ae tāpua‘i mai ia ma le manuia.
(‘O lea lā ‘ua mālō Taloolema‘agao i le fā‘atau, ma ‘ole‘ā lāuga loa.)

Manatua fa‘alupega o to‘oto‘o ‘o vāimalae e fa‘apea:
‘Ā lāuga se Lufilufi, ona fa‘apea lea; “ ‘O le susuga a Lufilufi.”

Mo se fa'ata'ita'iga: "Fa'amālō i lau susuga Lufilufi."
'Ā lāuga se Leulumoega, ona fa'apea lea, " 'O le fetalaiga a Leulumoega."
Mo se fa'ata'ita'iga: "Fa'amālō i lau fetalaiga Leulumoega."
'Ā lāuga 'Asiata i Sātupa'itea, ona fa'apea lea, " 'O le tōfā a 'Asiata."
Mo se fa'ata'ita'iga: "Fa'amālō i lau tōfā 'Asiata."

'Amu'ia o tātou nei tupulaga 'ua tele tusi e faitau ai mo le aganu'u ma le Fa'asāmoa; 'a 'o o mātou aso, e leai ni tusi; 'ae sā a'oa'o mai 'i māfaufau o ē sā fai ma faiā'oga o le aganu'u (matai ma mātua). 'O le fautuaga iā te 'oe, 'aua ne'i galo 'iā te 'oe le tala iā Filipo ma le tagata 'Aitiope, e pei 'o le tala lea:

'A 'o alu le malaga a le 'Aitiope, sā na faitauina le tusi a le perofeta o 'Isaia, 'olo'o fa'apea mai, " 'Ua na tau'ave o tātou tīgā, ma na tau'ave o tātou fa'anoanoa." Ona fa'apea loa lea 'o le tamālōa 'Aitiope po 'o le ā lenei 'upu? Na fa'alatalata atu Filipo ma fesili i lea tagata, " 'O 'e mālamalama 'ea i nā mea 'olo'o 'e faitauina?" 'Ae fai mai le 'Aitiope, "E fa'apēfea ona 'ou iloa pe 'ā leai se isi na te fa'ailoa mai iā te a'u le uiga o 'upu." Fai atu loa Filipo i le 'Aitiope, " 'O Iesū Keriso, 'o lē na fa'asatauroina; 'o Ia lenā 'ua na tau'ave o tātou tīgā, ma tau'ave o tātou fa'anoanoa." Ona fiafia ai lea 'o le 'Aitiope ma 'ua papatisoina 'o ia e Filipo.

'O le fesoasoani lenā mo lau tusi 'olo'o faitau e uiga 'i le faiga o fā'atau a tulāfale. 'Ā leai se isi na te fa'amālamalamaina le tele o mea 'olo'o iai, e i'u ina 'e fa'aogā sesēina. Fesili loa 'i se isi mo se fesoasoani. 'Ā leai, fesili loa i le Atua 'auā 'ua fai mai Solomona, " 'O le mata'u i le Atua 'o le 'āmataga lea o le poto." 'Ia manuia lau fā'atau ma 'aua le fīnauvale.

'O le Seuga o Lāuga

E lē 'o se mea lelei se failāuga e fia seu lāuga 'auā 'o se tū lē fa'aaloalo. Peita'i, e iai mea e tatau ai ona seu lāuga. E ui lava ina 'o se vāega o faigālāuga le seuga o lāuga, 'ae tatau lava ona fa'aeteete failāuga 'auā 'ā seu le lāuga 'ae sesē le māfua'aga e ala ai ona seu, ona tupu loa lea 'o se fīnauga i le vā o failāuga; 'ae tainane fo'i le vā o le nu'u 'olo'o usu, ma le malaga.

'Āfai 'o se lāuga o le usu po 'o le ali'itāeao 'i ni malaga tāfafao, po 'o ni malaga fa'alelotu, po 'o ni so'o, 'aua le seua fua lāuga; 'ae vāganā 'ua iai se 'upu e sesē o le lāuga. 'O fesāga'iga o paolo, 'o le taimi lea e māsani ona seu ai lāuga 'ona 'o mea nei:

'Ua 'āmata le lāuga i le talaga o se gafa po 'o se fāiā 'ae sesē; po 'o se gafa fo'i ma fāiā 'ua 'uma ona mālamalama 'i ai.
Pe 'ā sesē fa'alupega o le nu'u, tamāli'i, maota, po 'o malae.

Pe 'ā tautalagia ni tāeao sā fa'alumaina ai se itūmālō.
Pe 'ā fa'alēlelei fa'a'upuga o le lāuga, ma pe 'ā fesēa'i vāega o le lāuga.
E seu fo'i le lāuga, 'ona 'o le fa'aaloalo ma le mālilie i fa'a'upuga fa'atamāli'i, ma 'ua fa'alālolalo tele le failāuga.

'O ni isi o failāuga 'ua fia seu lāuga 'ona 'o mea nei:
'O le oso vale 'ae lē mālamalama.
'O le tau fa'ato'ilaloina o le isi failāuga.
'O le manatu fa'amaualuga i lona poto e sili atu i lō isi.

E lē tatau ona seu e se malaga se lāuga a se nu'u vāganā 'ua fa'alūmaluma e le nu'u le ala o le malaga. 'Ā manatu e seu le lāuga, 'ia fa'aaogā le gagana fa'aaloalo ma le agāga fa'atamāli'i i le vāfeāloa'i. Manatua lava le vā fa'afale'upolu, le vā to'oto'o, vāimalae, pou o lāuga, vāiatiga o lāuga, ma le vāfeāloa'i o failāuga.

'O Feiloa'iga, Tōfiga, ma Māvaega a Tupu ma Tamāli'i

Feiloa'iga

E māsani ona ta'u e failāuga i a lātou lāuga 'upu o feiloa'iga a tupu ma tamāli'i e sāga fa'amālie ai lāuga:

1. Feiloa'iga a Nonumaifele ma 'Aliamānaia. 'O Nonumaifele 'o le mānaia a Faleālili, 'a 'o 'Aliamānaia 'o le mānaia a Anoāma'a. Na ala mai le tasi 'i pu'e o manū, 'ae ala mai le isi 'i pu'e o mala.
2. Feiloa'iga i le vasa loloa a le uso tama; 'o le Fiti le isi 'a 'o le Sāmoa le isi.. Na feiloa'i 'i i'utila ma i'ulā.
3. Feiloa'iga a Sināfagasoālima ma Sa'opu'u. Na matuā teteu lelei le fale ma fōlafola lelei fala, 'ae fai fesāga'iga.
4. Feiloa'iga a Mālietoa ma Sāoluaga. Na feiloa'i 'i le āva fatafata.
5. Feiloa'iga a le Mālietoa ma le Tuimanu'a i le sami samasama. Na feiloa'i i le agatonu o le feiloa'iga i vasā.

Tōfiga ma Māvaega

'Ona 'o tōfiga ma māvaega a tupu ma tamāli'i o Sāmoa e aofia i le faiga o lāuga a failāuga, 'o le mea lea e tatau ai fo'i ona mālamalama fānau a Sāmoa pe fa'apēfea ona maua māvaega ma tōfiga, 'a 'o le ā fo'i uiga o ia mea i faigālāuga a Sāmoa.

E 'ese'ese māvaega ma tōfiga a tupu. 'O le māvaega, 'o se mea 'ua māvaea'ina e ni tagata 'ole'ā tēte'a; 'a 'o le tōfiga, 'o se mea 'ua tusilima 'i ai, ma tofi 'i luga o le pule ma'oti. Mo se fa'ata'ita'iga: 'O le māvaega a Taufau ma Sina, na fa'apea ai le tupu 'o Taufau, "Sina, sau 'inā fa'aauau lo tā tofi i le 'āigātupu; 'a 'o a'u, 'ua tafea la'u utu, 'ua lē āmana'ia e la'u tama lo mātou tofi." 'O lea na lē tupu ai loa le tama a Taufau 'o Tupuivao, 'ae tupu le tama a Sina 'o Faumuinā. 'O le māfua'aga lea 'o le 'upu, " 'Ua tafea le utu a Taufau."

Tofiga:
'O le tōfiga a Le Atiogie le atali'i o Fe'epō i lana fānau; na ia fa'apea ai:
'O lea 'ole'ā tū lava la 'outou pule i Sāmoa nei:
'Ia te'a Le Alali ma lona tūmua i Ā'ana 'ina 'ia mausalī ai Leulumoega.
'Ia nofo Sāvea ma lona laumua i Tuamāsaga 'ina 'ia fa'atū ai e ia lona mālō i Malie; 'a 'ia fai Mālietoa mōna suafa.
'Ia alu Tuna e faleo'o faigāmālō 'i ai Faleata.
'A 'ia te'a atu Fata ma lona ālātaua 'i le itū 'i toga e fa'atū ai Sāfata.

Māvaega:
'O aso anamua, e tōfia lava e le tupu sona sui 'ae le'i tu'umālō, ma e lolo lava 'i ai finagalo o le itūmālō; e pei ona tōfia e Fonotī le Tupu lona atali'i 'o Muāgututia e 'avea ma tupu, na tōfia fo'i e Muāgututia lona atali'i 'o Fui'availili e fai ma tupu; 'o ia lea sā ulua'i suafa i le Tupua.

'O nisi nei o māvaega e māsani ona fa'aaogā e failāuga, e fa'ai'u ai a lātou lāuga. I totonu o nei māvaega, 'olo'o iai le māvaega e lē fa'aleo mai ia 'i ni 'upu, 'ae fa'aaogā le gagana a le tino, 'o le tusi o le lima; ona ta'u loa lea 'o le Māvaega Tusitusi. E māfua mai i le tala iā Si'utaulalovasa ma le uso teine o Lūlai ma Lūlago i Sāmata i Savai'i, "Tātou māvae ia i le māvaega tusitusi." 'O lona uiga, 'ā tātou tēte'a, 'ia tātou feiloa'i 'i laupepa po 'o fetusia'iga.

1. Māvaega na i le Fatuosofia (Sāvea Tūvaelua)
   'Ia tālolua Tuna ma Fata,
   'Ia ola Tuna ola fo'i Fata.

2. Māvaega na i le Tulātalā (Tuitoga Talaife'i'i iā Sāmoa)
   'Ua malie toa, 'ua malie tau,
   'Ā 'ou toe sau,
   'Ole'ā 'ou sau i le aouliuli folau,
   'Ae lē 'o le aouliuli tau.

3. Māvaega na i le Fale Punaoa (Manusāmoa i lona tuafafine o Pāgōfie)
   'O manū nā, 'o manū nei;
   'O manū ta te māvae ai;
   'O manū fo'i ta te toe feiloa'i ai.

4. Māvaega na i le Tulāfasā (Sina i lona tuagane o To'iva)
'Ole'ā 'ou alu i le lagi;
'Ā 'ou tū mai 'i sasa'e,
'E te lāgaseu ai.
'Ae 'ā 'ou tū mai 'i sisifo,
'E te tālisua ai.

5. Māvaega na i le Onetai — (Saveasi'uleo iā Ulufanuasese'e)
Tā te lē toe feiloa'i,
'Ae tā te fetaui 'i i'u o gafa.

6. Māvaega Tusitusi (Si'utaulalovasa iā Lūlai ma Lūlago)
Tusi i le ata,
Tusi i le to'o,
Tusi i le to'o,
Tusi i le manava.
Tātou māvae i le Māvaega Tusitusi.

7. Māvaega a Alo o Tupu (Tavita iā Ionatana)
'Ole'ā ta fa'amāvae,
'A 'ia tū Ieova i lo tā vā.

8. Māvaega na i le Tūloto i Kalilaia (Iesū iā Simona Pēteru)
'Ā 'e alofa iā te a'u,
Alofa i a'u māmoe.
Fafaga i a'u māmoe.
Tausi i a'u māmoe.

9. Māvaega i Moapi (Ruta iā Naomi)
'O le mea 'e te alu 'i ai, 'ou te alu 'i ai.
'O le mea e te oti ai, 'ou te oti ai.
E fai lou nu'u ma o'u nu'u.
E fai lou Atua ma o'u Atua.

10. Māvaega na i le Nu'u o Ape i Toga (O le Pili o Lesā iā Sāgaalaala)
Sole, 'Ā maua sau fānau,
Ona fa'aigoa lea iā Sāgaalaalapea ma Lātū'ivai.

11. Māvaega na i Taumaisina i Moata'a (Sina ma le Tuna)

'Ā toe ni ou alofa,
'Ave lo'u ulu e totō i le tala o lou fale.
'Ole'ā fua mai ai se lā'au;
Ma 'o aso 'uma 'e te tāumafa ai i le fua o lenā lā'au,
Tā te feiloa'i ai lava.

12. Māvaega na i Pulotu (Saveasi'uleo iā Nafanua)
'Ā pā'ia le pā i Fualaga,
Sua le tuli 'auā le ali'i o 'āiga.

13. Māvaega na i Malaetele (Tuitoga i le Tuimanu'a)
'Ole'ā 'ou lē silia 'oe i lo'u taliga ne'i lelea,
Pe nonoa i lo'u solosolo ne'i se'e 'ese;
'A 'ole'ā teuina i le vā o lo'u fatu ma lo'u māmā.

14. Māvaega na i le Vasaloloa (Alo o le Tuifiti, 'o le Sāmoa ma le Fiti)
'Ā tā fefulituaa'i,
'Ia tā fealofani.

15. Māvaega na i le Sami Sanosano (Mālietoa ma le Tuimanu'a)
Mālietoa iā Tuimanu'a: Tuimanu'a e, 'o lou tai sāmasama lenā.
Tuimanu'a iā Mālietoa: Mālietoa e, 'o lou vasavasa o alofi lenā.

16. Māvaega na i le Tulāfasā (Paiatea ma Paialaala)
'Ā 'ou tū mai 'i le itūlagi lea,
'E te alaalafa'i ai ma 'e tālisua ai.
'Ae 'ā 'ou tū mai 'i le itūlagi le lā,
'E te tāgoseu ai,
Ma 'ole'ā fetaia'i pea o tā ata.

E lelei ona fa'alogologo ma mātau lelei le fa'aaogāina e tulāfale failāuga feiloa'iga ma mavāega a tupu, 'ina 'ia sa'o le taimi e fa'aogā ai ia mea.

'O 'Upu Fa'amanuia ma Fa'amātafiga o Lagi

So'o se failāuga tomai fo'i, e fa'ai'u lana lāuga i 'upu fa'amanuia po 'o le fa'amātafiga o lagi. 'O le uiga o lea mea, e pei 'o ni fa'amanuiaga o le Kirisimasi. Mo se fa'ata'ita'iga: " 'Ia manuia le Kirisimasi." E fa'apēnā fo'i lā i faiga o lāuga; e pei 'o lea: "Fa'amanuia atu i lenā itū o le maota, ma 'ia lagimāina le pa'ia o tamāli'i."

E pei e māfua lenei mea ʻona ʻo le ʻupu lava lea ʻo le "lagi." E faʻamātafi le lagi ʻina ʻia ʻaua neʻi toʻa ni ao vālevale, ʻa ʻia mamā le lagi. ʻO lona uiga, ʻia soifua lelei afioga a tamāliʻi. E iai foʻi o lātou uiga tāua i faʻaʻupuga o lāuga a le atunuʻu, e pei lā ʻo mea ia e faʻataʻitaʻi ai ʻoutou tūpulaga.

1. ʻIa mātafi le lagi ʻi susuga a faʻafeagaiga taulagi o le atunuʻu.
2. ʻIa lagimāina lau afioga a le saʻo ma le faletua.
3. ʻIa maua le soifua lelei ʻi lau susuga a le faipule.
4. ʻIa mamao ni laumea toli e savili ʻi lau fetalaiga.
5. ʻAua neʻi gau le toʻotoʻo pe solo le fue o failāuga.
6. ʻAua neʻi tō le timu pe paʻū le māsina i le soifua o tamāliʻi.
7. ʻIa alofa le Atua e faʻafualoa le soifua o mātua.
8. ʻIa soifua manuia alo ma fānau a Sāmoa.
9. ʻIa mamao ni gāsegase i tulāfale.
10. ʻIa osofia pea moegāluaga i ʻupega o lāuga a faleʻupolu.
11. ʻIa mamao ni gāsegase ma ni tuātaʻafalu i afioga a tamāliʻi.

GĀLUEGA FAUTUAINA

I. Māfaufau ma talanoa ʻi mea ʻua iloa ʻae leʻi ʻāmataina iloiloga o lenei matāʻupu.

Suʻe sau pāga ma tālanoa i mea nei:

1. ʻO ai failāuga o lo ʻoutou nuʻu po ʻo le ʻāiga?
2. ʻO ā ia tagata ʻo faleʻupolu?
3. ʻO ā vāega togia o se lāuga?
4. Sā faʻapēfea ona aʻoaʻo tagata e fai ma failāuga i aso anamua ʻae leʻi iai ni tusitusiga po ʻo ni āʻoga?
5. ʻO ā ni manuia e maua pe ʻā ʻavea ʻoe ma failāuga? ʻO ā foʻi ni faʻafitāuli po ʻo ni lavelave o lea matātā?

II. ʻĀ māeʻa ona aʻoaʻo lenei matāʻupu, ona sāuni loa lea ʻo ni faʻatinoga o le faiga o lāuga. Vāevae le vasega i ni itū se lua; ʻo le tasi vāega e ʻavea ma ʻaumalaga, ʻa ʻo le isi vāega e fai ma nuʻu talimālō. Faʻatino le faiga o le fāʻatau ma le seuga o lāuga, ma faʻamaʻoti lelei mai vāega ʻuma o lāuga. Fai se fua ʻina ʻia mālamalama lelei le vasega i mea tōgia (*criteria*) e iloilo ai le tūlaga e oʻo ʻi ai lāuga a tagata taʻitasi o le vasega.

III. Sāuni sau lāuga i se faʻalavelave o lo ʻoutou ʻāiga po ʻo le nuʻu, ma puʻe mai i se video le faʻatinoga o lea lāuga. Faʻamatala le faʻalavelave ma le tūlaga o lau lāuga i lea taimi.

ILOILOGA O LE MATĀ'UPU

Vāega I

Tali mai 'i fesili nei:

1. 'O le ā sou manatu i le mea e 'augatā ai se tulāfale e alu e 'ave se si'i i se fa'alavelave?
2. Tusi mai ni isi 'upu se sefulu e fa'aigoa ai le failāuga.
3. 'O ā fōliga 'e te iloa ai le tulāfale Sāmoa na te faia le lāuga o le aso?
4. 'Ā poto le failāuga i fa'a'upuga o le lāuga, 'o le ā sona fa'amanuiaga e maua i lenā aso?
5. 'Ia mātamata i le failāuga 'olo'o lāuga i le malae, po 'o ā ni mea tāua 'e te mātauina ma fa'amauina?
6. Se'i fa'amatala mai le uiga o le 'upu lea a le tulāfale, "To'oto'o ali'i ia lo tātou aso."
7. 'O ā uiga o le to'oto'o ma le fue lāuga?
8. 'Ā fau sau lāuga o le usu i mālō, 'o ā 'uma vāega e tatau ona 'e tautala 'i ai?
9. 'O ā ni au māfua'aga e tatau ai ona seu se lāuga?
10. Fa'amatala mai le uiga tonu o le 'upu tāeaousu.

Vāega II

1. Fa'asoa le lisi lea 'o 'upu i 'auali'i ia e to'alua — 'o le Ali'i ma le Tulāfale.
   tōfā, afioga, susuga, sosopo, afio, alu, maliu, fetalai, malele, tulei, fa'autaga, moe, finagalo, tautalaga:

Ali'i	**Tulafāle**

2. Tusi sau lāuga e 'ave ai se si'i 'i se maliu.
3. 'O ā fa'alupega o Sāmoa 'ātoa?

Vāega III

Fa'atau sau lā'au pu'eleo ma se *tape*, ona lāuga lea 'i le līpine i lāuga nei ma 'aumai e togi.

1. Lāuga o le folafolaga o 'ava o le usu.
2. Lāuga o le ta'iga o le suata'i fa'atamāli'i.
3. Lāuga mo le 'avega o le si'i 'i le maliu.
4. Lāuga o le usu i mālō.
5. Solo 'ava mo le tufaga o le 'ava.

FA‘ALEOGA MA FA‘AUIGAGA O ‘UPU

‘āigātupu	‘āiga e tau i tupu
alaalata‘i	alaala mai
ātipouniu	to‘oto‘o lāuga
e‘etai	alaala po ‘o le afio mai
‘ia manuia le lāuga	‘ia sao le lāuga
‘ia mamao ni laumeatoli e savili	‘aua ne‘i iai sē e maliu
‘ua tala tu‘u le tafaoga	‘ua ‘uma le fīnauga
uatea	timulā
ulia	‘o lē e uliina le va‘a
usufono	maliu le tulāfale
fa‘afitifiti ‘ava	fa‘alālolalo
fa‘afua o le uatea	fuafua mai le timulā
fa‘afualoa	ola fa‘aumiumi
fa‘agau le to‘oto‘o	‘ua lolo le to‘oto‘o; ‘ua to‘ilalo lou manatu
fa‘aifo i atimālie	‘ua ‘uma fīlēmū le fīnauga po ‘o le fā‘atau
fa‘alēagatonuina	e lē feagai
fa‘alele	‘o le faiga o le lāuga
faleo‘o o faigāmālō	‘o le fale e tua ‘i ai le mālō
fa‘amanusina lē soāina	‘e lē agaia le sāunoaga; e lē tutusa failāuga
fa‘amātafiga	fa‘amanuiaga
fa‘aolooloma‘au	sāunoaga fetu‘una‘i i le agāga maulalo
fa‘aonomea	fa‘amānaia
fa‘asuaga	‘o tamāli‘i po ‘o mānaia a nu‘u
fa‘atautā	fetaua‘i
fa‘atūmua	faiga a nu‘u e ta‘u o tūmua
fa‘autaga	fetalaiga
fa‘availolo	tāpua‘i
fefulituaa‘i	fe‘ese‘esea‘i
feusua‘iga	fenofoa‘iga
fofoga fetalai	‘o le failāuga
fua‘auala	failāuga a le malaga
fuatauala	tulāfale o le malaga e folafolaina ‘ava
fuati fue	‘o lauulu o le fue
fueloloa	‘o tulāfale mau‘oa i ‘upu

fulisia	māfuli/to'atele 'ua loto fa'atasi
gāga	'āmataga o le faiva
gāsolosolo	o le fa'asolo mai
gasū o le taeao	susū o le sau o le taeao
lafolafo	fetalaiga
lāgaseu	usu e seulupe
lagitau	'o le soifua 'ua tau lelei
lagitō	'o le soifua na uia ala mamao
lepa i le to'o	mālōlō i le to'o o le va'a
logo le naiatea	'ua lagona mamao mai
lolomi	'o'omi i lalo
malele	sāunoaga a le tupu
malū o le tai tāeao	'ua pē le tai 'ona 'ua leai se matagi; 'o 'upu mālū
mālū ona fai o le faiva	fai filēmū se mea
matua i le ōō	e i'u ina 'uma
moe	fetalaiga
moegāluaga	fa'amoega
muniao	'o le lā'au po 'o le mānoa i totonu o le 'upega seulupe
naiatea	'o ē 'olo'o i le itū taumatau
naiama	'o ē 'olo'o i le itū agavale
niutū	niu e tū sa'o; tamāli'i māualuluga
pīsaga	'o le pisa
poilua	vaelua
ponao'o	ali'i māualuluga
sāgai	fa'asaga e fai se mea
se'etia	maliegōfie pe āvagagōfie le māfaufau
seu le lāuga	fa'alavelave i le lāuga
sinapa'e	failāuga ulusinā
si'osi'omaga	'o le lalolagi o matāfaioi a le failāuga
sivaloa	fa'atau a tulāfale e 'umi le taimi 'o fai
sosopo maia	maliu maia — e fa'aaogā i le tulāfale
sufiga o 'ava	'o le 'a'amiga o 'ava i le taimi o le usu
sulu lau foe	taofi le lāuga
tafaoga	lauga fā'atau
ta'i le soa	muamua fetalai
talāluma	'o luma o le fale

taliga i fialogo	mālie i le fa'alogo
tali le sua	tāumafa
tālolua Tuna ma Fata	talosia ma taufai manuia Tuna ma Fata
tapā e lē ulia le tatā	'o le tatāaga o le va'a pe 'ā tumu i le suāliu
tatā	'o le ipu e asu 'ese ai le suāliu o le va'a
taulāitu	pule o aitu
tāumalae	tulāfale e ona le malae
tautai o le fua	tulāfale tāua o le 'auva'a o to'oto'o
tautalagia	talanoa aga'i 'i ai
tōfā	'o le fa'alupega o le tulāfale; 'a 'o le finagalo o le ali'i
to'oto'o gauia	to'oto'o lāuga 'ua gaui po 'o le maliu o se tulāfale
to'oto'o ali'i	'o le ali'i e lāuga
tula	tulāfale maualuga
tulāfale ali'i	e tulāfale 'ae toe ali'i
tulatoa	failāuga a le nu'u
tulei	sāunoa
tuleiga	sāunoaga a le tamāli'i
tu'ua	matai e tu'u 'i ai 'upu o le nu'u
tūvaoga	'o 'upu 'āmata o se lāuga
vā to'oto'o	vā o failāuga
va'afā'atau	'o le 'auva'a o to'oto'o e faia le fā'atau
va'ava'alua	faifaimea to'alua
vāiatiga o lāuga	suiga o manatu o lāuga

MATĀ'UPU 2: 'O ALAGĀ'UPU MA MUĀGAGANA

ʻUPU ʻĀMATA

ʻO alagāʻupu, ʻo ala ia po ʻo māfuaʻaga na ala ai ona maua faʻaʻupuga a tagata o le atunuʻu. ʻO ia faʻaʻupuga ʻua fai ma pine faʻamau o ni isi o mea tōtino a ʻāiga po ʻo nuʻu ma le atunuʻu. ʻO alagāʻupu, ʻo ni ʻupu faʻamātemate po ʻo ʻupu faʻatusatusa; e pei ʻo ni ʻupu faʻafaʻataʻoto e mategatā o lātou faʻauīgaga. E tofu atunuʻu po ʻo aganuʻu ʻeseʻese ma alagāʻupu ma muāgagana. I se faʻauīgaga latalata mai ʻi aganuʻu a papālagi, e māsani ona taʻua alagāʻupu ma muāgagana o *proverbs* ma *idioms*. ʻO le isi foʻi ʻupu e fetaui ʻi ai o metafoa po ʻo *metaphors*. ʻĀ manatua foʻi filosofia faʻaIesū po ʻo ana faʻataʻoto, e mategatā o lātou uiga ma o lātou faʻaaogāga; ʻa ʻo iʻinā, e mālamalamagōfie ai uiga o alagāʻupu ma muāgagana.

E matuā faigatā tele i failāuga o isi aganuʻu ona ʻausia lea matātiʻa a failāuga Sāmoa. E tele lava ʻina poto nanā failāuga ʻina neʻi mateʻiagōfie e isi failāuga uiga o a lātou alagāʻupu; ʻae tasi ʻo le mea, ʻā taufai mālamalama ʻuma failāuga i tala o le vavau, fāgogo, ma fāiā o faʻaʻupuga ʻeseʻese, e leai se mea e popole ai.

ʻO le faʻataʻitaʻiga faigōfie lea:

" ʻUa mātagōfie lo tātou tāeao fesilafaʻi; ʻua pei ʻo le fale na i Āmoa e lau i ʻula ʻae pou i toa." ʻĀfai lā e lē iloa e le failāuga le tala i le maota o Metotāgivale, ʻo lona uiga na te lē iloa le faʻauigaina o lea alagāʻupu. " ʻO le maota na i Āmoa, e lau ʻi ʻula ʻae pou ʻi toa."

ʻO muāgagana; ʻo ʻupu fatu a tagata, ʻo ʻupu muamua e faʻamālie ai faʻamatalaga; ʻo ʻupu foʻi e susua ma oso ai le fia ʻata e pei ʻo le ʻupu lea, "Tātou taʻape ia ʻua sau le tamālōa Lepā" ʻĀfai e lē iloa e le tagata le suafa matai ʻi Lepā ʻo Fiaʻai, ʻo lona uiga e ʻata ʻata lava, tīgā le ulu ʻae lē mālamalama.

E pei foʻi ʻo le ʻupu lea, "Tālofa, ʻua lafo le ʻauaō." ʻĀ lē mālamalama foʻi le tagata i lea ʻupu o le "ʻauaō," ʻo lona uiga, e toe tau fesili lava ʻi isi.

ʻO le lisi o alagāʻupu ma muāgagana ʻoloʻo i lenei tusi ʻoloʻo fefiloi, ʻae faʻavasega ane e ʻoe po ʻo fea le alagāupu, ʻa ʻo fea le muāgagana. ʻO nei ona pō, ʻo lea ʻua faʻaaogā faʻatasi lava alagāʻupu ma muāgagana e failāuga ʻi a lātou lāuga ma talanoaga.

I. 'O LE FA'AAOGAINA O ALAGĀ'UPU MA MUĀGAGANA

'O se fa'alogoga mālie lea 'i ē fa'alogologo ma mātau 'upu 'auā 'o alagā'upu ma muāgagana e fa'a'aulelei atili ai le lāuga; ma e fa'ailoa ai le failāuga tomai i le su'esu'ega o tala tu'u ma fa'avae o Sāmoa. 'O alagā'upu po 'o muāgagana a le atunu'u, e maua mai 'i tala fa'aanamua, tala fa'afāgogo, ma tala mai 'i le Tusi Pa'ia. E māfua fo'i isi alagā'upu mai 'i faigāfaiva; faigāfa'ato'aga; po 'o tā'aloga ma gāluega taulima. 'O isi fo'i alagā'upu e maua mai 'i taua a le atunu'u ma fa'aagātama; po 'o faiva a tamāli'i ma tupu o le atunu'u, e pei 'o seugālupe ma seugāgogo. 'O le fa'aaogāina o alagā'upu i lāuga a failāuga, e mālamalamagatā i le fa'afofoga 'auā e māotua ma faigatā fa'a'upuga. E tatau lava ona silafia lelei e le failāuga le māfua'aga o lea alagā'upu ma lea alagā'upu 'ātoa ma lo lātou fa'auigaina, 'ina 'ia fetaui lelei le alagā'upu 'olo'o fa'aaogā ma le matā'upu 'olo'o tautala aga'i 'i ai. Silasila i le alagā'upu lea pē fetaui pē leai:

"E lē falala fua se niu, e falala 'ona 'o le matagi." 'O le fa'auigaina, 'e te lē nofo, nofo lava, e sau fua i se vasega e a'oa'o ai le Fa'asāmoa; 'ua 'e sau 'ona 'o le fia iloa tautala fa'aaloalo i le gagana a Sāmoa, ma le gagana a ona matai. E fetaui pe leai?

E tatau lava ona fa'aeteeete i le so'ona fa'aaogā o alagā'upu i tūlaga lē talafeagai 'auā 'o le alagā'upu ma lona māfua'aga, ma lona uiga i finagalo o matai o le Mālō Tūto'atasi o Sāmoa, e lē taumate, e lē tālafeagai ma finagalo o matai o 'Amerika Sāmoa.

'Ā mātau lelei fa'a'upuga ma fa'avasegaga o alagā'upu, e fōliga mai fa'apea:

1. 'O 'upu fa'alālolalo pe fa'amaulalo
2. 'O 'upu fiafia
3. 'O 'upu fa'afetai
4. 'O 'upu fa'afitifiti
5. 'O 'upu fa'atusatusa
6. 'O 'upu fa'alā'ei'au pe fa'amālosi'au
7. 'O 'upu fa'amanuia
8. 'O 'upu fa'amāvae
9. 'O 'upu fa'aleagāga

'O 'upu mai i le Tusi Pa'ia, ma le anoano o isi alagā'upu a le atunu'u, e fetaui i le tele o fa'alavelave pe 'ā fai aofiaga a le atunu'u.

E finagalo 'ese'ese le mamalu o le atunu'u i māfua'aga o alagā'upu ma fa'a'upuga, 'ona sā tu'u taliga mai ma tu'u musumusu e mātua, 'ae leai ni tusitusiga o tala fa'aleatunu'u. 'Ae tasi 'o le mea, 'o laufanua lava ma nu'u 'olo'o tūmau ai ni vavau po 'o ni mea e fa'amaonia ai fa'amatalaga o tala ma alagā'upu, 'o māfua'aga lava ia e tatau ona fa'amaonia e le aganu'u i nei aso.

'Ona o le tāua tele lā o alagā'upu i le faiga o lāuga, e ao ai lava i le failāuga ona tele alagā'upu na te silafia 'aemaise:

1. 'Ia iloa le māfua'aga.
2. 'Ia iloa le uiga.
3. 'Ia iloa lona fa'aaogāina i lāuga.

'O le silafia lelei e le failāuga ona fa'aaogā alagā'upu 'i ana lāuga, 'o le fia fa'alogologo fo'i lenā o le 'au fa'afofoga. E mafai fo'i ona fatu e le failāuga tomai ni ana lava alagā'upu fou mo nei aso e fa'a'ese ai fo'i lona lalolagi.

II. 'O ALAGĀ'UPU MA O LĀTOU MAFUA'AGA MA UIGA

Alagā'upu	**Uiga**
Tō'ai fa'ai'āpō.	Sau fa'alilolilo ma taunu'u fa'afuase'i, po 'o se mea 'ua tupu e le'i iloa.
'Ua penapena i tua o tai i'a.	'O le 'upu e fa'aogā pe 'ā fo'i palolo. 'O ai ā 'ua tuai mai, 'ia malie i le tonu 'ua fai.
'O le i'a 'ua lata i le loto.	'O se 'au i'a 'ua sola i le sami loloto; 'ua faigatā i le tautai ona fai se togafiti e maua ai lea 'au i'a.
'O le fogātia 'ua malu maunu.	'O se 'ogā'ele'ele 'ua tele ai lupe o le mafua. E fa'atatau i se alaalafaga 'ua tele ai tulāfale atamamai i le aganu'u.
E sa'olele le tuamafa i lou finagalo.	'O le tuamafa, 'o le lupe lea e ta'ita'i i le lauāmanu o lupe. 'Āfai e lele le tuamafa, e felelei 'uma fo'i le lauāmanu.
E pipi'i tia ae mamao ala.	'O tia seu e lua, e vāvālalata o lā tumutumu 'ae mamao le 'auala pe 'ā la'asia.
'Aumai le ū matatasi e fana ai le lupe o le fuifui	E fa'atatau i se tagata atamai na te faia se fa'ai'uga lelei 'i se matā'upu 'ua faigatā ona fa'aleleia.

‘Ia tala mea fa‘asolo.	E māfua i le talaga o le fale Sāmoa; e tala fa‘asolosolo vāega ta‘itasi ‘i lalo. ‘O se fono e fa‘asolo lelei matā‘upu e talanoaina ‘ae lē fela‘asa‘i.
‘Ua sili mea le seuga.	‘O lona uiga, ‘ua teu mea sā fa‘aaogā i se seugālupe. E fa‘aaogā i se fa‘ai‘uga o se fono; ‘ua mālilie ‘uma ‘i ai usufono.
‘O le va‘a ‘ua māfatautai.	‘O le va‘a ‘ua tele kapeteni. E fa‘aaogā i se gāluega ‘ua tele ai ni tagata agava‘a.
‘Ua pafuga le “‘ā,” e pei ‘o le faiva o seugāgogo.	E māfua mai i tagi fetalia‘i a manu, e fa‘aaogāina ai le leo ‘o le “a.” E tusa ‘o se tali atu ai ‘i se isi lāuga na faia muamua i se feiloa‘iga.
‘O le punapuna a manu fou.	E māfua mai i manu fou, e segisegi pe ‘ā tapu‘e ma taumafai e fa‘alalata. E fa‘aaogā i se tagata e fou i se tiute ‘ae tautalaitiiti ma fiapoto.
‘Ua savini fa‘apunuomanu; ‘Ua sagisagi fa‘amanuao.	E māfua mai i le fiafia o ni manu lāiti ina ‘ua alu atu lo lātou tinā ma ni mea‘ai. E fa‘aaogā i se māfutaga ‘ua tumu ‘i le fiafia ma le ‘oli‘oli.
‘Ua ta‘oto a atu vela.	E māfua ‘ona ‘o le atu vela e faigōfie ona vaevae. E fa‘aaogā i se matā‘upu e talanoaina ‘ae faigōfie ona maua se i‘uga.
‘Ua tūlia Afega.	E māfua i le tāgāti‘a pe ‘ā fa‘alavelave tagata i le mea e afe ‘i ai le ti‘a pe ‘ā tā. E fa‘aaogā pe ‘ā tō‘ai ni mālō ‘a ‘o fai se potopotoga, po ‘o se fono a se nu‘u.
‘O le manu tafimanu.	E fa‘atatau i se tagata e lē fia fa‘auōina e se tasi, po ‘o se tagata itagia.
‘Ua mātemate lima le saga o Pa‘usisi.	E fa‘aaogā i se matai fai ‘āiga leaga po ‘o se tagata mānumanu.
‘Ua fa‘a‘umatia lagi o Pu‘apu‘a.	‘O Pu‘apu‘a, e māsani ona fai siva i pō, ‘ae lē fiasiva Leāuta; e fa‘asolo ali‘i ma tulāfale ‘ae

lē fia siva lava Leāuta; 'ua 'uma pese mālie a Pu'apu'a ona usu 'ae 'ua lē fia siva ai lava Leāuta. E fa'atatau i se tāofi o se tagata 'ua fiu isi tagata e tauānau e tatala, 'ae lē mafai ona 'ua tāofiofi mamau 'i ai.

'Ua luluti fa'ai'u o matagi.

'O fa'ai'ui'uga o matagi, e sili ona mālōlosi. E fa'atatau i se tagata e 'ava'avau i ona manatu 'ia fa'ataunu'u, 'ae mulimuli ane 'ua toe malie ma toe tatala ona māfaufauga.

'Ua mama i oa, mama i taloa.

'O lona māfua'aga, 'o se tulula (fautasi) 'ua mama 'ātoa le tino 'ua leai se laufono e sao. E fa'aogā i ni mea 'ua fa'alētonu e ao ona toe fa'alelei 'ātoatoa.

'Ua 'ātoa tupe o le lafoga.

E māfua i le ta'aloga o le "taulafoga." E fa'aogā i se fonotaga 'ua aofia potopoto 'i ai le nu'u 'ātoa.

'Ua mamago vanu pei 'o le fetalaiga i le faleselau.

'O le faleselau, 'o fuaiala ia o Ā'opo. 'O aso o mūgālā, 'ua lē maua se vai i le mālōsi o le lā. E fa'aogā i se 'aiga 'ua 'uma 'ae leai se vai inu.

'Ua tātou fuatia i 'ulupaga ma fogā'ava.

'O le fetalia'iga o lāuga a se malaga ma se nu'u, ma fai so lātou 'ava o le feiloa'iga ina 'ua manuia.

'Ia tu'u le tai loloto i Saua 'ae tai papa'u le Tuamāsaga se'i sa'ili le teine 'o Ma'a.

'O 'upu nei a le 'au'auna a Tagaloalagi i le sa'iliga o le teine 'o Fatu po 'o Ma'a. 'O Tasi ma Tō ma le lā fanau e sefulu tasi, e sefulu tama 'ae igoa 'uma iā Tui, 'ae tasi le teine e igoa iā Ma'a. Na lē mālilie tama, ona ō lea lafo Ma'a i le sami; ona ō ai lea 'o Tasi ma To iā Tagaloalagi e ta'u i ai le mea 'ua tupu. E pei e fa'apea se isi fa'aogāina i le tūlaga o 'upufai —" 'Ia ta'atia ia le tele o mea, 'ae se'i fai se fa'ai'uga i se matā'upu tāua." 'ia, po 'o le 'aua le manatu fa'apito.

‘Ua saveioloolo le seuga; ‘Ua mapu‘e le tiasā;	‘O tagata seu lupe e sāvavali fa‘aeteete ne‘i gasē se lau lā‘au pa‘a‘ā ne‘i lāgā se fuifui lupe. ‘O le tiasā, ‘o le tiaseu o ali‘i e mamalu pe ‘ā nōfoia.
‘Ua laga fo‘i le galu fuliafā; E lē toe tū se ola.	‘Ā galu ona lē toe mau lea ‘o se ola tutu‘i po ‘o se ola fāgota i le papātua o le faifaiva. E fa‘aogā i ‘upu o fā‘atau o lāuga ‘ona ‘o le mamalu sauo‘o; e lē toe aogā ai se failāuga fa‘ata‘ita‘i, ‘ae na‘o tagata māsani i le failāuga ma to‘oto‘o au o le atunu‘u.
‘Ua se‘ese‘e le i‘asā i le tupa o le mālolo i vasā.	‘O le mānu a‘e o se i‘a telē i le fogātai e pei ‘o se naiufi po ‘o se tafolā; e māfua ai ona laga mālolo ma fetifatifaa‘i solo i le vasa. ‘Āfai e tū se failāuga iloga i se mea ‘o fīnau ai ni failāuga lē iloga, ona ‘āmata loa lea ona fa‘anivaniva solo failāuga lē iloga.
‘Ua salana‘a lupe o le taeao.	‘Ua toe fa‘ate‘a ‘ese lupe mai le ‘upega seu. ‘Āfai e seu atu lupe o le taeao ‘ae lē pepeti ona toe fa‘asōsola lea.
‘O le pā ‘ua sala le fausaga.	‘Ā leaga ona fau se pā, e lē ‘ai ai se i‘a. E pei ‘ā āmioleaga se isi, e lē mana‘omia fo‘i e se isi. ‘O se tagata fo‘i ‘ua fiu e fa‘atonu ‘ae āmiovalea lava, ‘ia ‘o le pā lenā ‘ua fausala.
‘Ia uluulu matāfolau.	E fa‘atatau i se gāluega e fai fa‘asolosolo lelei, ma fai ‘ia māe‘a. ‘Aua le fai mea tafulu.
‘Ua sa‘a fa‘aoti le utu a le faimea.	‘O le faimea, ‘o le tautai, ‘a ‘o le utu, ‘o le mea e tu‘u ai pā ma mātau. ‘Āfai e sa‘ili mea fāgota ‘i ai se isi, e matuā sasa‘a uma lava i lalo. ‘Ua tu‘u ‘uma atu mea ‘o i le māfaufau.
‘Ua sa‘a ‘i le tai le ‘upega o Pili.	Sā a‘oa‘o e Pili tagata i le fāgotaina o ‘upega ‘i le vāinu‘u o Apolima. Na ia tatao ai lana ‘upega e o‘o i Savai‘i toe o‘o mai i ‘Upolu. Sā lē mafai ona ‘ave uma i‘a i va‘a ‘ae toe fa‘asōsola i le sami isi i‘a ‘ona ‘ua tele na‘uā. E fa‘atatau i se

manuia 'ua o'o mai 'ae lē maua 'uma pe 'ātoatoa 'ona 'o le fa'atamala.

'Ua tu'u tasi le faiva o Pili.

'Ua tu'u lava iā Pili na te atoina lona 'upega e aunoa ma se isi e toe fesoasoani 'i ai.

Fa'atilotilomāsae.

'O se i'a i totonu o le 'upega e va'ava'ai lava se māsae e sao ai 'i fafo. E fa'atatau i se tagata va'ava'ai vale.

'O le 'upega e fili i le pō 'ae talatala i le ao.

'O faigāfaiva a Sāmoa anamua, sā iai le' upega e ta'ua o le tapo. 'Ā māe'a se faiva i le pō, ona 'ave lea 'o le tapo 'ua tautau 'a 'o lavelave. 'Ā malama a'e le taeao ona toe talatala lelei lea. E fa'aogā i le tagata mā'elegā ma le māfaufau mamao. 'O tonu e fai i le pō e mafai ona toe talanoaina i le ao.

'Ia ta'ape a Fatuati.

'O fatuati, 'o le fa'aputugāma'a i le sami e tōsina 'i ai i'a. 'Ā malepe le fatuati, ona toe teuteu lea 'ia lelei. E fa'atatau i se 'āiga po 'o se nu'u 'ā māsesei pe leaga, ona toe taumafai lea e fa'apōtopoto ma teuteu 'ia lelei.

Faiva o Fiti 'ia lililo.

'O Tuifiti ma ana āvā e to'alua, 'o le Fiti ma le Sāmoa; e tofu ma o lā alo. Na o'o i le tasi aso ona ō lea 'o tama e fāgogota. 'O le tama Fiti sā na fa'aogāina le ū ma 'aufana; 'a 'o le Sāmoa sā iā te ia le tao. Ina 'ua a'e faiva o tama, e leai se i'a a le Fiti 'ae tele i'a a le Sāmoa. Ona fai ai lea 'o la lā tonu — 'ia ta'u atu i lo lā tamā, 'o 'i lā'ua 'uma na fāgogota i le tao 'auā 'o le mea moni, e le'i va'aia lava ni faiva o le sami e fa'aogā ai ni ū ma ni 'aufana. 'O lona uiga, 'aua le tala'ia se mea 'ua sesē.

'Ia nātia i fatualavai.

'Ia nātia i fatualavai, e māfua mai 'i le pua'a na nanā mai 'i totonu o le lauvai o le pua'a mai Fiti 'ua 'uma ona fufui (fa'avela). Na ala ai ona sao mai le pua'a i Sāmoa. 'O lona uiga 'aua le ta'ua se mea 'o nanā.

E fai fo'i 'o le malie 'a 'o le tu'umalie.

I so'o se va'a fāgota fou, 'ā maua se malie, e 'ave i le nu'u. 'O le tagata e ana le va'a 'ole'ā na maua se meaalofa o ni mea'ai. 'O le mea lenā e ta'u o le tu'umalie, 'o le totogi o le malie. 'O le gāluega lava ma lona totogi; 'ae 'aua le folo molemoleina le fasimalie.

E ta'a le galo 'ae gase i Pa'au.

'O Pa'au, 'o le 'ogāsami i le alolalo i le vā o Vaisala ma Sātaua i Savai'i. E māsani ona maua ai le i'a lea 'o le galo i lea 'ogāsami. 'O le manatu o Sāmoa, 'o galo 'uma o Sāmoa, po 'o fea lava e tata'a ai, e gagase 'uma lava i Pa'au. E fa'atatau i le tagata e fealua'i solo 'ae 'ā o'o loa 'ina vāivai, ua fo'i mai 'i lona 'āiga.

E ā Sipa le lamaga 'ae fano ai mālolo.

'O le lama a Sinasegi le afafine o Tuiā'ana Fa'apilipili ma lona to'alua 'o Sipa i le ā'au i Falelima. 'O le susulu atu o sulu o le lama a Sipa, na tōsina mai ai le tele o i'a lele e ta'ua o mālolo ma pā'u'ū i totonu o le va'a. 'O 'upu alofa 'i se tagata 'ua āfāinafua 'ona 'o le leaga o se isi tagata.

'Ua tā 'i matau, tā 'i ama fa'alamagāise.

'O le ise, 'o si tama'i i'a lā'umi'umi; 'ā lāpo'a ona ta'u lea 'o le a'u. E ao ona fa'aeteete 'i ai tagata lama, 'auā 'o le i'a e lē gata ina alu i lalo i le sami, 'ae lele fo'i 'i luga i le 'ea pe 'ā te'i iā te 'oe. 'O lona uiga lā, 'ia 'e 'alo'alo popoto 'auā 'o le i'a e iai lona tao 'umi 'i lona gutu, ne'i te'i 'ua 'e lavea ai; ma 'e te lē iloa le itū o le va'a e oso mai ai. E fa'atatau i se tagata e lē iloa tonu se 'autū o lana tautalaga. E feosoosofa'i, e fa'alēmaua se tonu i le mea 'olo'o tautala aga'i 'i ai (e pei e fa'alou lē magā).

'Aua 'e te fāgota i le sao.

'O le sao, 'o le lā'au tutu'i e fa'aaogā i le faiva e ta'u o le tū'iga po 'o le sivato'i; e fa'amalū ma talepe ai 'amu, 'ae sōsola i'a ma lāvelavea i le

	taga po 'o le 'upega. E fa'atatau i le tagata sā'ili'ili vale ma oso vale fua i mea tau isi tagata.
'Ua se i'a e sola.	E fa'atatau i se tagata lāuga vave. E vave le fa'asologa 'o ona manatu, po 'o le vae alualu fo'i.
'Ua fa'afaiva o matu'u.	'O le matu'u o le manulele o le apitāgalu. 'O i'a 'uma lava na te maua, e 'ai 'uma lava e ia, 'ae lē 'a'ai ai ni isi manu. E fa'atatau i se tagata e lē 'avea se mea ma se isi ('ai fa'aleaga).
E gase le pa'a i lona vae.	E fa'atatau i se tagata e māfatia i se fa'alavelave o sana uō po 'o sona 'āiga, 'ona 'o le loto alofa ma osi 'āiga.
'Ua lē fa'asinopū, lē tautu'upalapala.	E fa'atatau i se tagata paiē 'ua lē mafai ona fesoasoani ma 'auai 'i se gāluega faitele.
'O le failā e tū i le ama.	'O le lā'au maga e lalafo 'i ai 'ofe, ma tao ma isi mea o le va'aalo. E fa'atatau i le 'aua ne'i āmana'iaina se isi e lē 'i totonu o le 'āiga (ma e le'i iai i le tāupulega).
'Ua sili le foe.	E le toe la'a i luma i se isi la'asaga le faiva. Tu'u atu le i'uga o se mea e fai e isi tagata.
'O le fogātia 'ua malumaunu.	E fa'asino i se nu'u 'ua tumu i tulāfale atamamai.
E atagia tāgatafili.	E fa'atatau i ni āmioga po 'o 'upu 'ua iloa mai e le isi le uiga.
Sā fetu'una'i muniao.	'O le muniao, 'o le lā'au fa'alava i totonu o le 'upega seulupe e fetu'una'i 'ina 'ia mafola lelei mo le tū a le lupe. 'O lona uiga, 'o 'upu tāofiofi; e tatau ona māfaufau muamua 'a 'o le'i tautala.
E faiva 'ese Lōpepe.	'O le ali'i 'o Lōpepe na ia seuina le lupe, 'ae maua ai le malauli; 'o le mea lea e 'ese ai. E fa'atatau i se tagata e 'ese fo'i ana faiga ma ana āmio.
Fa'asega tū launiu;	'O se lupe lata, na sola ona toe fo'i mai lea

Fa'ape'ape'a le tū; Fa'alupe tū pola.	'ua lē iloa ma lē maua lona nōfoaga māsani. Ona tau ane lava lea i se pola o se fale e tau muamua 'i ai ona tū ai loa lea. E fa'atatau i se tagata lē mautū lelei, 'a 'ua nofonofo solo.
Ufiufi a manugase.	'Ā pē se manu i le 'auala, tago loa e ufiufi i ni vaovao po 'o ni 'aulama. 'O lona uiga, 'ia 'e tūla'i mo lou 'āiga; fesoasoani i lou 'āiga i se mea 'ua lē manuia; fa'amāgalo ma ufiufi ni mea sesē ma le leaga.
'Ua se ū ta'afale.	'O le ū, e tupu mai 'i le uga. E iai si ona leo e tagitagi solo ai, 'ae 'e te lē iloa po 'o le ā le mea e tagi ai. 'O se meaola e lata; e o'o mai lava i totonu o fale. E fa'atatau i se tagata tautala solo, pē uluulufale solo, pē faitala fo'i.
Fa'amanu pō'ia i ōfaga.	'O se mea 'ua fa'ate'ia fa'afuase'i. Pei 'o le manu sā moe i lona ōfaga na te lē iloa se mea 'ā tupu.
Taia i le tafao, taia i le va'ai.	'O le 'upu tafao, 'o le sāmala le isi ona ta'u; 'ā sesē le tā i le tafao, e iloa i le fa'alogo, iloa i le va'ai.
'Ia oloolo pitova'a.	'O se va'a fou, e tofu lava le tagata ma lana pitova'a e oloolo ia lāmolemole. 'Ia tu'u le āvanoa i le tagata lava ia e tautala ai 'i sona manatu.
E temeteme le livaliva 'ae sagisagi 'ai fua le vili.	O se tagata e pisa 'ae leai se aogā. 'O se tagata na'o le faitonu ma tautala 'ae leai sana mea 'o faia. E fai e le isi le mea lelei 'ae mimita ai fua le isi.
E sagisagi fua le livaliva 'a 'ua gau le matāvaga.	'O le mea vilipā e sagisagi fua ma temeteme 'a 'ua gau le mata o le vili. E tele fua tonu ma fuafuaga o se fa'alavelave, 'ae leai se isi na te fa'ataunu'uina, ma tele le mativa.
'Ole'ā sosopo le manuvale i le fogātia.	'O le fogātia, 'o le tia o le seugālupe, e mana'omia ai na'o lupe e ō 'i ai, 'ae 'aua ma ni

	isi itū'āigāmanu e ō 'i ai. 'Aua ne'i so'ona tautala se isi i luma o le mea 'o iai tamāli'i ma le sāofa'iga mamalu.
'Ua lē se'i seu fā'alo.	'Ua lē se'i manatu mai, pe manatu ane, pe manatu ifo 'i isi. ('Ua lē se'i seu silasila).
'O le lupe o le taeao.	'O se lāuga muamua lava o se feiloa'iga ma taligāmālō po 'o malaga.
'Ua pōnā i vao 'ae lia'ina i ala.	'O tala lē moni 'ua salalau, 'a 'o se mea sā tatau ona lilo; 'ae ui 'i lea, 'ole'ā manino lava ma mālamalama mulimuli. 'O se mea sā tupu i le togāvao 'ae na o'o lava i le 'a'ai ona tala.
'Ua logo 'ese'ese fa'ameata'avili.	'O ni tagata 'ua 'ese'ese a lātou fa'alogo i se uiga o se manatu o se isi, po 'o le 'ese'ese o le fa'alogo i se matā'upu.
E lē 'o se tunuma na moe fa'atasi.	'O le tunuma, 'o le mea e tu'ufa'atasi ai āu tāpe'a a le tufuga pe 'ā 'uma ona fai se tāga; e moe fa'atasi ai mo le isi aso. E lē fa'apēnā lā tagata; e 'ese'ese mea e nonofo ai, e 'ese'ese fo'i o lātou manatu.
E lafi a tāgausi.	'O se tatau e ufiufi, 'ae aliali lava; 'auā 'ā lē lelea le 'ie i le matagi, e fa'a'aso lava pe 'ā siva. 'O se mea e nanā, 'ae fa'aalia lava. E leai se mea lilo e lē fa'aalia. E ui lava ina fa'alafi 'ae fa'aali lava i se taimi.
'Ua solo le falute.	'O se fa'aputuga o ni papa (fala) 'ā fa'aputu fa'aputu 'ua maualuga, ona solo lea i lalo ma leaga. 'Upu fa'anoanoa i se mea 'ua o'o ina leaga, pē 'ua o'o lava fo'i 'i lona i'uga.
E tasi 'ae afe.	'O se mea e tasi 'ae tele ona aogā; e fa'apēnā fo'i 'i se tagata.
'Ua fa'ai'u laufala.	'O se matā'upu na lelei lona 'āmataga 'a 'ua leaga lona fa'ai'uga.
'Ua se fau e ta'i.	E fa'atatau i ni tagata o se nu'u e tutusa loto,

	fealofani, ma faifaimea fa‘atasi.
‘Ua fa‘ameatapena ‘i ua.	E pei ‘o mea e tapena i le timu, e tapena fa‘atopetope. E fa‘atatau i se matā‘upu e fa‘avavevave ona fai ‘ae lē lelei; e pei ‘o se malaga fa‘avavevave ona si‘i; e iai lava ni mea e galo.
‘Ua ‘o se ta‘ata‘a o le ala.	‘O vaovao tutū solo i le ala e tutū ai ‘uma lava vae o tagata. ‘O lātou nā e māsani lava ma le tele o tagata; e aga fiafia i so‘o se tasi pei se tagata e leai sona ‘āiga.
‘O le ala ‘ua mutia ‘ae lē se alafati.	‘O le ala mutia ‘o le ala ‘ua leva, ‘a ‘o le alafati ‘o le ala fou. ‘O le tagata ‘ua maua‘a i totonu o se ‘āiga (e to‘atele ai le fānau ma ‘ua leva ona tautua ai).
‘O le lā‘au e tū ‘ae ōia.	‘O se lā‘au e tū fua ‘a ‘ua mate. E fa‘apēnā le tagata agasala, e ola fua ‘ae ‘ua iloa lona i‘uga.
‘O le pa‘ū a le popouli.	‘O se taumafaiga muamua ‘ua lē manuia, ‘ia toe taumafai. ‘O le popouli, ‘ā pa‘ū, e toe tupu, ‘a ‘o le poposami, e tūlua le ola ma le mate. Pule ‘oe ma lau fa‘auīgaga, ‘ae pei e mafuli le uiga o le ‘upu i le ōlaga o tagata (e pei ‘o tane ma fafine). E pei ‘o lenei, ‘ā pa‘ū le tama ‘o le ulavale, ‘ae ‘ā pa‘ū le teine, ‘o le fa‘avalevalea.
‘Ua tūlua i le tuga.	‘O le pea tutusa o niu e lua, ‘o le tasi niu, e ola lelei, ‘a ‘o le isi niu e tumu i manu nini‘i ma ilo. E fa‘atatau i ni tagata se to‘alua o se nu‘u pē ‘āiga fo‘i ‘ae ‘ese‘ese. E lē tutusa mālosi, uiga ma āmio. E lē tutusa fo‘i mea e fai.
‘Ua sāia fua ma‘ave‘ave lē fua.	‘O le feamoa‘iga o le lou, ‘ua afāina ai fo‘i ma isi lālā ‘ulu lē fua ‘ona ‘o le fia fa‘asao atu o le lou i le lālā e fua. ‘Ona ‘o lou fiafia tele i lau tautalaga, ona sāua ai fua lava lea ‘o lē ‘e te ita ‘i ai, ‘ae lē fai sa‘o lau fa‘amatalaga pe ‘ā uē.

‘Ia tupu i le fusi.	‘O le fusi ‘o le tulāfono. ‘O se ‘upu apoapoa‘i ‘ina ‘ia tau i lou tino le tulāfono. ‘Aua le tatala ‘esea ‘auā ‘e te ola manuia ai ma ‘e tupu tālaulau.
‘Ua fa‘aluātalo i Asau.	‘O ma‘umaga o Asau, e auau ‘ese ma‘a ona maua lea ‘o lua e totō ai talo. ‘Ā toe polili fo‘i le to‘aga, ‘o luātalo lava nā, e lē toe iai se isi lua e o‘o i le fa‘avavau. E fa‘atatau i ni mea ‘olo‘o fa‘aaogā pea i tūlaga tuai ma mea muamua, ‘ae lē fa‘atāuaina mea fou ‘ua o‘o nei ‘i ai le lalolagi.
‘Ua nunu le to‘au.	‘Āfai e āfu se ufi, ‘ole‘ā faigatā ona iloa lona tātupu moni. E tutusa ma le uiga o le alagā‘upu, “ ‘Ua numi le fau.” E faigatā ona iloa le ‘āmataga o se mea.
E fa‘apupputī lē gase.	‘O se fa‘ato‘agātī e lē mamate, ‘ae olaola pea. ‘O mea māsani lava a se ‘āiga, e lē mafai ona ‘ave‘esea.
E sua le ‘ava ‘ae totō le ‘ata.	‘O le ‘ava e suatia ‘ae toe totō lona ‘ata. E fa‘atatau i se matai e maliu, ‘a ‘o le suafa e toe filifili ‘i ai suli o le ‘āiga.
Fā le taeao e lē afiafi.	‘Ona ‘o se tagata e ‘ai ‘uma mea‘ai i le taeao ‘ae o‘o i le afiafi ‘ua leai se mea‘ai. (‘Aua le mā‘ona i umu fu‘e).
‘O ‘imoa o faleo‘o e gase i faletetele.	‘Āfai e ato fuli lau o le faleo‘o, e sulu ‘uma lava ‘isumu o le faleo‘o i le faletele o le ‘āiga, ‘auā e ola ai. ‘Ā fa‘aaogā i ‘upu fa‘amatai, ona fa‘apea lea, ‘o mea a tamāli‘i e pala i tulāfale.
‘Ia nātia i fatualavai.	‘O le fatu, ‘o le ma‘a lea i totonu o le pua‘a pe ‘ā tao. ‘O tama‘i pua‘a ola e lua na fa‘ananā mai i totonu o se pua‘a vela mai Fiti, sā ufiufi i lavai ma ‘aumai ai ‘i Sāmoa. ‘O le mea lenā na maua ai pua‘a a Sāmoa. ‘O se apoapoa‘iga i se mea ‘ia lilo, ‘aua le fa‘alaua‘iteleina.

E lē tū ʻia mole.	ʻO le mole, ʻo le vāega pei se gaʻo i le vā o le oʻo ma le ʻaʻano o le popo. ʻĀ fai lā se uʻu, e lē faʻaaogāina ma e lē taulia.ʻO se tagata e iai i se faʻalāpotopotoga, ʻae lē faʻaaogāina i se tofi, e pei lā ʻo le mole lenā.
ʻIa suʻi tonu le mata o le niu.	ʻIa alu saʻo ma taʻutino le mea moni. (Vili tonu le ifi a Māina.)
E suamalie a niu ʻaʻati.	ʻO pulu o le niutea e suamalie tele i le ʻai. ʻAe matuā leaga ma māfaʻifaʻi ai nifo. ʻO se mea e aliali mai e lelei, ʻae mulimuli ane e leaga.
Tapai tataga lē pilia.	ʻO ʻafato, ʻo meaola e nonofo i totonu o lāʻau pala e māsani ona ʻaʻai ai tagata gālulue fanua o Sāmoa ʻi onapō anamua. E mānanaʻo foʻi pili lātou ʻi ni a lātou ʻafato. ʻĀ fai lā se talanoaga a se ʻāiga, e tatau ona ʻave ʻese tamaiti ma fafine ʻātoa ma tagata ʻese.
ʻUa faʻamama tō i fofoga.	ʻUpu alofa ʻi se lelei po ʻo se manuia sā iai ʻa ʻua toe ʻaveʻesea. E pei ʻo se igoa matai ʻua toe ʻave ʻese mai lē na suafa ʻona ʻo ana āmio valea.
ʻUa leo itiiti le Paia. ʼSeʻi tagi mai Pute ʻa ʻo ola Gau.	O teine nofo tāne e toʻalua i le Itū-o-Tane i Savaiʻi, ʻo Pute ʻo le teine Fatuvalu, ʻa ʻo Gau ʻo le teine Paia. E nonofo i le uso tama o le ʻāiga e tasi. E māsani ona feviʻiaʻi o lā mālolosi; ona fai atu lea ʻo le matai o le ʻāiga, " ʻUa lelei, ʻoleʻā alu la tātou velegātalo taeao, e usu pō lava. ʻAe ʻāmata atu nei ona lē toe ʻai ma inu se isi ʻi lenei aso ʻātoa e oʻo taeao." Ua oʻo i le maʻumaga, ʻua faʻasino atu le toʻaga e vele; ʻo le faʻatōnuga, e usu le pese a le tagata ma vele e iloa ai ʻo lā e mālōsi; ona ʻāmata loa lea. ʻO le teine o Fatuvalu, ʻua nanā lana tāuga i lona ʻofu, e vele ma ʻai lava. E faliu ane le lā, ʻua tau lē lagona le leo o le pese a le fafine o Paia, ʻae mālōsi lava le pese a le Fatuvalu. ʻAe agaʻi atu i le tauafiafi, ʻua leai le Paia, ʻua ʻuma. ʻUa teʻi le tamāloa ina ʻua faʻalogo atu, ʻua lē ʻo se pese le

leo 'ua sau, 'a 'o le tagi. O le fafine o Fatuvalu, e va'ai atu 'ua tete le Paia; 'ua tō lana mānava. 'Ona fai atu loa lea 'o le matai o le 'āiga, 'ua lē aogā lau tagi Pute, 'o lea 'ua oti Gau 'ona 'o lo 'oulua fīnau so'o. 'O 'upu fa'afitifiti tāumafa po 'o ni fa'aaloaloga 'ua lē lava.

'Ua 'ai 'ulu 'ae tuana'i tā'isi.

'Ā 'ai loa le fuatā'ulu ona galo fo'i lea 'o mea'ai afīfī i laulā'au e pei 'o tā'isi talo ma loi fa'i ma sofesofe ufi. 'Aua le maua mea ona galo fo'i lea 'o ē sā ālolofa ma tīgāina 'ona 'o 'oe.

'Ua lē gafatia tau lima.

'O upu fa'amaualalo 'ona e lē tutusa mālosi, 'e te mālōsi, 'e te maumea, 'e te maualuga, 'e te tamāli'i, 'ae 'ou vāivai.

E sao mai i le Amouta 'ae tali le Amotai, fāi fo'i 'o lea 'a 'o le toe 'aso na i Moamoa.

O nei 'upu, e maua mai i le taua'igālapalapa a Le Atiogie le atali'i o Le Fe'epō, ma Sālevao le toa o Falefā. 'O nei malae 'uma e tolu e i Falefā i Atua, 'o Amouta, Amotai, ma Moamoa, na maua ai le alagā'upu, " 'Ua pātipati ta'oto Le Fe'epō" 'ona 'o le fiafia 'o Le Fe'epō 'ua mālō lona atali'i. 'O 'upu fa'alā'ei'au mo se fa'amoemoe; 'ia lē 'o le 'āmataga o se mea 'a 'o le fa'ai'uga.

'O le ti'a e lē seua, 'o le ti'a ulutonu.

'O se mea e lē fa'alavelaveina, 'ae alualu sa'o. 'O le mua e lē fuatia, 'o le tao e velo i le maninoa, 'o le ū e fana i le vāteatea. 'O nei lava 'upu fa'auigalua, 'o teuga lava o lāuga 'ae tasi lava le uiga e faa'tatau 'uma i le Atua ma lona to'asā.

'Ua 'ātoa tupe i le fala.

E maua mai i le ta'aloga e māsani ai le atunu'u anamua, e fai i luga o le fala. E ta'u o le taulafoga, e fa'aaogā ai lautifa, 'o mea 'i'ila pei ni tupe. 'O ni isi fo'i tupe e fai i fāsilā'au lāpotopoto 'ua fa'alāmolemole. 'Ua 'ātoa tupe i le fala, po 'o 'ua 'ātoa le taulafoga, 'o lona uiga, 'ua fa'atasia 'uma mamalu o le aso.

Toe sasa'a le fafao.

E pei fo'i o le alagā'upu: " 'Ia toe tīmata le

'upega"; 'a 'o le fafao, 'o le 'ato e teu ai tupe o le taulafoga. Toe talanoa ma toe va'ai mo se isi masele.

'Ua sola le pepe na i le vae, sola lē na i le lima.

E māfua mai i tāgapepe a tamaiti Sāmoa. 'O pepe (*butterfly*) 'o manu felelei lāiti i luga o fugālā'au. 'Ā maua se pepe a le tamaitiiti, ona nonoa lea i lona vae, toe maua le isi pepe ona nonoa lea i lona lima. 'Ā o'o lā ina sōsola 'uma, ona maua loa lea 'o lenei alagā'upu. E fa'aogā i se tagata 'ua 'ave 'esea 'uma ni manuia sā iā te ia.

'Ua lē sulā fala o 'Ie'ie.

'O 'Ie'ie, 'o le afafine o Tuimanu'a. I le taimi lā na o'o ai 'Ie'ie i le 'āiga o lona to'alua e 'ave ona tōga ma fala, sā tau leai se fa'afetai a le 'āiga o le tamā, 'auā 'ua vāivai i le 'ausulatōga 'ona 'o le tele naunau ma le mānanaia o le mālō. 'Ā fa'auiga i le aganu'u, e pei 'ua fiu ma 'ua pasi 'i le va'ai ona na'o le sīoa loa lea.

'O le fa'atonutonu folau.

'O lē 'olo'o fa'asinoina le alāva'a, po 'o se matai 'olo'o fa'atonutonuina le 'āiga po 'o le nu'u.

Tāliu 'ae popo'e.

E maua mai i le fōlāuga i va'a fautasi Sāmoa e alu ma tatā le suāliu o le va'a. E fa'atatau lā lenei 'upu e lē na'o le osofia o le va'a i le sami 'ae iai fo'i ma le mama ia e oso solo mai. 'O se tagata e mana'o i se mea e fai 'ae popole fo'i i isi fa'alētonu.

'Ua ta'oto le 'au peau.

'Ā malū loa le sami, ona fiafia lea 'o se 'au fōlau. 'Ā te'a ni faigatā, ona to'afilēmū fo'i lea 'o mea 'uma.

E tāfafao taliga o Tufugauli.

'O le Pualele, 'o le va'a na fau e le tufuga e igoa iā Tufugauli i onapō o le ta'asauali'i o le atunu'u. 'O le tamāloa e ona le va'a o 'A'ausia, e fai lona 'Ilāmutu; 'a 'o lona afafine, 'o Maniā. 'O aso 'uma e 'avatu ai le aso i le tufuga ma folafola atu e le 'autufuga le tāumafataga o le aso, ‘ae toe tatao mai ai ma le fesili a Tufugauli fa‘apea, “Maniā?” Na manatu ai ‘A‘ausia ‘o lona afafine lea ‘o Maniā ‘ua fia tāumafa ai le tufuga. Sā fa‘atonu e le ‘īlāmutu o ‘A‘ausia e ‘ave le teine i lalo o le niu i lumāfale, ‘ae fa‘apa‘ū ifo ‘i ai se mo‘osu‘i ‘ina ‘ia oti ai; ona ave lea e fufui ma ta‘i ai le sua a le tufuga. ‘Ua tu‘u loto e lenei ‘āiga le mea ‘ua fai se‘i o‘o ina umusā le gāluega. E ui lava lā ina toe fa‘aola e ‘īlāmutu o le ‘āiga le teine o Maniā, ‘a ‘ua lē te‘a ‘ese le tīgā ‘i o lātou māfaufau i le mea ‘ua fai e le tufuga. ‘Ua taupulepule nei le ‘āiga i le mea ‘ole‘ā fai ma le taimi e fa‘ataunu‘u ai. ‘O le taimi lā na si‘i ai le va‘a i tai e fa‘ata‘ita‘i, sā manatu le ‘āiga ‘ole‘ā fa‘a‘auva‘a e le tufuga ma le ‘au tufuga le va‘a; ona fasioti ‘uma ai lea i le sami; ‘ae te‘i ‘ina ‘ole‘ā alu le va‘a, ‘ua toe nofo Tufugauli ‘ae ō na‘o lana ‘au tufuga ‘auā ‘ua iloa e Tufugauli le mea ‘ole‘ā tupu; ona maua ai lea ‘o le tasi alagā‘upu: “E tāfafao taliga o Tufugauli.” ‘O lona uiga, ‘aua le leo tetele se taupulepulega ‘auā ‘olo‘o fa‘alogo mai le ‘au faitatala.

E tupu matagi i liu o va‘a,
e pei ‘o le Fetalaiga i le Pualele.

‘A ‘o alu le Pualele ‘ua mamao i tuā‘au, ona feosofi ai lea ‘o le ‘au tufuga i le sami ma feoti ai. ‘Ua tu‘ua nei na‘o ‘A‘ausia ma le galutāulele‘a i luga o le va‘a; ‘ua pē fo‘i ma le matagi; ‘a ‘o le va‘a e alu i le lā ‘aulama. ‘Ua alu a‘e fo‘i le suāliu ia ma ‘ole‘ā goto ai le va‘a; ona lātou fa‘apea mai lea iā ‘A‘ausia, “Alī‘i e, ‘ai tātou ‘ā mālaia; ‘ua tumu le va‘a i le suāliu, ‘a ‘ua leai fo‘i se matagi.” ‘O le ‘upu a ‘A‘ausia, “Tau lava ‘o le punou ma le fa‘amāoni e tatā le liu o le va‘a.” Ona tupu fo‘i lea ‘o le matagi ia. ‘O le māfua‘aga lenā o lenā alagā‘upu, “E tupu matagi ‘i liu o va‘a.” ‘O apoapoa‘iga mo le ola

	tautua, ‘ia punou pea ma le fa‘amāoni, ‘o i le Atua le fa‘amanuiaga.
‘Ua taupe le tila, taupe le fanā.	E pei ‘o ni ‘upu fa‘alā‘ei‘au e māfua i fōlauga. ‘Ua feloua‘i e le matagi lā o le va‘a, ‘ae tau gau ai ma le tila ia. ‘Ia fa‘atutū foe mālolosi ‘ina ‘ia faia‘ina le matagi. ‘Ia mānaia ma lelei le ‘autū o se manatu ‘ina ‘ia tineia māfaufauga mālolosi e aga‘i atu ai ‘ina fa‘ataunu‘u mea sesē ma manatu lē lelei.
‘Ia lafoia i alogalu.	‘Ia lafoia ‘i uta i le a‘au. Talosia ia manu‘a mitimiti.
Tilitili a va‘a goto.	E fa‘atatau i se va‘a e goto mai lava i le matāfaga. ‘Ia sulu mai ma le fa‘amālosi ina ‘ua māfatia i se fa‘alavelave.
Usiusi fa‘ava‘asavili.	‘O se va‘a ‘ua lelea ma aga‘i atu lava i le mea e agi ‘i ai le matagi. E alu lava i le fa‘alolo le ‘āiga nei.
‘Ua fa‘aalāva‘a o Taimasa.	‘Ua fa‘ailoga le alāva‘a i le aloalo ‘ona ‘o le papa‘u. ‘Ua fa‘ailogatagata le faiga o manatu; ‘ona ‘o le taufa‘asaōga o le mea ‘olo‘o manatu ai lē ‘o tautala. ‘Ana fa‘asa‘o i le ‘autū o le fe‘au, e faigōfie lava; ‘auā ‘ua iloga le alāva‘a e saogalēmū ai; ‘ae ‘aua le pepelo.
‘Ua logo ‘i tino matagi lelei.	‘Ā maua sina matagi ‘a ‘o tīgāina i le vevela, ‘ona maua ai lea ‘o lea ‘upu. ‘Ua fiafia ‘ona ‘o se mea ‘ua tupu mai, ‘a ‘ua fetaui lelei ma le tino po ‘o le māfaufau.
Lūtia i Puava ‘ae mapu i Fagalele.	‘O Puava, ‘o le tolotolo i le vā o Papa ma Faleālupo. ‘O lea ‘ogāsami e sou tele, ‘ae fa‘ato‘ā malū i Fagalele i le isi itū o Savai‘i (Fa‘asālele‘aga). E lē solo lelei pea aso o le ōlaga, ‘ae ui lava i le sou, ‘ae iai lava le taimi e to‘afilēmū ai.
E logo le tuli ‘ona ‘o le tātā.	‘O le tagata e leaga le fa‘alogo (tutuli) se‘iloga e tātā atu lona tino ona faliu mai lea; ‘ae ‘ā lē

	fiafia lava 'i se mea, 'e te fiu lava i fa'ataiō; se'iloga lā e tā le papātua. E maua lā lenei 'upu i tagata lē osi'āiga, e fiu nai isi tagata e ta'u 'i ai fa'alavelave, 'ae fa'atagā lē ano mai lava.
'A 'ua sala uta, 'ia tonu tai.	'Āfai 'ua sesē le isi, 'ia sa'o le isi. 'Āfai na sesē muamua, 'ia sa'o mulimuli. 'Ia fetu'utu'una'i le fa'autautaga.
'O alofa molipō.	'O alofa po 'o fautuaga e 'avatu fa'alilolilo, e lē fa'alaua'iteleina.
'Ua fa'alā'au tū vanu.	'O se lā'au e tū i le autafa o le vanu e fesoua'iina e matagi; e toe itiiti lava pa'ū.
'Ua fa'aselu gāugau.	E fa'atatau i se 'āiga po 'o se nu'u 'ua alu 'ese le fa'aaloalogia ma 'ua māmāsagia i ni taua'imisaga.
'O le tautasi a limamatua.	'O le limamatua e tūtasi na'o ia; 'ae peita'i 'o le tama'i lima pito mālosi lea i tama'i lima 'uma. 'O se tagata to'atasi 'ae lima mālosi.
E tino fa'atasi 'ae tulialo 'ese'ese.	E lē 'avea le tino fa'atasi ma 'āiga e tasi, e tutusa ai manatu.
'Aua ne'i popona le toa i lou finagalo.	'O le toa 'o le lā'au malō, 'ae 'ā tauponapona ona lē mana'omia lea e se isi, 'auā e fa'alāmolemolegatā. 'O lona uiga, 'aua ne'i tetena lou finagalo i la'u fai atu.
E mu'a le vao.	'O le vao fou e faigōfie ona asa. E fa'apēnā tamaiti ma le 'autalavou, e le'i mātutua māfaufauga.
Tau 'ina tā ma fā'apoi; Tau 'ina fā'apoi a ilāmea.	Tau 'ina fa'aataata atu, tau 'ina fa'a'ila atu, pe tau fo'i 'ina fa'aali atu se manatu 'ae lē fai a'i. E pei ona fa'apoi le ma'i o le ilāmea e le taulāsea.
E tetele pēsega 'ae matua i le ōō	'O faiga o pōula (siva), e 'āmata i le muaō 'ae fa'ai'u fo'i i le muaō. E ui lava ina tele pese o le pōula, 'ae sili lava le tele o muaō. 'O lona uiga,

pe tetele lava ʻi fea ni ʻupu ma ni manatu o fīnauga ma felafolafoaʻiga, ʻae faʻaiʻu lava i le lelei. ʻO le isi māfuaʻaga o lea alagāʻupu, ʻona ʻo ana e lua i Manuʻa. ʻO le isi ana, ʻo le ana o pēsega, ʻa ʻo le isi ana, ʻo le ana o le ōō. ʻĀ sau lā pīsaga mai le ana o pēsega, e galoma ʻuma lava i le ana o le ōō, e lē toe lagona se leo.

ʻUʻu ma ʻeʻeu.	E ofi ʻi totonu ma toe tulei ʻese.
ʻUa ʻe sopo ala; ʻUa ʻe vaelaʻa.	ʻUa ʻe sopo tuāʻoi po ʻo, ʻua ʻe laʻavale.
ʻUa pulapula a lā goto.	ʻO nai sulu o le lā ʻua folifoli goto. E faʻatatau i tagata mātutua ʻua faʻasolo āfu lo lātou soifua.
ʻO le pola tau fafo.	ʻO le pola tautau i fafo
ʻO le pola motu i tua.	ʻO se lāuga e faʻatatau i se tagata e leai se āiā; e lē ʻo se tagata o se ʻāiga; ʻaua le āmanaʻiaina foʻi.
ʻUa faʻavaituʻu ʻi ipu.	ʻO se mea ʻua mamafa i le māfaufau ʻua lē mafai ona teʻa ʻese. ʻO se tagata na te teʻena se faʻaleleiga,ʻona ʻua lē ʻuma le ita.
ʻO le gafa o le Tuiāʻana ʻua oʻo.	E faʻatatau i se taumafaiga ʻua manumālō i se suafa maualuga, po ʻo se igoa matai.
ʻUa līua le vai o Sina.	E faʻaaogā i se tagata ʻua na lē maua ona lelei ma ona manuia ʻa ʻua maua e se tasi. ʻO Sinafatunua o le teine e iai lona vaitāʻele, ʻae ʻua tanumia le puna ma tafe ʻese le vai ʻona ʻua lē tuʻumāvaega le teine ʻi ona mātua ina ʻua māliliu.
ʻĀ iai ni alofa fou ʻi Futu.	ʻO Futu ʻo le nuʻu o saualiʻi ālolofa. ʻĀ sāua se tagata ʻi aitu ona ō lea e saʻili fofō i Futu. ʻĀfai ʻe te alofa, ʻia uia le ala i Futu; po ʻo, ʻā iai ni alofa, ʻia talia le fautuaga.
ʻUa nofofale iā Satui ia Maʻa.	E faʻaaogā i se matāʻupu ʻua mālamalama ma manino ʻi ai ni isi tagata. ʻA ʻo lona māfuaʻaga, ʻo le tala i le teine o Maʻa lea na faʻagoto e ona

tuagane i le moana.

‘Ua tu‘u le ma‘a ‘ae ma‘a i a‘au.

‘O le ma‘a moni e maua i vaitafe, ‘a ‘o ma‘a o le a‘au e manutinuti ma ta‘egōfie. E fa‘apēnā le tagata pi‘opi‘o, e tu‘u le mea moni ‘ae tau luai le mea pepelo.

E lē fa‘apito manū iā Tasi.

‘O lenei alagā‘upu e maua mai i le tala iā Tasi ma Tō ma le lā fānau o tama e to‘a sefulu tasi, e igoa ‘uma iā Tui ma le tuafafine e igoa iā Ma‘a po ‘o Fatu. ‘O lona uiga, ‘aua ne‘i ‘ave ‘umaina ni manuia ma ni lelei ‘i sē e to‘atasi ‘ae fa‘asalafa.

‘Ua tauvale le mafua a
Pua na i Aganoa.

E māfua i le aumoega a tamāli‘i na fai i le nu‘u o Aganoa. ‘Ua lē manuia ma ‘ua lē taulau se fa‘amoemoega i se mea sā fa‘ananau ‘i ai le loto.

E vālavala a tūmanu;
E lāfulafu a tama seugogo.

‘O ‘upu a La‘auli, e tusa lava pē palapalā ma ulu va‘iva‘ia, ‘a ‘o le tamāli‘i seugogo.

‘O lau o le fiso, ‘o lau o le tolo.

‘O le tolo, e iai ona lau ‘ae iai fo‘i ma lau ‘i ona fua po ‘o tātupu e ta‘ua o fiso. ‘O lona uiga, ‘o se mea lava e tasi lona itū lelei. ‘A ‘o le isi itū ‘ole‘ā tau pupuni ai se mea matagā; e pei ‘o se uso tama e aumomoe i se teine e to‘atasi; e faitāuga le isi, ‘ae āvaga le teine i le isi.

E ā Ulu le tafe, ‘ae selefutia ai Vaisigano.

‘O Ulu, ‘o le vaitafe tele i le tuasivi o le motu o ‘Upolu, e lata i le mauga o Fito. ‘O le vai e tele ona magāvai; ‘ae ‘ā o‘o ina tafe, ona o‘o mai lea i Apia i le magāvai o Vaisigano. ‘O se fa‘alavelave e tupu ‘i se isi ae lavea atu ai ma le isi.

‘Ia tili ‘i le papa i Gālagala.

‘O le papa i Gālagala, ‘o le maota o Salima Galemai i gā‘uta o Fagali‘i ma Vailele, sā sulufa‘i ‘i ai tagata fia ola mai i se fa‘alavelave. ‘O lona uiga, ‘o le maota o le sulufa‘iga.

‘Ua sau ‘Apa‘ula ‘ua tautua.	‘E te maua lenei ‘upu i le tala iā Vaea le mauga i gā‘uta o Apia. ‘O ‘Apa‘ula, ‘o le āvā a Vaea lea na liu mauga. E fo‘i mai ‘Apa‘ula mai Fiti, ‘ua toe ‘o le ulu o Vaea ‘olo‘o gāoioi, ‘a ‘o le tino ‘ua mauga. E lelei le vave o se mea i lo le tuai, ne‘i pei ‘o ‘Apa‘ula.
‘Ua ‘ātoa tino o Va‘atausili.	‘O Va‘atausili, ‘o le uso o Vaea na alu ‘i ai ‘Apa‘ula e su‘e se fesoasoani ‘ona ‘o si ana tama ‘ua fasioti e ona tuagane. ‘O le tama lea e igoa iā Tuisavalalo. Na feiloa‘i ‘Apa‘ula ma Va‘atausili, ‘a ‘o se tagata ‘augavale, ona so‘ona ta‘u ā lea ‘i ai ‘o le fe‘au, e ui ina leai se fa‘amoemoe ‘o iai. Ona alu lea ‘o Va‘atausili i lona ana, ‘ae fa‘atali ‘Apa‘ula i luga. ‘Ae te‘i ‘ua va‘ai atu ‘Apaula i se tagata tino ‘ese ma le ‘aulelei ‘ua sau. ‘O lona uiga, ‘o se mea ‘e te manatu māmā ‘i ai, ‘olo‘o iai se mea sili. ‘O ‘upu lava o le fiafia i se mea ‘ua fa‘atinoina ‘āto‘atoa.
Tā logo a Masefau.	Sā iai se tagata e suafa iā Masefau. ‘O aso anamua sā tā ana lali e fai i lā‘au e lua pe tolu. ‘O nei lali, ‘ā tā loa, ona iloa lea e ‘āiga o lenei ali‘i ma lona nu‘u, ‘ua iai se mea e finagalo ai le ali‘i. ‘O se fautuaga i se tagata mo se mea e manuia ma lelei ai lona ōlaga.
‘Ua laga tau mulimuli le lāuga a Vailalo.	Sā faia le fono i Sāleapaga i Falefā. ‘Ua ‘uma le fono ‘ae fa‘ato‘ā laga le lāuga a le tagata lea e igoa iā Vailalo. E lāuga atu lava, ‘ae ta‘ape tagata ‘auā ‘ua ‘uma le fono. ‘Ona fai lava lea ‘o lana lāuga ‘ae ō lava tagata lātou. ‘Ā fa‘a‘uma se mea, e sili ona auai ‘uma manatu i se fa‘ai‘uga ‘ua iai.
‘O le latalata o Faonu‘u;	‘O nei ali‘i e to‘alua, ‘o ni matai lāgalaga mea

'O le latalata a Sālei'a. ma le fāitonu i se tasi nu'u. 'O ni tagata fo'i laga fā'atau o le nu'u ma le fia lāuga; 'ae lē 'o ni tagata e tatau ona lāuga. E fa'atatau i se tagata e latalata i se mea 'ae lē pa'i 'i ai. E latalata i se lāuga 'ae lē lāuga.

'Ā 'e fa'aaogāina alagā'upu i sau lāuga po 'o sau tautalaga, 'ia fa'aaloalo ma fa'alālolalo au 'upu, au āmio, ma fōliga, e fa'amāonia ai lou āva ma le fa'aaloalo 'i au lāuga e fai.

Mo se fa'ata'ita'iga:

E mu'a le vao i le itū nei 'Ua na'o ni lau mu'amu'a o le vao (*literal*).
'Ua na'o mātou 'o ni tamaiti (*figurative*).

E toe fa'amanatu atu, 'o le fa'aaogāina o alagā'upu i lāuga a failāuga, 'o se fa'alogoga mālie lea 'i ē fa'alogologo ma mātau. 'O alagā'upu ma muāgagana, e fa'a'aulelei ātili ai le lāuga ma e fa'ailoa ai le failāuga tomai i le su'esu'ega o tala tu'u ma fa'avae o Sāmoa.

Muāgagana	**Uiga**
'Ua lafo le 'auaō.	'Ua sau le vāivai pe 'ā mānava mai i se gāluega mamafa.
E 'i fale matega.	E mate'ia lava i totonu o le 'āiga se mea 'ua tupu.
'Ua taivalea gātaifale.	'Ua sousou le gātaifale.
'O le ano e tafia 'i auau.	'O se manatu na'ona fa'aali 'ae lē fai a'ise tonu o se mea.
Fa'ata'a finagalo i le matagi.	E tatau ona fa'aali tāofi i se matā'upu.
'Ua popo tōga e tūmua.	'Ua tē'ena pe fa'aleaogā tōga e tulāfale o le malae.
'Āfai e māi Mataiva ma Tautai, 'ia matua le tu'u i Punaoa.	'Ā 'ua lē mālilie isi, fa'amoemoe 'i isi nu'u.
'Ua pu'e le galu fuliafā.	'Ua vevela le fīnauga i se matā'upu. 'Ua lē mālilie isi.
'Ua ola le sā o le tautai.	'Ua maua i'a mua o le va'a fou o le tautai.
'Ua lē tu'u ni lelei 'ae fa'afotu ni masei.	'Ua lē nanāina ni mea'ai lelei 'ae laulau mai mea'ai fa'alēmānaia.

ʻAua neʻi tala tuʻu le tafaoga.	ʻAua neʻi vāivai le fīnau i se matāʻupu ʻo talanoaina.
Tau ia ʻina tā ma faʻapoi.	Tau ʻina ʻo se mea e iloga ai lou faʻaaloalo i faʻalupega o Sāmoa.
ʻAua le laʻaia le uto a le maene.	ʻAua le siʻisiʻi loloa le tufaga o se mea.
ʻIa toe usuia le tao.	ʻIa fau faʻalelei faʻaʻupuga e fai ai se lāuga po ʻo le toe sāuni o meatau.
ʻUa faulalo ʻese le ʻāiga.	ʻUa fautua e tagata ʻese le matai mo le faiga o le ʻāiga.
ʻO se feiloaʻiga i ululā.	Naʻona vaʻai mai, vaʻai atu; po ʻo le siʻi mai o le lima, siʻi atu le lima; ʻae lē feiloaʻi seʻi talanoa.
ʻUa ʻou ui mai i le ala i saʻō.	ʻUa ʻuma ona ʻou ʻai i le ala.
ʻUa mavae le ufiata.	ʻUa mavae le ao pogisā sā ufitia ai se manatu, po ʻo ʻua teʻa foʻi le faʻanoanoa ʻona ʻo se faʻalavelave.
ʻUa faʻaliʻa le taufa i mauga.	ʻUa faʻauli mai mauga ʻoleʻā sau tīmuga.
ʻUa faʻalele le tuamafa filimalae.	ʻUa lāuga se tulāfale tāua.
ʻAua le tūlia Afega.	ʻAua le ō ʻi le mea e afe ʻi ai le tia.

GĀLUEGA FAUTUAINA

E tele tū ma aganu'u a Sāmoa 'olo'o aofia i totonu o alagā'upu ma muāgagana. Su'esu'e po 'o ā ia aganu'u; ma 'ia fa'amatala lo lātou fa'aogāga ma fa'auigaga i lāuga 'ese'ese. 'Ou te mautinoa 'o se gāluega tele lenei ma e alu ai se taimi 'umi. 'O le mea lea, 'ia fuafua lelei e le faiā'oga le loloto o le gāluega 'ina 'ia tālafeagai ma tagata po 'o tusi (*resources*) 'olo'o maua i lea taimi ma lea taimi. 'Aua ne'i māfaufau e maua 'uma e tamaiti tali, 'aemaise lava 'i lātou 'olo'o alaala i atunu'u i fafo. Mo le 'au su'esu'e i totonu o Sāmoa e lua, 'ia taumafai e fa'alautele fa'amatalaga o alagā'upu, 'ina 'ia manino lelei ma 'ia 'avea ai ma fa'avae e toe fa'amanatu ai ni isi o talitonuga e fa'atatau i olaga Fa'asāmoa moni. 'Ia fesili, po 'o ā ni aogā o nei alagā'upu ma muāgagana i nei onapō, 'ae pē tālafeagai ia tala e fa'atonutonu ai le va'ava'aiga ma le fa'aaogāina o le si'osi'omaga (*environments*) o Sāmoa.

Gāluega e Fai:

Su'e uiga o alagā'upu 'o i lalo:

1. 'O lupe sā vao 'ese'ese 'a 'ua fuifui fa'atasi.
2. 'Ua aofia moli i futiafu e tasi.
3. 'Ua tātou talatalanoa 'a 'ua tō i tua Apolima.
4. 'Ua vā i lupe maua 'a 'ua lē vā 'i lupe sā'ā.
5. 'Ua mālō āfua, mālō 'ua maua.
6. 'Ua Taumailelei le igoāipu a Leulua'iali'i, 'ae Fetaia'imauso le igoāipu a Tau'ili'ili.
7. 'Ua Lalago fa'atasi uso e pei 'o le igoāipu a Sātupuā.
8. 'Ua lafoia le ataata o Taulelei.
9. 'Ua tini pā'ō le uto e pei 'o le faiva i vai.
10. 'Ua tūvaga figota 'ae 'olioli livaliva.
11. 'Ua sāusau fialele le manu na i Utufiu.
12. 'O ou māmā nā; 'ia pupula ou mata ma 'ia tafe toto ou ala.
13. 'Ā gau le poutū, e lē tali poulalo.
14. 'Ia manatua Afi'a i si ona vao.
15. 'Ia seu le manu ma taga'i i le galu.
16. 'Ua pati ta'oto Le Fe'epō.
17. E mamae le tava'e 'i ona fulu.
18. 'O uō i aso 'uma, 'a 'o uso mo le aso vale.
19. 'Aua ne'i fa'atau matatao.
20. 'Aua ne'i ipu niu 'esea lou finagalo.
21. 'Ia lago malū le fala i lou finagalo.

22. 'Aua le maua 'ula futifuti.
23. 'Ia tutū foe o le savili.
24. 'Aua le afe tuālāina Pī.
25. 'O le mea e fai i Toga 'ae tala i Sāmoa.
26. Ne'i moamoa lulu pē niuniu pulu.

ILOILOGA O LE MATĀ'UPU

Vāega I

1. Fa'amatala sina 'ese'esega o alagā'upu ma muāgagana.
2. 'O le ā le vāega o le lāuga e sili ona tāua?
3. 'O ā ia mea o "pou o lāuga" 'a 'o fea e tutū ai ia pou i le maota o le sāofa'iga?
4. Tusi mai uiga o fa'a'upuga ia:

   vāiatiga o lāuga
   'auva'a o to'oto'o
   vātalitōga
   mālōtōga

5. Tusi mai ni au alagā'upu se tolu, e fa'aalia ai le agāga fiafia o le feiloa'iga.
6. Fa'aaogā alagā'upu ia i sau tautalaga:

   'Ua tātou fetaia'i 'i magāfetauola.
   'Ua lē māu'ava le tamāloa Sāfata.
   'O se ma'a togi fa'atō.
   'O pa'ia o Sāmoa 'ua ta'atia a alao'o.
   Muā'au, muli'au le alofa o le Atua.

7. 'O le ā se fa'a'upuga a le failāuga e fa'aaogā fa'atasi ai le to'oto'o ma le fue?
8. Tusi mai mea 'uma e maua ai alagā'upu ma muāgagana.
9. 'O le ā se tūlaga o le soifuaga e māfua ai ona fa'aaogā alagā'upu ia:

   'Ua nātia i fatuālavai.
   Le faiva o Fiti 'ia lililo.
   Ufiufi a manu gase.

10. Fa'aaogā fāsi fuai'upu nei i ni au lava fuai'upu:

   'aua le pisa, i le pa'ia, 'ua 'e iloa fo'i, vao, tāfafao taliga,
   'ō'ō, le atunu'u, 'aua le 'ale'ale, Tufugauli.

Vāega II

Tusi sau lava lāuga ia aofia ai ni alagā'upu se sefulu. Vase lalo 'o au alagā'upu e fa'aaogā.

FA'ALEOGA MA FA'AUIGAGA O 'UPU

afe tuālāina	tōfia 'ae le'i māfaufau 'i ai; tōfia fa'afuase'i po 'o le te'i 'ua āfea se 'āiga e se malaga 'ae le'i logo maia
alagā'upu	'o 'auala ia e maua mai ai fa'a'upuga
alogalu	lafoia i le aloalo
anoano	tele naunau
aofiaga	'ua aofia le atunu'u
'ata o le 'ava	'o i'o o le 'ava
'aupeau	'o galu o le sami
'auaō	'ua tetele le vāivai ina 'ua 'uma se gāluega mamafa
'e lē falala fua se niu	'e lē tupu fua se mea
ilamea	'o le ma'i
ūmatatasi	'o le ū e tasi le mata
'ua fāi ifo	'ua tāuau e 'uma
'ua ola le sā	'ua maua i'a muamua o le va'a fou
ufiata	ufitia le ata
fafao	'ato e tu'u ai tupe o le ta'aloga o le taulafoga
fa'aagātama	ta'aloga
fa'a'aulelei	'o 'upu e teuteu ai se lāuga
fa'alā'ei'au	fa'amālosi'au
fa'alālolalo	fa'afitifiti
fa'aleatunuu	'o mea e māsani ai le atunu'u
fa'alogoga	'o lagona o le māfaufau ma le tino
fa'apoi	fa'afua
tafulu	fa'atalapelo ona fai
fa'atau matatao	femisaa'i
fa'atilotilo māsae	va'ava'ai vale
falute	fa'aputugā fala po 'o tōga
fatuati	ma'ama'a; 'amu'amu
faulalo 'ese	fautua sesē
fetu'una'i	fefulisa'i
foe	lā'au e alo ai le va'a
fogātia	'o le fale e seu ai lupe
futifuti	tafitafi 'ese; lē āmana'ia
la'aia	si'isi'i loloa
lagi o Pu'apu'a	pēsega a Pu'apu'a

lamaga	‘o le faiva i le po
lē fa‘agafatia	‘ua lē mafaia
lia‘ina	‘ua lia‘i pe vele i luga
livaliva	mea ta‘avili
luluti	‘ua saputu
lupe o le fuifui	‘o lupe e ō fa‘atasi
ma‘ave‘ave	‘o lālā lē fua
mālamalamagatā	faigatā ona fa‘auiga
malu maunu	e mamalu le maota
mamae le tava‘e i ona fulu	e mimita le tagata i lona ‘aulelei e pei ‘o le tava‘e
manugase	manu pē
māotua	loloto
matāvaga	‘o le mata o le matāvili
matega	mate‘ia
muāgagana	‘o fa‘a‘upuga muamua
pafuga le “ ‘ā ”	‘o le fiafia
penapena	tā‘ele, fa‘amālū
pō‘ia	fa‘apō; popō
popo	fa‘aleaogā po ‘o le te‘ena
popona	ponatia; e tele pona.
poutū	‘o le pou e ‘autū ai le fale
pu‘e le galu fuliafā	‘ua vevela le fīnauga
pulapula a lā goto	‘o le lā o le tauafiafi
punapuna	mapuna a‘e
sa‘a fa‘aoti	sasa‘a ‘uma i fafo ni mea o se ato
sagisagi	fiafia
sala le fausaga	‘ua sesē le fauga o se mea
salana‘a lupe	fa‘asōsola lupe
sa‘olele	sa‘o lelei
sāusau fialele	‘ua mana‘o e lele pe lāuga
saveioloolo	fa‘aeteete
savini	sagisagi
selefutia	lavea ai fua
seugāgogo	seuga o gogo a tamāli‘i
seugālupe	seuga o lupe a tamāli‘i
taivalea	sousou

tala tu'u	'ua 'uma se manatu
tama seugogo	tamāli'i e seua gogo
taufa	'o le timu
tautua	tuai mai
temeteme	'ua moe le vili
tuamafa	'o le lupe ta'ita'i
tūlia afega	fa'alavelave i le ala
tunuma	'ato e tu'u ai mea faigāluega

MATĀ‘UPU 3: ‘O FA‘ALUPEGA O ITŪMĀLŌ

‘UPU ‘ĀMATA

‘O le faiga o fa‘alupega o le atunu‘u, ‘o le matāfaioi pito tāua lea a le failāuga Sāmoa. E pei fo‘i ona ta‘ua muamua, e tusa lava pe mālie fa‘a‘upuga o le lāuga, ‘ae ‘ā lē sa‘o fa‘alupega o tamāli‘i o nu‘u ma itūmālō, e ta‘u valea lava le failāuga. ‘Ua lē‘o ‘ātoa i nei tusitusiga mamalu ‘ese‘ese o le atunu‘u ‘auā ‘o fa‘alupega ma mamalu o Sāmoa, ‘o se fue lavelave; peita‘i, ‘ua na‘o ni nai fa‘alupega e fa‘aa‘oa‘o ai tupulaga i le fa‘aaogāina o fa‘alupega i totonu o lāuga.

E fa‘amālūlū atu ma le loto maualalo i le mamalu o tupu ma tamāli‘i o le atunu‘u, pe ‘ā lē ‘āto‘atoa o ‘outou fa‘alupega mana‘omia ma tatau ai i la ‘outou mātau.

‘O le vāevaega nei o nu‘u o Sāmoa ‘ātoa i o lātou itūmālō ‘olo‘o soifua ai; ‘o le mamalu fo‘i lea ‘o le atunu‘u e ona fa‘alupega ‘ua tūsia. ‘O fa‘alupega fo‘i ia ‘olo‘o afīfī ai pa‘ia ma mamalu o tupu ma ali‘ita‘i o Sāmoa, e fa‘apea fo‘i ona fale‘upolu tōfia. ‘Olo‘o fa‘aalia ai ana ‘upu tu‘u ma ona fa‘avae mautū ‘ua ‘uma ona fa‘ata‘atia mai e o tātou mātua. ‘O se īna‘ilau ‘ua au ma se ala ‘ua o‘o. E lē mafai ona toe fa‘apopoina pe solia ma fa‘aleaogā e se tasi.

E fesoasoani fo‘i lenei vāevaega o itūmālō, e silafia ai e le tagata ‘olo‘o soifua i atunu‘u i fafo le alālafaga moni o Sāmoa na soifua a‘e ai ona tua‘ā, ma ‘ole‘ā mālamalama ai fo‘i ‘i o lātou fa‘alupega.

Fa‘afetai i ni isi o tamāli‘i ma ni isi o ‘ekālēsia, ‘ona ‘ua lātou sāunia lelei ni tusi fa‘alupega e fesoasoani i le vāivai ma le lē mālamalama o fānau ā‘o‘oga. Fa‘amālō fo‘i i le ‘Ōfisa o Asiasi Ā‘oga o le mālō o Sāmoa, ‘ona ‘o le tau aoaoina mai ma fa‘amāopoopo ma tu‘ufa‘atasi fa‘alupega ma measina a Sāmoa, ‘ua fa‘alautele ai le tomai o le ‘aufaigāluega ‘olo‘o a‘oa‘oina le gagana ma aganu‘u a Sāmoa. Seanoa ‘ana leai lea lagona, e fa‘apēnei ‘ua tafea le Utu a Taufau. ‘Amu‘ia Sāmoa e leai se mau vaogagana, po ‘o ni mau fa‘afītāuli ‘ese‘ese ‘ona ‘o le ‘ese‘ese o aganu‘u ma talitonuga. E ui lava ina ‘ua vaelua le atunu‘u ‘ona ‘o faigāmālō, ‘ae fa‘afetai i le Atua ‘olo‘o pūlea pea ona tagata i le tōfā mamao fa‘atamāli‘i ma le fa‘autaga loloto fa‘afale‘upolu, ‘aemaise lava le tōfā manino ma le tōfā pa‘ia fa‘akerisiano.

I. ‘O LE FA‘ALUPEGA O SĀMOA TU‘UFA‘ATASI

Tulouna le pa‘ia o ‘Āiga ma a lātou Tama
Tama ma o lātou ‘Āiga
Susū Pule ma Tūmua
Itu‘au ma Alātaua
‘Āiga i le Tai ma le Va‘a o Fonotī
Tulouna afioga a Ma‘opū
Le susū o Sua ma le Vāifanua
Fofō ma Aitulagi
Sā‘ole ma le Launiusāelua
Itu‘au ma Alātaua
Tulouna Tama a le Manu‘atele
Le afioga a le Lā‘au na Amotasi
Afioga a Ali‘i Fa‘atui
Le mamalu o To‘oto‘o o le Fale‘ula
Ma ‘upu o le Manu‘atele.

E pule ‘oe po ‘o fea e ‘āmata ai ona fa‘alagi fa‘alupega o le atunu‘u, ‘ae mānaia lava pe ‘ā ‘āmata i motu o Sāmoa ‘olo‘o e lāuga ai. ‘Āfai ‘e te lāuga i Tutuila, ‘āmata i fa‘alupega o le Faleagafulu; ‘ae ‘āfai o Manu‘a ‘e te lāuga ai, ‘āmata i fa‘alupega o le Manu‘atele. E fa‘apēnā fo‘i pe ‘āfai ‘i le Mālō Tūto‘atasi o Sāmoa. Manatua lava, ‘o le poto o le failāuga i fa‘alupega, e sili ona tāua.

II. ‘O FA‘ALUPEGA O ITUMĀLŌ

‘O le fa‘asologa lenei o itūmālō o Sāmoa ‘ātoa e ‘āmata mai i Savai‘i i Sāmoa i sisifo e o‘o atu i le Manu‘atele i Sāmoa i sasa‘e. E tusa e valu ni vāega tetele ‘ua mafai ona tūsia ma ‘ua tofu vāega ta‘itasi ma itūmālō e pei ona ta‘ua. E fa‘amālūlū atu i le mātau a le atunu‘u ‘ona e lē‘o aofia fa‘alupega mo nu‘u ta‘itasi, ‘ae ‘o le fa‘amoemoe ‘ole‘ā silasila pea le ‘au su‘esu‘e i tusi fa‘alupega ‘ua ‘uma ona sāunia e pei ‘o le Tusi Fa‘alupega a le LMS, le Tusi Fa‘alupega a le Metotisi, ma fa‘alupega ‘olo‘o i le tusi a Kramer, ‘ātoa ma ni isi tusi ‘e te silafia.

1. Savai‘i
2. ‘Āiga i le Tai
3. Ā‘ana
4. Tuamāsaga
5. Ātua
6. Va‘a o Fonotī
7. Tutuila
8. Manu‘atele

Savai‘i

‘O Savaii e fa‘alagi o Pule e Ono

1. **Itūmālō o Fa‘asālele‘aga**
    1. Tafua
    2. Sālelologa
        - Sāpulu
        - Sātala
        - Fālefia
        - Malaetā
        - Fōua
        - Papaloa
        - Sāletagaloa
    3. Sālelāvalu
    4. ‘Iva ma Vaisa‘ulu
    5. Lalomālava
        - Sāfua
        - Vai‘afai
    6. Sāpapāli‘i
    7. Sāfotulāfai
        - ‘Eve‘eve
        - Vaimaga
    8. Fuifatu ma Fusi
    9. Fatausi
    10. Fogāpoa
    11. Tuasivi ma Tapu‘ele‘ele

'O Āmoa ('o le Isi Lea Itū o le Itūmālō o Fa'asālele'aga)

1. Faga
2. Si'ufaga
3. Lū'ūa
4. Malae
5. Sālimu
6. Sa'asa'ai
7. Sāipipi
8. Lano
9. Āsaga
10. Pu'apu'a

Fa'alupega o le Itūmālō 'Ātoa o Fa'asālele'aga

Tulouna i 'Āiga o Tupu ma 'Āiga o Nofo
Tulouna i le Mālietoa ma le 'Āiga Sāmalietoā
Susū mai tupu na tausi e Sāfotulāfai
Āfifio tapa'au tāua
Mamalu mai to'oto'o o Fuifatu
Ma 'oe le pule Sāfotulāfai

2. Itūmālō o Gaga'emauga

1. Patamea
2. Sāmalae'ulu ma Mauga
3. Sāle'aula
    - Pule o le Nu'u
    - Salapūlou
    - Tāpua'i
    - Leano
4. Sāfa'i
5. Sāto'alepai
6. Fagamalo
7. Lelepa
8. Vaipōuli

Fa'alupega o le Itūmālō 'Ātoa o Gaga'emauga

Tulouna i 'āiga e lua ma tapa'au
Āfifio afioga i ma'opū
Maliu mai to'oto'o o Vaitu'utu'u

Mamalu mai 'oe le pule ma lau fa'atufugaga
Alaalata'i Sāle'aula ma le Gāga'emauga

3. **Itūmālō o Gagaifomauga**

1. Manase
2. Sāfotu
3. Paia
4. Sāmauga
5. Lefagaoali'i
   Si'ufaga
   Lolua
   Asu
   Falesāfune
6. Matāvai
7. Fatuvalu
8. Faletagaloa
9. Sāsina
10. Fagae'e
11. Letui
12. A'opo

Fa'alupega o le Itūmālō 'Ātoa o Gagaifomauga
Tulouna sa'o e fā
Le afioga a le matua ma le 'āiga Sāūmalau
Āfifio tupu o le itū ma ali'i o le itū
Maliu mai lau tōfā a le tulāfale
Le mamalu o le Atipouniu ma le Fa'asau
Alaala mai to'oto'o o Fīnao, ma le mamalu iā te 'oe le pule Sāfotu
Ma 'upu iā te 'oe le Gagaifomauga

4. **Itūmālō o Vaisigano**

1. Āsau
2. 'Auala
3. Vaisala
4. Fagasā
5. Sātaua
6. Papa
7. Faleālupo

8. Tufutāfoe
9. Neiafu
10. Fālelima

Fa'alupega o le Itūmālō o Vaisigano
Tulouna i le pa'ia o 'āiga ma tapa'au
Maliu mai to'oto'o o Mati'a ma Tiatu'au
Le mamalu o Salāfai ma fale'upolu o tōfiga
Fa'apea 'upu i le Tāpua'iga ma le itūmālō o Vaisigano ma le Alātaua

5. **Itūmālō Sātupa'itea ma lona Itū Sālega**
   1. Vaegā
   2. Pitonu'ū
   3. Sātufia
   4. Si'uvao
   5. Fagafau
   6. Sāmata 'i uta
   7. Sāmata 'i tai
   8. Fogātuli
   9. Fai'a'ai
   10. Vāipu'a
   11. Fogāsavai'i
   12. Sagone

Fa'alupega o le Itūmālō 'Ātoa o Sātupa'itea ma Sālega
Tulouna le pa'ia o 'āiga
Susū mai le va'aimalae ma le va'a i tī, ma tapa'au na e tausi
Āfifio tupu o le itū ma lau fetalaiga Tuisālega
Alaalata'i to'oto'o o Faletoi ma 'oe le Alātaua

6. **Itūmālō o Palauli ma Lona Itū Fa'atoafe**
   1. Vailoa
   2. Vaito'omuli
   3. Fā'ala

Palauli i Sasa'e
   4. Gātaivai
   5. Gā'utāvai

6. Sili
7. Puleia
8. Papa

Palauli i Sisifo (Fa'atoafe)

9. Foālalo
10. Foāluga
11. Sātuiatua
12. Sala'ilua
13. Si'utu
14. Tāga

Fa'alupega o le Itūmālō 'Ātoa o Palauli ma Fa'atoafe
Tulouna ali'i fa'asisina ma Sālilomaiavā
Afioga i 'āiga ma tapa'au
Le mamalu o le Faleao ma Safaleletauā na potopoto
Alaalata'i to'oto'o o Vailoa ma 'oe le pule,
Ma 'upu iā Palauli ma lona itū.

'Āiga i le Tai

'O le itūmālō o 'Āiga i le Tai e aofia ai:

1. Manono
    - Faleū
    - Lepuia'i
    - Sālua
    - Āpai

2. Apolima
    - Apolima tai
    - Apolima uta

3. Mulifanua
    - Lalovī

Fa'alupega o 'Āiga i le Tai
Tulouna i le to'afā o ali'i ma alo o Mālietoa
Susū lau susuga Su'a
Susū lau susuga To'oā ma lou feāoga.

Lau afioga Pāuli ma usoali'i
Maliu mai le mamalu iā Futi ma 'Au'apa'au na tausi va'atele i 'Āiga i le Tai
Fa'apea le Falemanono.

'Upolu

'O 'Upolu e ta'ua o Tūmua ma 'ua vāevaeina i vāega tetele e tolu:

1. 'O Leulumoega le Tūmua o Ā'ana
2. 'O Afega le Tūmua po 'o le Laumua o Tuamāsaga.
3. 'O Lufilufi le Tūmua o Ātua

1. Ā'ana

Fa'alupega 'Ātoa o Ā'ana

Tulouna i 'āiga e fā
Āfifio Lā'au na Fāusia
Maliu mai to'oto'o o Ma'auga
Ma le nofo a to'o o Ā'ana
Ma le sā na 'ese'ese
Ma 'upu iā te 'oe Leulumoega

Itūmālō o Ā'ana i Mātū

1. Faleāsi'u
2. Fasito'outa
3. Nofoāli'i
4. Leulumoega
5. Fāsito'otai
6. Faleātiu ma Vailu'utai
7. Sātuimalufilufi
8. Sātapuala
9. Sāmatau
10. Falelātai

Fa'alupega o Ā'ana i Mātū

Tulouna i le Tuiā'ana ma ou tafa'i
Āfifio le pa'ia o 'āiga e fā ma aloali'i
Susū mai Lā'au na Fāusia
Maliu mai to'oto'o o Ma'auga ma le nofo a to'o o le Faleā'ana
Mamalu mai 'oe le tūmua, Leulumoega

Itūmālō o Ā'ana i Saute (Lefaga)

1. Falease'elā
2. Matafa'a
3. Sāfa'ato'a
4. Tafagamanu
5. Sāvaia
6. Gāgaifo
7. Matāutu

Fa'alupega o le Itūmālō 'Ātoa o Lefaga

Tulouna i le 'āiga Sātuala
Ma le 'āiga Taulagi
Maliu mai Tuisāvaelu'u ma le Gāga'eolo
Le mamalu iā te 'oe Leulumoega ma le Faleā'ana

2. Tuamāsaga

Fa'alupega 'Ātoa o Tuamāsaga

Tulouna i 'āiga ma a lātou Tama
Āfifio le pa'ia o le Itūtolu o Sāgaga
Ma le Fāleono o Leatigaga,
Tuisāmau, Faleata ma le Gafa
Maliu mai to'oto'o o Vāito'elau
Ma le Faletuamāsaga

'O Tuamāsaga 'ua vāevaeina i itūmālō lāiti nei:

Itūmālō o Vāimauga

1. Lauli'i
2. Letogo
3. Vailele
4. Fagali'i
5. Moata'a
6. Vaiala
7. Māgiagi
8. Matāutu
9. Apia
    Alamagoto
    Vailima

10. Tanugāmanono

Fa'alupega o Vāimauga

Tulouna le afio o le 'āiga Sālevalasi
Afio le sa'oali'i ma le fofoga o le Alātaua
Le falefia o ali'i ma ma'opū
Afio lau afioga a le matua Tofaeono ma Tama
Le pa'ia o alo o Sina ma le fuaifale
Maliu mai Tuisāmau ma le Faleātua
Mamalu mai 'ilā'ua na ta'ita'i ma le nofo a itū'āiga iā Fuata
Alaalata'i Sāle'upolu, le faletolu ma le Vainalepa

Itūmālō o Faleata

1. Vaimoso
2. Lepea
3. Vailoa
4. Vaiusu
5. Vaitele
6. Saina
7. Toāmua
8. Sāfune
9. Puipa'a

Fa'alupega o Faleata

Tulouna le āfifio o Tama a le Fale
Susū alo o Mālietoa ma tapa'au
Maliu mai lo 'outou To'afā
Ma le sāofa'iga ma atua
Fa'apea le nofo a pule iā Faleata ma Itu'au

Itūmālō 'Ātoa o Sāgaga

Sāgaga Leusoga

1. Malie
2. Afega
3. Tuana'i

Fa'alupega o Sāgaga Leusoga
Tulouna le Tapa'au Fa'asisina Le Susuga a le Mālietoa
Afio alo o Fuatino
Afio le 'āiga Sāgauifaleai
Mamalu o le vāgana iā Tuisāmau ma 'Auimatagi
Alaalata'i to'oto'o o Vāito'elau

Sāgaga le Falefā
1. Fale'ula
2. Sale'imoa
3. Levī
4. Nono'a
5. Sālepou'a'e
6. Tufulele

Fa'alupega o Sāgaga le Falefā
Tulouna le pa'ia o 'āiga e tolu
Āfifio alo o Mālietoa ma alo o Sina
Maliu mai Luātua ma le Ga'utāala
Le mamalu o Si'ufanua ma le Faletolu

'O ni isi nei o mea tāua e uiga i le itūmālō lea 'o Sāgaga. 'Ā fa'alagi, e fa'apea:
'O le itūtolu o Sāgaga
Ma le faleono o Leatigaga
Tuisāmau, Faleata ma le gafa

Itūtolu o Sāgaga
1. Malie
2. Afega
3. Tuana'i

Faleono o Leātigaga
1. Fale'ula (Sāgaga)
2. Sāle'imoa (Sāgaga)
3. Si'umu (Tuamāsaga i Saute)
4. Sāle'upolu (Vāimauga)
5. Fuai'upolu (Vāimauga)
6. Sāgauga (Vāimauga)

Tuamāsaga i Saute

Itūmālō o Sāfata

1. Sa'anapu
2. Sātaoa
3. Lotofagā
4. Nu'usuatia
5. Vaie'e
6. Fusi
7. Fāusaga
8. Tafitoala
9. Mulivai

Fa'alupega o Sāfata

Tulouna i le 'āiga Sātunumafono, 'o le 'āiga mālōsi
Āfifio fa'auluuluga o le 'āiga ma le falefā o alo o Tunumafono
Afio lau afioga i le sa'o fetalai, maliu mai aitu tagata
Ma lau tōfā i le igoā matua
Alaalata'i to'oto'o ma le nofo a tula o le Alātaua

Ituumālō o Si'umu

1. Māninoa
2. Si'umu
3. Sā'aga

Fa'alupega o Si'umu

Tulouna i le afio o Asomua ma 'āiga e lua
Maliu mai lau fetalaiga Tu'u'u ma le 'āiga Sātu'u'ū
Alaala mai le fofoga o le Alātaua
Ma le falelua o tulāfale
Maliu mai le fetalaiga a Uta'ileuo
Le faletolu ma 'upu i le Alātaua

3. **Ātua**

Fa'alupega o Lona Aotelega

Tulouna i 'āiga ma a lātou tama
Le afioga i tūlāniu o Ātua

Susū mai le tūmua, Lufilufi ma ou fale'upolu
Le mamalu o Ao o Ātua, Uso o Ātua, I'u o Ātua ma Ātua Faigā
Alaalata'i To'oto'o o Lalogafu'afu'a

'Ua vāevaeina le itūmālō o Atua i ona itūmālō lāiti e fitu:

'O Itūmālō o Ātua i Mātū

1. Va'a o Fonotī

1. Uafato
2. Samamea
3. Lona
4. Ma'asina
5. Ta'elefaga
6. Sālimu ma Ma'auga
7. Musumusu
8. Sāletele
9. Sauago

E aofia ai Faleāpuna o Anoma'a i le itūmālō lenei.

Fa'alupega o le Va'a o Fonotī
Tulouna le pa'ia o 'āiga e lua
Afio lau afioga Ulualofaigā
Ma le pa'ia o usoali'i
Maliu mai le matua Talamaivao
Ma lo 'outou to'afā
Maliu mai i lā'ua na ta'ita'i
Le mamalu o Ātua Le Fāuono
Fa'apea 'upu o le Va'a o Fonotī ma le To'o o le Fua

2. Anoāma'a i Sasa'e

1. Falefā ma ona pitonu'u
    Sānonu
    Gāgā'emalae
    Sāgapolu
    Sāleapaga

2. Faleāpuna (e fai itūmālō i le Va'a o Fonotī i Fagaloa)
    E ta'u o le To'o o le Fua, po 'o le Fofoga o le Fua.
3. Lufilufi ma ona pitonu'u
    1. Lalomauga
    2. Manunu

Fa'alupega o Anoāma'a i Sasa'e
Tulouna le Tuiātua ma ou tu'itu'i
Susū mai Lufilufi, Le to'aono ma le sāofa'iga
Susū 'ilā'ua matua ma le 'a'ai a le tupu
Alaalata'i to'oto'o o Lalogāfu'afu'a ma 'oe le tūmua

3. **Anoāma'a i Sisifo**

1. Sāoluafata ma ona pitonu'u
    Fusi
    Sālelesi
2. Eva
3. Solosolo
4. Luatuānu'u

Fa'alupega o Anoāma'a i Sisifo
Tulouna i tama a le mālō
Susū 'Ie e Lua
Āfifio tama fa'asisina
Susū le taufia a Taulapapa
Le āfifio o 'āiga ma tapa'au
Le mamalu o to'oto'o o le itūmālō
Le nofo i iū'āiga iā Saoluafata
Ma le Fetalaiga iā Sāleutogi Po'e
Fa'apea fo'i le amomua a le Tuiātua
Ma le faletolu ma le nofo a tulāfale

'O Itūmālō o Ātua 'i Saute

4. **Faleālili**
1. 'Ili'ili ma Sāleilua
2. Poutasi
3. Vāovai

4. Matāutu
5. Tafatafa
6. Matāvai
7. Malaemalu
8. Sātalo
9. Sāpunaoa ma Fale'ulu
10. Piu
11. Sālesātele
12. Si'uniu
13. Salani
14. Utulaelae
15. Sāpo'e

Fa'alupega o Faleālili

Tulouna le āfifio o Alaalagafa, ma laulua nofo a tulāfale
Le āfifio o 'āiga ma alo o Fānene
Le mamalu i tāuā na 'ese'ese iā Faleālili

5. **Lotofaga**
    1. Matātufu
    2. Lotofaga
    3. Vavau

Fa'alupega o Lotofaga

Tulouna pa'ia o le 'āiga Sālevālasi ma lā lātou tama
Lau afioga a le sa'o fa'apito Fiamē ma lou faleagafulu
Maliu mai ali'imau o fale'upolu
Susū mai le va'a taumualasi
Ma le 'āiga Sāsitagatā
Alaalata'i le mamalu o le Faleātua

6. **Lepā**
    1. A'ufaga
    2. Vāigalu
    3. Lealatele
    4. Sāleapaga

Fa'alupega o Lepā
Tulouna le pa'ia o ma'opū taulagi
Le afio o Fa'aolotoi ma ou sa'otā
Afio le usoali'i ma alaalamalae
Maliu mai tama pūnefu
Le fetalaiga i le faleātua
Ma salefao

7. **Āleipata**
   1. Lalomanu
   2. Vailoa
   3. 'Ulutogia
   4. Sātitoa
   5. Mutiatele
   6. Sāle'a'aumua
   7. Utufa'alalafa
   8. Sāmusu
   9. Āmaile
   10. Ti'avea

Fa'alupega o Āleipata
Tulouna le afio o Tuiātua fa'anofonofo
Āfifio alaalamalae, le falefia o ali'i ma ma'opū
Susū pule na ta'ita'i i Lalovī ma Malaefono
Susū le ali'i o le itū ma le tāne o le itū
Maliu mai Sāle'a'aumua ma le Lautīnalaulelei

Sāmoa i Sasa'e

'O vaevāega nei o itūmālō 'o Sāmoa i Sasa'e po 'o 'Amerika Sāmoa.

Itūmālō o Sua
1. Fagaitua
2. Āmaua
3. Lauli'i
4. Āfono
5. Masefau
6. Sā'ilele
7. Masausi

Fa'alupega o Sua

Afio mai lau afioga Le'iato na 'autasi 'i ai Sua ma le Vāifanua
Afio mai tapa'au ma ponao'o o Sua ma le Vāifanua
Maliu mai matua ma le mamalu o Sāmātua Faigā
Ma 'upu i le Alātaua

Vāifanua

1. Ālao
2. Tula
3. 'Onenoa
4. 'Aoa
5. Vatia

Fa'alupega o Vāifanua

Susū mai alo o Salamāsina
Afio mai tapa'au ma ma'opū
Le mamalu o Sāmātua Faigā ma le Fatuala
Ma 'upu i le Alātaua

Itūmālō o Sā'ole

1. 'Aunu'u
2. Utumea i Sasa'e
3. Amouli
4. Ālofau

Fa'alupega o Sā'ole

Tulou le itūmālō o Sā'ole
Afio lau afioga Faumuinā 'o le tupu fia ma 'āiga
Āfifio afioga i sa'o ma lūpega
Afioga i matua ma ma'opū
Susū le tama a 'āiga
Alaalata'i fofoga o Sā'ole
Ma le mamalu o le itūmālō

Launiusāelua

1. Aūa
2. Leloaloa
3. Pagopago
4. Fagatogo

5. Utulei
6. Faga‘alu

Fa‘alupega o le Launiusāelua

Tulouna le pa‘ia o le Launiusāelua
Afio le ma‘oputasi o le tama fa‘asau a Sua ma le Vaifanua
Fofō ma Aitulagi, Itū‘au ma Alātaua
Susū tei ma anoalo, ma tama fānau
Afio le toeali‘i, ma le sa‘o usoali‘i
Āfifio tapa‘au ma ‘āiga
Maliu mai lau tōfā Tuāolo na faleagafulu ‘i ai le motu
Maliu mai le falefā ma le fetalaiga i le Launiusāelua

‘O Itū‘au

1. Fagasā
2. Matu‘u
3. Faganeanea
4. Nu‘uuli

Fa‘alupega o Itū‘au

Tulouna le mamalu o itū‘au
Susū mai ma‘opū ma le to‘afia o ali‘i
Susū mai matua ma Tāumafaalofi
Le mamalu o le falevalu
Ma le fetalaiga a Itū‘au mālosi

Itūmālō o Fofō

1. Leone
2. Āmalu‘ia
3. Āsili
4. Āfao
5. Nua
6. Se‘etaga
7. Fa‘ilolo ma Agugulu
8. Amanave
9. Poloa
10. Fagali‘i
11. Fagamalo

Fa'alupega o Fofō
Tulouna le itūmālō o Fofō ma le Alātaua
Afio lau afioga a le fa'atui o le motu
Susū mai malu o le fale
Afio ali'i fa'asisina ma alaala matuātala
Afioga i ma'opū ma tāumafaalofi
Le mamalu o tāuto'oto'o
Le fetalaiga iā Sāmatuafaigā ma le tāpua'iga
Fa'apea 'upu iā Fofō ma le Alātaua

Itumālō o Aitulagi
Tuālāuta
1. Tāfuna
2. Faleniu
3. Pava'ia'i
4. 'Ili'ili
5. Vaitogi

Fa'alupega o Tuālāuta
Afio lau afioga a le pūnefu Letuli
Susū le nofo a sa'o i le Tuālāuta
Maliu mai le nofo a pule o le Alātaua

Tuālātai
1. Vailoa
2. Taputimu
3. Fūtiga
4. Malaeloa

Fa'alupega o Tuālātai
Afio Sātele ma alo o Fānene
Susū le matua ma le falefia o ali'i
Maliu mai tauto'oto'o
Mamalu o Faleālili ma le faletolu ma le fetalaiga a Itū'au

Fa'alupega o Aitulagi
Tulouna le mamalu o Aitūlagi
Afio afioga a ma'opū ma le nofo a sa'o
Susū maluolefale, ma le afio o alo o Fānene

Maliu mai le ‘āiga Aitulagi ma le matua
Le mamalu o Tuālāuta ma Tuālātai
Le fetalaiga a tāuto‘oto‘o ma ‘upu iā Aitulagi

Leāsina

1. Aoloau
2. Asu

Fa‘alupega o Leāsina
Tulouna le afioga i le Gafatasi ma tei o Fuimaono
Afio Luaalemana o le tama a le aitu ma le tagata.
Maliu mai ‘outou tula ma le fetalaiga a Leāsina ma Sātoa

Itūmālō o Manu‘atele
‘O Manu‘a, e aofia ai motu e tolu, ‘o Ta‘ū, ‘Ofu, ma Olosega. Sā tasi lava le itūmālō o Manu‘a, ‘ae ‘ua vāevae i nei aso ‘ona ‘o faigāmālō ma faigāpālota.

Itūmālō o Ta‘ū
1. Lumā
2. Si‘ufagā
3. Faleāsao
4. Aga‘e
5. Saua

Itūmālō o Olosega
6. Olosega
7. Sili

Itūmālō o Ofu
8. ‘Ofu

Fa‘alupega o le Manu‘atele
Tulouna ‘oe i le Motu Sā
Afio le Afioali‘i
Le Lā‘au na Amotasi, ma Ali‘i Fa‘atui
Le mamalu o To‘oto‘o o le Fale‘ula
Ma ‘upu o le Manu‘atele

III. FA'ALUPEGA O MALAE MA MAOTA O ITŪMĀLŌ

'O se mea tatau i tamāli'i 'uma o Sāmoa 'aemaise lava failāuga, tulāfale ma fale'upolu; to'oto'o ma tāuto'oto'o; sa'o 'aumaga ma 'aumaga, ona mālamalama ma mātau igoa o malae fa'ailogaina o le atunu'u. E lē gata 'i malae 'a 'o maota o tamāli'i ma tupu, 'ae fa'apēnā fo'i i laoa o tulāfale ali'i.

So'o se failāuga tomai i le aganuu e 'āmata lava lana lāuga i le fa'apa'iaina o malae ma maota o le nu'u. Mo se fa'ata'ita'iga: e māsani ona fa'apea tulāfale pe 'ā lāuga,

'Ua pa'ia Lalogāfu'afu'a 'auā o le malae o Tūmua.
'Ua pa'ia fo'i Mulinu'ū, 'o le maota o le Tuiātua.

'O aso anamua sā na'o le sefulu lava malae iloga po 'o malae tau'ave o le atunu'u pe 'ā fai lana aganu'u, ma 'o o lātou tulāfale fo'i e ta'ua 'o fale'upolu o tōfiga 'auā 'o lātou ia 'ua 'uma ona tofi mo le faiga o 'upu o itūmālō i le vā ma le atunu'u. 'O failāuga lā mai malae tōgia nei; na'o lātou lava sā tutū mo le fa'atau pe 'ā fa'atasi le atunu'u:

'Upolu:	1.	Lalogāfu'afu'a i Lufilufi	Ātua
	2.	Ma'auga i Leulumoega,	Ā'ana
	3.	Malie ma Vāito'elau i Malie ma Afega	Tuamāsaga
Savai'i:	4.	Fuifatu i Sāfotulāfai	Fa'asālele'aga
	5.	Fīnao i Sāfotu	Gāgaifomauga
	6.	Vaitu'utu'u i Sāle'aula	Gāga'emauga
	7.	Vailoa/Faleao i Vailoa	Palauli
	8.	Faletoi i Sātupa'itea	Sātupa'itea
	9.	Mati'a ma Ti'atu'au i Āsau	Vaisigano
Manu'a:	10.	Malaetele i Ta'ū	Manu'a

'O isi malae 'uma 'olo'o i le lisi i lalo, 'o isi nā 'o malae 'ua fa'atāuaina i aso nei 'auā 'ua tupu le atunu'u ma to'atele ona tamāli'i. 'O le isi itū tāua, 'o le tāofia ai o le fegāsoloa'i mamao o le atunu'u pe 'ā fai fa'alavelave tetele. Sā ta'ua i aso anamua i le aganu'u fa'apea, e fa'aigoa malae, 'o fata faitāulaga. 'O maota o ali'i sā ta'u o mālumalu. 'O fa'alupega o le atunu'u sā 'avea ma vī'iga e osi ai le tāulaga, ma 'o tulāfale, sā fa'aigoa 'o ositaulaga sili. E mimita ma fiafia tamāli'i o nu'u pe 'ā fa'alagi atu o lātou malae ma o lātou maota.

Malae o le Atunu'u 'Ātoa

Itūmālō	Malae	Nu'u e Iai le Malae
Mālō o Sāmoa	Tiafau	Mulinu'u
Ātua	Lalogāfu'afu'a	Lufilufi
Ā'ana	Ma'auga	Leulumoega
Tuisāmau ma 'Auimatagi	Malie ma Vaito'elau	Malie ma Afega
Fa'asālele'aga	Fuifatu	Sāfotulāfai
Palauli	Vailoa ma Faleao	Vailoa
Sātupa'itea	Faletoi	Sātupa'itea
Vaisigano	Mati'a ma Ti'atu'au	Āsau
Gagaifomauga	Fīnao	Sāfotu
Gaga'emauga	Vaitu'utu'u	Sāle'aula
Sua	Laloniu ma Falemalama	Lauli'i
Vāifanua	Malaeomanū	Tula
Sā'ole	Aloitafanua	Alofau
Launiusāelua	Gāgamoe	Pagopago
Fofō ma Alātaua	Laloifi	Leone
Itū'au (Malaeloa)	'Ainiutea	Malaeloa
Ma'opū	Lupelele	'Ili'ili
Aitulagi (Malaeloa)	'Ainiutea	Malaeloa
Leasina	Sili'aga	Aloau
Mālō 'Amerika Sāmoa	Malaeoletalu	Fagatogo

E tatau fo'i ona silafia e le failāuga nu'u e pūlea itūmālō ma o lātou malaefono 'ātoa ma suafa o Sāvali e tala'ia ia fono; e pei lā 'o le fa'ata'ita'iga 'olo'o tūsia i lalo:

Puleono o Salāfai	Malaefono	Sāvali
Sāfotulāfai	Fuifatu	Tagaloatea
Sāle'aula	Vaitu'utu'u	Le'imoa
Palauli	Vailoa	Sāoletaulua
Sātupa'itea	Faletoi	Vasa
Sāfotu	Fīnao	Letuna
Āsau	Mati'a ma Ti'atu'au	Vaisigano

Tumua o 'Upolu	Malaefono	Sāvali
Lufilufi	Lalogafu'afu'a	Leusogama'alou
Leulumoega	Ma'auga	Umaga

Tuisāmau ma ʻAuimatagi	Malie ma Vaitoʻelau	ʻAuimatagi
ʻĀiga I le Tai	Faleū ma Utuagiagi	Māina ma Tavaʻe
Vaʻa o Fonotī	Vaituʻu	Fea
Itūʻau ma Alātaua	Nuʻusuatia	Faʻaalātaua

Fetuatuanaʻiga o Malae o Ātua

Na māfua lenei ʻupu po ʻo lenei faiga o le fetuatuanaʻiga o malae o Ātua, ʻona ʻo le saʻiliga o ni tōga i ʻāiga o le tama o Fuiʻavailili ʻina ʻoleʻā faʻasuafa ʻiā Tupua ma faʻaeʻe ʻi ai pāpā o le Tuiātua. ʻO le uiga o lenei ʻupu "fetuatuanaʻiga o Malae o Ātua," ʻā mativa pe lē lelei lafo o tulāfale o le isi malae, ona tua lea ʻi lafo o faleʻupolu o le isi malae e pei lā ʻo le mea lea:

E tua Mulinuʻū i Niutupu. Tatala le lafo o Manuō.
E tua Niutupu i Vainuʻū. Tatala le lafo o Molioʻo.
E tua Vainuʻū i Vaieʻē. Tatala le lafo o Iuli.
E tua Vaieʻē i Vaiʻiliʻili ma Fogāvaiuta. Tatala le lafo o Moeʻonoʻono.
E tua Vaiʻiliʻili iā Salani ma Alofisula. Tatala le lafo o Tofuaʻeofoia.
E tua Salani ma Alofisula i Falefasa. Tatala le lafo o Taloolemaʻagao.
E tua Falefasa i Faleniu ma Faletoi. Tatala le lafo o Faʻautagia.

Maōta o Tama a ʻĀiga ma Tamāliʻi o le Atunuʻu

E faʻalagi foʻi e le failāuga mamalu o maota i lana lāuga. ʻO le mea foʻi lea e tatau ai ona mātau suafa o maota o tamāliʻi iloga o le atunuʻu e pei ona tūsia i lalo.

Tama a ʻĀiga	**Maota**	**Nuʻu e Iai**
Tuiātua	Mulinuʻū	Lufilufi
Tuiāʻana	Nuʻuausala	Leulumoega
Mālietoa	Matāniu Feagaimaleata	Sapapāliʻi
Mālietoa	Vaopipi	Malie
Matāʻafa	ʻAnapapa	Amaile, Āleipata
Tuimalealiʻifano	Mātanofo	Falelātai
Tuimanuʻa	Faleʻula/Malaetele	Taʻū, Manuʻa

GĀLUEGA FAUTUAINA

ʻO se matāʻupu telē lenei matāʻupu ʻona ʻo le taulotoga o faʻalupega ʻeseʻese ʻina ʻia saʻo. E fautua atu ai i faiāʻoga ʻina ʻia tele ona faʻatino le faʻaaogāga o faʻalupega ma faʻalagiga i taimi ʻuma e talanoa ai. ʻO le taimi foʻi lenei e fetaui tele ai faigāsoʻo ma nuʻu ma itūmālō ʻeseʻese, ʻina ʻia mafai ai ona gālulue faʻatasi le ʻau suʻesuʻe ma failāuga moni o nuʻu ma itūmālō. E lē aogā ona naʻona aʻo faʻatauloto faʻalupega ma faʻalagiga ʻauā ʻo le ʻupu moni, e ʻuma loa foʻi le vasega toe galo. Tusa lava po ʻo fafo atu o Sāmoa ʻoloʻo fai ai le vasega, ʻae ʻoloʻo iai ʻi ia nōfoaga e pei ʻo Hawaiʻi ma Niu Sila failāuga o alaalafaga ʻeseʻese o Sāmoa e mafai ona faʻafesoʻotaʻi ma faʻaaogā i le faʻatinoga o lenei matāʻupu.

Masalo ʻo se isi fautuaga faigōfie i le vasega, ʻo le faʻaaogāina lea ʻo ni ata (*video*) o ni lāuga o faʻalavelave, e tagatagaʻi ʻi ai le vasega ma iloilo ai lisi o faʻalupega ma faʻalagiga e pei ona tūsia i lenei tusi. Faʻatalanoa le vasega i mea tōgia o lāuga ma faʻaaogā le ata e vaʻai ai po ʻo se failāuga lelei lea e lāuga pe leai. ʻIa fafau pe seti lelei ni togi (*criteria*) e faʻamasino ma iloilo ai tūlaga o lāuga, ʻaemaise ai po ʻo le ā se saʻo e oʻo ʻi ai le lāuga a le failāuga. ʻO ni faʻataʻitaʻiga o togi e faʻapea:

ʻO se fua mai i le tasi, tolu, ma le lima. ʻĀ tasi, ʻo lona uiga e matuā leaga; ʻā tolu ʻua feoloolo; ʻa ʻo le lima e māoaʻe le lelei. E mafai ona faʻaaogāina lea fua e iloilo ai tūlaga o faigālāuga i ata (*video*) po ʻo ni lāuga a le vasega. ʻO ni faʻataʻitaʻiga nei o mea tōgia o ni lāuga:

	matuā leaga	feoloolo	matuā lelei
	1	3	5
Faʻalupega:			
Faʻaleoga o ʻupu ma le leo:			
ʻO aga a le failāuga:			
ʻO le mamalu o faʻaʻupuga:			

ʻO le iloiloga o se gāluega po ʻo se matāʻupu, ʻo se tasi lenei faiga e vave ai lava ona māfaufau loloto le vasega ʻi le aogā o matāʻupu ʻoloʻo aʻoaʻoina. E faʻamanatu atu ai le tatau ona silafia lelei e le faiāʻoga metotia ʻeseʻese e iloilo ai se matāʻupu; e lē gata ʻi suʻega fai ʻi pepa, ʻaemaise lava ʻo suʻega faʻatino e pei ʻo se faʻatinoga o se lāuga, tufaga o le ʻava, ma isi mau fōlafolaga. Manatua lelei, ʻo le tele o matāʻupu i le aganuʻu a Sāmoa e tatau ona faʻatino, ona lagolago lea ʻi ai ʻo ni tusigā manatu (*term papers*) e faʻavae i luga o ia faʻatinoga.

ILOILOGA O LE MATĀ'UPU

Vāega I

Tali 'i fesili ia:

1. 'O ā ia mea o fa'alupega?
2. 'Aiseā e fa'alagi ai fa'alupega?
3. Tusi mai fa'alupega o le matai o lo 'outou 'āiga.
4. Tusi mai fo'i fa'alupega o lo 'outou nu'u ma le itūmālō.
5. 'O 'Aumua e sau mai 'i le itūmālō o Faleālili. Se'i tusi mai lā fa'alupega o Faleālili.
6. 'O vāega e sili ona lelei o lau lāuga, 'o le maua lelei 'o.

Vāega II

Fa'avasega sa'o itūmālō o Sāmoa po 'o fa'alupega 'olo'o i le lisi, i lalo tonu o faigāmālō e auai:

	'Amerika Sāmoa	Sāmoa Tūto'atasi
1. Leāsina		
2. To'oto'o o le Fale'ula		
3. 'Āiga i le Tai		
4. Itū'au mālosi		
5. To'o o le Fua		
6. Pule ma Tūmua		
7. Va'a o Fonotī		
8. Tuālāuta		
9. Launiusāelua		
10. Sālega		
11. Fofō		
12. Sā'ole		
13. Motusā		
14. Faleagafulu		

Vāega III

Fa'atūlaga mai le fa'asologa o fa'alupega e māsani ona fa'alagi ai pa'ia ma mamalu o le Fono a le Mālō o 'Amerika Sāmoa.

Vāega IV

'Ua 'e alu atu i le fono a le 'Ekālēsia (E.F.K.S.). E fa'apēfea ona fa'asolo o lātou fa'alupega pe 'ā fai sou manatu i le fono?

FA'ALEOGA MA FA'AUIGAGA O 'UPU

alaalata'i	āfifio; nonofo mai
alaalamalae	tamāli'i e nonofo i malae o le nu'u
ali'i fa'atui	tamāli'i o Manu'a
ali'ita'i	ali'i sili
anamua	'o aso 'ua leva
Itū'au ma Alātaua	nu'u e fa'amoemoe 'i ai faiga o taua
ositaulaga	'o le faia o lotu po 'o tāpua'iga
fa'ailogaina	tāua
fa'alupega	'o pa'ia ma mamalu o le atunu'u
fa'amālūlū	fa'amalie
fa'apa'iaina	fa'amamaluina
fetuatuana'iga o malae	e tua le isi malae i le isi malae; felagolago mai
fuaifale	itū'āiga o se 'āiga
Lā'au na Amotasi	Tuimanu'a
Lalogāfu'afu'a	malae o Lufilufi
laoa	fale o tulāfale
Malaetele	maota ma le malae i Manu'a
mālumalu	falesā
matāfaioi	gāluega fai
muā'au ma muli'au	muamua ma mulimuli
Nu'uausala	maota o le Tuiā'ana
Sālevālasi	'āiga pa'ia o Sāmoa
sāofa'iga ma aitu	fono a le itūmālō o Faleata
sa'ousoali'i	tamāli'i o 'āiga ma nu'u
seanoa	semanū
tapa'au	tamāli'i
To'oto'o o le Fale'ula	failāuga o Manu'a
Tuiātua	tupu o Ātua
tula	tulāfale ali'i
tulouna	fa'amaualalo
tūmua	e tū muamua po 'o le ta'imua;
va'ataumualasi	'āiga e tele gafa māualuluga

MATĀ‘UPU 4: ‘O LĀUGA ‘ESE‘ESE

ʻUPU ʻĀMATA

ʻOloʻo manaʻomia tele e tagata lotoʻāiga le atamai i le faiga o lāuga ʻeseʻese o faʻalavelave fai a ʻāiga ma nuʻu, ʻina ʻia lē toe taufesili ʻi se isi. ʻO tagata tau faʻataʻitaʻi e tatau ona ʻāmata i nai lāuga faigōfie, pe ʻā fai talanoaga a ʻāiga po ʻo fono a nuʻu; ʻa ʻo leʻi oʻo ina tū lona toʻotoʻo i malae. ʻIa ʻāmata foʻi ʻi nai alagāʻupu faigōfie ma nai faʻalupega māsani o aso ʻuma, seʻia mautū lelei le talitonuga i faʻavae o le fauga o lāuga; ona faʻatoʻā oʻo atu ai lea ʻo le agavaʻa i faʻaʻupuga loloto.

E manatu ni isi failāuga, e tatau ona muamua le faʻafetai i le Atua ʻi lō le ʻava pe ʻā fai le ʻava o feiloaʻiga; ʻae peitaʻi, e lē tāua le felaʻasaʻi o vāega o le lāuga, ʻae tāua le aofia o vāega ʻuma e tatau ai mo le lāuga. Toe tepa i tua ʻi itūlau ʻoloʻo lisi atu ai vāega o se lāuga; ona faʻaaogā lea ʻo lenā lisi e iloilo ai lāuga ʻoloʻo sosoʻo mai, po ʻo aofia ʻuma ai vāega tāua o lāuga. ʻO lona uiga, po ʻo le ā le faʻasologa ʻo iai ia vāega i lāuga taʻitasi?

ʻĀfai ʻoleʻā fau sau lāuga, ʻia fesili po ʻo le ā le faʻalavelave lea ʻoleʻā ʻe sāunoa ai, ona faʻataʻatia muamua lea ʻo le ʻauivi o le lāuga. E iai lāuga moni lava faʻaleaganuʻu, e tatau ona āmanaʻia lelei ai ona vāega; e pei ʻo lāuga o aliʻitāeao; ʻo lāuga o fesāgāʻiga o paolo; ʻaemaise foʻi lāuga o le ʻavega o siʻi ʻi faʻalavelave tetele faʻaleatunuʻu. E toe faʻamanatu atu i le ʻau failāuga, ʻo le vāega e sili ona tāua o se lāuga, ʻo le saʻo lelei o faʻalupega o tamāliʻi ma faʻalupega o ʻāiga, nuʻu, ma le itūmālō. ʻO le isi foʻi itū e sili ona mātau, ʻo le māfuaʻaga tonu lava o le sāuniga po ʻo le faʻalavelave e māfua ai ona ʻe lāuga. ʻĀfai ʻua felaʻuaʻi le faʻasologa o vāega o lau lāuga e lē afāina; ʻa ʻia manatua lava vāega ʻoloʻo tūsia muamua.

ʻIa sāunoa ma fetalai faʻatamāliʻi, ʻae ʻaua le māpo lāuga ʻae galo ai ona faʻalagilagi paʻia o le atunuʻu, ma galo ai vāega tāua o le lāuga po ʻo le ʻanolāuga.

I. ʻO LĀUGA ʻESEʻESE

ʻUa tūsia lāuga i le ʻauala e faigōfie ai ʻi tamaiti āʻoga ona faʻataʻitaʻi le tautala pe ʻā fai lāuga. ʻO lāuga ʻoloʻo faʻasolo mai i lalo o lenei vāega muamua e aofia ai lāuga o feiloaʻiga i fonotaga ma lāuga o feiloaʻiga i aliʻitāeao ma usu faʻaaloalo i mālō.

'O le Lāuga o le Feiloa'iga

'Ou te fa'atulou i le pa'ia tele o Sāmoa ma lenei aso.
'O Sāmoa 'o le atunu'u 'ua 'uma ona tofi.
'O Sāmoa fo'i o le i'a iviivia.
E leai se vave o Sāmoa e mafai ona auauina
'Ia soliga'a ia le seuga; 'ae lepa i le foe le va'a o le tautai ali'i.
E'e maia i ou lagi tau Sāmoa,
'A 'o le afio mai o le mamalu o le mālō o 'Amerika Sāmoa,
'I le ali'i Kovana ma lana tāupulega
Le fa'amasino sili ma lona 'ōfisa;
Le mamalu o le fono Faitulāfono;
Le afioga i le Peresetene ma le Fofoga Fetalai,
Le mamalu o maota e lua.

'O le pa'ia lava lea iā Sua ma le Vaifanua,
Fofō ma Aitulagi, Itū'au ma Alātaua,
Sā'ole ma le Launiusāelua ma le afioga a Ma'opū.
Fa'apea fo'i 'i Fa'atui ma To'oto'o o le Fale'ula.
Afio fo'i lau afioga i le ali'i Faipule,
'O le tofi filifilia o le atunu'u i le Konekelesi
O le Mālō Tele o le Iunaite Setete o 'Amerika.
Fa'apea fo'i le āfifio atu o sui mamalu o le Mālō Tele o 'Amerika;
'I le Peresetene ma tūlāgātofi 'ese'ese o le mālō.

'O le aso lā lenei ma le fesilafa'iga mātagōfie,
E leai sē toe tautala fa'atālaleu, 'auā 'ua laga le mafua;
Ua pu'e fo'i le tauvao ina 'ua ali'itia fanua.
'Ua mata tamāli'i; 'ua matatūmua ai le tāeao.
E ui 'i se tōfā sā liliu po 'o se utaga na moe,
E 'āusaga lē tūvae i le pule a le Atua
'A 'o le asō 'ua tūmālō le alofa o le Atua, fa'afetai.
'Ua tātou fesilafa'i manuia i luma o le nu'u, 'ae lē 'o tua o le nu'u.
'Ole'ā fa'ata'alolo lā le alofa o le Atua i ana 'au'auna,
'O ē 'olo'o logologo mai le manuia.

'O 'upu i tāeao fa'alupea o Sāmoa,
'O tāeao lava 'ua 'uma ona tu'umatāmaga.
'Ole'ā 'ou lē tautala 'i ai
'Auā e matua le tu'u iā Tūmua ma Pule,

E fa'apea fo'i 'i le Falesefulu ma To'oto'o o le Fale'ula.
'A 'o le asō, 'ole'ā lē matafauloaina so mātou leo
'I tulaga ma taualumaga 'uma o lenei fa'amoemoe,
E pei ona e'e mai le mamalu.

'Ia alofagia e le Atua, 'ia fa'ai'uina i le manuia.
'A 'o se tāeao po 'o se aso, 'āfai 'ole'ā tatala le filiali'i
Ma ta'ape le fuāmanusina,
'Ia malutia i 'a'ao alofa o le Atua.
'Ole'ā mātou mālōlō atu.
S.U.S.

'O le Lāuga o le 'Āmataga o le Fono
E muamua ona 'ou taia le puna o ao
'Auā pa'ia sāutua fafafa ma mamalu lē popo o Sāmoa
I le pau mai 'i le Malaetele na ma'ape ai tōfiga o le motusā.
Pau mai 'i le Analega sā teu ai mālō
'Ae valo'ia ai Keriso ma lona finagalo.

'O Sāmoa o le atunu'u tofi; e lē se atunu'u taliola.
Ua 'uma ona tofi 'i le malae o le vavau,
Ua 'uma fo'i ona tofi 'i Tulimataala ma Si'uolefaitoto'a.
Ua 'uma fo'i ona tofi 'i Si'umo'o ma Vaioa.
'O Sāmoa o le maota ua so'o ona ta'iao.
'O le sami e lē so'ona fāgotaina e se tautai.
Ua ta'oto a alao'o ona mamalu.
E le toe tapuvaela'aina.
Pe utuvai tofo 'i ai se tasi 'i le papa lē gae'e o tupu
Ma le fala lē se'e o fale'upolu.

E ui 'ina māualuluga mauga ma tāgutugutu le vao lea,
'Ae 'ua iloga tūlagā'a'ao o tama ma o lātou 'āiga,
'O 'āiga fo'i ma a lātou tama.
E loloto le sami, 'ae 'ua iloga penina tautele ma ona ma'a tāua.
E tusa fo'i pē maualuga le lagi
'Ae 'ua iloga ona fetū mō fōlauga, ma ona tolotolo faitauina,

'Ae 'ole'ā ifo tonu loa ū o le tōloga
Ma ta'utino le solo a le tamāloa e tusa ma lenei aso.
'Ole'ā 'outou fa'afofoga i le polokalame o le a'oa'oina

Ma le fa'amautūina o le tātou gagana ma a tātou aganu'u
Lea 'ole'ā sāunoa 'i ai le fa'atonu o lenei matā'upu.
Fa'afetai fa'afofoga mai.
S.U.S.

'O le Lāuga o le Usu
Sā ta'i alalo nei le i'a a Sāsa'umani
Ma fetu'una'i le muniao i le nofo a tula, 'o le 'ekālēsia i Waimanalo;
Fa'apea fo'i fale'upolu o le matāgāluega a Hawai'i,
'Ae tainane se fa'atala'u'ula
'I se fa'amanuiaga mai i toea'i'ina o le matāgāluega.
Ma 'ua tasi ai nei le finagalo,
'O a'u 'ole'ā fa'alēagatonuina le afio mai o le faigāmalaga mamalu.

'Ia, tulouna ia lou lagitō 'i le 'ea; tulouna lou lagitō 'i ala.
Tulouna lou va'a na tau mai gātai.
Tulouna lou lefulefua mai.
'A! Sē! 'Ua fa'amālō le malaga manuia.
Mālō le soifua lāulelei.
'O lea 'ua lele mai le lupe o le vāteatea ma 'ua ifo i le faga.
'Ua salatonu fo'i lou lā i le maota o le gāluega
'I le mea e susū ai le susuga a le Toea'ina Fa'atonu
'O le maota o le fa'afeagaiga taulagi a le 'ekālēsia a Waimanalo.
'A 'o se maota fono tau'ave fo'i o le matāgāluega i Hawai'i nei.

'I le 'ua pa'ia lā le maota 'auā 'ua fa'atauata le malama,
'Ua fa'afesāga'i sega'ula.
'O lea 'ua nōfoia pou o matuātala.
'Ua nōfoia fo'i talālumaga 'auā 'ua alaala fale'upolu o tōfiga.
'Ua pa'ia fo'i le talātua 'auā 'o lea 'ua sasao le 'aumaga
'Auā gāluega o le agatonu o le alofi ma le fesilafa'iga.
'Ua afio mai 'i lenā itū o le maota le afioga a le Tagaloa,
'O le ali'i o le nu'u; 'o pa'ia o Ao ma Pāpā e fā ma fale'upolu o tōfiga.
'O pa'ia fo'i o le 'āiga Sālevālasi ma le mamalu iā Sāfune,
Ma Taulauniu ma Sālemuli'aga.
Fa'apea fo'i le afio o tapa'au, 'āiga ma gafa,
'O tupu ma tamāli'i, 'o le usoga a Tūmua ma Pule,
Tainane fo'i le mamalu o fale'upolu

Ma vāega ʻeseʻese o le faigāmalaga.

ʻĀ tuʻu mai foʻi ʻi lenei itū o le maota,
ʻO paʻia o le Atua ma paʻia faʻaleatunuʻu.
ʻO lea e susū atu le susuga a le toeaʻina faʻatonu;
Susuga foʻi a toeaʻiʻina o le matāgāluega a Hawaiʻi.
Susuga i aʻoaʻo ma tiʻākono.
ʻO paʻia ʻuma ia o lo tātou aso.

ʻAe ʻou te ʻave atu mālū i puʻega
ʻI le afio mai o le faigāmalaga
ʻOna ʻua lē lelei se ʻava faʻatali a susuga i toeaʻina o le matāgāluega.
Tālofa i lau faʻasoa faʻalēʻaʻuʻaʻu;
ʻUa laulau toafa tuāmaota o le ʻekālēsia.
ʻUa tuāfale i mauga ʻae lumāfale i le vaitafe;
ʻUa lē māuʻava foʻi le tamālōa Sāfata.
E ui ʻi lea, tātou ʻava māgalo ia i le alofa o le Atua.

Peitaʻi, ʻua ʻe pule ʻava ma ʻua sua foʻi le laulau.
ʻĀ sau se itūlā, tapa se ipu i lau afioga a le Tagaloa.
Tapa se ipu i tapaʻau ma tamāliʻi o le faigāmalaga.
Taʻi foʻi se ipu i susuga a toeaʻiʻina o le ʻekālēsia.
Tāumafa se ʻava a le fuaʻauala ma faleʻupolu nei.
ʻA ʻo se ʻava e totoe, ʻia saʻafua ia ma Faleālili.

ʻA ʻo le faʻafetai i le Atua ma lona alofa, e lē faʻaitiitia
ʻAuā ʻana lē alofa le Atua, e lē taunuʻu lo ʻoutou faʻamoemoe.
E lē taunuʻu manuia foʻi a ʻoutou fuafuaga.
ʻO lea ʻua tātou feiloaʻi ai nei ʻi le maga o le fetau soifua,
ʻI puʻe o manū ʻae lē ʻo puʻe o mala.
ʻI le lagi e mamā ʻae lē ʻo le taʻape o pāpā.
ʻUa tātou feiloaʻi fiafia i le āva fatafata e pei ʻo le ʻupu iā Sāoluaga.
ʻUa tātou feiloaʻi foʻi ʻi le ava tuli ʻae lē ʻo le siʻu lā.

ʻO ai o tātou ma lo ʻoutou mamalu e fai sona loto
ʻI le finagalo fai toʻatasi o le Atua?
Leai, ʻo le pule lava a le Atua, ʻo le tao e velo i le māninoa;
E leai se mālosi e mafai ona sapoina ma toe faʻafoʻi mai.
ʻO ʻitātou o le faʻatoʻaga a le Atua. Tulou!
E faʻi le pula, e toli foʻi le moto.

E 'a'ami le tupu, e 'a'ami fo'i le tagatānu'u.
'Ae lafo ia i le 'aufaigāluega a le Atua, lātou te tālosia lo 'outou soifua
Ma tāpua'ia lo'outou fa'amoemoe.

'O tāeao usu e ono o le atunu'u ma isi mau tāeao
E leai se isi e fa'atālalau 'i ai 'auā o tāeao pa'ia.
'O tāeao mamalu o tupu, ma tāeao o le Talalelei.
'A 'o le tāeao tāua lava mo tātou,
'O le tāeao lenei 'ua tātou feiloa'i fiafia ai.
'O le tāeao 'ua talia lelei ai e le susuga a le toea'ina
Ma lenei 'ekālēsia la 'outou faigāmalaga.
'O tāeao lā fa'apēnei e fa'aalia ai lo tātou feālofani
Ma le vāfeāloaloa'i fa'atamāli'i a tagata o Sāmoa.
Nu'unu'u atu lā tāeao i fale'upolu o tōfiga,
'Aemaise le tāpua'iga a Tūmua ma Pule
Ma le tāpua'iga a le Faleagafulu ma le Manu'atele.

'A 'o pa'ia o Sāmoa, ma pa'ia o le faigāmalaga,
E fa'apea fo'i pa'ia o lenei itū;
'O pa'ia lava ia o 'āiga ma a lātou tama,
'Ua ta'oto 'a 'o se i'a mai moana; 'ua fofola fo'i fa'aalao'o.
'O mamalu e lē fōufouina e se isi 'auā 'o le fale e tulutulu i tao,
Ma 'o pa'ia 'ua 'uma ona tofitofi ma tu'umatāmaga.

'O lenei aso ma le tātou māfutaga,
'Ua lē tūnoa faiva o Sāmea.
E lē falala fua fo'i se niu.
'Ua logo le faulologo;
'Ua gagana fo'i le pu'agagana o le tālafātai;
'Ua mātou mālamalama i la 'outou tu'utu'u lā'au mai fa'amanulāiti
Le mamalu o le fa'atemokarasi a matai
Ma le afio mai o Tagaloa, la 'outou ta'ita'i malaga,
Ma le pa'ia o 'āiga e fia;
'Aemaise a 'outou fetalaiga Tūmua ma Pule.
Tālōfa e, 'ua 'outou uia ala o le mativa
'Ona 'o le fia atia'e o le fa'amatai a Sāmoa.

E momoli atu ai le fa'afetai ma le fa'amālō
A susuga i toea'i'ina ma lenei matāgāluega

'Ona 'o lo 'outou agāga so'ofa'atasi
E atia'e ni mea fou.
E lē tau selu atu, 'a 'o le mea moni
E lē pa'ū fua lou tou āfu sisina.
Tau ia 'ina' ia alofa le Atua, 'ia mū la 'outou tāulaga,
'Ua māfua ai ona masi'i mai 'ae tu'ua 'āiga ma fānau.

'Ia manatua, 'o lē tele āna e lūlū, e tele fo'i āna e selesele.
E ui lava 'ina le'i tau lau o le fa'amoemoe
'Ae lafo ia i le Atua Na te fa'atupu le alofa o tagata Sāmoa
E fōa'i atu ai ni tupe se tele mo 'outou.

'Ole'ā lē matafauloaina sa mātou 'upu
'Ae ia mamao ni ao lēlea i le faigāmalaga.
'Ia 'aua fo'i ne'i pa'ū le māsina pe gasetoto le malama
'I 'āiga pa'ia ma 'āiga fa'alagilagi o Sāmoa.
Le afioga i le Tagaloa ma le pa'ia o tapa'au ma 'āiga.
'Aua fo'i ne'i solo le fue pe gau le to'oto'o i fetalaiga a fale'upolu.
'Ia mātafi fo'i le lagi 'i susuga a toea'i'ina o lenei matāgāluega.
'Ā iai se taimi e taliu le uto i fanua;
Muā'au ma muli'au le alofa o le Atua.
Soifua.

'O le Folamua po 'o le Tūvaoga
'O lea sā vāvāō nei itū'au o le taua i le sivaloa
Ma le fā'atau pa'ia a fale'upolu ma le mamalu
O le nofo a tula i le matāgāluega,
Po'o ai se tautai na te momoliina 'upega i le tai,
'Ona 'ua totogi le mafua.
'Ua alualu lā le suataga a le va'atele, 'ua motu ai le ta'i.
'O a'u 'ole'ā fa'alē'auataina lo tātou aso 'auā le e'e mai,
Ma tala mai 'a'ao o le susuga a le fa'afeagaiga,
Ma le mamalu o le 'ekālēsia i Porirua i Niu Sila.

'Ua pa'ia le maota ma lo tātou tāeao fesilafa'i.
'Ua susū le pa'ia o le faigāmalaga 'auā le lātō 'i le 'ea
Ma le lātō 'i le ala o tapa'au ma 'āiga
'Aemaise le peresetene ma le 'autalavou.
'O lea fo'i e susū atu pa'ia o le matāgāluega

'I susuga a le toea'ina fa'atonu ma faife'au,
A'oa'o ma ti'ākono o le matāgāluega i Hawai'i.
'O pa'ia ia o le tāeao fesilafa'i.

'O le 'Ava

'Ou te 'ave atu mālū i pu'ega 'ona 'o se 'ava fa'atali
'I susuga i toea'i'ina ma lenei matāgāluega
'Ua laulau toafa maota o le gāluega i Hawai'i.
Ma 'ua lē māu'ava fale'upolu nei.
'Ua 'e lē silafaga i le 'a'ano a tamāli'i
Ma fua o fa'aaloaloga e tatau ai.
E ui 'i lea, 'ua te'a atu se 'ataiti ma 'ua fai 'i ai lau pule;
Ua te'a fo'i le inati o le salamāotua i lona 'āiga.
Sau se taimi ona taute lea 'o ipu a susuga i fa'afeagaiga;
Fa'apea 'āiga ma tapa'au o le faigāmalaga.
Tāumafa se 'ava a fale'upolu ma le fua'auala.

Liliu mai i lenei itū,
'A'ao se ipu 'i susuga a toea'i'ina o le matāgāluega.
Taute se ipu i le failautusi ma le ti'ākono toea'ina.
Tāumafa se 'ava i failāuga nei;
'Ae 'ā toe se suā'ava ona 'aumai lea ma a'u.

'O le Alofa o le Atua

'A 'o le alofa o le Atua e lē fa'agaloina ai Afi'a i si ona vao.
E lē galo ai le tele o le alofa o le Atua i ona tagata.
Tulou le lagitō 'i ala, ma le lagitō 'i le 'ea o le faigāmalaga.
E ui lava ina pipi'i tia 'ae mamao lava ala.
E vāvā mamao Niu Sila ma Hawai'i, 'ae tāgutugutu fo'i le vānimonimo,
Ma le tu'ugamau lē 'elia o le sami.
E leai se isi e tāupale'u'u ma le finagalo o le Atua
'Auā 'o le pule faito'atasi, 'o le tā e lē agaia.
'Ae fa'afetai i le alofa o le Atua ma lona agalelei lē mavae,
'O lenei 'ua tātou feiloa'i manuia i le lagi soifua lelei.
Nu'unu'u lā le vī'iga o le Atua i toea'i'ina ma faife'au o 'ekālēsia
'Auā 'o la lātou matāfaioi.

'O Tāeao

'O tāeao o Sāmoa 'ua silafia lelei e tamāli'i ma fale'upolu.
'Ua silafia lelei fo'i e le 'aufaigāluega a le Atua lona tāua.
Peita'i, e lē tatau lava ona fa'agalo 'auā 'o tāeao o tupu.
'O tāeao 'o 'upu tu'u o Sāmoa.
E fa'apēnā fo'i tāeao o le suluia o Sāmoa
'I le mālamalama o le Atua.
'A 'o le tāeao sili lava lenei ma lenei aso
'Ua salatonu ai lou lā i le niusina.
'Ua 'outou to'ai taunu'u i le maota o le toea'ina fa'atonu
O le 'Ekālēsia Sāmoa
Po 'o le malae fono fo'i o le matāgāluega i Hawai'i.
'Ae lafo ia o tāeao iā Tūmua ma Pule 'auā 'o lātou e tausia,
Ma fa'avasega tāeao o le atunu'u.

'O Pa'ia

'O pa'ia o le faigāmalaga,
'O pa'ia lava ia o 'āiga ma a lātou tama.
'O pa'ia o Sāmoa na lua, 'ua leva ona ta'oto fa'aalao'o.
E leai se isi na te toe fouina, 'auā o le maota o Sāmoa, e tulutulu i tao.
'A 'o le asō ma la tātou māfutaga,
'O lea 'ua taunu'u le fa'amoemoe.
E le'i fa'afuāvetaina lenei fuafuaga.
'O le Ua lava na āfua mai Manu'a, o'o atu i Porirua,
Toe o'o mai i Hawai'i.
'O lea lā 'ua tātou vāgana ai nei
Ma molimauina le 'umi ma le mamao o fuafuaga alofa a le Atua.
E le'i falala fua fo'i le niu, ma e le'i tūnoa faiva o Sāmea.
'A 'ua māfua lenei māfutaga 'ona 'o fuafuaga a le 'Ekālēsia Sāmoa
E ala i le fa'atāuaina o le 'autalavou.
E ui lava lā ina e le'i taunu'u 'i le malae fa'amoemoeina i Sāmoa,
'Ae 'ua fa'amālō le tauāta'i, fa'amālō le fa'amālōsi, fa'amālō le loto tetele.
Tau ia 'ina 'ia alofa le Atua
E fa'ataunu'u manuia fa'amoemoega 'o totoe.

'Ā iai se taimi tātou te māvae ai,
'Ia vāelua tutusa e le Atua so tātou manuia.
'Ia lagi mamā le susuga i le fa'afeagaiga.

ʻIa lagi mamā foʻi le paʻia o tamāliʻi ma failāuga o le malaga.
Manuia le peresetene ma le ʻautalavou.

Alofagia foʻi e le Atua le soifua o toeaʻiʻina nei,
Susuga i faifeʻau ma aʻoaʻo; afioga i tiʻākono
Ma le mamalu o le matāgāluega i Hawaiʻi.
ʻAe tātou alo ʻava ia; ʻua māi vai ʻae māgalo ʻava i le alofa o le Atua.
Soifua lo tātou aso.

ʻO le Lāuga o le Fesilafaʻiga
ʻUa faʻaifo le seuga sā i le tialologo,
ʻIa lepa ia i le foe, ma mapu ane i le toʻo le tautai o le Namo,
Sā ʻe alofia le taitua ma le taialo,
ʻAe sā ʻou lē nonoi atu seʻi ʻe mapu ane i le tuāʻoi.
ʻI le ʻua motu i le taʻi lau pule ʻava ma lau faʻasoa faʻalēlava,
ʻI se ʻava lē fōnotia ma se ʻava lē tāpelenia.
ʻI le ʻua teʻa foʻi le inati o le Tuitoga i lona ʻāiga.
ʻOleʻā olioli mālie, e sau itūlā tapa ipu lo tātou tāeao fesilafaʻi:

Tapa se ipu i lenā itū o le maota
ʻI le afioga a Maiava, ʻo le faʻauluuluga o le ʻāiga o Māvaega.
Tapa se ipu i le ʻāiga Sātuala ma le Faleāʻana.
Tāumafa se ʻava a faleʻupolu o le faigāmalaga.
Liliu le laulau i lenei itū o le maota.
Tapa se ipu i alo o Fānene.
I le afio o Teʻo ma Fonotī.
Tāumafa se ʻava a le ʻāiga Sātalo ma Faleālili.
ʻA ʻo se ʻava e totoe, ʻaumai ma lenei faleʻupolu.

ʻO lo tātou tāeao fesīlafaʻi, e leai sē toe tautala faʻatālaleu
ʻAuā ʻua laga le mafua,
ʻUa puʻe foʻi le tauvao ina ʻua aliʻitia fanua;
ʻUa matatamāliʻi, matatūmua, matafaleʻupolu ai lenei aofia.
ʻUa sau le vaʻa na tiu, tau mai i le vaʻa na tau.
ʻOloʻo mamau pea lago o le vaʻa na faʻafaō i afolau.
ʻAuā e ui ʻi se tōfā sā liliu po ʻo se utaga na moe
ʻAe saʻasaʻa le fāiā; e ʻāusaga lē tūvae i le faʻasoa a le Atua,
ʻAe vaemauina mea ʻuma e le fili.

ʻA ʻo le aso lenei ma lo tātou tāeao,
Faʻafetai ʻua mamā le lagi

I le afio o le fa'auluuluga o le 'āiga o Māvaega,
Fa'apea fo'i le Taulagi ma Sātuala.
Mamā fo'i le lagi i lenei nu'u,
'O lea e afio atu Te'o ma Fonotī,
'O pa'ia o alo o Fānene, Alaalagafa ma Lauluanofo a Tulāfale.
'O nei aso i le 'a'ao toto'o o le tapa'au i le lagi,
'Ua sōloa ai tūlaga o manu,
'Ua napepe fo'i le toe'ai ma olosa'a.
'A 'o fata fo'i o ai e amoloa nei?
'Ua sese'e toa ma tamatane,
Tama fa'apelepele, 'ua ati le matua 'ua toli fo'i le moto.
'Ua mafuli le 'augutuva'a,
'Ua pale'aē le va'atalatala i tamāli'i sā sa'ili 'i ai le tōfā,
Po 'o ē fo'i sā sa'ili 'i ai le 'upegālāuga.
'Ua ā nei? Sē tālofa!
'A 'o la tātou palega ma le fōtua'i mai
E seāseā tātou feiloa'i
'Ae fa'afetai 'ua tātou feiloa'i manuia,
'Ua tūmālō le alofa o le Atua. Fa'afetai.

'A 'o tāeao fa'alupea,
'O tāeao 'ua 'uma ona tu'umatāmaga e le atunu'u,
'Ole'ā 'ou lē tautala 'i ai, 'auā e matua le tu'u iā Tūmua ma Pule
E fa'apea fo'i 'i fale'upolu nei.

'A 'ole'ā lē fa'amatafauloaina sa mātou 'upu 'auā e lē tuā vai o magā
'Ae talitali mālie ia fua o le gāluega
E fōa'i mai lava e le Atua mea e tatau ma le aso.
Lagi māina le afio mai o le 'āiga o Māvaega, 'āiga taulagi ma Sātuala.
E fa'apea fo'i le āfifio atu o alo o Fānene ma Faleālili.
'Ole'ā mātou mālōlō atu.
Tātou alo 'ava 'ua māi vai 'ae suamalie 'ava i le alofa o le Atua.
S.U.S.

'O le Lāuga o le Usu
'Ua tau mai lelei le igoāipu a le Ulua'iali'i
'Ae fetaia'i ma uso le igoāipu a Tāu'ili'ili.
'Olo'o 'ua mua atu, mua mai.
'Ua tini le uto e pei 'o le faiva i vai.

'Ua taunuu le fa'amoemoe i le asō.

E ui lava 'i se tōfā loloto sā fuafua lelei,
'Ae fa'asega tūlauniu i le pule tō,
Ma le pule fai to'atasi a le Atua.
'Ae fa'amālō i le alofa o le Atua
'Ua tātou feiloa'i i le lagi e mamā
'Ae lē 'o le ta'ape o pāpā.
'O lou lātō i le 'ea ma lou lātō 'i ala,
'Ua tasi le fa'afitiga a 'aleaga sā tāpua'ia
E le 'aufaigāluega a le Atua ma le 'aufaitatalo,
'Auā 'ua matua le tu'u o le mālō o le Atua i ana 'au'auna,
'Ua ala ai ona tātou fesīlafa'i 'i magāfetau soifua.

Tālofa i lau fa'asoa'ava.
'Ua lē so'o lou titi; 'ua lē 'a'u lou pale,
'Ua lē lava lau fa'asoa.
E fa'amalie atu, 'ua naumati tuāmaota o 'āiga nei.
E ui 'i lea, 'ua 'e pule le inati mo le tānoa.
Sau ia 'o se taimi, tapa ipu i le pa'ia o le faigāmalaga
I afioga i tapa'au ma 'āiga.
Tāumafa se 'ava i fale'upolu o le malaga.
Liliu mai le fa'asoa i lenei itū o le malu.
Taute se ipu i le afio o ali'i ma tapa'au o lenei nu'u.
Tāumafa fo'i se 'ava ma le Faletolu ma le Faleā'ana.
'Ā totoe se 'ava, fa'asoa ma mātou.

'O tāeaousu o le atunu'u e leai se isi e fa'atālaleu 'i ai
'Auā 'o tāeao o tupu, 'o tāeao pa'ia,
'Ae fa'ata'alolo ia iā Tūmua ma Pule ma fale'upolu o tōfiga.
'A 'o tāeao sili lava, 'o tāeao o le mālamalama o le Atua.
E pei 'o lenei tāeao fiafia,
'Ole'ā tātou māimoa ai 'i aganu'u a Āsia ma le Pasefika.

Pau lava 'o le mea, 'o lenei aso ma la tātou māfutaga.
'Ia iai se ā'oa'oga aogā e maua.
Ma 'o le mea sili lava, ia nofo fealofani ai tupulaga talavou
'Ae tineia ai le manatu fa'apito ma le fa'ailoga lanu.

'A 'o pa'ia o Sāmoa 'ua ta'oto a alao'o.
E fa'apea fo'i pa'ia o lenei aso

'Auā 'o pa'ia o le Manu'atele ma le Faleagafulu.
'O pa'ia fo'i o Tūmua ma Pule,
'Āiga i le Tai ma le Va'a o Fonotī.

'Ia alofa le Atua e fa'amamalu ona 'a'ao pe 'ā tu'uama le fua.
'Ia mamao ni mala fa'afuase'i ma ni puapuagā e aliali mai.
'Ia lagimāina malu o mālō 'ua aofia.
'Ia lagimāina fo'i le afio o tamāli'i nei.
'Aua fo'i ne'i gau le to'oto'o pe solo le fue o fale'upolu,
'Ae ola le tautalaga.
Soifua lo tātou aso.

'O le Lāuga Tali a le Fua'auala i le Usu Fa'aaloalo
'Olo'o 'ua ifo nei i le maga le 'ofe a le tautai matapala.
'I le 'ua ifo fo'i i le tialologo le seuga a tamasoāli'i.
'Ole'ā 'ou lē so'ona sā'ena lā le 'atoseu
Pe 'ou te toe fālōlō le 'afaloloa
'Auā 'ua 'uma ona paepaeulafanua pa'ia o le tāeao fesilafa'i.
Peita'i tau lava ina 'ou pā'ia Vaioletama
E faigatā le fetala'iga 'ua ōpea i le maota
Ma le fa'aaloalo i le 'a'ano a tamāli'i a le usu'ālele ma le ali'itāeao.
'A, sē 'ua mālō fai o le faiva.
'Ua tago 'i 'ula, 'ua tepa 'i 'ula,
'Ua lau 'i 'ula lo tātou tāeao.
'Ua pei ai 'o le 'aulelei o le fale na i Amoa
E lau 'i 'ula 'ae pou 'i toa.

'O le fa'afetai 'ua 'e si'itia 'ole'ā ta maea e tasi lou fofoga,
'Auā 'o la tā ulafafatu i aga ma 'upu fa'afale'upolu
'Ua laulauvivilu ai le atunu'u.
Tau lava ina 'ia alofa le Atua
E fa'ataunu'u manuia fa'amoemoega o lenei aso.
'Ia malutia lo 'outou soifua ma lo mātou ola e ona 'a'ao alofa.
'Ā tātou māvae, 'o manū nā, 'o manū nei.
'Ia mātafi le lagi 'i tamāli'i nei.
'Ae tātou alo 'ava ia.
'Ua māi vai, 'ae māgalo 'ava i le alofa o le Atua.
Soifua.

‘O Lāuga Fa‘afetai mo Taligāmālō

1. ‘Ou te fa‘atulou atu i le pa‘ia o lenei aso,
‘I sā ma faigā, ‘o pa‘ia ma faigatā;
‘I tūlaga i le aganu‘u ma le ta‘aali‘i soifua.
‘O le mamalu ‘ua mafai ona fa‘atasi mai ‘i lenei aso.
‘Ole‘ā nu‘unu‘u atu ia fa‘atini o tausala.

E fa‘apea fo‘i ona ‘ou fa‘atulou atu i le pa‘ia o le ‘Ōfisa o Ā‘oga.
Susuga i le Pule Ā‘oga ma le ‘ofisa ‘ātoa
I ona tūlaga fa‘alupelupeina.
‘Avea ia lenei avanoa e momoli atu ai se ‘upu
E fa‘afetai atu ai ‘i lo ‘outou lagolagoina
Ma le fa‘amāopoopoina o ni tāumafaiga vāivai a la tātou pito lā‘au,
I le tāumafaiga o le a‘oa‘oina o tūpulaga talavou;
‘O alo ma fānau a ‘Amerika Sāmoa
‘Auā se lumana‘i manuia o le atunu‘u
Ma la tātou faigāmālō mo le lumana‘i.

Fa‘afetai i lo ‘outou ālolofa ma fa‘aaloaloga sā faia.
‘O lo ‘outou āfugia ma le fatu‘atia;
‘O le mā‘au ma le milosia
O tāumafa mamala ‘ese‘ese ‘ua fōa‘ina.
‘Ua lē iā ‘imātou nei se manuia.
‘A ‘o le Atua na te toe fa‘atumu atu mea ‘ua fa‘agāogaoina ‘ona ‘o le alofa.

‘O a‘u toe ‘upu, ‘āfai ‘ole‘ā tatala ma tu‘uama le fua,
‘Ua ‘ou manatua ai le māvaega a le Tuimanu‘a i le Tuifiti e fa‘apea,
" ‘Ole‘ā ‘ou teuina ‘oe i lo‘u fatu ‘ina ne‘i sautia pē lāina."

‘Ia maualuga pea le aoina o le māsina i le mamalu o lenei aso.
‘Ae ‘ia manuia fo‘i lenei itū. Soifua.
S.U.S

2. ‘O Sāmoa anamua ‘o le atunu‘u folau.
Sā lēai ni tāpasā po ‘o ni fa‘afanua
E pei ona māsani ai ‘i onapō nei.
Sā lātou folau fa‘atatau i fetū o le lagi,
Āmioga o peau a le sami, galu lolo ma galu fati,
Galu tau ma galu fefatia‘i.
‘O le auaupeau ma le sologāpeau.
‘O peau na‘ona fa‘afua ‘ae lē fati,

'Ae 'āfai fo'i e fati, 'o ni isi e fati toto.
Le mamālu e o le 'āiga ali'i,
'O le asō ma la tātou māfutaga,
'O le galu 'ua fāti sisina.
E mai lava i lo tātou ulua'i tāeao
E o'o mai fo'i 'i le tāeao lenei; mālō fai o le faiva.
Ma 'ou te lē selu atu.
'O 'oe 'o le fetū, 'o le Feta'imataali'i
E folau ai va'a i le vasa loloa.
'Ae 'ua e'e fo'i le tāofi o lenei malaga,
'Āfai 'ou te sāusau i le moana,
'O 'i'inā 'ou te fano ai,
'Ae 'āfai fo'i 'o le papa'u, 'o lenā lava.
'O fa'aaloaloga ma mea 'uma 'ua fōa'ina mo lenei malaga,
Alofa le Atua o manuia, 'ia toe fa'atumu atu ma sāga fa'amanuia atu.
'O fea se taimi 'ole'ā tātou tēte'a ma fa'amāvae,
'O Ieova 'ia vā a'i 'itātou.
Manuia tele lenā itū, fa'apea fo'i lenei itū.
Manuia lo tātou aso.
S.U.S.

'O lenei vāega o lāuga 'olo'o tūsia i lalo 'olo'o aofia ai lāuga tau maliu ma 'aualasi'i

'O le Lāuga o le 'Auala Si'i
'O le 'upu o le Tusi Pa'ia,
" 'Āfai 'ou te alu a'e i le lagi
Pe fofola so'u moega i le loloto o le moana o le sami,
'Olo'o iai lava 'oe."
'O lenei aso ma lenei tāeao
'Ua lē 'o tāeao māsani o le atunu'u
E feiloa'i ai tupu o le atunu'u i le āvafatafata
'A 'o le tāeao lenei o le finagalo o le Atua,
Ma lana pule fai to'atasi i lo 'outou soifua ma lo tātou ola,
Lea 'ua māfua ai ona lāgia Falefasa.
Tulouna le pō o le nu'u,
Tulou ma le gāsolosolo o ao,
Tulou le tō o le timu.

'O le lāgia o Falefasa,
'O le lāgia lava lea 'o maota ma malae e āfifio ai Alaalagafa
Laulua nofo a tulāfale ma Faleālili.
'O le lagi 'ua maualuga 'auā 'o le lagi 'ua tūtonu i alo o Fānene
I le āfifio o Te'o ma Fonotī ma lo lātou usoali'i,
'A 'o se usugāfono i le sa'o o le Tuiātua ma Sātalo.
'Ole'ā fa'ata'alolo lā le pa'ia o le lagi i lau fetalaiga Sātalo
'O le atunu'u o le sami loloto;
E lē so'ona fāgotaina e se tautai,
E fa'apea fo'i 'i lona laufanua ma ona atumauga.
E loloto le sami 'ae iloga ala o i'a tetele,
E fa'apea fo'i i lona laufanua, 'ua iloga ai ala o manu.

'A 'o le tu'ua o le mālō e le 'Anavataua
Po'o le afioga i le To'osavili,
E lē 'o so 'outou finagalo,
'A 'o le pule aoao a le Atua.
Tau ia 'ina atagia sā o mālama
Pe tau 'o se mea e ala ai e pei 'o le 'upu iā Āleipata;
'O le afio mai o le Tama a 'Āiga
Maliu mai Sāle'a'aumua,
E faigatā lau fa'afeagaiga.

'Āfai lā 'ou te sāusau 'i le loloto o le moana,
'O i'inā 'ou te fano ai.
'Ae 'āfai fo'i 'o le papa'u 'o lea lava.
'Ae 'ia tōfā malie lo 'outou 'āiga ali'i,
'Ā 'ave 'ave se tāumafaiga,
'Ae lē tau i la 'outou silasila,
Alofagia le faiva o le Fiti 'ia lilo.
'Ole'ā silafaga loa.
S.U.S.

'O le Lāuga o le Si'i 'i le Maliu
'Ua maui le aupeau i pupū
Ma 'ua to'a le taufa'anu'u i tumutumu o mauga.
Tulouna a le lagi o lagi.
'Ua māvaevae fo'i le lau'ele'ele

'Auā 'ua fa'aifo lupe o le seuga i le togāmutia, tulou.
'Ua manunu 'au o ufi,
'Ua āfu lelea le tausaga e pei 'o le fetalaiga iā Toga.
'Ua lī fo'i fīgota o le a'au 'auā 'ua fatitoto galu fuliafā.

Tālofa.
Tālofa iā Tofuola sā fa'asā'osa'o i le lagituaiva
'Auā se fa'aolataga mo le 'āiga Sātagaloā.
Tālofa i le ta'ape o pāpā ma le gāsolosolo o ao
I le afioga a Seutātia 'o lē sā se'etalāluma
'Auā le 'ula fafatu a le tupufia a Faumuinā.

Tālofa i le tausala teteu tele
'O lē sā tautualaulu i le alo o Salamāsina,
I le afio o le Sātele, 'o le pa'ia o le 'āiga Sālevālasi,
'O le mamalu o Alaalagafa ma Faleālili.

Tālofa, 'ua motu le 'asoa, 'ua solo le falute,
'Ua tafea pulu i vai.
'Ua tatala e le Atua le māfutaga a Tofu ma Sai'auala.
'O ai 'ā tū atu e fa'alāvefau i le pule fai to'atasi a le Atua?
E leai, tātou te sāvavali ma le fa'alologo e pei 'o māmoe 'ā fāsia,
Ma tātou fa'apea atu, "Le Atūa e, 'ia soifua 'Oe e fa'avavau."
Lo'u paōlo e, ma so'u fa'amalumaluga.
Tālofa i le tautua 'upu a le fānau,
Le tautua sā fai to'alua, 'ae 'ua leoitiiti nei le Paia
'Auā 'ua gasetoto le māsina i le tinā o le 'āiga.
Tālofa i le lā fegalegalea'iga 'auā le puipui iā te 'oe le Tama a 'Āiga

'O le tā'oto tolu a Tupua Fui'availili.
'O Seutātia lea 'o lou afafine.
'Ua toe usu 'i ai le alo o 'Afoafouvale,
'O le tama o le tā'oto lima a Galumalemana.

'O lo tā ala lea 'ua mutia 'ua pa'i ai sa mātou tautua i faigāmālō
'Auā le puipuiga o le Kōvana Sili o le Mālō o 'Amerika Sāmoa.
I le afio o Lūpega, 'o Lutali ma Lemafa.
I le afio o le Sa'o ma Sā'ole,
'O le alaalata'i o le matua,
Ma le mamalu o fofoga o Sā'ole, Taufi ma Fui'ava

Fa'apea le mamalu iā Sā'ole ma Sāle'a'aumua.
'O le mamalu 'ātoatoa lea 'o Sua ma le Vāifanua,
'O Fofō ma Aitūlagi.
'O Fa'atui ma To'oto'o o le Fale'ula
Ma Tama a le Manu'atele.

Fonotī ma le tā faigā'āiga,
E lē so'ona masi'i manu fa'alagi o le atunu'u,
Vāganā taua ma fevāevaea'iga
'Aemaise se agāga 'ua 'āmia e le Atua
E pei 'o le aso lenei.
'Ua "ē" ai nei le manu i le Alātaua,
'Ae lōgoa 'āiga Sātunumafono
Ma 'ua tu'ua ai e le Minisitā ona tiute i le Palemene a Sāmoa,
'Ua ōia le matua o le 'āiga Sātunumafono,
Vae ane pa'ia i le faga o ali'i i le afio o Ama ma 'Afoa,
'O le pa'ia i le fāletolu ma le fetalaiga a Sāseve.
'Ua e'etai fo'i le 'āiga Sātuala,
'Ua afio mai Tūsani ma le 'āiga o le fetalaiga iā Lepale
Ma le mamalu o Sātuisāvaelu'u.
'O lea fo'i lē alaala tāpua'i tūlāniu o Ātua
'I pa'ia o le tāofia ma le uso ma Sāluafata.
'Olo'o lago papale fo'i Manu o le Tuasivi e fāgogota i tai e lua,
Vae atu le pa'ia o Alaalagafa
Ma Laulua nofo a tulāfale ma Faleālili,
Fa'apea le pa'ia i le 'āiga Sātalo ma le Usonatotō.

'A 'o le fetalaiga i Mātanofo ma le tūlāgāmaota o Tuimaleali'ifano
Se'i o tātou maimoa silasila ia,
Po 'o le ā se mea e tau fa'alalanu a'i
Se tautua lē 'a'u'a'u a Tofu ma Sai'auala
'Auā la tātou faigā'āiga 'ua afātia.
Silafaga ia (Folafola loa le si'i).
T.A.S.

'O le Lāuga o le Si'i 'i le Maliu.
Le pa'ia o le lagi ma le lagi ma le lagi.
Le pa'ia o le lagi i le Afioga a Tu'u.

‘O le lagi lava lea e fa‘asino i (Fa‘alupe le ‘āiga ma le nu‘u).
Le pa‘ia tele o le maota
I le āfifio o paolo ma gafa sili‘ilagi
Na sausau e le afioga a (fa‘alagi fa‘alupega o le matai
o le ‘āiga lea e fai ai le maliu).
Le pa‘ia i le afioga i le se‘e ma le maota osilagi.
Le pa‘ia o uō ma ē ālolofa ‘aemaise le pa‘ia o le ‘āiga ali‘i.
E fa‘amālūlū atu i le pa‘ia o le maota
‘Ae ‘āfai e tusa ai ma o ‘outou finagalo,
‘Ole‘ā pāpā ‘aveloa ia lenei itū.

‘A ‘o le‘i fola atua se lālaga e faimeaalofa ai i le maliu,
‘Ou te mua‘i faapea atu, ‘o le Atua o le alofa lava ia.
Lau afioga a le sa‘o ma le faletua
Ma le ‘āiga fa‘anoanoa.
Tātou te fa‘anoanoa nei, ‘ona ‘o le uso ‘ua ‘ave ‘esea ma le māfutaga,
‘A ‘o le Atua lava ia e tele vave lona alofa
E vave fa‘ate‘a ai lo tātou loto māfatia.

‘O le o‘o mai o le Peresetene
Ma le mamalu o le ‘autalavou,
E leai ni fua, ‘ae tau lava ‘ina tau ane ai sa ‘outou faitau,
Sā iai se ‘āiga fa‘ale‘autalavou
O le susuga (ta‘u le igoa o lē ‘ua maliu).
‘Ia silafaga ia:
‘O le ‘ie lea e tatala ai la mātou māfutaga ma lo mātou uso.
E ui lava ‘ina laufalavao, ‘ae tau ia ‘ina pa‘upa‘u ‘ae o‘o ‘i Lepea.
‘O le selau tālā lea e fesoasoani i le peau fa‘amavae o le uso.
E ui lava ‘ina mata o māsiasi ‘ona ‘o le fa‘atauva‘a o le fesoasoani,
‘A ‘o le mea sili ‘i la tātou Fa‘asāmoa, ‘o le mativa fesāga‘i.

Fa‘ata‘i lā ma so mātou leo,
Alofa le Atua ‘ia tāfimala
Le susuga iā (ta‘u le igoa ‘o lē ‘ua maliu)
I le mamalu o le ‘āiga ali‘i.
Alofa fo‘i le Atua ‘ia vave tāfi ‘ese le ao pogisā
I mātua ma le ‘auuso fa‘anoanoa.
‘Ia lagi mamā le pa‘ia o paolo ma gafa ma ‘āiga.
‘Ia soifua lelei fo‘i le susuga i le peresetene

Ma lenei 'autalavou.
Soifua.

'O le Fa'ai'uga o le Si'i 'i le Maliu.
'Ā 'uma ona teu le si'i, 'o 'upu ia e toe fa'afetai ai 'i le 'āiga:
E leai sa mātou 'upu
E toe sili atu i lau fetalaiga (ta'u le igoa o le failāuga).
E ui lava 'ina 'ua māsiasi, 'ona 'ua sili atu la 'outou fa'aaloalo
'I se mea na 'ūmia mai e le peresetene ma le 'autalavou,
'Ae leai se mea e mafai i lou finagalo;
'Auā e māsani lava le tupu 'i ana faiga fa'atupu.
'Ae fa'afetai atu fa'aaloalo.
Fa'afetai le pele o tama.
Fa'afetai le alofa.
'Ia alofa le Atua e toe fa'atūtumu mea 'ua 'avea
I lenei aso 'ona 'o le agalelei.
Fa'afetai.
'Ae 'ole'ā mātou sāvalivali.

'O le Umusāga o se Fale Sāmoa

'O le lāuga 'olo'o i lalo e fa'atatau i le 'avega o se si'i 'i se umusāga o se fale Sāmoa. 'O isi lāuga mo fa'atufugaga a Sāmoa 'olo'o tūsia i le Iunite Ono mo fa'alavelave Fa'asāmoa.

E leai sē na te toe tūliuina le atunu'u
I ona pa'ia lasilasi ma ona mamalu
'Auā 'o Sāmoa' o le maota 'ua so'o ona ta'iao,
I ona maota ma ona malae
I le āfifio o tapa'au ma la lātou tāpua'iga,
I le afio o Māta'utia; susū le matua ma le sa'ofetalai;
Susū fo'i le aloali'i, le mamalu o Aoelua
Ma le fetalaiga a Afonotele.
'Ua usu fa'aaloalo lo tātou itūmālō
'Auā le falefā o le 'āiga Sālemalama ma Tūmua.
'Ua pa'ia lā le maota ma le malae i Falesoa ma Malaefono,
'O le afio'aga o lē na ulua'i sao i Pāpā.

Tulouna le 'āiga Sālemalama.
Tulouna le meana'itāua.

Tulouna ali'i fāi'oa ma le fa'atamatama.
Tulouna lou apisā ma tāufalemau.
Tulouna le gasū o le vao.
Tulouna le tafao ma le silasila.
Tulouna le pou o sāunoaga;
Tulouna le pou o vāgana.
Tulouna le pou o tausala.
Tulouna le pou o le 'ava ma le 'aumaga,
Ma 'ole'ā lē matafauloaina le tāofi
'A 'o le agāga ma le fa'amoemoe
'Ia fa'atūmauina le mātagōfie ma le saogalēmū
'Auā le afioga fefulisa'i ma le mālō tali.
'Ia mātafi le lagi i le susuga a le matuaofaiva
Ma le 'āiga Sālemalama.
Lagi mamā le afioga a le meana'itāua.
'Ia manūteleina le tāpua'iga i le tāufalemau ma le afioga i le matua,
'O lē na ulua'i sao i Pāpā. Soifua.
S.U.S.

'O Lāuga a 'Autalavou

'O lauga o lenei vāega 'o tāumafaiga ia a tama ma teine o 'autalavou a 'Ekālēsia.

1. 'Ua pa'ia le aso 'auā e pa'ia le Atua e ona le aso.
'Ua pa'ia fo'i le aso 'auā 'ua aofia i malae
Le pa'ia o le 'au vala'aulia ma mālō fa'aaloalogia.
'Ua susū le 'aufaigāluega pa'ia a le Atua.
Alaalata'i le mamalu o Sāmoa 'ātoa.
'Ua susū Sua ma le Vāifanua, Fofō ma Aitūlagi,
Sā'ole ma le Launiusāelua, Itū'au ma Alātaua
Ma afioga a Ma'opū ma 'upu i le Faleagafulu.

E fa'apea fo'i le pa'ia o Tama Fa'atui
Ma To'oto'o o le Fale'ula ma 'Upu o le Manu'atele.
Susū fo'i Pule ma Tūmua, Itū'au ma Alātaua.
'Āiga i le Tai ma le Va'a o Fonotī.
'O pa'ia lava ia o 'āiga ma ā lātou tama,
'O tama fo'i ma ō lātou 'āiga.
'Ua paū ai fatu, 'ua popogi vanu,

Ma 'ua matatūmua ma matafale'upolu ai lo tātou aso.

Sāmoa, 'o ou pa'ia sauo'o nā,
'Ua ta'atia fa'aalao'o mai le malae o le vavau
E o'o atu i le nōfoaga o Sauali'i,
Tulou, Tulou lava!

Fa'afetai i le agalelei o le Atua,
'Ua taunu'u manuia le 'āmataga o lenei fa'amoemoe,
'Auā po 'o le ā lava a tātou fuafuaga poto,
'Ae 'ana lē finagalo ai le Atua,
'Ua na'o se foe e fa'ati'eti'e i le tau,
'Auā 'o le finagalo o lo tātou Atua,
'O se mua e lē fuatia, ma se ti'a e lē seua.

Fa'amālō i le mamalu o le Sāmoa Hawai'i Congress.
Lau afioga i le Peresetene,
Susuga a fa'afeagaiga taulagi a le atunu'u.
Le mamalu o tamāli'i ma failāuga o le fono a fa'atonu.
'O lenei fa'amoemoe, e lē 'o se mea na tupu fa'afuāveta,
'A 'o le Ua na āfua mai Manu'a.
'O le fa'amoemoe sā fauao faupō.
Sā au āsoa ma au māfaufauga fuafuaga a le Komiti,
'A 'o lenei 'ua a'e mālō 'ona 'o a 'outou tāumafaiga fitā,
'Ae fa'ataunu'u e le Atua.
'I le 'ua togipā tau i le 'ave lo 'outou fa'amoemoe,
Ma le finagalo o le Atua.
Fa'amālō fai o le faiva!

'A 'o lenei aso ma le mana'o maualuga,
O le Sāmoa Hawai'i Congress,
'Ua lē 'o ni mulivai fetaia'i po 'o ni fa'alavelave fai a le atunu'u,
'A 'o le aso e fa'amanatu ai le aso fānau muamua
Talu ona fa'atāuaina le Sāmoa Hawai'i Congress i totonu o Hawai'i.
'O lenei 'ua 'auva'a potopoto tūpulaga talavou o Sāmoa,
'Aemaise le mamalu o mātua ma tua'ā mātutua,
E fa'atino le gagana ma aganu'u a Sāmoa.
'O le mea moni, e fa'ato'ā fa'aali le lotonu'u o tagata Sāmoa
Pe 'ā nonofo i atunu'u 'ese,

E pei ona tātou va'aia i lenei aso.
'Ā! Sē! 'Ua ta fia Faleālili fua lava.

Sāmōa e, 'o iai 'ea se aogā po 'o ni taunu'uga lelei
O tāumafaiga a Sosaiete a Sāmoa 'olo'o faia nei,
Mo le lumana'i manuia o tagata Sāmoa?
'O lelei 'ea lo tātou vāfeāloaloa'i ma le Mālō Tele o 'Amerika,
'Ātoa ma le mālō o le Setete o Hawai'i?
'O mana'omia moni 'ea e tagata Sāmoa le fa'amautūina
'O la tātou gagana ma a tātou aganu'u?
E vī'ia 'ea le Atua o Sāmoa 'i mea e faia e tagata Sāmoa i lenei atunu'u?
Sāmōa e, lau gagana 'i galo, lau aganu'u 'i suia,
Lau vāfeāloa'i 'i tau'atagia, lau fa'amatai 'i lē āmana'ia.

Mātūa e o Sāmoa, e 'ai'oi atu tūpulaga talavou
'Ina 'ia maua ni gagana lelei
Ma ni fa'aa'oa'oga lelei a fānau mai iā te 'outou,
E ala 'i la tātou aganu'u ma le Fa'asāmoa.
'O tāeao sā fefulituaa'i ai Sāmoa anamua, 'ia fa'agalo.
'O mālama o manuia, 'ia talisapaia.

Fā'ata'i lā ma so'u leo.
'Ia fa'amanuia le Atua i le atiina'e o le Sāmoa Hawai'i Congress.
'Ia lagi mamā le mamalu o le 'au vala'aulia ma le pa'ia o Sāmoa.
'Ā ta'ape le filiali'i 'i lenei aso,
'Ia molio'o e le Atua i afio'aga ma alaalafaga.
Soifua lo tātou aso.

2. 'Ua mamalu maota na 'ua pa'ia fo'i le pō.
E fa'atulou atu i pa'ia 'ese'ese o lenei aofia.
'Olo'o 'ua tū manu 'ae lili'a,
'Auā fai 'o 'outou pa'ia fa'aleAtua
'A 'o mamalu fo'i fa'aleatunu'u.
I le susū o le susuga a le toea'ina fa'atonu o le 'Ekālēsia Sāmoa,
Susuga i le 'aufaigāluega a le Atua; 'o faife'au ma a'oa'o.

Tulou i tamāli'i 'ua fa'atasi mai
'Aemaise susuga a fa'amasino ma 'autalavou.
Fa'amālō le susū mai ma tala 'a'ao mai.
'Ua maualuga ma matagōfie ai lenei pō.

Fa'amālō ai 'i le alofa o le Atua 'ona 'o lona ta'ita'i filēmū mai
'O lo 'outou pa'ia i ala mamao ma le fitā.
'Ia manuia lava le Kerisimasi ma le tausaga fou i lo 'outou pa'ia.

'Ole'ā 'ou tautala loa i le 'autū o lenei tauvāga pei ona tūsia,
" 'O le 'Autalavou."
'O le ā 'ea lea mea 'o le 'autalavou?
'O le ā sona tāua iā 'itātou?
'O ai e tatau ona 'auai i le 'autalavou?
'O le ā sau fesoasoani mo le atiina'e o le 'autalavou?
'O le ā se a'oa'oga 'e te maua i lenei pō fiafia a le 'autalavou?

'O le mea moni, e tofu le tagata
Ma ana tali 'ese'ese i nei fesili 'uma.
'A 'o la'u fautuaga mo le 'autalavou, 'ia tausisi lou fa'avae
O le fa'akerisianoina o lou ōlaga,
Ma le fa'amautūina o lau gagana ma au aganu'u.
'Ia moni lou tagata lilo,
'Ae lē na'o le ta'u, 'ae lē fa'atino maia
'I le alofa moni, 'ia ola ai le 'autalavou.
'Ia 'avea fo'i le alofa ma pā puipui mālosi,
E si'omia ai le fale o le 'autalavou.

'Ā 'avea lā mātua o le 'autalavou ma tufuga faufale lelei,
Ma 'ia mataala e teuteu meaafale o le fale o le 'autalavou,
Ona tūmau lava lea 'o lona 'aulelei.
'Auā e leai se aogā e mānaia ai fōliga i fafo o le fale,
'Ae leaga le 'anofale.

'Ua a'oa'o mai fo'i le Tusi Pa'ia,
'Āfai e lē atiina'e e le Ali'i le fale,
E gālulue fua ē atiina'e.
'Ā lē leoleo fo'i e le Ali'i le fale,
E mataala fua ē leoleoina.
'Āfai lā e gālulue fa'atasi le 'autalavou ma mātua
Ma le fa'atuatua i le Atua,
Ona 'avea loa lea 'o lenei 'autalavou
E pei 'o lā'au totō po 'o tulimanu 'ua togitogiina.

Mātūa e, ‘ia tātou fa‘atāuaina le ‘autalavou,
‘Ia matuā ‘avea ‘o se itūtino mālosi o le ‘Ekālēsia.
‘Ia maua se māfutaga māfanafana a sui o le ‘autalavou ma o lātou mātua
‘Ātoa ma o lātou ta‘ita‘i o le ‘autalavou.
‘Ia maua e le ‘autalavou le agāga alofa
Ma le fa‘aaloalo e gālulue fa‘atasi ai
Ma fetufaa‘i ai māfaufauga lelei.

‘Ia lagimāina pa‘ia o lenei pō. Soifua.

II. ‘O ‘UPU O ‘ĀMATAGA O LĀUGA

‘O ni isi nei o ‘āmataga o lāuga e sāga fa‘amau‘oloa ai lau gagana fa‘afailāuga.

1. ‘Ua ‘uma ona tofitofi le lā‘au na i Pulotu.
   ‘Ua malepe fo‘i le lā‘au na i Mātanofo.
   ‘Ua masofa fo‘i le lā‘au na i Foga‘a.
   ‘I le sivaloa ma le fā‘ataupa‘ia.
   Ma ‘ua tasi ai nei le fa‘afitiga a ‘aleaga
   ‘O a‘u ‘ole‘ā momōlia ‘upega i le tai.

2. ‘O lē sā vāvāō nei itū‘au o le taua.
   I le sivaloa ma le fā‘atau pa‘ia i ‘upu a fale‘upolu nei.
   ‘O lenei lā ‘ua sina le galu.
   ‘Ua ‘ite fo‘i le malama i Saua ma ‘ua tasi ai nei le Ta‘ū.
   I le gagana a le fau gagana
   Ina ‘ua tepa taula‘i iā Leāuta ma Vāifale‘ava.

3. ‘Olo‘o ‘ua saveioloolo le seuga ‘auā ‘ua mapu‘e le tiasā.
   ‘Ua laga fo‘i le galu fuliafā, ma e lē toe tū lā se ola.
   ‘O le fetalaiga iā Fa‘alaeō; ‘ua sā lugā, ‘ua sā lalō
   ‘Ua pa‘ia fale nei, ‘ua pa‘ia fafō
   ‘Ua pa‘ia le maota.
   ‘Ua pa‘ia le alofisā o Sātagaloā.

4. ‘Ua talagāpāusi le muli‘a‘auāli‘i i tū o le tāeao o ali‘i.
   ‘Ua tātou fesilafa‘i ‘i le matala o segamai, ‘ae lē ‘o le āfu o le tai.
   ‘Ua liligo le faleselau, ‘ua paū le pā o le vavau.
   ‘Ua lili‘a mauga o le atu Manu‘a.
   ‘Ua tini le matālālaga.

'Ua so'o'ula fo'i le fala.
'Ua moe 'i matau mālō 'ae moe 'i ama le malolo.
'Ua mālō le taupeau.
Mālō āfua; mālō 'ua maua, ma le tūtūga a le tāeao 'ula.
'Ua so'o le titi o le sega'ula.

5. 'Ua sūluia le sami tioata 'ae agi mālū le fisaga.
'Ua tautala le pu'a gagana e pei 'o vi'i o vāifanua o le Tuiā'ana.
'Ua fāna'elupe le lā.
'Ua 'ātoa tino o le māsina.
'Ua fa'alava fo'i le 'aniva.
'Ua 'emo le uila ta'i matagi.
'Ua fepulafi fetū o le lagi.
'Ua pepese fa'atasi fetū o le afiafi.
Mapu ia i le a'au le va'a fa'ae'e i peau.
'O lea 'ua utu sagisagi le vai o le 'āiga Sāsa'umani.

GĀLUEGA FAUTUAINA

I. Fa'atūlaga ni kulupu ma 'ia tofu le kulupu ma le lāuga 'olo'o i luga.

II. Iloilo le fa'atūlagaga o lāuga ma talanoa po 'o ā 'autū o vāega ta'itasi, 'ae 'o le ā fo'i le fa'asologa o ia lāuga.

III. Fa'asoa tali ma talanoa po 'o ā vāega muamua, 'a 'o ā vāega mulimuli, 'a 'o ā fo'i vāega e i le 'ogātotonu. 'O le ā le vāega e māsani ona 'āmata ai lāuga. 'O fea le vāega e fa'ai'u ai lāuga.

IV. Fa'aopoopo ni isi fesili e pei ona mana'omia e le vasega. Va'ai le fa'ata'ita'iga o vāega 'olo'o soso'o mai.

V. Tusi sa 'oe lava lāuga ma pu'e i se līpine.

ILOILOGA O LE MATĀ'UPU

Vāega I

Fai mea nei:

1. Fa'apea 'o 'oe lea 'ua 'e ta'ita'ia se fono a le atunu'u e uiga i aganu'u a Sāmoa, se'i fai sau lāuga e fa'afeiloa'i ai le atunu'u e uiga i le matā'upu.
2. Se'i fa'amatala mai sou mālamalama 'i le fa'a'upuga faiso'o lea a failāuga, " 'O ou pa'ia lē popo ma ou pā lē solo Sāmoa, 'ua 'uma ona tu'umatāmaga."
3. 'O ā ni itū'āiga lāuga se lima 'e te 'ave 'i ai lau fa'amuamua?
4. Fau sau lāuga fa'afetai mo le 'au vala'aulia o le 'aiga o lou fa'au'uga.
5. 'O le ā le taimi sa'o e fa'aaogā ai le fa'a'upuga lea a failāuga, "Sā ta'ialalo nei le i'a a Sāsa'umani"?
6. 'Ā fai le fa'afetai i le Atua a le failāuga, e ta'u ai fo'i le to'asā o le Atua. 'Aiseā?
7. 'O ā uiga o 'upu nei:
   - folamua
   - tāeao
   - fa'amātafiga
   - māvaega
   - lē matafauloaina
   - tāupale'u'u
8. Tusi mai le māvaega a Manusāmoa i lona tuafafine o Pāgofie.
9. 'Ā seu se lāuga, 'o le ā sou lagona i mea e tatau ai ona seu?

10. Tusi loa se isi lāuga e folafola ai 'ava o le usu.

Vāega II

Fai mea nei:

1. Fa'atūlaga mai se fā'atau a ni tulāfale se to'atolu ma a lātou 'upu e tatau ona fai.
2. 'O lea 'ua fai le usu'ālele. 'O ai tulāfale e tatau ona fā'atau 'i ai; 'a 'o ai e tatau ona muamua 'i ai?
3. Fai loa ni fa'a'upuga o se 'āmataga o le fā'atau a tulāfale.
4. Se'i tusi mai sau solo e tufa ai le 'ava.
5. Fa'amatala mai le fa'asologa o le tufaga o ipu o le ali'itāeao.

Vāega III

Su'ega o le tomai 'i tautala:
Pu'e mai 'i se līpine (*cassette tape*) itū'āiga lāuga nei e ono.

1. Lāuga o le feiloa'iga
2. Lāuga o le si'i 'i le maliu
3. Lāuga o le 'auala si'i
4. Lāuga o le umusāga o le fale Sāmoa
5. Lāuga fa'afetai 'i fa'aaloaloga
6. Lāuga o le fa'aipoipoga

Vāega IV

Mātamata 'i ni ata (*video*) o fa'alavelave nei ma mātau fa'a'upuga o lāuga:

1. Sāofa'i
2. Fa'aipoipoga
3. Umusāga ma Maliu

Fai mai ni ou manatu

1. 'i mea na lelei ai ma 'e fiafia ai 'i le lāuga.
2. 'i ni vāega sā fa'alētonu ai le lāuga.

FA'ALEOGA MA FA'AUIGAGA O 'UPU

'a'ao toto'o	'o le o'o mai o ma'i
afolau	'o le fale Sāmoa fa'alā'umi'umi
āfu o le tai	'ua alu le aso o le faiva
āfugia	'ua lailoa
alofisā	sāofa'iga po 'o le agatonu a tupu
'aniva	'o le igoa o le fetūao
'anofale	'o meaafale
'atoseu	'ato e teu ai mea o le seugālupe
'āusaga lē tūvae	'e leai se mea e tū ai vae pe 'ā 'a'au
'ava lē fōnotia	'ava lē tāumafaina/'ava e leai se fono
'ava lē tapēlenia	'ava e lē lava/'ava e leai se mea 'o momoli mai ai
e lē se atunu'u taliola	e lē fa'atalia 'i ni tagata 'ese le ola o Sāmoa
e lē tauselu atu	e lē tau vivi'i atu
e'eta'i	alaalata'i
i'a iviivia	'o le i'a e tele ivi
inati	tu'uga po 'o se vāega
'o foe 'ua fa'ati'eti'e i le tau	'o foe e tu'u i luga o le oa po 'o le 'augutu o le va'a
'o le afusisina	tafe lāuga'o pē lē mātūtū le afu
olioli mālie	sauniuni mālie
'ua sina le galu	'ua pa'epa'e le galu
'ua so'o'ula fo'i le fala	'ua 'uma ona fai 'ula o le fala; 'ua soso'o mamalu o tamāli'i
'ulafafatu	su'igā'ula; fatu se 'ula;'o fatufatuga o 'upu māsani fa'afailāuga
utuvai tofo	e lē toe tofotofo 'i ai se isi
fa'aaloalogia	e fa'aaloalo 'i ai tagata
fa'afeagaiga taulagi	feagaiga a se 'aulotu; faife'au
fa'afesāga'i sega'ula	'ua fa'afeagai tamāli'i
fa'afitiga a 'aleaga	talapelo a le tautai po 'o le faifaiva pe 'ā 'ai'ū 'i ana i'a
fa'afua	fōufou pe fofoli
fa'agāogaoina	fa'amāumau pe tō'esea
fa'aifo le seuga	'ua mānava le seugālupe
fa'aifo lupe	'ua ōmai 'i lalo lupe; 'ua fa'a'uma le lāuga
fa'alagilagi	fa'alupelupe; fa'alaulau mai
fa'alēagatonuina	e leai se agatonu; e lē talafeagai ma le tamāli'i

fa'alē'auataina	fa'alētalafeagai
fa'alē'a'u'a'u	fa'alēlava
fa'alologo	leai se leo; lē tautala
fa'alupelupeina	fa'alagilagia
fa'amālūlū atu	fa'amalie atu
fa'amanusina lē soā	'o le manusina e leai sona soa; 'o le failāuga e lē feagai
fa'amautūina	'ia mautū; fa'amaulelei
fa'apēlepele	alofa tele pe putiputi
fa'asā'osa'o	fa'anōfonofo
fa'asega tūlauniu	'o le sega e tū i le launiu; 'o le mea fa'atauva'a pe lē tāua
fa'ata'alolo	tu'u ia, pe lafo ia 'i isi
fā'ata'i so mātou leo	fa'a'uma le lāuga
fa'atālaleu	fa'atamala
fa'atāla'u'ula	fa'aoioi; fa'anoinoi
fa'atūmauina	'ia mautū
fa'auluuluga	tamāli'i maualuga
faiva o le Fiti 'ia lilo	nanā se mea 'ua fa'alētonu; 'aua le tāla'ia se mea lilo
fala lē se'e	'o fala po 'o nōfoaga e lē fese'eta'i
fale'upolu o tōfiga	failāuga o itūmālō 'ua tōfia
fālōlō le 'afaloloa	tu'utu'u i le loloto le 'afa fāgota; tu'u i le loloto fa'a'upuga
fana'elupe le lā	'ua lagi lelei le aso; 'ua susulu mānaia le lā
fatu'atia	mafatia le loto
faulologo	'o le lā'au e lagona mea
fefulisa'i	feliuliua'i
fefulituaa'i	fe'ese'esea'i
fegalegalea'iga	faifai mea fa'atasi; fealofani
fepulafi	susulu lelei
feta'imataali'i	igoa o le fetū ta'iala
fetufaa'i	fefa'asoaa'i
fetu'una'i le muniao	fetosoa'i le tūlaga o lupe; fetosoa'i le mānoa po 'o le lā'au e tutū ai lupe; Fetu'una'i le tōfā ma le fa'autaga
fevāevaea'iga	fe'ese'esea'iga
filiali'i	'o le to'atele o ali'i
fīsaga	matagi agi mālie

fōufouina	fuafua pe lu'i
fua'auala	failāuga a le malaga
galufuliafā	galu mālolosi
lagimāina	soifua lelei
laulau toafa	'ua papa pe mativa le lau'ele'ele
laulauvivilu	'o le lāulaufaiva 'ua poto pe māsani i le tautala
lē matafauloaina	e lē fa'a'umi'umia
lefulefua mai	'ele'elea i le ala
lepa i le foe	mālōlō foe/taula 'i le foe
malutia	paologia; puipuia
manunu 'au o ufi	'ua pala pe afu 'au o ufi; 'ua afu le tausaga
manūteleina	'ia fa'amanuiaina
ma'opū	tamāli'i
maota osilagi	fale e osi ai le lagi o le maliu
mapu i le to'o le tautai o le namo	mālōlō pe fa'alagolago i le to'o o le va'a; 'uma le lāuga a le failāuga.
masi'i	'ua si'i mai pe si'i 'i se fa'alavelave
masofa	malepe
mātala o sega mai	'o le fiafia o tamāli'i; feiloa'iga fou
mātatūmua	'ua mata fale'upolu; mamalu o tulāfale
mativa fesāga'i	tusa pe lē maua se mea 'ae sau pea 'i se fa'alavelave
matuātala	'o le tala o le fale po 'o itū o le fale
'ua lē māu'ava le tamāloa Sāfata	'o Māu'ava, 'o le tamālōa Sāfata; lē maua se 'ava
maui	'uma atu; fa'aitiitia se'i o'o ina leai
māvaevae	'ua māvetevete pe malepe
meana'itāua	faletua o le tufuga po 'o le agaiotupu
mua e lē fuatia	manumālō po 'o le mua a se ti'a e lē mafai ona fua le mamao
nōfoaga o sauali'i	'o le fafā po 'o le mea e nonofo ai aitu
nonoi atu	fa'alavelave atu
nu'unu'u atu	tu'utu'u atu; lafo atu ia
paepae ulufanua	fa'avasega ma fa'atūlaga lelei lā'au o le fanua; fa'alagilagi lelei mamalu o le aso
pa'ia lasilasi	'o mamalu e tele
paolo ma gafa	'o 'āiga ma fāiā
papa lē gae'e	'o alaalafaga e lē suia

paū le fatu	'ua mamalu le maota
paū le mauga	mamalu le mauga
peau fa'amavae	'o le lau'ava
pu'agagana	'o le lā'au e tautala
pule'ava	fa'asoa'ava
Pulotu	nu'u e ō 'i ai agāga o tagata
sā'ena	save'u
sagisagi	fiafia
salamāotua	'o le tānoa fai'ava
salatonu	'ua tu'u tonu
sāusau i le loloto	fāgota i le sami loloto; tu'u fa'a'upuga i le loloto
sāutuafafafa	sāutuatele
saveioloolo le seuga	faifa'aeteete le seuga o lupe
se'e	'o le isi igoa o le faifa'aali'i; 'o le tagata e tausia se maliu
sivaloa	fā'atau a tulāfale
sōliga'a	'ua tu'u i lalo mea seu lupe
sōloa	fa'alēaogā
sologāpeau	gāsologa mai o galu
so'o ta'iao	'ua so'o le atu pou i le sāofa'iga a ali'i
suatāga a le va'atele	fīnauga a tulāfale māualuluga
suluia	mālamalamagia
ta'aalii soifua	tamāli'i 'olo'o feola
ta'ape pāpā	'ua salalau mamalu; 'ua maliu le Ao po 'o le tupu
tāeao fa'alupea	tāeao e māsani ona fa'alagilagi
tafao ma le silasila	'o le sāmala ma le va'ai a le kāmuta
tāgutugutu	e faigatā; ma'ama'ai
talafātai	'o gātaifale
talagāpausi	'ua fa'asopolia mamalu o ali'i
talālumana	'o itū 'i luma o le fale
talisapaia	talia ma le fiafia
Tama Fa'atui	tamāli'i o Manu'a
tamasoāli'i	tautai
ta'oto a alao'o	'o le ala e o'o i le taunu'uga o se fa'amoemoe
tā'oto lima	e to'alima faletua o se ali'i
tapa ipu	tau'a'ao ipu 'ava
tapa'au	tamāli'i

tapa‘au i le lagi	‘o le Atua
tāpua‘ia	talosia
tāpua‘iga	faitatalo; talotaloga
tapuvaela‘aina	e lē toe la‘asia e se vae
tau‘atagia	tōē pe taliē ‘i ai
tau fa‘alalanu	tau fa‘afetaui; tau fa‘alava ai se fōa‘i
taufa‘anu‘u	‘o ao e tō ai timu
Taulauniu ma Sālemuli‘aga	fa‘alupega o le Falesāfune
taupeau	‘o le malaga mai peau o le sami
tautai matapala	tautai poto
taute	tāumafa
ti‘a e lē seua	‘o le ti‘a e tā e leai se mea e fa‘alavelave ai lona ala ina ‘ua tā
tialologo	mauga o Māta‘utia
tiasā	tia o tamāli‘i sā seu ai lupe i aso anamua; tu‘ugamau o ali‘i
tineia	soloia
tini le matālalaga	‘ua ‘uma le lalāgaga o le fala; ‘ua taunu‘u le fa‘amoemoe
tofitofi	‘ua ‘uma ona talepe pe fa‘asoasoa
togipā tau i le ‘ave	‘ua tautonu le togi i le ma‘ave‘ave po ‘o le ‘au o le ‘ulu; ‘ua fetaui se manatu ma le finagalo o se tamāli‘i po ‘o le Atua
togitogiina	fa‘amātagōfieina
tūlāniu o Ātua	tamālii o Ātua
tūliuina	talepe pe liliuina
tupufia	e tele tupu
tu‘uama le fua	folau ‘ese
tu‘umatāmaga	tu‘ufa‘avasega
va‘a fa‘ae‘e i peau	‘o le va‘a e fa‘ae‘e le uta a‘o galu tetele
vālo‘ia	va‘aiga i le lumana‘i
vāvāō	‘ua pisapisaō

IUNITE 6

‘O FA‘ALAVELAVE FA‘ASĀMOA

IUNITE 6: ‘O FA‘ALAVELAVE FA‘ASĀMOA

Fa‘asologa o Matā‘upu

'O le uiga o le upu "fa'alavelave Fa'asāmoa", 'o fa'afītāuli po 'o lavelave 'ese'ese o aganu'u a Sāmoa. 'Ātonu 'ua ala ona ta'u faiga o aganu'u a Sāmoa o fa'alavelave, 'ona 'ole'ā māfatia ai le tino ma le māfaufau o le tagata, 'auā fā'i 'o le faigatā ona fuafua le faiga o le fa'alavelave, 'ae 'ole'ā māfatia ai fo'i le tino i le tau su'ega o mea e fai ai le fa'alavelave.

E tofu lava atunu'u ma fa'alavelave fai, 'ae 'ese'ese 'auala ma faiga e fa'ataunu'u ai 'ona 'o le 'ese'ese o aganu'u. Tasi 'o le mea, e tāi fōliga tutusa fa'alavelave o le tele o atunu'u 'auā e pa'ū tonu lava le fuiniu ia 'i le lapalapa. E pa'ū lava le taugatā o le fa'alavelave i tagata lava lātou e ona le fa'alavelave, vāganā ai ni nai fesoasoani e ofo fua ane e o lātou 'āiga ma uō.

'Ae ā lā Fa'alavelave Fa'asāmoa?

'O le faiga o fa'alavelave a Sāmoa, e matuā fa'aalia ai aganu'u moni lava 'olo'o ola ai tagata e ona le atunu'u o Sāmoa. Mo se fa'ata'ita'iga: 'āfai 'ole'ā fai se fa'aipoipoga, 'o le fesili e māsani ai e fa'apea, "E fa'apēfea ona fai la 'outou fa'aipoipoga?" 'O le tali, "e Fa'asāmoa." 'O lona uiga 'ole'ā fa'aali 'uma ai lava aganu'u e tatau mo le fa'aipoipoga, 'ātoa ma le gagana e fetaui mo lea fa'alavelave. 'O le isi mātau 'i fa'alavelave a Sāmoa, e tofu lava le fa'alavelave ia ma lona gagana e fai ai. 'O lona uiga, e lē fa'aogāina aganu'u ma le gagana e pei ona faia i se maliu po 'o se umusāga e fai ai le fa'alavelave lea o le fa'aipoipoga. E tele lava mea e lē tutusa ai fa'alavelave 'uma, 'ae peita'i e iai fo'i mea e tutusa ai e pei 'o le taliga o 'āiga.

'O ni isi o fa'alavelave 'ua fa'afaigōfie i le fa'aonapō nei e pei 'o le fai fa'apapālagi, pe 'ua fai fo'i fa'afaife'au. 'O le mea moni, e ta'u loa 'ole'ā fai i le Fa'asāmoa se fa'alavelave, 'o lona uiga, 'ole'ā oi tagata 'uma o le 'āiga, 'auā 'ole'ā tele ai le mau lavelave. 'Ole'ā a'afia 'uma le 'āiga potopoto 'aemaise paolo ma gafa ma le to'atele o le atunu'u. E lē gata i lea, 'ole'ā ōia ai le ola o mea fafaga ma fua o fa'ato'aga, 'aemaise fo'i le mamulu 'uma ai o 'au'afa a tamāli'i ma moegālafo a fale'upolu. E 'ese'ese ala ma faiga o fa'alavelave o nei aso ma aso anamua, 'ona 'o le 'ese'ese o le faiga o aga'ifanua a nu'u ma itūmālō 'aemaise fo'i le suiga o faiga e fa'atatau i le tamāo'āiga.

'Ua na'o fa'alavelave tetele nei e lima a le atunu'u 'ole'ā mafai ona talanoaina i le

Iunite Ono lenei. E lē fa'apea fo'i 'ole'ā 'āto'atoa 'i ai le fa'atinoga o fa'alavelave i nei tusitusiga; 'ae tau lava 'o ni nai motugā'afa a le aganu'u 'ua mafai ona manatua i mea sā va'ai tino lava 'i ai i lo lātou fa'ataunu'uga, 'a 'o tupututpu a'e i Sāmoa.

'O FA'ALAVELAVE TETELE

1. *'O le fa'aipoipoga Fa'asāmoa* 'ole'ā aofia ai le nunu fa'aipoipo, ma le nunu fānau, 'o fesāga'iga o paolo ma le fesuia'iga o 'oloa, 'ātoa ma le tautapaga o tini o tausala.
2. *'O le sāofa'i* e aofia ai le filifiliga o se matai, 'o le fuafuaga o le fa'afōtuali'i o ali'i ma le fa'afōtuva'a'ulu o tulāfale, 'ātoa ma le ofi atu i sāofa'iga 'ese'ese.
3. *'O le maliu* e aofia ai le tu'umālō o le ali'i māualuga ma le usugāfono a le tulāfale; 'o faiga o 'āualasi'i ma lagi o le atunu'u, 'o le maota nāmu'oli, ma le fa'asāmasamaga.
4. *'O le umusāga* e aofia ai umusāga o fale, va'a, mālōfie, ma fa'aulufalega o falesā, 'ātoa ma tufuga ma fa'atufugaga.
5. *'O le ifoga* e aofia ai le fa'asifoga ma le fa'amāgaloga.

'Ole'ā aofia ai fo'i 'i lenei Iunite lāuga 'ese'ese e fa'atatau i lea fa'alavelave ma lea fa'alavelave. 'Ua 'ou ta'ua nei mea 'ua lisi atu 'o fa'alavelave tetele 'ona 'ole'ā fa'atino 'uma ai lava aganu'u ma aga'ifanua i 'auala ma manatu o le Fa'asāmoa moni, 'ātoa ma le matuā tele o o lātou lavelave 'ole'ā fa'aalia. 'O lea 'ua tupu ai se manatu 'ua lava ia fa'alavelave e lima, e tau 'ina fa'atepa 'i ai fānau ā'o'oga i le tāua o le alofa Fa'asāmoa ma le agāga felagolagoma'i o 'āiga, paolo, ma gafa, e o'o lava i uō ma ē māsani pe 'ā fai fa'alavelave Fa'asāmoa. E ui lava ina lavelave ma taugatā le Fa'asāmoa, 'a 'olo'o afīfī ai le fa'aaloalo ma le vāfeāloa'i Fa'asāmoa moni. Manatua, e tāua lou 'auai i fa'alavelave fai a ou 'āiga.

MATĀ‘UPU 1: ‘O FA‘AIPOIPOGA FA‘ASĀMOA

ʻUPU ʻĀMATA

E fā ʻauala e faʻataunuʻu ai faʻaipoipoga a Sāmoa i aso nei:

1. ʻO le fai lava e le tama ma le teine faʻaipoipo la lāʻua faʻaipoipoga ona nonofo loa lea e fai lo lā ʻāiga.
2. ʻO le fai ʻi ala faʻapapālagi, e naʻona sao faʻatasi o tupe a ʻāiga e lua e totogi ai le fale ma le tāumafataga, ona ō loa lea ʻo le ulugāliʻi e tāfafao ma fiafia ʻi le aso o la lāʻua faʻaipoipoga.
3. ʻO le fai ʻi ala faʻafaifeʻau, e tau lē feāloaʻi ai ni paolo tetele. Pau lava le mea, ʻo le fai ʻia lelei le faʻapaʻiaga i le falesā ma le ʻaiga o le tausamaʻaga, ona pule lea ʻo le ʻāiga o le teine pē tau ʻina fai se ulumoega o le ulugāliʻi fou.
4. ʻO le faʻaipoipoga Faʻasāmoa moni, ʻoleʻā matuā faia ʻi ala o le aganuʻu ma faiga Faʻasāmoa; e feiloaʻi ai paolo o le ʻāiga o le tama ma le ʻāiga o le teine. ʻOleʻā matuā faʻaalia ai pēlega o tama fānau. E tasi lenei aganuʻu e taunuʻu ai le ʻupu foʻi lea, " ʻO āu o mātua fānau."

E sili pe ʻā tātou ʻaumaia se faʻaipoipoga a se saʻo ʻaumaga ma se ʻaugafaʻapae, e sāga faʻamālamalama atili ai ʻauala o faiga o faʻaipoipoga Faʻasāmoa moni. Manatua, ʻo le saʻo ʻaumaga, ʻo le mānaia lea a le nuʻu ma le itūmālō, po ʻo le alo tama o le tamāliʻi pito maualuga o le nuʻu ma le itūmālō, ʻa ʻo le ʻaugafaʻapae, ʻo le alo teine o le aliʻi pito maualuga o le nuʻu. ʻO ʻilāʻua ia ʻua ʻuma ona fai sāofaʻi e pei ʻo ni matai.

I. ʻO SĀUNIUNIGA O LE FAʻAIPOIPOGA

Soʻo se faʻaipoipoga Faʻasāmoa i aso nei, ʻua muamua lava faʻasalalau i leitiō ma nusipepa. I aso anamua sā leai ni ia mea, ʻae sā alu lava le sāvali a ʻāiga e logologo puialiʻi faʻalavelave tutupu. ʻO lona uiga o lea faʻaʻupuga, sā sopo lava se tulāfale e tālaʻi ʻi o lātou ʻāiga fuafuaga o se faʻalavelave ʻoleʻā fai.

ʻO le faʻataʻitaʻiga lenei o se faʻasalalauga faʻanei onapō o se faʻaipoipoga.

ʻO se Faʻasalalauga
ʻOleʻā taʻoto ia faʻalāʻau mamafa le paʻia lē popo ma pā lē solo i ao mamala o Sāmoa ma ona tūlaga faʻalupeina. E faʻapea foʻi le paʻia o feoi o le talalelei ʻoloʻo tala faʻauto

i Sāmoa ‘uma. Tau ia ‘ina fa‘atulou atu ‘i o ‘outou apisā. Tulou, tulou, tulou lava.

Fana tonu ia le malama ma vili tonu le ifi a Māina ma mātou toli‘ulu fo‘i i le fuata o ‘amitonu, se‘i fa‘asilasila fa‘aaloalo atu ai ‘i o mātou ‘āiga pele, paolo ma gafa, fa‘apea fo‘i tama fānau a lenei ‘āiga ‘olo‘o āfifio ma pāpā ‘a‘ao i so‘o se motu o Sāmoa e fa‘apea:

‘Ole‘ā fa‘ataunu‘u lava lo tātou fa‘amoemoe mo se tasi o le fānau ‘ole‘ā fa‘aipoipo i le aso ‘ua taupōina e ‘āiga e lua. ‘O le fa‘aipoipoga a le afioga a Meleiseā Uetelese ma le afioga a Usipua Makelita. ‘O le aso e soso‘o ai ma le fa‘aipoipoga, ‘ole‘ā fai ai fa‘afesāga‘iga o paolo i le maota o le gāluega a le ‘ekālēsia i Newton, Aukilani, i le aso Tofi, 29 Ianuari i le tausaga nei. ‘Ua iai le fa‘amoemoe ‘ina ‘ia maua vave se tātou feiloa‘iga i le aso 27 o le māsina nei, mo le fa‘amautūina o la tātou polokalame. E mānaia le ta‘ape a ‘āiga potopoto. Talosia ‘ia tausia pea lo ‘outou soifua i ‘a‘ao agalelei o le Atua, ‘ia aulia ai i le manuia nei aso taupōina.
T.A.S.

II. FALE NA FUAFUA

‘Ā ‘uma ona fa‘aipoipo le sa‘o ‘aumaga ma le ‘augafa‘apae, e ta‘u e tagata lea ulugāli‘i, ‘o “fale na fuafua.” ‘Ua ta‘ua fa‘apea ‘auā ‘o lea fa‘aipoipoga sā fuafua lelei ma uia ‘uma ‘auala o le Fa‘asāmoa e pei ‘o ‘auala ia:

1. ‘Ā ‘ioeina e tulāfale e ona le ‘augafa‘apae se tōfale‘auga po ‘o se aumoega a le mānaia a se itūmālō, ona si‘i loa lea ‘o le faletautū a le itūmālō e ona le mānaia. ‘O le uiga o lea ‘upu o le faletautū, ‘o le osiga lea o le feagaiga a tulāfale o le ‘āiga o le tama ma tulāfale o ‘āiga o le teine. ‘Ā māe‘a le osigāfeagaiga lea, ona tu‘umuli lea ‘o le nu‘u o le tama, ‘ae nonofo ai lava ni tulāfale se to‘alua pe to‘atolu e tāututū ai lava ma le ‘āiga o le teine; pē fia lava ni māsina se‘ia o‘o i aso o le fa‘aipoipoga. E fai nei tulāfale ma soa po ‘o leoleo o le teine i so‘o se mea e fealua‘i ‘i ai, ne‘i segia e se isi aumoega e toe sau ‘i ai. E faia e nei tulāfale fe‘au ‘uma ma mea e mana‘o ‘i ai le tāupou ma lona ‘āiga, e o‘o lava i le asuga o se ipu vai ma le atiga o se afi, e fai ‘uma lava e tulāfale o le ‘āiga o le tama. E o‘o ane i le aso o le fa‘aipoipoga, ‘ua ‘uma ona fau ni fale o le ‘āiga o le tāupou, ma ni ma‘umaga ‘ua ola sā fai e tulāfale nei ‘olo‘o aumau i le ‘āiga o le tāupou. Peita‘i, e lē pa‘ū fua le āfu o nei tulāfale ‘auā ‘a fa‘afesāga‘i loa paolo, ona totogi lea o gāluega a tulāfale i tōga, fala, siapo, ‘ātoa ma mea‘ai.
2. Sā leai ni fa‘apa‘iaga o fa‘aipoipoga i aso anamua i totonu o falesā, ‘ae sā fa‘apa‘ia lava i maota o ‘āiga i taimi e fa‘afesāga‘i ai paolo. Ona soso‘o ai lea ma le faiga o

isi gaogaosā Fa'asāmoa. 'Ae ina 'ua o'o mai le lotu i Sāmoa, ona sui ai loa lea 'o faiga Fa'asāmoa i 'auala e ō fa'atasi ai le fa'aleaganu'u ma le fa'akerisiano.

III. 'O TAUTAPAGA O TINI O TAUSALA

'O le aso tonu lava 'ole'ā fa'atasi ai le ulugāli'i fou, e 'āmata lava i le tautapaga o tini o mānaia ma tausala; 'o le uiga o ia 'upu 'o le "tautapaga o tini," 'o le tautāpatapa mai o le mānaia i le igoa o le tāupou, po 'o le tauvala'au mai o le 'aumaga, " 'o mātou ia 'ua mānumālō iā te 'oe." 'O ni isi fa'a'upuga, 'o le tautapaga o tini, 'o le faiga lea o vī'iga o le mānaia ma vī'iga o le tāupou. 'O isi tini, 'ua lau ai pona o le mānaia po 'o le tāupou fo'i, 'ae lē 'o ni pona moni, 'ae na'o se fa'apātapata ma se fa'amālieina o le aso; 'o le uiga o le 'upu tini, 'ua taunu'u, 'ua mānumālō, po 'o le maua o le 'ai. Tasi lea aganu'u mānaia a Sāmoa 'o le tautapaga o tini, 'ae 'ua seāseā faia. E tatau fo'i 'i tamāli'i o lenei talutalu fou ona toe fa'amanatu lenei aganu'u mānaia, ma 'ia fa'aogā i fa'aipoipoga a tamāli'i 'uma o Sāmoa.

Sā iai le manatu anamua, e na'o mānaia lava ma tāupou e tautapa o lātou tini, 'ae tasi 'o le mea, 'ole'ā lē 'avea lea manatu ma mea 'ole'ā taofia ai lenei aganu'u mātagōfie, 'auā 'ua lē toe to'atele ni sa'o 'aumaga ma ni 'augafa'apae fa'aolioli a le atunu'u; 'o le isi fo'i itū, 'ua tamāli'i lava alo ma fānau 'uma a Sāmoa i nei aso. 'Ia lē 'avea le lima vāivai ma le lē gafatia o fa'aipoipoga Fa'asāmoa moni, e vāea ai aganu'u tāua.

'Ā fai tautapaga o tini o tausala, e potopoto 'uma 'i ai le 'aumaga ma le itūmālō o se mānaia e ona le fa'aipoipoga. E sāvavali potopoto i luga o le 'auala tele ma usu fa'apese 'upu o le tini, ma aga'i i le fale o le tāupou. 'O 'i'inā 'olo'o fa'atali mai ai le tāupou ma lona aualuma i lumāfale. E tautapa mai fo'i a lātou tini.

'O le mālie ia o le pisa fetalia'i o tini o tausala. 'O le tu'ua o le nu'u po 'o so'o se tulāfale e tomai 'i faiga o fa'a'upuga o tini, na te usua fuai'upu 'ae tali 'uma le 'aumaga. 'Āfai e fa'a'uma mai 'upu a le usu i le "mua", 'o lona uiga, 'o le "muaō" e tali atu ai le 'aumaga; 'ae 'a fa'a'uma mai 'upu i le "tini", 'o lona uiga, 'o le "tini-ō" fo'i e tali atu ai. Silasila lā 'i fa'a'upuga nei o tini o sa'o 'aumaga o Tupua, La'auli, ma Tole'afoa sā lāgisolo ai lātou 'aumaga. 'Olo'o iai 'upu fa'auigalua a tulāfale, 'ua mālamalama ai lava lātou i taualumaga ma faigā'āiga a mānaia ma tāupou. E matuā mālamalamagatā i le 'autalavou ia fa'a'upuga; e o'o lava fo'i i le tele o sāofa'iga a matai o nei aso e lē mālamalama tele 'i ia 'upu; 'ae tasi 'o le mea, e aogā fo'i 'ua tātou molimauina ai le mau'oa o le gagana Sāmoa 'aemaise le māotua o le gagana a matai.

'O Tini o Tupua:

Usu le Tulāfale: Vaitilofia ma vaila'asia.
'Ua lē tauilo le afiafi o mānaia.

Tali le 'Aumaga: Asāpa e, asāpa e
Ala i māfa e, ala i māfa e.
Mua 'inā mua, muaō.

Usu: Sā alaala lava pili ma fa'afofoga
I nai ou vāifanua 'ua su'esu'eina e le sulu ma le tōga.

Tali: Asāpa e, asāpa e
Ala i māfa e, ala i māfa e.
Mua ia 'inā mua, muaō.

Usu: 'O ou toto na 'ou sapogutuina
'O ou tāupou na 'ou fa'alimalima vevelaina.

Tali: Asāpa e, asāpa e
Ala i māfa e, ala i māfa e.
Mua ia 'inā mua, muaō.

Usu: Le afiafi na i Utulei
Le tagata ula sā moe ai nei
'Ae ala mai 'ua i masei.

Tali: Asāpa e, asāpa e
Ala i māfa e, ala i māfa e.
Mua ia 'inā mua, muaō.

Usu: Le atumauga o Liutoloula
Ua ti'eti'e ai le tagata ula.

Tali: Asāpa e, asāpa e
Ala i māfa e, ala i māfa e.
Mua ia 'inā mua, muaō.

Usu: Vaifanua o Tupūa e
'O Salani ma Alofisūla e

Tali: Asāpa e, asāpa e
Ala i māfa e, ala i māfa e.
Mua ia 'inā mua, muaō.

'O Tini o La'auli:

Usu: La'aīli e, se mānāia e
Sā e ta'aseu i atutīa e
Fai ou faia o mānāia e

Tali: Mua ia 'inā mua, muaō

Usu: Valavala a tumānu e
Lafulafu a tama seugōgo e

Tali: Mua ia 'inā tini, tiniō.

Usu: La'aūli e 'ua 'e sasala nanamu
'Ua se moso'oi utu i fagu

Tali: Mua ia 'inā tini, tiniō.

Usu: Lau o le fiso, lau o le tolo
E ala e tasi le mauga i olo

Tali: Mua ia 'inā mua, muaō

Usu: La'aūli e, se mānāia e
La'aūli e, se tausāla e

Tali: Mua ia 'inā mua, muaō.

Usu: La'aūli e, le Malietōa e
Le Sagaga, le Ailāoa e.

Tali: Sagaga i Palalāua e
Sagaga i Ailāoa e
Sagaga le Vāimāuga e
Mua ia 'inā mua, muaō (tiususū)

'O Tini o Tole'afoa:

Usu: Toleafōa e, se mānāia e
Toleafōa e, se Tuia'āna e

Tali: Mua ia inā mua, muaō

Usu Mānu e 'ua taufaiolo
'Ua 'e fealumi ma le 'au tevolo

Tali Mua ia inā mua, muaō

Usu Na a‘e i le tī ‘ae ifo i le nonu
‘Ua mata‘a‘ai ai ou fale‘upolu

Tali Tini ia inā tini, tiniō

Usu Lau tinumasalasala
‘Ua pua‘ina i ala
‘Ua nāmusia ‘oe e le mau tausala

Tali Mua ia inā mua, muaō

Usu Toleafōa e, lou galuāualuma
Lou tī suni‘ula ‘ua mū ‘ula‘ula

Tali Mua ia inā mua, muaō

Usu Sau se mativa, tali se ‘aisi mea
Va‘ai le mānamea ‘ua ‘e safea

Tali Mua ia inā mua, muaō

Usu Toleafōa e, ma To‘omāta e
To‘omāta e, ma Ilāoa e

Tali Mua ia inā mua, muaō

‘Ua tauau e mou atu fa‘a‘upuga o le nei aganu‘u o tautapaga o tini ‘ona ‘ua to‘agāogao le itūpā o tamā ma tinā mātutua ‘o ē sā lātou taulotoina nei mea ma ‘au‘afa mau i alaalafaga, peita‘i, e tatau lava ona tautāpatapa pea ‘i ē ‘ua mātutua ‘o totoe nei o le atunu‘u, ‘ina ‘ia maua mai ai se fesoasoani ‘a ‘o le‘i mavae atu i lātou, vae atu le lagi. ‘Ā siliga lā i fānau a‘oa‘oina a lo tātou atunu‘u ona su‘esu‘e ma vā‘ili‘ili ma fa‘amaumau ma fetūfaa‘i aganu‘u mātagōfie a Sāmoa, ona mou atu lava lea ‘o ia mea aogā fa‘atasi ma o tātou mitamitaga ma lo tātou lotonu‘u.

IV. ‘O FEILOA‘IGA A PAOLO

E ‘uma loa tautapaga o tini, ona ulufale lea ‘o le paolo po ‘o le ‘āiga o le tama, ‘ae fōlifoli mai le ali‘itāeao ma le usu‘ālele a le nu‘u ma le itūmālō o le teine. ‘O le inu muamua e feiloa‘i ma le paolo, ‘o le inu lea a le ‘āiga o le tāupou ‘auā ‘o le taimi lea e tu‘uina atu ai le ‘oloa a le ‘āiga o le mānaia i le ‘āiga o le tāupou mo a lātou fuafuaga. ‘O le ‘oloa a le ‘āiga o le tama i aso anamua, sā fai ‘i manu e iai pua‘a, moa, i‘a, ‘ātoa ma fua o fa‘ato‘aga; e lē gata i nā mea, ‘a ‘o mea taulima e iai va‘a ma fale, ‘aemaise fo‘i tēuga ma lā‘ei o le teine fa‘aipoipo; po ‘o so‘o se mea aogā lava Fa‘asāmoa mo le ‘āiga fou. ‘O aso nei, ‘ua fai lava na‘o ‘oloa tupe, ‘ona ‘ua maua tupe e tagata ‘uma. E ‘aumai ai ‘i le taimi lea o ‘oloa le pua‘a fa‘aipoipo a le tama ma sana pusa tu‘u lavalava ma ni lā‘ei o le tāupou mo le fa‘alavalava. Sā leai ni keke fa‘aipoipo, ‘auā ‘o mea fou nā a papālagi. ‘Ā lē tele lā ni tupe a se paolo i aso nei, e lē tofu ma le lafo tulāfale o le mau inu ‘ole‘ā fanati atu i le paolo, e pei lā ‘o le inu a tama‘ita‘i, ‘o le ali‘itāeao a le nu‘u, ma le usu‘ālele a le itūmālō ma le atunu‘u.

‘O le Lāuga i Feiloa‘iga a Paolo

‘O le fa‘ata‘ita‘iga lenei o se lāuga i feiloa‘iga a paolo:

‘Ua pa‘ia lo tātou tāeao.
‘Ua paū le fatu.
‘Ua popogi vanu ‘auā ‘ua afio lo‘u paolo.
‘Ua fa‘apea fo‘i le afio atu o ‘āiga nei ma tū fo‘i ‘i nei fale‘upolu.
‘Ua fa‘amālō ai i le Atua
‘O le asō ma lo tātou tāeao fesilafa‘i.
Lo‘u paōlo e, e moni ‘ua to‘a le taitua,
‘Ua noanoa le taisua, ‘ae lomaloma le tai o Tūmua.
‘Ua tātou fesilafa‘i nei i le āvafatafata
E pei ‘o le ‘upu iā Sāoluaga.
‘Ua tele ‘upu i manū, ‘ae itiiti ‘upu i mala
Ina ‘ua lele mai lupe o le vāteatea ma ifo i le faga.
I lou tala ‘a‘ao mai ma lefulefua mai ‘oe o lo‘u paolo.
‘Ua ‘oli‘oli lā le so‘āseu.
‘Ua ifo tonu le fuifui i le na‘a
Ma ‘ua sala tonu lou lā i maota o ‘āiga nei.

Lo‘u paōlo e, ‘ua mata o māsiasi Faleālili vae atu ‘āiga nei.
Sē, na tā‘aifala ‘Aiolupotea ina ‘ua naumati Vailoā.
‘Ua leai se inati o le malaga.
Tālofa, ‘ua naumati le puna o ao.
‘Ia malie ai ‘oe lo‘u paolo ma so‘u fa‘amalumaluga
I lau fa‘asoa lē lava i se ‘ataiti.
Na ‘a‘ao mai ai Alaalagafa
‘Ae ‘ūmia mai e Lauluanofo a tulāfale ma Faleālili
I le ‘ua masofa lā le fā i lau pule fa‘asoa.
‘Ua matua fo‘i i le vai‘avea ma le lautī lē putea.
‘Ia lu‘ilu‘i mālie pea lā le agatonu ma le ‘ava taute
‘Auā le pa‘ia o le tāeao.
‘Ā sau se taimi tau‘a‘ao ipu i lenā itu o le maota

E fa'apea i lenei itū o le maota
'A 'o se 'ava e totoe ia sa'afua ia 'auā le lāuga.

'A 'o aga o le alofa o le Atua
E fou pea i tāeao fai so'o
E pei ona fai mai le 'āposetolo,
'Ua fa'aosofia nei lā le manu na i Utufiu
Ina 'ua māimoa 'āiga nei 'i le asō i le fa'aafio mai o lo'u paolo
Ma feiloa'i fiafia ma 'āiga nei.
'Ā! se mea 'ā mātagōfie o uso 'ae nonofo fa'atasi.
Pei ai 'o le fale na i Āmoa
E lau i 'ula 'ae pou i toa
'Ua mālō āfua, mālō 'ua maua
'O lo tātou tāeao 'ua mua atu, mua mai.
'Ua muaō le asō e pei 'o le 'upu iā Tuālemoso
Ma 'ua sāga vī'ia ai le alofa o le Atua i lo tātou tāeao fesilafa'i.
'O nei lava aso, 'ua fai 'i lagi le tuligāsi'a a le 'āiga Sātagaloā
I le soifua o le atunu'u.
I le pule faito'atasi a le Atua.
'Ua se'i le matua, se'i le moto.
'Ua 'āmia le tupu, 'āmia fo'i le tagatānu'u.
E ui 'i lea, tātou lafo ia i 'au'auna a le Atua
Ma le lātou tāpu'aiga, 'auā la tātou nonōgāmanū i le Atua.

'O tāeao o Sāmoa na i Pule ma Tūmua
'O tāeao fo'i o tupu ma tamāli'i o le atunu'u
E leai sē e fa'atālalē 'i ai
'Auā 'o tāeao mamalu ma le faigatā
Sā fefulituaa'i ai Sāmoa.
'Ua utu nei lā le toto masa'a
'A 'ua laueva Sāmoa i le laufau mālū
'Auā 'ua tū le mālō o Iesū.
'O tāeao lā ia na i Matāniu Feagaimaleata.
Le tāeao na i Faleū ma Utuagiagi.
Ma le tāeao na i Malaeola ma Gāfoaga.
'O tāeao sili lava ia e pei fo'i o lenei tāeao.
'Ua tātou fesilafa'i ai i le lagi e mamā,
'Ae le 'o le ta'ape o pāpā.

ʻIa taʻalolo ia tāeao iā Tūmua ma Pule
ʻAuā ʻo a lātou mea tōtino.

ʻA ʻo lenei aso ma le māfuaʻaga o le tātou māfutaga
Le mamālu e, iā te ʻoe loʻu paolo
ʻUa silamiō Alaalagafa
Ma Lauluanofo a Tulāfale.
ʻUa vaʻavaʻai mālamalama le igoa o Faleālili
ʻI soʻu malupapa ma soʻu malumauga.
ʻO loʻu paolo ʻou te malu ai
E lē ʻo se malu i se falevai e tā atu, tā mai.
E lē se malu i se faleʻulu, e malu lava ʻae toe tutulu;
ʻA ʻo le malu ʻua soʻoū, soʻopapa, soʻotagata.
ʻOu te savini ai nei faʻapunuomanu
Ma ʻou viviʻi vāifanua e pei ʻo le fetalaiga i le ʻĀiga Sāsiʻā
Ina ʻua muaō, tiniō
ʻUa ātuē le faga i Lalaua
ʻUa malieō le faga i Foā
ʻA ʻo ʻupu i paʻia lē popo ma pā lē solo
ʻIa, ʻou te lē fāgota i le sao,
ʻAuā e talatau Toga, ʻae talatofi Sāmoa.
ʻAe tau ia ʻina ʻou ufiufi avagāmea se ʻupu i nei faleʻupolu

Fāʻataʻi lā ma soʻu leo, loʻu paōlo e,
E togo aʻe pea le lā a le Atua
ʻAe tātou alo ʻava ia.
ʻUa māi vai ʻae suamalie ʻava i le alofa o le Atua
I lo tātou tāeao fesilafaʻi.

ʻO le lāuga ʻoleʻā foʻi.
Mamao ni lagi faʻatafatafa
Ma ni ʻapulupulusia o le fala
I le paʻia i tamāliʻi.
ʻAua neʻi gau le toʻotoʻo pe solo le fue
I le susuga a Lufilufi.
ʻIa mamā foʻi le lagi i ʻāiga nei
Ma ʻupu iā Faleālili.
Soifua!
T.T.F.S.

V. 'O LE NUNU FA'AIPOIPO MA LE NUNU FĀNAU

'O le Nunu Fa'aipoipo

'O le tasi lenei vāega o le fa'aipoipoga, 'o le faiga o le nunu fa'aipoipo. E 'ese'ese uiga o le 'upu nunu, 'a 'o le uiga i le fa'aipoipoga, o le fesāga'iga o paolo, po 'o 'āiga e lua 'ona 'o le fesuia'iga o 'oloa. E fenūmia'i ai tagata, e fa'anunununu ai le to'atele ma tupu ai le mata pe'ape'a.

'O aso anamua sā lē fuapauina pēlega o le tama ma le teine; e lē pei 'o aso nei 'ua fua ta'i sefulu tālā i le 'ie tōga e tasi. Sā tu'u lava i lima mālolosi o mātua o le teine po 'o le tama fo'i; sā leai fo'i se fesili po 'o ai le 'āiga 'ua gau i le faiga o le fa'aipoipoga; po 'o le 'āiga o le tama po 'o le 'āiga o le teine 'ua gau. 'O lona uiga, po 'o ai le itū 'ua so'ona alu a lātou mea 'ae lē tauia. E pei lā e fōliga mai, 'o fa'alavelave Fa'asāmoa e tau lāmalama, ma e fai 'ona 'o le fa'amoemoe 'ia toe maua mai lava se taui. E moni ai le isi 'upu a toea'i'ina e fa'apea, " 'o 'upu a Sāmoa e sa'o 'ae lē a'o; po 'o le a'o 'ae lē sa'o."

'O aso anamua sā fai so'o ai fo'i le isi 'upu lea, " 'o mea a tama e pala i teine," 'auā fo'i, sā toetoe 'ina alu 'uma le ola o le tama ma ana mea tāua i le 'āiga o le teine 'ae le'i nonofo. 'Ae 'ā fai loa le fa'aipoipoga, ona sui lea 'o lea fa'a'upuga i le fa'apea, " 'o mea a teine e pala i tama" 'auā fo'i, e sili atu ona fa'aolioli pēlega ma tēuga a mātua i le teine. 'O le aso lā o le nunu fa'aipoipo, 'ole'ā fa'aevaeva ai le 'au'afa a tupu ma tamāli'i o le 'āiga o le tāupou.

'O 'ie nei o le mālō e fua i le malae: 'o le 'ie tū o le teine, 'ie fa'atupu, 'ie se'ese'e, 'ie āvaga, 'ie asavao, 'ie alova'a, 'ie talipisi, 'ie ufimoega, ma le 'ie e fai ai tōga. 'Āfai e maua 'uma i le nunu fa'aipoipo o le tāupou nei 'ie 'uma o le mālō, 'o se fa'aipoipoga lea e sili ona tamāo'āiga ma mamalu ona tamāli'i. E lē gata lā ina tele 'ie tōga, 'ae 'ia tele fo'i le lauu'a po 'o siapo; 'aemaise le tele o le ulumoega o le teine e pei 'o fala nini'i, fala lau'ie, ma fala tui ma 'ie sina. 'O isi mea e aofia ai i le nunu fa'aipoipo, o le vai tā'ele; o faguu'u ma ni 'ofu'ofu o sama (*tumeric*). 'O tēuga 'uma fa'atāupou a le teine e pei 'o 'ofu 'ie tōga, 'o le tuiga po 'o le lauulu, ma le nifo'oti. 'O mea 'uma lā nā, 'o pēlega o tausala i le aso o lona nunu fa'aipoipo, e 'ave 'uma i le 'āiga o le tama.

E pei lava ona ta'ua muamua, e va'aiga 'ese'ese fa'alavelave Fa'asāmoa i vāifanua o le atunu'u; 'a 'o le mea sili ona tāua, pe 'āfai e atagia ai fōliga o aganu'u Fa'asāmoa moni. E atili lava ona 'aulelei le faiga o le nunu 'ona 'o fa'a'upuga a le mālōtōga a le 'āiga o le teine, 'ātoa ma fa'a'upuga o le sulaga o tōga e tāusi o tulāfale o le paolo.

Sulaga o Tōga o Nunu Fa'asāmoa

1. Tulouna! Tulouna ia
O lau pule lea 'ua 'ou patipatia.
'Ua se 'Ie e fua i le atu tia
'Ua se muli mālō o se mānaia

2. Tulouna! Tulouna lava.
'O le 'Ie lea o le fuafuataga
'Ua pale 'i ai si o'u va'a
I Mulinu'ū ma Nu'u'ausala.

3. 'Ua malie le pule manā.
'Ua malie le la'ito'ivā.
'Ua malie suāvasele.
'O lau pule lea 'ua tōtō tetele.
'Ua 'ou sapaia fa'atua'ele'ele.

4. Sā tutuli taliga sā lē ma fa'alogo
Mānu e 'ua taufaiolo
'Ai le fōtua'i mai a le tausala
Ma le paolo.

5. 'Isa, ta lē sā'afia
'Isa, ta lē sapaia
'Isa, ta lē gāutia
'Ua vale lē tāeao o mānaia.

6. 'Ia le mālō lenā
E lē se mālō leaga.
'O le mālō māfanafana.
E lē se mālō sau'afa.
E lē se mālō e lē tāua.
'O le mālō mai anamua.
'O le mālō sā tauvā 'i ai
Pule ma Tūmua,
Itu'au ma Alātaua.

7. 'A 'ua tō mai lau pule
O'u fa'amanuia.
'Ua fa'amanū lā le laualuga

'Ae fa'amālō le lautua.
'Ua 'afu 'ita si tūfanua
'Ae pūlou si ota matua.

8. 'Ua malie le papa i Ta'ū.
'Ua malie le papa i Foā.
'Ua malie le faga i Lalau.
'Ua malie le faga i Pa'au.

9. 'Ua malie le papa i Gālagala.
'Ua malie le fa'atolotologātama.
'Ua malie le faga i I'ā.
'O atu o mālōtā
'Ua gase mālolo i vasā.

Solo a Sinafa'amanu
(E tali mai ai le sulaga o tōga)

'O a'u 'o a'u lava
'O a'u lava o Sināfa'amanu.
Na 'ou utuvai 'e te fa'alanu.
'E te lē lilo 'e te lē lanu.
E lē 'o se 'ua e tō fa'aafuafu.
E lē 'o se matagi e tō ta'uta'u.
E lē se fana'e a se taigalu.
'O le taimasa e lē lilo se fatu.

'O nei gaoioiga 'uma o le aso o le fa'aipoipoga e fa'ai'u lava i le fa'amālosi tino lea o le pōula ma le pō fiafia. 'O lenei sāuniga, 'ole'ā faia i le fale 'olo'o iai le paolo, 'auā 'o lea 'ua momoli 'i ai le teine fa'aipoipo i le 'āiga ma le itū a lona to'alua. 'O i'inā fo'i, 'ole'ā toe fai ai tini o le mānaia ma le tāupou, 'ātoa ma le 'ava taumāvae ma le paolo, 'auā 'o tāeao a'ena usupō 'ese le paolo fa'atasi ma le lātou āvā fou. 'Āfai e taunu'u i le nu'u o le mānaia, ona toe fai fo'i lea 'o tini. E fa'ato'ā toe fo'i mai lava le tāupou i lona 'āiga ina 'ua o'o i lona māsina fānau pe 'āfai e fa'amanuiaina. 'O nei aso 'uma, 'ole'ā nofo ai le tāupou i lona 'āiga ma fa'atali ai le nunu fānau po 'o le fa'afailelegātama a le 'āiga o lona to'alua, pe 'ā manuia lona ma'itaga ma le pepe fou.

'O le Nunu Fānau

'Ua 'uma le nunu fa'aipoipo sā lavelave tele ona faiga, 'a 'o lea 'ole'ā olioli ma toe sāuni fo'i 'āiga e lua i le faiga o le nunu fānau. 'O le nunu fānau, 'o le toe fesāga'iga fo'i lea o paolo i le fa'ailogaina o le pepe fou. 'Ae tasi 'o le mea, e māmā le faiga o le nunu fānau i lō le nunu fa'aipoipo. E ōmai le 'āiga o le tama e fai le fa'afailelegātama i le 'āiga o le teine. 'O lona uiga o le fa'afailelegātama, 'o le momoli maiga o 'oloa mo le pepe fou, 'ae taui atu fo'i e le 'āiga o le teine i ni isi fo'i tōga ma le ulumoega o le pepe. 'O lona uiga, 'o fala pepe 'ia tele ma isi 'oloa mo le fa'ailogaina o le pepe fou.

'O 'oloa nei e 'aumai e le 'āiga o le tama: 'o fagu suāu'u ma le sama, 'o le tapu tā'ele, solo tā'ele ma fāsimoli; e fa'apēnā fo'i le ta'inamu ma le mōlī, ma lāvalava o le pepe, ma isi mea. 'Ae le'i tu'uina atu lā 'oloa ia, e muamua ona ta'i le sua a le failele. E 'aumai ai fo'i 'i le taimi lea le fa'ailogaga o le pa'ū o le pute, 'aemaise le tu'uina mai o se fa'amatua ma se fa'afalega o le pepe. 'O ia mea e lua, e fai 'uma i 'ie tōga e 'aumai e le 'āiga o le tama.

'O le uiga o le fa'afalega o le pepe, 'o le 'a'amiga lea o le pepe e ulufale atu i le 'āiga o lona tamā. 'O le ala tonu lava lea e māfua ai ona fa'apea se 'āiga, 'o le ulumatua, 'o le tamaitiiti lava lenā a le tamā o le fānau. 'Ā tēte'a le ulugāli'i Sāmoa, e lē fa'alavelave le fafine ma lona 'āiga i le tamaitiiti ulumatua pe 'ā fia alu i le 'āiga o lona tamā; 'auā 'ua 'uma ona fai lona fa'afalega. 'Ā o'o lā ina momoli mai le failele i le 'āiga o lona to'alua, ona 'aumai fo'i lea e le 'āiga o le tinā se fa'amatua e 'ave i le 'āiga o le tamā. E lē faia ni fa'afailelegātama ma ni fa'afalega mo isi tamaiti o le fānau, vāganā lava le ulumatua a le ulugāli'i.

GĀLUEGA FAUTUAINA

I. Māfaufauga e fafau ta'ito'atasi, ta'ito'alua, ma le ta'ito'afā.

Fesili: 'O ā ou talitonuga i lenei matā'upu 'ua ta'ua o le Fa'asāmoa?
'O ā ni ona tāua, 'a 'o ā fo'i ni ona lavelave?

1. Tusi 'uma ou talitonuga ma mea 'ua 'e iloa i lenei matā'upu. 'Aua le popole i le sipēlaga o 'upu po 'o le kalama o fuai'upu.
2. Talanoa ma sau pāga. Fa'asoa 'i ai ou talitonuga ma o lātou māfua'aga e pei ona 'e tūsia.
3. Su'e e le lua pāga se isi pāga 'ina 'ia to'afā le tou kulupu. Fa'asoa ma fa'amanino manatu, ma 'ia aofa'i manatu 'autū i se pepa, 'auā le tu'ufa'atasiga o manatu o le vasega 'ātoa.

Talanoa le vasega 'ātoa; fa'atusatusa lisi e pei ona talanoaina i kulupu ta'ito'afā. 'O ā mea e tutusa ai vāega, pe 'ese'ese ai fo'i; fa'amatala 'ia manino. Manatua, e 'aua le tu'ua le talanoaga 'a 'o iai ni isi o le vasega e lē'o mālilie 'i tali po 'o fa'ai'uga a le vasega. Fa'amāsani tama ma teine 'ina 'ia talia manatu 'ese'ese, tusa lava pē lē fetaui 'i finagalo o isi; vāganā ai 'o ni manatu e lē tālafeagai mo le solosolo lelei o le vasega, po 'o ni manatu e manu'a ai loto o isi tagata.

II. Mo le faiā'oga, sa'ili mai ni ata (*video*) o ni fa'aipoipoga Fa'asāmoa.
Mātamata le vasega ma mātau po 'o ā ni mea e tutusa ma 'ese'ese ai fa'aipoipoga a Sāmoa; i le nu'u 'olo'o ā'o'oga ma nonofo ai i lenei taimi, ma faiga 'olo'o laulauina i totonu o lenei tusi. 'O ni fesili ta'iala nei:

1. 'O ā fa'atinoga ma talitonuga e tutusa ai faiga o fa'aipoipoga a lou 'āiga ma lou nu'u, ma faiga i nei onapō?
2. 'O ā ni mea e 'ese'ese ai? 'Aiseā?
3. 'Ou te manatu e tatau i tagata Sāmoa, 'aemaise lava 'ilātou 'olo'o alaala pea i Sāmoa, ona toe tepa i faiga o fa'aipoipoga Fa'asāmoa, ma iloilo po 'o fea itū e aogā moni e lavea'i ai aganu'u a Sāmoa 'ua tau mou atu; 'aemaise faiga e fetaui ma le si'osi'omaga ma le tamāo'āiga o tagata. Mo 'ilātou 'olo'o alaala i fafo, e tatau ona va'ai i tūlaga o le aganu'u i le faiga o fa'aipoipoga a Sāmoa, ma fa'avasega po 'o fea tonu faiga e fetaui ma aganu'u a atunu'u i fafo, 'ina 'ia lē a'afia ai le solosolo lelei o le ola a'e 'i ia fo'i atunu'u. 'O lona uiga, 'o ā faiga Fa'asāmoa e lē tālafeagai ma ōlaga i atunu'u i fafo?

Māfaufau ma talanoa i fa'a'upuga 'o i luga, ma iloilo loa ia manatu pē aogā pe leai. 'Ia tomai le faiā'oga e fafau ni isi fesili e lagolago ma fa'alautele ai le talanoaga. 'O se fa'ata'ita'iga sili lea i le atina'ega o manatu ma māfaufau o tama ma teine Sāmoa.

ILOILOGA O LE MATĀ'UPU

Vāega I

Tali 'i fesili ia:

1. 'O a ni ou māfaufauga i le faiga o so'o se fa'alavelave Fa'asāmoa?
2. Ta'u mai ni uiga fa'atino o le aganu'u lea o le fa'aipoipoga Fa'asāmoa na 'e va'ai 'i ai.
3. 'O le ā le faiga o le fa'aipoipoga fa'afaife'au?
4. 'Aiseā 'ua ta'u ai se ulugāli'i a tamāli'i fa'aipoipo " 'o le fale na fuafua?"
5. 'O le ā tonu le uiga o lea aganu'u, " 'o le tautapaga o tini o tausala?"
6. Se'i tautapa mai tini o La'auli i sau fuai'upu e tasi.
7. Tusi ni au fuai'upu se lima e fa'aaogā ai le 'upu "nunu."
8. 'Ā fai le nunu o le teine fa'aipoipo, 'o ā 'ie o le mālō 'ua fa'aigoa mai e le 'āiga o le teine mō le paolo.
9. Tusi le isi uiga o le 'upu paolo i i'uga a fuai'upu.
   a. Se'i 'ou tū i le paolo o le lā'au.
   e. 'O le mamalu ia o le si'i a le paolo.
   i. 'Ua paolo le aso.
   o. 'Ā paologia le tāgamea ona ao lea.
   u. Le Atūa e, 'ia fa'apaolo mai ou 'a'ao alofa i o mātou luga.
10. Ta'u mai ni māfua'aga se lima, 'ua tau lē faia ai fa'aipoipoga a Sāmoa o aso nei i 'auala e māsani ai le Fa'asāmoa?

Vāega II

Fa'atino mea ia:

1. Fai mai sau lāuga mo le fesāga'iga o paolo.
2. Tusi mai sau fa'asalalauga o le fa'aipoipoga a le mānaia a lo 'outou 'āiga.
3. Fai le fa'asologa sa'o o gaoioiga o le fa'aipoipoga Fa'asāmoa 'olo'o lisi atu i lalo:
   lāuga i le usu
   fua tōga i le malae
   fa'asalalau i le 'ea le aso o le fa'aipoipoga

nunu
tapa tini o tausala
fai le fa‘apa‘iaga o le ulugāli‘i fou
alu se faletautū
talanoaga a le ‘āiga
feiloa‘i le tamā o le tama ma le tamā o le teine
fai le tūsiga (*engagement*)

FA'ALEOGA MA FA'AUIGAGA O 'UPU

agatonu	'o le 'ava taute
alaalagafa	fa'alupega o Faleālili
alo 'ava	fa'asaga ia e taumafa le 'ava
'āposetolo	'au'auna a le Atua
'āpulupulusia o le fala	o le gāsegase 'ua āfugia lona moega
atiga o se afi	'aumaiga o se afi
'aua ne'i gau le to'oto'o	'ia sao le lāuga; 'aua ne'i maliu le tulāfale
āva fatafata	fa'afesāga'iga a tamāli'i
'ie alova'a	'ie e lā'ei ai pe 'ā folau i le va'a
'ie asavao	'ie e sopo ai
'ie āvaga	'o le 'ie o le nofogātane
'ie talipisi	'ie e tali ai le pisi o le toto pe 'ā tā le tatau
'ie ufimoega	'ie e ufi ai moega o le ulugāli'i
'ie sau'afa	'ie tōga papata
inati	o le tu'uga po 'o se vāega o mea
'ua ātuē le faga i Lalaua	'ua mapu fiafia i le faga
'ua paū le fatu	ua mamalu le fale po 'o le malae
'ua salatonu lou lā	'ua e taunu'u tonu
'ua tō fa'aafuafu	timu ma'ulu'ulu
ufiufi āvagāmea	tautala ma le fa'aeteete
ulumatua	tamaitiiti pito matua o se fānau
ulumoega o le pepe	'o fala e moe ai le pepe
ulumoega	fala e momoe ai le ulugāli'i fou
usu'ālele	ali'itāeao a le atunu'u
Utuagiagi	malae i Manono
Utufiu	'o le tolotolo i Luatuanu'u
fa'afalega o le pepe	'o le 'ie tōga e fa'aulufale mai ai le pepe i le 'āiga o lona tamā
fa'afesāga'iga o paolo	feiloa'i le 'āiga o le tama ma le 'āiga o le teine fa'aipoipo
fa'aipoipoga	fa'apa'iaga o le ulugāli'i fou; fa'atasiga a le ulugāli'i
fa'amālieina	fai mea e tōē ma fa'afiafia ai tagata
fa'amalumaluga	puipuiga
fa'amatua	'o le 'ie tōga e fai meaalofa ai le pepe fou i mātua o ona mātua

fa‘anunununu	‘ua tele le pisapisaō
fa‘aosofia	‘ua fa‘atumulia
fa‘apātapata	fa‘apōnapona
fa‘apunu o manu	‘apatā o apa‘au o manu
fā‘ata‘i lā ma so‘u leo	‘a ‘o le‘i fa‘a‘umaina le lāuga
fa‘atalalē	fa‘atamala
fa‘atolotologātama	fa‘afetōlofiga o alo o tamāli‘i
fa‘auigalua	fa‘a‘upuga e lilo uiga moni o fa‘a‘upuga
fāgota i le sao	tofotofo; taulāgalaga
fala lau‘ie	fala e lalaga i lau‘ie
fala nini‘i	fala moe
fala tui	fala e tui ai pe su‘i ai le ata
fale na fuafua	ulugāli‘i na fuafua lelei le faiga o le fa‘aipoipoga
fale tautū	tōfale‘auga po ‘o le aumoega
falevai	‘o le fale fa‘apalevai
fefulituaa‘i	fe‘ese‘esea‘i
fenumia‘i	‘ua nunumi ona fai mea
fōlifoli mai	sāuniuni mai
fōtua‘i mai	‘ua aga‘i mai
fuafuataga	‘o le tāupou fa‘aipoipo
fuata o ‘amitonu	alu tonu i le ‘ulu ‘olo‘o fua; tu‘u sa‘o le manatu
ga‘a	‘o le lā‘au e tapē ai lupe
Gāfoaga	malae o Lealatele i Savai‘i
gaogaosā	lavelave
lāfulafu a tama seugogo	‘auleaga; palapalā ‘a ‘o le tamāli‘i
lagi fa‘atafatafa	‘o le gāsegase
lauluanofo a tulāfale	fa‘alupega o tulāfale tāua o Faleālili
laualuga	pito i luga
laueva	tāfafao fiafia
laufau mālū	‘o le filēmū
lau o le fiso	lau fou pe muamua o le tolo; po ‘o le tātupu o le tolo
lautī lē putea	‘ua lē lava
lautua	pito i tua
lē fuapauina	e leai se tapula‘a
lomaloma le tai o Tūmua	sāuniuni lāuga a tulāfale o Tūmua
toto masa‘a	‘ua masa‘a le toto

lu‘ilu‘i mālie	sāuniuni mālie
mālōtōga	‘o le tulāfale e fa‘asoasoaina tōga
maluāpapa	‘o le paolo maualuga
mānamea	uō pele
māsiasi	mā
masofa le fā	‘ua solo le faupu‘ega
mata‘a‘ai	‘ua fia maua ni mea
Matāniu Feagaimaleata	‘o le malae o le Mālietoa e i Sapapāli‘i
matape‘ape‘a	mana‘o mea
ma‘umaga	fa‘ato‘āgātalo
mitamitaga	fiafiaga
moso‘oi	fua o le lā‘au manogi; ‘o le moso‘oi
moto	‘o se fua e le‘i matua
muaō	‘alaga fiafia
nāmusia	sogitia; pe fa‘alogoina le sasala o se manogi
mativa le puna o ao	‘ua lē maua ni mea e tamāli‘i
naumati Vailoā	‘ua lē maua ni mea e Vailoa
nifo‘oti	‘o le naifi e siva ai le tāupou
nonōgāmanū	fai talosaga
nunu fa‘aipoipo	fesuia‘iga o ‘oloa a paolo po ‘o ‘āiga
nunu fānau	fesuia‘iga o ‘oloa pe ‘ā fānau le pepe
pā lē solo	mamalu maualuga
pa‘ia lē popo	‘o mamalu e lē toe talēpea po ‘o mamalu mautū
papa i Gālagala	‘o le maota o le fa‘aolataga
patipatia	fa‘afiafiaina; fa‘aalia o le fiafia
pēlega o tama	‘o mea e fa‘aali ai le alofa i fānau
pōula	pō fiafia e fai ai faleaitu ma isi āmio
pua‘iina i ala	‘ua sasala le manogi i le ‘auala
sā‘afi	sā‘afi‘afi pe māna‘ona‘o ‘i ai
sā‘afua	inu fua i le ‘ava.
safea	‘ua lavea ai
sama	‘o le u‘u
Sāoluaga	‘o le tamāli‘i Manu‘a
sapaia fa‘atua‘ele‘ele	talia ma le fa‘aaloalo
sasala nanamu	‘o manogi ‘ese‘ese
savini	fiafia

seāseā	e lē faia so'o
silamiō	'ua mata'i lelei; māimoa
soāseu	'o le soa o le tamāli'i seulupe
sulaga o tōga	'o le vi'ivī'iga o tōga
tā'aifala 'Aiolupotea	faiāvā 'i le āvā a le isi
tagatānu'u	tagata o se nu'u po 'o se mālō
talatofi Sāmoa	'o Sāmoa 'ua 'uma ona tofi ona mamalu
tausama'aga	'aiga po 'o le tāumafataga o le fa'aipoipoga
tāupōina	fa'amoemoeina
tausala	tamāli'i
tautapaga o tini	'o vi'ivi'iga o tausala
tini	'o vī'iga
tinumasalasala	'o le 'ula a le mānaia
to'agāogao	to'a itiiti tagata
tōtō tetele	'ua tele le pule
totogo a'e pea le lā	e toe oso fo'i le lā
Tuālemoso	suafa o le Tuiātua
tūfanua	e lē tamāli'i āmio
tuligāsi'a	taufetuliga
tulouna	fa'atulou
tutulu	'ua lē malu le fale
vai'avea	'ua mativa; 'ua fa'atauva'a; 'ave 'esea
vāifanua	lau'ele'ele o le nu'u
vālavala a tūmanu	sāve'uve'ua le ulu

MATĀ'UPU 2: 'O SAOFA'I A MATAI SĀMOA

‘UPU ‘ĀMATA

‘O le sāofa‘i, ‘o le tasi lea fa‘alavelave Fa‘asāmoa e fia mātamata ‘i ai le ‘au māimoa mai fafo, ‘a ‘olo‘o tau mātau fo‘i e le mamalu o le atunu‘u ‘o ē na soifua a‘e i atunu‘u ‘ese e pei ‘o Hawai‘i, pē ‘aiseā e fōliga ‘ese‘ese ai le faiga o sāofa‘i. ‘A ‘o le mea mautinoa, e ‘ese‘ese aga‘ifanua a alaalafaga i le fa‘atinoga o lenei fo‘i aganu‘u.

E lē mafai ona fai se sāofa‘i ‘ae le‘i talanoaina e le ‘āiga potopoto. ‘Ā finagalo mālilie le ‘āiga potopoto i le filifiliga o se matai ‘ole‘ā nofo i se suafa, ona mātagōfie lea ma fiafia le faiga o le sāofa‘i. ‘O aso nei, ‘ua fia pule to‘atasi lava se isi matai i le faiga o se sāofa‘i, e pei lava ‘o sana mea tōtino na‘o ia. ‘O le ala lea o le tāofia o se sāofa‘i ‘auā ‘ua fevāevaea‘i le ‘āiga.

‘O le ‘upu sāofa‘i, ‘o se ‘upu mamalu i le fa‘amatai. ‘O le uiga moni o lenei ‘upu “sāofa‘i,” ‘o le nofo po ‘o le fa‘anōfonofo i se suafa. ‘O le isi ona uiga, ‘o le ofi atu lea o se isi, mai i le isi sāofa‘iga i le isi sāofa‘iga. Mo se fa‘ata‘ita‘iga: mai le sāofa‘iga a tāulele‘a i le sāofa‘iga a matai. ‘O matai o le nu‘u, e alu le aso ‘o sāofafa‘i, ma ‘o le ala lea ‘ua ta‘u ai ‘o le sāofa‘iga. E sā ona fa‘aloloa vae, pe fa‘aseuapa, fa‘anape, fa‘atutū vaelua, pe fa‘atūvaetasi fo‘i, ‘ae matuā sāofa‘i lelei lava ma fā‘atai i le aso ‘ātoa pe ‘ā fai sāofa‘iga ma fōnotaga fa‘alenu‘u.

‘O le faia o se sāofa‘i, ‘o le fa‘ae‘etia lea o se taule‘ale‘a po ‘o so‘o se isi ma ofi atu lona soifua i le isi la‘asaga fou. E manatu le ‘au su‘esu‘e o aganu‘u a Sāmoa, e fai sāofa‘iga a vāega ‘uma o le nu‘u; e pei ‘o le sāofa‘iga a matai, sāofa‘iga a tāulele‘a, sāofa‘iga a faletua ma tausi, sāofa‘iga a sa‘oao po ‘o tama‘ita‘i, e o‘o fo‘i i tamaiti, ‘o iai la lātou sāofa‘iga. ‘Ole‘ā leai so‘u manatu i lea mea, ‘auā e finagalo ‘ese‘ese le atunu‘u; ‘ae ‘ou te lē iloa pē iai se sāofa‘iga a tamaiti; vāganā se sāofa‘iga a ni matai e fai ai uiga fa‘atamaiti, ona fa‘apea lea ‘o tagata, “Sē, ‘o le sāofa‘iga a tamaiti.”

‘O le tāua o lenei aganu‘u o le sāofa‘i, ‘ole‘ā fa‘apa‘ia ai le tofi matai; e lē gata i fa‘amanuiaga a le faife‘au, ‘a ‘o ‘upu apoapoa‘i fo‘i ma fa‘amanuiaga a le sāofa‘iga a le nu‘u, e ala i le tu‘ua po ‘o le tulāfale na te fa‘apa‘iaina le nofo. E matuā fai tōga o sāofa‘i a ali‘i ‘auā se lafo o fale‘upolu. E matuā teteu le ali‘i ‘i ana tēuga fa‘atamāli‘i, ma ‘o le faletua lava ‘o lē ‘ole‘ā sāofa‘i na te faia tēuga a lona ali‘i.

I. ‘O SĀUNIUNIGA O LE SĀOFA‘I

So‘o se sāofa‘i a matai māualuluga e fai ‘i aso nei, e tatau ona fa‘asalalau ‘ina ‘ia silafia e ‘āiga, ‘ātoa ma paolo ma gafa o le ‘āiga. ‘O isi ‘āiga ‘ole‘ā ōmai ma le ita e fai sa lātou fa‘alavelave i le nofo, ‘a ‘o isi e ōmai ma mea e fesoasoani ai i le fa‘alavelave. ‘O le fa‘alavelave lenei o le sāofa‘i a Sāmoa, e maua ai le alagā‘upu lea, “ ‘O le ala i le pule ‘o le tautua.” Manatua, sā muamua lava ona filifilia le tagata sā tautua lelei e ‘avea ma matai na te tausia le ‘āiga.

‘O le fa‘a‘upuga lenei mo se fa‘ata‘ita‘iga pe ‘ā fa‘asalalau se sāofa‘i po ‘o se fa‘anōfonofo a tupu ma tamāli‘i o le atunu‘u.

Fa‘asalalāuga o se Fa‘anōfonofo

‘O tupu o le lalolagi e ali‘ita‘i ‘i ai ona mālō
‘A ‘o le Atua o le lagi ma le lalolagi,
E māfua ai tāeaousu o Sāmoa i Sisifo ma Sāmoa i Sasa‘e.
E paepae ulufanua Sāmoa i ‘āiga o tupu
Ma ‘āiga o nofo ma ‘āiga o pāpā.
E fa‘apea fo‘i ona paepae le usōga a Faumuinā
Na i Malaeloa, Falesama ma Nu‘u‘ausala.
E tulolo fo‘i lā‘au o le usōga a Tūmua ma Pule,
Sua ma Vāifanua, Fofō ma Aitulagi, Itu‘au ma Alātaua,
Sā‘ole ma le Launiusāelua, ma le Afioga i Ma‘opū.
E fa‘apea fo‘i Fa‘atui ma le ‘Auva‘a o To‘oto‘o
Ma Tama a le Manu‘atele.

‘O pa‘ia ia o Sāmoa mai Saua,
‘O le malae o le vavau se‘ia pā‘ia le fafā o Sauali‘i.
‘Ae tau ia ‘ina ‘ou ufitia ulutao
‘Auā le maota tulutulu i tao,
‘Ua so‘o ona ta‘iao.
‘O Sāmoa fo‘i o le atunu‘u tofi,
E lē se atunu‘u taliola.

‘Ou te fa‘atulou atu Sāmoa i lau fa‘afofoga i le ‘ea
‘Auā ‘ua pafuga le ‘Ā,
‘Ua tatau fo‘i ona fa‘ailo le i‘a a tautai
‘A ‘o silamiō le fua ‘ona ‘o le fa‘afōtutupu
‘O le afioga i le Fonotī i le Malaefono.
‘O le tasi o malae, e susū ai lūpega.

Afio ai le tama a ‘āiga.
Afifio ai sa‘o ma ma‘opū,
‘Ae alaalata‘i ai Sā‘ole ma Sale‘a‘aumua.

‘A ‘o lenei fa‘asalalauga e fitoi tonu i gafa ma paolo sili i lagi,
Paolo tau i le mālō o le Atua, uō ma ē māsani o lenei ‘āiga.
‘Ole‘ā fa‘afōtu le va‘aali‘i a le afioga i le tama a ‘āiga,
Le afioga a Fonotī, i le māsina o Mati i le tausaga nei.

‘Ole‘ā toe fofogaina lo ‘outou mamalu i le polokalama
Ma le aso tonu ‘ole‘ā fa‘ataunu‘uina ai lo tātou fa‘amoemoe.
Talosia ia tātou aulia manuia i le lagi e mamā ma le soifua maua,
Lea aso fa‘amoemoeina. Soifua.
S.U.S.

II. ‘O ITŪ‘ĀIGA O SĀOFA‘I ‘ESE‘ESE

Sāofai a Tupu ma Tama a ‘Āiga

E ta‘u sāofa‘i a tupu ma tama a ‘āiga o le “fa‘afōtutupu” po ‘o le “fa‘anōfonofo,” ‘ae ta‘u le sāofa‘i a le suafa ali‘i o le “fa‘afōtuali‘i,” ‘ae ta‘u le sāofa‘i a le tulāfale o le “fa‘afōtuva‘a‘ulu” po ‘o le “saoimatau.” ‘O le ‘ese‘ese o vasega o matai o le atunu‘u ma le ‘ese‘ese o aga‘ifanua e māfua ai ona ‘ese‘ese fōliga o sāofa‘i a matai, ‘O sāofa‘i a tupu ma tama a ‘āiga, e lē tau faia ni sāofa‘i i tūlaga māsani o le Fa‘asāmoa. E na‘ona fai lava ‘o le ali‘itāeao ma se tāumafataga, ‘ae lātou te lē faia ni tōga ma ni la‘ugāmea‘ai. ‘O le ala lea e ‘ese ai le va‘aiga i sāofa‘i a tupu ma tamāli‘i māualuluga o le atunu‘u.

Sāofa‘i a le Vasega Lona Lua a Ali‘i

‘O isi ali‘i e matuā fai lava sāofa‘i i ona tūlaga ‘uma o le Fa‘asāmoa i aso nei, ‘auā ‘o le taimi lea ‘ole‘ā fa‘atāumafa ai e le ali‘i le nu‘u ma le itūmālō ma fai ai lafo o fale‘upolu. ‘O sāofa‘i a isi ali‘i i aso nei, ‘ua fai le solo i le ‘auala tele e fa‘amuamua ai se fa‘aili e pei ‘o se fa‘aipopoga, ‘ae fa‘amāliuliu mulimuli atu le tamāli‘i ma ana tēuga, e ui lava ‘ina sā lē māsani ai Sāmoa i lea faiga. ‘O sāofa‘i lā nei e pologa ai fo‘i ‘āiga ‘ona ‘o le tele o mea e sāuni, e lē gata i tōga, ‘a ‘o tupe ma mea‘ai. ‘O sāofa‘i a ali‘i i aso anamua, e fai lafo o tulāfale i tōga, ‘ae lē ‘avea ai ni tupe ‘auā ‘o tupe ‘o mea e fou ina ‘ua taunu‘u papālagi ‘i Sāmoa.

‘O sāofa‘i lā a ali‘i e tumu ‘i ai tagata, ‘aemaise lava matai tulāfale ‘auā ‘ole‘ā fai ai o lātou lafo, e lē gata i tōga, ‘a ‘o tupe. E tālo ‘āiga pe ‘ā fai le sāofa‘i a le ali‘i, ‘ae lē tau tāloa sāofa‘i a tulāfale, vāganā fo‘i se sāofa‘i a se tulāfaleali‘i.

Sāofa'i a Tulāfale

'O le sāofa'i a le tulāfale, e lē matuā faia fa'atelē e pei 'o le sāofa'i a le ali'i. E na'ona fai o se tāumafataga a le nu'u ma 'ave ni nai pusa 'apa po 'o paelo o se momoli. E māsani ona lē faia ai ni tōga i sāofa'i a tulāfale, 'a 'o nei aso, 'ua tali tutusa lelei le faiga o sāofa'i a ali'i ma sāofa'i a tulāfale, 'ai 'ona 'o aso 'ua mau'oloa 'uma 'āiga, ma 'ua lē fia to'ilalo fo'i sāofa'i a isi matai 'i sāofa'i a isi matai; peita'i, 'ua lē iloa ai se 'ese'esega o sāofa'i a tamāli'i ma sāofa'i a tulāfale.

Sāofa'i a Matai Fafine

'O aso anamua fo'i, sā lē to'atele ni tama'ita'i e 'avea ma matai; 'a 'o aso nei, 'ua silafia e 'āiga le tautua lelei o tama'ita'i, 'o lea 'ua aiā tutusa ai tāne ma fafine mo le filifiliga o nofo a 'āiga 'auā 'o suli 'uma o se suafa. 'Āfai fo'i lā 'ole'ā fai lafo i malae o se sāofa'i, e tatau lava fo'i ona āmana'ia lelei ma le fa'aaloalo e le mālōtōga matai tulāfale fafine 'ae lē tatau ona fa'ailoga lanu po 'o le fa'ailoga matai.

Manatua, 'o le tele o matai tama'ita'i e suafa ali'i. E lē sa'o lā lea fa'a'upuga a ni isi tusitala e fa'apea; e lē agava'a i se matai fafine ona ia fa'aogāina le fue ma le to'oto'o i lāuga i malae. 'O se matuā fa'aitū'au lava lea manatu. 'O le 'upu moni, so'o se fafine po 'o se tama'ita'i e suafa tulāfale, 'ae tomai i le faiga o lāuga, e leai se mea e tāofia ai lea mea 'auā so'o se aganu'u a Sāmoa, e āiā tutusa 'i ai ona tagatānu'u 'uma ma ona matai. E tutusa lelei lava fo'i le faiga o sāofa'i a matai tamāloloa, ma sāofa'i a matai fafine. 'Āfai e suafa ali'i le tama'ita'i, e fai fa'aali'i lana sāofa'i; 'ae 'āfai e suafa tulāfale, e fa'apēnā fo'i ona fai fa'atulāfale lana sāofa'i. Manatua, o le matai tama'ita'i o Salamāsina, na muamua tupu tafa'ifā i le atunu'u.

III. 'O FA'ATINOGA O LE SĀOFA'I

E 'āmata se sāofa'i i le usu a le nu'u 'auā 'ā lē usu le nu'u i se sāofa'i, e lē fa'aogāina lenā suafa matai i faigānu'u. 'O le ala e lē usu ai le nu'u i se nofo, 'ona 'ua fa'alavealavea le suafa matai e se isi o le 'āiga, ma logo ai le nu'u e 'aua ne'i usu.

'O le ala lea e tatau ai lava ona suiga mālie finagalo 'uma o se 'āiga potopoto, 'a 'o le'i faia se sāofa'i a se isi 'auā e matagā ai lē 'ole'ā fa'asuafa pe 'ā tāofia lana sāofa'i, 'ae maumau ai fo'i ma le tele o mea aogā a le 'āiga.

'O se mea māta'ina pe 'ā fai le ali'itāeao ma le usu'ālele i se sāofa'i 'auā e matuā tau fa'avāvā le maota 'ona 'o le tumu. E ōmai le nu'u ma 'ava o le usu i le matai fou ma tamāli'i o le 'āiga e ōmai mamao. E ō atu fo'i le 'āiga e ona le nofo ma a lātou 'ava, ma e ta'u ia 'ava, o "'ava o le nofo" e 'ave mā le nu'u.

‘Ā ‘āmata loa le usu, ona mua‘i fōlafola lea e le ‘āiga ‘ava a le nu‘u, ‘ae fōlafola mulimuli e le nu‘u ‘ava o le nofo; pe ‘ā tu‘uina atu le nofo i luma o le nu‘u. ‘Ā ‘uma ona folafola le ‘a‘ano a ali‘i, ona fai lea ‘o ‘upu a le sa‘o o le ‘āiga e ona le nofo, e fa‘afetai ai i le ali‘itāeao ma le usu‘ālele; ‘aemaise le fa‘afetai mo le fa‘aaloalo i ‘ava o le usu. ‘Ā ‘uma lenā, ona fai lea ‘o ‘upu a le sa‘o lava lea, e tala ai le gafa o le suafa lea ‘ole‘ā fa‘apa‘ia; ‘ātoa ma lona feso‘ota‘iga i totonu o le ‘āiga ma le nu‘u; ‘ina ‘ia mālamalama lelei le sāofa‘iga ma mālō, ‘ae fa‘apea fo‘i le silafia e ‘āiga, paolo ma gafa, le tala‘aga o le matai fou. E tatau ona silafia e le nu‘u le suafa, pe se suafa fa‘avae o le nu‘u lea suafa, pe leai. E o‘o fo‘i i le tala‘aga o le soifuaga o le matai ‘ole‘ā nofo i le suafa, pē se tagata sā tautua lelei i le ‘āiga ma le lotu. ‘Ia, pē loto alofa fo‘i ma osi ‘āiga.

‘O ‘upu fa‘ai‘u, e fa‘apea atu ai le sa‘o o le ‘āiga i le nu‘u, “ ‘O le taimi lenei, ‘ua fōlafola atu ai e lenei ‘āiga, ‘o le susuga a Tago Sione ‘ole‘ā tu‘u āloa‘ia atu i luma o lo tātou nu‘u e tautua i le sāofa‘iga; e ‘āmata atu i le asō.”

E ‘uma loa ‘upu ia, ona tūla‘i mai loa lea ‘o le matai fou i le ‘ōgātotonu o le fale, ma nofo fa‘asaga i luma. ‘O le taimi lea ‘ole‘ā fā‘atau ai loa le tu‘ua o le nu‘u, po ‘o le failāuga e faia ‘upu o le nu‘u, i le mamalu o fale‘upolu o le ali‘itāeao; ‘ina ‘ia tapua‘i ‘a ‘ole‘ā na fa‘apa‘iaina le nofo. ‘Ae tasi ‘o le mea, ‘o nei aso, ‘ua fai lotu a faife‘au e fa‘au‘u ai le matai fou, ‘ae sā lē māsani ai mai anamua. E ui ‘i lea, e ‘uma loa le saunigālotu, ona tūla‘i ‘ese lea ‘o le faife‘au, ‘ae ‘āmata loa sāuniga Fa‘asāmoa. ‘O le taimi tonu lea fa‘ato‘ā momoli ai ‘ava o le nofo i le sāofa‘iga a le nu‘u. E fōlafola e le tulāfale o le nu‘u ‘ava ma fa‘asoa i le mamalu o le maota, ‘aemaise se ‘ava o le tānoa mo le tapaga o le ipu a le nofo. ‘Āfai ‘o se suafa ali‘i, ona tūla‘i lea ‘o le matai fou i le tala o le fale ‘ole‘ā asu atu ‘i ai lana ipu; ‘ae ‘āfai ‘o se tulāfale le suafa, ona alu lea i le atualuma o le fale e asu atu ‘i ai lana ‘ava.

‘Āfai ‘ole‘ā tapati le agatonu ma tufa le suā‘ava, e muamua lava le ipu a le nofo fou; ‘a ‘o isi nu‘u e muamua le ipu a le ali‘i sili, ona fa‘ato‘ā asu ai lea ‘o le ‘ava a le nofo fou; ona fa‘ato‘ā fa‘asolo ai lea ‘o ipu taute a tamāli‘i ma tulāfale fai‘upu. ‘Ā fa‘ai‘u le sāuniga o le agatonu, ona sau lea ‘o le si‘i laulau o le tāumafataga, ma la‘u mai le anoano o mea tāumafa ma le palapala a mālō e fa‘aali ai i mālō usu ma le sāofa‘iga le tele o pēlega o le nofo fou. ‘Ā ‘uma ona fa‘soa mea‘ai, ona soso‘o lea ma le taliga o tōga i le malae pe ‘āfai o se sāofa‘i a se ali‘i. ‘O lona uiga o lea mea, ‘ole‘ā fai le meaalofa a le matai fou i tulāfale o le nu‘u ma le itūmālō, ma ni isi fale‘upolu o le atunu‘u e ‘auai.

Silasila lā i le lāuga lea ‘ole‘ā fai ma fa‘ata‘ita‘iga o le fa‘apa‘iaga o se nofo e le tu‘ua o le nu‘u.

Lāuga

'Ua pa'ia le mea nei.
'Ua pa'ia fafo, 'ua pa'ia fale.
'Ua fa'atauata le lā ma le māsina.
'Ua taufai sunu'i fo'i ao o le lagi.
Ua 'ātoa tupe i le fala, 'ua nofofala fo'i le 'aulafoga.
'Ua āfifio 'āiga o nofo ma 'āiga o pāpā.
Ua pa'ia lā le maota i Pulumaukau
'Auā 'ua ali'itāeao le susuga i le tama a le mālō,
Le susuga i le Sāgapolutele ma taofia ma le uso,
'Ae usu fa'aaloalo Sāoluafata.
'Ua usu tapua'i fo'i le itūmālō o Ātua
'Ae usu'ālele Tūmua ma Pule, 'ae tainane fo'i mālō usu,
Ma le pa'ia o le Faleagafulu ma To'oto'o o le Fale'ula.
Nu'unu'u atu ia lā fa'atini o tausala le pa'ia o le tāeaousu,
Iā Pule ma Tūmua, 'auā o lātou e tausia pa'ia o le atunu'u.

'Ae 'ua mautū atu se 'ava o le ipu a Tama Fa'asisina
Se 'ava fo'i o le ipu i le Taofia ma le Uso.
'O se 'ava na moe i laoa o Sāoluafata.
'Ua fetalai'ava 'i ai lau tōfā Paū'ū,
'Ua te'a fo'i le inati o le tānoa.
'Ā māe'a gāluega a le 'aumaga ma le tausala,
Ona tau'a'ao lea 'o se ipu i le fa'afōtu o le va'aali'i
I lau susuga i le Tagaloa.
Taute se ipu i le pa'ia o paolo ma gafa,
Liliu mai i lenei itū o le maota,
Taute se ipu i le susuga a le Sāgapolutele, Taofia ma le Uso.
Taumafa se 'ava mā Lufilufi ma Sāoluafata ma fale'upolu nei.
'Ā totoe se 'ava, sā'afua mā le tautalaga.

'Ua lē tulolo fua lā'au o le vao i lenei aso.
'O le tāeao sā liliu 'i ai le tōfā ma le fa'autaga i le 'āiga Sātagaloā.
E lē 'o se aso na fa'afuāveta ona fuafuaga,
'Ae fa'amālō i le alofa o le Atua
Ua taunu'u le fa'amoemoe sā fau ao, fau pō.
E lē se mea faigōfie le filifiliga o se nofo a 'āiga māualuluga fa'apēnei.
E ui lava i se tōfā loloto na liliu 'i ai 'āiga, paolo ma gafa,

'Ae 'ana lē tusa ma le finagalo o le Atua,
E 'ausaga lē tūvae, ma e lē taulau le fa'amoemoe.
Fa'amālō fo'i le 'onosa'i ma le tōfā mamao.
E ui fo'i ina sā fesilia'i finagalo,
'Ae vī'ia le agalelei o le Atua, 'ua i'u manuia mea 'uma.
Lafo ia i 'au'auna a le Atua le tāpua'iga o lenei aso
'Auā 'o lātou 'olo'o fa'atāumafalia tamāli'i ma fale'upolu
I le vai o le ola fa'aleagāga.

'O pa'ia o tāeao o le atunu'u,
E tatau lava ona tautalagia e failāuga,
'Auā 'o tāeao pa'ia o tupu ma tamāli'i
E lē tatau ona manatu fa'atauva'a 'i ai.
'O le tāeao na i Sauā ma le tāeao na i Samanā
Ma le aso na i Gamō.
'O tāeao o le fefulituaa'i o le atunu'u.
'O le tāeao na i Matāniu Feagaimaleata.
Le tāeao i Faleū ma Utuagiagi
Ma le tāeao na i Malaeola ma Gāfoaga,
'O tāeao ia 'ua māeva ai Sāmoa i le laufau mālū
'Ona 'ua suluia i le mālamalama o le Atua.
'A 'o le tāeao sili lava lenei i le pa'ia o 'āiga,
Le pa'ia o le nu'u ma le itūmālō,
'Auā 'ua pa'ū se toa 'ae tū se toa.
Tālofa i augānofo 'ua mavae atu,
'Ae ui 'i lea, lau susuga Tapasu,
'O lea 'ua 'āmata i le asō ona 'e Tagaloa,
'Ua 'āmata ona 'e tau'aveina mamalu o le 'āiga ma le itūmālō.
E lē 'o 'oe 'o se uso tāufeagai, 'o 'oe 'o le uso tū'ofe,
'O le 'a'ano ma ivi ma toto moni o le suafa Tagaloa.
'Ā 'e alofa, 'ua lelei le 'āiga ma le nu'u.
'O ou pa'ia nā, 'o ou mamalu nā, 'o ou māmā nā.
'Ia alofa le Atua e fa'afualoa lou soifua
'Auā le tausiga o le 'āiga ma le 'ekālēsia.
'Ia mātafi le lagi i le pa'ia o 'āigātupu, 'āiga o nofo, 'āiga o pāpā.
Lagi mamā le pa'ia o paolo ma gafa.
'Ia alofagia fo'i e le Atua le soifua tāpua'i o 'āiga ia,

Le pa'ia o le susuga i le Sāgapolutele, Taofia ma le Uso.
'Ia fa'apea fo'i le fetalaiga iā Sāoluafata.
T.A.S.

IV. 'O FA'AALOALOGA

E tū mai le mālōtōga a le 'āiga o le nofo fou e vala'aulia le mamalu o le sāofa'iga a le nu'u ma le itūmālō ma le atunu'u, e maliu atu i le malae 'ole'ā fai fa'aaloaloga. E pule le 'āiga ma le nu'u i itū'āiga fa'aaloaloga e fai 'auā e 'ese'ese aga'ifanua; 'a 'o le mea tāua ia tele tōga ma siapo 'auā ni lafo o tulāfale. E lē faia ai ni tōga po 'o ni tōfā o ali'i, 'ae na'o le tāpua'i o lātou.

'O le taimi lea 'ole'ā matuā mata'a'ai 'uma tulāfale, 'ae tasi le mea e tatau ona mālamalama le mālōtōga i le vātalitōga a le nu'u, itūmālō, ma le atunu'u. 'O le uiga o lea 'upu o le vātalitōga, e lē so'ona fela'asa'ia le faiga o lafo, 'ae fa'asolo lelei mai 'i fale'upolu tāua, ona fa'ato'ā o'o ai lea i le lautīnalaulelei. E 'āmata fo'i 'i le sāofa'iga a le nu'u, ona fa'ato'ā o'o ai lea i le itūmālō ma le atunu'u.

E tatau ona fa'atofusia muamua tulāfale o le nu'u 'auā 'o le nu'u lava e feagai ma le matai fou i aso 'uma, ona fa'ato'ā vala'au ai lea 'o tulāfale tāua o le itūmālō, 'ae fa'amulimuli fale'upolu o le atunu'u, e pei 'o tulāfale e ōmai 'i nu'u e ta'u o Tūmua ma Pule o le atunu'u. 'Ā 'uma Tūmua ma Pule, pe 'āfai 'o 'Upolu ma Savai'i e fai ai le sāofa'i, ona fa'ato'ā o'o lea 'o le fa'asoa i tulāfale o le Faleagafulu ma le Manu'atele. E māsani fo'i ona fa'amālūlū mai le tulāfale 'olo'o mālōtōga po 'o iai ni to'oto'oau o le atunu'u 'ua lē lafoia 'ona 'ua lē maua. E tatau fo'i 'i le mālōtōga ona mātau tulāfale o itūmālō sā lafo ane o lātou tugase i le fala 'ava i le taimi o le usu i le nofo fou. 'Ia mātau lelei, 'āfai 'o se sāofa'i e fai i Sāmoa i Sisifo, e muamua lafoia tulāfale o Sāmoa i Sisifo, 'ae 'āfai 'o se sāofa'i e fai 'i 'Amerika Sāmoa, e muamua lafoia tulāfale o Tutuila ma Manu'a. E tatau lava ona teu lelei le vāto'oto'o ma le vātalitōga o failāuga o le atunu'u 'ātoa, 'ina 'ia ta'u leleia le sāofa'i ma ta'u leleia tamāli'i sā faia le fa'alavelave a lea 'āiga. 'O le alagā'upu māsani a fale'upolu o le atunu'u, " 'Ā 'e iloa a'u i Togamau, 'ou te iloa fo'i 'oe i Si'ulepa." 'O Togamau ma Si'ulepa, 'o malae o Sātunumafono ma le Alātaua o Sāfata. 'O lona uiga, ' ā 'e iloa mai a'u i lou malae lenei, 'ou te iloa fo'i 'oe pe 'ā 'e alu atu i lo'u malae.

'A 'o lei 'āmataina le faiga o tōga o le sāofa'i, e tatau ona fa'aevaeva 'ie tetele o le mālō 'ua fuafua ma fa'aigoa mo tūlaga tāua o le aso. 'O 'ie e sili ona tāua o le sāofa'i, 'o le 'ie o le nofo ma le 'ie o le malae. 'O nei 'ie, 'aemaise lava le 'ie o le nofo, 'o le 'ie lava lenā e lafo i le tu'ua o le nu'u, po 'o le tulāfale na na fa'apa'iaina le nofo; 'a 'o le 'ie o le malae, e tatau ona lafo i le mālōtōga; peita'i, e 'ese'ese faiga a alaalafaga o le atunu'u.

GĀLUEGA FAUTUAINA

I. Fa'atinoga o Sāofa'i

'O le faiā'oga sogaogā e tāpenapena māe'a i le tausaga 'ātoa po 'o se māsina fo'i, 'ina 'ia 'āto'atoa le tele o mea e fa'atino ai le a'oa'oina o lenei matā'upu. 'O lea e tatau lava ona mataala ma va'ai po 'o fea ni nu'u 'ole'ā fai ni a lātou sāofa'i ona fa'atonu loa lea pē mafai ona 'auai le vasega i lea fa'alavelave. E tele lava 'auala e mafai ona ofi ai se vasega i totonu o se fa'alavelave e pei 'o se sāofa'i.

1. Talanoa ma le matai o le 'āiga 'ole'ā pūlea le aso pe mafai ona ō atu lau vasega e fesoasoani e fai fe'au o le sāofa'i.
2. Mo vasega i fafo, sa'ili ni matai sā fai ni a lātou sāofa'i i Sāmoa, ma vala'aulia mai i le vasega tou te fa'atalanoaina. Sa'ili fo'i ma se matai na fai sana sāofa'i i nu'u i fafo, ma talanoa pē na fa'apēfea ona fa'atino lea fa'alavelave; ma 'o ā fo'i 'ese'esega ma sāofa'i e fai 'i Sāmoa.
3. 'Āfai 'o se vasega e iai 'uma tamaiti mai Sāmoa i Sisifo ma 'Amerika Sāmoa, e tāua tele le fa'atusatusa po 'o ā mea e tutusa pe 'ese'ese ai le faiga o lea fa'alavelave i atunu'u e lua.
4. E fesoasoani atili lava i le atinaa'ega o le Fa'asāmoa i lau vasega, pe 'āfai e mafai ona mātamata i se ata (*video*) o se sāofa'i. 'Ua tele lava fa'alavelave a Sāmoa 'ua pu'eina, ma 'o se 'auala mana'omia tele lea i a'oa'oga o tagata.
5. Mo fa'asalalauga o fa'alavelave, e tatau fo'i ona iai sau lā'au pu'eleo (*cassette player*) e pu'e ai le fa'a'upuga o le sāofa'i ona tā mai lea pe 'ā fai le vasega.

II. Fa'atalanoa le vasega i 'auala 'ua filifilia ai matai a 'āiga i nei onapō. E tāua le mālamalama lelei o tamaiti i faiga o sāofa'i i aso 'ua mavae, 'ina 'ia manino lelei ai i 'ese'esega 'ua iai nei. Taumafai e ta'ita'i le talanoaga 'ina 'ia aofia ai suiga i faigāpolotiki a Sāmoa, le tamāo'āiga 'ua iai nei, ma faiga fou 'ua aliali mai. Fafau lelei fesili 'ina 'ia loloto ai māfaufauga o tamaiti, ma 'ia taumafai e tineia le manatu lea 'ua tele ina 'alo 'i ai matai o aso nei fa'apea, "ona 'ua pau lava 'o le Fa'asāmoa."

III. Tusitusiga:

E lelei pe 'ā māfaufau le faiā'oga e a'oa'o le fausaga ma le fa'atinoga o manatu i tusitusiga o pepa (*research papers*) ma e mana'omia le lava o su'esu'ega. 'O le isi lea o sitepu po 'o mea e fai, pe 'ā 'uma ona talanoaina ni fa'afītāuli 'ua maua mai, 'ona 'o suiga o fāigāfa'alavelave a tagata Sāmoa. Māfaufau po 'o ā ni fa'afītāuli po 'o ni mea ʻo fia maua ai ni tali saʻo mo suʻesuʻega ma ni tusitusiga, ʻauā e aogā lea mo le faʻatelega o manatu mo matāʻupu tau tagata Sāmoa i nei aso. Faʻalautele le mafai e tagata Sāmoa ona fai tusitusiga e pei ona aʻoaʻo mai ai uso papālagi. ʻAua le faʻapea e lē mafai ona faia Faʻasāmoa ia manatu ʻauā e sesē, ma atili ai ona lē mafai e o tātou lava tagata ona sāʻiliʻili, faʻalautele, ma faʻasoa atu ʻi isi tagata o le lalolagi, le aogā o o tātou talitonuga mo a tātou aganuʻu ʻi o lātou foʻi ōlaga.

ILOILOGA O LE MATĀʻUPU

Vāega I

Tali ʻi fesili nei:

1. ʻO ā taʻu o sāofaʻi a matai nei:
   a. tama a ʻāiga
   e. aliʻi
   i. tulāfale
2. ʻO le isi uiga o le ʻupu "sāofaʻi" a le matai, ʻo le nofo. Tusi ni au mau ʻupu e maua ai i totonu le ʻupu "nofo" e pei ʻo le ʻupu "nofoaʻiga."
3. ʻAiseā e tāofia ai se sāofaʻi a se matai fou?
4. ʻO ā tonu ni agavaʻa e mafai ai ona filifilia se tagata e nofo i se suafa matai?
5. ʻĀ fai filifiliga a ʻāiga mo sē ʻoleʻā nofo i se suafa, e lē taulia ai nōfotane ma faiāvā. E saʻo lea mea pe sesē i lou manatu? ʻAiseā?
6. E iai le ʻupu e fai i le matai e taʻitaʻi e lona toʻalua le ʻāiga ʻi ala e lē māsani ai le ʻāiga. ʻO le ā lea ʻupu? Vaʻai le lisi o muāgagana ʻoloʻo maua ai le tali.
7. E lē taulia ʻaiseā i fāigānuʻu se matai e leʻi faia sana sāofaʻi ʻae naʻona tapa lana ipu?
8. ʻĀ fai ni tōga o se sāofaʻi a lo outou ʻāiga, e faʻapēfea ona faʻasolo le lisi ʻo i lalo i le vātalitōga a le mālōtōga?
   a. lafo o faleʻupolu o le atunuʻu
   e. lafo o faleʻupolu o le nuʻu
   i. lafo o faleʻupolu o le itūmālō
   o. lafo o faleʻupolu o le ʻāiga
   u. tōfā o tamāliʻi
   f. inati o le faifeʻau
9. ʻO le ā le uiga o lea faʻalupega o le "mālōtoga?"

10. 'O ai o matai nei e lafoia i malae i le aso o se sāofa'i?
    a. sa'o o le 'āiga
    e. tulāfale o le nu'u
    i. faife'au
    o. ali'i o le nu'u
    u. tu'ua o le nu'u
    f. lautīnalāulelei
    g. mālōtōga a le nu'u

Vāega II

Fai mea ia:

1. Tusi mai sau lāuga fa'afetai i le 'āiga potopoto pe 'ā 'uma lau sāofa'i.
2. Fai sau lāuga o le fa'apa'iaga o le nofo pe 'āfai 'o 'oe le tu'ua o le nu'u.
3. E fai se sāofa'i a se faife'au? 'O le ā sau tali? E māfua 'aiseā lou manatu? Fa'āmatala lelei māfua'aga.
4. Tusi se fa'asalalauga i le 'ea o le sāofa'i a le tamāli'i o lo 'outou nu'u.
5. E lē sulaina ni lafo o tulāfale i le Fa'asāmoa; e fa'apēnā fo'i inati o faife'au. Su'e e 'oe ni isi māfuaga o ia mea.
6. Fa'āmatala mai ni mea 'ua 'ese'ese ai faiga o sāofa'i a matai o aso nei, ma sāofa'i a matai o le 'āmataga o Sāmoa.

FA'ALEOGA MA FA'AUIGAGA O 'UPU

'āiga potopoto	'āiga lautele
ali'ita'i	'o le ali'i e ta'i 'i ai fa'aaloaloga; 'o le ali'i māualuga
āloa'ia	fa'aaloalogia
'aulafo	tagata tā'a'alo i le lafoga
'ie o le nofo	'ie tōga e 'autū 'i ai le nofo
'o le ala i le pule le tautua	'o le tautua e maua ai le pule
ulutao	'o ulu o tao po 'o meatau
usōga	ta'auso
fa'ae'etia	'ua fa'aofia
fa'afōtuali'i	sāofa'i a le ali'i
fa'atofusia	'ua tofu le tagata ma si ana mea
fa'afōtutupu	sāofa'i a le tupu
fa'afōtuva'a'ulu	sāofa'i a le tulāfale
fa'afuāveta	fa'afuase'ia
fa'aloloa vae	fa'asasa'o vae i luma
fa'amāliuliu	fa'amāne'ene'e
fa'amanuiaga	'ua maua manuia
fa'amatai	faiga a matai
fa'anape	tu'u le isi vae i luga o le isi vae pe 'ā sāofa'i
fa'anōfonofo	sāofa'i a le tamāli'i
fa'anōfonofo i se suafa	sāofa'i; 'ua fa'ae'e 'i ai le suafa
fa'aseuapa	nofo i le itū e tasi
fa'asuafa	'ua 'ave 'i ai se igoa matai
fā'atai	nofo i lalo ma kolosi 'uma vae e lua; 'o le nofo e māsani ai le Sāmoa
fa'atamāli'i	fāiga fa'aali'i; āmio pei se ali'i
fa'atauata	'ua fetaui ata; 'ua fetaui mamalu
fa'atinoga	gaoioiga
fa'atui	tamāli'i o Manu'a
fa'atūvaelua	fa'atutū vae e lua pe 'ā nofo i lalo
fa'atūvaetasi	sāofa'i le isi vae 'ae fa'atū le isi
fa'autaga	finagalo
fa'avāvā	tau su'e se nōfoaga
fa'atāumafa	fafaga tagata

fevāevaea'i	fe'ese'esea'i
Launiusāelua	fa'alupega o le Vāifagaloa i Tutuila
mālō usu	mālō 'ua aofia ai; tulāfale o isi itūmālō 'ua usu i le sāofa'i
mālōtoga	tulāfale e fa'asoaina toga
maona	pā a'e 'i luga
mata'a'ai	fia fai mea
mautinoa	iloa lelei
nofofala	sāofafa'i le 'au ta'alo i fala
nu'unu'u atu	tu'utu'u atu; lafo atu
pafuga	fa'alogoina le tagi fiafia a manu
sa'o ao	tama'ita'i o le nu'u
sāofa'i	ofi atu i le sāofa'iga a ali'i po 'o le fa'anofo i se suafa
sāofa'iga	potopotoga a matai; fono a matai
saoimatau	'ua sao i le sāofa'iga; sāofa'i a le tulāfale
silamiō	mata'i lelei
Si'ulepa	malae o Sātunumafono
taliola	fa'atalitali 'i isi le ola
tama a 'āiga	tamāli'i o 'āiga
tama fa'asisina	tamāli'i māualuluga
tini o tausala	vi'ivi'iga o tausala
Togamau	malae o le Alātaua
to'ilalo	faia'ina
tulolo	sisipa
tulutulu i tao	tulutulu o le fale e ma'ama'ai
tu'ua	tulāfale matua 'ua tu'u 'i ai 'upu o le nu'u

MATĀ'UPU 3: 'O MALIU FA'ASĀMOA

‘UPU ‘ĀMATA

‘Ua mālamalama ‘uma le mamalu o Sāmoa i ‘auala e fa‘ataunu‘u ai lenei fa‘alavelave Fa‘asāmoa ‘o le maliu. ‘Ā maliu se ali‘i ona ta‘u lea ‘o le tu‘umālō o le ali‘i, ‘ae ‘ā maliu se tulāfale ona ta‘u lea ‘ua usufono le tulāfale. ‘Ā māliliu lā tamāli‘i o Sāmoa ona fa‘alogoina lea ‘o le gagana fou ‘ua fa‘aaogā ai ‘upu nei: “‘Ua osi le lagi; ‘ua tatala le lagi; ‘o le maota osilagi; ‘o le maota nāmu‘oli; ‘o le o‘otaga; ‘o le ‘āualasi‘i; ‘o le laulautū; ‘o le fa‘asāmasamaga; ‘o le si‘i a le paolo; ‘o le falelauasiga; ‘o le tēuga o ‘āiga; ‘o le ‘afuelo; ma isi mau fa‘a‘upuga e fou i le fa‘alogo a tama ma teine ā‘oga. ‘Ā lē mālamalama lā fānau a Sāmoa ‘i a lātou mea tōtino ia, ‘o lona uiga ‘ua ‘ino‘ino ai loa ma i‘u lava ‘ina tia‘i.

E sili pe ‘ā talanoa ma fa‘atusatusa faiga o maliu o le senituri e 18 ma le senituri e 19. ‘O le faigōfie ia o lenei fa‘alavelave ‘o le maliu i lona selau tausaga ‘ua mavae ‘a ‘o lea ‘ua fa‘afaigatā e tagata i aso nei.

I. ‘O SĀUNIUNIGA O LE MALIU

Fa‘asalalauga

So‘o se maliu i nei aso, ‘ua fa‘asalalau le tāloga o ‘āiga i le ‘ea; ‘ae toe fa‘afetaia fo‘i le ‘au si‘ialofa i le fa‘ai‘uga, e iloa ai se ‘āiga fa‘aaloalo ma le fa‘atamāli‘i. E na‘o tu‘umālō o tagata tāua e tatau ona fa‘asalalau, ‘ae lē mo so‘o se tagata. ‘O se fa‘ata‘ita‘iga lenei o le fa‘asalalāuga o se maliu.

E lē so‘ona masi‘i manu fa‘alagi o le atunu‘u.
Vāganā se agāga ‘ua ‘āmia e le Atua.
E lē so‘ona ōia le vao i Fagalele ‘auā ‘o le vaosā.
E lē so‘ona lōgoa fo‘i le pa‘ia o Sāmoa
‘Auā o le maota tulutulu i tao.
‘Ua paepae ulufanua mamalu o ‘āiga ma a lātou tama
‘A ‘o mamalu lava o le Atua ma lana ‘aufaigāluega
‘Ole‘ā māgalo ai lo‘u leo, tulou lava!

Tulouna ia lagi o lagi
'O lagi o 'āiga pa'ia ma 'āiga fa'alāgilagi o Sāmoa 'ātoa.
'Ae na'ona fofoga atu ma le agāga fa'aaloalo
'I 'āiga, paolo ma gafa, 'aemaise uō ma ē māsani.
'Ua tu'ua filēmū le mālō ma le soifuaga nei e le tamā o le 'āiga
'Ona 'o le vala'au pa'ia a le Atua.
'O ona toe sāuniga 'uma
E faia i le maota o le 'ekālēsia Fa'apotopotoga Kerisiano i Sāmoa
I Waimanalo i le Aso To'ona'i i le itūlā e 11 i le taeao,
Ona lāgomau ai lea i le fanua maliu i le Valley of the Temples i Kaneohe.

'Āiga e, paolo ma gafa, uō ma ē māsani,
Āfifio mai tātou molimauina le faigāmalaga a lo tātou tamā
I le Aso To'ona'i, Aperila 16.
'O le tu'ua o le mālō e le Tama o le Māvaega
'Olo'o lāgia ai nei Fa'ato'iaalemanū
Fa'apea fo'i Laloniuē ma Falefatu,
'O afio'aga o le matua o Tofaeono ma Tama
Ma le mamalu iā Fuata.

Fa'afetai fa'afofoga mai.

'O isi fo'i nei mea e tatau ona sāuniuni 'i ai le 'āiga:

'O le Pusaoti

'E te fa'alogo 'i le 'au mātutua o ta'u le pusaoti 'o le sā, po 'o le va'a, po 'o le fale o lē 'ua maliu. Sā leai ni pusa i aso anamua 'ae ta'ui tino maliu i siapo ma fala. 'Ā tanu le maliu ona tu'u lea i le tu'ugamau sā 'eli i to'ima'a ma 'oso, 'ae fa'amalō i lapa mai le sami. 'O lapa, 'o ni itū'āiga 'amu lāutetele e si'o ai totonu o le tu'ugamau e pei ni laupapa 'ae toe ufi ai fo'i le tu'ugamau ona fa'ato'ā tanu ai lea i palapala.

'O le 'Afuelo

'Aiseā e fai ai se 'afuelo? 'Āfai 'ae maliu se tagata i se nu'u 'ese 'ae fia 'ave i lona 'āiga, ona ta'ui lea i siapo ma fala le tino maliu, ona amo to'afā mai lea 'o le maliu e ni tāulele'a 'i lona 'āiga. E fa'atāsina mai lava i le alatele le ta'ui o le maliu 'auā sā leai ni ta'avale, toe leai ni pusaoti. 'O se 'ie tōga e alu ane ma se isi o 'āiga o le maliu e ufi mai ai le ta'ui, e ta'u Fa'asāmoa, 'o le 'Afuelo.

'O le afuelo lea e 'ave mā le se'e po 'o le faifa'aali'i pe 'ā tanu le maliu. 'O ni isi 'āiga 'ua fefīnaua'i 'i le faiga o le 'afuelo. 'Ou te talitonu, 'o le 'afuelo e tatau ona fai e le 'āiga o le to'alua o le tagata 'ua maliu. Mo se fa'ata'ita'iga, 'āfai 'ua maliu le tamāloa, 'ua tatau ona fai le 'afuelo e le 'āiga o le faletua, 'ae 'āfai o le faletua 'ua maliu, e tatau ona fai e le 'āiga o lona to'alua. E ui 'i lea, 'ua sui fo'i faiga i nei aso. 'O lea 'ua māfua ai ona fefīnaua'i 'āiga 'ona 'o le 'afuelo, 'a 'olo'o ta'atia lava fa'avae o le aganu'u. E seāseā ta'ua le 'upu lea o le talimatū. 'O le uiga o lea mea o le talimatū, 'o le 'ie e fa'atali atu ma le 'āiga o le paolo e sui a'i le 'afuelo. E lē tau fa'amatalaina uiga 'o ia 'upu , "'afuelo" ma le "talimatū," 'ae iai uiga lilo i le aganu'u. Sa'ili lā po 'o ā ia uiga i aga'ifanua a lo 'outou nu'u.

'O le Faiga o le Si'i

E tatau ona fesili muamua po 'o le ā se fāiā e ala ai ona si'i se 'āiga i se fa'alavelave e pei 'o maliu. 'Ā vāvālalata le fāiā ona 'ave lea 'o tōga ia e fa'aigoa fa'apea: 'o se tōfā o le 'āiga, 'o se lafo o le tulāfale, 'o se measulu a tamaiti, 'o se fa'amatua pe 'āfai e le'i faia lava 'a 'o soifua matua tausi. E le'i faia ni fusitōga i aso anamua, 'ae fua 'uma lava 'ie o le si'i e o'o lava i lālaga 'uma, 'ina 'ia agiga i maota ma malae le fa'aaloalo. 'O le ala lenā sā 'aulelei 'uma ai tōga i aso 'ua mavae. 'O le ala fo'i lenā na fai ai le 'upu, "e lē faiumu le isi tōga i le isi tōga." 'Āfai lā e aofa'i 'ie o se si'i, e na'o le fā pe lima. Sā leai se ōi e tau su'e ni mau tōga 'ia tele.

'O le Māvaega

'O le uiga o le 'upu māvaega, 'o se 'ie o le mālō e fa'amāvae ai se ulugāli'i. 'O le māvaega, 'o se mea tau paolo; se'iloga lava 'ua maliu se isi o le ulugāli'i ona fai lea 'o se māvaega, 'ae lē tofu maliu 'uma ma ni māvaega. E na'o ala tatau fo'i e mafai ai ona fai se māvaega e pei 'o se matua tausi po 'o se fa'afeagaiga.

'O le māvaega, o se 'ie pito i tāua lea 'auā o le māvaega, 'o le 'ie lenā e goto e lē toe fo'i mai, 'ae 'āfai e manatu le 'āiga 'o lē 'ua maliu e fai sa lātou māvaega, 'o lona uiga lā e sui e lātou le 'ie na 'ave atu e le paolo. E mātagā tele 'i se 'āiga pe 'ā lē mafai ona lātou suia le māvaega; 'o le faiga lenā sā atagia ai le agāga tonu e ala ai ona fai le māvaega. 'A 'o aso nei, 'ua 'ave fa'amāvaega se 'ie pito tele, 'auā e mautinoa e lē suia, 'ae toe fo'i mai. E lē tatau ona fai fua se māvaega a se si'i pe 'āfai e leai se fāiā tatau, 'ae sili ona 'ave tau 'o le 'ie e fai ai le si'i. 'Āfai 'o se si'i 'ona 'o le agalelei 'ae lē 'āiga, e na'o le tasi lava o se 'ie e 'ave, 'ae ta'u lenā 'ie 'o le meaalofa.

II. 'O FA'ATINOGA O AGANU'U MO LE MALIU

'O le Maota Osilagi po 'o le Maōta Nāmu'oli.

'Ā osi le lagi e leai se isi e so'ona pisa, 'ae fa'anoanoa ma fa'anōnōmanū tagata 'uma o le 'āiga. E lāgilagi pese i le pō 'ātoa le 'au osilagi.

'O le osiga o le lagi e fai e tama'ita'i o le nu'u; 'o se gāluega fa'atamāli'i ma le mamalu; 'o le mea lea e sā ai se isi e moe. 'Ā moe le tagata ona nini lea 'o mata i palapala mai se kītata po 'o se 'ulo; 'ae 'ā o'o i le tāeao, ona fai lea 'o lana sala.

'O le isi igoa o le maota e osi ai le lagi, o le maota nāmu'oli. 'Ua ala ona fa'aigoa fa'apea, 'ona 'o le pō e osi ai le lagi e tofu ai tama'ita'i o le 'auosilagi ma le 'ulā'oli, 'o le 'ula e su'i 'i fua o le lā'au o le 'oli. 'O le fua o le 'oli e lāpotopoto ma e pei 'o se fua o se tīpolo (*lime*) lona lāpo'a. 'Ā pula le fua 'ua mūmū ma e matuā manogi sasala. 'Ā osi lā le lagi e le aualuma, e manogi 'uma le fale i 'ulā'oli. 'O le isi māfua'aga, 'a 'o ta'atele le lā'au lea i Sāmoa, e iloagōfie lava tia o ali'i i le togāvao, e si'o e se togā'oli.

E lē tau 'avea ni meaalofa a le 'auosilagi i le maliu, 'ae vāganā la lātou faiteu faigōfie na'o fugālā'au lava; o la lātou meaalofa lava, 'o le ō e pēsepese ma leleo i le pō 'ātoa i le maota 'olo'o iai le maliu. E sā se isi e tāumafa i totonu o le maota e osi ai le lagi.

Fa'asāmasamaga

'Ā tanu le maliu ona fai lea 'o le fa'asāmasamaga. 'O le fa'asāmasamaga, 'o le faiga lea o le meaalofa a lē 'ua maliu 'i le se'e ma le 'auosilagi. 'O le taimi lea 'ole'ā teu ai e le 'āiga e ona le maliu le faifa'ali'i po 'o le se'e. E ta'i lana sua, e fai lona tōfā, e 'ave 'i ai le 'afuelo, e 'ave 'i ai le pupuni siapo sā pupuni ai le maliu, 'o se 'ie 'afu mai le si'ialofa ma ni isi mea, 'ātoa fo'i ma lona tu'uga o se pua'a 'ātoa ma ni isi mea'ai. 'O 'ie papālagi ma siapo vala sā maua i le si'ialofa, e tufa 'uma i le 'auosilagi; e leai se 'ie e tu'ua e le 'āiga.

'A 'o le'i tū'ua le maota osilagi, e lāuga fa'afetai mai 'i ai se tulāfale o le 'āiga i tama'ita'i, 'ona 'o la lātou gāluega alofa; ona fa'ai'u lea i lafo o alo o tulāfale ma se tōfā o le sa'o tama'ita'i pe 'āfai 'o iai. Fa'ato'ā 'uma gāluega alofa a le 'auosilagi, pe 'ā 'uma ona teu le tu'ugamau.

'O le Laulautū

'O le laulautū, 'o le maota tāpua'i lea o le nu'u ma ni mālō. E mapu 'i ai i'inā 'āualasi'i po 'o o'otaga, e fa'atali ai mea'ai o le lau'ava ma fa'atalitali pe 'ioe le 'āiga e tatala le lagi, pe 'ā fai o se maliu o se ali'i. 'O le uiga o le 'upu lagi 'i lea vāega o le aganu'u, 'o se meaalofa a le maliu po 'o le faiga o ni tōga o lē 'ua maliu.

'O le Lau'ava

'O le isi igoa o le lau'ava, 'o le 'aitagi, 'auā e 'ai lava mea'ai 'o tagi 'i le alofa i lē 'ua maliu. 'O ni pua'a lava ma ni moa e maua e le 'āiga o lē 'ua maliu, 'o le lau'ava lava lenā, 'ae le'i tīgāina e su'e ni pusa 'apa ma ni paēlo 'ia tele, e pei ona iai 'i aso nei. 'Ua tāofi e ni isi 'āiga o le atunu'u le faiga o lau'ava, 'ae fai lava na'o se tāumafataga mo ē sā 'auai i le falelauasiga. E mānaia fo'i sia faiga; 'ae manatu isi Sāmoa, 'ā fai fa'apea se maliu o se tagata tāua o se 'āiga, e fa'aigoa lea maliu o le oti o le tamaitiiti po 'o se pē a se manu.

E iai fo'i nu'u o Sāmoa 'ua lātou tāofia le toe fa'aaogā o le mālō ma tōga e si'i ai 'i maliu; e fiafia ni isi 'i lea faiga, 'a 'ua lē ātagia ai aganu'u a Sāmoa. E mānaia pe 'ā 'ave lava na'o 'ie fa'ailogaina e faigōfie ai si'i 'auā 'o le tagata ma lona 'āiga. E tāua o tātou 'āiga; e tāua fo'i le fa'aaogā o a tātou measina 'auā 'o le fa'aalia lea o tū ma aganu'u fa'aaloalo a Sāmoa. Pau lava le mea, 'aua le so'ona faia ma le tīgāina ma tupu ai le musu.

III. 'O LAGI O TAMĀLI'I

'O le upu lagi, e māfua mai i le talitonuga Fa'asāmoa e fa'apea, 'o tupu o Sāmoa e nonofo i mea māualuluga po 'o lagi (*skies*), po 'o atumauga fa'asolosolo i luga. E pei ona nofo Tagaloaalagi 'i le lagi pito i luga e ta'u o le lagi tuasefulu, ona fa'asolo ifo ai lea 'o tagata o lona 'āiga i lagi e i lalo ifo e o'o lava i le lagi tuatasi e pito i lalo. 'O lona uiga lā, 'o Tagaloaalagi ma le 'āiga Sātagaloā, sā nōfoia 'ātoa le lalolagi o Sāmoa 'i onapō o le 'āmataga. 'O isi fa'a'upuga, 'o tamāli'i 'uma o Sāmoa e tau o lātou gafa iā Tagaloaalagi.

'O le isi lā uiga o le 'upu lagi, 'o se maliu po 'o se tu'umālō o se tamāli'i maualuga o le atunu'u. 'Āfai e maliu se ali'i maualuga o se nu'u, ona fa'apea lea, " 'olo'o lāgia le alaalafaga." 'O lona uiga, 'olo'o fai se maliu i le nu'u. 'Ā lē 'o lenā, e fesili fa'apea, " 'O le lagi 'o ai lea e fai?" 'O lona uiga po 'o ai le tagata lea 'ua maliu. 'Ae tasi 'o le mea, e fai fo'i lagi soifua o tamā ma tinā mātutua. 'O lona uiga fo'i lā, 'o le 'upu lagi i lea vāega o le aganu'u, 'o se fa'atinoga o se meaalofa a lē 'ua lata ona maliu. 'O le mea moni lā, 'o le 'upu lagi, e fa'asino i le soifua o tamāli'i.

'Aiseā 'ua Fa'atulou ai Lagi?

'O le isi aso na tafasi ai e Lūfasiaitu tagata o le 'āiga Sātagaloā 'ona 'ua māsalomia lo lātou gaoiga o moa o lana pā moa. Sā mua'i fa'atulou ai e Lūfasiaitu lagi e o'o 'i ai, ona fa'ato'ā fafasi lea 'o tagata o lea lagi, e pei 'o lea: "Tulouna a le lagi tuatasi"- fasioti ia tagata; 'o le ala lea o le fa'atulou i lagi o Sāmoa i nei onapō, 'ona e pa'ia tu'umālō o tupu ma tamāli'i. Masalo o le tala lenei na māfua ai fo'i le manatu o Sāmoa anamua, e sefulu ona 'āiga tupu, e tatau ai fo'i ona sefulu ona lagi.

'O le isi manatu Fa'asāmoa, na māfua ona fa'atulou le lagi 'ona 'o le ulugāli'i Āleipata ma la lā fānau; 'o la lā tama tama e fe'ai. 'Ā lē faia le mea e mana'o ai ona nofo lea ma 'ai sona uso po 'o sona tuafafine. 'O le isi lā aso na sōsola ai le ulugāli'i 'i Toga ma nonofo i le motu o Niua; na fa'ato'ā ola ai la lā tama teine 'o Sina. Na su'e atu lava e le tama fe'ai lenei le ulugāli'i ma maua na'o Sina i le fale. Na tuli e le tama lona tuafafine i mātua e ō ifo 'ua iai mālō i le fale, ma 'aumai ni mea e fai ai se umu ma tao se pua'a. Na fa'atonu e le tama le teine e fai 'i ona mātua e ō ifo ma lagi ifo la lā pese fa'apea: "Tulouna a le lagi, tulouna a le lagi." E ui lava ina usita'i 'i ai mātua ma 'ua ō ifo fai le suāvai ma tao ai le pua'a, 'ae lē malie ai lava le tama ma i'u lava ina ia fasiotia ona mātua.

'O le isi talitonuga na māfua ai le 'upu lagi, 'ona 'o lāgisolo po 'o taulagiga ma pēsepesega fa'alā'ei'au a le 'au solo po 'o le 'au to'o ma le 'au tāpua'i 'i totonu o faletā o tamāli'i. 'O le taimi lea e lagi ai pese a le 'au solo tatau ma le 'au tāpua'i e pei ona lāgisolo ai le 'au tāpua'i, ina 'ua fa'apa'ū le lagi mālōfie a le Tuiā'ana Tamaalelagi e le agaiotupu o Pāuli. 'O a lātou pese e fa'apea,

"Alī'i e Tamaalelagi, loto tele ma 'onosa'i.
'O le tamatane e tā le tatau, 'ae na'o le fafine e tagi pe 'ā fānau.
'Ā fufulu le lamasā, 'ua fepulafi au fa'a'ila.
'Ā 'e sāusaunoa fo'i 'ua 'e mimita."

IV. 'O FAIGA O 'ĀUALASI'I

'O le tasi lenei o aganu'u 'ua tauau e mou atu 'ona 'ua to'agāogao alaalafaga po 'o nu'u o Sāmoa i le itupā o tua'ā mātutua e maua mai ai fesoasoani. E ui lava ina 'ese'ese aga'ifanua i totonu o nu'u ma itūmālō o le atunu'u, 'a 'o le aganu'u fa'avae lava mai le 'āmataga e tatau ona tūmau pea lona fa'atinoga sa'o, i manatu o tagata Sāmoa. E lē āfāina lā pē felanulanua'i faiga ma fa'a'upuga, 'ae pau lava le mea tāua 'ia atagia pea fōliga o le Fa'asāmoa moni ma le vāfeāloaloa'i fa'atamāli'i, 'ātoa fo'i ma fa'a'upuga o fa'alupega ma fa'alagiga o lagi o le atunu'u, 'aemaise lagi o le 'āiga tonu lava lea e maliu lo lātou tagata 'ia sa'o lelei ona fai.

'O le isi 'upu e ta'u ai le 'āualasi'i, 'o le o'otaga. 'O lona uiga o lea 'upu o le o'otaga, 'ia solosolo atu lava le va'aloa, ma 'ia o'o lelei i le tino maliu, ma 'ave loa i le fafā o sauali'i.

Manatua lava lenei mea tāua: fa'ato'ā si'i se 'āuala a se itūmālō po 'o se nu'u ina 'ua tu'umālō se ali'i maualuga. E lē faia ni lagi o tulāfale, tamā ma tinā mātutua, e lē faia fo'i ni lagi o faife'au ma tamaiti, po 'o tāulele'a ma a lātou āvā. Manatua, e tatau ona muamua le o'otaga a le nu'u e ona le maliu, ona fa'ato'ā tatala ai lea 'o 'āualasi'i a isi nu'u ma isi itūmālō.

E fai se 'āuala 'ona 'ua silafia e tulāfale o le nu'u ma le itūmālō 'ole'ā tatala le lagi 'auā fo'i o le tamāli'i tāua 'ua tu'umālō. 'O se aganu'u fa'aaloalo le faia o se 'āualasi'i 'auā e sāga mamalu ai le maliu. 'Ae tasi 'o le mea, 'ā sesē le faiga o le 'āualasi'i, 'ua te'ena le 'āualasi'i e le 'āiga ma le nu'u e ona le maliu.

'O le Faiga o le 'Āualasi'i

E tofu le tagata ma le fusilauniu, pe tusa e sefulu (10) launiu e fa'atatau i le sefulu lagi o 'āiga e sefulu o le atunu'u, 'ae na'o matai tulāfale ma tāulele'a e ō i le 'āuala.

E sapai le fusilauniu ona sāvavali lea i le laina e tasi ma tauvala'au i 'upu 'ua 'uma ona a'o. E usu mai e le tulāfale ta'imua 'upu fa'apea: "Tāgalōa e, lo'u alī'i e." 'Ona tali mai lea 'o le solo, " 'Ole'ā fa'au'u 'oe e fai ma tupu." 'O le fa'ata'ita'iga lenei, e fōliga 'i faiga a tagata Toga pe 'ā maliu so lātou tupu. 'O isi 'āualasi'i a Sāmoa, e 'āmata i le muaō, ona fa'asolo loa lea 'o lagi e 10, e vāvā a'i le vala'au po 'o le pese a le solo a le 'āuala; e pei 'o le fa'asologa lea 'ole'ā fai ma fa'ata'ita'iga; 'ae tatau ona sui le suafa Tagaloa i le suafa o le tamāli'i 'ua maliu.

1. Tulouna a le lagi ('O lona uiga o le lagi tuatasi)
   Tulouna a le ta'ape o pāpā.
   Tagalōa e, lo'u alī'i e.

   Tali: Tulouna a le lagi.

2. Tulouna a le lagi (lagi tualua)
   Tulouna a le gauolosa'a
   Tulouna a le tafea a le Tau'ofe
   Tagalōa e, lo'u alī'i e.

   Tali: Tulouna a le lagi.

3. Tulouna a le lagi (lagi tuatolu)
   Tulouna a le māsae o le lagi
   Tulouna a le gasolosolo o ao
   Tulouna a le motu o le 'asoa
   Tagalōa e, lo'u alī'i e.

   Tali: Tulouna a le lagi.

Ona fa'asolo ai lava lea fa'apēnā se'ia 'uma lagi e sefulu. Māfaufau i fa'a'upuga o lagi 'uma o le atunu'u, 'ae 'aua ne'i galo, 'ia muamua lava lagi e fa'asino tonu i le 'āiga e ona le maliu, 'ātoa ma lagi o feso'ota'iga o fāiā o 'āiga po 'o fāiā o lagi.

'Ā taunu'u 'i le fale 'olo'o iai le maliu, ona fa'ata'amilo lea e fa'a'ātoa lelei lagi 'olo'o totoe, ma 'ā 'ātoa loa lagi e sefulu, ona tō loa lea 'o le mua, ma vala'au mai loa le ta'ita'i fa'apea, " 'Ole'ā fa'aifo mea a le lagi," ona tu'u 'uma loa lea 'o fusilauniu i luga o le paepae o le fale. E fa'aū 'uma ulu o fusilauniu i le fale 'olo'o ta'oto ai le maliu, ona ō 'uma lea 'o tagata o le 'āualasi'i e sāofafa'i i lumāfale tonu o le fale, ma fai mai le lāuga ma fa'atali 'i se tonu a le 'āiga ma le nu'u pē talia le 'āuala pe leai. 'Āfai loa 'ole'ā talia, ona fa'asino lea e le 'āiga se fale o le nu'u e tāpua'i mai ai le 'āuala ma fa'atalitali i le i'uga o le aso 'ole'ā tatala ai le lagi, ma "ole'ā tali ai tōga o le 'āualasi'i. E ta'u le fale lea o le fale tāpua'i po 'o le laulautū.

'O isi itūmālō e fa'aogā meatau e pei 'o to'i, naifi, ma uatogi e fai ai a lātou 'āualasi'i. 'O isi itūmālō e fa'aaogā lautī po 'o launonu. E māfua ia mea 'ona 'o mea sā tutupu 'i o lātou vāifanua, ma sā fa'aaogā ai laulā'au; peita'i e mafuli le to'atele o Sāmoa i le fa'aaogāina o le launiu. E iloagōfie lava tu'umālō o tupu ma tamāli'i pe 'ā tu'ilauniu 'uma 'auala o le nu'u ma le itūmālō.

O Fa'a'upuga Nei o Lagi o 'Āigātupu o le Atunu'u pe 'ā Fai 'Āualasi'i:

'Āiga Sātuala	'Ua gau olosa'a
	'Ua ta'ape le tinumasalasala
	'Ua motu le 'ula siva a Sāmoa
	'Ua gau le to'oto'o u'amea a le atunu'u
'Āiga Sāmālietoā	'Ua to le timu
	'Ua tafea le tau'ofe
	'Ua pa'ū le māsina
'Āiga o le Tuiātua ma le Tuiā'ana	'Ua gāsolosolo ao
	'Ua ta'ape pāpā
	'Ua tō le timu
	'Ua māsaesae le lagi.

V. 'O FALELAUASIGA

'O le falelauasiga, 'o toe sāuniga ia o le maliu e pei 'o le sāunigālotu, ma 'upu fa'amāvae 'ātoa ma molimau o le soifuaga o lē 'ua maliu, se'ia o'o i lona tanuga. 'O le isi lenei vāega e sili ona tāua o le maliu, ma 'o le fa'ata'ita'iga lenei o se molimau o lē 'ua maliu i lona falelauasiga:

Molimau

Le Atūa e, 'ia vi'ia 'Oe e fa'avavau. 'Ia vī'ia pea lou suafa i augātupulaga a lo mātou 'āiga. E moni, 'o lo mātou vāivai e fa'a'āto'atoa ai lou mana i taimi fa'apēnei.

Fa'afetai i le susuga i le ta'ita'i o le sāuniga mo lenei avanoa 'ua mafai ai ona fa'aleo ma talaina i luma o lenei fa'apotopotoga se tala o le soifuaga fa'ale'āiga o le tinā o 'Ōlita 'Asiata Ugapō Tuipine. 'A 'o lona soifuaga fa'aleagāga 'ole'ā sāunoa 'i ai le susuga a le faife'au.

'O le igoa o 'Ōlita, 'o le suafa lea o le Misi tama'ita'i 'o Misi 'Olita sā fai ma ta'ita'i po 'o le pule ā'oga i le ā'oga i Papauta, pē ā ma le fitusefulu tausaga talu ai. Na soifua mai 'Ōlita i le aso 23 o Iulai 1925 i Sātalo Faleālili 'ae maliu nei i le aso 4 o Nōvema 1995 i Vāoala. 'Ua 'ātoa ai le fitusefulu tausaga ma māsina e fā o lona sōifuaga i le ola nei.

'O 'Olita, 'o lona to'asefulu ai lea o le fānau e sefulutasi. 'O ona mātua, sā gālulue i le gāluega fa'afaife'au i Sātalo, Faleālili i tausaga e 50. 'O le tele lā o lona ōlaga, 'o le nu'u lenei o Sātalo. E to'aono ona tuagane 'ae to'afā ona uso. Ua toe nei na'o le to'alua tuagane ma uso e to'alua 'olo'o soifua pea.

'O 'Olita, 'o se teine usiusita'i i ona mātua. Tīgā ona mana'o e fa'a'uma lana ā'oga i Mālifa, 'ae na vavao e mātua e nofo e tausi lona tinā 'ua ma'i. Na usita'i lava se'ia o'o ina maliu le lo'omatua.

Soifuaga Fa'aa'oa'oga ma Gāluega

Na 'āmata ona ā'oga tūlagalua 'Olita i le 1937 i Faleālili ona si'i lea i le ā'oga a teine i Mālifa i le 1942. 'O le 1950 na ā'oga ai i Papauta, 'a 'o le 1953 na tōfia ai e faiā'oga i Papauta. Sā 'avea ma kapeteni o le 'Au a Teine (*Girls Life Brigade*) i Papauta ma filifilia ai e fai ma komesina a 'Au a Teine i Savai'i. 'O le 1958 na 'āmata ai ona fa'atau'oloa i le kamupanī a Pātelē i Vailoa i Palauli, se'ia o'o i le 1970. 'O lona fa'atau'oloa i Vaito'omuli i Palauli lava, sā fesoasoani tele ai e atia'e le ā'oga Aso Sā. Na fo'i mai i Apia 'ona 'o ā'oga a le fānau, ma gālulue ai i le 'aulotu a Vāoala.
Sā 'avea 'Olita ma peresitene ma failautusi a le Māfutaga a Tinā o le 'Ekālēsia Fa'apotopotoga Kerisiano a Sāmoa i Vaoala i tausaga e tele e o'o lava i ona toe taimi. 'O ia fo'i 'o se faiā'oga Aso Sā i tausaga e tele i lea lava 'ekālēsia.

'O le Ōlaga Fa'ale'āiga

Na fa'aipoipo 'Olita ma 'Asiata i le tausaga e 1958 ma e to'alima la lā fānau ma fānau a le fānau e to'a sefulu lima. Ua 'ātoa ai nei le toa luasefulu o le fānau 'ua tūsia i le gafa o 'Olita ma ''Asiata.

Molimau o Uiga

'O se tinā lē gaoiā pe so'ona vevesi vale 'Olita; e loto fesoasoani i so'o se isi o ona 'āiga ma uō; e fai 'āiga lelei 'ae lē manatu fa'apito; e fai mea mālie ma tausua fiafia. 'O se tinā fa'amāoni i gāluega fai a le 'aulotu ma le 'ekālēsia; e tautua lelei 'i le matai o lona to'alua ma ona 'āiga; e lē 'alovao 'ae tausa'afia i le vāfeāloa'i ma le fa'aaloalo. 'Ua maliu 'Olita ma le loto malie 'āto'atoa 'ona 'ua fa'ataunu'u manuia e le Atua ona fa'amoemoega 'uma.

'Avea ia lenei avanoa e momoli atu ai sa mātou fa'afetai lē lava i le pa'ia o le susuga i le Sui Ta'ita'ifono a le 'Ekālēsia Fa'apotopotoga Kerisiano i Sāmoa, ma le susuga i le Toea'ina Fa'atonu, le 'aufaigāluega pa'ia i susuga a faife'au ma faletua, le mamalu o pūlega a Apia Sisifo ma Sasa'e, 'aemaise le 'aulotu ma le 'ekālēsia i Vāoala; le 'aufaipese ma le Ā'oga Aso Sā, fa'apea fo'i paolo ma gafa, uō ma ē māsani, 'ona 'o lo 'outou 'auai mai 'i toe sāuniga o le tinā o lenei 'āiga. Ua 'avea lo 'outou 'auai mai ma ala o fa'amāfanafanaga, 'ae 'ua 'au'au tetele ai fo'i lenei aso fa'ailogaina. Lagimāina le pa'ia 'ese'ese o le fa'apotopotoga. Tāfimala ia le maliu o 'Olita i le susuga a le toea'ina ma le 'aufaigāluega ma le 'ekālēsia a Vāoala. Tāfimala fo'i i le pūlega ma le matāgaluega fa'apea le mamalu o 'āiga o 'Asiata ma 'āiga o 'Olita, 'aemaise le fānau pele 'ua tu'ua. 'Ia manuia lau malaga 'Olita. Soifua.

Sā'afiafiga a le Mātuaoti

E! E usu manu i fuga o lā'au,
'Ae usu a'u i le tagi fa'anoanoa o le māfaufau.
Tinā pele 'ua afe moe, 'ua tōfā mai i tu'ugamau,
Le māsīna e, 'ua goto, 'ua mou atu, 'ua lē toe sau.

E ui lava ina 'ua mou atu, ma lē toe va'aia lava i le nei ōlaga,
Peita'i 'o a'oa'oga ma fa'ata'ita'iga e manatua pea lava.
Tīnā e, e lē galo, e lē galo lava 'oe i lo'u agāga.

'Amu'ia lava ni fānau 'olo'o māfuta pea ma o lātou tinā,
'Auā e lē popole 'ilātou pe 'ā o'o mai faigatā.
E lototetele, e lē fefefe, 'auā 'o tinā e lavea'i i puapuagā.

Tinā, 'o se maluāpapa.
'O se lafitaga malu i aso uaga.
'O se tautai matapālapala,
E tautaia lo'u va'a i le sou o le vasa.

Tinā 'o se tapasā, na te fa'atonutonua lo'u sesē i le ala.

'O se mōlī 'emo'emo o le alāva'a i le āva,
'O se pole i le moana e taula 'i ai so'o se va'a.

Tinā, 'o 'oe 'o se lā'au e mafalā, 'ou te maua 'i ai le mālū i le mūgalā.
'O 'oe 'o se ipu vai mālū 'i lē 'ua loto tīgā.
'O 'oe o se pale 'auro, 'o se 'asoa taugatā,
'I ua o lau fānau ma si o lātou tamā.
Tinā! E lē mavae le alofa. Tōfā!
T.O.M.T.

Sā'afi'afiga a le Mātuaoti
Sīpi e, 'o 'oe 'o le Susana i Vanu.
Sā fa'aeaea 'uma iā te 'oe mata o le 'Ausimanu.
Na fa'aigoa 'oe e ou mātua 'iā 'Aniva
'Auā 'o ou mata e fōliga i le Iupita.
'E te lāgaseu, ma 'e fa'aa'ea le tai 'i ou faiva
'Ona 'o lou lava tofi, 'e te oti i le 'āiga.

Sā 'e tausia o tātou mātua.
Sā 'e lagolagosua fo'i i le gāluega a le Atua.
Sā fa'amatua iā te 'oe a tātou fānau 'uma
Lea 'ua manuia ai o lātou taunu'uga
'Ae le'i 'uma lau tautua matapala
'Iā 'Ie e Lua ma Sāoluafata.

'E te fa'aōlioli iā Teuialilo ma Tululautū
'O au lupe tūlīmalēfo'i 'ua na'ona olotū
Le nu'u o tama'ita'i 'ua talameafa'asolo
Ma ou ilāmutu 'ua nonofo i Vaitu'olo
'O le finagalo o le Atua e lē 'o se ua tō fa'afuāveta
Usita'i ia ma alu, 'olo'o iai Mose ma le 'Au Perofeta.

Tālofa 'i lau faife'au ma lona faletua
'Ai lava o lou mativa, e lē telē ai sou alofa mo lā'ua.
Fa'amāgalo ia lona lē aogā
Ua lava sona manuia i le aoina o le sene i le Aso Sā.
E fa'amoemoe atu i au lua fa'amanuiaga
E tauto'aluaina lana faigāmalaga.

'Ave atu ia lana fa'afetai ma lana fa'atōfā

Lau susuga a le toea‘ina ma le pūlega a Ma‘ā
Lau susuga a le fa‘afeagaiga ma le ‘aulotu i Sāoluafata
Paolo sili‘ilagi, ‘āiga, uō ma ē māsani
Le fa‘amoemoe ‘ua lia‘ina i ala
Tālofa ‘i fānau ‘ua tagi mai ala.

‘E! ‘Ua tagi le fatu ma le ‘ele‘ele
‘Ua misia lo mātou tinā pele.
Le loto alofa loto maualalo ma le osi‘āiga
E māfanafana ai a mātou fatu‘āiga.
‘Avea ia ou uiga tausa‘afia e fai ma fa‘amanatuga
‘I o mātou ōlaga au i luma.

Fa‘afetai le Atua ‘ona ‘o lenei ‘Aniva o le pō
‘Ua ‘aumai lou finagalo “Ua tatau ona mālōlō.”
‘O lona valusefulu tonu ‘ua i‘u ai lona soifua
‘O le mūta‘aga o le mālosi o ē ‘ua mātutua.
‘Ia vī‘ia ‘Oe le Tolu Tasi Pa‘ia
‘Ia toe feiloa‘i ma ‘Aniva Sipi i lou manuia.

Tōfā ‘oe ‘Aniva.

T.A.S.

Fa‘afetai Fa‘apitoa i le ‘Au Si‘ialofa

E fa‘atulou atu i le pa‘ia o le atunu‘u ‘olo‘o fa‘afofoga mai
‘Aemaise le ‘aufaitau nusipepa.
‘Ua na‘o se fa‘afetai lē lava e sula ai le agalelei,
‘O le mamalu sā si‘ialofa mai ‘i le maliu o le tinā o lenei ‘āiga.

Le Atūa e, se‘i ‘E silasila alofa ane ‘i le alofa o le ‘Au Uso,
Ma ‘ia tō fa‘aua mai le lagi
Au fa‘amanuiaga mo ‘i lātou,
‘Auā ‘ua lē lava a‘u upu fa‘afetai
E fa‘alalanu a‘i lo lātou ālolofa.

Le pa‘īa e o ‘āiga, paolo ma gafa,
Uō ma ē sā ālolofa mai
‘Aemaise le ‘aufaigāluega a Le Atua,
‘Ia vī‘ia le suafa o le Atua i lo ‘outou agalelei
‘I lenei ‘āiga se‘ia fa‘avavau.

VI. 'O FAIGA O SI'I I MALIU

'O se fa'ata'ita'iga lenei mo tama ma teine ā'oga 'o ē e lē'o lava le silafia i le faiga o se lāuga e 'ave ai se si'i 'i se maliu. 'O le mea sili ona tāua o se lāuga, 'o le maua lelei o fa'alupega o 'āiga ma le nu'u 'olo'o fai ai le fa'alavelave. E lē fa'apea lā 'o fa'alupega 'olo'o i le si'i lenei e fa'aaogā i si'i 'uma. E leai lava, 'auā e tofu le 'āiga ma le nu'u e alu 'i ai se si'i ma o lātou fa'alupega e fa'alagi ai o lātou tamāli'i, fa'apea fo'i maota ma malae.

Manatua, 'ā 'e alu e 'ave se si'i, 'e te va'aia 'olo'o tumu le maota i tagata 'ese'ese. 'E te va'aia matuātala o sāofafa'i mai ai ali'i; 'o le isi matuātala o le fale 'olo'o iai le tamāli'i o le 'āiga, 'a 'o le isi matuātala, e nofo ai le tamāli'i e ona le si'i. 'O le talāluma e nofo ai le tulāfale e faia le si'i, 'ātoa ma le teine po 'o le faletua e folaina 'ie tōga o le si'i. 'O le talātua o le fale 'olo'o sāofafa'i mai ai tulāfale o le 'āiga e ona le maliu. 'Ā 'e alu atu 'ua tumu le fale, e tatau pea ona fa'avāvā se nōfoaga o le si'i; peita'i 'o nei aso, 'ua to'atele le atunu'u e si'i, 'o le mea lea 'āfai e alu atu lau si'i, 'ae 'ua lē ofi le fale, ona fa'aaloalo lea 'o si'i e mulimuli atu i si'i e muamua. 'O lona uiga, 'ole'ā fa'atali la 'outou si'i 'i fafo se'i 'uma le si'i 'olo'o muamua.

'Ā fai mai le tulāfale e talia 'āiga, "Susū mai ia ma tala mai 'a'ao o so'u paolo ma so'u fa'amalumaluga," ona 'e tali lea 'i ai fa'apea:

E fa'atulou atu i le maota nāmu'oli
Le pa'ia o le lagi fa'asino i lau afioga a le fa'asisina ma ou agai,
Le pa'ia o usoali'i, fa'apea fo'i le susū
O le tama a le aitu ma le tagata.
Alaalata'i fo'i tauto'oto'o ma 'upu i le Alātaua.
E fa'apea fo'i le mamalu o lea itū o le vai.
Le susū o lau susuga 'Au'aumaga ma ou ma'opū.
Le susū o 'Autapa'au ma Tupua.
Le pa'ia o usoali'i ma 'āiga,
'Ae tainane fo'i le tōfā i le igoa a matua o Tofua'eiofo'ia
Ma le 'āiga Sāta'ele'ava.
Alaalata'i 'oulua tauto'oto'o ma 'upu i le Falelima.
Susū fo'i le susuga a lo tātou tamā.
Le susuga a le toea'ina fa'atonu
O le 'Ekālēsia Fa'apotopotoga Kerisiano i Sāmoa.
Le pa'ia fo'i o paolo ma gafa na sāusau e 'āiga e lua.

Silasila lelei po 'o ai 'olo'o i le maota 'a 'o ai 'āiga e fa'asino tonu 'i ai le maliu.

'O le Lāuga

'Ā fai lau lāuga, fa'atautai fa'apea:

Tulouna i lagi pa'ia o 'āiga.
Tulouna i le usugāfono a le tauto'oto'o.
'O le lāgia o le maota o le gāluega i Hawai'i nei,
'Olo'o lāgia ai fo'i Lafitaga ma Manufa'aea
'O Maota tau'ave o 'āiga, i le mea 'olo'o āfifio ai
Fa'asisina ma Alaalamatuātala; ma 'upu i le Alātaua.
'Olo'o lāgia ai fo'i Falesau, 'o le maota e susū ai 'Au'aumaga,
Usoali'i ma ma'opū, ma le afioga i le Ali'i,
'Aemaise le igoāmatua ma le Falelima.

Fa'amālō 'i le alofa o le Atua
'Ua mafai ona tātou feiloa'i manuia
E ui lava ina 'ua 'auaoa le lagi 'i 'āiga e lua,
Fa'apea fo'i le susuga i le toea'ina.
'A 'o le finagalo lava o le Atua, 'o le pule faito'atasi.
'O 'i tātou fo'i 'o lana fa'ato'aga i le lalolagi, tulou!
E fa'i le matua, e toli fo'i le moto i lana fāitalia.
E 'āmia le tupu, e 'a'ami fo'i tagatānu'u.

'Ua fa'aifo lupe o le seuga i togāmutia, tulou!
'Ua fatitoto fo'i galu fuliafā.
Tālofa i le ta'ape o pāpā ma le gāsolosolo o ao
I tama fa'asisina ma alaalamatuātala.
Tālofa 'ua gau olosa'a 'ae tafea pulu i vai
I le susuga a 'Au'aumaga ma tapa'au.
Tālofa i le fetalaiga ia Lei'ātaua,
'O lē sā fa'asā'osa'o i le suafa 'auā se fa'aolataga o le 'āiga.
'O lea 'ua motu le Tinumasālasala a le Afioga iā To'omata.
Ua tatala fa'afuase'i e le Atua le māfutaga a Lei'ātaua
Ma le tausi ma le fānau 'ua tu'ua.

'Ia, 'o ai nei 'ā tū atu e vavao i le pule faito'atasi a le Atua?
E leai, na'ona tātou fa'alologo e pei 'o māmoe 'ā fasia ma fa'apea atu,
Le Atūa e, 'ia vī'ia pea lau afio e o'o i le fa'avavau.

Lo'u paōlo e ma so'u fa'amalumaluga.
Le pa'ia o 'āiga, 'o lea 'ua mutia lo tā ala.

E lē toe tau fa‘ailo fo‘i lo tā fāiā ma la tātou faigā‘āiga.
Tālofa i le tautua sā faito‘alua a Lei‘ātaua ma la mātou fa‘afeagaiga taulagi.
‘O la ‘outou lupe fa‘alele mo le finagalo o le Atua.
‘O lea ‘ua leo itiiti le Paia.
‘Ua usufono le matai sā tautua ‘upu i mea e fai a le ‘āiga ma le ‘ekālēsia.

‘A ‘o le ‘upu iā Mātamatanonofo, silasila ia le pa‘ia o ‘āiga,
Po‘o le ā se mea e tau fa‘alalanu ai
Se tautua lē ‘a‘u‘a‘u a la mātou fa‘afeagaiga,
Ma lenei ‘ekālēsia i le manu‘a o le tamā o le ‘āiga.

‘Āfai e alu alu, sa mātou taumafaiga, ‘ae lē tau la ‘outou silafaga,
E fa‘amalie atu, tau ia ‘o se mea e iloga ai
E pei ‘o le ‘upu i le matā Aleipata.
‘Āfai fo‘i e ili pe laufalavao, ‘o le ‘upu a le tamāloa Faleata,
E pa‘upa‘u ia ‘ae o‘o i Lepea.

‘Ia silafaga ia, ‘o le tōfā lenei a ‘āiga e lua.
Lau susuga i le toea‘ina fa‘atonu, ‘o lou tōfā lenei.
‘O le ‘ie lea a le ‘aulotu sā fa‘anānāsua
Ma ‘auafa i le maota o le gāluega
‘Auā lagi o le ‘aufaigālueaga a le Atua.
‘O lea ‘ua tatala e māvae a‘i lo mātou tamā
Ma si ona uso pele o Lei‘ātaua.
‘O le meaalofa i le manu‘a o le tamā, e lua selau le folamua.
Ma le ‘ie lea e ufi ai la mātou meaalofa.
Liugalua so‘u leo, o le fesasoani lea e afe tālā
Mo le peau fa‘amavae.

Le pa‘ia e o le ‘āiga ma lau susuga i le toea‘ina Fa‘atonu,
E lē ‘o mea ia, ‘ae ‘ona ‘ua lima vāivai le ‘ekālēsia.
E lē fa‘alavaina fo‘i i ni ‘upu ni mea fa‘alētonu.
Ona alu alu lea ‘o a mātou ‘upu.
‘Ia alofa le Atua ‘ia tāfimala le usugāfono a le tulāfale,
‘I le pa‘ia o ‘āiga e lua.
Le pa‘ia o paolo ma gafa, uō ma ē māsani.
‘Ia tāfimala fo‘i i le susuga a le toea‘ina fa‘atonu ma lenei ‘ekālēsia.
Soifua.

ʻO lau lāuga faʻaiʻu lenei pe ʻā ʻuma ona teu mai e lē ʻāiga la ʻoutou siʻi.

Lau tōfā i le tautoʻotoʻo,
Sā ou lē faʻalavelave ʻa ʻo folau le vaʻatele
Ma sā ʻou tau faʻalogo po ʻo iai se masei o lenei ʻekālēsia.
ʻAe ʻāfai ʻua malie afenoa lou finagalo
ʻAemaise le finagalo o ʻāiga, o le mea sili lea.
ʻUa tātou mālamalama lava i lagona e oʻotia ai o tātou loto i aso faʻapēnei.
ʻAe sili ia lau foe, ʻua faʻamālō fetalai.
ʻAe faʻapea, ʻo le lafo lea o ʻAumua ʻua tatala
E faʻaifo ai lau fetalaiga a le Tāutoʻotoʻo.
ʻA ʻo lea ʻua faʻalava loʻu toʻotoʻo, ʻae tātou talatalanoa loa.
Faʻafetai lava le faʻaaloalo.

E fōliga ʻeseʻese faiga o maliu a Sāmoa, ʻaemaise maliu e faia i atunuʻu i fafo. ʻO le faiga lenei a se tasi ʻaulotu i Hawaiʻi pe ʻā siʻi ʻi se maliu. E ʻave le siʻi ʻi soʻo se aso, ʻae faʻatoʻā teu mai e le ʻāiga ina ʻua tanu le maliu. ʻO le aso foʻi e teu mai ai e le ʻāiga le ʻaulotu, e toe teu atu ai foʻi e le ʻaulotu le ʻāiga mo la lātou faʻaaloaloga. ʻO le faʻataʻitaʻiga lā lenei o se lāuga i lea foʻi faiga pe ʻā ʻuma ona teu le ʻaulotu.

Lāuga Tali i Faʻaaloaloga
ʻUa tau mou atu galu fatitoto o puapuagā i fafā.
ʻUa ʻāmata foʻi ona toe fatisisina galu fatioʻo ʻo le gātaifale.
ʻUa lilo atu le taufaʻanuʻu i mauga o ao,
ʻAuā ʻua suʻena e le Atua le ufiata o le faʻanoanoa,
Sā ufitia ai le paʻia o ʻāiga e lua,
E faʻapea foʻi le susuga i le toeaʻina faʻatonu ma lenei ʻaulotu.
ʻUa mavae atu ai le tāeao o le faʻatulou
ʻAe fōtuaʻi mai tāeao o le Lōkou.
Faʻafetai ʻi le Atua.

ʻO lea ʻua faʻalele le tuamafa filimalae i vāitiaseu.
ʻUa fetalai le toʻotoʻo o le faleʻula tau tagata,
ʻO se vāgana paʻia lava lea i ʻāiga e lua.
ʻI le afio o le Lāʻau na Amotasi, le paʻia o aliʻi Fāʻatui.
Le mamalu o toʻotoʻo o le Faleʻula ma ʻupu i le Manuʻatele.

ʻA ʻoloʻo tāpuaʻi le paʻia o maʻopū ma usoaliʻi,
Mamalu o tāumafaalofi ma ʻupu i lo lātou toʻafā ma Itūʻau mālosi.

'A 'olo'o fa'availolo fo'i le pa'ia o le manu o le tuasivi e fāgota i tai e lua.
'O le pa'ia lava lea o alo o Fānene ma Faleālili.

'O le lāgia lā 'o le malae o le gāluega
'Olo'o lāgia ai nei Malaetele ma Nu'uuli ma Tulaso'ō,
'O malae tonu o 'āiga e fa'asino 'i ai le aso lenei.
E ui lā ina 'ua leoitiiti le Paia
'Ona 'ua tu'ua na'o le tamā ma le fānau,
'Ae lē āfāina 'olo'o soifua le Atua.
'O lea 'ua taumāsina lelei le fefa'afesāga'iga o paolo i lenei aso.
'O so mātou paolo tau 'i tupu fa'aleatunu'u
Ma so 'outou paolo tau i le Atua.
'Olo'o susū atu le toea'ina fa'atonu ma lenei 'aulotu.

'O lou tau fa'alālolalo mai lau tōfā a le failāuga.
'O le ā sa mātou 'upu 'ā fai 'i nei mea?
'O lea 'ua silasila atu ma le ofo ma le ālolofa
Le susuga a le toea'ina ma le 'aulotu
'I lenei fa'aaloalo māualuga.
'Ua lē gata 'ina tālā le 'alavatualua
'A 'ua tatala fo'i 'au'afa a ma'opū ma tāumafaalofi
E fa'apea fo'i le laufafa a alo o Fānene ma Faleālili.
E lē gata 'i lea 'a 'o le anoano o tāumafa ma le palapala a mālō.
'O lea 'ua tatafe vāiāgia a le 'aulotu.
'Ua tā'ele fo'i le pepe ma 'ua malemo le sē.
E lē toe māsalomia lā fa'amanuiaga a le Atua
'I le pa'ia o 'āiga e lua ma lenā itū o le malae.
'Ae 'ole'ā taumafai atu fo'i le susuga a le toea'ina fa'atonu
Ma le 'aulotu e tali le fa'aaloalo lea.

'Ia silafaga ia.
'O la 'outou fa'atamāli'i lenei 'ole'ā fōufou atu.
'O le suataute lenā, 'ua iai le su'iga ma le ufilaulau.
'O le amoamosā lenā, 'olo'o iai le fa'avevela ma le ta'ailepaepae.
Liugalua lo'u leo, 'o le sua talisua 'ua iai le manufata,
E ufita'i 'i le 'ie o le mālō.
'O la 'outou tōfā lenei.
'O le 'ie lava sā teu e le tamā o le gāluega.
'O le suafa o le 'ie, 'o le Punāvaioleola.

E fa'alua lo'u leo, 'o lo 'outou pāsese lenei e afe tālā.
Lau tōfā i le failāuga, le pa'ia o 'āiga taulagi,
E lē 'o ni mulivai fetaia'i la tā māfutaga, 'a 'o le alofa i le alofa.
'O le fa'aaloalo i le fa'aaloalo.
E lē taufa'amalieina fo'i lenā itū po 'o lenei itū i ni mea,
'A 'ia pule mai le filēmū o le Atua 'i o tātou loto
Ma 'ia tātou sāga fa'afetai, 'ona 'o mea 'ua mafai ona maua
Mo lenei fa'alavelave.

'Ia lagimāina le pa'ia i 'āiga, paolo ma gafa.
'Ia fa'amanuia le Atua i le tamā ma le fānau 'ua tu'ua.
'Ia alofagia e le Atua le soifua o le toea'ina fa'atonu
Ma le mamalu o le 'ekālēsia.
'Ā ta'ape le filiali'i ma toe tu'uama le fua i alaalafaga o 'āiga.
Alofa le Atua e ta'ita'i manuia. Soifua.

E tasi lenei fa'ata'ita'iga e 'ave ai se si'i 'i se maliu. Sui suafa ma fa'alupega o tagata 'olo'o aofia i lenei lāuga i suafa e 'ave 'i ai lau si'i.

Tulouna i le lagi, ma le lagi, ma le lagi.
Tulouna i le gāsolosolo o ao.
Tulouna i le tō o le timu.
Tulouna i le ta'ape o pāpā.
Tulouna i le motu o le soa ma le ta'ape o aualuma.
Tulouna i le lagi fa'asino i le igoāmatua.
Tulouna i le maota osilagi ma le maota nāmu'oli.
Tulouna i le pa'ia o paolo ma gafa sili'ilagi.

'O le tu'umālō o le tinā matua,
'O le lagi lava lea e fa'asino i le igoāmatua ma paolo.
Na sāusau e le fetalaiga a le matua ma le pa'ia o le 'āigaali'i.
'Olo'o lāgia ai nei Fale o Alatea.
'Ua lāgia ai Falefasa ma Fenunuimaaitu,
'Auā 'o le lagi e fa'asino i le sa'o ma tei, ma ē na mua i ao.
'O le lagi fo'i e fa'asino i Tāumafaalofi.
'A 'o se usugāfono iā 'ilā'ua matua,
'A 'o lo'u o'o mai, 'o le afio mai lava lea o alo o Mālietoa
Ma 'i lā'ua na leleo i le fale o Itu'au ma Alātaua.
'O le maliu mai fo'i lea o Tuiloma ma Taitu'uga,

'O manu o le tuasivi e fāgogota i tai e lua.
Maliu mai fo'i le lotoifale o le Manu Sāmoa,
Se'i o tātou tīgā alofa fa'atasi
'Auā le manu'a o le tinā matua o le 'āiga.

E lē toe taumatea lā fa'ameata'ita'i 'i 'ato lo mātou o'o mai,
'Auā 'ua popo la tātou māfutaga.
'O Sāi'āuala Uluiva Tuiloma na usu mai 'i le alo o Pāgofie o Tofuola.
'O le ala lea o le si'i mai o Faleālili.

'A 'ole'ā taumafai atu ia.
'Āfai 'o le ā se silasila, pē ili, pē laufalavao,
'A 'o lā'ei lava o alo o Fānene;
Silasila ia, 'o la 'outou tōfā lenei.
'O measulu nei a le fānau a Tofu ma Sāi'āuala.
'O le 'ie lea e ufi ai la mātou si'i.

Lau tōfā Pāgofie, 'o lou lafo lenei;
'O lou tuālafo lea, ma ou lafo tanoa nei e lima;
'O lafo nei e sefulu o lo 'outou 'āiga.
Liugalua so'u leo, 'o le sēleni lenei e lua selau tālā
E fesoasoani 'i ni isi fuafuaga o le aso.

'Ia, e lē fa'alavaina pē fa'amalieina o 'outou finagalo e ni 'upu.
'Āfai e lē lava, 'ia alofa le Atua e fa'alava atu.
"Ā lē malie, e fa'amalie i le alofa ma le pele o tama.
Pau lava le mea, 'ā iai ni uiga lelei o le tinā 'ua maliu,
'Ia 'avea lea ma fa'amanatuga iā te ia.

Tau ia 'ina 'ia tāfimala le maliu o le tinā i le igoāmatua
Ma le nofo a tula i le Tuālāuta.
Fa'apea fo'i le pa'ia o 'āiga, paolo ma gafa.
'Ia fa'amaise le Atua i finagalo fa'anoanoa o le 'āiga ma le fānau 'ua tu'ua.
'O 'upu a Faleālili 'ua 'uma.
Soifua lo tātou aso.

GĀLUEGA FAUTUAINA

I. Talanoaga i Mea ʻua Iloa

1. ʻO ā mea ʻua ʻe iloa mai faiga o maliu a lo ʻoutou ʻāiga; tusitusi muamua i lalo ia mea i vaega nei:
   a. ʻO mea ʻua ʻe iloa i faiga o maliu Faʻasāmoa.
   e. ʻO mea ʻe te fia iloa i faiga o maliu.
   i. ʻO ʻāuala ʻe te iloa tele ai lou mālamalama i faiga o maliu Faʻasāmoa.
2. Suʻe loa sau pāga ma faʻasoa ʻi ai; ʻa ʻo fai lea talanoaga, tuʻu faʻatasi mea e tutusa ai a ʻoulua tala, ma faʻapēnā foʻi ona fai i mea e ʻeseʻese ai.
3. Suʻe se isi pāga e toʻafā ai la ʻoutou kulupu, ma faʻasoa i lea pāga la ʻoulua talanoaga i ona vāega e pei ona faia i le numera 2 i luga.
4. Faʻasoa loa i le vasega ʻātoa, ma vaʻavaʻai po ʻo ā ni manatu e taʻatele ʻi ai le vasega, ma faʻatūlaga loa ia vāega e fai ʻi ai suʻesuʻega o le iunite lenei.

II. Masalo ʻo le isi lenei faʻalavelave e aupito ʻi tele ai faiga o la tātou Faʻasāmoa ʻaemaise foʻi ʻo le fai soʻo. I lau tagaʻi ʻi ai ʻi faiga o maliu i nei aso, ʻo ā ni mea ʻe te silafia ʻoloʻo fetaui ma talitonuga a tagata i nei onapō. ʻĀ ʻe ʻauai ʻi ia faiga, faʻamatala lelei ou manatu. E mānaia lava le tusi muamua ʻo ou manatu ona ʻe suʻesuʻea lea i talanoaga ma isi, pe faitau foʻi ʻi ni tusi, pe tālafeagai ia faiga ma lou ōlaga pe leai. ʻO ā ni suiga ʻe te fia maua ʻua aofia ai aganuʻu moni a Sāmoa i mea tau maliu?

III. Suʻe faʻaaogāga ʻeseʻese o le ʻupu, "maliu."
Faʻataʻitaʻi:
   a. Maliu ia — ʻo lona uiga, alu ia.
   e. ʻUa maliu Toma — ʻo lona uiga ʻua oti Toma.
   ʻAiseā ʻua tasi ai le ʻupu ʻae ʻeseʻese uiga? E iai se fesoʻotaʻiga i ona tua atu o uiga ʻua ʻuma ona iloa.

IV. E tatau ona faʻaali ni ata o lāuga ʻeseʻese o maliu. Suʻe ni ata ʻoloʻo faʻaali mai ai maliu o se aliʻi, tulāfale, faifeʻau, tamaitiiti, fafine, ma isi. Tulimataʻi i le faʻatūlagaga o mea e fai ai le maliu e pei ʻo tōga, meaʻai, tupe, ma isi.

ILOILOGA O LE MATĀ'UPU

Vāega I

Tali i fesili nei:

1. 'Aiseā 'ua ta'u ai sāuniga tetele o le Fa'asāmoa o fa'alavelave?
2. So'o se fa'alavelave lava 'ua fa'asalalau i le 'ea po 'o le leitiō. 'Aiseā?
3. 'O fea tonu vāitaimi ia e ta'ua o le senituri 18 ma le 19?
4. Fa'amatala mai mea tāua e fai i le maota osilagi, 'a 'o ai fo'i e faia?
5. Fa'a'uma fuai'upu 'olo'o tusia i lalo i 'upu fa'aaloalo:
   a. E ta'u le maliu o le ali'i 'o le
   e. E ta'u le maliu o le tulāfale 'o le
   i. E ta'u le maliu o le faife'au 'o le
   o. E ta'u le maliu o le matuatausi 'o le
   u. E ta'u le maliu o le tamaitiiti 'o le
   f. E ta'u le maliu o le taule'ale'a 'o le
   g. E ta'u le maliu o le tupu 'o le
   l. E ta'u le pē o le manu 'o le
6. 'O ā ni mea se lua e pito pologa ai le 'āiga pe 'ā fai se maliu?
7. E iai le 'ie o le mālō e ta'u o le māvaega i totonu o le si'i.
   'O ai tonu e faia lea māvaega?
8. 'Aiseā e tu'u 'umi ai maliu o aso nei, 'ae lē tanua i le aso e soso'o ai e pei ona māsani ai?
9. 'O le ā le igoa o le fafine 'olo'o ona fuefuea ma tausia le maliu?
10. Tusi mai 'upu fa'aaloalo o 'upu ia:
    a. oti
    e. pusa oti
    i. mea'ai o le faiga o le oti
    o. 'aitagi
    u. pēsepesega
    f. fale e osi ai le lagi
11. 'O le ā le 'ie e ufi ai le pusa maliu?

Vāega II

1. Tusi sau fa'asalalauga o le maliu i luga o le 'ea.
2. Tusi mai sau lāuga e 'ave ai le si'i 'i le maliu.
3. Tali mai e 'oe le si'i a le paolo lea e alu atu.

Vāega III

Fa'atūlaga ma fa'a'upu le faiga o le 'aualasi'i a le itūmālō i le tu'umālō o lo lātou tama a 'āiga.

FA'ALEOGA MA FA'AUIGAGA O 'UPU

'afuelo	'ie e ufi ai le pusa maliu
'aitagi	o le lau'ava
alaaala matuātala	tamāli'i o se itūmālō
'alavatualua	toga a le Tuimanu'a
'alovao	faiaga; matafefe
amoamosā	tā'isi o le sua
anoano	tele naunau
'asoa	'o le 'ula
atagia	fōliga va'aia
'au'afa	teugatōga
'auaoa le lagi	'ua iai se maliu
'au'autetele	'ua mamalu
augātupulaga	fa'asologa o tupulaga
igoāmatua	tulāfale tāua
'oli	fuālā'au manogi
o'otaga	'o le isi igoa o le 'āualasi'i
'ua tafea le tau'ofe	'ua maliu se tamāli'i o Sāmālietoa
uatogi	'o le meatau
usugāfono	'o le maliu o le failāuga
fa'alavaina	'o mea e fa'alava ai se si'i
fa'amatua	meaalofa a se pepe fou i mātua 'o ona mātua
fa'anānāsua	teu mau ma nanā solo
fa'anōnōmanū	fai tāpua'iga
fa'asāmasamaga	fa'ai'uga o le gāluega a le 'auosilagi
fa'asisina	tamāli'i māualuluga
fa'atonutonua	ta'ita'ia
fa'atulou	fa'apa'ia lagi
fa'availolo	tāpua'i
fa'avāvā	taufa'aofiofi
fai fa'ali'i	'o le isi igoa o le se'e
falelauasiga	sāuniga fa'ai'u o le maliu
Fale'ula	maota o le Tuimanu'a
fatisisina	'o galu 'ua pa'e
fatitoto	galu 'ua toto
fusitōga	tā'aigātōga

gafa sili i lagi	gafa māualuluga
gāsolosolo ao	‘ua māliliu tamāli‘i
gau le to‘oto‘o	‘ua maliu le failāuga
gauolosa‘a	lagi o tamāli‘i
lā‘au mafalā	lā‘au tupu telē
Lā‘au na amo tasi	fa‘alupega o le Tuimanu‘a
lafo tanoa	‘o isi lafo lē tāua
lagi o tamāli‘i	‘o le maliu o se tamāli‘i
lāgia	‘ua iai se maliu
lagimāina	soifua lelei
lapa	‘o ‘amu lautetele i le tu‘ugamau
lau‘ava	mea‘ai o le maliu
laufalavao	‘ie tōga matagā
laulautū	maota tāpua‘i o ali‘i
liugalua	fa‘aluaina
Lōkou	Fa‘aola: ‘O le ‘Upu; ‘O Iesū
malaetele	malae o Manu‘atele
maluāpapa	lāfitaga
manufa‘alagi	tamāli‘i
Manu Sāmoa	Fa‘alupega o Sapunaoa
maota nāmu‘oli	‘o le isi igoa o le maota osilagi
maota osilagi	fale e osi ai le lagi
maota e tulutulu i tao	‘o le fale o Pōmaao
māsae le lagi	‘ua avanoa le lagi
matapālapala	poto
matuātala	pito o le fale
māvaega	‘o le ‘ie tōga e māvae ai se ulugali‘i pe ‘ā maliu le isi
measulu	‘o ‘ie tōga e fai meaalofa ai tamaiti i o lātou mātua pe ‘ā feoti
mōlī ‘emo‘emo	mōlī o le alāva‘a
motu le ‘asoa	‘ua motu le ‘ula; ‘ua maliu se mānaia
mou atu	‘ua lē toe iloa
mūgālā	vevela o le lā
mulivai fetaia‘i	fesāga‘iga o paolo
palapala a mālō	mea tāumafa
pale ‘auro	‘o le pale e fai i le ‘auro

pole i le moana	‘o le taula o va‘a
punāvaioleola	suafa o le ‘ie tōga; puna o le vaiola
sa‘o tama‘ita‘i	tama‘ita‘i e faia le aualuma
sapai	si‘i i lima
sāusau	taloga o ‘āiga
se‘e	‘o le feagaiga e tausia le maliu
ta‘ape pāpā	‘ua tu‘umālō se tupu
motu le tinumasalasala	‘ua motu le ‘ula a le mānaia
tāfimala	‘ua tafea ai mala po ‘o puapuagā
talimatū	‘o le ‘ie e sui a‘i le ‘afuelo
tāpasā	‘o se fua e iloa ai le itū e aga‘i ‘i ai se va‘a
taufa‘anu‘u	‘o ao e tō ai tīmuga
taulagiga	pēsepesega
Tāumafaalofi	tamāli‘i o Itū‘au mālosi
taumāsina	talafeagai
taumatea	lē mautinoa
tausā‘afia	alofagia
tausua	taliē
tautaia	fa‘afoe le va‘a
tāuto‘oto‘o	failāuga māualuluga
to‘agāogao	‘ua tau leai ni isi
tōfā	‘o le ‘ie tōga e fai meaalofa ai i le ali‘i
togāmutia	‘o le vao mutia
togā‘oli	fa‘ato‘aga o le lā‘au ‘o le ‘oli
tuālafo	‘o lona lua o lafo o le tulāfale
tuamafa filimalae	‘o le lupe pito matua e ta‘ita‘ia le lauāmanu
vāiāgia	vāipanoa
vaipanoa	āvanoa
vāitiaseu	vā o faleseu
vaosā	‘o le vao e sā ona solia

MATĀ'UPU 4: 'O UMUSĀGA A SĀMOA

‘UPU ‘ĀMATA

‘O le tasi fo‘i lenei fa‘alavelave taualoa a le atunu‘u, ‘o le faiga o se umusāga. ‘O le umusāga, ‘o le fa‘ailogaina po ‘o le samiga lea o se gāluega ‘ua māe‘a lelei. ‘O le aso e fai ai le umusāga, ‘ole‘ā fa‘atasi mai ai ‘āiga, paolo ma gafa, ‘ae tainane fo‘i le ‘aufaigāluega a le Atua ‘auā so‘o se gāluega mamafa ma le faigatā e tatau ona umusā; ‘aemaise lava gāluega sā fai e se tufugaagai.

‘O le uiga o lea ‘upu ‘o le tufugaagai, ‘o le tufuga e osi lelei le feagaiga ma le tamāli‘i e ona le gāluega ‘ole‘ā fai; ‘o le gāluega e faia i ala Fa‘asāmoa ma faiga fa‘atamāli‘i e pei lā ‘o gāluega nei: ‘O le fauga o se maota o se tamāli‘i; ‘o le tāaga po ‘o le fauga o se va‘a po ‘o se sā o se tamāli‘i po ‘o se nu‘u; ‘o le fauga o se mālumalu po ‘o se falesā o se ‘aulotu; ‘o le tāina o se tatau po ‘o se fa‘apa‘ūina o le lagi mālōfie a se tamāli‘i. ‘O gāluega tetele nā. ‘Ā fai e tufugaagai, ona potopoto ‘uma loa lea ‘i ai ‘o ‘āiga ma paolo ‘auā ‘o se fa‘alavelave telē e tatau ona fesoasoani ‘i ai.

E tāli fōliga tutusa gāoioiga o umusāga ‘uma Fa‘asāmoa e pei ona ta‘ua i luga, vāganā nai ‘ese‘esega lāiti ‘ole‘ā mātauina ‘a ‘o gāsolo le faitau.

I. ‘O UMUSĀGA O FALESĀMOA

E fiafia ‘āiga Sāmoa pe ‘ā logoa‘ia lātou e so lātou tamāli‘i ‘i sona fa‘alavelave ‘ole‘ā fai. ‘O aso anamua, sā logologo puiali‘i umusāga a Sāmoa. ‘O aso nei ‘ua fai fa‘asalalauga i leitiō, e pei lā ‘o le fa‘asalalāuga lea pe ‘ā fai se umusāga.

‘O le Fa‘asalasalauga:

E tū manu ‘ae lē tū logologo, ‘ae ‘ou te mua‘i fa‘atulou atu i sā ma faigatā o Sāmoa Tulou!

‘Ole‘ā fana tonu ia le malama i le ‘autū o lenei fa‘asalalauga ‘auā le fa‘afofoga mai o ‘āiga, fa‘apea fo‘i paolo ma gafa na sema e le afioga i le sa‘o o le ‘āiga, le susuga a le Tagaloa.

E fa‘atāla‘u‘ula atu ma le fa‘aaloalo e fa‘apea — ‘āiga e, paolo ma gafa, ‘ua māe‘a nei le maota talimālō a lo tātou ‘āiga i Pulumaukau i Sāoluafata, ‘o le afio‘aga e fa‘asino i ‘Ie e lua, le Taofia ma le Uso.

Āfifio maia ma tala mai ‘a‘ao, tātou molimauina fa‘atasi le alofa o le Atua ‘ua fa‘ai‘u manuia ai lenei gāluega tele.
E ‘oloa lu‘ulu‘u lo tātou aso, so‘o se mea ‘e te ‘a‘ao maia, e talia ma le fa‘aaloalo ma le fa‘afetai tele.
‘Ole‘ā fa‘ataunu‘u lenei fa‘amoemoe i le aso ono o Fepuari i le tausaga nei.
Alofa le Atua ia tātou aulia manuia lenei aso tāupōina.
Fa‘afetai le alofa ma le osi ‘āiga.

‘O le aso o le umusāga e ‘ave ai fo‘i si‘i a ‘āiga i le matai e ona le fale e fesoasoani ai ‘i se ‘afu o le agaiotupu. ‘Ā fia ‘ave lā sau si‘i i se umusāga o se fale Sāmoa, ona fa‘ata‘ita‘i lea ‘o sau lāuga fa‘apea:

E mua‘i fa‘atulou atu i le ‘āiga Sātagaloā.
Tulouna i le meana‘i tāua .
Tulouna i le gasū o le tāeao ma ou lagotā.
Fa‘atulou atu i le fa‘atufugaga,
Le Matuaofaiva ma le Falefā o le ‘Āiga Sālemalama,
Ma lou apisā.
Tulouna i ali‘i fāi‘oa ma tāufalemau.
‘O le tāeao lenei, ‘ua ‘ātoa tino o le tama;
‘Ua ‘ātoa fo‘i le māsina sā pōpōloloa
‘Auā ‘o le tāeao na moe malie ai Tagaloa i matagi lelei.
E fa‘amālō atu i lau susuga Tagaloa ma le faletua
Ma le pa‘ia o le ‘āiga ali‘i ‘i le ‘onosa‘i ma le fa‘apalepale
‘Auā e lē ‘o se gāluega faigōfie.
‘O le gāluega sā fau ao, fau pō;
Sā gāpātia i le timu‘ia ma lāina;
Sā tumu fo‘i ‘i fa‘afītāuli ‘ese‘ese.
‘Ā, sē ‘ua mālō fai o le faiva.
Fa‘amālō fo‘i le ‘a‘ao mālosi ma le fai feagaiga lelei.
‘O lenei ‘ua tū le failā.
Tātou ‘ave lā le mua i le Atua ‘ona ‘o ona ‘a‘ao fa‘apaolo
Ma ona tomai ‘ese‘ese sā fa‘afoe ai lenei gāluega tele,
E ala i le agaiotupu ma le ‘autufuga.
Se ā se loto e fai pe ‘ana lē finagalo ai lo tātou Atua e fa‘amāe‘a?
‘Ua na‘o se faiva e fai vavale ma e i‘u ina a‘e fua;
‘A ‘o lenei ‘ua tātou ‘oa‘oa i faleseu, ma sisiva i ma‘aomālie.

'I le 'ua pafuga nei lā le 'Ā; 'ua fa'ailo fo'i le lupe mua a tamāli'i,
'Ua māfua ai ona laga so'u leo.
'Ae silafaga ia lau susuga ma le faletua ma le 'āiga ali'i.
'Āfai e alu, alu sa mātou fa'amatalaga 'ae leai ni fua,
'Ia va'atele mai 'i'inā. Silafaga ia:
'O le tōfā lenei a lau susuga.
'O le 'ie lea sā teu i Gāgamoe e le afioga a le Ma'opūtasi
'Ua tālā 'auā e faigatā la 'oulua fa'afeagaiga
Ma le afioga a Tūlimalēfo'i, 'o lou faletua.

Lea 'ua 'aumai 'e te lua tua 'i ai 'auā se 'afu o le agaiotupu.
'O le meaalofa fa'atauva'a lenei mo le gāluega.
E selau le lālaga, ma 'o le 'ie lenei e ufi ai la mātou si'i.

Lau tōfā Pau'ū, 'o lou lafo lenei, ma ou tuālafo ia e lima.
'Āfai 'o iai ni tulāfale 'i'inā, 'o o lātou lafo nei e sefulu.
Liugalua so'u leo, o le afe tālā lenei
E fesoasoani i se pāsese o le agaiotupu ma le 'āiga Sālemalama.
'Ua iai fo'i ma le fesoasoani i le palapala a mālō 'olo'o i tuāfale;
'O le manu papālagi ma le lua manufata,
Sefulu ta'aifā, ma isi tēuga e tele.

Le pā'ia e o 'āiga ma paolo, e fa'amālūlū atu
'Ā lē tau sa 'outou faitau mai, 'ia finagalo mālilie
'O lenei 'ua matuā sā'aoti le faiva o Sāmea;
'Ua lē 'avatua ni masei 'ae tu'u ni lelei.
'A 'o mea 'uma 'ua faia mo lenei aso, 'ia vī'ia le Atua.

Lagimāina le pa'ia o tama a le mālō.

Susuga i le Tagaloa ma le Sāgapolutele.
Lagimamā le pa'ia o paolo ma gafa na sāusau,
'Aemaise 'āiga, uō ma ē alolofa mai;
'Aua fo'i nei gau le to'oto'o o le failāuga.
'Ā iai se taimi ta'ape le fuāmanusina,
'Ia alofa le Atua e fa'amamalu ona 'a'ao alofa.
'Ole'ā mātou mālōlō atu. Soifua.

'O Le Mālōtōga

'O le mālōtōga, 'o le tulāfale lea na te fa'a'upuina le fa'asoaga o tōga o se fa'alavelave. 'Ā maua se tupe ma ni tōga o le umusāga o se fale Sāmoa e fai ai le 'afu o le agaiotupu i le aso o le umusāga, ona tū mai loa lea 'o le tulāfale sā fai ma tāufalemau e fai ma mālōtōga o le aso, na te faia le fa'afetai i le agaiotupu ma le 'āiga Sālemalama 'ona 'o le gāluega mātagōfie ma le māe'ae'a ona fai. E fa'apea fo'i ona fa'afetaia le meana'i tāua 'ona 'o lana tāpua'iga. Na'o se fa'ata'ita'iga lenei mo lea fo'i vāega o le aganu'u, 'o taligātōga, ma fa'a'upuga a le mālōtōga.

Lāuga a le Mālōtōga

'Ole'ā leai se seu e toe lāgavale
'Auā 'ua ala le mafua ma 'ua liva fo'i le foe a le tautai
'Auā 'ua tutū lili o le tai.
'Ua matagōfie lo tātou aso e pei 'o le fale na i Āmoa,
E lau i 'ula 'ae pou i toa.
'A 'o le'i ifo lā ū o le tōloga ma ta'utino le solo a le tamāloa
E muamua ona 'ave atu la mātou fa'afetai i le tāpua'iga
'I le pa'ia o le atunu'u 'aemaise le agaiotupu ma le meana'i tāua
Ma le falefā o le 'āiga Sālemalama.
Fa'amālō le lago papale ma le 'onosa'i.

'Ole'ā lē toe o'o so mātou leo i pa'ia o le tuā'au ma fuamalu
'Auā 'ua 'uma ona paelago pa'ia o le aso.
'Ae 'ua se'e lilia Saveasi'uleo i lenei taimi
'Ona 'o pa'ia fa'aleatunu'u 'aemaise pa'ia fa'aleatua 'olo'o sasao nei.
E fa'atulou atu. Tulou, tulou lava!

'Ua iai se tōfā i 'āiga ia ma se fa'autāga i fale'upolu
'Ole'ā tāumafai atu se laufalavao po 'o se lauu'a
'Auā se meaalofa mo le meana'i tāua ma le 'āiga Sālemalama.
S.U.S.

'Ā fa'asolo fa'aaloaloga, e muamua teu le meana'i tāua, ona fa'ato'ā teu ai lea 'o le agaiotupu ma le 'autufuga. Po 'o le ā lava se mea e maua e le 'āiga e ona le fale, pē tele pē itiiti, e talia lava ma le fa'aaloalo e le 'autufuga 'auā 'o le gāluega sā faia i le Fa'asāmoa; ma 'o le tufugaagai sā na faia.

II. 'O FA'AULUFALEGA O FALESĀ

E ta'u le umusāga o le falesā, o le "fa'aulufalega" 'auā 'ole'ā tatala aloa'ia le falesā fou 'ae ulufale atu 'i ai le 'aulotu e tāpua'i ma si'i le vī'iga i le Atua 'ona 'o le gāluega mamafa 'ua māe'a. 'Ai 'o aso fa'apea na tautala ai Tavita, " 'Inā fa'aea ia 'i luga o 'outou ulu, 'outou faitotō'a e. Fa'aea ia 'i luga o 'outou puipui o le fa'avavau e, se'i ulu atu ai le tupu mamalu." 'O le aso lea o le vī'iga ma le fa'afetai 'auā 'ua pa'ū le 'avega mamafa sā tauamo i aso ma tausaga e tele e tagata o se 'aulotu lima vāivai ma le to'agāogao.

E 'āmata lava le aso o le fa'aulufalega i ta'alolo. 'O nei ta'alolo e ōmai i nu'u tuā'oi; 'o isi fo'i ta'alolo e ōmai mamao 'ona 'o pēlega o le faife'au ma 'āiga o le 'aulotu. E māfua ona fai ta'alolo mo se fa'aulufalega 'ona 'o le tele o le fa'aaloalo e momoli mai ai se meaalofa i aganu'u taualoa. 'O isi 'aulotu e teu ai lava ta'alolo i lenā taimi, 'a 'o isi 'aulotu, fa'ato'ā teu ta'alolo ina 'ua 'uma le lotu o le fa'apa'iaga o le falesā. 'Ā 'uma ta'alolo ona fai lea 'o le sāunigālotu i le falesā fou e fa'apa'ia ai le fata faitaulaga mo tāpua'iga i le Atua. 'I le sāunigālotu, 'ole'ā fa'afofoga ai le aofia i le tala o le gāluega, 'aemaise le fōlafolaga o fōa'i 'ese'ese ma faigāmeaalofa i le falesā fou; 'aemaise fo'i tūsaga sā sasao a le 'aulotu mo se 'aitalafu o le gāluega, ma se 'afu o le tufuga, ma le 'autufuga.

'Ā tū'ua le lotu, ona fai loa lea 'o faigāfa'alumaga. 'O lona uiga, 'o tāumafa mō ē sā fā'atua i lea 'āiga ma lea 'āiga. 'I aso 'ua te'a, sā lē toe fo'i 'āiga sā fā'atua ma ni tōga ma ni tupe e pei ona faia i nei aso; 'ae na'o mea'ai lava e ō ma lātou. 'Ā ta'ape 'āiga, ona fa'ato'ā fai loa lea 'o meaalofa i le 'autufuga.

III. 'O UMUSĀGA O VA'A

E pei faiga o umusāga o va'a 'o umusāga o fale Sāmoa 'auā e fai fo'i tufugaagai. 'Ae tasi 'o le mea, 'o umusāga o fale Sāmoa, e tālo 'āiga, 'a 'o umusāga o va'a e lē tau tāloa ai 'āiga. 'Ā umusā se va'aalo o se tamāli'i, e tatau ona fai lava e le matai ia ma lona 'āiga le umusāga o lo lātou va'a; e fa'apēnā fo'i pe 'ā umusā se fautasi o se nu'u, e fai lava e le nu'u lātou mea e 'ave ma la lātou tufugaagai. E ala ona fa'aigoa le va'a o le nu'u, 'o le fautasi, 'ona 'o le va'a e fau fa'atasi e le nu'u ma le agaiotupu, ma e tasi fo'i le fautū e fa'ata'atia.

'O le aso lava e umusā ai se va'a, e tu'u ai 'i tai 'i le sami e fa'ata'ita'i pē iai se mama po 'o se mea fa'alētonu. 'Āfai 'ua 'ātoa lelei le fausaga, ona alu loa lea 'o se faiva. 'O le va'aalo e alo atu, 'a 'o le fautasi e tiu malie. E tāpua'i pea le nu'u i le fale sā fau ai le va'a i le pō 'ātoa 'a 'o alu se faiva. 'Ā fo'i mai le va'a sā fāgota i le taeao 'ua manuia, ona fa'apea lea 'o le 'upu, "'Ua ola le sā." 'O lona uiga, 'ua iai i'a mua o le va'a po 'o le sā. 'O le 'upu fa'aaloalo o le va'a o le "sā."

Masalo o faiga nei o lea fo'i aganu'u na māfua ai le fa'a'upuga a failāuga e faapea, "'Ua sau le va'a na tiu, tau mai i le va'a na tau, 'a 'o mamau pea lago o le va'a na faō i afolau." 'O le fa'auigaina o lea alagā'upu, 'ua taunu'u mai le va'a o faigāmalaga 'a 'olo'o mālōlōina pea ma tāpua'i atu tamāli'i o le nu'u. 'Ā lē 'o lenā, 'o lona uiga, 'ua fo'i mai va'a sā fāgogota 'a 'olo'o tā'oto'oto atu lava le tāpua'iga a toea'i'ina o le nu'u.

IV. 'O UMUSĀGA O TATAU

'O le 'upu fa'atamāli'i o le pe'a po 'o le tatau, o le mālōfie. 'O se gāluega fītā le fa'apa'ūina o le mālōfie a se tamāli'i. 'O le mea lea, e tatau ai fo'i ona umusā pe 'ā māe'a. 'O le tasi lenei fa'alavelave fai a le atunu'u na māsani ona potopoto 'i ai 'āiga i lona 'āmataga ma lona fa'ai'uga 'auā 'o se gāluega tīgā tele, ma e 'uma ai lava soifua o isi tagata pe 'ā lē fa'aeteete ona fai.

E fai fo'i tōga ma tupe ma tāumafa pe 'ā umusā se tatau; 'a 'o le mea mālie, po 'o le ā le tele o mea'ai o le umusāga o se tatau, e lē 'avea se tu'uga o le faife'au 'auā e tasi lenei aganu'u e tete'e 'i ai le lotu kerisiano 'ona 'o le talitonuga, o mea'ai o le umusāga o le tatau, 'o mea'ai ia e 'ai ma le toto. 'O le isi talitonuga, 'ua soli le tūlāfono a le Atua. E sā le fa'amaligi toto. E lē 'avea lā se inati o le faife'au i se tōga po 'o se isi lava mea. 'Āfai fo'i o se 'āiga e ona le fa'alavelave 'ua 'ekālēsia ona tagata, 'o lona uiga, 'ole'ā pā'u'ū 'uma i lātou e lē toe 'ekālēsia, pe 'āfai e 'a'ai 'i mea'ai o le tāgāpe'a. 'O aso nei, 'ua lē āno 'i ai faife'au 'i ia fa'asalaga.

'O le aso o le umusāga o le mālōfie, e muamua fo'i teu le meana'i tāua ona fa'ato'ā teu ai lea 'o le agaiotupu ma le 'āigātufuga. 'O se fa'ata'ita'iga lenei o 'upu a le mālōtōga, e momoli ai le 'afu o le tufuga i le aso o le umusāga:

Tulouna i lau susuga a le matuaofaiva
Ma lo 'oulua falelua o le 'āigātufuga.
Tulouna a le meana'i tāua ma lou apisā.
Tulouna i au fa'atufugaga.
Tulou 'i au tapulu ma lamasā.
Tulouna i le 'au lāgisolo ma le 'auto'o.
Tulouna i ou sā ma faigā.
Sē, 'ua mālō fai o le faiva.
Fa'amālō le 'onosa'i; 'ae alo maia
Po 'o le ā se mea 'ua mafai e tamāli'i nei
Ma lenei 'āiga, 'auā le tā fa'afeagaiga.
'Ā 'ave 'ave taualumaga, 'a 'ua lē tau lou finagalo
'Ia 'e alofa ma nātia i fatuālavai.

'O le aso o le umusāga o le mālōfie, e fa'aevaeva ai fo'i 'ie o le mālō i le malae. 'O 'ie nei sā fuafua mo lea fa'alavelave: 'o le tōfā a le meana'i, 'o le fusitā, 'o le fululamasā, 'o le 'ie ufimoega, 'o le 'ie e fai ai tōga, 'o le lafo o le agaiotupu, 'ātoa ma ni isi 'ie e tatau ai mo le umusāga.

V. 'O TUFUGA MA FA'ATUFUGAGA

'Ana leai ni tufuga ma ni a lātou fa'atufugaga e leai fo'i ni umusāga ma ni fa'aulufalega. E lelei fo'i pe 'ā mālamalama fānau ā'oga i mea tāua ia o le aganu'u, ma lo lātou feso'ota'iga i mea fai a le atunu'u e pei 'o umusāga o fale, va'a ma mālōfie.

'O le Agaiotupu po 'o le Tufuga

'O le 'upu ta'atele o le tufuga, 'o le kāmuta. 'A 'o le 'upu fa'aaloalo o le tufuga, o le agaiotupu. 'O le uiga o le 'upu lea 'o le agaiotupu, 'o le tufugaagai. 'O le tufuga e agai lelei faiga o le gāluega; 'ia feagai ma le finagalo o le tupu po 'o le tamāli'i e ona le gāluega 'ātoa ma le finagalo malie 'i ai o le agaiotupu. 'O se fa'a'upuga e fetaui ma le agai, 'o le fa'afeagai lelei.

So'o se mea lava lā e mana'o ai le tufugaagai, e tatau lava ona faia e le ali'i e ona le fale, 'auā e lē 'o fuapauina se totogi o le tufuga i le tūlaga e pei ona iai konekalate fa'apapālagi, 'ae 'ole'ā fai i le vāfeāloa'i, e fai ai fa'aaloaloga i aso 'uma.

'O isi tufuga e tāgisā, 'o lona uiga, e mana'o lasi pe mana'o tele. 'O aso 'uma e asiasi ai 'i lona 'āiga, o aso fo'i nā e su'e ai se fa'aoso ma se pāsese; 'āfai e lē faia e le 'āiga se mana'o o le tufuga, 'o lona uiga, 'ua lē tausisi i le feagaiga, ma e i'u ai ina teva le tufuga.

E matuā nonofo mau i le 'āiga e ona le gāluega le agaiotupu ma lona faletua, ma 'o le faletua o le agaiotupu, e ta'u 'o le meana'i tāua. 'O le fale e fa'apitoa mo le agaiotupu ma lana meana'i, e ta'u o le apisā. 'Ua ala ona ta'u o le apisā, 'ona e matuā sā lava ona soli valea e se isi, vāganā lava le tulāfale o le 'āiga e mafai ona asiasi i le apisā, pe nofomau ai fo'i 'i taimi 'uma e fai ai le gāluega. E ta'u le tulāfale lea o le tāufalemau. 'O ia lea e nofo mau i le fale e feso'ota'i ma le tufuga i mea 'uma mo le faiga o le gāluega.

'O le 'āiga Sālemalama, e to'afā ona tufuga, 'o o lātou suafa, o Leifi, 'o Moe, 'o Solofuti, ma Segi. E fa'apea le tala, 'o tufuga nei na lātou 'āmataina fa'atufugaga i le fauga o le maota o le Tuimanu'a.

'O le fa'alupega o Leifi, 'o le Matuaofaiva; 'o le fa'alupega o Moe, 'o Pitovao; 'a 'o le uso o Solofuti ma Segi, e ta'u 'o Lātūofaiva. 'O lo lātou fa'alupega 'ātoa lā e fa'apea:

"Susū mai le matuaofaiva ma le Falefā o le 'Āiga Sālemalama."

'O le 'āiga Sālemalama, 'o le ta'u lea e fa'aigoa ai tufuga fāufale. 'O a lātou igoa ipu e fa'apea:

Leifi	To'oto'o
Moe	Toa
Solofuti	Puapua
Segi	Atimalevao

'O Fa'atufugaga

'O le uiga o lea 'upu fa'atufugaga, o tufugālima po 'o tomai fa'apitoa o tufuga:

Fausaga o Fale
'O fausaga o fale Sāmoa, e fōliga 'ese'ese e pei 'o le faleāfolau ma ona fōliga e pei 'o se fuāmoa (*oval shape*), 'ae fai utupoto i tua ma luma. 'O le isi fale, 'o le faletele lāpotopoto e fai le utupoto ma le poutū tasi i le 'ogātotonu. 'O isi fale, o fale fa'aiviivi; e leai ni poutū. 'O fa'atufugaga lā nā ma tufugālima a le 'āiga Sālemalama

Fausaga o Va'a
'O isi a lātou fa'atufugaga, 'o le fauina po 'o le tāina o va'a; 'o le 'upu fa'aaloalo o le va'a, 'o le sā. 'O va'a na lātou fauina, 'o le sā o Tagaloa lea sā fa'aigoa 'o le Iloauila ma le isi va'a na fau, 'o le sā o le Tuiātua lea sā fa'aigoa 'o le Fa'atalatalasematae'emo. 'O le lātou fa'alupega lā i lea itū'āiga fa'atufugaga, e fa'apea:
"Susū mai Lātūofaiva ma le 'Āiga Sālevāiolo." E ta'u tufuga fauva'a o le 'āiga Sālevāiolo.

'O le Tāina o le Tatau po 'o le Fa'apa'ūina o le Mālōfie
'O le fa'atufugaga lea a Sāmoa 'o le fa'apa'ūina o le mālōfie a se tamāli'i, 'o se fa'atufugaga faigatā, 'auā e lē tāina i ni lā'au o le vao ma saisai 'i ni 'afa e pei 'o le fauga o fale ma va'a, 'ae tā i le tino o le tagataola.
'Ā silasila i le mamānuga o le tatau, e fōliga tutusa lava le tele o ata, ma fausaga o fale ma va'a. E fai le fa'ava'a o le pe'a po 'o le mālōfie, e fai ona 'aso, ma ona fusi, 'ātoa ma isi fōliga e pei 'o le fausaga o se fale po 'o se va'a.
'O le talitonuga mai i le 'āmataga, e na'o le to'alua lava tufuga tā tatau po 'o le mālōfie na 'āmataina lenei fa'atufugaga. 'O le isi tamāli'i o Su'a mai Sāfata po 'o Lefaga i 'Upolu. 'A 'o le isi tamāli'i, 'o Pāuli mai Savai'i. 'O le fa'alupega lā o nei tufuga, e fa'apea, "Afio mai le Matuaofaiva, ma le Falelua o le 'āigātufuga ma la 'oulua fa'atufugaga."

'O Meafaigāluega o Fa'atufugaga
E 'ese'ese mea faigāluega e fai ai fa'atufugaga; e 'ese'ese fo'i gagana e fai a'i ia gāluega. 'O mea faigāluega e fau ai fale ma va'a i aso anamua, na'o to'ima'a, 'o

ulaoge, po 'o to'ifafau. E mālamalamagōfie le gagana o fauga o fale Sāmoa ma va'a 'auā e vā'ai ma fa'alogo so'o 'i ai tagata Sāmoa. 'A 'o le tāina o le tatau, tātou te lē mālamalama i le gagana ma fa'a'upuga a le tufuga 'auā e 'ese'ese itū'āiga o nila ma au tapulu 'olo'o i totonu o le 'ato au. 'O 'upu nei e seāseā ona tātou fa'alogo 'i ai e pei 'o isi 'upu ia: tapulu tetele, 'aso fa'aifo, fa'a'ila, fa'aulutao, o pulutama, tafani, o' le va'a, 'o le fusi, 'o ulumanu, fa'alaufao ma le fa'a'ali'ao. 'Ā lē 'onosa'i lā le tagata 'ole'ā tā sana tatau, se'i māe'a 'uma ona tā mamanu o le pe'a e pei ona tūsia i luga, 'o lona uiga 'ole'ā maua i le pe'a mutu. E mātagā i se tama tāne ona mutu sana pe'a pē lē 'uma lana tatau 'auā e fai ma ona gao i le ōlaga 'ātoa. Masalo e ta'u le tatau 'o le pe'a, 'ona 'ā 'uma ona tā, 'ua fōliga mai 'o se pe'a lele (*flying fox*).

'O le Tāina o le Tatau

E tatau ona mālū tufugālima o le tufuga, ma e tatau fo'i ona mamā ana mea faigāluega 'auā 'ole'ā a'afia ai le soifua mālōlōina o le tagata lea 'ole'ā fa'apa'ū lana mālōfie. E fa'apitoa se faletā e fai ai gāluega a le tufuga, e 'ese mai 'i lona apisā. E to'atele le 'au tāpua'i a le 'āiga ma le nu'u i totonu o le faletā; e iai tagata e soloa le toto o le tino o le tagata lea e ta'oto, ma e ta'u ia tagata o le 'au to'o. E iai fo'i le 'au lāgilagi pese e fa'alototele ai le tamāli'i 'olo'o tā. E māsani ona fa'a'ila muamua le tatau a le tamāli'i e 'autū 'i ai le faletā, ona mālōlō lea se'ia aulia le aso 'ātāeao, 'ae fa'asolo ane ona soa e tatā muamua; e fa'aigoa ia soa o talipisi.

'A 'o le'i 'āmataina le gāluega a le tufuga, e va'ai muamua le tinā o le 'āiga o le ali'i 'ua ta'oto, po 'ua iai se fusitā. 'O le fusitā, 'o le 'ie tōga pito tele e umusā a'i le tatau. 'O le isi fo'i mea e va'ai 'i ai le tinā o le 'āiga, po 'ua lava lama ma 'o'a e palu ai le vaitusi e mamanu ai le pe'a. E lē fa'atauina i ni fale'oloa ni vali, 'ae gaosi lava le lama moni a Sāmoa. 'Ā gaosi le lama, ona fa'atū lea 'o le fale lama a lo'omātutua o le 'āiga. E puipui malu lea fale i ni lautaputa ma ni launiu, ne'i sao 'i ai se savili ona lelea lea 'o le lama. E tau mai muamua fua o lama, ona ta'ei lea ma tui 'i tuāniu ona fa'alalā lea ia mamago; 'ā mamago lama ona susunu loa lea i le ta'igāfi 'ae fa'aalu le asu o le lama i le tino o le atigi'apa 'olo'o tautau i luga o le ta'igāfi; 'ā 'uma ona susunu, ona salusalu lea 'o le lama 'olo'o pipi'i 'i le tino o le 'apa i totonu o se atigipūpū, ona momono lea i lausului. E ta'u atigipūpū ia 'ua iai le lama 'o pūpūlama.

E māsani ona valu mai le 'o'a e fa'a'i'ila ai le lama pe 'ā palu fa'atasi, ona fa'aaogā lea mo le taaga o le pe'a.

'Ā iai se pe'a a se taule'ale'a, e fa'aigoa 'o le soga'imiti, 'a 'o se tama e leai se pe'a, e ta'u 'o le pula'ū. 'O le pe'a a le ali'i e 'āmata mai i le gaugātua, ma aofia 'uma ai ma nōfoaga se'ia o'o i lalo o tuli. 'A 'o le tatau a le tama'ita'i, e 'āmata i 'ogāvae e o'o i lalo o tuli; e ta'u le tatau a le tama'ita'i, 'o le malu.

'O Tulāfono

E lē tatau ona tā to'atasi se isi, 'ae tatau ona fai sona soa. E lē tatau fo'i ona nofo to'atasi pē fealua'i to'atasi le tagata 'ua tā 'auā e iai le talitonuga 'ā leai se isi e tausia le tatau, 'ua tausi loa e sauali'i; 'ā lē ma'i ai, 'ua toe matafi le lama. E toe fa'amanatu atu lā i tupulaga i nei onapō le tala lauiloa i le 'aumaiga o lenei fa'atufugaga, 'o le taaga o le tatau po 'o le mālōfie i totonu o Sāmoa.

'O le Tala

'O le tala Fa'asāmoa e uiga i le 'aumaiga o le tatau e fa'apea:

E to'alua tama'ita'i na malaga mai 'i le vasaloloa i Sāmoa ma 'aumai la lā 'ato au ('ato nila) ma pūpū lama. 'A 'o fe'ausi mai nei tama'ita'i, e lē motu la lā pese e fa'apea, "E *tatā fafine 'ae lē tatā tane.*" Na afe fafine i Fiti ma lā va'aia ai fafine o Fiti e tā a lātou tatau 'ae leai ni tatau a tamāloloa. 'Ae na o'o mai loa i gātai o Faleālupo, va'aia loa e fafine le faisua telē o ta'atia ifo i le ilititai po 'o le ta'ele o le sami, māulu loa i lalo e 'ave a'e le figota, 'ona 'ua fia 'a'ai. E toe ea a'e i luga le 'au tama'ita'i, 'ua galo la lā pese, ma 'ua sesē ai fa'a'upuga e fa'apea, " '*E tatā tane, 'ae lē tatā fafine.*"

Na afe le malaga lenei i le nu'u o Sāfotu i le itūotane ma mālōlō i le laoa o Lavea. Na folafola 'i ai e tama'ita'i lo lā oso 'ae tē'ena e Lavea. 'Ona toe alu lea 'o le malaga aga'i 'i Fa'asālele'aga ma mālōlō i le maota o le isi tamāli'i 'i Sālelologa; 'ae na tē'ena fo'i 'i'inā le malaga. Ona toe alu lea 'o le malaga a fafine i le itū i sasa'e ma taunu'u i le afio'aga o Su'a i Mulivai i Sāfata. E afe atu le malaga e lē'o iai le ali'i 'olo'o galue 'ae na'o lona afafine 'olo'o i le fale; ona tuli lea e fafine le teine e alu e ta'u i lona tamā, 'o lea 'ua mālōtia le maota. Sā fa'avave ifo le ali'i ma feiloa'i fiafia ma le malaga; ona folafola atu lea e fafine lo lā oso i le ali'i, ma 'ua talia loa ma le fa'afetai e Su'a.

Sā faia fa'aaloaloga māsani a le atunu'u i le faigāmalaga, e pei 'o le ta'iga o le sua ma fai le 'afu o le malaga; ona fa'apea atu loa lea 'o fafine, "Su'a, 'ole'ā muamua ona tapa lau ipu i sāofaiga a tamāli'i, ma 'o 'oe 'o le matuaofaiva." 'O le toe taliu atu i Savai'i 'o le malaga a tama'ita'i, na āfea ai le maota o Pāuli ma mālōlō ai. 'Olo'o iai le taumatega i le tufuga na na fa'apa'ūina pē tāina le lagi mālōfie a le Tuiā'ana Tamaalelagi. E fa'apea le manatu o isi, na fa'apa'ū e Su'a; 'a 'o isi fai mai, na fa'apa'ū e Pāuli, 'ae ui 'i lea, pule ia le tagata po 'o ai le tufuga na te fa'amaonia.

'O le Vi'i o le Tatau

'O le vi'i lenei o le tatau na fatuina e se tasi o 'aufaipese a le atunu'u:

'O le māfua'aga lenei na iloa
'I le taaga o le tatau i Sāmoa
'O le malaga a fafine e to'alua

Na fe'ausi mai Fiti i le vasaloloa.
Na lā 'aumai ai o le 'ato au
Ma si a lā pese e tūtūmau.
Fai mai e tatā 'o fafine 'ae lē tatā 'o tāne.

'A 'o le ala na tatā ai tane
'Ona 'ua sesē si a lā pese.
Taunu'u i gātai o Falealupo
'Ua va'aia loa 'o le faisua 'ua telē.
Totofu loa lea 'o fafine
Ma 'ua sui ai si a lā pese.
Fai mai e tatā o tāne
'Ae lē tatā 'o fafine.

'A 'o le tama lea 'olo'o 'ua ta'atia
Ma le tufuga lea 'ua 'āmatalia.
Tālofa 'ua tagi auuēuē.
'Ua ma'ati'ati solo lana au tapulu telē.
Sole sōle e, 'ia 'e lototele
'O le ta'aloga a tamatāne.
E ui lava ina tīgā tele
'Ae mulimuli ane 'ua 'e fefete.

'O atunu'u 'uma o le Pāsefika
E sili Sāmoa le tauta'ua.
'O le soga'imiti 'ua sāvalivali mai
'Ua fepulafi mai ana fa'a'ila.
'O 'aso fa'aifo fa'amuli'ali'ao
Fa'aatualoa, selu fa'alaufao
'O le sigano fa'apea fa'aulutao
'Ua 'ova i le vasa laolao.

GĀLUEGA FAUTUAINA

I. Fa'atusatusa Itū'āiga Umusāga a Sāmoa

Fa'atūlaga se ata (*chart or table*) e iloagōfie ai mea e tutusa pē 'ese'ese ai faiga o itū'āiga umusāga 'ese'ese a Sāmoa. 'Ā māe'a, ona fai loa lea 'o sau tala (*essay*) e fa'amatala lelei mai ai mea e tutusa ai ma mea e 'ese'ese ai ia umusāga.

II. Faigālāuga

'O 'oe 'o le faife'au a le nu'u lea 'ole'ā fa'aulufale le falesā fou. 'Ua alu atu le si'i a le 'ekālēsia aoao. 'O le ā sau tali 'i ai?

III. Su'esu'ega

'Ua tele lava sogā'imiti e fai tatau po 'o pe'a i nei aso. Sa'ili ni soga'imiti se to'alua a le tagata e fa'atalanoa ma iloilo mamanu o a lā pe'a. Fa'atusatusa ma le ata o le pe'a 'olo'o i lenei tusi. Fa'amata 'o ā ni mea 'ua maua mai 'i lenei su'esu'ega? Fa'amatala lelei 'i ni palakalafa ma ni ata.

IV. Tusigā Solo

Fa'aali lou mālamalamaga i umusāga o va'a i sau solo.

ILOILOGA O LE MATĀ'UPU

Vāega I

Tali fesili nei:

1. 'O le ā tonu le uiga o lea 'upu, "umusāga?"
2. Fa'amatala le 'upu, "tufugaagai."
3. 'O ai o le 'āiga a tufuga e pito tele ana 'oloa e maua i le aso o le umusāga?
4. Ta'u mai igoa fa'apitoa o 'autufuga nei:
   a. tufuga fauva'a
   e. tufuga faufale
   i. tufuga tā tatau
5. 'O ā ta'u o tagata ia?
   a. ta'ita'i kāmuta
   e. to'alua o le ta'ita'i kāmuta
   i. tamāloa e fa'afeagai ma le kāmuta
   o. ali'i o le 'āiga e ona le gāluega
6. 'O le ā le gāluega a le mālōtōga e fai 'i le aso o le umusāga?
7. 'Aiseā e tālo ai 'āiga pe 'ā fai se umusāga?
8. 'O le ā le uiga o lea 'upu o le "fa'atufugaga?"
9. 'Āfai 'o 'oe 'o se tufuga tāpe'a, 'o ā au meafaigāluega e fa'aogā?
10. 'O fea e maua ai le vaitusi e mamanu ai le pe'a?

Vāega II

Fai gāluega 'olo'o i lalo:

1. Tusi mai sau lāuga e 'ave ai le si'i 'i se umusāga.
2. Fai se fa'asalalauga o se umusāga.
3. Fatu sau solo i le tatau a Sāmoa.
4. 'O le ā se lāgisolo a tama'ita'i pe 'ā fa'apa'ū se mālōfie?
5. 'O le ā sou manatu i taulima ma tauvae pe'a ia 'ua tā i lima ma vae o teine i nei aso?

FA'ALEOGA MA FA'AUIGAGA O 'UPU

'afu o le agaiotupu	totogi o le kāmuta
'āiga Sālemalama	'o le 'au kāmuta i le faiga o fale
apisā	'o le fale e nofo ai le agaiotupu
'aso fa'aifo	'o 'aso o le puimanava
atigipopo	'o popo 'ua leai ni 'a'ano
'ato au	'ato nila a le tāpe'a
E leai se seu e toe lāgavale.	'e leai se mea e toe pa'ō.
E tū manu 'ae lē tū logologo.	e gata le isi mamanu ae le gata le isi mamanu; e iai tulaga o manu, 'a 'o tala e lē 'uma
'oa'oa i Faleseu	fiafia i le fale o Seuga
'oloa lu'ulu'u	so'o se 'oloa e maua
ū o le tōloga	'o matatao e fai ai le ta'aloga
ua ala le mafua	'ua tele le 'au i'a
ua 'ātoa tino o le tama	'ua 'āto'atoa se matā'upu po 'o se gāluega
ua ola le sā	'ua maua i'a muamua o le va'a
umusāga	'o le fa'ai'uga o se gāluega
utupoto	'o lā'au fa'alava o le fale
fa'a'ali'ao	e pei 'o le muli o le 'ali'ao
fa'aatualoa	e pei 'o vae o le atualoa
fa'aea i luga	va'ai i luga
fa'aevaeva	fua i malae
fa'a'ila	togitogi; fa'apoi
fa'ailo	fa'ailoa
fa'ailogaina	fa'atāuaina
fa'alaufao	e pei 'o le lau o le laufao
fa'amālūlū atu	fa'amalie
fa'aoso	'o mea'ai a le kāmuta e 'ave
fa'apa'iaga	sāuniga lotu o le umusāga o le fale
fa'apa'ūina o le mālōfie	'o le tāina o le tatau
fa'atufugaga	'o 'auala e fa'atino ai fauga o mea
fa'aulufalega	umusāga o le falesā fou
fa'aulumanu	e pei 'o ni fa'anifo; e pei 'o ulu o manulele
fa'aulutao	e pei 'o le ulu o le tao
fa'autaga	fa'a'upuga a fale'upolu

fa'avavau	e leai se i'uga
faigāfa'alumaga	fa'asoaga o mea'ai
fāivavale	so'ona fai
faleafolau	fale Sāmoa fa'alā'umi'umi ma ato i lau
falesunulama	fale e susunu ai lama
falefa'aiviivi	'o fale e leai ni poutū
falelua	e to'alua
fana tonu le malama	'ole'ā alu atu sa'o le matā'upu
fata faitāulaga	falesā
fepulafi	'i'ila
fuāmanusina	'o le 'au a manusina
fuapauina	fa'agataina
fusi	e pei 'o se fusipa'u
gafa na sāusau	'āiga na tala'ina
gafa na sema	'o gafa na fuafua
gāpātia	tīgāina; pagātia
gasū o le taeao	'o le susū i le taeao
gaugātua	vaeluaga o le tua
lāgilagi pese	pēsepese
lāgisolo	pēsega a le 'au tāpua'i
lago papale	fa'apalepale
lamasā	'o le lama po 'o le vali e tā ai le pe'a
lātūofaiva	ta'ita'i kāmuta
lau i 'ula	'ua mātagōfie
laufalavao	'ie tōga mātagā
liugalua	fa'alua
ma'aomālie	fiafiaga
ma'ati'ati	ma'ini'ini
mālōfie	'upu fa'aaloalo o le tatau
mālōtia	'ua iai mālō i le fale
mālōtōga	tulāfale e fa'asoaina tōga
mālū	faigōfie; logomālie
mamānuga o le tatau	'o ata o le tatau
ma'opū tasi	tamāli'i maualuga e to'atasi
masei	leaga; sesē
māsina pōpōloloa	māsina fa'atali

matuaofaiva	ta'ita'i kāmuta
meana'i tāua	faletua o le agaiotupu
nātia i fatuālavai	'ia fa'alilo se mea 'ua tupu
nōfoaga	'o le muli
pafuga le 'Ā	'ua fiafia tagata 'uma
pe'a	fōliga i le pe'a lele
pitovao	tulāfale fesoasoani
pulutama	laina tuaiti o le tatau
pūpūlama	'o atigi popo 'ua utu 'i ai le lama
sālevāiolo	tufuga fauva'a
salusalu	tafitafi 'ese
se'e lili'a	fa'ase'e ma le fefe
soga'imiti	taule'ale'a e iai le pe'a
ta'alolo	fa'aaloaloga Fa'asāmoa
tafani	'o le isi mamanu o le tatau
tāgisā	mana'o tele
taligātōga	fa'asoaga o tōga
tāloa 'āiga	tala'iga o 'āiga
tapa le ipu	'ua tāumafa le ipu
tapulu	'o mea tā pe'a po 'o tatau
tapulu tetele	'o ata aupito lautetele o le tatau
taualoa	āmana'ia
taualumaga	fa'asologa o se mea
tāufalemau	tulāfale e feagai ma le agaiotupu
tiu malie	'o le faiva e maua ai malie
to'agāogao	e to'ala'itiiti tagata
tuā'au ma fuamalu	'o le sāofa'iga a tamāli'i
tuālafo	'o le tua o le lafotū a le tulāfale
tufugaagai	tufuga e osi lelei le feagaiga
tufugālima	tomai o le kāmuta
tūsaga	'o mea e fai mo se fa'alavelave
va'a	e pei 'o se taumua o le va'a
va'aalo	o le paopao alo atu
vāsalaolao	vasa telē e pei 'o le Vasa Pāsefika

MATĀ‘UPU 5: ‘O IFOGA MA FA‘AMĀGALOGA FA‘ASĀMOA

‘UPU ‘ĀMATA

‘O le ifoga, o le tasi lea aganu‘u a Sāmoa ‘olo‘o fia maua ‘i ai se mālamalamaga a fānau a‘o‘oga, ‘aemaise fo‘i tagata Sāmoa ‘olo‘o fiafia e sā‘ili‘ili ma vā‘ili‘ili ma fa‘amaumau aganu‘u. ‘O le faia o se ifoga, e lē ‘o se fa‘alavelave fa‘aleaganuu e pei ona māsani ai, ‘a ‘o le vaifofō fa‘aleaganuu, e fō‘ia ai fa‘alavelave tūlaga ‘ese ma le mātuiā, e a‘afia ai le ola o le tagata. ‘O le uiga moni o le ‘upu ifoga, ‘o le ifo o tagata ma pūlolou i le ‘au‘afa talagatā a tamāli‘i, e fa‘ailoa ai le fa‘amaualalo, le salamō ma le fa‘aaloalo. E lē fa‘aaogāina le ifoga i so‘o se fa‘alavelave vāganā lava soli tūlafono nei:

Pe ‘ā fasioti e se isi se tagata
Pe ‘ā soli tōfaga se isi.
Pe ‘ā faotane pe faoāvā se isi.
Pe ‘ā ‘upuvale pe ‘upuleaga se isi ‘i tamāli‘i.
Pe ‘ā lē usita‘i se isi ‘i tulāfono ma fa‘ai‘uga a le nu‘u.

‘Ua iai isi tamāli‘i o Sāmoa ‘ua lātou suia faiga o le ifoga, ‘ua fōliga ai le ifoga ‘o se mea fa‘atauva‘a ma se mea tupu so‘o, po ‘o se mea ta‘atele. ‘Ua tauau ai e māmā i tagata Sāmoa lagona o‘otia o le fa‘amaualalo ma le loto salamō, pe ‘ā o‘o ‘ina fa‘ataunu‘u se ifoga. ‘O le ‘auala lava lenei e vave ai ona fō‘ia fa‘afītāuli po ‘o se fa‘alavelave mātuiā i le vā o ‘āiga, nu‘u, ma itūmālō; ‘ā lē vave ona faia se ifoga, e i‘u ‘ina mū le foaga i se ‘āiga ‘ua agasala; ‘o lona uiga o le mū o le fōaga, ‘ole‘ā tasunui ‘uma fale o le ‘āiga, po ‘o le lafo o tagata i se afi, po ‘o le fa‘ao‘o fo‘i ‘o ni isi fa‘alavelave faigatā i tagata o lea ‘āiga. E ui lava ina ‘ūmia e leoleo ma le ‘ōfisa o fa‘amasinoga se fa‘alavelave ‘ua tupu, ma fai ‘i ai sa lātou fa‘ai‘uga, ‘ae ‘ā lē mālilie finagalo o le ‘āiga e ona le tagi, e i‘u lava ina toe tupu le fa‘alavelave. Se‘iloga lava lā e fai se ifoga ma va‘ai atu le ‘āiga ‘ua matuā ifo mai tagata, ona tu‘u māmā lea ‘o le to‘atāma‘i, ma ‘ole‘ā vave fo‘i ona fai se fa‘aleleiga.

I. ‘O LE FA‘ATINOGA O IFOGA

E ifo le nu‘u pe ‘ā a‘afia o lātou tamāli‘i ma fale‘upolu, ‘aemaise la lātou faife‘au; e ifo le itūmālō pe ‘ā a‘afia se tama a ‘āiga. E tutusa lelei le faiga o ifoga ‘uma; e ō potopoto ‘āiga, nu‘u, ma itūmālō pe ‘ā fai a lātou ifoga. E tatau ona fai fa‘aeteete ma fai ‘ia mamalu le ifoga, ‘auā ‘a lē lelei, e fasia ma tupu ai se taua.

‘O Ifoga i le Vā o ‘Āiga

‘O le ‘āiga ‘ua agasala e muamua ona talanoa ma le ‘āiga potopoto e uiga i mea e tatau ona fai o le ifoga. E filifili se ali‘i po ‘o se tulāfale tāua e ‘avea le ifoga; ‘o le tulāfale lea, e tatau ona poto i le vāfeāloa‘i, ma mau‘oa i le gagana fa‘apitoa mo fa‘alavelave faigatā; e fautua atu fo‘i le ‘āiga potopoto ‘i ana ‘upu e tatau ona fai.

E filifili le ‘āiga po ‘o ai e tatau ona ō i le ifoga, ‘ae to‘afia fo‘i e pūlolou i ‘ie tōga; e lē ō ai ni fafine ma tamaiti, e lē tatau fo‘i ona alu ai le tagata lea na māfua ai le fa‘alavelave po ‘o ona mātua fo‘i; vāganā lava le vāvālalata tele o le fāiā, ona mafai ai lea e le tamā o lē ‘ua agasala ona ifo. ‘O ifoga a ‘āiga e pūlolou ‘uma tagata e ō, ‘auā pe na‘o se to‘alua pe to‘atolu, i lumāfale tonu o le matai po ‘o le ali‘i tāua o le ‘āiga e alu ‘i ai le ifoga.

‘O le tele lava o ifoga e fai i le vaveao ‘auā e lē lāuiloa ai e tagata po ‘o ai ia ‘ua ifo, ‘aemaise fo‘i le mālū o le taimi. ‘O le ifoga, ‘o se aganu‘u to‘ilalo, ‘a ‘o se aganu‘u fa‘aaloalo fo‘i; e tatau ona fa‘aeteete le ‘āiga e alu ‘i ai le ifoga ‘ina ne‘i fasia le ifoga ona fāitioina lea o ona tamāli‘i ‘i le lē faia ‘o aga fa‘atamāli‘i. ‘Āfai ‘ole‘ā fasia le ifoga, ona tupu loa lea ‘o se misa tele i le vā o ‘āiga e lua po ‘o le vā fo‘i o nu‘u ma itūmālō. ‘Ā talia le ifoga, ‘ua vī‘ia le ‘āiga na alu ‘i ai le ifoga e tagata ma fa‘apea, “E lē vale a‘i ‘āiga tamāli‘i.”

‘O isi ifoga a ‘āiga, e fa‘atopetope ona fai ‘i le vaveao, ‘ona e lē mānana‘o ne‘i taui vave mai ‘i se isi o lātou le fa‘alavelave; ma ‘o ifoga nā e ō lava ma le popole pē talia pē fasia.

‘O Ifoga a Nu‘u ma Itūmālō

‘O ifoga a itūmālō ma nu‘u, e māsani ona tafale muamua e tumutumu o nu‘u ma itūmālō, ona alu mautinoa lava lea e fa‘ataunu‘u le aganu‘u, ‘ae ‘ua leai se fefe pe popole. ‘O ifoga a le nu‘u po ‘o le itūmālō, e pūlolou se to‘alima po ‘o le sili atu fo‘i o tagata, ‘ona e fa‘atatau lava i le mātuiā o le mea na tupu. E pūlolou i le malae o le nu‘u po ‘o lumāfale tonu o le ali‘i sili o le nu‘u; e laina i luma tagata pūlolou ‘ae laina ‘uma i tua isi matai ma tāulele‘a e pūnonou ‘uma ulu. E sā se isi e migoi pe ea ‘i luga pe pisa.

E lē fa‘atapula‘aina le ‘umi e pūlolou ma nonofo ai ‘i fafo le ifoga; tusa lava pē tīmu‘ia ma lāina ai ‘i le aso ‘ātoa. E fa‘alagolago lava le vave fa‘aulufale o le ifoga i le ālolofa o le ‘āiga po ‘o le nu‘u lea e alu ‘i ai le ifoga. ‘Ā tuai ona talia ona toe fo‘i lea se‘ia o‘o i se isi taimi.

‘Ā fai loa ‘ua ‘uma le fono a le ‘āiga ‘ātoa po ‘o le nu‘u ‘ātoa, ma ‘ua mālilie tagata ‘uma ‘ole‘ā talia le ifoga, ma ‘ole‘ā leai se isi mea e toe tupu, ona alu loa lea ‘o le matai o le ‘āiga e tō‘ese ‘ie tōga ma fa‘atūla‘i ‘i luga ē ‘olo‘o ifo, ma fa‘aulufale loa i le fale ‘olo‘o iai le ‘āiga potopoto. E fōa‘i atu e le ifoga i le ‘āiga a lātou ‘ie tōga ‘uma nei sā pūlolou ai. ‘O tamāli'i pito tāua e tatau ona ifo isi 'ae pūlolou isi.

E pule le 'āiga po 'o le nu'u 'olo'o fai ai le ifoga ma le fa'aleleiga, pē fai se 'ava ma se mea tāumafa. 'O ifoga a itūmālō, e matuā fai lava le mea tāumafa ma le 'ava taumāvae mo le mamalu o tamāli'i sā ifo; ona ō 'ese vave lea e aunoa ma se pisa. 'Ā 'uma ona fai le ifoga, ona fa'asaga loa lea 'o le 'āiga agasala lea sā ifo e fa'atāumamafa le nu'u ma le itūmālō, ma fai ni o lātou tōga. E lē faia ni fa'aaloaloga i le aso o le ifoga, ma le malae sā fai ai le ifoga; e lē teua fo'i e le 'āiga sā ifo le 'āiga na ifo 'i ai, e pei 'o le mālamalama lea 'ua fai ai ifoga o aso nei.

'O le ifoga, 'o se aganu'u mamalu ma le paū. E faia ma le fa'aeteete ma le fa'aaloalo, 'auā 'o le tali filēmū e liliu 'ese ai le ita, e pei ona a'oa'o mai le Tusi Pa'ia. 'O ifoga lā o aso nei, e ō fa'atasi ai le fa'atamāli'i ma le fa'akerisiano.

II. 'O LE FA'ALELEIGA

E muamua fai 'upu a le 'āiga lea e alu 'i ai le ifoga. E muamua 'upu e sula ai le agalelei o le Atua ona soso'o loa lea ma 'upu ma'ema'eā o le ita ma le to'atāma'i a le 'āiga lea e alu 'i ai le ifoga. Lātou te fai maia 'upu fa'asāusili e saga fa'ato'ilalo ai le 'āiga sā ifo e fa'apea:

'O ai lenei pua'aelo; 'o ai lenei mea leaga 'ua na pa'ivalea le afioga iā Fa'atūlia. 'O pa'ia o le 'āiga Sālemuli'aga, e lē iloa e sā, e pa'ia? Fa'afetai 'ua ola, 'ona 'o le va'ai 'i lana afioga ma le maniti a Sāfotulāfai 'aemaise le fefe i le Atua; 'a 'o le tagata lea 'ua tatau 'ona oti. 'Ae ui 'i lea le itūmālō e, 'ua 'uma fo'i; e lē toe iai se mea e tupu; 'ua alofa atu, 'ona 'ua fa'a'ele'elea le afioga i le aloali'i.

E tele lava ni isi 'upu e tatau ona toe fai, 'ae 'a fai atu loa le 'upu lea, " 'Ae ui i lea," 'o lona uiga 'ua 'uma le ita.

'O Lāuga Tali a le 'Āiga sā Ifo

E muamua ona fa'atulou malae, e fa'apa'ia maota ma fa'alupe mamalu ma pa'ia o le 'āiga ma le nu'u. E fai le fa'ato'esega i le fa'amaualalo ma le loto salamō; e lē mana'omia se fiapoto ma se fiatagata. Tatala fāiā pe 'ā fai e iai; 'āfai e leai, fa'aogā 'upu o le vāfeāloa'i, ona tatala loa lea 'o le 'ie o le mālō ma fa'aigoa o le " 'Ie o le Fa'amāgaloga."

'O isi Nei 'Auala e Fō'ia ai Fa'afitāuli pe 'ā lē Faia se Ifoga:

1. Tala le fāiā o 'āiga 'auā o le 'i'oimata lea o tamāli'i.
2. 'Ia lelei ona fai 'upu o le vāfeāloa'i o le atunu'u.
3. 'Ia tatala le 'ie o le mālō e fai ai le fa'amāgaloga 'auā o le muta'aga lea o

fa'aaloaloga.

4. 'Āfai e aliali pe sāunoa ai se faife'au i se taufofōina o se fa'alavelave, ona vave loa lea ona matala fīlēmū, 'auā e āva tagata 'uma i le faife'au. E manatu tagata Sāmoa, 'o le faife'au, 'o le sui lea o le Atua 'ua sāunoa, ma 'ua tatau ona usita'i 'i la lātou fa'afeagaiga. Fa'afetai iā Iesū Keriso 'auā 'o Ia 'ua tātou maua ai le leleiga o fa'afītāuli faigatā; e lē gata i le vā ma le Atua, 'a 'o le vā fo'i ma tagata.

III. 'O FA'ASALAGA FA'ALEAGANU'U

'Ā fai loa fa'asalaga mata'utia a le aganu'u a Sāmoa i se tagata po 'o se 'āiga, po 'o se nu'u fo'i, e o'o mai le oti po 'o le i'uga o le lalolagi e lē toe 'uma le fa'alumaina ai 'o 'i lātou. 'O lona uiga, 'ole'ā fai lava ma gao o ia tagata, e fāifai ai e isi tagata; 'o le ala lea e fai so'o ai le 'upu lea, "E pala le ma'a 'ae lē pala le 'upu."

'O nisi lā nei o fa'asalaga e 'alo'alosā ai 'āiga, ma 'o le ifoga lava e mafai ai ona teuteu ma fofō ia itū'āiga fa'alavelave.

1. Sāisai 'ae tui ai le amo pei se mea i tua'olō, ma 'ave fa'alā i le malae.
2. Pusa se umu 'ae su'e le tagata lenā e agasala e 'aumai e lafo 'i ai (tulou).
3. E selau 'aumatua 'ae ati ma le lau fa'ato'aga a le 'āiga.
4. Fa'asavali 'i le ala; e sā ona toe nofo i le nu'u po 'o lona 'āiga.
5. 'Ua sōloa i le 'Aufuefue.

'Ua seāseā ona toe faia ia fa'asalaga talu ona o'o mai le Talalelei 'auā 'ua tele le a'oa'oina o tagata Sāmoa; peita'i e tatau ona fa'aeteete tagatānu'u 'auā 'ua lē na'o le fa'amasinoga sili a le mālō e āiā i solitulāfono, 'ae 'ua fuafua fo'i fa'ai'uga aga'i 'i le fa'amamāluga o aganu'u i totonu o nu'u ma itūmālō, 'ina 'ia sāga fa'amamaluina fa'avae o le Fa'amatai ma le Fa'asāmoa.

GĀLUEGA FAUTUAINA

ʻO nei aso ʻua faʻaaogā faʻatasi ʻauala a papālagi ma ʻauala a o tātou tuaʻā, e fofō ai faʻafītāuli o le ōlaga; ʻaemaise lava i taimi o faʻalavelave mataʻutia ma le mātuiā e pei ʻo le fasioti tagata, faʻapea foʻi ma isi. ʻO le ifoga lā, ʻo se tasi o ia ʻauala, e ui ʻina seāseā faʻaaogāina i nei aso, ʻae ʻoloʻo aogā tele pea i lea taimi ma lea taimi. E faʻamoemoe ʻoleʻā faʻaaogāina ni māfaufauga po ʻo ni fautuaga ʻua tuʻuina atu i lalo e fai ʻi ai ni talanoaga.

I. Sā fai se ifoga a le isi ʻāiga i Honolulu i tausaga ʻua mavae, ʻona ʻo le fasiga o le tama talavou lea na oti ai. ʻIna ʻua māeʻa lea ifoga, na taʻape ʻāiga e lua ma le māfanafana o loto faʻapea ʻai ʻua fofō lea faʻafītāuli. Peitaʻi, e leʻi leva, ʻae taui ma sui loa le ʻāiga na oti lo lātou tagata. Sā faʻatumulia finagalo o tagata Sāmoa i lenā vāitaimi i le faʻanoanoa ʻona ʻua lē aogā le ifoga, ʻo se tasi o aganuʻu tāua a Sāmoa. Talanoa ma tali fesili nei:

   a. ʻAiseā na lē aogā ai le ifoga e pei ona faia i Honolulu?
   e. Faʻamata o le ā se mea e ono tupu pe ʻana faʻapea o Sāmoa lea na tupu ai lea faʻalavelave? ʻAiseā?

II. E ui ina ʻua pūlea ōlaga o tagata Sāmoa i luga o tūlāfono a faigāmālō i nei onapō, e lē tuʻua ai lava le faʻaaogāina o aganuʻu a Sāmoa e pei ʻo le ifoga, e fōʻia ai faʻalavelave mātuiā. ʻO le ā sou manatu i tūlaga o le faʻamatai ma pūlega ʻa nuʻu i le faiga o faʻasalaga ʻi aso ʻua mavae mo se soli tūlāfono?

III. Fai se tala e uiga i se ifoga na e vaʻai ʻi ai. Faʻamatala lelei tūlaga na oʻo ʻi ai lea faʻamoemoe.

ILOILOGA O LE MATĀ‘UPU

Vāega I

1. ‘O le faiga o le ifoga e to‘otutuli ma pūlolou i ‘ie tōga. ‘O le ā lona uiga i le aganu‘u?
2. ‘O ā ni solitulāfono se lima e alagātatau ai ona fai se ifoga?
3. E mātagā ‘aiseā pe ‘ā ifo, ‘ae lelei fo‘i e ā pe ‘ā ifo?
   Fa‘amatala itū e māfua ai ia lagona o le Sāmoa.
4. ‘Aiseā e lē tatau ai ona alu le tagata lea e agasala i le ifoga?
5. ‘O ā tūlagāmamalu o le atunu‘u, ‘ā ‘auai i le faiga o le ifoga e vave ona talia?
6. ‘Ā ‘uma ona ifo se itūmālō, ‘o le ā so lātou taui?
7. ‘Ua ‘ese‘ese ‘aiseā ifoga i Sāmoa ma ifoga a Sāmoa i nu‘u ‘ese pei ‘o Hawai‘i?
8. ‘O fea o le Pāsefika na fai ai se ulua‘i ifoga a tagata Sāmoa?
9. ‘O le ā sau tali: E tatau ona alu se faife‘au i se ifoga? ‘Aiseā?
10. Fa‘atūlaga lelei mai le fa‘asologa o le ifoga ‘olo‘o i lalo.
    Lāuga le tulāfale
    ‘Ave‘ese ‘ie tōga
    Pūlolou ma to‘otuli
    Su‘e se ‘ie o le fa‘amāgaloga
    Fa‘aulufale le ifoga
    Fai se fa‘aleleiga
    Fai se ‘afu o le itūmālō
    Fasioti le atali‘i o le faife‘au
    Fai se ‘ava o le tāpua‘iga
    Talanoa le ‘āiga i le faiga o se ifoga

Vāega II

Fai mea ia:

1. Tusi se lāuga fa‘ato‘ese e fa‘aalia ai le loto maualalo pe ‘ā agasala.

2. ‘O ā tonu lava ‘ie tōga e sili ona tālafeagai mo lea fa‘alavelave o le ifoga?

a.	Tasi‘aeafe	f.	Pulumaleleuleu
e.	Pūlouoleola	g.	Failāmatāfaga
i.	Moeilefuefue	l.	Taofegauia‘i a Sātupuā
o.	Tao ma le uatogi	m.	Lauta‘amūtafea
u.	Pi‘imale‘ele‘ele	n.	Natunatu ma le Nafinafi

3. Fa'amatala mai le faiga o le ifoga a Tau'oloāsi'i ma tagata Sāmoa sā fai 'i Toga.

4. 'O ai moni lava tagata o le atunu'u, 'ā lavea i se solitūlāfono a se isi ona tatau loa lea ona fai se ifoga?

FA'ALEOGA MA FA'AUIGAGA O 'UPU

'au'afa	teugātōga a tamāli'i
ifoga	fa'amaualaloga
'i'oimata	tāua i le va'ai
o'otia	lagona loloto
'upuvale	fai'upu leaga
fa'a'ele'elea	fa'apologa po 'o le fa'atīgāina
fa'afītāuli	fa'alavelave
fa'aleleiga	teuteuga o se fa'alavelave
fa'amamaluga	'ia usita'ia tulāfono
fa'apa'ia maota	fa'atulou pa'ia o le maota
fa'asāusili	loto fa'amaualuga
fa'atamāli'i	faiga fa'aaloalo
fa'atapula'aina	fa'amutaina
fa'atāumamafa	fafaga
fa'ato'ilalo	fa'afaia'ina
fa'atopetope	fa'avavevave
fāiā o 'āiga	feso'ota'iga o 'āiga
fāotane	fao le to'alua o le isi
fautua	fesoasoani
fō'ia	fa'aleleia
māe'ae'a	fai ia 'uma lelei
mātuiā	faigatā
muta'aga	fa'ai'uga
pa'ivalea	'ua lavea ai fua 'ae le'i fai misa
solitōfaga	moe i moega o le isi tagata
sōloa i le 'aufuefue	sōloia e fa'avavau
tama a 'āiga	tamāli'i o 'āiga
tafale	fa'a'upu muamua
taufofōina	taufa'afīlēmūina
to'atāmai	lē malie
tulāfono	fa'atonuga
vaveao	tāeaopō

IUNITE 7

‘O ‘UPU POPO MA ‘UPU E LĒ POPO

IUNITE 7: 'O 'UPU POPO MA 'UPU E LĒ POPO

Fa'asologa o Matā'upu

‘UPU TOMUA

‘Ua fa‘afofoga so‘o le pa‘ia o le atunu‘u o fa‘apea ‘upu a failāuga:

> ‘O ou pa‘ia Sāmoa e lē popo i sa‘u ‘upu pe ‘ā sala la‘u gagana.
> ‘O ou ‘upu lē popo ma ou pā lē solo Sāmoa, e leai se isi e ‘āle‘ale ‘i ai.
> ‘Ou te lē toe lāgalaga i ou ‘upu popo Sāmoa ‘auā ‘o ou ao e mamala.
> ‘O ‘upu popo a Sāmoa ‘ou te lē toe tautala ‘i ai ‘auā o ‘upu ‘ua tanu i malae o le vavau.
> ‘Ole‘ā lē popo ou pa‘ia Sāmoa i sa‘u fa‘amatalaga pe ‘ā sesē.

E mata o tau manino le mata o le vai ‘i lau silafia ‘o ā nei mea e ta‘u o ‘upu popo ma ‘upu e lē popo a Sāmoa? ‘O fea tonu le fa‘a‘upuga ‘olo‘o i luga e tālafeagai ma ‘upu popo i lou manatu pe ‘ā ‘e faitau i se tusi, pe ‘e te fa‘alogologo i se lāuga a se failāuga? ‘O le ā lā le uiga sa‘o o ‘upu popo? ‘A ‘o le ā fo‘i le uiga sa‘o o ‘upu lē popo?

‘O ‘Upu Popo

‘O ‘upu popo, ‘o ‘upu o le vavau; ‘o ‘upu ‘ua lē toe fia fa‘aaogāina i nei aso ‘auā ‘o isi ‘upu, e tutupu ai misa ma taua; ‘o lona uiga, ‘o ‘upu e lē manuia; ‘o ‘upu e maua ai le fa‘alumaina o tagata ma o lātou ‘āiga; ‘aemaise lava lā, ‘o ni ‘upu e lavea ai tupu ma tamāli‘i o le atunu‘u.

Mo se fa‘ata‘ita‘iga:

1. Sole, filēmū, ‘o lou lava tūmua na maua i le fa‘atafuna.
2. ‘E te lē toe pa‘i ‘oe ‘i ao ma pāpā ‘auā ‘ua tafea lau utu.
3. ‘Ā ‘ua fai, ‘ia mafai; ‘ā ‘ua teu, ‘ia mateu.

‘Āfai e toe su‘esu‘e au‘ili‘ili māfua‘aga o nā fa‘a‘upuga a isi tamāli‘i o le atunu‘u, ‘o lona uiga, ‘ua toe tatala ma lalaga mai ‘upu popo. ‘O ‘upu ‘ua ‘uma ona tanu; ‘o ‘upu ‘ua ‘uma ona fa‘asā; e sā se isi ona toe vā‘ili‘ili ‘i ai ‘auā ‘olo‘o i ai le fa‘alumaina i le vāfeāloa‘i Fa‘asāmoa.

‘O le tele lā o ‘upu popo a Sāmoa, ‘o ‘upu lava ma tala e uiga ‘i ‘āigātupu, e pei ‘o sāunoaga faigatā ma talagatā. ‘O nā fo‘i ‘upu ‘olo‘o afifī ai mamalu o le atunu‘u, ‘a ‘o lona pona ‘ua fa‘alēaogāina. ‘O ‘upu ‘ua tanu; ‘o fa‘avae ‘ua sōloia; o ‘upu lē aogā.

E fa'apēfea pe 'ā 'e silasila ma faitau i fa'a'upuga a Iesū e uiga 'i le lā'au o le vine (Ioane 15:6), " 'Āfai e lē tūmau se tasi iā te a'u, ona lāfoa'ina lea i tua e pei 'o la lā lā'au ma fa'apopoina. 'O lona uiga, 'ā fa'apopoina se lālā lā'au, e lē toe ola.

'O le 'upu lea, "popo," e māfua mai 'i fua o le niu. 'Ā mago, 'ua popo; 'ā fa'alā, 'ua popo; 'ā susunu, 'ua popo; 'ā tia'i, 'ua popo; 'ā tē'ena fo'i, 'ua popo. Va'ai le fuai'upu lea: " 'Ua popo tōga a le paolo e fale'upolu."

'O lona uiga, 'ua tē'ena tōga, po 'ua fa'aleaogā tōga i le malae e tulāfale fai'upu o le nu'u 'ona 'ua sesē le fa'asoa, sesē le fa'aigoaina o tōga, po 'o le lē mānanaia fo'i o tōga a le paolo. 'Ā o'o lā ina toe fa'aaogā e se isi 'upu popo 'ona 'o ni āmio valea a se isi e fai, ona fa'apea lea 'o tagata Sāmoa, "E lē sālā 'upu mai anamua," po 'ua lē sālā 'upu popo. 'O lona uiga, 'ua fetaui āmio valea a lea tagata ma ni 'upu 'ua popo.

'O 'Upu lē Popo

'Ona 'ua ea le nofo pologa o Sāmoa iā Toga ma le o'o mai o le talalelei 'ua fuli ai fa'avae o nu'u pō i fa'avae o nu'u ao po 'o nu'u mālamalama. 'Ua fulitua ai fo'i Sāmoa i tū fa'apaupau, ia sā maua ai fa'a'upuga o le fa'alumaina ma fa'a'upuga o le fa'ato'ilaloina e lē masu'esu'eina.

'Ua 'uma lā ona toe fa'atūlaga ma fa'ata'oto fa'avae tūmau o 'āiga, nu'u, itūmālō, ma le atunu'u 'ātoa. 'Ua 'uma ona āiāia ona 'upu fai ma fa'amaonia tūlaga o tupu ma tamāli'i ma o lātou fa'alupega e fa'alagi ai. 'Ua mautū tōfiga ma tūlagāmamalu o Tama ma 'Āiga; 'ua 'uma fo'i ona fa'ae'e ma fa'apa'ia 'āiga o tupu, 'āiga o pāpā, ma 'āiga o nofo. 'Ua 'uma fo'i ona fua o lātou tuā'oi ma atiina'e pā māualuluga e si'omia ai ia mamalu, ma 'ua 'avea ai loa fa'avae 'uma 'ua ta'ua " 'O 'upu lē popo ma pā e lē solo."

'O le tau fa'amālamalamaga o 'upu ma fa'avae o Sāmoa i fānau ā'o'oga, 'ua lē 'o se toe laga o 'upu popo, 'a 'o le fa'amautūina o le silafia i 'upu lē popo ma pā lē solo. E fa'atulou atu ai 'i le mamalu o le atunu'u, ne'i sala le gagana. 'Ou te lē'o fāgota i le sao, pe 'ou te toe laga 'upu popo a Sāmoa 'auā 'o ou pa'ia ma mamalu, 'o se i'a iviivia. 'O ao ma pa'ia, 'o ni pā e lē solo; 'o se fale tulutulu i tao 'ua so'o ona ta'iao.

E fa'atulou atu ai fo'i 'i ou maota ma ou laoa, ma ou nofoa vāevaeloloa; 'o ou malae, ma ou vāifanua; 'o ou papa lē gae'e ma ou fala lē se'e; mai i le Malaetele, e pā'ia le si'ufanua i Analega.

'O ou pā nā ma ou pa'ia nā e lē toe sōloia e se tagata ola, vāganā le finagalo o le Atua. Peita'i, 'āfai 'o lavea i lenei tusitusiga ni mea e lē talafeagai 'i lau faitau, e fa'amaualalo atu 'auā e poto lava le tautai 'ae sesē lana sisi, ma e leai fo'i se fa'atamasoāli'i e 'asa ma le māumau.

'O 'upu lā o Sāmoa i aso nei, e lē toe ta'ua 'o ni 'upu popo 'a 'ua ta'u 'o 'upu e lē popo

ʻauā ʻo mea moni ma mea tūmau a le atunuʻu, e lē toe mafai ona ʻanaʻana ʻi ai se isi. ʻIa sāunoa lā ia faʻapea:

1. ʻOu te faʻatulou atu Sāmoa i ou paʻia ma ou mamalu lē popo.
2. ʻOleʻā lē popo ou mamalu Sāmoa i se mātou ʻupu pe ʻā sesē.
3. ʻO ou ʻupu lē popo, ma ou pā lē solo Sāmoa, ʻua taʻatia ʻa ʻo se alaoʻo ʻauā ʻo ou mamalu tōfia, e lē mafai ona toe vāea.

E lelei lā le mālamalama o le failāuga ʻi le uiga o le ʻupu popo, ona faʻatoʻā faʻaaogā loa lea i se lāuga. Faitau le tala ma isi tusitusiga ʻoloʻo aofia i lenei iunite, ma tau faʻavasega e lau lava tōfā manino ʻupu e tatau ona popo ma ʻupu e tatau ona lē popo. Silasila ʻi le tala lea ʻoloʻo i lalo.

ʻO le Tala

ʻO Mālietoa Uitualagi ma lana masiofo ʻo Gatoloaiaoolelagi, e toʻalua o lā alo tama e suafa iā Laʻauli ma Fuaoletoʻelau. ʻO tama nei, na aumomoe i alo tamaʻitaʻi o Tuisāmoa i Faleālili. ʻO suafa o ia teine, ʻo Gāuifaleai ma Totogatā. I le isi aso, na faʻaifo ai le seugālupe a Laʻauli i laufanua o Tuisāmoa. Ona faʻamālū lea i le vai e ʻauʻau ai tamaʻitaʻi o le ʻāiga. E ō atu le ʻau tamaʻitaʻi o Gāuifaleai ma Totogatā e faʻamālū, ʻo nofonofo mai Laʻauli ma ona fōliga lefulefua ma le ulu vaʻivaʻia i luga o le vai tāʻele. Fai mai teine ʻiā Laʻauli, "Alīʻi e, matuā ʻe lefulefua palapalā, ma lou laulu vaʻivaʻia. ʻO fea ʻe te sau ai?"

Fai mai si tali fīlēmū a Laʻauli, "E lē āfāina, e lāfulafu a tama seugogo; e vālavala a tūmanu." Na ʻuma ona talanoa Laʻauli ma tamaʻitaʻi, ona alu lea. E alu fua Laʻauli ʻae ʻua āvaga lona māfaufau i le ʻaulelei o tāupou Faleālili. Soʻo se aso lava lā e taʻaseu ai Laʻauli ʻi tiaseu o Ātua i Saute, e afe ane lava i le maota o le aualuma lenei e mālōlō ai; ma, na iʻu lava ina nonofo ʻuma Gāuifaleai ma Totogatā iā Laʻauli.

ʻO isi foʻi aso sā tafao ai Fuaoletoʻelau, le uso o Laʻauli, i le ʻau tamaʻitaʻi nei; peitaʻi e lē mānanaʻo ai teine ʻiā Fuaoletoʻelau, ʻae fia nonofo ʻuma iā Laʻauli. Sā tausua tagata o ʻāiga o Fuaoletoʻelau ma fai atu ʻi ai, "Sole, ʻā ʻe faiaga ʻea ʻua mālō Laʻauli ʻi tamaʻitaʻi na ʻe muaʻi fesiligia." Na sāunoa mai Fuaoletoʻelau i le agāga faʻatamāliʻi faʻapea: "E leai se mea ʻoleʻā ʻou popole ai ʻi lea itū ʻauā ʻo lau o le fiso, ʻo lau o le tolo; e ala e tasi le mauga i olo."

ʻA ʻo leʻi maliu le Mālietoa Uitualagi, sā fai lana māvaega i ona ʻāiga e faʻapea: " ʻĀ fānau se ataliʻi o Laʻauli, ona faʻailo lea ʻi se ususū; ʻae ʻā fānanau ni ona afafine, ona ʻavea lea ma Ao tamaʻitaʻi o le atunuʻu." Na faʻataunuʻu lava e ʻāiga lenei māvaega ina ʻua maua alo teine o Laʻauli; ona faʻaigoa lea ʻo le isi teine iā Natoʻaitele, le ao o Itūʻau ma Tuisāmau, ‘ae fa‘aigoa le isi iā Tamasoāli‘i, le ao o le Ālātaua.

‘O le isi alo lenei o Tuisāmoa, ‘o Gāuifaleai, sā tupuga mai ai le ‘āiga Sāgāuifaleai ‘olo‘o fa‘alagi ai Afega. ‘O le isi fo‘i alo o Tuisāmoa, o Moelēoi, na tupuga mai ai le ‘āiga Sāmoelēoi, ‘olo‘o fa‘alagi ai Sātupa‘itea ma isi nu‘u.

MATĀ'UPU 1: 'O LE VA'AIGA I 'UPU POPO MA 'UPU E LĒ POPO A SĀMOA

‘UPU ‘ĀMATA

‘O ni isi lā nei o va‘aiga i ‘upu ma fa‘avae o le atunu‘u e lē toe suia e se isi, ma e lē toe popo i ni faiga a se tamāli‘i e to‘atasi. E lē mafai lava, se‘iloga e toe fuli ‘ātoa fa‘avae o se ‘āiga po ‘o se nu‘u e ponao‘o māualuluga o le nu‘u, ma ‘ua fa‘amaonia fa‘atasi fo‘i e le itūmālō ma le lātou Tama a ‘Āiga. ‘O fa‘avae lā ia ma le fa‘avasegaga o mamalu, ‘ua ‘avea nei ma ‘upu lē popo ma pā e lē solo.

I. ‘O LE ALOFI O ALI‘I

‘O le alofi o ali‘i, sā na‘o ali‘i māualuluga anamua e faia; peita‘i, ‘ua ta‘ua fo‘i fono a le nu‘u, po ‘o mālōtali, po ‘o sāofa‘iga fa‘asausaunoa, ‘o le “alofi o ali‘i.” ‘O le uiga o le ‘upu “alofi o ali‘i,” o le sāofa‘iga a ali‘i ‘olo‘o fai ai se agatonu (‘ava). ‘O fale e tatau ona fai ai alofi o ali‘i, ‘o maota o ali‘i māuaruluga po ‘o laoa o tu‘ua po ‘o tulāfale tāua o nu‘u.

‘Ua ‘uma ona ta‘atia fa‘avae o nu‘u ma itūmālō o le atunu‘u. ‘Ua ‘uma fo‘i lā ona silafia e matai ‘uma o nu‘u ta‘itasi o lātou nofoaga i totonu o maota pe ‘ā fai le alofi o ali‘i, e pei ‘o ali‘i māualuluga i pou o matuātala o le fale, ‘a ‘o vāiali‘i i pepe o le fale.

‘O tulāfale e faia ‘upu o le nu‘u, e sāofafa‘i ‘uma i talāluma, ‘a ‘o tulāfale fa‘avāipou, e sāofafa‘i i tua. E iloga fo‘i matai ‘o lo lātou lava tofi o le faiga o le ‘ava. ‘Ā lua lā ni ali‘i māualuluga o le nu‘u e tumua‘i tutusa, ona tofu lea ‘o lā‘ua ma le pou matuātala, ‘ae ō atu ‘i ai o lā usoali‘i e si‘osi‘o ane i pepe o le fale.

E tūvao e le tulatoa ‘upu ‘āmata o le sāofa‘iga, e o‘o fo‘i ‘i le fa‘atūina o se matā‘upu e fia talanoaina. E ‘āmata e tulāfale talanoaga, ‘ae fa‘ai‘u i sāunoaga a ali‘i. ‘Ā sāunoa loa le tumutumu o le nu‘u e fa‘aali sona finagalo, ‘o le fa‘ai‘uga lava lenā e fai; ona tapati loa lea ‘o le alofi (‘ava). ‘Ā māe‘a le ‘ava ona soso‘o lea ma le tāumafataga e saunia e le ‘āiga e ona le fale lea e fai ai le alofi.

E manatu ni isi o le atunu‘u, ‘o le ulua‘i alofi lava a ali‘i o Sāmoa, lea sā faia i Fale‘ula i Malie, a Mālietoa ma Pulele‘i‘ite; ‘ae e manatu isi, ‘o le alofi muamua, ‘o le alofisā a le Mālietoa ma le Tuimanu‘a i le sami sanosano, lea ‘ua ta‘ua nei o le sami sāmasama i tala atu o Saua i Manu‘a. Fai mai le manatu fa‘aanamua, ‘ua māfua ona sāmasama lenā ‘ogāsami, ‘ona sā sasa‘a ‘i ai suā‘ava o le alofi a ali‘i. ‘Ou te talitonu lava ‘o le ulua‘i alofi

ʻi Sāmoa, ʻo le alofi lea a Tagaloa ma Pāva sā faia i Saua, lea na maua ai le uluaʻi tāeaousu a Sāmoa ʻua faʻaigoa nei, ʻo le "Tāeao na i Sauā."

ʻO Le Faʻaigoaga o Alofi o Aliʻi

E pei ona ʻeseʻese agaʻifanua a nuʻu ma itūmālō, e faʻapēnā foʻi ona ʻeseʻese a lātou faʻaigoaga o alofi e pei ʻo ni isi nei igoa:

ʻO le alofisā:
: ʻO le alofi lea naʻo tupu po ʻo Tama a ʻĀiga, ʻātoa ma o lātou tafaʻi filifilia e ʻauai, ʻae sāunia le alofi taute e le ʻaumaga o tōfiga.

ʻO le alofi noa:
: ʻO le māsani a matai e alafaʻi loa i le taeao ona potopoto lea i le fale o le tuʻua e talanoa ai, ma iʻu lava ina fai ai le alofi.

ʻO le alofi fesilafaʻi:
: ʻO le alofi e fai ʻona ʻua tali ni mālō.

ʻO le alofi tāpuaʻi:
: ʻO le alofi e fai ʻona ʻo le tāpuaʻiga o se gāluega po ʻo ni taʻaloga po ʻo se taua.

ʻO le alofi togi:
: ʻO le alofi lea e fetogi mai tugase a faleʻupolu tōgia pe ʻā fai se faʻafōtutupu.

ʻO le alofi tāfimala:
: ʻO le alofi e fai pe ʻā tuʻumālō se tupu po ʻo se tamāliʻi maualuga.

ʻO le alofi māgalo:
: ʻO le ʻava e fai pe ʻā ʻuma se faʻaleleiga o se faʻalavelave ʻaemaise lava pe ʻā ʻuma se ifoga.

ʻO le alofi taumāvae:
: ʻO le alofi e fai ʻa ʻo leʻi malaga ʻese ni mālōtali po ʻo ni mālō mamalu a le nuʻu. E fai foʻi lenei alofi pe ʻā sāuni malaga tamāliʻi o le nuʻu.

II. ʻO ʻAIGA MA A LĀTOU TAMA

Soʻo se mea e taʻua ai ʻāigātupu e pei ʻo ni sāunoaga a tupu ma tamāliʻi, māvaega ma tōfiga o tupu, tala faʻasolopito o soifuaga o tupu; ʻātoa foʻi ma mea sā tutupu i le vā o ʻāiga; pē faʻalauaʻitele pe faʻalilolilo,ʻoloʻo afīfī ai lava paʻia ma mamalu o ʻĀiga ma a lātou Tama. ʻO ʻupu e faigatā, e sā ma mamala. E faʻaaunuʻua le tagata na te toe suia. ʻUa ʻavea nei lā nā sā ma faigatā o ʻupu fai a Sāmoa, ma ʻupu e lē toe popo po ʻo pā e lē toe solo e faʻavavau lava, ʻāmene.

ʻĀ toe tepa ʻi tua i lona sefulu ma le ono o senituri, ʻa ʻo toʻaitiiti le atunuʻu,ʻo ai lava sā taʻutaʻua i le totoa ma le mālolosi ma le lē fefefe, ʻaemaise le tele o o lātou ʻeleʻele ma tagata tautua, ʻo ʻi lātou foʻi nā e ʻavea ma taʻitaʻi, pē ʻavea ma aliʻi mamalu e faʻaaloalo ʻi ai itūmālō, ma ʻavea ai lava nā tagata o tupu. Ina ʻua faʻatū mālō o atunuʻu o le Polenesia ona taʻu loa lea ʻo tagata mamalu nā ʻo Tui e pei ona maua le Tuimanuʻa, Tuiātua, Tuiāʻana, ma Tuimalealiʻifano. ʻO nei Tui, sā ʻavea tagata o o lātou itūmālō ma o lātou ʻāiga, e fai ma a lātou tāupulega; mulimuli ane, ʻua feusuaʻi tupu i luga o laina o ʻāigātupu. Ona manatu lea ʻo tamāliʻi ma faleʻupolu ʻo ē faia ʻupu o ʻāiga, ʻoleʻā fai ni igoa faʻapitoa o ʻāiga. ʻO le manatu maualuga sā iai, ʻo le tamāliʻi lava na tutupu mai ai se ʻāiga, ʻo le tamāliʻi foʻi lenā e faʻaigoa ai le ʻāiga i lona suafa.

Silasila i le faʻataʻitaʻiga lea:

ʻO le tamaʻitaʻi o Levālasi.

ʻO le uiga o le suafa Levālasi, e lasi ʻāiga po ʻo le tele o ʻāiga e tau ʻi ai. Ona faʻaigoa loa lea ʻo lena ʻāiga ʻo le ʻĀiga Sālevālasi.

E faʻapēnā foʻi ʻi le alo o Tuisāmoa, ʻo Moeleoi. ʻO ʻāiga ʻuma foʻi na tupuga mai ʻi lenei tamaʻitaʻi o le atunuʻu, ʻua faʻaigoa foʻi lo lātou ʻāiga, ʻo le ʻāiga Sāmoeleoi. ʻĀfai ʻe te suʻesuʻe lou tupuʻaga, ʻae tau i le ʻāiga Sāmoeleoi, ʻo lona uiga ʻo ʻoe ʻo le tagata o lea ʻāiga. ʻĀfai foʻi ʻe te suʻea lou tupuʻaga ʻae iai ʻi le laina o Levālasi, ʻo lona uiga foʻi lā, ʻe te iai ʻi le liʻo o le ʻāiga Sālevālasi.

Ina ʻua ʻāmata ona faʻavasega ʻāiga o Sāmoa anamua, sā iai le manatu e naʻo le sefulu lava ʻāiga tamāliʻi o le atunuu; peitaʻi, ʻo aso nei ʻua fai foʻi ʻāiga o isi tamāliʻi, ma ʻua sili atu ai ʻi le sefulu ʻāiga o le atunuʻu. Tātou te lē fāitio i lea mea ʻauā ʻua toʻatele alo ma fānau a ʻāigatupu, ʻaemaise ʻua feusuaʻi ma tagata lautele, ʻae lē feusuaʻi ʻi laina tautupu lava lātou.

ʻO ʻĀiga ʻoloʻo Faʻalagi i Faʻalupega o le Atunuʻu:

ʻĀiga Sāmalietoā
ʻĀiga Sātupuā
ʻĀiga Sālevalasi
ʻĀiga Sātuala
ʻĀiga Taulagi
ʻĀiga Sātunumafono
ʻĀiga Tauāʻana
ʻĀiga Sāfenunuivao
ʻĀiga Sālilomaiavā
ʻĀiga Sātuimanuʻā
ʻĀiga Sāmoeleoi
ʻĀiga o Māvaega
ʻĀiga Sāʻamituanaʻi
ʻĀiga Sāpesetā
ʻĀiga Sātagō
ʻĀiga Sālemuliʻaga
ʻĀiga Sāgāuifaleai
ʻĀiga Sātalo
ʻĀiga Sātaʻeleava
Ma isi ʻāiga ʻua faʻaopoopo pea.

'O isi 'āiga o le atunu'u 'ua fa'aigoaina fa'apea:

'O le 'āiga pa'ia, e pei 'o le 'āiga Sālevālasi.
'O le 'āiga fa'alagilagi, e pei 'o le 'āiga Sātuala.
'O le 'āiga mālōsi, e pei 'o le 'āiga Sātunumafono.

'Olo'o iai māfua'aga o le maua o fa'alagiga fou 'o ia 'āiga. 'Āfai lā e tau lou gafa i se 'āiga tautupu, ona fesili lea 'i ou mātua pe 'aiseā 'ua fa'alagi ai fa'apea lea 'āiga, 'ae pe 'aiseā fo'i na fa'aigoa ai 'i lea suafa.

'O le Filifiliga o Tama a 'Āiga o le Atunu'u

'O le 'upu "tupu," e pei e ta'ugōfie pe 'ā fa'apea o Tama a 'Āiga. 'O lona uiga, e tasi le tama 'ae tele 'āiga e tausia 'o ia. 'O le uiga o le 'upu "Tama," 'o le tamāli'i o 'āiga e fa'aao 'i ai ni 'āiga se fia. E tausi fa'apēlepele 'i ai 'āiga. E auau 'i ai 'āiga, ma 'ua ala ai ona ta'ua o le Tama; peita'i, e lē mafai ona 'ave 'esea mamalu o Ao ma Pāpā tau tupu i nei Tama. Masalo na fa'ato'ā maua lava le 'upu, Tama a 'Āiga, ina 'ole'ā fa'ae'e pāpā o le Tuiātua iā Tupua Fuiavailili; na sa'ili ai pē fia ni 'āiga māualuluga e tau 'i ai. Na iloa loa e Tūmua e tele 'āiga tamāli'i o le tama, fa'apea loa la lātou 'upu, " 'Ā! sē 'o le Tama a 'Āiga le tama nei." Ona maua loa lea 'o le fa'alupega fou o tupu o le atunu'u, 'o Tama a 'Āiga.

Mo se fa'ata'ita'iga: 'O le Tama o Tuimaleali'ifano, 'ua fa'ae'e 'i ai le Ao o le Tuiā'ana; ma 'o 'āiga e tausia lenei Tama, 'o le Nofoatolu; e iai le 'āiga Tauā'ana, 'āiga Taulagi, ma le 'āiga Sātunumafono. 'O 'āiga 'uma nei 'ua lātou filifilia le suafa Tuimaleali'ifano e fai ma a lātou Tama ma 'avea ai loa 'o le Tama a 'Āiga.

E fa'apēnā fo'i taualumaga o filifiliga o isi Tama a 'Āiga o le atunu'u, e pei 'o le 'āiga Sāmalietoā ma le 'āiga Sātupuā, fa'apea fo'i le 'āiga Sālevālasi; 'o la lātou Tama, 'o Matā'afa.

'O Sāmoa, 'ua 'uma ona tofi 'ae lē 'o se atunu'u taliola. 'O le uiga o le 'upu "taliola," 'o Sāmoa, e lē 'o se atunu'u e tālia i ni isi tagata lo lātou fiaola. 'O Sāmoa 'o se atunu'u e ola sa'oloto lava le tagata ia i ana mea tōtino, ma ona 'āiga tautupu 'ua 'uma ona tofi; e lē mafai ona ta'ita'ia fa'ai'aamātau e le isi tagata le isi tagata. 'Ua lē tatau fo'i ona toe fa'avasegaina fa'apea o tamāli'i isi, 'a 'o tūfanua isi; pau lava 'o le mea, e tatau ona fa'atāuaina i manatu o tagata Sāmoa le vāfeāloaloa'i fa'atamāli'i 'i le vā o tagatānu'u ma Tama a 'Āiga, 'ina 'ia sāga fa'amautūina pea le fa'aaloalogia o tupu ma Tama a 'Āiga o le atunu'u.

E toetoe lava a 'āiga fa'atasi Tama a 'Āiga 'uma 'ona 'o feusua'iga; 'ua māfua ai ona feso'ota'i gafa o 'āiga tautupu.

'O Tama a 'Āiga tūmau lava nei ma 'i lātou 'olo'o nōfoia nei nofoa ma suafa i lenei vāitaimi:

Mālietoa Tanumafili II ʻĀkī
Tupua Tamasese ʻEfi
Tuimalealiʻifano Vaʻalētoʻa
Matāʻafa Faʻasuamaleaui Puʻelā (faʻatoʻā tuʻumālō 1998)

ʻO ʻĀiga ma Nuʻu e Faʻasino ʻi ai Tama a ʻĀiga

Mālietoa
ʻE aofia le tele o nuʻu i le ʻāiga Sāmālietoa; ʻa ʻo isi nei o nuʻu:
Vāimauga ʻātoa
Sāgaga Lefalefā
Sāgaga Leusoga
Siʻumu
Manono ma Apolima
Mulifanua ma Afolau
Sapapāliʻi, ʻIva ma Fogāpoa, ma isi.

Tupua Tamasese
ʻO nuʻu ʻuma e i le ʻāiga Sāfenunuivao, ʻo Falefā, Salani, ma Fagaloa, ʻātoa ma nuʻu ʻuma ʻo i le ʻāiga o Māvaega o Faleāsiʻu, Sātaua, Āsau, Sāsina ma isi.

Matāʻafa
ʻO nuʻu ʻuma e aofia i le ʻāiga Sālevālasi e iai Lotofaga, Aʻufaga, Gāʻutāvai, Tāga, ʻIva, Fagaloa, Sāmusu ma Āmaile. ʻO nuʻu ʻuma foʻi i le ʻāiga Sātagō, ʻo Sāmusu ma Aʻufaga ma isi.

Tuimalealiʻifano
E aofia ʻuma ai nuʻu o le Vaʻanofoatolu: ʻo le ʻāiga Tauāʻana, ʻo Falelātai ʻātoa; ʻo le ʻāiga Taulagi, ʻo Fasitoʻotai ma Faleseʻelā, ma Āmoa i Sasaʻe; ʻo le ʻāiga Sātunumafono, ʻo Sāfata ʻātoa ma isi.

E tatau foʻi ona ʻe mālamalama ʻi nuʻu ma itūmālō e aofia i isi ʻāiga o le atunuʻu, e pei ʻo isi nei ʻāiga:

ʻāiga Sātuala
E taʻu ʻo le ʻāiga Faʻalagilagi. Soʻo se Tama a ʻĀiga e fia ʻauai i ai. ʻO nuʻu nei e tausia ʻupu o Sātuala — Fasitoʻouta, Nofoāliʻi, Sātapuala, Lefaga, Āmoa i Sisifo ma Lealatele.

ʻāiga Sāpesetā
E iai Sāfune, Sāfotu, Matāutu, Sāleʻaula ma isi.

ʻāiga Sālilomaiavā
Vae o le Nofoafia, Sāfotu, Palauli, Satuimalufilufi ma isi.

'āiga Sāgāuifaleai

E fa'asino iā Afega ma Tuana'i ma isi.

'āiga Sāmoelēoi

Sātupa'itea, Neiafu, Sagone ma isi.

'āiga Sā'amituana'i

Gā'utāvai, Sala'ilua ma isi.

'āiga Sāasomua

Si'umu ma isi.

'āiga Sātalo

Sātalo ma Faleālili

'āiga Sāta'eleava

Salani, Salesātele ma Sāpo'e.

'āiga Sālemuli'aga

'Iva, Sāfune, Sili, Sala'ilua, Tāga, Vaisala, Gā'utāvai, Faga, Sāipipi, Sa'asa'ai, Pu'apu'a, Āsaga, Lealatele, Le'auva'a, Salamumu, ma isi.

'Olo'o iai isi nu'u e lē 'o tūsia, 'a 'olo'o silafia lava e le mamalu o 'Āiga, nu'u 'uma e aofia ai.

GĀLUEGA FAUTUAINA

I. Iloilo le Gagana

Silasila ‘i le ‘upu “popo;” Māfaufau ma talanoa ma sau pāga i fa‘aleoga ma uiga ‘ese‘ese o lea ‘upu. Fa‘aaogā i ni fuai‘upu ma sāuni e fa‘asoa ‘i isi pāga po ‘o le vasega ‘ātoa; fa‘ata‘ita‘iga:

‘O le tele ia o popo i luga o le niu.
‘Olo‘o pōpō le polo a le tama.
Na ‘ou te‘i ina ‘ua popō lo‘u ulu ‘a ‘o o‘u lafi i le ta‘aloga o le ‘īgāve‘a.

II. Fai sau Fa‘amatalaga i ‘Upu lē Popo.

‘O ā ia mea o ‘upu popo ma ‘upu e lē popo?

III. Fa‘amatala le Tala o le Māfua‘aga ‘ua ala ai ona popo ‘upu.

ILOILOGA O LE MATĀ‘UPU

Vāega I

Tali fesili ia:

1. ‘O le ā le uiga o le ‘upu “alofi o ali‘i?”
2. Tusi mai fa‘amatalaga o alofi nei:
   a. alofi tāpua‘i
   e. alofi togi
   i. alofi māgalo
   o. alofi taumāvae
   u. alofi tāfimala
3. Tusi mai sina ‘ese‘esega o ‘upu popo ma ‘upu lē popo a Sāmoa.
4. ‘O le ā le uiga o le ‘upu Tama a ‘Āiga pe ‘ā ‘e fa‘amatala i se isi?
5. ‘O ai le tamāli‘i o Sāmoa na māfua ai le ‘upu Tama a ‘Āiga ‘ae ‘aiseā na fai ai lea ‘upu?
6. Tusi mai suafa o Tama a ‘Āiga o Sāmoa ‘olo‘o nōfoia nei nofoa o ‘āigātupu.
7. ‘O le ā le uiga o le ‘āiga Sātupuā ma ‘o ai Tama a ‘Āiga e aofia i lea ‘āiga?
8. ‘O ai le ‘āiga o Sāmoa sā fai la lātou fa‘atolotologātama?
9. ‘Ua māfua i se ā ona feso‘ota‘i ‘āigātupu o Sāmoa?
10. Se‘i ta‘u mai le ‘āiga ma le Tama a ‘Āiga e iai lo ‘outou nu‘u?

Vāega II

Su'e fa'amatalaga na maua ai fa'alupega fou o 'āiga ia:

1. 'āiga Sātuala e ta'u 'o le 'āiga fa'alagilagi
2. 'āiga Sātunumafono e ta'u 'ole'āiga mālosi
3. 'āiga Sālevālasi e ta'u 'o le 'āiga pa'ia

Vāega III

E mata 'ua moni le fa'alagiga o Mālietoa, " 'O le tupu na fa'alogo 'i ai Sāmoa?" 'O ā ni nai fa'amaoniga e te māsalosalo e tatau ai ona sa'o lea fa'alupega?

Vāega IV

Fa'atutū 'ia sa'o tamāli'i nei i le 'auala fa'asitepu lea e tautua ai se'ia o'o i le Tupu Tafa'ifā.

vāiali'i
tafa'ifā
ali'ita'i
Tama a 'Āiga
usoali'i
tulāfaleali'i
fa'avāipou
Lautīnalaulelei
tulāfale fai'upu

Vāega V

'O le ā le ala e mafai ai ona 'avea se Tama a 'Āiga ma tupu tafa'ifā?
Fa'ailoga lau tali sa'o i se pale fa'atupu i tala ane o fa'a'upuga 'olo'o i lalo.

mālō i le taua.
mau'oa.
e fā ona suafa tāutupu.
e tele ona 'āiga māualuluga.

FA'ALEOGA MA FA'AUIGAGA O 'UPU

afīfī ai mamalu	'olo'o i totonu mamalu
'āle'ale	fa'afiaula
alofi fesilafa'i	alofi e tali ai mālō
alofi togi	alofi e fetogi mai tugase
alofi māgalo	alofi o le fa'amāgaloga po 'o le fa'aleleiga
alofi o ali'i	sāofa'iga 'olo'o fai ai se 'ava
alofi tāpua'i	alofi o le tāpua'iga
alofi taumāvae	alofi o le fa'amāvaega
alofi noa	'o le alofi e fai e leai se māfua'aga
Analega	'o le fanua i Faleālupo
'au'au	tā'ele
au'ili'ili māfua'aga	su'e ia maua 'uma māfua'aga
aumomoe	tāfafao
iviivia	tele ivi po 'o lavelave
'upu lē popo	'o 'upu e lē soloia
'upu popo	'o 'upu ua tanu
ususū	'alaga
fa'ailo	fa'ailoa
fa'alumaina	fa'amātagāina
fa'apopoina	susunuina
fa'asāusaunoa	fa'atalatalanoa
fa'avāipou	tulāfale lagolago
faiaga	fe'alo'alofa'i
fāitio	faimanatu
fale tulutulu i tao	fale e ma'ama'ai ona tulutulu
feusua'i	fenofoa'i
fulitua	'ua fa'asaga 'ese pe ū mai tua
lē āmana'ia	e lē kea 'i ai se isi
lē masu'esu'eina	lē mafai ona toe su'esu'e se mea
lefulefua	'auleaga; palapalā
malae o le vavau	malae o le 'āmataga
manino le mata o le vai	leai se mea e fa'anenefu
nu'upō	nu'u o le pōuliuli
pā lē so'o	'o le pā e lē au i le isi pito
pona	gao

seugālupe	faiva o tamāli‘i
si‘ufanua	pito o le fanua
tāeaousu	tāeao o le feiloa‘iga
talagatā	faigatā ona toe tatala
tama seugogo	tamāli‘i seugogo
tapati le ‘ava	pati lima ‘ua usi le ‘ava
tāupulega	filifili fa‘atasi
tē‘ena tōga	toe fa‘afo‘i tōga
teu, ‘ia mateu	teu fa‘alelei
tumua‘i tutusa	tamāli‘i e tutusa le māualuluga
tupu‘aga	‘āmataga o se ‘āiga
‘ua popo tōga a le paolo	‘ua tē‘ena tōga e lē mana‘omia
ulu va‘iva‘ia	lauulu vālavala; po ‘o le sāve‘uve‘ua
vā‘iliili	su‘esu‘e māe‘a

MATĀ‘UPU 2: ‘O AO MA PĀPĀ O SĀMOA

‘UPU ‘ĀMATA

E tofu le itūmālō ma le Ao. ‘O le uiga o lea ‘upu, “Ao,” ‘o le suafa tautupu. ‘O se suafa lea e fa‘aao pe fa‘auluulu ‘i ai le faiga ma le pūlega o se itūmālō, po ‘o le atunu‘u, e pei ‘o le fuai‘upu lea: “ ‘O le Susuga a Mālietoa Tanumafili II, ‘o le Ao o le Mālō o Sāmoa.”

E tofu fo‘i le Ao ma ona Pāpā. ‘O le uiga o le ‘upu pāpā, ‘o mamalu ia ma pa‘ia o le itūmālō e fa‘ae‘e i lo lātou Ao, ona mamalu tele ai lea ‘o lo lātou tupu. Mo se fa‘ata‘ita‘iga: ‘o le suafa matai a le ‘āiga Sātupuā ma le ‘āiga Sāfenunuivao, ‘o Tupua. ‘Ua finagalo ‘āiga ma Lufilufi e fa‘ae‘e ‘i ai le Ao o le Tuiātua. ‘O le aso lā o le fa‘afōtutupu o le Tama a ‘Āiga, e fa‘ae‘e ai ona pāpā ma ‘alaga ai le susuga a Lufilufi, po ‘o tafa‘i, po ‘o tu‘itu‘i o le Tuiātua i ‘upu ia:

‘O ou pa‘ia nā
‘O ou mamalu nā
‘O ou sā nā
‘O ou faigā nā
‘O lou Tuiātua lenā
‘O lou Tama a ‘Āiga lenā
‘O ou pāpā nā.
‘Ia fa‘afualoa e le Atua lau nofoa‘iga.”
‘Ua sā Mulinu‘ū ma Lalogāfu‘afu‘a
‘Ua sā le ‘ele‘ele ma le sami ‘ua afio le Tuiātua.”

‘Ā lē fa‘ae‘ea pāpā ‘i se Ao o se itūmālō, e lē ‘āto‘atoa ona mamalu tau tupu. E ui lava ina ‘o suafa tautupu, ‘ae ‘ā lē fa‘ae‘ea ‘i ai pāpā, e lē ‘āto‘atoa le mamalu.

‘O aso anamua i le faiga o mālō fa‘atūmua, sā fa‘aaogā ai le ‘upu “tafa‘ifā.” ‘O le uiga o lea ‘upu, ‘ua maua e le tupu e to‘atasi Ao e fā ma pāpā e fā, ma o lātou tafa‘i e fā. ‘O le ‘upu “tafa‘i,” ‘o fale‘upolu filifilia ia o Tūmua e leoina ma tausia mamalu o le tupu. ‘O le isi fa‘auīgaina e Sāmoa o le ‘upu “tafa‘ifā,” ‘o se Ao ‘ua tupu ona itū e fā. ‘O lona uiga, ‘ua tofē ona itū ‘uma ma ‘ua ‘avea ma tupu silisili e pūlea le atunu‘u ‘ātoa. Sā na‘o le fā lava Ao iloga o Tūmua anamua e pei ‘o le Tuiā‘ana, Tuiātua, Nato‘aitele, ma le Tamasoāli‘i. ‘O Ao lā nei e fā ma o lātou pāpā sā fa‘ae‘e i le tama‘ita‘i o Salamāsina le alo o Tuiā‘ana Tamaalelagi.

Na fa'ae'e iā Salamāsina le Ao o Ā'ana ma ta'u ai o le Tuiā'ana. Na fa'ae'e i ai le Ao o Ātua, ma ta'u ai o le Tuiātua. Na fa'ae'e i ai le Ao o Itū'au ma Tuisāmau ma ta'u ai o le Nato'aitele, 'ātoa ma le Ao o le Ālātaua i Sāfata, ma 'ua ta'u ai fo'i o le Tamasoāli'i. 'O le tama'ita'i lā lenei o le atunu'u, na maua muamua le fa'alupega lea 'o le tupu Tafa'ifā ma 'avea ai loa 'o ia 'o le tupu o Sāmoa 'ātoa.

'Ona 'o le fetaua'i ma le fefulituaa'i o tupu o itūmālō anamua, na māfua ai ona fāoa o lātou pāpā e Nāfanua, le afafine o Saveasi'uleo. 'O Nāfanua lea sā fai ma atua tau o Sāmoa anamua. 'Ā mālō le itūtaua a Nāfanua, ona na 'avea lea 'o pāpā po 'o le Ao 'o lea itūmālō, 'ae sunu'i ai le alāfale e fa'ailoga ai lana pule'aga. 'O le "alāfale" 'o le suafa lea 'o lē sā ta'ita'i 'i le 'autau e pei 'o le suafa Tupa'i.

'O Salamāsina, 'o le tupu tafa'ifā e lavea i le gafa o Nāfanua, e ala i lona tinā fai 'o So'oa'emalelagi Levālasi, le sa'o tama'ita'i a le Tuiā'ana Tamaalelagi. 'Ona 'o le agalelei ma le fa'aaloalo o So'oa'emalelagi 'i so'o se tamāli'i Sāmoa, na toe 'ioe ai Nāfanua e fa'afo'i mai pāpā ma Ao 'o itūmālō sā ia 'ūmia. 'O le Ao Mālietoa 'o le tupu tafa'ifā mulimuli lea a le atunu'u, 'ae fetaui loa ma le o'o mai o le lotu i Sāmoa. 'Ua finagalo fa'atasi loa 'āigātupu a le atunu'u 'ina 'ia ta'u tupu o Tama a 'Āiga, 'ae 'ia tupu tasi le atunu'u 'ātoa i le Atua.

I. 'O SALAMĀSINA, LE TUPU TAFA'IFĀ

'O Salamāsina, 'o le ulua'i tupu tafa'ifā o Sāmoa. 'O le uiga o le igoa Salamāsina, 'o le 'aulelei o ona fōliga e pei 'o 'ave, po 'o sala o le māsina.

'O lona tamā, o Tuiā'ana Tamaalelagi, le alo o Tagaloa Selaginatō o Savai'i. 'O lona tinā, 'o Vaetoeifaga, le alo o le Tuitoga Fa'aofonu'u. 'O Salamāsina, sā vavae fa'atamafai e So'oa'emalelagi Levālasi, le alo o Tonumaipe'a Sauo'āiga.

'O So'oa'emalelagi Levālasi, sā fai ma tāupou a Tuiā'ana Tamaalelagi, sā fai fo'i ma pālemia o le mālō fa'atūmua o 'Upolu. Na 'avea fo'i 'o se so'o'upu i le vā o le mālō ma Nāfanua, le atua o taua.

Na mana'o Nāfanua e fa'ae'e 'uma pāpā e fā 'iā So'oa'emalelagi, peita'i, na mana'o So'oa'emalelagi e fa'ae'e 'uma pāpā i lana tama o Salamāsina. E fa'ae'e lā pāpā 'iā Salamāsina, 'o talavou lava lona soifuaga.

'O nei pāpā 'uma e fa'ae'e lava e tafa'i, po 'o tu'itu'i o le Ao lava ia. 'O tafa'i po 'o tu'itu'i, 'o fale'upolu tōfia ia a le itūmālō e leoleoina le tupu, po 'o tulāfale, e faia 'upu o le tupu; 'o 'ilātou fo'i ia e fa'ae'eina ma 'alagaina pāpā o tupu.

'Ona 'o Salamāsina lā na fa'ae'e 'uma 'i ai Ao po 'o pāpā e fā 'olo'o tā'ua i luga, na ala ai ona ta'u o le Tupu Tafa'ifā. 'O lona uiga fo'i, 'o Salamāsina, 'o le tupu e tofē 'uma ona itū e fā po 'o le tupu 'ua mamalu tautupu ona itū e fā ma 'ua ta'ua ai o le Tupu Tafa'ifā.

‘O se tupu fa‘aaloalogia tele Salamāsina e Sāmoa ‘ātoa ‘auā e au lona gafa i tupu ‘uma o Sāmoa. E lē gata ‘i lea, ‘o lona āmiolelei ma ana aga fa‘atamāli‘i, ‘aemaise le fa‘autauta i le faiga o le mālō.

Na fai lana uō e suafa iā ‘Alapepe mai se ‘āiga lē taualoa i Savai‘i; na maua ai lana tama e igoa iā Fofoaivao‘ese. E ui lava ina ‘ua fa‘aipoipo mulimuli ane ma le alo o Tonumaipe‘a Sauo‘āiga, ‘ae lē ‘uma lona manatu iā ‘Alapepe ‘auā ‘o lona ulua‘i alofa.

Na fa‘aipoipo Salamāsina ma Tapumānaia o Satupa‘itea i Savai‘i ona maua lea ‘o le tama o Tapumānaia II. ‘O le tama lenei na ‘ave e Talo ma Ofoia o Faleālili lā te tausia ma ‘avea ai mō o lā ali‘i. Mulimuli ane ‘ua fa‘aigoa Tapumānaia iā Tapusātele.

Na usu Tapusātele iā Sā‘ilau, le teine Falefā, fa‘ae‘e le gafa o Sifuiva. Ona usu lea ‘o Sifuiva iā Sāofa‘ialo o Si‘umu ma Satupa‘itea, fa‘ae‘e le gafa o Fuimaono. Na usu Fuimaono iā Oilau o Faleālili, fa‘ae‘e le gafa o Tupua Fuiavailili. ‘O le tama lea na ‘avea ma alo o Muāgutuia ma Fenunūivao. ‘O le tama fo‘i lea ‘o Tupua Fuiavailili, na fetuatuana‘i ai malae o Ātua ‘ae saesae laufa‘i ai Tūmua ma Pule ‘ona ‘o le fia iloa e fale‘upolu pē tele ni ‘āiga māualuluga o Sāmoa e tau ‘i ai le gafa o Tupua Fuiavailiili, ‘ina ‘ia tele ai fo‘i ma ni tōga e ‘afu ai fale‘upolu o le atunu‘u.

‘O Salamāsina lā, e lē gata ‘o le tupu o Sāmoa ‘ātoa, ‘a ‘o le purinisese po ‘o le sa‘o tama‘ita‘i a le atunu‘u. ‘O le tasi lea tama‘ita‘i po ‘o le tinā o Sāmoa, na au ai le Ina‘ilau a Tama‘ita‘i.

‘O le fānau a Salamāsina na tutupu ai isi tamāli‘i o Sāmoa, e pei ‘o lana tama o Tuiā‘ana Fofoaivao‘ese na maua lana fānau o Taufau ma Sina, ma Asomuaalemalama.

‘O Taufau lea na tafea lana utu ma Sina lea e iai lana tama o Faumuinā le tupufia.

‘Ā ‘e su‘esu‘ea lā le gafa o Salamāsina, ona mautinoa lelei lea ‘o tupu e tele, e feso‘ota‘i ‘ona ‘o Salamāsina.

Tuimanu‘a
Tagaloa
Tuiā‘ana
Tuiātua
Tonumaipe‘a
Nato‘aitele
Tamasoāli‘i
Mālietoa
Tuitoga
Tuifiti

II. ‘O TAMA A ‘ĀIGA

‘O le Suafa Mālietoa

‘O le suafa Mālietoa, fa‘ato‘ā maua ina ‘ua tutuli ‘ese Toga mai i Sāmoa e le fānau a Le Atiogie, ‘o Tuna ma Fata. Ina ‘ua taunu‘u le tūliga i Mulifanua, sā tū le tupu Toga o Tala‘aifei‘i i luga o le papa i Tulatalā ma ‘alaga, “ ‘Ua malie toa; ‘ua malie tau; ‘ā ‘ou toe sau, ‘ou te sau i le aouliuli folau, ‘ae lē ‘o le aouliuli tau.” ‘Ua ta‘ua lenei māvaega ‘o le māvaega na i le Tulātalā, ma ‘o ‘i‘inā na māfua ai le suafa Mālietoa.

Sā taua‘imisa le uso o Tuna ma Fata i le tolotolo i Lefatu po ‘o ai ‘ā mua‘i fa‘aigoa ‘i le Mālietoa. Sā vevela ma faigatā le misa lenei ma na i‘u lava ina feoti ‘uma tama e to‘alua. ‘O lea na tū vaelua ai loa lo lātou uso matua e suafa iā Sāvea, e tofu le tama ma le vae. Ona tatalo loa lea ‘o Sāvea i lo lātou atua ma ‘ua toe feola ai ‘uma nei tama.

‘O le māfua‘aga lea o le suafa Sāveatūvaelua. ‘O le māfua‘aga fo‘i lea o le māvaega, “Tālo lua ia Tuna ma Fata e pei ‘o le māvaega na i Lefatuosofia. ‘Ia ola Tuna, ‘ia ola Fata.” Fai mai manatu o Ā‘ana, ‘o Ulumasui, le tama a le tuafafine o Tuna ma Fata, na tatalo, ona feola lea ‘o tama, ma ‘o Ulumasui fo‘i, le ulua‘i Mālietoa; ‘a ‘o le tāofi o Tuamāsaga, ‘o Sāvea lava na tatalo ma toe ola ai tama; ‘o le ala fo‘i lea na ‘avea ai Sāvea, ma ulua‘i Mālietoa. ‘O le tāofi lea o Tuamāsaga e tele ona pine fa‘amau, ma ‘ua fa‘amaonia lava e le to‘atele o le atunu‘u.

‘O ‘ilātou ‘ua o‘o i le Suafa Mālietoa:

1. Mālietoa Sāvea
2. Mālietoa Gānasavea
3. Mālietoa Faigā
4. Mālietoa Uituālagi
5. Mālietoa La‘auli
6. Mālietoa Falefatu
7. Mālietoa Lalovīmamā
8. Mālietoa Taulapapa
9. Mālietoa Tuila‘epa
10. Mālietoa To‘atuila‘epa
11. Mālietoa A‘eaoinu‘ū
12. Mālietoa Laulauofolasa
13. Mālietoa Ti‘a
14. Mālietoa Fitisemanu
15. Mālietoa Vainu‘upō
16. Mālietoa Mōlī
17. Mālietoa Talavou

18. Mālietoa Laupepa
19. Mālietoa Tanumafili I
20. Mālietoa Tanumafili II

ʻO Mālietoa Tanumafili II, ʻo ia lea ʻoloʻo nōfoia nei le nofoa o le ʻāigātupu e oʻo mai i le asō, ma ʻoloʻo ʻavea foʻi ʻo le ao o le Mālō Tutoʻatasi o Sāmoa. ʻO Mālietoa Fitisemanu, ʻo ia lea na ō ma Suʻa e suʻe mālō iā Nāfanua; na faʻapea ai le ʻupu a Nāfanua, " ʻUa ʻe susū mai Mālietoa ʻua teʻa atu Ao o mālō, ʻae faʻatali ia i le lagi se Ao o lou mālō."

Na mavae Mālietoa Fitisemanu ʻae tūlaʻi mai Mālietoa Vainuʻupō; ʻo ia lenei na taunuʻu ʻi ai misionare o Ioane Viliamu ma Papu i Sapapāliʻi. Sā talia ma le faʻaaloalo e Mālietoa ma lona uso ma lona ʻāiga ʻātoa misionare, ma ʻua papatiso ai loa Mālietoa Vainuʻupō e fai ma faifeʻau i le suafa o Mālietoa Tavita i le tausaga 1832. ʻA ʻo leʻi tuʻumālō le Mālietoa lenei, sā ia feiloaʻi atu i le Tuimanuʻa ʻina ʻia tasi Sāmoa i le lotu ma ʻia ʻavea le Atua ʻo lo lātou tupu. ʻO lea feiloaʻiga sā faia i le sami Sanosano i tala atu o Saua i Manuʻa, ma ʻoloʻo faʻaigoa foʻi o le Tai Sāmasama.

ʻO le malelega mulimuli a le Mālietoa e faʻapea, "Sāmoa, ʻoleʻā ʻou alu ia i le ʻeleʻele ma mea ʻuma tau ʻāigātupu, ʻa ʻia tupu tasi Sāmoa i le Atua." ʻO le māfuaʻaga lea ʻua finagalo ai faigāmālō e lua a Sāmoa ʻia faʻavae lava i le Atua a lā faigāmālō. ʻO ʻAmerika Sāmoa, ʻua tūsia, " ʻIa faʻamuamua le Atua;" i Sāmoa Tūtoʻatasi, ʻua tūsia, "Faʻavae i le Atua Sāmoa." ʻOloʻo tausisi pea lā ʻi ai ʻāigātupu ʻuma o Sāmoa i māvaega a le Mālietoa ma ʻua ʻuma ai lea mea ʻo le vātau o tamāliʻi ma itūmālō po ʻo ai ʻoleʻā ʻavea ma tupu o Sāmoa ʻātoa. ʻO le uiga lā ʻua iai nei, ʻo tamāliʻi ma tupu, ʻua faʻaigoa ʻo Tama a ʻĀiga. ʻO le faʻalupega lā o le Mālietoa e faʻapea, "Lau Susuga a le Mālietoa na faʻalogo ʻi ai Sāmoa."

ʻO Tamāliʻi ʻua Au i le Tuiātua

ʻO tamāliʻi nei na au i le ao o le Tuiātua e ʻāmata mai i le Tupu Tafaʻifā o Salamāsina:

1. Tuiātua Salamāsina
2. Tuiātua Taufau
3. Tuiātua Faumuinā
4. Tuiātua Fonotī
5. Tuiātua Vaʻafusuaga
6. Tuiātua Sāmalāʻulu
7. Tuiātua Toleʻafoa
8. Tuiātua Muāgututia
9. Tuiātua Tupua Fuiavailiili
10. Tuiātua ʻAfoafouvale

11. Tuiātua Galumalemana
12. Tuiātua I'amafana
13. Tuiātua Tamasese Titimaea
14. Tuiātua Matā'afa Lauifi
15. Tuiātua Lealofioā'ana I
16. Tuiātua Lealofioā'ana II
17. Tuiātua Lealofioā'ana IV
18. Tuiātua Tupua Tamasese 'Efi

Sā iai isi Tuiātua i tala atu o Salamāsina, e pei 'o Tuiātua Male'ale'a. 'O ia lea na a'e 'i ai le I'a a Velova'a; ma Tuiātua Leutelele'i'ite, lea na na fa'apa'iaina le 'ie tōga na fa'afo'i mai Tōga, 'ua 'avea ai ma 'ie o le mālō.

'O Tamālii' na Au i le Suafa Matā'afa:

1. Matā'afa Lauifi
2. Matā'afa Salanoa Muliufi
3. Matā'afa Iosefo
4. Matā'afa Mulinu'u I
5. Matā'afa Mulinu'u II
6. Matā'afa Fa'asuamale'aui Pu'elā

'O Tamāli'i na Au i le Tuiā'ana

1. Tuiā'ana Salamāsina Tafa'ifā
2. Tuiā'ana Fofoaivao'ese
3. Tuiā'ana Taufau
4. Tuiā'ana Sina
5. Tuiā'ana Faumuinā
6. Tuiā'ana Fonotī (Tafa'ifā)
7. Tuiā'ana Muāgututia
8. Tuiā'ana Tupua (Tafa'ifā)
9. Tuiā'ana Galumalemana
10. Tuiā'ana Nofoasāefā
11. Tuiā'ana Tuasoloimalie
12. Tuiā'ana Leasiolagi
13. Tuiā'ana Moegāgogo
14. Tuiā'ana Tamasese Lealofi I
15. Tuiā'ana Tamasese Lealofi II

'O Tamāli'i na Au i le Tuimaleali'ifano

1. Tuimaleali'ifano Suatipatipa I.
2. Tuimaleali'ifano To'oā
3. Tuimaleali'ifano Sualauvī
4. Tuimaleali'ifano Tuita'alili
5. Tuimaleali'ifano Suatipatipa II.
6. Tuimaleali'ifano Va'alēto'a

'O Tamāli'i na O'o i le Tuimanu'a

('O le lisi lenei e pei ona fa'amauina e Kramer i lana tusi.)

1. Tuimanu'a Li'aatama
2. Tuimanu'a Panepineto
3. Tuimanu'a Fa'aeanu'u
4. Tuimanu'a Sili'aivao
5. Tuimanu'a Semanu
6. Tuimanu'a Aomosegi
7. Tuimanu'a Poumele
8. Tuimanu'a Tuiote
9. Tuimanu'a Manufili
10. Tuimanu'a Lepulu
11. Tuimanu'a To'alepai
12. Tuimanu'a Tuioliga
13. Tuimanu'a Salofi
14. Tuimanu'a Seuea ('o le fafine)
15. Tuimanu'a Fusumalelulu
16. Tuimanu'a Taliaitu
17. Tuimanau'a Taliutafa
18. Tuimanu'a Ta'alolo
19. Tuimanu'a Moa'ātoa
20. Tuimanu'a Levao
21. Tuimanu'a Lalamua
22. Tuimanu'a Makerita ('o le fafine)
23. Tuimanu'a Elisara

III. 'O SA'O TAMA'ITA'I O 'ĀIGA TAMĀLI'I

E lelei pe 'ā mālamalama le 'au faitau i sa'o tama'ita'i ma sa'o 'aumaga sā fa'avae mai ai 'āiga māualuluga o Sāmoa 'olo'o fa'alagilagi i mea e fai a le atunu'u.

Tuiā'ana	So'oa'emalelagi
Tuiātua	Sefa'atauemana
Sātuala (Ā'ana)	Fuatino
Sātuala (Savai'i)	Falenāoti
Mālietoa	To'oā
Tonumaipe'a	Tilomai
Tole'afoa	Tofoipupū
Sāmoelēoi ('Asiata)	Levālasi
Sālevālasi (Lotofaga)	Tuitogama'atoe
Tuimaleali'ifano	Letelemalanuola
Su'a	Ali'itasi
'Afamasaga	Punipuao
Muāgututi'a	Seutātia
Tagaloa (Savai'i)	'Iliganoa
Lilomaiava	Sāmalā'ulu
Tuimanu'a	Sāmalā'ulu
Leutele (Falefā)	Fenunūivao
Alai'asā	Pāfuti
Sāgapolutele (Sāoluafata)	Teuialilo
Asomua (Si'umu)	Tapusalaia
Faumuinā	Letelesā
Māta'utia	Talaleomalie
Seiuli (Faleata)	Vevesimālō
Tagaloa (Sāoluafata)	Tūlulautū
Tofaeono (Vāimauga)	Sāmalā'ulu
Le'iato (Tutuila)	Manalita
Mauga (Pago Pago)	Tūlimalefoi
Sātele (Vailoa, Tutuila)	Leilua
Tuātagaloa (Poutasi)	Sāmalā'ulu
Te'o (Sātalo)	Fa'asili
Fonotī (Sātalo)	Tauvaleifono
Leniu (Lauli'i)	Gese
Letuli ('Ili'ili, Tutuila)	Lagonamanufa'alava

Fuimaono (Aloau)	Taipaleiva'alelea
Tuitele (Leone, Tutuila)	Tofoipupū
Sāgapolu ('Ulutogia)	Tāiai
Faumuinā	Seutātia

IV. 'O SA'O 'AUMAGA O SĀMOA

Itumālō	**Sa'o 'aumaga**
Ā'ana	Tole'afoa ma Muāgututia
Ātua	Tupua ma Fonotī
Tuamāsaga	La'auli ma Tole'afoa
Fa'asāleleaga	La'auli ma Tole'afoa
Gāga'emauga	Muāgututia ma Pesetā
Gāgaifomauga	Lilomaiava, Pesetā, La'auli
Sātupa'itea ma Sālega	Tole'afoa ma Leota
Palauli ma lona Itū	Lilomaiava ma Leota
Sua	Lea'anā
Vāifanua	Tupua
Sā'ole	Nofoatolu
Launiusāelua	Utaife'au
Itū'au	Tupua
Fofō	To'omata ma 'Ilaoa
Aitulagi	Tupua
Manu'atele	Silia

GĀLUEGA FAUTUAINA

I. Iloilo le Gagana. Talanoa i Pāga.
Fa'avasega ta'uga ma uiga o 'upu nei 'olo'o 'autū 'i ai lenei matā'upu:
Ao, Pāpā, Tafa'ifā, Fa'afōtutupu, ma isi.

II. Toe tepa i mea 'ua 'e iloa. Tusi sau fa'amatalaga.
E iai ni pāpā a le tou nu'u? 'O ai?

III. Talanoa i tūlaga 'ua iai nei 'āigātupu o Sāmoa, 'aemaise i lo lātou tūlaga i ōlaga o tagata i nei onapō. 'Ona 'ua tele tagata Sāmoa 'ua feōa'i solo i itū e fā o le lalolagi, fa'amata 'o ā ni o lātou lagona 'i o lātou so'otaga i 'āigātupu?

ILOILOGA O LE MATĀ'UPU

Vāega I

Tali fesili nei:

1. 'O ā pāpā e fā na fa'ae'e iā Salamāsina?
2. Fa'amatala uiga o le 'upu "pāpā."
3. E lua 'āiga tetele i aso nei i le pule. 'O ai ia 'āiga?
4. Na gata iā Mālietoa Vainu'upō lea mea 'o le tupu tafa'ifā. 'O le ā le faiga a Mālietoa na 'uma ai?
5. 'O le ā le finagalo o Mālietoa na ia fa'amuta ai tupu tafa'ifā?
6. Se'i fa'ata'ita'i mai 'i ni au 'upu le fa'ae'ega o pāpā o se tupu e ona tafa'i?
7. 'O ai le 'auso loto tetele na tutuli 'esea Toga mai i Sāmoa?
   a. Tusi 'uma igoa o tama
   e. 'O ai lo lātou tupu'aga?
   i. 'O fea o Sāmoa na ola a'e ai ia tama?
8. 'Aiseā na nofo pologa ai Sāmoa iā Toga?
9. Tusi mai suafa o Tama a 'Āiga 'olo'o nōfoia nofoa o 'āigātupu i aso nei.
10. Tusi mai Ao e fā o Savai'i i aso anamua.

Vāega II

Tusi le isi uiga o le 'upu "papa" i le fa'ai'uga o le fuai'upu. Faitau 'ia sa'o le uiga o le fuai'upu ona tu'u lea 'o fa'amamafa ma komaliliu i 'upu, 'ina 'ia maua ai le fa'aleoga sa'o ma le uiga moni o le 'upu, papa.

1. 'Ua papa tumua'i 'i au fa'aaloaloga.
2. 'Ua papa le susu a le pepe.
3. 'Ole'ā 'ou teuina 'oe i le papa o lo'u loto.
4. E 'ave e Nāfanua papa o Sāmoa pe 'ā mālō i taua.
5. Sā papa tala 'ole'ā sōloia le mālō o Sāmoa.
6. 'O le malaga mai a papalagi i Sāmoa na fasiotia i Tutuila.
7. 'Ua solo papa 'uma le lau'ele'ele 'ona 'o le mūgālā.
8. 'O saito na pa'u'ū i le mea papa, na velasia i le lā ma magumagu ai.
9. 'Ou te fa'atūina la'u 'ekālēsia i luga o lenei papa.
10. 'O iai se papa 'i'inā se'i 'āuli ai lo'u ofu?

FA'ALEOGA MA FA'AUIGAGA O 'UPU

alāfale	'o le fa'ailoga
Ao ma Pāpā	suafa tau tupu
aouliuli folau	e sau na'ona folau
aouliuli tau	sau e fia tau
'ua malie tau	mālō le tau mālōsi
'ua malie toa	mālō le lototele ma le toa
fa'afōtutupu	sāofa'i a le tupu
fefulituaa'i	fe'ese'esea'i
fetaua'i	femisaa'i
pāpā	ao mamalu
pule'aga	pūlega o se itumālō
sa'o tama'ita'i	tāupou a le 'āiga
tafa'ifā	'ua fa'ae'e 'i ai Ao e fā
taisāmasama	'o le sami e sāmasama lona lanu
taua'imisa	fetaua'i
tūvaelua	tutū vae e lua i luga o tama e to'alua

MATĀ‘UPU 3: ‘O TALA O LE ATUNU‘U ANAMUA

‘UPU ‘ĀMATA

‘O tala o le atunu‘u anamua ‘olo‘o tūsia i lenei matā‘upu, ‘o ni mea e seāseā fa‘alogo ‘i ai tagata lautele vāganā lava tulāfale failāuga lātou te ta‘ua i a lātou lāuga ni isi o ia mea. ‘Ātonu ‘olo‘o iai ni isi o le ‘au tālaia o le atunu‘u ‘olo‘o fia mālamalama fo‘i i māfua‘aga o ia fa‘amatalaga tautupu o le atunu‘u.

‘Ātonu fo‘i ‘olo‘o aofia i fa‘amatalaga o ia mea tau tamāli‘i o Sāmoa ni isi ‘upu popo po ‘o ni isi ‘upu lē popo e sāga fa‘alautele ai pea le su‘esu‘ega o mea moni. E ui lava ina o tala o le vavau, ‘a ‘olo‘o tau‘ave pea i faiga o le Fa‘asāmoa fōliga o ia mea e ala i lāuga a failāuga, ‘aemaise le faiga o fa‘alupega o tamāli‘i.

I. ‘O LE TUPUFIA

‘O le gafa māsani:

Na usu Tuiā‘ana Titoivao iā Sinaletulutulu, fa‘ae‘e le gafa ‘o Faumuinā. ‘O le Faumuinā lā lea e ona le tupufia. Usu Faumuinā iā Atamulau, fa‘ae‘e le gafa ‘o Va‘afusuaga; toe usu Faumuinā iā Talaleomalie, fa‘ae‘e le gafa ‘o Fonotī; toe usu Faumuinā iā Tu‘uamaleulua‘iali‘i, fa‘ae‘e le gafa ‘o Sāmalā‘ulu.

‘O le uiga lā o le ‘upu “tupufia,” e tele tupu na tutupu mai ai. ‘O lona uiga, e tupu le tamā, ‘ae toe tupu ‘uma fo‘i lana fānau. ‘Ā silasila lā ‘i le gafa ‘olo‘o tūsia i luga, ona sāga mālamalama lea ‘i le uiga o le ‘upu “tupufia.”

‘O tamāli‘i anamua, e lē tasi se āvā po ‘o se masiofo, ‘auā sā pūlea soifua o tupu e fale‘upolu. ‘O le tele o uso taufeagai, e māfua ai ona fefīnaua‘i ‘āigātupu; peita‘i ‘āfai lava ‘o uso taufeagai e tau ‘uma o lātou gafa i le laina o ‘āiga o tupu, ‘o ‘ilātou lava nā e filifili mai ai e ‘āiga o lātou tupu po ‘o o lātou Tama a ‘Āiga.

Silasila ‘i le fa‘amaoniga lea: ‘O le tupu Faumuinā, ‘ae tupu fo‘i lona atali‘i ‘o Va‘afusuaga. Na tupu le isi ona atali‘i ‘o Fonotī; na tupu fo‘i le isi ona afafine ‘o Sāmalā‘ulu. Na tupu fo‘i le atali‘i o Va‘afusuaga, ‘o Tole‘afoa.

II. ‘O SAESAEGĀLAUFA‘I A TŪMUA MA PULE

‘O le tama lava lenei o Fuiavailiili na sāesae laufa‘i ai Pule ma Tūmua ‘ona ‘o le sa‘iliga lava o ona gafa ma paolo māualuluga i totonu o le atunu‘u.

‘O le uiga o le ‘upu “saesaegālaufa‘i, ‘o le ‘auala lea sā faitau ai aofa‘iga o ni mea ‘olo‘o faitau le aofa‘i ‘auā sā leai ni igoa o fuainumera anamua; ‘ae fa‘aaogā fāsilā‘au ma laulā‘au e pei ‘o laufa‘i, e ta‘u mai ai le aofa‘i. Mo se fa‘ata‘ita‘iga: ‘ā tasi le ‘āiga tamāli‘i, ‘ua totosi pe sasae le laufa‘i. E ‘uma lelei le fa‘asologa o ‘āigātupu o Tūmua ma Pule ‘o saesae ai lava le laufa‘i. ‘O lona uiga e tau lava le gafa o Fuiavailiili i tamāli‘i ‘uma o le atunu‘u. ‘O le tama muamua lenei na fa‘asuafa i le Tupua, ma na fa‘ato‘ā maua ai fo‘i le ‘upu, Tama a ‘Āiga, ma ‘o ona fa‘alupega e fa‘apea:

‘O le tama o le Fetuatuana‘iga o malae o Ātua.
‘O le tama o le Saesaegālaufa‘i a Tūmua ma Pule.
‘O le tama a le ‘āiga Sātupuā ma le ‘āiga Sāfenunuivao.

III. ‘O LE FA‘ATOLOTOLOGĀTAMA

‘O le māsani a tinā anamua e alapō i le taeao, e ‘ave a lātou pepe e fa‘afetolofi i luga o papa po ‘o le oneone fo‘i, ‘ina ‘ia vave ai ona sāvavali mālolosi. ‘O le nu‘u lā o Gātaivai i Savai‘i, e iai le papa e si‘o ai le vaisā o le tamāli‘i ‘o Lā‘ulusā; ‘o ‘i‘inā e māsani ona ‘ave ‘i ai tamaiti a tamāli‘i.

E to‘atolu lā fafine sā fai la lātou fa‘atolotologātama i le isi aso; ma ‘o le mea na tupu i le isi taeao, ‘ua tagi le fafine o Maupenei ina ‘ua ula ma taliē le ‘au tama‘ita‘i o Fa‘atupuinati ma Tuaetali ‘i lana tama, ‘auā e ulu lāpo‘a. Na silafia e Lā‘ulu le mea ‘ua tupu ona fai atu lea ‘o le ali‘i, “Si‘aula, ‘o le ā le mea ‘ua lua taliē so‘o ai, ‘a ‘o le ā le mea ‘ua tagi ai le tinā lea?” Na tali mai Maupenei i le ali‘i, “ ‘Ua ‘ou tagi i le tausūai o le ‘au tama‘ita‘i lā i le ulu lāpo‘a o si a‘u tama.” Fa‘apea atu loa Lā‘ulu, “ ‘Ia, ‘o ‘oe Tuaetali, ‘ole‘ā sasa‘a ‘ese sua o lau tama iā Lufilufi ma Leulumoega; ‘a ‘o ‘oe Fa‘atupuinati, ‘ole‘ā sasa‘a ‘ese fo‘i sua o lau tama i vae o le Nofoafia. ‘A ‘o le tama a le fafine lea ‘e te lua tōē ‘i ai, e sasa‘a tonu lava ona sua iā Sālemuli‘aga.”

‘O lona uiga o ia fa‘a‘upuga, ‘ā maua manuia o tama a le ‘au tama‘ita‘i ia e taliē, e tali e tulāfale ‘ese e pei ‘o Lufilufi ma Leulumoega ma vae o le Nofoafia, ‘ae lē inu ‘i ai lo lātou nu‘u ma lo lātou itumālō. ‘A ‘o manuia e maua e le tama a Maupenei, e ‘ave tonu lava ma Sālemuli‘aga.

IV. ‘O LE FALE‘ULA O LE TUIMANU‘A

E ‘ese‘ese talitonuga i famatalaga o le o‘o mai o le Fale‘ula o le Tuimanu‘a iā Mālietoa ma faatū i lona afioaga ‘ua faaioga ai nei iā Fale‘ula.. ‘A ‘o le tasi lenei tala e fōliga i le tala i le fanau a Feepō.

E le‘i leva ona tu‘ua e tagata Toga lau‘ele‘ele o Sāmoa ‘ae fa‘aipoipo loa Sāvea

Tūvaelua ma le tama'ita'i o 'Ama'ama'ula. E to'atolu la lā fānau: 'o le tama o Ganasavea, 'o le teine o Sina, ma le tama o Uilamatutu.

'O Sina lenei sā nofo i le Tuimanu'a Fa'ato'ia. 'O le isi aso, na malaga ai Uilamatutu i Manu'a e asi lona tuafafine, 'ae tau atu 'o fono le Manu'atele; ona lē malie lea 'o le Tuimanu'a ina 'ua solifono le tama. 'O le fa'asalaga o le solifono i le Fale'ula, e alu e fa'aa'e le tai 'ina 'ia maua ni i'a fe'ai e fai ai fono o le 'ava; 'āfai e lē iloa fai ni togafiti e maua ai ni i'a, 'o lona uiga, 'ua fasioti ai lava e i'a fe'ai lea tagata.

Sā fa'atonu e Sina lona tuagane ina 'ia fa'apea ma fa'apea ona pu'e i'a fe'ai; 'ae 'o se mea e ofo ai le Tuimanu'a ma le fono 'ātoa, 'ona 'o le saogālēmū mai o le tama ma 'aumai ai i'a fe'ai o le moana mo se fono o le 'ava. 'O le taimi lava lenā na fa'amāvae ai loa Sina ma le Tuimanu'a, 'ona 'ua fia fo'i fa'atasi mai ma lona tuagane i 'Upolu. Fa'apea atu loa le Tuimanu'a, "Sina, 'ua 'ou iloa 'e te lē toe fo'i mai iā te a'u, 'ae 'ole'ā 'e malaga ma 'ave lava lo tā Fale'ula i lou 'āiga."

'Ātonu 'o se matūpalapala lea o Sina mai i le Tuimanu'a 'ona 'o lana tautua lelei.

Na taunu'u Sina ma le Fale'ula ona fa'atū lea i Foga'a i le mea sā susū ai le Mālietoa, ma 'o lea 'ua fa'aigoa nei lenā pitonu'u o Tuamāsaga, 'o Fale'ula.

E fo'i atu Sina i 'Upolu, 'ua toe iai le isi atali'i o Ganasavea i le tama'ita'i mai le nu'u o Sili i Savai'i e suafa iā Luafatāsaga. 'O le suafa fo'i o le tama 'o Uilamatutu. 'O le tama lenei na suafa iā Mālietoa, ma 'o le Mālietoa lava lea na muamua nofo i le Fale'ula lenei mai Manu'a. 'O le uiga na fa'aigoa ai lea fale o le Fale'ula, 'auā sā fau le tino 'ātoa o le fale i 'ogālā'au o le lā'au o le 'ulu'ula.

Manatua fo'i, 'o le 'a'ano o le 'ogālā'au o le 'ulu, e mūmū 'ula'ula, ma so'o se fale Sāmoa lava e fau i 'ulu, e sili ona 'anagatā. E pei fo'i ona mālosi le fale'ulu o Lili lea sā fau i le pitonu'u o Fale'ulu i Faleālili.

'O le nu'u lenei o Fitiuta i Manu'a, na muamua ona nonofo ai Tuimanu'a, 'o ē na mua 'i Ao; 'a 'o le pitonu'u fo'i lenei e pito tele anoa'i ai le lā'au lava lenei o le 'ulu mūmū po 'o le 'ulu'ula. Na māfua ai ona fai 'i lea lā'au, Fale'ula o Tuimanu'a.

'O le manatu fa'aanamua o Manu'a, 'o le Fale'ula, o le fale e fau i ali'i māualuluga 'o le 'āiga Sātagaloā. 'O le isi manatu, 'o le fale sā fau e aitu i luga o la'au, 'ae ato i fulu o manu'ula.

'O le fale lā lenei sā teu ma afīfī ai i 'ie 'ula Ao ma Pāpā o le Tuimanu'a. 'O lenei fale e lē so'ona ulufale 'i ai se isi se'iloga lava e fono le Tuimanu'a ma pou o le Fale'ula o aitu. Na maua ai le ta'u, " 'O le Fale'ula Tauaitu." 'O le isi manatu Fa'amanu'a, 'o le fale lenei na tō ifo e Pili mai i le lagi tuaiva ona fa'atū lea i le 'ele'ele e ta'ua o le Papa'i'ila.

Ina 'ua si'i ifo lā le Fale'ula i Ta'ū, ona leoleo lea e tagata o le Faletolu ma 'avea ai tulāfale o le Faletolu 'o pou o le Fale'ula po 'o To'oto'o o le Fale'ulatautagata. 'O lenei maota o le Fale‘ula, e lē so‘ona ulufale ‘i ai se isi se‘iloga lava e fai le alofisā a Tuimanu‘a ma ona fa‘atui ma ona to‘oto‘o.

‘Ā lē pa‘i Fale‘ula lā se matai Manu‘a i aso anamua, ‘ole‘ā lē ‘auai i se fono a le Manu‘atele, ma e lē āloa‘ia fo‘i lona matai.

‘O le uiga o le ‘upu "pa‘i fale‘ula," ‘o le matai ‘ua mōlia i luma o le Tuimanu‘a ma ali‘i fa‘atui, ma ‘ua fa‘apa‘ia lana nofo e to‘oto‘o o le Fale‘ula, ‘aemaise lava ‘ua fai tēuga ‘uma fa‘afale‘ula mo le afio o ali‘i; ‘o ali‘i fa‘atui, ma to‘oto‘o o le Fale‘ula. E lē gata fo‘i i lenā, ‘a ‘ia ‘afu le itūmālō o le Manu‘atele, i fa‘aaloaloga a le matai ‘ua fia pa‘i fale‘ula.

‘Ātonu e finagalo ‘ese‘ese le atunu‘u, ‘aemaise le mamalu o le Manu‘atele i le māfua‘aga o le Fale‘ula, peita‘i, o le Fale‘ula, o le mea tōtino lava a Manu‘atele.

V. ‘O LE SĀLELESI

‘O le ‘upu Sālelesi e māfua mai i le tagata mai le atunu‘u o Toga e suafa iā Lesi. ‘O le taimi na luluti ai tīgā o le ma‘itaga o Levālasi, le masiofo a le Tuiātua Māta‘utia, na matuā tumutumu ai le nu‘u o Sāoluafata o le itūmālō o Ātua ‘ona ‘o le tāpua‘iga a tamāli‘i o le itūmālō, e fa‘aalia ai lo lātou fa‘aaloalo i le soifua mai o le pepe fou, po ‘o le alo o le tupu.

Pē tusa lava e tolu aso ‘o tatali lava le fānauga o le pepe. ‘O le taimi tonu lea sā fāgota ai le tagata lenei ‘o Lesi i gātaifale o Lufilufi. Na ia fa‘alogo ma mātau le vevesi o tagata, ona fa‘alatalata ane lea ‘i uta i lona fia iloa pe ‘aiseā ‘ua vāvāō ai le nu‘u.

Sā iloa lelei e Lesi e sā ona soli valea e se isi le maota o le tupu, ‘o lea na alu ai i le maota o ali‘i pē maua ai se fa‘atagaga mo ia. Sā iloa lelei e Levālasi ‘ua siliga ni mea e mafai e aitu o le itūmālō, e fesoasoani ai iā te ia ma ona puapuagā; ‘o lea na molimana‘o ane ai ‘i ali‘i o le maota, ‘ina ‘ia fa‘ataga Lesi e ulufale.

Na fa‘ato‘ese Lesi ‘i ē sā i le maota ‘ona ‘o le leaga ‘o ona lāvalava, peita‘i na te mafaia mea ‘uma i lona mālosi. Na tūla‘i Lesi i luma o le gāsegase ma fai ana ‘upu fa‘apea, " ‘Ua tia‘ina ‘ā oti, ‘ua ‘e oti; ‘ā mātou lē ‘a‘ai ma lē ‘a‘afu; ‘a ‘o mata o nei aitu ‘ua lē vā‘ai; ‘ua tu‘ua le pu‘a o outou mata, ‘ae lavea le uliuli o le fofoga." Na ‘uma loa ia ‘upu ona tatalo loa lea ‘o le tamāloa Toga, ma fa‘ato‘ā mafai ai ona fānau le pepe. E tasi ‘o le mea, e ui ina mafai ona fānau, ‘a ‘ua maliu le pepe ma ‘ua ‘avea ai loa Lesi ma feagaiga a le Tuiātua ma Levālasi. ‘Ua tu‘uina atu ai ‘iā Lesi le ‘ie fa‘atupu o le masiofo e fai ma ona lā‘ei, ‘ātoa ma isi fa‘amanuiaga e mafai ai ona sa‘oloto Lesi ma ona ‘āiga i so‘o se mea. E segi mai e Sālelesi ‘i fa‘alavelave tautupu o le atunu‘u tōga pito tetele ma manufata tetele, ‘ātoa ma lana igagatō ‘o le fasitalo. E lē gata ‘i ia mea, ‘a ‘olo‘o sa‘oloto fo‘i tagata Sālelesi i so‘o se laufanua o Sāmoa e tusa lava pe fa‘asā. ‘O le ala fo‘i lea e lē mafai lava ona paoina e se isi fa‘a‘upuga a Sālelesi ma a lātou āmio e fai.

‘O le lau‘ele‘ele o le nu‘u o Sālelesi, e lē so‘ona ulavale ai se tagata ‘ese, ‘auā e sā; ‘ae ‘ā alu se Sālelesi i se isi nuu, ʻaemaise nuʻu ʻoloʻo fai ai se faʻalavelave pei ʻo se tuʻumālō o se tamāliʻi, e mafai e le Sālelesi ona aʻe, i aso anamua, i se niu i lumāfale o le fale ʻoloʻo iai le maliu, ona toli saʻoloto lea ʻo le niu e lē tau faʻanoia. E sau foʻi le Sālelesi ma le meleʻi tutuʻi ʻi ulu o le ʻaluga o le maliu, ona oʻa ʻese lea ʻo le pulu ma togi i luga o le manava o lē ʻua maliu. ʻĀ ʻuma lenā ona tītaʻe lea ʻo le niu ma inutū ai lava i ulu o le maliu, ona ʻalaga loa lea ʻo le Sālelesi e faʻapea, " ʻAuihohoa." ʻO le uiō lenei a le Sālelesi ʻua lauiloa i le atunuʻu ʻātoa; ma e faʻapea foʻi ʻi isi nuʻu o le Pasefika ma le lalolagi i fafo, pe ʻā malaga faʻatasi se Tama a ʻĀiga ma se Sālelesi.

ʻO le talitonuga o tagata Sālelesi, ʻā faʻafiaula se tagata ʻese ma na faia āmioga Faʻasālelesi, e vave lava ona oti ʻo lea tagata. ʻO le nuʻu o Sālelesi, ʻo se pitonuu o Sāoluafata i le itūmālō o Anoamaʻa i ʻUpolu.

ʻO le gāluega a tagata Sālelesi, ʻo se gāluega tau tupu o le atunuʻu. E iloga faʻalavelave e uiō ai le Sālelesi, e iloga foʻi itūʻāiga o Sālelesi lātou te faia le gāluega i luma o tupu. ʻA ʻo aso nei, ʻua saʻoloto ma ʻua lē faʻavasegaina āmio a Sālelesi. ʻAe tasi ʻo le mea, e mānaia lava ʻi tulāfale Sālelesi ona fai lo lātou faiva i ala paʻia ma le faʻaaloalo; ʻauā naʻo tuʻumālō o tamāliʻi, ma faʻalavelave o ʻāiga o tupu e tatau ona ʻalaga ma fai ai le segi o tōga ma meaʻai a Sālelesi; ʻae lē soʻo se faʻalavelave a soʻo se ʻāiga Sāmoa.

VI. ʻO LE TALA FAʻASAVAIʻI

Sā logologoā tala o le ʻaulelei o ʻApaʻula, le tamateine a Pili ma Taemanulele i le nuʻu o Limu. Ona usu mai lea ʻo le isi tamāloa iā ʻApaʻula, maua ai le tama o Lealali. ʻO ia lenei e lua ana usuga. Na usu muamua i le teine Falefā ona maua ai lea ʻo Sālevaogogo ma Sausi. Ona toe usu lea i le fafine Savaiʻi, maua ai tama e toʻatolu o Tupaʻimatuna, Tupaʻilelei, ma Tupaʻisina. ʻO le tōfiga a Lealali ʻi lana fānau e faʻapea,

ʻO Sālevaogogo ma Sausi, e nonofo i ʻUpolu, ʻa ʻo le ao a Tupaʻi, e nonofo i Savaiʻi. ʻO le tamaʻitaʻi Toga e suafa iā Laufafaitoga sā fāufautane iā Tupaʻilelei ʻona e ʻaulelei, peitaʻi, e lē manaʻo ai Tupaʻilelei; ona nonofo lea ma lona uso matua o Tupaʻimatuna.

ʻUa oʻo ina maʻi fafine le teine Toga ona fatu lea ʻo lana pepelo e faʻapea, ʻua poloaʻi mai lona tamā e ola atu i Toga i lana uluaʻi tama. ʻUa alu le malaga a le ulugāliʻi ʻae teʻi ʻua sili le vaʻa i Fiti ʻa ʻua teʻa i tua Toga; ona afe loa lea ʻo le malaga lenei ʻi Fiti ma ʻua fānau ai le tama sā faʻaigoa iā Vaʻasiliifiti. Na nonofo le ulugāliʻi ʻi Fiti ʻi ni nai aso ona sola lea ʻo le teine Toga nofo i le Tuifiti; na maua le fānau teine a Laufafa ma le Tuifiti e iai le teine o Utuifiti, lea na nofo i Matāutu i Savaiʻi. ʻO le isi teine ʻo Tauaofiti, lea na nofo i Sātaua, ʻātoa ma le teine o Legaofiti, lea sā nofo i le itū o Sālega. Peitaʻi, ʻo le isi aso, na toe alofa ai Laufafaitoga, iā Tupaʻimatuna, ona toe nonofo lea ma maua ai la lā tama teine, 'ua fa'aigoa iā Fōtuosāmoa, 'auā na va'aia mai i lo lā va'a 'ua fōtu atu mauga o Sāmoa. 'O Va'asiliifiti, le atali'i matua o Tupa'imatuna, na fānaua Laifai, 'o le tama lenei a le fafine Sāle'imoa.

'O Laifai na usu i le teine Lefaga ma maua ai Fōtulāfai lea na nofo i Sāfotulāfai; ona toe usu lea 'o Laifai i le isi teine Savai'i, maua ai Talalāfai lea sā nofo i 'Iva; sā toe usu Laifai lava lenei i le isi fafine, maua ai le tama 'o Tupa'iloa, lea sā nofo i Faleālupo; toe usu i le isi fafine, maua ai Tupa'isafe'e, lea sā nofo i Papa i Sataua; toe usu Laifai i le isi fafine, maua Muli'agalāfai, lea e tutupu mai ai le 'āiga Sālemuli'aga.

'O le tama o Fōtulāfai, na usu iā Vāoita le fafine Sālelologa, ona maua lea 'o le tama o Lāfailetauā, lea sā nofo i Palauli; 'o le isi tama, o Lāfaitupa'itea, lea sā nofo i Sātupa'itea. Na usu mai Tuisāmoa o Faleālii i le alo o Tonumaipe'a o Taetele, ona maua ai lea 'o Tava'etele ma Moelēoi. 'O Moeleoi lā lenei, na usu 'i ai atali'i e to'alua o Tonumaipe'a, e tupuga ai le 'āiga Sāmoeleoi.

'O le isi manatu i le suafa Laifai, 'o Lāfai lava lea. E lē tioa fa'asuafa le motu tele o Savai'i iā Salāfai.

VII. 'O NĀFANUA

'O Nāfanua, 'o le afafine o Saveasi'uleo le atua o lalō. 'O lona tinā, 'o le afafine o Ulufanuasese'e le uso o Saveasi'uleo; 'o le igoa o le fafine,' o Tilafaigā, le uso o Taemā. Manatua fo'i le māvaega a Saveasi'uleo iā Ulufanuasese'e i le onetai na fa'apea: " 'Ole'ā tā tēte'a, 'ae tā te fetaui i i'u o gafa;" o lea lā na fa'ataunu'u iā Nāfanua le māvaega lea, 'auā 'ua toe nonofo Tilafaigā ma le uso o lona tamā; e maua ai Nāfanua.

Na fānau Tilafaigā, 'o le 'alu'alutoto. Ona 'ave lea 'o le 'alu'alutoto 'ua tanu nanā i lo lātou fanua. E fesili atu Saveasi'uleo iā Tilafaigā po 'o fea le pepe, 'ae fai mai Tilafaigā, "Ta'ilo!" Ona alu lea 'o Saveasi'uleo, 'ua sua le fanua 'ae maua mai ai le teine 'aulelei ma fa'aigoa loa iā Nāfanua po 'o Suailefanua.

Sā ola a'e Nāfanua i lo lātou 'āiga i Pulotu, 'o le nu'u e ō 'i ai agāga o ē 'ua oti. 'O le manatu o Sāmoa anamua, 'ā maliu se tagata, ona alu lea 'o lona agāga i Lefatuosofia i Mulifanua i 'Upolu, ona 'a'au lea i Faleālupo i le mea 'olo'o iai luāloto. 'O le isi lua e ō 'i ai agāga o tagata lautele, 'a 'o le isi lua, e ui atu ai agāga o tamāli'i; 'ae 'ā maliu le tamāli'i, e lē 'a'au lona agāga 'ae sau le va'aloa e momoli i Pulotu.

'O Saveasi'uleo lā 'o le pule po 'o le taulāitu o Pulotu. Sā a'oa'o e Saveasi'uleo lona afafine o Nāfanua 'ina 'ia tomai i le faiga o taua i Pulotu, 'a 'o le nu'u o mātua o Saveasi'uleo, 'o Neiafu po 'o Faleālupo, i le itūmālō o le Ālātaua i Sisifo.

'O le isi aso na fa'alogoina ai e Nāfanua le ōi ma le māpuea a tagata o lo lātou itūmālō, 'ona 'ua fa'apologa e le Ā'ea i Sasa'e, ina 'ua mālō i la lātou taua sā fai. Na fa'asala le tu'ua o Faleālupo e suafa iā Tāi'i 'i le a'e i le niu; e ū 'i luga vae, 'ae ū 'i lalo le ulu; ʻae toli niu ʻi ona tamatamaʻi vae. ʻO lea na māpuea leo tele ai Tāiʻi ma ʻua maua ai le alagāʻupu, " ʻUa logo i Pulotu le mapu a Tāiʻi."

Na sāuni loa le malaga mai a Nāfanua i Faleālupo e fai le taua, ʻo ana mea tau ʻo lāʻau sā faʻaigoa ʻo Ulimasao, Faʻauliulitō, Tāfesilafaʻi, ma Faʻamategātau. ʻO le faʻatonuga a Saveasiʻuleo iā Nāfanua e faʻapea: " ʻĀ ʻe pāʻia le pā i Fualaga, sua le tuli ʻauā le aliʻi o ʻāiga;" ʻO le pā i Fuālaga, ʻoloʻo i le vā o Faiʻaʻai ma Vāipuʻa i Savaiʻi.

Na taunuʻu le malaga a Nāfanua i Faleālupo ona faʻamata lea ʻo ana mea tau i le fānau a ona mātua fai e igoa iā Matuna ma Matuna. ʻUa maua ai lea alagāʻupu, " ʻUa ola i fale le lāʻau a Nāfanua."

Na faʻatonu e Nāfanua ona mātua e ō e tālaʻi ʻoleʻā fai le taua e faʻatoʻilalo ai le itū o Sālega, ʻae tali mai Matuna, e leai ni isi e tauina lenā taua; fai mai Nāfanua, "E lē āfāina, e tupu ʻaufanua, ʻae tasi ʻo le mea, ʻaua lua te sopoʻia loʻu itūala, ʻou te lē sopoʻia foʻi lo ʻoulua itūala neʻi lua lāvevea i laʻu lāʻau."

Sā mālosi le itū taua a Nāfanua ma ʻua tūlia ai le ʻautau a Sālega. Na oʻo loa tūliga i le pā i Fuālaga ona foʻi loa lea ʻo Nāfanua e pei ʻo le faʻatonuga a lona tamā. E foʻi le itū a Nāfanua, ʻa ʻua feoti ʻuma ona mātua ʻona ʻua sopoala i le itūala a Nāfanua ma lāvevea ai i le tā a lo lātou taʻitaʻi.

Na foʻi Nāfanua, ona mālōlō lea i le aʻega; ʻae teʻi ʻua sūʻega e le matagi lona milamila e fai ʻi launiu ma ʻua iloa atu ai e le itūtaua a Sālega, e lē ʻo se tamāloa na fai a lātou tūliga ʻa ʻo le fafine; ona mamā lea ʻo le itūmālō, ma ʻua māfua ai ona faʻaigoa lenā lauʻeleʻele, "ʻo le Malaeolemā." Na faʻaigoa ai foʻi le itū o Sālega, ʻo le Itū o Fafine.

ʻO Nāfanua lā, ʻo le atua o taua a Sāmoa; soʻo se itūmālō lava e fesiligia le fesoasoani a Nāfanua, e tatau lava ona mānumālō; ʻo le ala lea o lona mataʻutia ma lona taʻutaʻua iā Sāmoa. ʻA ʻo le faʻalavelave, ʻā mālō Nāfanua, ona ʻave lea e ia ʻo pāpā o le itūmālō.

Sā tofu lava itūmālō ma o lātou atua mo taua e faʻamoemoe ʻi ai lo lātou mālosi, e pei lā ʻo ni isi nei itūmālō ma o lātou atua o taua:

ʻO Vāimauga ma Āʻana ʻo lo lātou atua ʻo le Feʻe; e faʻamaonia lea i le fale o le feʻe ʻoloʻo i gāʻuta o Māgiagi.

ʻO le atua o Manono ʻo le matuʻu; e fai lona fuāvaʻatau mālosi; ma ʻo lea na māfua ai ona mānumālō Manono i taua o le atunuʻu.

ʻO le atua o le itūmālō o Ātua, ʻo le fetū lea e faʻaigoa ʻo Tupualēgase, lea e faʻaigoa i aso nei o Iūpita (*Jupiter*).

ʻO nei atua o taua, e fai o lātou aso faʻamanatu i o lātou itūmālō. ʻO le aso o Āʻana ma Vāimauga, e taʻu o le Tapu o le Feʻe; ʻo le aso o Manono, sā taʻu o le Tapu o le Matuʻu; ʻo le aso o Ātua, sā taʻu o le Amo o Ātua iā Tupualēgase.

E ui lava ina mālolosi nei atua, ʻae leʻi mafai lava ona faʻatasi ʻi ai le atunuʻu e pei ona fai iā Nāfanua.

Gafa o Nāfanua, le Atua Fafine o Taua

Na usu Alao o Faleālupo iā Taufailematagi, le teine Tufutāfoe, ona maua lea 'o Salevao, Saveasi'uleo, ma Ulufanuasese'e.
Na usu Ulufanuasese'e iā Sinalefutu, 'o Fagai'ofu i Falelātai, ona maua lea 'o teine pi'ilua, 'o Taemā ma Tilafaigā.
Na usu Saveasi'uleo iā Tilafaigā, fa'ae'e le gafa o Nāfanua.
Na usu Tuitogamānaia iā Nāfanua, maua Latuivai.
Na usu Latuivai i le teine Fai'a'ai, i Savai'i, maua Taigalugalu.
Na usu ane Lilomaiava Seve o Sāfotu iā Taigalugalu, maua Foalo.
Na usu Lologa o Sāmata iā Foalo, maua Māsina.
Na usu mai Foua o Apia iā Māsina, maua Masu ma Leuluafi.
Na usu Leuluafi iā Leanui, maua Mo'oui.
Na usu Lafainatau o Palauli iā Mo'oui, maua Sauo'āiga.
Na usu loa Tonumaipe'a Sauo'āiga iā Leatogaugaaletuitoga, le afafine o Sāgālala, fa'ae'e le gafa, e to'atolu le fānau:

1. Tonumaipe'a Tau'ili'ili
2. Tupa'ivaililigi, le ositaulaga a Nāfanua
3. 'O Levālasi po 'o So'oa'emalelagi

'O Tuiā'ana Tamaalelagi, na suia le igoa o Levālasi, iā So'oa'emalelagi.

VIII. 'O LE LĀ O SĀMOA

E 'ese'ese lava tala fa'aanamua e uiga i le lā o Sāmoa. Manatua fo'i o le Lā, Māsina, ma Fetū, 'o le fānau a Pō ma Ao; 'a 'o Pō ma Ao, 'o le fānau a Fatu ma 'Ele'ele. 'Ua manatu ni isi tagata anamua, 'o le Lā, 'o le tamāloa, e pei 'o tala ia e lua:

Na nofo fa'atalitali le teine Āleipata e igoa iā Magamagāfatua i le oso a'e o le lā i le isi taeao; fai mai isi tagata, 'o lenei teine, 'o le alo o Tuimanu'a. Sā nofo le teine i luga o le maga o le lā'au o le fasa ma fa'amāgai ona vae aga'i i le mea e oso a'e ai le lā, ona te'i lava lea 'ua ma'itō ai. Na fānau lenei teine 'o le tama ma 'ua fa'aigoa iā 'Alo'aloolelā. 'Ā o'o ina asiasi mai le lā i le nu'u, e alu lava ia i le vave e māsani ai. Ona ita lea 'o le teine ma fai i ona tagata, e ō e 'ave ane se fue e sele a'i le lā ma fai 'i ai e alu lēmū se'ia mamago fala ma 'ie'ie o lana pepe.

'Ona 'o le lā 'o le tausi taimi, na ala ai ona fa'avasega taimi o le aso fa'apea:

a. 'Ia 'āmata mai le aso i le vaeluaga o le pō.
e. 'O le vivini o moa
i. 'O le oso o le lā
o. 'O le tūtonu o le lā
u. 'O le goto o le lā
f. 'O le fa'asausauga o le pō.

Ona toe 'āmata fo'i lea 'o le isi aso fou. 'A 'o le'i o'o mai papālagi i Sāmoa, sā leai ni a tātou uati, po 'o ni tāpasā, po 'o ni fa'afanua, po 'o so'o se mea e fua ai taimi, 'ae sā mātau lava uiga o le tau, ma āmioga a le lā, māsina, ma fetū, 'aemaise le mātauga o alāmatagi 'ese'ese ma le fesuisuia'i o le tai, e fa'ana'e ma toe pē.

Na 'uma ona usu 'o le lā iā Magamagāfatua, le teine Sāmoa, ona usu fo'i lea i le alo o le Tuifiti e igoa iā Sinasegi. Ona fānaua ai lea 'o le teine o Pōmaao. 'O le teine lā lea na su'e i ai e 'Alo'aloolelā se fesoasoani mo lona fa'afītāuli. 'O le teine lenei o Pōmaao e nofo i le fale tulutulu i tao e so'o lelei ona ta'iao. E ui lā ina mata'utia lea fale, 'ae na o'o lava 'Alo'aloolelā i totonu, ma tō mai ai le pā fāgota e fa'aigoa o le 'Auomala, lea na fa'ai'u 'ina 'Auomanū; na māfua ai fa'a'upuga fa'apea a failāuga, " 'Ua fa'amālō i le alofa o le Atua 'ua tātou feiloa'i i 'auomanū, 'ae lē 'o 'auomala."

'O lenei fo'i lā feso'ota'iga fa'ausotaufeagai a le tama 'o 'Alo'aloolelā ma lona tuafafine 'o Pōmaao, 'ua fa'atusa ai pea e failāuga pa'ia ma mamalu o Sāmoa, ma ona tamāli'i 'i le fale o Pōmaao e tulutulu 'i tao, 'ua so'o ona ta'iao.

'O le isi fo'i tala e fa'amaonia ai le feusua'iga a le lā ma tagata e fa'apea, sā 'avea le lā e pei 'o se tamāli'i Sāmoa; 'auā sā fai ona aso i tagata; e pei 'o le tala i tagata mai Papatea e fa'apea:

'O le teine e igoa iā Ui ma lona tuagane 'o Luama'a. Ina 'ua o'o atu le fa'asologa a le augāaso 'i le lā 'i lo lātou 'āiga, ona ōmai ai lea i Sāmoa e 'ave Luama'a e fai ai le tāulaga i le lā. Na o'o mai loa i 'Upolu fa'apea atu loa Ui i lona tuagane o Luama'a, "Sau ta ō e 'ave a'u e 'ai ma le lā e fai ai lo tā aso." E ui lava ina musu Luama'a, 'a 'ua fai lava le loto o Ui. Sā ta'oto Ui i le ala o le lā e fa'atali ai lona oso a'e; na o'o mai loa le lā i ona luga, fonō atu loa Ui, "Sau 'inā tāumafa lou 'ava lea 'ua 'aumai, 'ole'ā 'uma mātou 'o 'e 'aia." E va'ai ifo le lā, 'o le teine 'aulelei 'olo'o ta'oto ifo, ona oso loa lea 'o le alofa o le Lā i le teine ma 'ua mana'o ai loa e fai Ui ma ona faletua. 'O lea lā na 'uma ai, ma ifo ai aso o tagata Sāmoa i le lā.

IX. 'O LE MĀSINA O SĀMOA

Na tutupu mai tagata Sāmoa o le 'āmataga ma o lātou māfaufau ma le tomai, e fa'auīgaina ai mea va'aia o lo lātou lalolagi; 'aemaise le tau fa'atusatusa i le ōlaga o tagata i aso fai so'o.

E iai le aogā ma le tāua o le māsina i ōlaga o tagata, 'auā sā mafai ai ona lātou fa'avasega taimi mai le vā o le isi māsina i le isi māsina; fa'atatau i mea e aliali mai i o lātou laufanua i taualumaga o le tausaga. Sā lātou mātaua fōliga o le māsina e pei e vāevae i vāega lona aliali mai i le vānimonimo ma lātou fa'aigoaina ai o vāimāsina. E fā vāega o le māsina e māsani ai papālagi, 'ae sefulu lua vāimāsina sā mātau e toea'i'ina Sāmoa e pei 'o mea ia:

1. Utuvāmua: E fa'atatau lea igoa i 'eligāufi a le atunu'u pe 'ā 'āmata ona 'eli luāufi po 'o pu'eufi. 'O le ufi, 'o le tāumafa muamua lava lea a le atunu'u, 'a 'o le'i maua talo, fa'i, ma 'ulu.
2. Utuvāmuli: 'O le fa'ai'ui'uga lea 'o 'eligāufi.
3. Fa'aāfu: 'Ua 'āmata ona āfu ufi po 'ua matua tele fo'i.
4. Lō: 'O taimi tonu ia e a'e ai le tailō po 'o 'au i'a o tama'i i'a lāiti e ta'ua o lō, po 'o pinelō.
5. 'Aununu: 'O le so'ona lalau o ufi ma fepalasa'i 'au o ufi ma o lātou 'i'o.
6. 'Oloaamanu: 'Ua fuga tele lā'au o le vao e 'a'ai ai manu.
7. Palolomua: 'Ua 'āmata ona fānanau palolo.
8. Palolomuli: 'Ua tau mālolosi palolo ma fepi'iti 'i 'amu; e ta'u fo'i lea vāimāsina o le Vāito'elau, ona tā loa lea 'o palolo.
9. Mulifā: 'Ua mago mata po 'o fā o talo; 'o le muli o le 'i'o o le talo e ta'u o le mulitalo, 'a 'o le mata o le 'i'o e soso'o ma le tiapula e ta'u 'o le fā talo; 'o aso ia e oge ai.

10. Lotuaga: ‘O aso ia o tīmuga po ‘o uaga sā fai ai a lātou lotu ma talosaga ‘ia ola fa‘ato‘aga.
11. Taumafamua: ‘Ua ‘āmata ona matua fa‘ato‘aga.
12. Toetaumafa: ‘O tōega o tāumafa po ‘o nai fua o fa‘ato‘aga na totoe i afā, ‘auā ‘o le māsina lenei o Tēsema sā māsani ona afā ai Sāmoa.

‘Ua asiasi tagata i le māsina i aso nei, ‘ae na muamua lava o‘o tagata Sāmoa i le māsina; ma ‘olo‘o fai pea ma o lātou nōfoaga e o‘o mai i le asō. Fai mai le tala Fa‘amanu‘a, na fe‘a‘ei i le māsina tamāloloa e to‘alua. ‘O le isi tamāloa e igoa iā Punifaga; na ‘a‘e i le fue sosolo ma o‘o ai i le māsina. ‘O le isi tamāloa e igoa iā Tāfaliu; na alu atu i le ausa o le umu ma o‘o ai lava i le māsina.

Fai mai le tala Fa‘a‘upolu, ‘o le fafine e igoa iā Sina sā fai lana faigāu‘a i le nu‘u o ‘Ā‘ele i aso o le oge tetele o Sāmoa. ‘Ona ‘o le fia‘ai o si ana tamateine na palauvale ai i le lāpotopoto lelei mai o le māsina, ‘ua fōliga mai ‘i se ‘ulu tao ‘ātoa; ‘o lea na fa‘apea atu ai i le māsina, “ ‘E, tao ia lou alelo i se umu, ‘ae se‘i ‘ai ma si a‘u tama.” ‘Ia ita loa le māsina ma fa‘aifo mai ‘i lalo ma ‘ave atu Sina ma lana tama, ma ana mea ‘uma e fai ai u‘a ma siapo; ma lātou nonofo fa‘atasi i totonu o le māsina. Mata‘i lelei lā fōliga o le māsina i se pō e ‘ātoa lelei ai le māsina, pē moni ‘o iai se fafine ma lana tama i fōliga o le māsina. ‘Ona ‘o le mā o Sina i le mea na tupu, na māfua ai le igoa “māsina;” ‘o lona uiga, ‘ua mā Sina.

X. ‘O FETŪ O SĀMOA

‘O Sāmoa, ‘o le atunu‘u o tagata fōlau; e popoto e fau va‘a e fa‘atatau ‘i au mālolosi o le gātaifale o Sāmoa. ‘O Sāmoa fo‘i o tagata vā‘ai fetū, ‘auā sā lātou iloa mātau fōliga o fetū ma taimi ‘ese‘ese e oso a‘e ai lea fetū ma lea fetū; ‘ātoa ma taimi e toe felelei ‘ese ai. Manatua fo‘i na fai mai Tagaloa Fa‘atupunu‘u, ‘o fetū ‘uma, ‘o le fanauga a Lā ma Māsina; ma ‘o le ‘au‘āiga ‘uma lea o Lā, Māsina ma Fetū, sā fa‘aigoa ‘o mata o le lagi e va‘ava‘ai ‘i ai mata o tagata o le lalolagi.

E le‘i iai ni tāpasā ma ni uati i aso anamua ‘ae tāpasā ma uati i le mātauga o fetū. Fai mai tusitusiga a papālagi, ‘ua galo iā lātou igoa o fetū, ‘ae lē mafai ona galo ‘i tagata Sāmoa a lātou meatōtino. ‘O igoa lā nei o fetū o Sāmoa:

1. Fetūao: E oso loa ona iloa lea ‘ua lata ona ao.
2. Matamemea: ‘Ua ‘āmata ona aliali mai mea o le fanua.
3. Mataali‘i: ‘O le fetū e ta‘ita‘ia malaga po ‘o le fetū ta‘iala.
4. Aolele: E ta‘u mai ‘ua maliu se tamāli‘i. ‘O le ao ‘ua lele ‘ese .
5. Aoto‘a: E fōliga mai ‘o se fa‘aputūgāao ‘ua to‘a po ‘o ‘ua tūmau le soifua lelei.

6. 'Aniva: 'O le fa'aputugāfetū. 'Ā fa'alava le 'aniva, 'ua lagilelei le pō.
7. Atiafi: 'O le fetū o le afiafi, 'ae fai mai isi, e oso loa le fetū lea, ona fa'aola loa lea 'o magālafu a toea'i'ina ma lo'omātutua. 'Ā momoe i le pō, ona tanu lea 'o magālafu i le lefulefu, 'ae 'ā o'o i le vaveao ona save'u 'ese lea 'o lefulefu, 'ae toe fa'aola magālafu e tutu ai a lātou tapa'a, ma atiafi atu 'i ai le 'au fāifaiva o le tāeao pō 'o ē sā lalama i le pō.
8. Pusaloa: E fōliga mai o se va'aloa lea e sau pe 'ā tu'umālō se ali'i tāua e 'avatu lona agāga.

E tofu lava le fetū ia ma le māfua'aga o lona igoa; 'a 'o igoa nei 'ua fa'aigoa ai e papālagi o tātou fetū:

Fetūao	Venus
Matamemea	Mars
Mataali'i	Pleiades
Aolele/Aoto'a/'Aniva	Milky Way
Tupualēgase	Jupiter
Fetūafiafi	Meteor
Pusaloa	Comet

XI. 'O LE MANUSĀMOA

E pule le tagata ma lona talitonuga; 'a 'o le fa'amatalaga lenei e fesoasoani 'i ē o fia maua le uiga o le Manusāmoa. 'O le tala lenei Fa'afaleālili.

'O le Manusāmoa, 'o le ati po 'o le sāvali o le 'a'asa. 'Ā tupu loa se vevesi i Alaalagafa ma alo o Fānene ma Faleālili po 'o le itūmālō o Ātua, ona savali loa lea 'o Manusāmoa e mānu se fono e faia i le falepunaoa; 'o le fale lea o Itū'au ma Ālātaua, ma 'o le maota fo'i o le Mālietoa, 'olo'o i le nu'u o Sapunaoa i Faleālili.

'O le Manusāmoa, 'o le toa o Faleālili. 'O aso lā o le taua a le Mālietoa i le vā o Pule ma Tūmua lea sā faia i Nu'usugalu i Lefatu i Ā'ana, na susū ai Mālietoa i lona nofoa vāevaeloloa ma mātau gāoioiga o le taua.

'A 'o le'i faia le taua lenei, sā fai le tonu a Manusāmoa ma lona tuafafine o Tautīpāgōfie e tatau ona fa'amāvae 'ae alu Pāgōfie i Savai'i 'auā 'o lona to'alua, 'olo'o ta'ita'i maia le 'autau a Savai'i. Fai mai le māvaega a Manusāmoa i lona tuafafine:

"Pagōfie, alu 'inā alu i lou ali'i. 'O manū nā, 'o manū nei, 'o manū tā te māvae ai, 'o manū fo'i tā te toe feiloa'i ai."

'O le aso tonu lā na sau ai le va'atau o Tuālevao le toa o Savai'i 'i Lefatu, na nofo fa'atali atu ai i le sami Manusāmoa. E oso ifo i lalo le toa o Savai'i, 'ae sala 'ese loa e Manusāmoa ona vae ma pa'ū ai i le sami ma malemo ai. Na fa'avave atu Manusāmoa ma le tapuvae o le toa o Savai'i i le mea 'o susū ai le Mālietoa, ma 'ailao ai loa le vae i 'upu nei: "Mālietōa e, Mālietōa e. Manusāmōa e, Manusāmōa e."

Na fesili atu Mālietoa, "Sole, 'o ai 'ea 'oe?" Na tali mai Manusāmoa,

"Lau Susuga Mālietoa, 'o a'u 'o Manusāmoa, le toa o Faleālili." Ona fa'apea loa lea 'o Mālietoa, " 'Ā! Sē 'ua ta fia Faleālili fua lava."

Sā mālōlō Manusāmoa i lalo o le nofoa vāevaeloloa o Mālietoa ma fa'alogologo atu i le 'ailao a Luātua le toa o Tuamāsaga. Ona fa'apea mai lea 'o Manusāmoa iā Luātua, "E ā 'oe 'ea, pē ā a'u? E ā 'oe pē ā a'u?"

'O le Manusāmoa fo'i, 'o le muā'au o taua. 'Āfai 'ole'ā alu se 'auosoga e fa'amamalu ai se tu'umālō o se tupu, po 'o se fa'ae'ega o pāpā o se tupu, ona tago 'au'upega loa lea 'o le lotoifale o le Manusāmoa. E tatau ona fa'aeteete tagata 'uma i le 'auosoga a le Manusāmoa 'auā e fa'alalo mea 'uma e tau atu ai i le ala le Manusāmoa. So'o se manu, po 'o se lā'au, e o'o lava i tagata, e fa'alalo 'uma e le Manusāmoa pe 'ā lē fa'aeteete. E tasi 'o le mea e leai se isi e tete'e 'i ai, 'auā 'o le tasi lea vāega o le aganu'u a Sāmoa anamua.

'O le Manusāmoa lā, 'o le sāvali a le Mālietoa, 'o le muā'au a le Mālietoa, 'o le matai a le Mālietoa, 'o le ta'ita'i 'au a le Mālietoa, ma, 'o le toa o Sāmoa. 'O le nu'u e maua 'i ai le Manusāmoa, 'o Sapunaoa i Faleālili i le mea e iai le Falepunaoa, 'o le maota o Mālietoa; 'o le maota o Itū'au ma Ālātaua, na leleo ai Le'avasā ma Ma'aelopa; 'ae alaalata'i ai Tuiloma ma Taitu'uga; 'o manu o le tuasivi e fāgogota i tai e lua. E āfifio ai alaalatama ma alo o Mālietoa fa'apea 'upu iā Sāpunaoa ma Sasala, ma le lotoifale o le Manusāmoa.

"Sē, 'ua ta fia Faleālili fua lava!" 'O le susuga pa'ū lea a Mālietoa iā Manusāmoa.

XII. MĀLŌ LE FA'AULI

E lelei fo'i pe 'ā tātou pepese fa'atasi i le pese fa'alā'ei'au lenei mo le 'au alo va'a ma le 'au gālulue, 'auā e tālafeagai lelei ma lo tātou ōlaga. Su'e ane e 'oe fa'auīgaga o 'upu o le pese lea:

'Ā lulu ē, 'ā lulu ō
'Ā lulu ē sua mai ma vasā
'Ā sau fo'i, Sua mai sua mai
'Ā sau fo'i, sua mai sua mai

E miomio puaula i tuā'olo o le tāne
E māe fulu o le manu
'Ole'ā sola i gāgā'ē

'Auē le pōpo e

‘Auē le ō‘o e
Tau su‘e i gāgā‘ē, galue fa‘aniuē
‘Auoi, fēfe e.

Sāmoa le penīna e
‘O le Pasefika
‘O au aganu‘u ‘ou te fiafia ‘i ai.

XIII. MĀLŌ LE PALE

‘Ua se‘e atu nei le sā o Sāmoa i totonu o faigāmālō o le lalolagi; ma e lē tatau ona toe solomuli ma fa‘avāivai e pei ‘o le va‘a o le tamāloa Sālemuli‘aga lea sā fa‘alētonu pe alo i luma pe alo i tua. Silasila fo‘i, e o‘o lava i tāupulega a mālō tetele o le lalolagi, ‘ua sāofafa‘i ai Sāmoa, ma fai ‘i ai o lātou leo. ‘O le fesili, ‘Aiseā?

1. ‘Ona ‘ua to‘atele tama fānau a Sāmoa ‘ua māualuluga a‘oa‘oga; ma ‘ua maua le tomai i faigāmālō fa‘aonapō nei, ‘ātoa ma le tomai i le gagana ma aganu‘u a Sāmoa, ‘ātoa fo‘i ma aganu‘u a isi atunu‘u; ‘olo‘o fa‘afoe atu ai lona sā i totonu o faigāmālō mālamalama.
2. ‘Ua maua e fānau a Sāmoa le lotonu‘u moni e tauvā ai ma isi atunu‘u i mea e manuia ai; ‘ua ta‘uta‘ua ai Sāmoa i le vā i fafo e pei ‘o le ‘au a le Manusāmoa.
3. E lē‘o toe tau tagata Sāmoa, ‘ae ‘ua ‘avea ma atunu‘u tauivi. E māsani i le motu, e māsani fo‘i ‘i le ‘u‘u; e milionea i le aso e tasi, ‘ae fa‘anōnō manū i aso e tele. E afātia so‘o, ‘ae mau fa‘alausoso‘o; ‘auā ‘o le Atua o Sāmoa ‘olo‘o tū mai i matagi‘olo.

GĀLUEGA FAUTUAINA

I. Fa'aata mai se tala 'olo'o i le matā'upu 3 i ni ata 'ese'ese: e pei 'o ni tusigāata, fai tāga o le tala, tusigātala, tusigāsolo po 'o se faiga fa'afāgogo. E mafai ona gālulue ta'ito'alua pe ta'ito'atolu, po 'o le to'atasi fo'i. Sāuni lelei nei ata 'ina 'ia mālamalama ai isi tagata i le taimi 'ole'ā fa'atino ai.

II. 'O metafoa (*metaphors*), 'o 'upu ia e fa'atusatusa ai se mea po 'o se tagata i se isi mea 'ona 'o ni uiga po 'o ni fōliga. Mo se fa'ata'ita'iga: 'o le tama 'o Simi, 'o se 'elefane lava. 'Ua fa'atusatusa Simi i se 'elefane 'ona 'o le tupu maualuga ma le lāpo'a.
'O le tele o alagā'upu Fa'asāmoa, 'o ni metafoa ia 'ua fa'atusatusa 'i ai uiga o ōlaga i nei aso. Su'esu'e tala o lenei matā'upu ona talanoa lea po 'o ā ni metafoa 'ua fa'atusatusa 'i ai tagata ma mea na tutupu 'i ia aso.

'O fea o ia alagā'upu 'olo'o fa'aaogāina pea i nei aso. 'Aiseā 'ua ola 'umi ai ia 'upu, 'ae lē ola isi 'upu.

III. Fai fa'akoneseti le tala 'o i lalo i le Tafea o le Utu a Taufau. 'Olo'o soso'o mai se fa'ata'ita'iga o le fa'akonesetiina o lea tala.

1. 'Ua Tafea le Utu a Taufau
   'O Salamāsina, 'o le ulua'i tupu tama'ita'i tafa'ifā lea o Sāmoa e aofia ai 'Upolu, Savai'i, Manono, Apolima ma Tutuila. 'A 'o le'i tu'umālō Salamāsina, sā momoli lona mana'o i 'āiga ma fale'upolu 'ina 'ia 'avea lana tama 'o Fofoaivao'ese ma tupu; peita'i, sā tau lē talia e Tūmua 'ona 'o Fofoaivao'ese, e lē 'o se tama o le fuafuataga. 'O lea, na fa'ae'e ai na'o le Ao o le Tuiā'ana iā Fofoaivao'ese.
   E to'alua lā le fānau teine a Fofoaivao'ese; 'o le teine o Taufau ma le teine o Sina. Na 'avea Taufau ma Tuiā'ana fa'apea fo'i ma le Tuiātua. 'O lana tama lā 'o Tupuivao, e le'i au i le nofoa'iga a lona tinā 'ona 'o ana āmio valea ma le matavale; ma e tele tala fa'aanamua e ta'uta'ua ai lona sauā ma le lē alofa; 'o ni isi nei o alagā'upu na maua 'ona 'o ana āmioga valea:

   1. E talanoa 'a 'ua tō i tua Apolima.
   2. 'Ua tino le soifua 'ua tō i tua Apolima.
   3. 'O le pupulu a Vālomua.
   4. 'O a'u le asō 'a 'o 'oe taeao.
   5. 'Ua malele le 'ava a Leausa.
   6. 'O tua o Vaigafa 'inei.
   7. 'O le vale 'ai 'afa.

E tofu lava nā alagā'upu ma le tala e maua mai ai; 'ae na'o mea e lua nei e fa'amaonia ai lona lē alofa, muamua: sā tatau lana 'afa fāgota i le vā o Tufu ma Sātupa'itea i Savai'i, 'ā lāvea lea 'afa e se malaga, ona fasioti lea, 'ae 'ā lē lāvea, ona sao lea 'o le malaga; 'o lea lā na maua ai le alagā'upu, " 'Ua tino le soifua 'ua tō i tua Apolima."

O le isi āmio leaga a Tupuivao, 'o le fa'atonu o tagata e ō e la'u mai 'ili'ili 'i o lātou pogaiisu e tanu ai lona fale.

Na gāsegase Taufau, le tinā o Tupuivao, ona poloa'i ai lea i ona 'āiga ma fale'upolu e potopoto mai 'ua vāivai lona ma'i, ma 'ia alu se tili i lana tama 'o Tupuivao 'olo'o ta'aseu i gā'uta o Sāfata, e sau 'ua vāivai lona ma'i. Ona alu lea 'o le tili e ta'u iā Tupuivao le mana'o o lona tinā 'ina 'ia vave mai se'i o lā feiloa'i 'ae le'i tu'ua le mālō; 'i le ma se'i māvae āloa'ia atu 'i ai lo lā tofi i le 'āigātupu; 'ae fai mai lana tali, "E lē tusa le gāsegase o Taufau ma lo'u mana'o e seu; e lē āfāina, 'o lea e fai o'u faiva a mānaia."

E ui ina tīgā le finagalo o Taufau, 'ae lē mavae le alofa i lana tama; na toe fa'apea atu ai 'i fale'upolu, "Se'i toe alu lava se isi 'i si a'u tama, 'ai lava fa'apea a ia 'o sina ma'i fa'atauva'a lo'u ma'i."

Na toe alu le tili i Sāfata, 'ae fo'i mai ma le tali a Tupuivao e fa'apea, "E lē mafai ona 'ou alu atu se'i iloga ona 'ou tālia lupe o pupula."

Na toe alu fa'atolu le tili iā Tupuivao ma le mana'o o Taufau 'ia vave mai 'ole'ā i'u lona soifua, 'a 'o le tali a Tupuivao, " 'Ou te lē alu atu se'i o'u tālia lupe o mau."

Ona to'atāma'i moni loa lea 'o le tupu ma fa'apea atu loa i le 'āiga potopoto ma Tūmua, " 'Ia 'outou fa'afofoga mai i la'u 'upu, ma 'o la'u māvaega lava lenei; 'ia 'outou fa'autagia lelei mai. 'Ua tafea la'u utu 'a 'ia au le utu a si o'u uso 'o Sina."

Ona fa'apea atu lea 'o lana 'upu i le tama a Sina o Faumuinā, "Faumuinā, 'aua ne'i 'e fefe pe 'ā sau le tamāloa sauā 'o Tupuivao; 'auā e 'au iā te 'oe fale'upolu ma 'āiga. 'Ā finagalo tūmua 'e te tupu, 'e te tupu lava, 'a 'o a'u nei, 'ua tafea la'u utu 'ona 'o le loto leaga o Tupuivao."

2. Fai tāga o le tala lea " 'Ua Tafea le Utu a Taufau."

Fa'asologa:

Va'aiga 1

1. Fa'amatala le tala.
2. Lagi se solo pe tagi se fāgogo e uiga 'i le tala.

Taufau iā Tūmua:
Tūmūa e ma ʻāiga, ʻo le taimi ma le tai e lē faʻatali i se isi; ʻua tauau atu le mālosi o le tino ma le māfaufau; ʻua ʻou lagona foʻi ʻo loʻu maʻi lava lenei; e lēʻo toe mamao ʻae ʻou tuʻua le mālō. ʻAe pagā lea, ʻua tele aso ʻou te leʻi vaʻai lava iā Tupuivao; seʻi alu se tili i si aʻu tama, fai ʻi ai e vave mai ʻua vāivai loʻu maʻi.

ʻOi, se mea o miti a talaʻoʻole; ʻua ʻou manatu lava, ʻo mā momoe ma le ʻulafa, ʻae ʻai foʻi ʻo taʻaseu ane i Faleālili po ʻo Sāfata.

Tulāfale iā Tupuivao:
Lau susuga Tupuivao, silimea ia le seuga, auā ʻua malomaloā le gāsegase o le tupu; ʻoloʻo lipolipoi nei e tūmua ma ʻāiga i ona toe taimi; ʻae ʻua naunau mai lava si ou tinā, ʻina ʻia ʻe vave oʻo atu, ʻua fia vaʻai lava iā te ʻoe ʻa ʻo leʻi tuʻua le mālō.

Tupuivao i le Tulāfale:
'Ē! E lē tusa le maʻi o Taufau ma oʻu faiva a mānaia; sōia le pisa ʻo lea e saveioloolo le seuga.

Tulāfale i le Tupu:
Tulou i le ōia o tōfāga o le tupu. Tulou i le faʻanōnōgāmanū a tūmua ma ʻāiga; ʻae ʻua tali ʻesea le sāvali; ʻua fai mai le tamāloa, e lē tusa gāsegase o le tupu ma ona faiva a mānaia.

Vaʻaiga 2

Taufau i Tūmua ma ʻĀiga:
Le pāʻia e o ʻāiga ma tūmua. ʻUa faʻapōpō ʻa ʻo ni aso ua, ʻa ʻua lē tuʻua foʻi asofolau; e lēʻo toe mamao soʻu taimi, ʻae faʻamolemole seʻi toe alu se isi tili ʻi si aʻu tama; ʻai lava faʻapea a ia ʻo sina maʻi faʻatauvaʻa loʻu maʻi; ʻo le isi mea, e mamao tele i tuā Sāfata ma Faleālili.

Tulāfale iā Tupuivao:
Lau susuga Tupuivao, ʻua gāsegase lava lou tuaʻā, e lēʻo toe mamao ʻae tuʻua le mālō; ʻoloʻo faʻatalitali foʻi Tūmua ma ʻāiga i se malelega paʻū mai i le fofoga o le tupu, mo sē e suitūlaga i le nofoaʻiga.

Tupuivao i le Tulāfale:
ʻO! ʻUa ʻuma ona ʻou fai atu e leai se mea e tusa ma faiva o tamāliʻi; ʻa ʻo ai na te ʻaveʻesea aiā tatau o feoi o le tupu; fai ʻi ai e faʻatali mai seʻi iloga ia ona ʻou tālia

lupe o pupula.

Tulāfale i le Tupu:
Tulouna le ʻāpulupulusia o tōfāga o le tupu. Tulouna le tāpuaʻiga paʻia a Tūmua ma ʻĀiga; ʻo le ʻupu a Tupuivao, ia faʻatali atu seʻi iloga ona na tālia lupe ʻo pupula.

Vaʻaiga 3

Taufau iā Tūmua:
ʻUē, ʻua fasia aʻu e le maasiasi i ʻāiga o tupu, ʻāiga o nofo ma ʻāiga o pāpā; ʻaemaise tafaʻi paʻia ma faleʻupolu o tōfiga. Pagā, ʻo loʻu faʻamoemoe ʻua tauau e mou mālie atu e pei ʻo se ata ʻua ʻapelepeleia e fetū o le taeao. ʻUa faʻaaogā sesē e Tupuivao loʻu alofa faʻavalea iā te ia; ʻae ui i lea, Tūmūa e, seʻi toe ʻauina se isi atamaioaliʻi i si aʻu tama; ʻātonu na te lagona ai, e sili le usitaʻi i lō le manaʻo.
Atamaioaliʻi iā Tupuivao:
Lau susuga Tupuivao, ʻua toe ʻo se aga ona tuʻua lea ʻo le mālō e le tupu; ʻua malomaloā lava le gāsegase faʻatafa o lou tuaʻā le tupu; ʻai nei ʻe te lē maua faʻamanuiaga mauagatā.

Tupuivao i le Tulāfale:
ʻUa tīgā taliga, ʻua faʻafia, e lē ʻo iā te aʻu ʻea se faʻautaga; o le mea lea ʻua ʻasa soʻo ai oʻu faiva o le tāpatautali; ʻua lelei, ʻoleʻā ʻou alu atu, ʻae seʻi ʻou tālia tasi lava lupe o mau.

Atamaioaliʻi i le Tapuaʻiga a Tūmua ma ʻĀiga:
Tulouna ia le lagi faʻatafa o le tupu. Tulouna ia le maota tāpuaʻi a Tūmua ma ʻĀiga, ʻae ʻua taliʻiseu le faʻatamasoāliʻi; ʻua sāunoa mai Tupuivao; ʻātonu e iai se taimi, ʻae seʻi ona tālia lupe o mau.

Vaʻaiga 4

Taufau i Tūmua ma ʻĀiga:
Tālofa! tālofa i le tāpuaʻiga a tūmua ma ʻāiga. Tālofa i pāpā o le Tuiātua ma le Tuiāʻana ʻua faʻatāsina i ala; ʻae ui ʻi lea, ʻou te faʻamālūlū atu ʻauā ʻo lota lima lava ʻua paʻia ai lota mata. Le pāʻia e o Tūmua ma ʻĀiga, faʻafofoga maia i laʻu ʻupu ʻoleʻā fai atu; ma ʻo laʻu māvaega lava lea, ʻia ʻoutou faʻautagia lelei mai. ʻO aʻu ʻua tafea laʻu utu, ʻae ʻia au le utu a si oʻu uso ʻo Sina, ma ʻoleʻā faʻaauau foʻi e lona alo o Faumuinā le nofoa o tupufia i pāpā.

Tulāfale iā Taufau:
Lau afioga a le tupu, Tulou lou lagitō i tupua ma malae o le vavau: Tulou lou lagitō i tiasā pe ʻā lāgomau. ʻIa pūlea e le filēmū lou tuʻua o le mālō; ʻa ʻo lou gafa ʻi ao ma pāpā, ʻoleʻā matuā sōloa i le ʻaufuefue. ʻO le mea lea, e ʻāmata i le asō ona lē toe vaʻaia fōliga o Tupuivao i ʻUpolu, ʻae ʻoleʻā faʻaaunuʻua i le motu o Salaia seʻia i se aso.

ʻAuēga a Tupuivao:
ʻAuē! ʻUa fatipaopao le galu i Fagatogo; le lāʻi e ʻua suʻega ai ʻOlo; o lupe nā o mau, ʻā lē fetaʻi ʻua liaʻina i tua; ʻo loʻu ala lea i manū na ʻou ola ai Tūmua. E pipiʻi tia ʻae mamao ala i le finagalo o Tūmua ma ʻĀiga; ma ʻoleʻā ʻou lē toe aʻe atu lava; ʻoleʻā mā feao ma le faʻaaunuʻua pea lava.

ʻUpu Faʻaiʻu a Taufau:
ʻOi, ʻauē manātu e.
ʻOi ʻauē alōfa e.
Se mea o miti ʻā tauʻōleʻole
Lota āu e ʻua faʻatō i ala
ʻA ʻo se tāʻaga a toloa na i Sāfata.
Poʻo se manu foʻi na filo i le tāʻaga
Seʻi musumusu ane i si aʻu tama
Lo mātou Alīʻi e, ʻā meanē lava ʻia toe feiloaʻi ʻi iʻu o gafa.

ʻO nei tala faʻaleatunuʻu ma faʻalemotu, e iai o lātou aogā i fānau aʻoaʻoina, ma ʻo le tele foʻi o nei tala, ʻoloʻo faʻaaogā e failāuga o le atunuʻu, ma e tatau ai ona iloilo pē ni tala o ʻupu popo po ʻo ni tala o ʻupu e lē popo.

ILOILOGA O LE MATĀ'UPU

Vāega I

Tali fesili nei:

1. 'O le ā le uiga o lea 'upu, tupufia?
2. Tusi mai ni au 'upu se luasefulu e maua ai le 'upu lea 'o le "fia."
   Fa'ata'ita'iga:
   1) E 'ese lou fia tama 'autū
   2) 'O le tausa'afia ia o āmio a Sina.
3. Fa'amatala le māfua'aga o le saesaegālaufa'i a Tūmua ma Pule.
4. 'O le ā le togafiti sā mafai ai ona vave sāvavali pepe a fafine Sāmoa?
5. Se'i mate mai ni 'āiga o Sāmoa na sasae ai le laufa'i 'ona 'o Tupua Fui'availiili.
6. 'O le ā le igoa o le 'ie tōga na fafa ai Fuiavailiili e ona mātua i lona 'āiga fou i Ā'ana?
7. 'O fea tonu o laufanua nei na muamua fa'atū ai le Fale'ula o le Tuimanu'a i 'Upolu?

Fale'ula	Leva'ula
Malie	'Āvoka
Foga'a	Lepea
Sāfune	Faleata
Puipa'a	Sāgaga

8. 'O le ā le māfua'aga o le tēte'a o le Tuimanu'a ma Sina le alo o Mālietoa?
9. 'O le ā le mea e ta'u o le pa'i Fale'ula i Manu'a?
10. Tusi mai fa'alupega o Manu'a.

Vāega II

Toe tali isi fesili ia:

1. 'O ā Ao ma Pāpā 'ā fa'ae'e i se tupu ona ta'u lea o le tupu tafa'ifā anamua?
2. 'Ā tupu tafa'ifā se isi, 'o le ā lona uiga i tagata Sāmoa?
3. 'O ai le tupu tafa'ifā muamua ma le tupu tafa'ifā mulimuli o Sāmoa ona 'uma lea 'o lea itū'āiga tupu?
4. 'O le ā sou manatu; na fa'ae'e 'aiseā le Ao tafa'ifā i lenei teineitiiti o Salamāsina, 'a 'o le aganu'u anamua a Sāmoa e lē fa'amataiina se teine?
5. 'O tafa'i po 'o tu'itu'i o se tupu, sā lātou fa'ae'eina pāpā o tupu. 'O ā ia mea o tu'itu'i ma tafa'i?
6. 'O le tama a le tama a Salamāsina Taufau, 'ae na tafea 'aiseā le utu a Taufau?

7. Fa'amatala sou manatu iā Nāfanua pe se aitu pe se tagata. Tusi mai ni manatu e lagolago ai au tali.
8. Fai sou manatu i le "Fetaui i I'u o Gafa" e pei 'o le māvaega i le onetai.
9. Fa'amatala mea 'uma 'e te iloa e uiga i le nu'u lea o Pulotu.
10. 'O le ā sau molimau i le faiga o le taua a le Itū o Sālega ma le Ālātaua i Savai'i. 'Ia 'āmata mai i le sauniga o le taua e Nāfanua se'ia o'o i le Malaeolemā.
11. 'Āfai sā leai se 'ōfisa o va'ai fetū i aso anamua, 'o ā 'auala sā lātou fa'aaogāina e vā'ai ai le tau?
12. 'O ā moni māsina e tā ai palolo i Sāmoa?
13. 'Āfai 'e te tausami palolo, 'o ā ni lelei o le palolo i lau tāumafa e ala ai ona 'e manao 'i ai?
14. 'O le ā le uiga moni i le aganu'u a Sāmoa o le fa'a'upuga lea, " 'Ua tafea le utu a Taufau?"
15. 'O ā pāpā e lua sā iā Taufau?
16. 'O fea o Sāmoa lea sā fa'atafa gāsegase ai le tupu tama'ita'i 'o Taufau?
17. 'O le ā tonu lea fa'asalaga fa'aleaganu'u: 'O le sōloa i le 'aufuefue?
18. 'O ā ni uiga faigōfie o nei 'upu o le gagana tau 'āiga o tupu?

    Ao ma Pāpā
    malomaloā le gāsegase
    lipolipoi le vāivai o le tupu
    silimea le seuga
    faiva a mānaia
    saveiololo le seuga
    ōia o tōfāga
    fa'anonōgamanū
    e lē tu'ua asofolau
    se'i tālia lupe o pupula
    'āpulupulusia tōfāga
    tāpua'iga a Tūmua
    'ua fasia a'u i le māsiasi
    fale'upolu o tōfiga
    atamaioali'i
    tua'ā
    fa'autaga
    tāpatautali
    lupe o mau

siliga taliʻiseu
faʻatamāliʻi
faʻatamasoālii
faʻatāsina
tupufia
tiasā
lāgomau
sōloa i le ʻaufuefue
faʻaaunuʻua
pipiʻi tia ʻae mamao ala
ʻā lē fetaʻi, ʻua liaʻina i tua.
faʻapōpō ʻa ʻo ni aso ua

Vāega III

1. Tusi mai sau tala faʻaanamua i se mea faʻapitoa i soʻo se tamāliʻi po ʻo se nuʻu.
2. Fai mai sau lāʻau o le gafa (*family tree*) o le Tūpufia a Faumuinā.
3. Fai sau lāʻau o lou lava puiʻāiga. Fai ni faʻailoga e iloa ai le tāne ma le fafine.

FA'ALEOGA MA FA'AUIGAGA O 'UPU

'ā lē feta'i, 'ua lia'ina i tua	'a le ta'imua, 'ua tutuli i tua
'Alo'aloolelā	'o le igoa o le atali'i o le Lā
Ao	'o le igoa a tupu
Ao ma Pāpā	suafa tau tupu
'āpulupulusia tōfāga	'ua pi'ipi'i tōfāga o le ma'i po 'o le gāsegase
atamaioali'i	'o le tulāfale ali'i; 'o le tulāfale poto i 'upu
'au'āiga	tagata e 'āiga fa'atasi
e lē tu'ua asofolau	e lē tu'ua ai faigāmalaga
'eligāufi	'o le 'eliga o ufi
ōia o tōfāga	'ua tīgā tino i luga o moega
'ua fasia a'u i le māsiasi	'ua 'ou tīgāina i le mā; 'ā ta oti 'i mā
uso taufeagai	'o le uso e tamā 'ese'ese pe tinā 'ese'ese fo'i
fa'aaunu'ua	fa'atāfea
fa'ae'e pāpā	fa'au'u e fai ma tupu
fa'alā'umi'umi	alu fa'alava
fa'anōnōgamanū	faigātalosaga
fa'apōpō 'a 'o ni aso ua	'ua pogisā 'ole'ā timu
fa'atāsina	fa'aaliali solo
fa'atamasoāli'i	faifaiva
fa'ato'ilalo	fa'afaia'ina
fa'autaga	finagalo fa'atulāfale
faigāu'a	sauniga o lauu'a e fai ai siapo
faiva a mānaia	seugālupe po 'o seugāgogo
fale'upolu o tōfiga	tulāfale tōfia
fesuisuia'i	lē tūmau i se mea e tasi
fetuatuana'iga o malae	fa'amoemoe le isi malae i le isi malae
gātaifale	talafātai
lāgomau	ta'o'oto i tia
lipolipoi le vāivai o le tupu	'ua si'osi'o le vāivai o le tupu
lupe o mau	'ua tele naunau lupe
Malaeolemā	malae i Savai'i
mālō fa'atūmua	mālō e pūlea e Tūmua
malomaloā	'ua tīgāina le ma'i
milamila	tīputa po 'o le 'ofu aluga e fai i launiu

palauvale	tautala i 'upu leaga
Papatea	'o le igoa o le motu
pipi'i tia 'ae mamao ala	e pipi'i atumauga 'ae fiu e savali
Pulotu	igoa o le motu i lalō e ō 'i ai agāga pe 'ā feoti tagata
pusaloa	'o le igoa o le fetū
samalulu	fu'a o va'atau a Manono
saveiololo le seuga	fai fa'aeteete le seuga
se'i tālia lupe o pupula	se'i tatālia lupe pe 'ā oso le māsina
siliga tali'iseu	'ua leai se tali lelei e 'aumaia
silimea le seuga	tāofi le seuga
soloa i le 'aufuefue	e lē toe au i le 'āiga tupu; 'ua fa'atōina
so'o'upu	'avefe'au
sopoala	sosopo i le isi itūala
sopo'ia	savalia le isi itū
sua	'o manuia
tafa'i	tulāfale e faia 'upu o le tupu
tafa'ifā	'o le tupu e fā ona Ao
Tama a 'Āiga	'o le tamāli'i o 'āiga e tele
tāpasā	fa'afanua e fa'afoe ai le va'a
tāpatautali	fa'alavelave i se faiva
tapu o le fe'e	sā o le fe'e
tāpua'iga a Tūmua	faigātalosaga a Tūmua
taualoa	āmana'ia
tāualumaga	fa'asologa
tiasā	'o tia o ali'i
tili	'a'ami; fe'au fa'avave
tua'ā	mātua
tulutulu i tao	e pei ni matatao tulutulu o le fale
tupufia	e tele tupu na tupuga mai ai

IUNITE 8

‘O TĀPUA‘IGA A SĀMOA

IUNITE 8: ‘O TĀPUA‘IGA A SĀMOA

Fa‘asologa o Matā‘upu

‘UPU TOMUA

‘O Sāmoa, ‘o se atunu‘u lolotu, talu mai lava le taimi na taunu‘u ai le Talalelei iā Iesū Keriso ma fa‘atuatuaga Kerisiano. ‘O le fesili tele, pē sā fai ni tāpua‘iga a Sāmoa i ona tala atu ‘ae le‘i o‘o mai le lotu? ‘O le tali i lea fesili, ‘Ioe, sā iai atua na tāpua‘i ‘i ai tagata Sāmoa.

E lua vāega tetele o le Iunite 8. Muamua, ‘o le toe tepa i tāpua‘iga a Sāmoa i aso anamua ‘ae le‘i o‘o mai tāpua‘iga fa‘akerisiano. ‘O lona lua, ‘o le taunu‘u mai o le lotu po ‘o le Talalelei. ‘Ua aofia fo‘i i le Iunite 8 ni fa‘ata‘ita‘iga o tatalo ma māfaufauga a le ‘au fai‘evagelia, ‘ātoa ma ni apoapoa‘iga a le ‘au failāuga fa‘alelotu e tatau ona su‘esu‘e i ai mo ni isi māfaufauga o le fa‘atalaleleiina o tagata i nei aso.

‘Ona sā leai ni tusitusiga po ‘o ni fa‘amaumauga o tāpua‘iga a Sāmoa e tua‘ā o le vavau ‘ae le‘i taunu‘u mai le lotu Kerisiano, ‘ole‘ā lē tele ai se talanoaga i lea matā‘upu; ‘ae peita‘i, masalo tātou te maua le agāga o ia tāpua‘iga pe ‘ā toe iloilo ni isi o tala, ma fa‘alupega, ma alagā‘upu ‘olo‘o ‘i iunite ‘ua mavae. E pei ona tūsia, ‘o le taunu‘u mai o le Talalelei, na fa‘ato‘ā ‘āmata ai ona mafai ona tūsia māfaufauga ma tala a tagata Sāmoa, ma ‘ua mafai ai lā ona tele ni tala fa‘asolopito o le lotu. ‘Ua tele ai fo‘i ina mafai e tagata Sāmoa ona fai tatalo ma lāuga fa‘apea ma pēsega e pei ona lauiloa ai nei Sāmoa i le Vasa Pasefika. ‘Olo‘o maua lā i matā‘upu o lenei iunite fa‘ata‘ita‘iga o tatalo ma lāuga i tūlaga ‘ese‘ese o le ōlaga ma sāuniga fa‘alelotu. ‘Ātonu ‘ole‘ā ‘avea ia ma fesoasoani tele i tupulaga talavou ‘olo‘o fia iloa tatalo ma fia lāuga fa‘alelotu.

MATĀ‘UPU 1: ‘O TĀPUA‘IGA FA‘AANAMUA

‘UPU ‘ĀMATA

Fai mai fa‘amatalaga a isi tagata o le Pasefika, ‘o tagata Sāmoa e lē faia ni a lātou tāpua‘iga po ‘o ni lotu anamua ‘auā e leai ni o lātou atua faitino, e lē pei ‘o lātou e fa‘atutū mai fa‘atagata e tāpua‘i ma ifo ‘i ai. ‘Ae ‘o le mea moni, e sili atu ona tele atua o Sāmoa sā tāpua‘i ‘i ai anamua, e pei lava fo‘i ona fai atua o isi atunu‘u o le lalolagi, e pei ‘o le atua tamāloa ‘olo‘o ta‘ua i le Tusi Pa‘ia mai nu‘u ‘o Turo ma Saitonu, e igoa iā Pā‘ala, ma le atua fafine ‘o ‘Asaira.

‘O le uiga o le igoa, Pā‘ala, ‘o le pule aoao. ‘O le atua fo‘i o ‘Aikupito o le tama‘i povi ‘auro, ma le atua o Filisitia ‘o Tākono. ‘O lea atua e tino mai e pei se i‘a, ‘a ‘o lona ulu ma ona lima, e pei ‘o le tagata.

‘O le faitauga o le aofa‘i o atua o Sāmoa e pei ona tūsia i le tusi a Misi Tana (*A Hundred Years Ago and Long Before*), e sili atu i le selau luasefulu ‘auā e fai atua o tagata ta‘ito‘atasi; e iai atua o le nu‘u; e iai atua fa‘aleitūmālō; e iai fo‘i atua o le atunu‘u ‘ātoa. ‘Ae tasi ‘o le mea, ‘o ia atua, e lē ‘o ni atua e fausia i lima, ‘a ‘o atua e fa‘atino i meaola, po ‘o mea e leai ni ola o le si‘osi‘omaga o Sāmoa. Mo se fa‘ata‘ita‘iga: ‘āfai e tagi se manuali‘i i tuāfale, ona manatu lea ‘o tagata, ‘ole‘ā iai se fa‘alavelave e tupu ‘auā ‘ua fa‘ailoa mai e lo lātou atua ‘o le manuali‘i. E fa‘apēnā fo‘i pe ‘ā tagi fa‘atāmilomilo i le fale se pusi, e masalomia ai e tagata ‘ole‘ā iai se fa‘alavelave e tupu.

E iai fo‘i talitonuga Fa‘apolenisia o Sāmoa e fa‘apea: ‘o Tagaloa ‘o lo lātou atua ‘auā ‘o lo lātou tupu‘aga lea. ‘O le mea lea, e fa‘amaonia ai sā iai atua ‘ese o Sāmoa sā tāpua‘i ma fa‘amoemoe ‘i ai lo lātou mālosi. E fōliga mai ni isi o atua o Sāmoa, ‘o ni atua na fai ‘ona ‘o taua i le vā o tupu o itūmālō ‘ona ‘o le su‘ega lava o le pule ma le mamalu.

I. ‘O ATUA SĀ TĀPUA‘I ‘I AI SĀMOA ANAMUA

E tusa ai ma ‘upu tu‘u taliga a mātua o le vavau e fa‘apea: ‘O le atua o taua a Ā‘ana ma Tuamāsaga, ‘o le fe‘e. ‘O le fe‘e lea ‘olo‘o iai lona fale i gā‘uta o Māgiagi. ‘Ā fai le tāpua‘iga i le fe‘e, e tatu‘u ‘uma i lalo pola o le fale ‘ae sisi na‘o se pola e tasi e ‘auala mai ai le fe‘e i totonu. E tu‘u i le faitoto‘a po ‘o le nōfoaga o le fe‘e se niu mu‘a, e fai ma tāulaga po ‘o se tali fa‘aaloalo i le fe‘e. ‘O le afio mai o le fe‘e e fa‘aalia ai ‘ole‘ā manumālō le itū‘au. ‘O le mea lā e mālie, e alu le pō ma le ao o tatali lava le fe‘e e lē sau. E iloagōfie e le‘i o‘o mai le fe‘e i le tāpua‘iga ‘ona ‘o le le‘i inua o le niu.

ʻO le āmio a le feʻe lenei, e feliuliuaʻi lona tino. Fai mai le talitonuga faʻaleitūmālō, ʻā nofo lo lātou atua i le sami, ʻua tino i feʻe; ʻae ʻā nofo i le paʻumātū, ʻua liu ʻi pule; ʻae ʻa nofo i mauga ʻua liu ʻi uga. Soʻo se mea lava lā e fai ai le taua, ʻoloʻo iai pea lo lātou atua.

ʻO le atua o ʻĀiga i le Tai, ʻo le manulele lea o le matuʻu. ʻO le atua lea e faʻamoemoe ʻi ai le mālosi o le fuāvaʻatau a Manono ʻa ʻo leʻi faʻaigoaina o le Vaʻatau o Nāfanua.

ʻO le atua o le itūmālō ʻo Ātua, ʻo le uga po ʻo le fetū o Tupualēgase. E nofo lava ia i tumutumu mauga ma mataʻi mai taua e fai i le lauʻeleʻele ma le sami. ʻO isi taimi e liu ai ʻi paʻa.

E iai foʻi le atua o taua a le Vaʻa o Fonotī, e faʻaigoa o le Fāgamoa ma e fōliga mai i se tuai valu popo. ʻĀ alu le fuāvaʻa a le Toʻo o le Fua, ona faʻatū lea i le taumua o le vaʻa.

E tūmau pea ʻupu tuʻu a Sāmoa e lē sālā. ʻOloʻo iai pea foʻi le isi talitonuga faʻalaga ʻese faʻapea, ʻoloʻo tausia pea ʻāiga tamāliʻi o le atunuʻu e ni mālosi faʻatēmoni, e pei ʻo tamaʻitaʻi ʻoloʻo taʻua nei e le atunuʻu ʻo ʻilāmutu o tamāliʻi, po ʻo ē e iai o lātou paoa po ʻo mālosi e pei ni mana e fasioti ma faʻaola ai tagata. Mo se faʻataʻitaʻiga: ʻo le tamaʻitaʻi o Pele i le atu Hawaiʻi, ma le suafa Telesā ma Saumaʻiafe i Sāmoa; e faʻapēnā foʻi isi mai le atu Fiti ma Toga. E popole le tāofi ʻina neʻi ʻavea ia suafa ʻo ni atua tātou te tāpuaʻi ʻi ai.

E faʻavasega atua o Sāmoa faʻapea:

ʻO atua o le sami ma le vai:
  ulāvai, malie, ʻanae, tuʻuʻu, laumei, tafoʻe, tuna, feʻe, pusi, ulua.

ʻO atua o le ʻeleʻele:
  pili, atualoa, uga, ʻimoa, pusi, taʻifau.

ʻO atua o le ʻea:
  matuʻu, gogo, manualiʻi, manulagi, tavaʻe, lulu, peʻa.

ʻO atua o taua:
  sōsai, nene, Nāfanua, Vave, Moso, Papo, ʻIte.

ʻO atua o taʻaloga, (o aitupiʻi):
  Laʻalaʻa, Māfuiʻe.

ʻO atua e faʻapitoa i motu o le atu Sāmoa:
  E taʻu atua o motu o aitutagata. E maua ai isi faʻalupega o tamāliʻi (ʻo le tama a le aitu ma le tagata).

ʻO atua o Manuʻa:
  Pava, Lefanoga, Tagaloa.

ʻO atua o ʻUpolu:
  Saumaʻiafe, Telesā, Moso, Gae, Lū, Pava.

'O atua o Savai'i:

Nāfanua, Nifoloa, Sālevao, Si'uleo, Sepo, Vave, Soma.

'O atua o Tutuila

Taemā, Vave, Tuiātua, Tapa'ai.

'O atua o Manono:

Lesā, Letu'iē, Tamafaigāpe'a.

'O atua o Apolima:

Sa'u, Tupuivao.

II. 'O FAIGA O TĀPUA'IGA

Sā fa'apēfea ona fai tāpua'iga a Sāmoa? E fa'amaonia lava sā fai tāpua'iga a Sāmoa 'ona 'olo'o va'aia pea i tuāfanua o isi nu'u o Sāmoa ni malae fuafuaina lelei, ma mea maupu'epu'e e pei 'o ni pulela'a. 'O malae ia sā fai ai fono ma lotu. 'O faife'au o 'aulotu, 'o tulāfale fai 'upu ia o nu'u. 'O ā lātou lāuga sā 'avea o ni lagisolo po 'o ni pese o lotu.

'O vāega o lāuga, 'o fuai'upu fo'i nā o pese. 'O le tasi lea pese i le atua o le fe'e pe 'ā fai le tāpua'iga mo se taua:

Le fē'e e, fa'afofoga mai ia
'O a'u lenei 'o Pai e tūtū atu.
Le fē'e e, 'aumai ou mūmū se'i tau ai le taua nei.

Sa fai fo'i tatalo. Va'ai i le tatalo lea a Ulumasui 'i atua o le sami:

Sā tunā, sā pusī, sā fe'ē
Ō mai ia tātou fulia le ma'a 'ua telē.

Toe va'ai le isi lea tatalo i le atua o Vave:

Lo mātou atūa e Vave,
'Ia fa'alaugatasi tagutugutu o lā'au.
'Ave 'ese ma'agao ma ma'atala.
'Ia mālamalama o mātou mata.
'Ia tafe toto o mātou ala.

'Ā fai a lātou fono tatalo e fai i le vaeluāpō. E lē pisa 'ae taumusumusu. 'O le ala lea e ta'u ai, 'o le fono ma aitu. 'Ā fa'apea e tāpua'i to'atasi le tagata, 'ona ta'u lea 'o lana lotu 'o le lotu nōfonofo. E fa'amaonia lea mea pe 'ā fofō se ma'i e se taulāsea. E fofō lava lima 'ae memumemu lava laugutu. 'O lona uiga 'olo'o fai lana tatalo.

Sā talitonu lava tagata Sāmoa e iai le lagi mo agāga o tagata. 'O lo lātou fa'auīgaina o le 'upu agāga, 'o se mea na'ona alu 'ese 'ae toe fo'i mai. 'O faitoto'a i lo lātou lagi, 'o luāloto e lua ‘olo‘o i Faleālupo. ‘O le isi luāloto e vātele, e ui atu ai agāga o tagata lautele, ‘a ‘o le luāloto vāapiapi, e ui atu ai le va‘aloa e ‘ave ai agāga o tamāli‘i.

‘Āfai e taunu‘u i Pulotu po ‘o Sālefe‘ē, ona tōtofu lea o agāga i le vaiola ‘olo‘o iai, ona toe feola lea ‘o agāga. ‘Āfai e fo‘i mai ‘o se agāga ‘aulelei ma le alofa, ma ulu i se tagataola, ona fa‘apea lea ‘ua ulu ‘i ai le atua, ‘ae ‘āfai ‘o se agāga ‘auleaga ma le sauā lea ‘ua ulu i se tagataola, ona fa‘apea lea, ‘ua ulu ‘i ai le aitu i lea tagata, po ‘ua ulufia e le agāga leaga. ‘O ‘ilātou lā e faia togafiti fa‘ataulāitu i nā onapō, e ta‘ua ‘o tāula. ‘O le uiga o le tāula, ‘o le pule o aitu; na maua ai le ‘upu, taulāitu.

III. ‘O FAIGĀTĀULAGA

E fa‘atino faiga o tāulaga i o lātou atua i mea nei:

‘O le Suā‘ava.
E pei ona silafia le faiga o alofi o ali‘i, ‘ā tapa ipu e sa‘asa‘a suā‘ava i luma po ‘o tua po ‘o ‘autafa e fa‘atatau i le itū ‘olo‘o sāofafa‘i mai ai o lātou atua. ‘O lona uiga o lea mea, ‘o se tāulaga fa‘afetai po ‘o se fōa‘i i le atua.

‘O le ‘ie tōga.
E pei ona fa‘atino ai se īfoga, e to‘atutuli ma pūlolou tagata i ‘ie tōga. ‘O lona uiga, ‘o se tāulaga mo le fa‘amāgaloga.

‘O mea tāumafa.
‘Ā ‘uma le alofi, ‘ua la‘u mai fono o le ‘ava. ‘O lona uiga, ‘o le tāulaga o le fa‘aolataga.

Silasila i ‘upu ‘āmata o le matā‘upu lenei i le faiga o tāulaga i le fe‘e o Ā‘ana, sā fōa‘i ‘i ai le niu. ‘O le fa‘aaogāga o le niu i le faiga o le sua i aso nei, ‘o se tāulaga na ‘āmata mai lava i tāpua‘iga a Sāmoa anamua.

Na filifilia e le Atua le nu‘u o ‘Isarā‘elu e fai ma ona nu‘u e tāpua‘i ma fa‘amoemoe iā te Ia lo lātou mālosi i taua; ‘ae na fiu Ieova le Atua, i āmioga fouvale a le nu‘u. Na sā‘ili fesoasoani ‘i isi atunu‘u, e o‘o lava i taulāitu o fesili ‘i ai, ‘ae lē fesili i le Atua. E ui lava ina alofa le Atua i lona nu‘u, ‘ae fau lava le mau atua ‘ese e ifo ma tāpua‘i ‘i ai. E fa‘apēnā fo‘i tagata Sāmoa: e ō fa‘atasi lava le talitonu i le Atua ma le talitonu i aitu.

Peita‘i, ‘o le taimi lava na talia ai le Talalelei i Sāmoa e uiga i le Atua o Atua, na ‘āmata ai ona tia‘i tū fa‘apaupau ma le ifo i atua ‘ese, ‘ae fa‘amautū le talitonuga, ‘o lo lātou Atua moni lava ‘o Ieova le Ali‘i, le Atua o Sāmoa, ‘ātoa ma le talitonuga i le Keriso Toetū.

GĀLUEGA FAUTUAINA

I. Talanoaga i Kulupu.

Toe tepa 'i tua i ni tāpua'iga po 'o ni talitonuga a ou mātua po 'o tua'ā sā fai i aso anamua. 'O ā ni talitonuga 'olo'o tūmau pea? 'O ai atua po 'o aitu ia sā tāpua'i 'i ai lo 'outou 'āiga? 'Ia aofia ai fa'amatalaga au'ili'ili o mea ta'itasi fa'atasi ai ma ni ou manatu i le aogā po 'o le mālosi o ia talitonuga i faiga fa'ale'āiga po 'o le ōlaga fa'aletagata.

II. Iloilo le 'Upu Tāpua'iga.

Fa'amatala loloto mai le fauga ma le fa'aaogāga o lea 'upu.

III. Tusitusiga Fa'a'esei (*essay*).

E mānaia fo'i 'ae su'esu'e i faletusi tusitusiga a isi tagata i atua ma aitu o isi atunu'u o le Pasefika, po 'o isi vāega o le lalolagi; ona fa'atūlaga mai lea 'o mea e tutusa pe 'ese'ese ai faiga fa'aatua a isi atunu'u ma faiga fa'aatua a Sāmoa.

ILOILOGA O LE MATĀ'UPU

Vāega I

Tali fesili ia:

1. 'Aiseā 'ua ta'u ai e le lalolagi Sāmoa, 'o le atunu'u lolotu?
2. 'O ā ia mea e ta'u e Sāmoa 'o 'ilāmutu o tamāli'i?
3. 'O ā falesā sā fai ai tāpua'iga a Sāmoa anamua?
4. E 'ese'ese fa'apēfea atua o Sāmoa anamua ma atua sā tāpua'i 'i ai isi motu o Polenesia?
5. 'O ai atua ta'uta'ua o Sāmoa pe 'ā fai taua?
6. Mate mai le atua sā talatalanoa ma Sāgaalaala.
7. 'Ua logologoā 'o le ā le atua lea o Nāfanua?
8. 'O ā measina a le atunu'u sā fai ai tāulaga a Sāmoa 'i o lātou atua?
9. Se'i fai sau tatalo i le atua lea o Vave.
10. Tu'u le igoa o le atunu'u i talaane o lo lātou atua:
    Takono
    Fe'e
    Pā'ala
    Matu'u
    Nāfanua
    'Asaira
    Pele
    Sauma'iafe
    Saveasi'uleo
    Tama'i povi 'auro

Vāega II

Tusi ni fa'amatalaga e uiga i tāpua'iga a Sāmoa anamua. Vāevae lelei i ni ulutala.

FA'ALEOGA MA FA'AUIGAGA O 'UPU

'ilāmutu a tamāli'i	'o leoleo o tamāli'i
fa'alaga'ese	talitonuga fa'aaitu
fa'alaugatasi	fa'amāfolafola
fa'aleitūmālō	faiga a le itūmālō
fa'ataulāitu	'o āmioga a le aitu
feliuliua'i	fefulisa'i i itū
fuāva'atau o Manono	va'atau a Manono
ma'agao	ma'a malō
ma'atala	ma'a talatala
mālosi fa'atēmoni	'o le mana o le aitu
mana	mālosi'aga
memumemu laugutu	gāoioi na'o laugutu
niumu'a	niu mamata
paoa	pule; mālosi'aga
pa'umātū	'o le 'ele'ele e leai se vai
pulela'a	tūlaga o le faife'au i le falesā
Pulotu	nu'u e ō 'i ai agāga
Sālefe'ē	nu'u e i lalo ifo o le lalolagi
tāgutugutu o lā'au	pogati o lā'au
talitonuga	'o mea 'ua moni i le loto
tāpua'iga	faigālotu po 'o faigātatalo
taumua o le va'a	vāega pito i luma o le va'a
tuāfanua	'o tua o fanua po 'o tua o le nu'u
va'aloa	va'a 'umī e 'ave ai agāga o tamāli'i
vāapiapi	pūmo'omo'o po 'o le vāiti
Va'atau o Nāfanua	fa'alagiga o Manono
vaeluāpō	vaeluaga o le pō

MATĀ'UPU 2: 'O LE TALALELEI

‘UPU ‘ĀMATA

‘O le o‘o mai o le Talalelei na fa‘ato‘ā ‘āmata ai ona mālamalama tagata Sāmoa i le ōlaga fa‘akerisiano. Na ‘āmata ai ona iloa tusitusi ma faitautusi, ‘ona ‘o gāluega a le ‘au misionare. Sā lātou fa‘aliliuina i le gagana Sāmoa le Tusi Pa‘ia, ona a‘oa‘o ai lea ‘o le faitau ma le poto i matā‘upu tau le Tusi Pa‘ia, ‘ātoa ma le matā‘upu silisili mo le ola e fa‘avavau. ‘O le vāitaimi fo‘i lea na ‘āmata ai ona feso‘ota‘i aganu‘u a Sāmoa ma le Talalelei, ma na ‘avea ai aga fa‘akerisiano po ‘o faiga fa‘aletalalelei ‘o se vāega o aganu‘u ma aga‘ifanua a Sāmoa.

‘O nei aso ‘ua tele tagata ‘ua matuā talitonu i uiga o le Atua ma le moni o le Tusi Pa‘ia; ‘ua māfua ai ona līua ma ‘avea ma tagata tāla‘i po ‘o ē ‘ua ta‘ua ‘o ē gālulue mo le fa‘a‘evageliaina o tagata. ‘O lo lātou tomai na maua mai i le su‘esu‘e i le Tusi Pa‘ia.

‘O lea lā ‘ua māeva ai nei Sāmoa i le laufaumālū; ma fesilafa‘i lelei ai ona tupu ma ona tamāli‘i i le āvatuli ma le āvafatafata, ‘ae fa‘atafea mala i nu‘u lē ‘ainā. ‘O le tāpua‘iga lā fa‘akerisiano a tagata Sāmoa ‘uma, ‘o se mālosi‘aga lē ma fa‘ato‘ilaloina e se isi tāpua‘iga ‘ese.

I. ‘O LE GĀLUEGA A LE LMS I SĀMOA

‘O le tāeao na i Matāniu Feagaimaleata, i le Aso 24 o ‘Aukuso i le tausaga e 1830, ‘o le aso fānau lea o le Talalelei i Sāmoa. ‘Olo‘o fa‘amanatuina pea e le ‘Ekālēsia Fa‘apotopotoga Kerisiano i Sāmoa i le Aso Sā muamua o Sētema i tausaga ‘uma.

‘Ua mālamalama tagata Sāmoa ‘uma i le ala na māfua ai ona talitonu Sāmoa i le Atua moni e to‘atasi, ‘ona ‘o gāluega a le ‘au misionare; lea na ta‘ita‘ia mai e Ioane Viliamu ma Papu (*John Williams and Charles Barf*) ‘o le LMS (*London Missionary Society* po ‘o le Sōsaiete a Misionare Lonetona), fa‘atasi ma le fesoasoani a nai faife‘au Rarotonga ma Tahiti e to‘aono lea na māfua ai ona ta‘u lea lotu i Sāmoa, ‘o le Lotu Ta‘iti. Na lātou malaga fa‘atasi mai ma le ulugāli‘i Sāmoa sā i Toga, ‘o Faueā ma Puaseisei. ‘O le ulugāli‘i o le ‘āiga o Mālietoa.

Na fesiligia e Faueā tamāloloa sā fāgogota i gātai fale o Savai‘i po ‘o fa‘apēfea mai le atunu‘u, ‘ae tali mai tamāloloa — ‘olo‘o vevesi le atunu‘u i ‘Upolu, i le Taua o le Faitasiga o Ā‘ana ‘ona ‘o le fasiga o Tamafaigā, ona to‘afilēmū loa lea ‘o le popole o

'Avefe'au o le Talalelei. 'O le ala lea o le fa'aupuga a Faueā e fa'apea, "Fa'afetai 'ua mate le Tevolo!" 'O le tala na maua, 'o le tatalo muamua i Sāmoa 'o le fa'afetai lea na faia e le fafine 'o Puaseisei i luga o le va'a.

E le'i faigatā ona fa'aofi mai le Talalelei i Sāmoa 'ona 'o le sa'o o le taimi na taunu'u ai, 'aemaise 'o le sa'o o le 'auala na uia: 'o le fa'ataunu'u lea o le Talalelei 'i 'āigātupu o le atunu'u; 'o taimi ia 'ua fai sina mapu mai 'i taua. 'O le va'aia o le tama'i va'afailā i gātai o Sapapāli'i 'olo'o tūsia ai le 'upu "*Messenger of Peace* ('O le Sāvali o le Filēmū)" i lana fu'a pa'epa'e, 'o se fe'au logomālie i manatu o tagata; ma 'o se vāimālū 'ave 'i fale 'i ē 'ua gālala i le fia feinu, lo lātou fa'atali filēmū po 'o le ā le uiga o nei mea 'ua va'aia.

Sā talia lelei e Mālietoa Vainu'upō ma ona 'āiga le sāvali 'aemaise sāunoaga fa'amāfanafana a Mālietoa fa'apea, " 'Ole'ā 'ou tausia lelei 'outou ma le saogalēmū; 'ole'ā tātou mau fa'atasi pea e pei 'o se 'āiga i le lumana'i."

E fa'apēnā fo'i le malelega a Mālietoa i le atunu'u sā potopoto ai e pei ona fa'amaumauina e le LMS e fa'apea: " 'Ou te tāpua'i i le Atua moni 'o Ieova; e ui 'ina 'ole'ā lilivau aitu iā te a'u, 'ae 'ole'ā puipuia lava a'u e Ieova. 'Āfai 'ou te sao ai, 'ole'ā sao ai fo'i ma 'ilātou 'o ē 'ole'ā mulimuli iā te a'u; 'ae 'āfai 'ou te lē sao ai, ona 'ou pa'ū ai pea lea e fai ma tāulaga i lo lātou taui ma sui."

Na tu'ua le gāluega iā Mālietoa ma faife'au Tahiti 'ae toe fo'i Ioane Viliamu i Peretānia e fai se tala o le gāluega i le 'au mātutua ma toe 'aumai ni isi faife'au. E toe fo'i mai Ioane Viliamu i le 1832, 'ua tele nu'u o Sāmoa 'ua lolotu.

Na afe Viliamu i Manu'a i lana malaga lea i le 1832 ma taunu'u i Ta'ū iā 'Oketopa 17; ma sā talia lelei e le Tuimanu'a ma ali'i Fa'atui. Ona toe folau lea i Tutuila ma taunu'u i Leone; peita'i e le'i vave tū'ele'ele Ioane Viliamu ma le 'aumalaga i Tutuila 'ae na mua'i fai a lātou talosaga i le sami. 'O le tamāli'i Leone e suafa iā Amoamo, na vala'au iā Viliamu e fa'apea: "Alī'i e, tou te lē fia ō mai 'i uta iā mātou lea e fa'atali atu?" 'Ae fai mai le tali a Viliamu, " 'Ou te lē iloa pē mafai ona mātou fa'atuatua atu, 'auā 'ua mātou fa'alogo i tala o lo 'outou sauā."

Fai mai Amoamo, "Mātou te lē'o toe sauā; 'o lea 'ua mātou Kerisiano." Ona ō ane loa lea 'o tamāloloa Leone, 'o ē 'olo'o fa'ailoga o lātou lima i fāsi lauu'a, ma 'avatu i uta le va'a ma le 'aumalaga.

E ma'eu le aogā o gāluega a misionare mo le fa'atalaleleiina o Sāmoa; ma 'o ni isi nei o mea aogā tele mo le soifua o tagata na 'āmata e misionare:

a. 'O le fa'atūlagaina lelei o le gagana a Sāmoa.

   Sā tau fa'alogo i le fa'aleoga o 'upu, i le tautala a tagata, ona taumafai lea e tu'u i se pī (*alphabet*) po 'o le fa'asologa o mata'itusi (*alphabetical order*) 'ia fōliga i mata'itusi o le gagana Peretānia. 'O nai tusi muamua lava nei e tolu na a'oa'o ai le

faitau a tagata Sāmoa:
'o le Pī Tautau
'o le Tusi Failotu a Faife'au
'o le Tusi Pese.

e. Na lātou liliuina fo'i Fa'asāmoa le Tusi Pa'ia e fa'aaogā i lotu.
i. Na lātou fa'atū le ā'oga fa'afaife'au e a'oa'o ai le 'aufaigāluega o le Talalelei.
o. Na lātou fa'atū le fale lomitusi e lōmia ai tusi faitau.
u. Na lātou a'oa'o tagata ia iloa ona ola tūmamā mo le soifua mālōlōina o le tino.
f. 'O le ulua'i togāfa'i papālagi na totō i Sāmoa, na faia e misionare.
g. Sā leai ni igoa o aso a Sāmoa anamua; 'ae na lātou faia igoa o aso o le vaiaso.

'A 'o le'i o'o mai misionare ma le Talalelei sā na'ona ta'u lava 'o le aso, po 'o le tāeao. 'O se fa'ata'ita'iga: 'o le aso ananafi, 'o le asō, 'o le aso ā tāeao po 'o e i luā; 'a 'o le o'o mai o misionare ma le Talalelei, na lātou fa'aigoaina ai aso o le vāiaso; e pei 'o lea; aso muamua o le vaiaso, 'ua fa'aigoa 'o le Aso Gafua. 'O lona uiga, e fa'agafua pe fa'aavanoa le aso lea mo gāluega a tagata 'i o lātou 'āiga.

'O le aso e soso'o ai, 'o le Aso Lua. 'O lona uiga, 'o le lua o aso o le vaiaso.

'O lona tolu o aso, 'o le Aso Lulu sā fa'aigoa fo'i 'o le Aso o manu, 'auā 'o le aso lea sā talitonu tagata sā ta'atele ai le manulele 'o le lulu i fanua o Sāmoa. 'Olo'o taumate fo'i, po 'o lona uiga 'o le aso lea e lūlū pē totō ai fua o fa'ato'aga. 'O le ala lea na māsani ai ona fai Aso Lulu a faife'au.

'O lona fā o aso, 'o le Aso Tofi; 'auā 'o le aso lea e fai ai fono a le 'au misionare ma le 'au faigāluega, ma fai ai tōfiga o faife'au.

'O lona lima o aso, sā fa'aleo i le igoa Fa'aperetānia — *Friday* — ma 'ua ta'u ai 'o le Aso Faraile.

'O lona ono o aso, 'ua fa'aigoa 'o le Aso To'ona'i, 'auā 'o le aso lea e sāuni ai to'ona'i a 'āiga mo le Aso Sā.

'O le aso fitu, 'o le Aso Sā; 'o le aso lea e matuā sā ai 'ona fai se gāluega, pe pusa se umu, pe folau i luga o le vasa, po 'o le faifaiva, e o'o lava i le tā'ele i le sami; 'ae mālōlō 'uma ai tagata. 'O lea 'ua ta'u ai 'o le Aso Sā; e fai ai le mālōlōga fa'asāpati.

'O le vā lā o le isi Aso Sā ma le isi Aso Sā, 'ua fa'aigoa e misionare o le Vāiasosā.

II. 'O MĀFAUFAUGA O LE 'AU FAI 'EVAGELIA

'O ni isi nei o fa'a'upuga mai i le Tusi Pa'ia a le 'au fai 'Evagelia o le lalolagi. E moni ai le 'upu a Paulo, 'o Tusi Pa'ia 'uma lava e mai le agāga o le Atua ia; e aogā ia e a'oa'o ai, e fa'atonu ai, e fa'apoto ai fo'i i matā'upu tau le Atua.

'O nei lā lāuga pupu'u 'ua ta'ua Fa'aperetānia 'o *sentence sermons*, 'ua 'ou talitonu 'o se fa'amanuiaga lea e fesoasoani tele 'ina 'ia tātou iloa ātili ai le finagalo o le Atua, ma 'ia maua ai se fa'asiligāmālosi o lo tātou ōlaga fa'akerisiano.

E fa'apei ona tātou a'oa'oina le mālamalamaga i alagā'upu Fa'asāmoa 'ina 'ia sāga fa'amau'oloa ai la tātou gagana, e fa'apēnā fo'i fa'a'upuga po 'o alagā'upu mai le Tusi Pa'ia 'ua fai ma fautuaga po 'o tōmatauga o la tātou sā'iliga mo le i'uga o le ola nei; ma 'ua sāga fa'amau'oloa ātili ai le gagana o le Talalelei.

'O māfaufauga loloto o le 'au fai 'Evagelia, 'o ni lāuga aogā tele mō ē fa'alogologo ma māfaufau toto'a 'i uiga o ia fa'a'upuga loloto, e o'otia ai lagona o tagata e ola i le Talalelei. 'O le mea lea, 'ā matala pea lau Tusi Pa'ia, ona lē faigatā lea ona tatala mai le faitoto'a o le lagi iā te 'oe. 'O lona uiga, 'o lou tō'aga i faitau lau Tusi Pa'ia i aso 'uma, e mautinoa ai lou ulufale atu i le faitoto'a o le lagi. 'Ia iloa lelei, e tāpunia le faitoto'a o le lagi i le tagata e lē fiafia e faitau le afioga a le Atua. 'O le fautuaga lā, 'ia faitau lau Tusi Pa'ia ma 'ia iai lou loto.

1. 'Ua tātou pēlogia le Atua i le tatalo pe 'āfai tātou te lē fa'alagolago iā te Ia pe 'ā 'uma ona tātou tatalo. E leai se aogā 'e te tatalo ai pe 'āfai e tau 'ina tatalo 'ona 'o se māsani. E lē fiafia le Atua i ni tatalo fa'a'ole'ole, 'aemaise le 'ese o 'upu e tatalo ai, 'ae 'ese le ōlaga e ola ai. 'Aua ne'i galo, e silafia e le Atua mea 'uma tātou te fai.

2. 'O le tagata 'ua ola pelētupe, 'ua o'o lava i lona agāga 'ua pelē ai. 'O lona uiga, e lē toe ola lelei se tagata e sā'ili 'oa 'i ala 'ese'ese a le ti'āpolo, e pei 'o le taisi ma le pelē tupe 'auā e o'o lava i lona agāga e migia ai lava. 'O le mea lea, 'aua tou te tolo'a'i 'oa mō 'outou.

3. 'O le fa'ateleina o le paiē o le tagata, 'o le tele fo'i lenā o ana fuafuaga mo taeao. E lē se mea lelei le paiē o le olaga, 'auā e lē mafai ai 'ona fai se mea, 'ae na'o le tumu i fuafuaga lē fa'ataunu'uina. 'Ua fai mai le Tusi Pa'ia, 'ā paiē, ona alu lea e va'ai i le loi.

4. 'Ua tele tagata 'ua ola na'o lātou 'ona 'ua lātou fausia 'aupā māualuluga 'ae lē fausia ala laupapa. E lē tusa lea uiga ma le finagalo o Iesū, 'auā 'o le mea moni lea na Ia afio mai ai, 'ina 'ia sōloia i lalo pāvaeloto i le vā o le tagata ma le tagata, ma le vā o le tagata ma le Atua. E sili ona fau 'ia lava ni ala o ā tātou feso'ota'iga ma isi o o tātou uso; 'ina 'ia tātou māfuta ma ola fa'atasi ai ma le fiafia.

5. E lē mafai ona fai sau fa'ai'uga po 'o āfea, 'a 'o fea fo'i e te oti ai; 'ae mafai ona 'e fuafua pē fa'apēfea ona 'e oti. 'Aua ne'i tātou fa'alētonu pea i lea 'upu moni; 'auā tātou te lē iloa moni le aso ma le taimi e sau ai le atali'i o le tagata. E mānaia lava pe 'ā 'e māfaufau lelei, pē sili iā te 'oe le o'o mai o le oti o 'ē āmioleaga pea; pē sili

le o'o mai o le oti o 'ē fai ma tagata lelei; e vae ma lima 'i ai le finagalo o le Atua.

6. 'Ā fia maua 'uma ni fa'alētonu o le lotu po 'o le 'aulotu, ona 'e fesili lea i se isi 'ua tele māsina e lē'o toe lotu. 'O le seāseā ona lotu o se tagata, 'o le fa'ailoga lenā o lona ola faitio. 'O ē 'uma e fia 'auai i so'o se sāuniga ma 'auai i le fa'aalualuga o le Lotu, ma lona tūlaga manuia, lātou te lē iloa se fa'alētonu; 'auā 'ua lātou maua le māfutaga ma Keriso. E ao lava ina manatua, 'o le 'ekālēsia, e lē 'o se mea fa'aletagata, 'a 'o le mea tōtino a le Atua.

7. E mafai ona tātou folau i le sami o le ōlaga e aunoa ma Keriso, 'ae 'ā fa'apēfea lā le taimi e tuta ai le fōlauga? 'Ua iā te 'oe le faitalia e fai ai lau filifiliga pe 'e te folau na'o 'oe, pē sau Iesū lua te malaga. 'Ana lē iai Iesū i le va'a o le 'Au So'o, se manū e goto ma lē iloa po 'o fea le a'au e tuta 'i ai. E mafai lava ona 'e ola na'o 'oe, 'ae manatua, e tatau ona iai se tāulaga e tuta 'uma 'i ai o tātou va'a, 'ina 'ia taunu'u 'uma i le lagi.

8. 'O le tagata e lē iloa tatalo pe 'ā susulu le lā, e matuā lē iloa lava tatalo pe 'ā fofoli mai tīmuga. E iai ni isi 'ua lātou lē lagona lava le loto fa'afetai i le Atua i aso lagi lelei ma aso lāofie, 'ae 'ā o'o mai loa aso leaga, 'ua lē iloa se mea 'ā fai. E tatau i le tagata ona soifua ma le mautinoa, e lē solo 'ātoa ni aso manuia; e iai aso lelei, e iai fo'i aso leaga o le ōlaga. 'Ia tātou iloa le Atua i so'o se itū'āiga uiga o le ōlaga.

9. 'O le fetāfeaa'i o tagata o se 'aulotu, e goto ifo ai le 'ekālēsia. 'O le 'ekālēsia e fausia i tagata. 'O se mea e tafea i le sami 'o le mea lea 'ua leai se ola 'o iai, 'auā e pule au o le sami i so'o se mea e 'ave aga'i 'i ai. 'Ā fa'apēnā tagata o se 'aulotu, 'o lona uiga, 'o se 'ekālēsia mate ma e i'u ina goto ifo. E lē tatau i tagata o se 'ekālēsia ona femoumoua'i, 'ae tatau ona tūmau ma tausisi mo le atiina'e ma le fa'atūmauina o le 'āiga o le Atua.

10. 'Āfai 'e te fefe i fāitioga, e te lē mafai lava e 'oe 'ona fai se mea. 'O le fa'afītāuli lenei 'ua lē mafai ai e kerisiano pāla'a'ai ona fai se mea lelei 'ona 'o le fefefe i fāitioga. E le'i 'avea le fāitio o tagata iā Iesū ma mea e tu'u ai lana gāluega lelei mo tagata. Manatua, 'āfai tātou te fefefe e fai o tātou tiute, 'ātoa ma mea e manuia ai le finagalo o le Atua, 'o lo tātou tē'ena lava lenā o le Atua 'i o tātou ōlaga.

11. E lē tāitāi ona 'āto'atoa au tēuga se'ia vāganā lava 'ua 'e laufofoga fiafia. 'Ua galo pea i le tele o tagata lenei mea, 'aemaise lava le itūpā o tama'ita'i. Po 'o le ā lava le mānaia o sou lā'ei pe 'ā 'e teteu, 'ae 'ā 'e mata fa'asiasia, e sili ai lā ona fa'atau sau pīsupo e 'ai, i lō le fa'atau o lenā 'ofu taugatā. E lē 'o 'ofu mānaia le lā'ei sili, 'a 'o le laufofoga fiafia. 'O le talimālō fo'i a Sāmoa, 'o le laufofoga fiafia. E tatau lā i Kerisiano Sāmoa 'uma ona laumata 'ata'ata ma laufofoga fiafia.

12. E mautinoa lava e tu'itu'i atu fa'aosoosoga i ou faitoto'a, 'a 'o lou lava fa'atamala pe 'ā 'e vala'auina i lātou tou te tālisua fa'atasi. E lē fa'ailogaina e fa'aosoosoga taimi e ulufale mai ai 'i o tātou 'āiga. E tatau lava ona sāunia lelei tātou; 'ina ne'i o'o mai fa'aosoosoga ma fa'aleagaina ai 'i tātou. 'Ia tātou mātaala 'auā na fa'aosoosoina fo'i Iesū ia 'ona 'o mea'ai; manatua e lē na'o mea'ai e ola ai le tagata.

13. 'O le toa le tagata e mata'u i le Atua, 'a 'o le 'aiate ma le pala'ai le tagata e fefe i tagata. 'O le tasi lea mea valea pe 'āfai e tupu pea i le tagata; 'o ni isi e pei e lē kea i le Atua, 'ae mātata'u 'i isi tagata. E lē 'o le tagata e ola ai, 'a 'o le mata'u i le Atua. 'O le ala lenā na mafai ai ona so'o le lalolagi i le Talalelei; 'auā sā lē mātata'u le 'Au So'o i tagata, 'a 'o le Atua.

14. E tasi le 'auala e mafai ai ona 'e mālamalama 'i ou fili — 'o lou alofa lea 'i ai. E ui ina faigatā 'ona 'o uiga fa'anātura 'ua tātou māsani ai, 'a 'o lo tātou taumafai lea e taui atu le leaga 'i o tātou fili. E ui ina 'inosia i tātou e o tātou fili, 'ae 'ā tausisia pea le alofa e tali atu ai, 'ole'ā lē pine ona tātou mālamalama iā 'ilātou, ma 'avea ai ma a tātou uō. Manatua, 'ia lē alofa mai, 'a 'ia alofa atu.

S.I.T.

III. 'O TATALO FA'ATA'ITA'I

'O le matā'upu tau lotu, 'ua 'avea 'o se vāega o le aganu'u. E tatau i so'o se tagata Sāmoa ona lotu 'auā 'o le tātou fa'avae lea na 'āmata e ō tātou mātua. E tatau fo'i i so'o se tagata lotu ona iloa fai se tatalo.

'O le tatalo, 'o le aganu'u lea a le 'au Kerisiano e fa'ailoa ai lo lātou vāfeāloai ma lo lātou Atua. 'O le tatalo, 'o se filifili 'auro i le so'otaga ma le Atua. 'Ā 'e tatalo, 'o lona uiga 'olo'o talanoa atu i le Atua e ala iā Iesū Keriso. 'O le fausaga lā o tatalo, e māsani lava ona tolu vāega:

fa'afetai
fa'ato'esega
mana'oga

Tātou va'ava'ai muamua lā i le fa'aa'oa'oga ma le fa'ata'ita'iga na tu'u mai e Iesū i lana tatalo, lea 'ua tātou fa'aigoaina, 'O le Tatalo a le Ali'i.

Lō mātou Tamā e 'o i le lagi
'Ia pa'ia lou suafa.
'Ia o'o mai lou mālō.

'Ia faia lou finagalo i le lalolagi e pei ona faia i le lagi.
'Ia 'E fōa'i mai iā te 'imātou i le aso nei,
A mātou mea'ai e tatau ma le aso
'Ia 'E fa'amāgalo iā te 'imātou i a mātou agasala.
'Ia pei 'o 'imātou fo'i ona fa'amāgaloina atu 'i ē
'Ua agaleaga mai iā te 'imātou.
'Aua fo'i 'e te ta'ita'iina 'imātou i le fa'aosoosoga.
'Ae 'ia 'E lāvea'i iā 'imātou 'ai le leaga,
'Auā e ōu le mālō ma le mana,
'Ātoa ma le vī'iga e fa'avavau lava.
'Āmene.

Silasila po 'o ā ni 'ese'esega o a tātou tatalo māsani ma le tatalo a Iesū Keriso.

E māsani ona fai tatalo fa'apitoa e tālosia ai na'o se matā'upu 'ua fa'atū mai. E iai tatalo e tu'u sa'o i le matā'upu 'olo'o mana'omia e talosia. 'O lona uiga, e fa'atūtonu fa'a'upuga o le tatalo i le matā'upu 'ua fa'atū mai. E iai fo'i tatalo e sa'oloto ona fai; e pule le tagata i le 'umi ma le pu'upu'u e mana'o ai. Manatua, 'ā tatalo, 'aua le tautū i 'upu, 'a 'ia tatalo i le agāga ma le fa'amāoni.

Tatalo mo le 'Āmataga o se Fono

Le Atūa e, lo mātou tamā fa'alelagi, 'ua 'E silafia le māfua'aga o lenei māfutaga. 'Olo'o 'E silafia fo'i lo mātou taumafai mo le manuia o tagata Sāmoa i totonu o lenei atunu'u. Alofa ma fa'amanuia mea 'uma 'ole'ā mātou faia nei. Fōa'i mai māfaufauga lelei ma le aogā 'ina 'ia i'u mea 'uma i lou vī'iga. 'Āmene.

Tatalo mo le 'Āmataga o se Vasega

1. Le Atūa e, lo mātou ali'i, 'ua 'E silafia lo mātou taumafai vāivai. Fa'atasi mai lou Agāga Pa'ia mo mātou i lenei itūlā, 'ina 'ia mātou maua le loto tāofi ma le loto fiafia e a'oa'o la mātou gagana ma a mātou aganu'u.
   Fesoasoani mai ma fa'amāgalo lo mātou paiē ma le lē fa'amāoni.
   Alofa fōa'i mai le poto ma le tomai, 'ina 'ia 'avea 'imātou 'o ni Sāmoa a'oa'oina lelei; 'ia maua ai lou vī'iga. E ala i le suafa o Iesū la mātou tatalo. 'Āmene.

2. Iēsū e, lo mātou faiā'oga sili, 'ua mātou tatalo atu i le Atua e ala i lou suafa; alofa fa'afofoga mai 'i la mātou tatalo i lenei itūlā. Mātou te mua'i fa'afetai atu le Tamā e, 'ona 'o lou fa'aopoopo pea o aso mātou te ā'o'oga ai ma gālulue ai i le lalolagi. 'Ae fa'ato'ese atu 'ona 'o lo mātou musuā ma le lē fa'amāoni 'i o mātou tiute. Le

Atūa e, a'oa'o mātou i lenei aso e ala i lo mātou faiā'oga, ma 'E fa'amanuia a mātou taumafaiga 'uma. Fōa'i mai le loto matāla ma le loto tāofi, 'ina 'ia 'avea ai mātou ma tagata popoto. E ala i le suafa o Iesū. 'Āmene.

3. Fa'afetai atu le Atūa e, 'ona 'o lou fa'aopoopo mai pea o aso mātou te ola ai. Fa'afetai fo'i 'ona 'o āvanoa lelei mātou te ā'o'oga ai i lenei Iunivesitē. Fa'amolemole lo mātou tamā, fa'amāgalo o mātou vāivaiga fa'atagataola. 'O le tele o taimi mātou te fa'avāivai ai ma 'augatatā e fai a mātou meaā'oga. 'Ua mātou 'ai'oi atu, 'aua 'E te fa'asala mātou 'ona 'o lo mātou fa'agalogalo i la mātou gagana Sāmoa ma a mātou aganu'u. Alofa fa'amālosi mai ma a'oa'o pea mātou 'ia mātou iloa ona fa'aaogā a mātou mea tōtino na 'E tu'u mai mātou te ola ai. 'Ia 'E alofa fa'apopoto mātou 'ina 'ia fa'aaogā lelei ai o mātou ōlaga i le lumana'i. 'O la mātou tatalo lea e ala i lou suafa Iesū lo mātou faiā'oga sili. 'Āmene.

Tatalo mo le Fa'ai'uga o se Vasega:

1. Le Atua Pa'ia e, lo mātou tamā fa'alelagi. E toe fa'afo'i atu lou vī'iga mo le fa'ai'uga manuia o la mātou vasega i lenei fo'i aso. 'Ua talitonu o mātou loto sā 'E fa'atasi mai i lo mātou vāivai. A'oa'o atili mātou le Alī'i e, 'ina 'ia i'u manuia lo mātou taumafai. Fa'afo'i pea le agava'a i lo mātou faiā'oga e ala mai ai lau fesoasoani. Tausia mātou pe 'ā fo'i atu i 'āiga. Fa'afetai 'ona 'o Iesū. 'Āmene.
2. Fa'afetai le Atua i lou fa'atasi mai i la mātou ā'oga i lenei itūlā. 'Ua mātou maua fo'i ni isi a'oa'oga lelei i lenei aso. Fa'amāgalo mātou i lo mātou paiē ma le lē fiafia e su'esu'e atili i 'auala e fa'atupu tele ai le tomai i la mātou gagana ma a mātou aganu'u. Fa'amolemole le Atua, 'ia fa'amālosia mātou e tausisi pea i le lotonu'u moni, ma 'avea ai mātou 'o ni tagata Sāmoa 'ua fa'amanuiaina. 'O la mātou tatalo lea e ala lava i le suafa o Iesū Keriso. 'Āmene.

Tatalo mo Lotu a 'Āiga:

Ua mātou fa'afetai atu le Atua, le Tamā, le Alo ma le Agāga Pa'ia, 'ona 'o lou agalelei mo lenei 'āiga 'ātoa i lenei aso. Sā mātou ta'ape i fe'au ma gāluega 'aemaise o fānau i ā'oga. Fa'amālō i lau tausiga alofa.

Le Atūa e, alofa ma fa'amāgalo mātou 'uma i agasala 'ua faia, ma soligātulāfono 'ua faia ma le iloa. Fa'amāgalo lo mātou lē usita'i ma le lē fa'amāoni.

Fa'amanuia maia lo mātou Atūa e, i o mātou mātua 'olo'o tau atia'e le manuia o 'āiga ma nu'u. Fa'atupuina lo mātou ālolofa e talia ai a lātou fautuaga mo le manuia o o mātou ōlaga.

A'oa'o mai iā 'imātou 'ina 'ia mātou iloa ona ola, 'ia iloa fo'i ona gālulue 'i tofi 'ua 'E vala'auina ai 'imātou. Fa'amolemole le Atūa e, 'ia 'E faia mo 'imātou au fa'ai'uga tonu, 'ina 'ia fai ai pea lou finagalo 'ae lē 'o o mātou loto. Se'i 'E fa'amāfanafana atu 'i ē 'o māfatia i gāsegase, 'aemaise ē 'olo'o fa'anoanoa i fa'afītāuli mātuiā. Alofa ma tausia mātou 'i ou 'a'ao alofa ma fa'ataunu'u a mātou fuafuga 'uma mo lenei aso ma aso 'uma lava. E ala i le suafa o Iesū Keriso lo mātou ali'i ma lo mātou fa'aola. 'Āmene.

Tatalo mo Mea Tāumafa:

'Ua 'avea pea ma māsani a tagata Sāmoa le faia muamua o se tatalo e fa'apa'ia ai mea tāumafa, i so'o se taimi lava e tāumamafa ai. E tatalo pe 'ā tāumafa to'atasi, po 'o le tāumamafa fa'atasi fo'i o ni tagata to'atele; e tutusa lava uiga o fa'a'upuga. E mana'omia tele lā i nei itū'āiga tatalo le agāga fa'afetai i le fōa'i a le Atua ma le agāga fōa'i 'o ē na fōa'i mai ma sāunia mea'ai. E tatau fo'i i nei tatalo ona tālosia ai fa'amanuiaga a le Atua i ni tagata, po 'o se 'āiga na lātou sāunia sea 'aiga.

Manatua, so'o se tatalo lava, e tatau ona 'auala i le suafa o Iesū Keriso. Mo tatalo fo'i lā o mea'ai, e tatau lava ona fa'aogā mea'ai ma manatua ai le tino ma le toto o Iesū Keriso na mua'i fai ma 'Āreto o le Ola; e pei o lana malelega i ona So'o e fa'apea: "O lo'u tino lenei 'ia fai ma fa'amanatuga i aso 'uma tou te 'a'ai ai." E lē 'o fa'apea mai Iesū 'ia tau 'o le fa'amanatuga i le Aso Sā e tasi, 'a 'olo'o fa'apea mai, 'o "aso 'uma tou te 'a'ai ai." 'A 'o le'i tāumafaina lā le 'āreto o le tāumafataga mulimuli, sā muamua lava le tatalo fa'afetai. Silasila i fa'a'upuga o le tatalo lea e fai ma fa'ata'ita'iga iā te 'oe. E pule lava 'oe pē saga fa'aopoopo ni isi 'upu i lou lava lagona o'otia i fōa'i 'ese'ese a le Atua, pe 'ā 'e faia se tatalo o mea'ai.

Iēsū e, le Ali'i o le Ola, 'ua 'uma ona 'E a'oa'oina 'imātou i le lalolagi 'ina 'ia mātou iloa ona tatalo, ma 'ia mātou muamua ona tatalo fa'afetai e ala i lou suafa. Se'i 'E fa'afofoga mai 'i a mātou fa'afetai lē lava mo au fōa'i 'ese'ese. Fa'afetai tele lava mo nei mea'ai e tele 'ua mātou vagaia nei. Fa'afetai fo'i i lou fa'atupuina o le alofa ma le fia fōa'i mea lelei o tagata mo lo mātou ola i le tino. Le Alī'i e o manuia, se'i 'e fa'amanuia lenei 'āiga ālolofa 'aemaise ē na sāunia nei mea'ai. 'Ole'ā mātou 'a'ai nei ma manatua ai lou maliu Iesū. 'Ia lē gata i lenei aso, 'a 'ia manatua pea i aso 'uma mātou te ola ai lau fōa'i pa'ia. 'Āmene.

GĀLUEGA FAUTUAINA

I. Talanoaga ma Tusigātala

Su'esu'e ma tusi mai se fa'amatalaga o le tāpua'iga a lo 'outou 'āiga; 'a 'o le ā le lotu po 'o le 'ekālēsia tou te tāpua'i ai.

Mo le vasega 'ātoa, fesuia'i tala a le vasega ma su'esu'e i mea e 'ese'ese pē tutusa ai tāpua'iga 'ese'ese. E mānaia 'ae asiasi le vasega i tāpua'iga 'ese'ese i Aso Sā, 'ina 'ia fa'amāsani ai tama ma teine i tāpua'iga a isi tagata. E aogā lea e fa'atupu ai le fa'aaloalo 'o le tasi 'i le lotu a le isi; 'ae 'aua le fa'atusatusa po 'o le lotu a ai e sili.

II. Māfafau i Fesili

1. 'O ā suiga o le Fa'asāmoa talu ona taunu'u le lotu i Sāmoa?
2. 'O ā tāpua'iga a Sāmoa i taimi 'ae le'i o'o mai tāpua'iga fa'akerisiano?
3. 'O ā vāega togia o se tatalo? 'O ā vāega togia o se lāuga o se lotu?

'O au mea e fai:

1. Lisi ni suiga se lua ona fa'asoa lea ma le tagata 'olo'o 'oulua soso'o i le vasega.
2. Tu'u fa'atasi o 'oulua manatu ona su'e lea 'o se isi pāga ma tu'u fa'atasi manatu.

Va'ai 'ina ne'i tusi fa'alua se manatu e tasi.

3. Fa'asoa loa ma le vasega 'ātoa. 'A 'o fa'alogo 'i isi kulupu, māka manatu 'ua fa'aali mai ona fa'asoa lea na'o manatu e le'i maua e se isi.
4. Tu'u fa'atasi manatu 'uma ma teu fa'alelei e le faiā'oga mo le fa'aogāina i se aso 'o i luma.

Manatua mea nei:
'O ni isi o tatalo, e lē'o iai ni fa'ato'esega.
'O ni isi o tatalo e lē fa'avasegaina leleia i ona vāega māsani.
E mana'omia le toe fa'avasega i ni parakarafa 'u'umi se tolu se tatalo e tasi.
Fa'amāsani e māfuta i le Atua i le tatalo 'auā e maua ai le fa'amāfanafanaga mo fa'afītāuli 'ese'ese.
'O le poto mai lugā e sili ona mamā 'auā e mai le Atua le mālamalama.

ILOILOGA O LE MATĀ'UPU

Vāega I

Tali 'i fesili ia:

1. 'O le ā le uiga moni o lea fa'a'upuga o le Talalelei?
2. 'O le ā le talitonuga o lotu kerisiano?
3. 'O ai lotu kerisiano 'olo'o i Sāmoa?
4. E tāpua'i 'uma tagata Sāmoa i le agāga fa'akerisiano, 'ae 'aiseā e lē ta'u ai isi lotu o lotu Kerisiano?
5. E fa'apēfea ona gālulue felagolagoma'i le Talalelei ma le aganu'u a Sāmoa?
6. 'O ai na faia le tatalo muamua i Sāmoa?
7. Na lē faigatā 'aiseā le taunu'u mai o le Talalelei 'i Sāmoa?
8. 'Aiseā na tau lē āfea ai Tutuila e le va'alotu?
9. E taunu'u mai le Talalelei 'ua mate le tēvolo:
   a. 'O ai lea tēvolo
   e. 'O ai na fasimatea le tēvolo?
10. 'Aiseā e māfua ai ona ola fāitio se tagata i le lotu?
11. E lē mafai ona 'e va'ai 'i le Atua i ou mata o le tino. 'O le ā se 'auala e mafai ai ona 'e talanoa i le Atua Soifua?
12. 'Ā fai sau tāulaga tupe, 'o le ā sou lagona moni lava; e tatau ona folafola pe 'aua?
13. 'Ua tāofi e le lotu le pelē tupe. 'Aiseā?
14. Se'i ta'u mai ni mea e pito sili ona tāua na fai e misionare mo le soifua manuia o tagata Sāmoa?
15. E leai ni igoa o aso a Sāmoa anamua, na'ona ta'u lava o tāeao. Se'i fa'amatala lā le Tāeao na i Matāniu Feagaimaleata.

Vāega II

Fafau se tala ma fai tāga e uiga i le taunu'u mai o le lotu LMS i Sapapāli'i.
'Āmata mai i le feiloa'iga a Mālietoa ma misionare se'ia o'o i le toe fo'i o Viliamu i Peretānia i le 1830.

FA'ALEOGA MA FA'AUIGAGA O 'UPU

'aiate	pala'ai
'Āreto o le Ola	fa'atusa o Keriso
aso lāofie	aso lagilelei
au o le sami	peau o le sami
'augatatā	pāiē
e lē pine	tauau
'o agava'a	tomai
ola fāitio	faifaipona
uiga fa'anātura	faiga fa'anātura o mea tutupu fua
fa'aalualuga o le lotu	tāualumaga o gāluega a le lotu
fa'a'evageliaina	fa'atalaleleiina
fa'afītāuli	puapuagā
fa'afītāuli mātuiā	fa'alavelave faigatā
fa'agalogalo	fa'atagā lē manatua
fa'akerisiano	'o uiga fa'akeriso
fa'alagolago	fa'amoemoe
fa'aletagata	āmio fa'atagataola
fa'alētonu	lē mautinoa
fa'amāfanafana	fa'ato'afīlēmū
fa'amāgalo	fa'asa'oloto
fa'amanatuga	fa'amanatuina o le maliu o Iesū
fa'amanuiaina	'ua maua manuia
fa'a'ole'ole	fa'apepelo
fa'aosoosoga	fa'avalea e le ti'āpolo
fa'apa'ia	fa'amanuia
fa'apopoto	a'oa'o 'ia iloa fai se mea
fa'atāma'ia	fa'aleagaina
faitalia	pule 'oe
fāitioga	faipona
fausaga	'o le fauga o se mea
fautuaga	apoapoa'iga
femoumoua'i	e lē tūmau i se mea e tasi
feso'ota'i	so'o fa'atasi
fetāfeaa'i	feosoosofa'i
fofoli mai tīmuga	'ua tau pa'ū mai tīmuga

fōlauga	'o le malaga
gāsegase	ma'i
lagona o'otia	'ua logoa'ia i le loto se mea 'ua tupu
laufofoga fiafia	mata fiafia
līua	'ua liliu le loto ma uiga
loto matāla	māfaufau lelei; loto tāofi
māfatia	tīgāina
māfuta	nonofo fa'atasi
malelega	sāunoaga
mata fa'asiasia	mata fa'a'ū'ū
mautinoa	iloa lelei
mea tōtino	'o mea patino
migia	alu 'uma atu mea
misionare	'o faife'au e tala'ia le Talalelei i atunu'u 'ese
musuā	musugōfie
pāvaeloto	'aupā e punitia ai se mea
paiē	fa'avāivai
pala'a'ai	fefe vavale
pelētupe	ta'aloga
pēlogia	tala pepelo
soligātulāfono	'o le soliga o tulāfono
solo'ātoa	'ua aofia 'uma ai ma isi
tālisua	tāumamafa
tatalo	momōliga o mana'o
tausisia	fa'amāoni 'i ai
tautū i 'upu	'aua le faia so'o 'upu e uiga i se mea e tasi
tē'ena	'ua mumusu ai
tēuga	fa'amātagōfie
ti'āpolo	'o le fili
toloa'i 'oa	fa'aputu 'oa
tomai	'o le poto māsani
vāivaiga fa'atagataola	'o mea e vāivai ai le ōlaga o le tagata
vala'auina	tōfia
vī'iga	pēsega

MATĀ‘UPU 3: ‘O LĀUGA FA‘ALELOTU

‘UPU ‘ĀMATA

‘Olo‘o iai ā‘oga fa‘afaife‘au a ‘ekālēsia Kerisiano i Sāmoa ma le lalolagi, e a‘oa‘oina ai le ‘aufailāuga ma ē e tāla‘ia le Talalelei i le faiga o lāuga, ‘ina ‘ia talafeagai mo a‘oa‘oga fa‘akerisiano ma le matā‘upu silisili tau le Atua. ‘A ‘o le poto o tagata e lē ‘o ni faife‘au ‘ua lātou faia ni lāuga, e māfua mai i le fa‘alogologo i lāuga a le ‘aufailāuga, ‘o ē ‘ua iai tomai fa‘apitoa; ‘ātoa ma le faitau so‘o i le Tusi Pa‘ia ‘olo‘o lagolago mai ai manatu o le ‘aufailāuga filifilia.

E fa‘atulou atu i le ‘aufaigaluega pa‘ia a le Atua, pe ‘āfai ‘ua sosopo fa‘amaumauga o lenei tusi i la ‘outou gāluega pa‘ia. ‘Ua lē ‘o se sopo tuā‘oi; po ‘o se anuilagi; ‘a ‘o le fia maua o se avanoa mo fānau ā‘o‘oga i iunivesitē ‘o ē ‘ua lē maua lava ni avanoa e ‘auai ai i sāunigālotu, ma fa‘aloglogo ai i le fe‘au a le Atua, ‘ātoa ma le Tusi Pa‘ia.

E lē ‘o se mea taumateina i la tātou va‘ai ma le fa‘alogo i fa‘a‘upuga a le poto fou o tupulaga e fa‘apea, e tusa lava le alu i le lotu ma le lē lotu; ‘ā lē ‘o lenā fo‘i, ‘ua fa‘apea, ‘ou te talitonu i le Atua, ‘ae ‘ou te lē talitonu i se lotu.

‘Olo‘o iai le āfāina tele o ni isi o le fānau ‘olo‘o soifua i atunu‘u i fafo ‘ona ‘o a‘oa‘oga a saienitisi e fa‘apea, E leai se Atua na Ia faia le lagi ma le lalolagi; e o‘o lava i tagata; ‘auā ‘o mea lava lātou na māfua i aga o le nātura o mea. Peita‘i, ‘o le talitonuga a le ‘au Kerisiano a Sāmoa, na‘o le tagata valea e fai mai e leai se Atua.

‘O MĀFAUFAUGA O LE ‘AUFAILĀUGA

‘O nai fa‘ata‘ita‘iga nei o lāuga e su‘esu‘e ‘i ai tama ma teine, ‘o ē e lē lava le mālamalama pe ‘ā fia fai se lāuga o se lotu.

‘O le Tāla‘iga o le Talalelei

> Matua: II Timoteo matā‘upu 4, f. 2 ma le 5:
> ‘A ‘o ‘oe, ‘ia tāla‘i atu le ‘Upu. ‘Ia ‘e fai le gāluega a lē folafola le Talalelei. ‘Ia ‘e fa‘amālosi ‘i ona aso e taugalēmū ai ma ona aso e lē taugalēmū ai. ‘Ia ‘e matuā fa‘ai‘uina lau faiva.

‘Ā tu‘u fa‘atasi le agāga o le matua, ‘o lona uiga, e fa‘apea: ‘Ā fai sau gāluega, fa‘amālosi ‘ia maua lona i‘uga. ‘O se lu‘i tele lea mo le ‘autalavou.

'Ā fautua mai se tagata e tomai i se gāluega iā 'i tātou e pei o Paulo, e taliagōfie; 'auā 'o mea moni 'ua 'uma ona na faia i lona ōlaga. 'O le afiafi o le soifua fa'aletino o le Kerisiano, 'o le tāeao fou lenā o lona soifuaga fa'aleagāga. 'O le taugāgaifo o le soifuaga fa'aletino o Paulo i le tāla'iga o le Talalelei, 'ua fai ma tāeao fou o le gāluega tāla'i a Timoteo. 'Aiseā? 'Auā 'ua fai le Keriso toetū ma manulautī o le Tāla'iga o le Talalelei. 'O le gāluega fa'aauau se'ia maua le sini; 'o le ola lea e fa'avavau.

E tusa po 'o le ā le mau fa'amatalaga e uiga iā Iesū ma lana gāluega fa'aola, e tusa fo'i po 'o le fai mai 'ua maliu Iesū 'ona 'ia māgalo a tātou agasala; 'ae 'ana lē toetū mai lava i le tu'ugamau, e lē 'āto'atoa le fa'amāoniga o le fa'amoemoe. 'O le fa'amoemoe lea 'ā tātou feoti, e toe feola mai i le tāeao fou o le ola e lē toe oti.

E ui lā i tāeao ma tāeao, 'a 'o le tāeao sili lava, 'o le tāeao na toe soifua ai Iesū. Se'i tātou toe tepa lā 'i tua ma māfaufau loloto; i le o'o mai o le tāeao o le Talalelei i Matāniu Feagaimaleata, po 'o le ā lona uiga iā 'i tātou.

Ma'imau pe 'ana tātou iai i Sapapāli'i i lenei tāeao, se'i tātou solisolia tūlāgāvae o misionare loto tetele mai i Peretānia; lea sā tu'utu'u lā'au mai fa'amanulāiti i motu o le Pasefika, ma tau fatufatu ni manatu pe tua ma ni ā lo lātou taunu'u i Sāmoa; talu ai na lātou maua tala, 'o Sāmoa 'o le atunu'u fasioti tagata; 'ona sā lātou fasiotia seila e to'asefululua o le va'a Farani. Tafēfē lā pē 'ana lē vave o'o mai le Talalelei 'iā tātou; 'ai se 'ese o a tātou āmio. 'O ā lā ni tāua ma ni aogā o le Talalelei mo tagata Sāmoa? Fa'afofoga mai se'i toe fa'amanatu atu:

> 'Ana lē o'o mai le Talalelei e lē 'uma le fetaua'i o tupu ma itūmālō o Sāmoa 'ona 'o le su'ega o le pule ma le su'ega o le mamalu ma le tamāo'āiga.
>
> Na ōmai misionare fa'atū ā'oga a faife'au i nu'u e a'oa'o ai le tusitusi ma le faitau tusi a tagata.
>
> Na lātou fa'atū le ā'oga fa'afaife'au i Mālua e a'oa'oina ai ē e 'avea ma tagata tāla'i o le Talalelei.
>
> Na lātou fa'aliliu le Tusi Pa'ia i le gagana Sāmoa, 'ia faitau ma mālamalama lelei ai tagata i le gāluega fa'aola a Iesū.
>
> 'Ua iloa ai e tagata Sāmoa ona fa'aaogā lelei la lātou gagana ma a lātou aganu'u, 'ua mafai ai ona fa'aaogā le vāfeāloai fa'atamāli'i.
>
> 'Ua iloa ai e tagata Sāmoa ona ola i le ōlaga mamā e ala i lavalava lelei ma mea'ai mamā, ma 'ua lātou iloa ai tausi le soifua mālōlōina. '
>
> Ua tātou iloa ai nei ola tāpua'i i le Atua lea 'ua fiafia fa'atasi ai a tātou 'ekālēsia i Sāmoa.
>
> 'O le ā lā sa tātou tali atu i le mana'o o le Talalelei? 'O le ā so tātou sao i le fa'alautelēga o le Talalelei?

Fa'afetai 'i o tātou tua'ā faife'au. 'O le 'āmataga o le Talalelei na ofo atu ai le soifua o ni isi e malaga 'ese atu fa'atasi ma Ioane Viliamu, e tāla'i le Talalelei 'i isi atunu'u. E ui ina 'ua fasiotia ni isi o 'ilātou i Niu Eperiti, e ui fo'i ina 'uma le soifua o le to'atele i Pāpua Niukini, 'ae lē āfāina 'auā 'o le i'uga lava o le misionare, 'o le oti i le Talalelei.

'O le gāluega fa'aauau lea a le 'Ekālesia Sāmoa 'olo'o faia pea e o'o mai i le asō, e pei fo'i ona gālulue ai tama fānau a le 'ekālēsia i Jamaica ma le Atu Maresala.

Fai mai la tātou matua: " 'A 'o 'Oe, 'ia e fai le gāluega a lē e fōlafola le Talalelei. 'Ia 'e matuā fa'ai'uina lau faiva."

'O Paulo, 'o le ulua'i misionare o le Talalelei i nu'u 'ese. E poto, 'ae lē fiapoto. E mālosi, 'ae lē fiamālosi. E fa'auluuluma'au ma fa'alālolalo ona manatu. Na fa'atumulia i uiga fa'aIesū ma na talitonuina o le toetū lava o Iesū 'o le 'Upu a le Atua. 'O le ala lava lenā sā na 'avea ai le suafa o Iesū Keriso e fai ma manulautī o lana gāluega tāla'i. Fai mai lana 'upu i lona atali'i fa'aletalalelei 'o Tīmoteo, " 'Ia 'e fa'amālosi e tāla'i le 'Upu i onapō e taugalēmū ai ma onapō e lē taugalēmū ai." 'O lona uiga, 'aua le mapu; 'aua le fa'alogo atu loa 'ua tele fa'afītāuli o le gāluega, ona tau fa'amāvae lea.

Le 'au ūso e, 'ā tātou fa'amanatuina le o'o mai o le Talalelei i Sāmoa, se'i tātou māfaufau loloto po 'o le ā sa tātou tali atu i le pa'i mai o le Talalelei 'i o tātou loto. Po 'o tāua 'ea iā 'i tātou so tātou sao? Po 'o 'ua lava tau o le $20.00? 'Ae 'ā fa'apēfea pe 'ā 'e salamō ina 'ua 'uma le tausaga 'e te le'i tāla'ia se 'upu o le Talalelei?

E lē na'o faife'au ma a'oa'o e lāugaina le Talalelei; 'a 'o tātou 'uma fo'i e lē ni faife'au; fai mai lava Paulo, " 'A 'o 'oe, 'a 'o a'u, 'a 'o tātou 'uma, e tāla'ia le Talalelei e ala i a tātou gāluega."

'O ni isi nei o fesoasoani tātou te mafaia mo le fa'aolaolaina o le Talalelei:

A'oa'o le fānau i le Tusi Pa'ia ma le Vāfeāloa'i.
Fautua i tamaiti 'ia fa'aauau ā'oga i kolisi ma iunivesitē.
Fa'afealofani tagata 'uma o le 'āiga.
Fa'asoa atu i ou tuā'oi pe 'ā tele au mea e maua.
Fesoasoani 'i mea e fai a le 'aulotu e ala i gāluega ma manatu fa'aalia.

'Ā tātou faia gāluega lelei mo le 'āiga, mo le nu'u, ma le 'ekālēsia, 'ua tātou faia gāluega o le Talalelei, 'auā 'o le finagalo o le 'Upu a le Atua, 'Ia ola fiafia ma ola manuia tagata 'uma. 'Ae tasi 'o le mea, fa'aogā le suafa o Iesū e fai ma manulautī o le tāla'iga. 'Aua le 'ave anea talitonuga sesē ma māsalosaloga e fa'avae ai māfaufauga o le gāluega 'auā 'o le ala lea 'o le lē ola lelei o le Talalelei.

'O le ā moni 'ea lenei mea o le Talalelei? 'Ua tātou iloa 'uma lava, 'ā lelei se tala, 'ua ta fiafia. 'Ioe, 'o le Talalelei, 'o le 'Upu a le Atua e tatau ona fiafia 'i ai. 'O le 'Upu lea 'ua "liu tino tagata," 'ina 'ia faigōfie ona talia e tagata. Peita'i 'ua fai le igoa o Iesū ma mea e tē'ena ai e tagata le 'Upu. 'O le ala lea 'ua 'avea ai lava Iesū 'o se manulautī e tau'ai 'i ai māfaufauga o tagata.

'O le 'upu manulautī e maua mai i le fa'aagātama 'o le Tōloga. E fa'atū se pou tū i le malae, ona pu'e ane lea 'o se manulele fa'apipii i luma i le pito i luga o le pou, ona tau'ai lea i tao. 'Ā velo atu 'ua tūtonu i le manu, ona tau lea 'o le 'ai; 'ae 'ā sesē le velo ma alu loa le tao, ona maua lea 'o le fa'atusa o le to'asā o le Atua, 'o le tao e velo i le maninoa.

'O le uiga leaga o le 'upu manulautī, 'o se fa'asalaga mātuiā ma le mātagā, 'a 'o lona itū lelei, 'o le sini aoao o se matā'upu. 'O se fa'amoemoega 'autū o se a'oa'oga po 'o se talanoaga. E ui i lea, 'avea ia fa'afītāuli o le Talalelei o lenei tausaga e fai ma fa'amoemoega toe fuata'i o le lumana'i, 'ae 'aua le tele loa saoga tupe ona sola 'ese lea mai le 'ekālēsia Kerisiano na fa'avae ai lou talitonuga i le Atua.

'A 'o 'oe, 'ia 'e fa'amālosi e tāla'i le 'Upu i ona aso e taugalēmū ai, ma ona aso e lē taugalēmū ai, se'ia fa'ai'uina ou faiva.

Ua fa'atalaleleina 'ea 'itātou?

Soifua.

'O le Aso o Tinā

Matua: Evagelia Ioane: m. 19, f. 26:

'Ua silasila atu Iesū i lona tinā ma le so'o 'ua alofaina e ia.

'O le Aso o Tinā, e lē na'o tinā e a'afia ai; 'a 'o le aso e māfaufau loloto ai tagata 'uma o le 'āiga, nu'u, ma le 'ekālēsia i le uiga o le 'upu tinā. 'O se aso fo'i e māfaufau ai i le tinā ma ana gāluega fai. 'O le aso e toe fa'atepa ai tinā ma tamā ma le fānau i la lātou vāfeāloai mai i lea tausaga i lea tausaga fa'atinā. 'O lona uiga, e lē tāua le aso, 'ae tāua le tagataola 'ua ta'ua 'o le tinā.

'O le mea lea, le 'au fa'afofōga e, 'aemaise lava tātou tinā, 'ia tumu lenei aso i vī'iga o le Atua 'i o tātou gutu ma o tātou loto, ma 'ia tātou fa'apea ane, 'ia pule le filēmū mai le Atua 'i o tātou loto, ma 'ia tātou sāga fa'afetai.

'O le aso o tinā 'ua fa'avaeina mo tinā 'uma o le lalolagi 'ina 'ia alualu tutusa ōlaga manuia ma ōlaga fiafia o tinā. E lē āfāina pē se tinā lanu pa'epa'e, lanu uliuli, lanu mūmū, pē lanu sāmasama; e lē āfāina fo'i pē se tinā Polenesia pe Melanesia pe Maikeronisia; pe 'Āsia pe mai so'o se konetineta o le lalolagi. E lē fa'ailoga fo'i na'o se gagana e tasi le 'upu tinā. 'Ā ta'u e le Hawai'i le tinā 'o le *makuahine*. 'Ā ta'u e le Peretānia ma le 'Amerika o le *mother*, 'ae 'a ta'u e le Sāmoa o le "tinā."

E ui lava lā ina 'ese'ese fa'aleoga o lea 'upu, 'ae tasi lava le 'auga ma le fa'auīgaina i lagona o tagata 'uma; 'o le tinā 'o le "ulua'i fesoasoani alofa." 'O le ā se mea e fa'amāonia ai lea ta'u? Silasila fo'i, so'o se mea e māfatia ai le tamā, e tapa muamua i le tinā; so'o se mea fo'i e māfatia ai le fānau, e tapa muamua i le tinā. E fa'apenā fo'i i 'āiga ma nu'u ma 'ekālēsia; e tapa lava i tinā 'auā 'o le "Ulua'i Fesoasoani Alofa."

'Ā lima vāivai se 'ekālēsia po 'o se nu'u i se fa'alavelave fai, ona fa'apea lea, "Sē lafo ia i le itūpā o Tinā"; po 'o le fa'apea, "Sē na'o tinā lava na au le ina'ilau." 'Ātonu pe taufa'ase'e ia fa'a'upuga, 'a 'o le mea moni, e fai lava; 'auā 'o le uiga o le 'upu tinā, 'o le "Ulua'i Fesoasoani Alofa."

'O le manatu 'autū o le tautalaga, 'olo'o tūsia i le Ioane 'Evagelia, matā'upu 19, fuai'upu 26 e fa'apea: " 'Ua silasila atu Iesū 'i lona tinā, ma le so'o 'ua alofaina e ia."

'O Iesū, e māsani lava ona tali fa'apātapata i lona tinā, ma e fōliga mai e peisea'ī e leai sa lā feso'ota'iga vāvālalata. Na 'āmata mai i le sefulu lua tausaga o Iesū ona uiga ia, lea na su'e ai i le 'aumalaga na ō 'i Ierusalema. E toe fo'i le malaga, 'a 'ua alu filo i le 'au toea'ina i le malumalu. 'O 'i'inā, na silasila mai ai Iesū 'i lona tinā 'ua alu atu. E fai atu Māria ma le loto popole, 'ae tali mai Iesū i se tali e lē mālamalama 'i ai lona tinā. "Lua te lē iloa 'ea 'ua tatau ona 'ou iai i le fale o lo'u tamā?"

Ina 'ua tolusefulu tausaga o Iesū, na ō ai ma lona tinā i le fa'aipoipoga i Kana i Kalilaia. Na silasila mai fo'i Iesū 'ua tolotolo atu Māria ma fai mai, "Iesū, 'ua 'uma le uaina"; 'ae tali mai Iesū, "E le'i o'o i lo'u itūaso."

'O le tolusefulu tolu o tausaga o Iesū na fa'asātauro ai, 'ae silasila ifo ai lava i lona tinā 'o tūtū atu na'o le tagi 'ae lē tautala. Ona vala'au mai lea 'i ai, "Sēna e, fa'auta i lau tama."

'O la tātou matua i lenei tāeao, 'Ua silasila atu Iesū i lona Tinā. 'Aiseā?

'Auā 'o le tinā alofa moni.
'O le tinā mulimulitu'i.
'O le tinā faitama.
O le tinā loto fesoasoani.
'O le tinā fa'amāoni.
'O le tinā e lē manatu fa'apito.

Tālofa, 'o le fa'asātauro, 'o se fa'asalaga 'inosia 'auā na'o tagata āmio leaga tele e o'o 'i ai i lea fa'asalaga. Na lafi ai 'ea Māria le tinā o Iesū? Lēai, na tūtū mātilatila mai lava, ma 'ua tau atu 'i ai le silasila a Iesū.

'O le silasila a Iesū e lē va'ai i fōliga 'aulelei o le tino, 'ae silasila i le 'aulelei o le loto; 'o le finagalo moni lenā o Iesū 'i aso o tinā. 'O 'itātou 'uma 'o tinā iā te ia, ma 'olo'o silasila mai pea lava iā 'itātou i aso 'uma; e lē gata 'i o tātou loto ma mea 'olo'o tumu ai, 'a 'o o tātou ōlaga va'aia fo'i i le tino; i tiute ma āmio 'olo'o tātou fa'ataunu'uina ai a tātou gāluega.

ʻĀfai ʻo tātou ʻo tinā o le ʻekālēsia, ʻo ʻitātou foʻi e tinā iā Keriso; ʻauā ʻo Keriso ʻo le Ulu ia o le ʻekālēsia. E tāua tele le silasila a Keriso iā ʻitātou ma e ʻamuʻia ʻitātou pe ʻā fia silasila mai ʻi ai Keriso.

E tāua foʻi lau silasila totoʻa i lau lava tāne ma lau fānau, ʻauā e faigatā ōlaga tau tamaiti o nei aso. E misi loa la tātou vaʻai ʻi a tātou fānau, ona tātou oʻo loa lea i le loto popole ma le ola faʻanoanoa.

Tinā e, ʻia tātou tulituliloaina pea o tātou taʻitoʻalua ma a tātou fānau i le silasila totoʻa. ʻĀ silasila totoʻa, ʻua maua le mālamalama. ʻĀ mālamalama, ʻua maua le tonu saʻo. ʻĀ maua le tonu saʻo, ʻua maua le filēmū. ʻĀ maua le filēmū, ʻua maua le fealofani. ʻĀ maua le feālofani, ʻua maua le vīʻiga o le Atua. Tatala atu ia o tātou loto e silasila mai ʻi ai Iesū, ma musumusu mai ʻi ai lona agāga faʻapea, "Sēna e, faʻauta i lau tama."

ʻO le mea sili ona faigatā, ʻo le silasila mai ʻo Iesū, ʻae pūnonou i lalo o tātou mata. Tinā e ʻo Sāmoa, tālosia ʻia silasila mai Iesū iā ʻitātou. ʻO le ā lā se aogā o le Aso o Tinā ʻiā ʻitātou tinā? E ʻavea ai ʻea ʻoe ma ʻāgelu, pe ʻavea ai ʻoe ma masiofo? Manatua e puʻe e ā tātou fānau o tātou uiga māsani. E toe faʻamanatu atu ai tinā, soʻo se tinā lelei, e mata fiafia, e alofa; e lē faʻaūʻū. E lē palauvale, e lē leo tele ma ʻāvaʻavau, e lē soʻona teteu; e tū mamā i lona tino ma lana fānau ma lona fale. E tautala faʻaaloalo i so ʻo se tagata.

ʻO le tinā lelei e fa ʻaeaina i tofi māualuluga. E lē mativa. E loto fa ʻafetai. E fetuʻunaʻi le tōfā ʻae le tāofiofi mamau. ʻO le tinā lelei e lē tautala faʻasāusili ʻae manatu e sili ni isi ʻuma iā te ia. ʻO le tinā e tautala ma le poto, e i lona laulaufaiva le tulāfono o le alofa. Fai mai la tātou matua, ʻua silasila atu Iesū ʻi lona tinā. ʻIa manuia ʻoutou tinā, ʻae seʻi fai atu lava laʻu tala lea mo tamaiti.

Tālofa Tamaiti, tou te silafia ʻo le Aso Sā lenei faʻapitoa mo tinā o le lalolagi? ʻIa, e lē ʻo se mea taumateina le alofa o le Atua iā ʻitātou ʻuma ma o tātou tinā. ʻUa tatau ai ona tātou vīʻia le suafa o le Atua ʻona ʻua tātou aulia manuia foʻi lenei tausaga faʻatinā.

Tālōfa e i nai tinā ua tōfafā mai tia. Tālōfa e foi i nai tamaiti o le lalolagi ʻua leai ni tinā, ʻona ʻo faʻafītāuli o le ōlaga nei. ʻAe tasi ʻo le mea, tou te silafia tamaiti, ʻolo ʻo iai Lē e sili ona latalata iā te ʻoe i lo lou tina? ʻO Iesū lea.

ʻO lenei Aso Sā ʻole ʻa tātou māfaufau faʻapitoa ai ʻi uiga o tinā ʻātoa ma lou māfuta atu i lou tinā i ou foʻi uiga. Seʻi ʻou toe faʻamanatu atu ʻiā te ʻoutou tamaiti le tala faʻamomoi loto lea tātou te faʻalogo soʻo ʻi ai.

Na sasao le afi ma mū ai le fale sā nonofo ai se tinā ʻAferika ma lana tama pepe. E foʻi mai le faʻatauga a le tinā ʻua o ʻole mū i faitotoʻa o lo lā potu, ʻa ʻo lā e moe ai si ana tama. E le ʻi kea le fafine i le mū o lona ʻofu ma ona mata ma ona lima oloʻo tau tataʻe ai le faʻamalama ma tau toso mai lana tama i fafo. Na matuā loloto manuʻa o lenei tinā, ʻa ʻo le mea sili ʻua faʻasaoina le ola o si ana tama. Sā i ai uma le tinā ma le pepe i le maota gāsegase mo se māsina, ma na te'a i tua 'ua manuia 'uma lā'ua. 'O le pili po'o le totogi o lo lā nonofo i le falema'i, 'olo'o tulitulilo ai pea le tinā. 'Ae tasi 'o le mea, e le'i lagona e le tinā se tīgāina i le faigāluega i le ao ma le pō 'ina 'ia 'aua ne'i fa'alētonu le totogi o le falema'i, 'ae maise lava le totogi o le ā'oga a si ana tama.

'O le aso lā na fai ai le fa'au'uga o le Kolisi lea sā iai le tama a le fafine 'Aferika lenei, na iloa ai e maualuga lona pasi 'i matā 'ūpu o le ā'oga ma 'ua maua ai lona fa'ailoga. Na vala 'auina e le faiā 'oga pule mātua o tamaiti 'ua maua Tusi Pasi e ō atu 'i luma mo le tu'uina 'i ai o Tusi Pasi. E tu'u atu le Tusi Pasi o Penelope i lona tinā, 'ae oso atu Penelope fao 'ese ma fai atu 'i lona tinā, "Alu 'ese. 'O ai 'oe? E lē fa'apenā so'u tinā le 'auleaga ma le mā'ila'ila o mata ma lima. Fa'avave 'ese ia ma 'ī ma le mātagā."

Na ofo 'uma le 'au māimoa 'ātoa ma mātua sā 'auai i lenā sāuniga i le lē alofa o lenei teine ma le agaleaga i lona tinā. Tīgā ona fa'amāfanafana atu 'o tagata ma faiā'oga i lenei tinā māfatia, 'a 'ua lē mafai lona tagi. Na maua loa si ona to'a, ona tula'i lea i luga ma talosaga i le faiā'oga pule. "Fa'amolemole se'i fai sa'u 'upu i la'u tama ona 'ou alu 'ese ai lea. Na talia e le faiā'oga le avanoa mo le tinā ona fa'apea lea, "Penelope, 'o a 'u moni lava 'o lou tinā. 'Ua leva ona maliu lou tamā 'a 'o 'e i lo'u manava. Va'ai mai fo'i 'i o'u mata ma o'u lima ua mā'ila'ila 'ona 'o le fa'asaoina o 'oe mai le afi. 'Ua mafai 'ona i'u lau ā'oga 'ona 'o lo'u fa'amālosi e faigāluega e totogi ai lau ā'oga ma lo tā pili i le falema'i. 'Oi 'auē, Penelope, matuā tigā le fa'alumaina. Peita'i e sili atu foi le tīgā o le alofa ia. Pule ia 'oe."

Tamaiti, 'o le ā sou lagona pe 'ā 'e faia i lou tinā se mea fa'apea? 'A 'o le ā sou lagona tinā pe 'ā 'o sau tama Penelope? 'Ia tinā, māfaufau lelei ma le to'amālie 'ina 'ia pule le filēmū mai le Atua i o tātou loto. 'Aua le popole i mea e tutupu mai 'auā e tutupu mea 'uma mo le mea sili.

Tamaiti, tātou te le'i filifilia ni o tātou tinā 'ae talia ma le alofa lou tinā 'ua iai. 'Āfai 'e te alofa i lou tinā, talia ana fautuaga.

'Ia manuia le Aso Sā o Tinā iā te 'outou tamaiti.

Soifua.

'O le Aso o Tamā

Matua: Korinito I, m.14, f.33:

'A 'o le Atua, e lē 'o le Atua ia o le fa'asoesā, 'a 'o le filēmū.

'Ou te mua'i fa'amanuia atu mo le Aso Sā o tamā i lau susuga i le Tamā o le gāluega fa'apea tamā 'uma o la tātou 'aulotu, 'aemaise fo'i tamā o uso a mālō 'ua tātou 'au fa'atasi i lenei sāuniga. 'Ia manuia lava le Aso Sā o Tamā iā te 'outou 'uma, ma sāga fa'aopoopo pea e le Atua ni isi aso fa'apēnei mo lo 'outou lumana'i. Tātou fa'afetaia le

Tamā fa'alelagi 'ona 'o lo tātou aulia manuia i le lagi soifua lelei lenei fo'i tausaga fa'atamā.

E ui lava fo'i ina 'ua tō'esea ni isi o tua'ā tamā o la tātou 'aulotu, e pei fo'i 'o le tamā o lenei 'āiga, 'ae leai so tātou mālosi e vāoia ai gāluega ma fuafuaga a le Atua. 'O le muāgagana fa'atamasoāli'i, "E au 'uma i le fāgota; e au i le tauola". 'O lona uiga, e leai se isi o tātou e mafai ona 'alo 'ese i lona taimi e alu ai. 'Ae fa'afetai lava i le Tamā o Tamā 'olo'o āmi'ami ta'itasi tamā o tātou 'āiga, 'ae lē 'ave'esea fa'atasi 'ona 'o mala fa'afuase'i o le ōlaga. 'Ia vī'ia le Atua le Tamā, 'i mea 'uma e faia i lenei Aso Sā o tamā.

'O le agāga o le Aso, 'ia mataala. 'O le ā lona uiga? 'Ia ala mata. E lē gata 'i mata o le tino, 'a 'o mata o le agāga. 'O mata, 'o le mea pu'eata na te pu'e maia fōliga 'aulelei ma fōliga 'auleaga; 'o gāoioiga mānaia ma gāoioiga mātagā. 'O ia mea 'uma e fa'avasega e le māfaufau, ona faitalia lea 'o le loto po 'o ā mea e 'ave mo le agāga. E lē 'o fa'apea mai lā le tusi, 'ia mataala na'o tamā i le Aso Sā lenei, 'ae momoe pea 'outou tinā ma tamaiti. E lēai; 'o tagata 'uma o le 'āiga 'ia mataala. 'Aiseā? 'Ina 'ia māfaufau loloto fa'atasi le 'āiga 'ātoa i ni tāua o le tamā; ni aogā, ma ni sā'afi'afiga lelei sā mo'omo'o 'i ai mai lenā tausaga i lenei fo'i tausaga, po 'o taunu'u pe lēai.

'Āfai 'o le 'autū moni o le aso mo tamā, 'o le fa'atāuaina o tamā, 'o le ā lā sa tātou 'upu e fai i lea mea? 'O lenei:

Va'ai pē se tamā e iloa ta'ita'i le 'āiga 'ia ola fa'akerisiano.
Pē sā iai se fesoasoani a le tamā i ā'oga a le fānau.
Pē se tamā e moni lona alofa i le to'alua ma le fānau.
Pē se tamā tautua lelei i le 'āiga ma le 'ekālēsia.
'O se tamā loto fiafia pe mata fa'asiasia?
'O se tamā fa'asoesā pe se tamā filēmū?

'O ata 'uma nā o le tamā o le 'āiga sā pu'eina mai e le Mataala. Le 'au ūso e, 'o la tātou matua 'olo'o tūsia i le Korinito I., m.14, f.33: " 'Auā 'o le Atua, e lē 'o le Atua o le fa'asoesā, 'a 'o le filēmū." E mauagatā le filēmū 'ae mauagōfie le fa'asoesā. 'O le fa'asoesā i taliga, ma le fa'asoesā i mata, ma le fa'asoesā i le loto.

'O le uiga o le 'upu fa'asoesā, 'o le fai so'o, 'o le pisa so'o, 'o le ōi so'o, ma le valea so'o.

'O le ā sa tātou ta'u i le tamā 'ua mānava mai i le gāluega ma vae tautevateva 'ae lē mamulu 'ese le fagu pia i le lima? 'O le ā le itū'āiga tamā e iai le tamāloa e 'ōnā mai feato solo mea o le fale 'ona 'o le lē fa'avevelaina o ana mea'ai? 'O le ā se manatu i le tamā 'olo'o fa'aūmu i le alatele ma fa'alālā le fia mālosi i leoleo? 'O fōliga 'uma nā o le tamā fa'asoesā. 'Ae tasi 'o le mea tātou te lē ta'u leagaina fo'i le fa'asoesā ia; 'auā e iai fo'i fa'asoesā e lelei; e pei 'o le ta'u atu so'o o le mea e lelei ai le ōlaga o se tamā; 'o le fa'asoesā lelei lenā. 'Ae va'ai lau fa'asoesā 'ia sa'o le taimi e fai ai.

Tinā talavou, 'o lau meaalofa tonu lava lenā 'i le tamā o le 'āiga mo lenei tausaga fa'atamā. 'O le fāutua lelei; fautua i mea e manuia ai; fautua i le agāga filēmū 'ae lē 'o le fa'atupu fo'i e 'oe 'o le isi fa'asoesā; 'auā 'o lou toe tu'u atu o le isi fasi fafie i le afi, 'o le mū sāesae lenā o le leaga. Va'ai le taimi sa'o 'e te fautua ai, 'ae 'aua le gagauina le lā'au o mata.

'Ua a'oa'o mai Paulo i la tātou matua: " 'O lo tātou Atua, e lē 'o le Atua fa'asoesā, 'a 'o le filēmū." 'O taimi lā o le Atua, e lē ofi mai i le taimi lua te vevesi ai ma le tamā, 'ae ofi mai i le taimi o le to'afilēmū. 'O fea 'e te maua ai le agāga filēmū o le Atua? 'O lou nofo i le mealilo, 'auā 'o iai Lē silisili 'ese. 'E te mau i lona paolo mālū, ma 'o i'inā 'e te maua ai lou filēmū. 'Auā 'o lo tātou Atua, e lē 'o se Atua fa'asoesā, 'a 'o le filēmū.

'O 'Apera'amo, 'o se tamā filēmū 'ae tumu i le fa'atuatua; na ala ai ona 'avea ma fa'atamā o le 'au fa'atuatua. 'O Mose, 'o se tamā fa'ali'i, 'ae tumu i le lotonu'u; na ala ai ona fai ma fa'atamā o le 'au lotonu'u. 'O Iopu, 'o le tamā e ma'i; 'ae tumu i le 'onosa'i; 'o le ala lenā na 'avea ai ma fa'atamā o le 'au 'onosa'i. 'Ai lā se lelei pe 'ā 'avea tamā o lo tātou atunu'u ma tamā o le 'au ta'imua, 'ae lē 'o le 'au solo 'i tua. 'Ai fo'i se lelei pe 'ā fai ni isi tamā ma fa'atamā o le 'au fa'alā'ei'au; 'ae lē 'o le 'au fa'amolo'au. 'Ua fai mai la tātou matua, " 'O lo tātou Atua, e lē 'o le Atua o le fa'asoesā, 'a 'o le Ali'i o le filēmū."

'Ia manuia le Aso Sā o Tamā.

Soifua.

'O le Lotu a Tamaiti

Matua: Salamo 127:3:

Fa'auta, 'o le fānau 'o le tofi lea mai le Ali'i.

'O le Lotu a Tamaiti, 'o le Aso Sā o le fānau; po 'o le Aso Sā Pa'epa'e, 'o igoa 'uma nā 'o le Aso Sā 'ua fa'apitoa mo fānau a Sāmoa. E lē faia e isi atunu'u ni lotu tamaiti, 'ae tāua tele fo'i a lātou fānau. 'O le aganu'u a Sāmoa anamua, e pei sā fōliga mai e tau lē āmana'ia tamaiti, peita'i, " 'O fānau 'o le tofi o mātua"; 'ae lelei fo'i pe 'ā fa'apea; " 'O mātua, 'o le tofi o le fānau"; 'auā e talafeagai lelei ma le aganu'u a Sāmoa. E tausi ma pūlea e mātua fānau 'a 'o lāiti, 'ae tausi ma 'au'auna mai fānau i mātua i le ōlaga 'ātoa.

'O le Lotu a Tamaiti, e fai 'ona 'o le tālosia ai o tamaiti. 'O le Aso Sā o le fānau, e fai 'ona 'o le fa'apa'iaina ai o le fānau, ma iloa ai e fānau e tāua lātou i mātua ma le finagalo o le Atua.

'O le Aso Sā Pa'epa'e, 'ua na'o se 'upu e fa'aalia ai fōliga o le aso; 'auā e 'ofu papa'e 'uma ai tamaiti e o'o fo'i i mātua. 'O le isi itū tāua, e fa'atusa ai le papa'e o 'ofu o tamaiti i le mamā o o lātou loto. E lē tioa fa'atusa e Iesū tamaiti e pei 'o ē 'o i le mālō o le lagi; e pei fo'i ona Ia fai mai, " 'Amu'ia ē loto mamā 'auā lātou te iloa atu le Atua"; e pei fo'i ona Ia fetalai mai, " 'Ā lē līua 'outou e pei 'o tamaiti, tou te lē sao i le mālō o le lagi." 'O sāunoaga fa'atusatusa ia a Keriso e iloa ai e mātua, e tāua ma loto mamā tamaiti.

'O le Lotu a Tamaiti muamua lava, na fa'avaeina e le Misi pa'epa'e, po 'o le faife'au papālagi o le LMS i Apia po 'o le tausaga e 1895, 'ae na fa'ato'ā fa'amamaluina e le 'au toea'i'ina i le 1898. 'O le vāitaimi lava o le mativa ma le mama'i o tamaiti i Apia, talu ai le tu'u lāfoa'i e mātua 'ona 'o taua a le atunu'u. 'O le tasi lagona tāua o lenei fa'amoemoe, 'ona 'o le va'aia e misionare fōliga o le Fa'asāmoa, e peisea'ī e lē taulia tamaiti i manatu o mātua. Na manatua ai fo'i e lenei Misionare le māfatia o tamaiti o le lalolagi na mānunu'a i taua a mālō tetele o 'Europa

Fai mai le tala a toea'i'ina o le 'ekālēsia, 'o le ulua'i Lotu a Tamaiti, na'o le tasi le tauloto a tagata 'uma; na'o le tatalo a le Ali'i, Lō mātou Tamā e 'o i le lagi. 'O tauloto 'uma sā Fa'aperetānia. 'O le isi lā toea'ina o le 'aulotu e lē iloa nanu, na ita i lona atali'i i le lē Fa'asāmoaina o lana tauloto. Na fa'asala le atali'i o le toea'ina i le lē fafāgaina i le fā itūlā. 'O le tasi lenā māfua'aga na lāgā ai se manatu e ta'ita'i o le 'ekālēsia LMS, 'ina 'ia faia sāuniga 'uma a le 'ekālēsia i le gagana Sāmoa.

'O lenā fo'i Lotu a Tamaiti, na 'āmata ai ona lafo le mea alofa a tamaiti 'uma o le 'ekālēsia e fai meaalofa ai 'i o lātou uso puapuagātia; e lē gata i tamaiti Sāmoa, 'a 'o le lalolagi 'ātoa. 'Olo'o tausisi pea lā 'i ai ni isi o le 'au faigāluega i le fa'aaogāina sa'o o lea fōa'i, 'a 'o isi fo'i, 'ua fa'agalogalo.

'O le Lotu a Tamaiti, e lē taugatā, 'a 'o le tamaitiiti 'o le 'oloa taugatā. E lē tāua lā le aso, 'ae tāua le tagata e ta'u 'o le tamaitiiti.

'O aso anamua, sā fai le lotu a mātua 'uma i le afiafi o le Aso To'ona'i e soso'o ma le Aso Sā 'o le Lotu a Tamaiti; e tālosia ai le manuia o tamaiti, ma sāunia ai māfaufau o mātua mo le o'o mai o le Lotu a Tamaiti 'ātāeao. 'O le lotu lenā, e matuā fetāgisi ai isi mātua 'ona 'o le agāga o'otia o le Aso. E lagona ai le alofa ma le pele o fānau. E toe lagona ai e isi mātua le agaleaga ma le sauā 'i a lātou fānau. E lagona ai le salamō 'ona 'o le alofa fa'apito 'i le isi o le fānau, 'ae 'ino'ino 'i le isi. E manatua ai fo'i le 'afisi o lana tama moni, 'ae toso le tama a lona uso 'olo'o ona tausia.

'O le pō o le Aso To'ona'i, e lē momoe ai mātua i le tau su'iga o 'ofu fou o tamaiti ma le sauniga o le to'ona'i o le Aso Sā. E usu pō ai mātua e sāuni le tī o le taeao, po 'o le *breakfast* a tamaiti; 'ā tū'ua fo'i le lotu, e sāofafa'i tamaiti 'ae fai mai e mātua a lātou mea'ai. E pele fa'asau 'ātoa tamaiti i le Aso Sā o tamaiti.

'O tūmau 'ea ia uiga o le vāfeāloai a Sāmoa i le Aso Sā o tamaiti? 'Āfai e leai, 'aiseā 'ua lē faia ai? Po 'o tāua 'ea i tamaiti lo lātou aso i tausaga ta'itasi? 'O mālamalama 'ea tamaiti 'i māfua'aga 'ua fa'apitoa ai se Aso Sā mo lātou?

'O a'oa'oina 'ea tamaiti 'i uiga o fa'a'upuga o le Tusi Pa'ia sā lātou molimau ai? 'O manatua 'ea e mātua, 'o tātou 'o faiā'oga muamua o le fānau, ma 'o le faiā'oga 'o se mea e fa'avavau?

'Ia alofa le Atua e fōa'i pea le mālosi i tamā o le gāluega ma o lātou faletua, fa'apea le 'ekālēsia 'ātoa, ma 'ia fa'apea fo'i ona fai 'i alo ma fānau a le atunu'u.

Manuia le Aso Sā o Tamaiti.

Soifua.

'O le Māfutaga a 'Autalavou

Matua: Salamo 144:12:

'Ina 'ia 'avea o mātou atali'i e pei 'o lā'au totō, ma o mātou afafine 'ia pei 'o tulimanu 'ua togitogiina e pei 'o se maōta.

'Ua pa'ia le aso 'auā e pa'ia le Atua e ona le aso. 'Ua mamalu fo'i le maota 'auā 'ua tau fai sunu'i ao o le lagi. 'Ua afio lau afioga a le tamā o le matāgāluega. Susū le 'aufaigāluega a le Atua, 'aemaise tamāli'i ma fale'upolu o le atunu'u. 'Ua āfifio fo'i le mamalu o le 'au vala'aulia; susuga a ta'ita'i ma le nofo a 'autalavou. 'O pa'ia 'uma ia o le asō, ma 'o pa'ia lava ia e lē popo o le atunu'u ma 'ekālēsia. Tulou.

Fa'amālō i le alofa o le Atua 'ua taunu'u le fa'amoemoe. E ui 'i se tōfā na moe i le komiti, 'o le asō 'ole'ā fai ai le aso fa'apitoa mo 'autalavou, 'ae 'āusaga lē tūvae pe 'ana lē finagalo ai le Atua; 'o le mea lea, 'ia pule le filēmū o le Atua 'i o tātou loto ma 'ia tātou sāga fa'afetai i lenei aso.

'O lenei aso ma la tātou māfutaga 'ua lē 'o ni mulivai fetaia'i 'i fa'alavelave fai o le atunu'u, 'a 'o le aso e fa'aalia ai agava'a ma tomai o le 'autalavou. 'O fesili lā tātou te māfaufau nei 'i ai, e fa'apea:

1. 'O le ā lea mea o le 'autalavou?
2. 'O ai e tatau ona iai i le 'autalavou?
3. 'O ā itū'āiga āmioga ma gāluega e tatau ona fai e tagata o le 'autalavou?
4. 'O ā ni a'oa'oga ma ni mea aogā 'ou te maua pe 'ā 'ou 'auai i le 'autalavou?

'O le mea moni, e tofu le tagata ma ana tali lanu 'ese'ese i nei fesili 'uma. Peita'i, le 'autalavōu e, tausisi lou fa'avae; tausisi lau ta'utinoga; tausisi le moni o lou tagata lilo; ma 'ia manatua lava, 'o nei mea 'uma tātou te faia, 'ia 'avea lava le alofa ma 'au'au po 'o se pou tū o le fale o le 'autalavou. Le mamālu e o le fa'apotopotoga, 'o tama ma teine o le 'autalavou, 'o atali'i ma afafine iā te 'outou, 'a 'o fānau fo'i a le Atua: 'ia 'avea 'outou ma 'aupā mālosi e si'osi'o ma leoleo ai le fale o le 'autalavou. 'Ia 'avea fo'i 'outou mātua ma tufuga fau fale mo le 'autalavou; 'auā e leai se aogā o se fale pe 'ā leaga le 'anofale. 'Āfai tātou te atia'e fa'atasi le fale e fa'avae i le alofa, 'ae puipui ma si'omia i se pā mālosi o le fa'amāoni ma le fa'atuatua, ona 'avea ai lea o 'outou atali'i e pei o lā'au totō, ma o 'outou afafine e pei o tulimanu 'ua togitogiina, e pei ona pese ai Tāvita.

'O aso fa'apēnei na vavalo ai le perofeta o Ioelu, "Ona fai miti ai lea 'o 'outou toea'i'ina 'ae iloa fa'aaliga e 'outou taulele'a, ona perofeta ane ai lea 'o 'outou atali'i ma o 'outou afafine." 'O le agāga moni lā o lenei aso,

1. 'Ia tātou fa'atāuaina tupulaga talavou e 'avea 'o se tasi o itū tino o le 'ekālēsia ma le aganu'u.
2. 'Ia lagona ai e tupulaga talavou le māfanafana o le māfutaga ma o lātou mātua, fa'apea ma o lātou ta'ita'i fa'ale'autalavou.
3. 'Ia maua ai ni a'oa'oga lelei e ala i le agāga fetufaa'i.

Toe fa'afofoga mai i le matua o lenei tautalaga: " 'Ona 'avea ai lea o mātou atali'i e pei o lā'au totō ma ō mātou afafine e pei o tulimanu 'ua togitogiina e pei o se maōta."

'Ā 'uma ona fau se fale o se 'āiga o le nu'u o 'Isarā'elu, ona teuteu fa'apitoa lea o se tulimanu e tasi o le fale. E vane i luga o laupapa ma simā ni mamanu, ona togitogi solo ai lea o mamanu i le 'auro. E fa'asao ai foi ma se lā'au totō. 'Ā o'o i taimi pāganoa, ona nōfonofo ai lea 'o le tamā ma le tinā i le potu mālōlō ma matamata 'i le 'aulelei o lenei tulimanu, ma māfaufau loloto 'i lona uiga. 'Ātonu 'o le tasi lea o māfua'aga o le teu fa'apitoa o tulimanu o fale o 'āiga o le 'Ekālēsia Katoliko. E tu'u 'i ai ma se lā'au totō po 'o se teu fugālā'au, ona fa'atū ai lea ma le ata o le tama talavou o Iesū ma lona tinā 'o Māria.

Le 'au ūso e, 'ai se mānaia 'ae 'avea tama 'uma o a tātou 'autalavou ma lā'au totō e fuga mai ma fua mai ai ni fuata aogā. 'Ai fo'i se mānaia 'ae 'avea teine 'uma o a tātou 'autalavou ma tulimanu 'ua togitogiina i totonu o o tātou maota.

'Ia manuia 'autalavou 'uma a Sāmoa.

Soifua.

'O Lāuga o le Tausaga Fou

1. Matua: Luka, m.21, f.19:

'O lo 'outou 'onosa'i e maua ai lo 'outou ola.

E lē 'o se 'upu a se isi o le 'au perofeta po 'o le 'au sinopi lenei 'upu. E lē se 'upu fo'i a se isi o le 'au fai 'evagelia po 'o le 'au 'aposetolo, 'a 'o le 'upu lava na pa'ū mai i le fofoga o le Ali'i o le Ola, 'o Iesū lava 'o lē na 'onosa'i 'i tīgā o le oti.

E 'ese le fa'alā'ei'au o nei 'upu, 'O lo 'outou 'onosa'i e maua ai lo 'outou ola. 'O ai lā 'ā lē fia ola; 'o ai 'ā lē fia talitonu 'i ai ma talia loa? 'Ua tatau ona tātou talia 'auā e iai le mea e tua 'i ai le 'onosa'i. 'O lo tātou 'onosa'i e maua ai lo tātou ola. 'O le ā lea ola, 'a 'o lea fo'i tātou te ola? 'O le ola lea 'ua tātou fa'anaunau nei 'i ai; 'o le ola na'o le fiafia, e lē toe iai se ōi. 'Amu'ia Iopu ia sā na mafaia ona 'onosa'i i tīgā o le ōlaga ma ola 'onosa'i ai.

'O le fe'au lā mo 'itātou i lenei tausaga fou, 'ia tātou 'onosa'i 'ina 'ia tātou maua le ola e fa'avavau. 'O se vaifofō 'ea le 'onosa'i? 'O ā 'ea fōliga o lenei 'upu ma uiga o le 'onosa'i? E fa'apēfea ona fa'atino le 'onosa'i?

E iloa le tagata 'onosa'i 'i ona mata 'ā pāpā ma lona muāulu ma'anuminumi. 'O lona uiga 'olo'o 'o'ono 'ae lē magagana. E iloa le tagata 'onosa'i i le to'afilēmū; e taumafai e tete'e 'ese lagona tīgā o le tino; e tete'e 'ese fo'i tīgā o le māfaufau; 'ae tāofi mau i talitonuga, 'o le 'onosa'i, e maua ai le ola filēmū. 'O le isi lā uiga o le 'upu 'onosa'i, 'O le tūlei 'ese.

'O le 'upu 'onosa'i, e maua mai i le 'upu fa'avae 'o le "'o'ono." E maua ai isi 'upu ia 'ono'ono, 'onosa'iga, ma le 'upu 'onosa'i.

'O se fa'ata'ita'iga: 'Ā 'e tausia se tagata ma'i tīgāina i se taimi 'umi, 'e te iloagōfie lava le tagata lē 'onosa'i, e fitivale; e ōi leo telē; e fiugōfie; e itaitagōfie; e tevagōfie le māfaufau, ma musu ai lava e toe va'ai 'i se isi. 'Ā lē 'onosa'i ai lā le tausima'i, e tūlua le oti o le ma'i ma le teva o le tausima'i.

Le 'au ūso e, 'ua sāunoa mai Keriso i puapuagā 'ole'ā o'o i le 'a'ai o Ierusalema ma tagata e nonofo ai, pe 'ā o'o i aso o le fa'atāfunaga. Fai mai Iesū,

'Ole'ā ōmai tagata taufa'asesē iā te 'outou, ma 'ole'ā 'inosia 'outou 'ona 'o lo'u igoa. 'O ni isi fo'i o 'outou, 'ole'ā fasiotia, peita'i 'ia 'outou 'onosa'i; 'aua lava ne'i tali 'i ai se 'upu pe fa'alogo 'i ai; 'ae fa'alogo mai 'i 'upu 'ou te 'ave atu 'i o 'outou gutu fa'atasi ma le poto tou te tautala ai. 'Aua le popole, 'auā e leai so 'outou lauulu e tasi e pa'ū ai. 'Ā 'ia 'onosa'i, 'auā 'o lo 'outou 'onosa'i, tou te maua ai lo 'outou ola.

'O le mea sili, 'o le iai o se mea e tua 'i ai le 'onosa'i ma le vevesi; 'ā 'onosa'i e maua le ola. 'A 'o le ā le mea e tupu i le tagata lē 'onosa'i? Ta'ilo. Faitalia ia. 'A 'o lo'u manatu, e tua le ola pologa i le ola sa'oloto; e tua le ola tīgāina i le ola filēmū; e tua le ola popole i le ola māfanafana; ma le 'onosa'i, e tua i le ola fa'avavau.

Le pa'īa e o la tātou 'ekālēsia, 'ua tele a tātou gāluega 'ua mafai 'ona 'o lo 'outou 'onosa'i. Fa'amālō le 'onosa'i; susuga i a'oa'o, ti'ākono ma faletua, le 'autalavou, ma le ā'oga Aso Sā. Fa'amālō le tauivi, fa'amālō le fai o le faiva o le tautua i le gāluega a le Atua. Fa'amālō iā te 'outou fānau ā'o'oga 'auā e lē gata 'i le faigatā o le ā'oga, 'a 'o fa'aosoosoga fo'i a le ti'āpolo ia. 'O lea lava 'ua fa'amāfanafana mai Iesū, 'ia tātou 'onosa'i; 'o ā lava puapuagā tātou te fetaia'i i lenei tausaga fou, e leai lava so tātou lauulu e pa'ū ai 'auā 'o lo tātou 'onosa'i tātou te maua ai lo tātou ola. Se'i tātou pepese i le fuai'upu e 4 o le pese e 225 o le Tusi Pese tuai, " 'O lenei 'ia onasa'i i puapuagā".

'Ia alofa lo tātou Ali'i e 'aumai se 'onosa'i 'anagatā e fai ai a tātou atiina'e o lenei tausaga fou. Lagimāina 'outou mātua o le 'ekālēsia. 'Ia soifua lelei a tātou fānau. Soifua.

2. Matua: Peteru I, m.5, f.7:

'Ia tu'uina atu iā te Ia mea 'uma tou te popole ai, 'auā 'olo'o manatu mai 'o Ia iā te 'outou.

Fa'afetai le Atūa e, 'ua mātou maua fo'i lenei tausaga fou e fa'aopoopo i lo mātou ola. Sā mātou lūtia i Puava i lenā tausaga 'ua mavae, 'a 'o lenei 'ua mātou taunu'u i Fagalele e te'a ai le sou i lenei tausaga fou. Fa'afetai, fa'afetai, fa'afetai.

'O le manatu aoao; "E manatu mai le Atua i mea 'e te popole ai pe 'ā lē loto fetōa'i."

'Ua 'avea lea uiga o le popole o se 'iniseti fa'alāfuā 'i o tātou ōlaga. 'Ua tele fa'afītāuli 'ua tutupu pea talu ai le popole. 'O le popole e tutupu ai ma'i 'ese'ese e pei 'o le ma'i puta, po 'o le ulcer; e tupu ai le ma'i fatu; e oso tele ai le toto māualuga ma le suka; 'e te maua ai i le fevesia'i o le māfaufau (*stress*) ma le fa'anoanoaga (*depression*). 'O lona uiga o le popole, e laveia 'ātoa ai le soifua o le tagata; e lē gata i le tino 'a 'o le māfaufau ma le agāga. E moni fo'i o le popole e tupu ai le māsiasi; 'o le popole e tupu ai le oso vale; 'o le popole e tupu ai le fa'atuā'upua; e tupu ai le fa'alotolotolua ma le toe solomuli 'i tua 'ae fa'ai'u i le pepelo.

Fa'afetai 'i tusitusiga a Pēteru 'ua fa'amanatu mai ai iā tātou le mea tātou te tua 'i ai pe 'ā o'o mai le popole. Fa'alogo fo'i i le 'upu a Pēteru, " 'Ia tu'uina atu iā te Ia mea 'uma tou te popole ai." 'Aisea? 'Auā 'olo'o manatu mai 'o Ia iā te 'outou. 'Ā tātou manatu 'i lenei tagata 'o Pēteru i le 'āmataga o lona ōlaga fa'akerisiano, ina 'ua fa'ato'ā vala'aulia e Iesū 'a 'o fai faiva i le tū loto o Kalilaia; se'ia o'o lava ina 'ua tēte'a ma Iesū i lona maliu; ma toe soifua mai; 'o se ōlaga fa'alētonu so'o. E femoumoua'i; e oso vale ma itaitagōfie; e fa'atamala; 'aemaise le lē fa'autauta. 'O le ala fo'i lea e talaoso ai, 'o le lē fa'autauta; 'aiseā? 'Ona 'o le tele lava o le popole; 'ae mulimuli ane, 'ua salamō; 'ua tāgi lotulotu 'ona 'ua toe fia fa'ataunu'u ona tiute. Sā tele lona ōlaga i le ola fa'atalalē ma le loto fetōa'i, 'aemaise le māsalosalo ma le pala'ai.

Peita'i, 'ua 'avea lona galue mālosi i Papelonia e fa'aolaola le 'ekālēsia, ma lona popole 'ina ne'i tōsina ōlaga o le 'au Kerisiano i faiga fa'apaupau a nu'u 'ese, ma mea 'ua mū saesae ai le lototele ma le fa'amālosi. 'O le lava o le ola i totonu o puapuagā o le gāluega a le Atua, e tupu ai le mautinoa o le alofa o le Atua, ma tupu ai ma le 'onosa'i; e tupu ai fo'i le filēmū ma le fiafia. 'O lea 'ua tautala tonu ai Pēteru i le poto māsani i manuia o le Atua. 'O lā Pēteru, " 'Ia tu'uina atu mea 'uma tou te popole ai iā Iesū, 'auā 'olo'o manatu mai 'o Ia iā 'i tātou." E 'ese le fa'alā'ei'au o lea fa'a'upuga. 'O ai lā 'ā lē fia galue? 'O ai 'ā toe popole? 'O ai 'ā toe fa'atuā'upua, 'a 'o lea 'ua ta'utino mai lava e Pēteru le moni o ana mea na maua mai iā Keriso. E tutusa lava o tātou uiga ma uiga fo'i sā iai Pēteru, 'ae peita'i o le salamōina, ma le suia e fai ma tagata fou, 'o le sāga manatu tele mai lea o le Atua iā 'itātou. Le 'au ūso e, tu'u atu ia mea tātou te popole ai i le Atua e ona 'itātou, 'aua le popole; 'aua le fefe. 'O le 'upu e silisili ona fa'afiafia loto, 'o le fa'apea mai, " ... 'auā 'olo'o manatu mai 'o Ia iā 'i tātou." 'Ia, 'o ai 'itātou e sāga manatu mai ai le Atua? 'Ae fa'afetai i le Atua i lona manatu mai 'i o tātou fa'afītāuli i lenā tausaga.

'O lo tātou fa'atuatuaga fo'i, e manatu mai pea lava le Atua 'i o tātou popōlega ma fa'afītāuli po 'o vāivaiga, i lenei fo'i tausaga se'ia fa'avavau. 'Amene.

'O Lāuga o le Aso Sā

1. Matua: 'Isaia, m.5, f.4:
Se ā 'ea se mea e toe faia i la'u tōvine 'ou te lē'i faia? Se ā fo'i le mea 'ua fua mai ai vine leaga 'a 'ua 'ou fa'atalitali 'ia fua mai ai vine lelei?

Manatu 'Autū:
'O 'oe 'o le vine na fa'ia mai le fuifui, 'auā 'o le vine Soreka.

E māsani lava ona va'aia i le soifuaga le nātura lea o le tagata, se'iloga lava 'ua fa'ae'e atu 'i ai ni tofi na te ta'ita'iina ma va'aia ai se fa'apotopotoga o ni tagata, ona fa'ato'ā va'aia loa lea lona tūla'i mai, e pei 'o le malō o fitafita mai Saina le fa'aalia mai o lona tomai ma lona agava'a. 'O le fa'amāoni ia i le fa'atinoina o tofi ma tiute 'ua tu'uina atu 'i ai. Peita'i, 'o le isi fo'i tagata 'o 'itātou, e seāseā o'o 'i ai ia tofiga ma maua ia avanoa, 'ae ola lava fa'alēiloga. E nofo, nofo lava ia e lē lagona se leo, ma e fa'alēfiafia fo'i e tūla'i e fai se tāofi pe fa'aalia se manatu i se fono; na'o si mumumumu i lalo, ma fa'asolosolo atu ai 'ina lē fiafia ma lē fia iai i faigāmea, ma i'u ai lava ina mou atu ma 'ua 'ai niumea; 'auā fo'i 'ua iā te ia se manatu ma se mau, 'o ia e lē se tagata taulia, po 'o ia e lē āmana'ia; 'auā e leai se agava'a po 'o se tāleni 'o iai. 'O ia fo'i e lē lava lona a'oa'oina ma e lē tatau ona iai 'i totonu o lea sōsaiete po 'o lea fa'apotopotoga, 'ua pei ai lava ia e fa'ama'ima'i ma fa'avāsivasi.

'Ae 'o lea e tagi leotele le perofeta ma fa'ataitaiō, ma uiō ma tu'ufesili, po 'o ā ni isi mea o totoe e le'i faia e le Atua i lana tōvine o 'Isarā'elu. 'Ua 'uma faiga lelei ma 'auala e ola ma manuia ai le nu'u, ina 'ia fua mai ai vine soreka, o fua e aupito sili ona lelei ma suamalie. 'Ae se'i fa'auta, na'o vine e fua mai i le leaga, leaga lava.

'O le fuai'upu e valu e o'o atu i le fa'ai'uga o le matā'upu e lima, e fa'afitu ona uiō 'Isaia ma fa'apea ane:

'Oi tālofa iā te 'ilātou.
'Oi tālofa iā te 'ilātou.
'Oi tālofa iā te 'ilātou 'o fai lea ma lea, 'o fai lea ma lea.

'O le fa'ailoga lea, e lē 'o sina leaga lava 'ua o'o 'i ai le nu'u filifilia o le Atua; 'o le matuā leaga lava ma le mala papala. 'Ua matuā galo nimo iā te 'ilātou apoapoa'iga a Mose. Fai mai Mose,

> 'Ā fa'ao'oina 'oe e le Ali'i lou Atua i le nu'u na Ia tautō ai 'i ou tamā o 'Apera'amo, 'Isa'ako, ma Iākopo, e 'avatu iā te 'oe, 'o 'a'ai tetele ma le lelei 'e te le'i faia; 'o fale fo'i, e tūtumu i mea lelei 'uma, na 'e lē fa'atūtumuina; 'o vai'eli fo'i 'e te le'i 'eliina; 'o tōvine ma 'ōlive, 'e te le'i totōina; 'ae 'e te 'ai ai, ma 'e mā'ona ai. 'Ia 'oe ne'i galo iā te 'oe le Ali'i, na Na 'aumaia 'oe mai 'Aikupito, 'o le mea sā nofo pologa ai.

'O le manatu o le perofeta, tālōfa e, i le alofa ma le naunauta'i o le Atua na fuafua ai ma tusi 'a'ao i le mānamea o 'Isarā'elu. 'Ae 'ua ā nei? 'Ua ā nei le vine na fa'ia mai le fuifui? 'O le ā le mea 'ole'ā fai i le vine filifilia a le Atua. 'O fea 'ā 'ave le vine soreka e totō ai?

'O le matā'upu e lima o le tusi a 'Isaia sā faitauina, e fa'a'upuina e le 'au su'esu'e o le Feagaiga Tuai, " 'O le fa'ata'oto i le tōvine a le Atua." 'O ni isi e manatu, " 'O le Salamo e usuina i le mālumalu i le taimi o sāuniga o le fa'amanatuina o le tau o le seleselega o vine o lea fuata ma lea fuata." 'A 'o ni isi fo'i 'ua fai mai, " 'O le pese e aualofa ai i lona nu'u, ma valo'ia ai le ogaoga ma le mata'utia tele o le mālaia 'ole'ā o'o iā 'Isarā'elu ma Iuta."

'Ae lē gata i lea, 'o se fa'ata'oto fo'i i le 'ese'esega o se faigāuō.

E 'ese le tele o le alofa o se ali'i i lana mānamea, ma le tali mai a le tama'ita'i 'i āmioga fa'afōliga taufa'ase'e ma le lē alofa moni. 'O lea e pei lava ona vāvā mamao o sasa'e ma sisifo, 'ua fa'apēnā le 'ese'esega o le alofa ma le agalelei o le Atua ma le tali atu a 'Isarā'elu lana pele, po 'o lana mānamea filifilia.

'O 'Isarā'elu, 'o le mānamea a le Atua na filifili mai i le afe ma afe o nu'u o le lalolagi. 'O le pele a le Atua 'ua leva ona liuliu 'i ai le tōfā sā'ili mamao ma le fa'autaga poto a le Atua. 'O le nu'u na tusi 'a'ao 'i ai le Atua, ma ta'utino i ona augātamā e fai lātou ma ona nu'u, 'ae 'avea 'o Ia ma o lātou Atua. 'O le nu'u na finagalo ai le Atua 'ole'ā 'aumai mo Ia, e ui lava 'o se pele fa'ama'ima'ia po 'o se mānamea pologa ma le vāivai e lē iloa se mea 'a 'o iai i le nu'u o 'Aikupito, 'ae na fai lava le fa'amau ma osi la lā feagaiga i le mauga o Sinai. 'Ona 'o le ā? 'Ona 'o le finagalo alofa o le Atua iā 'Isarā'elu, 'o lana vine na fa'ia mai i le fuifui; 'o ia o le vine filifilia a le Atua e totō i lana fa'ato'aga, 'auā 'o le vine soreka.

'O le vine soreka a tagata 'Eperu, 'o le vine e aupito sili ona lelei ma le suamalie; 'o le vine e 'ese mai lava le mūmū o ona fua mai 'i isi vine. 'O le vine e sili ona taugatā ma 'anagatā i fefa'ataua'iga i totonu o Pālesitina. 'O le vine lenei e totō fa'apitoa lava i 'ogā'ele'ele o 'auvae mauga i le itū i sisifo o Ierusalema.

'O le to'atele lava o 'i tātou e māsani lelei i le faiga o nai togākāpisi ma lā'au 'aina. E ulua'i fa'amalū le palapala; e aoao 'ese ma'a ma fai fa'amoega e tapu'e lelei 'ina 'ia maua'a lā'au, ma 'ia faigatā ona pā'u'ū i le savili pe tāfefea i tīmuga. E fa'amalumalu, mai le mālosi o le lā; e fa'asūsū i le taeao ma le afiafi se'ia o'o ina ola ma mālolosi. E ati fo'i se pā lelei e si'omia ai mai le fa'atāma'ia ma fa'aleagaina e meaola. E matuā fa'apēlepele lava 'i ai le fai fa'ato'aga, 'ona 'olo'o iai lona fa'amoemoe maualuga mo le lumana'i.

'O lenā tonu lava le 'auala na galuea'ina ai e le Atua lona nu'u o 'Isarā'elu, 'o le nu'u sā tau fafaga ma tau fa'ainu i le tele o tausaga sā iai i le vao, 'ae mātananana lava ma fetāgisi ma fai mai, e sili ai lava le pologa pea ma feoti i 'Aikupito. Sā 'eli ma tapu'e e le Atua o lātou ōlaga 'ina 'ia ola mālōlosi; 'ia ola mau'oa ma tūmau ai pea i la lā feagaiga 'ua 'uma ona ōsia, 'ae āvaga lava o lātou loto i le tama'i povi 'auro ma atua o isi nu'u.

'O le mālosi o le Atua na ia fa'alaulelei ai le ala, ma aoao 'ese ma'a ma mea sā fa'alavelave ai le ala, 'a 'o aga'i atu lana mānamea i le nu'u e tafe ai le suāsusu ma le meli. E tele nu'u sā fa'asagatau ane; 'o nu'u sā tau fa'amata'u ane ma fāifai i lona pala'ai, vāivai, lē tāgolima ma le fia ola. 'Ae na puipui lava ma leoleo i le pā e sili ona mālosi ma le lelei; 'o le ā lea? 'O le 'a'ao lavea'i, ma le 'a'ao fa'aola o le Atua.

'O lenei lā 'ua tinipā'ō le uto e pei 'o le faiva o tapalega; 'ua taunu'u le fa'amoemoe. 'Ua tū lau'ele'ele nei i le nu'u o le fōlafolaga le mānamea a le Atua. 'Ua 'ae'ae ai nei ma sāofa'i i fa'amanuiaga sā fuafua mamao mai e le Atua mo se lelei o lana pele. 'Ae lē gata i lea, 'o le fa'amoemoe pa'ia o le Atua, mo lona nu'u, 'o le vine soreka; 'o le vine aupito lelei ma suamalie, e sili ona taugatā ma 'anagatā. 'O le vine na fa'ia mai le fuifui e totō i le 'ogā'ele'ele fa'apitoa, na'o vine soreka lava e totōina ai.

'O le fa'amoemoe pa'ia o le Atua le fai tōvine, 'ina 'ia fa'ata'ita'i 'uma mālō, nu'u ma tagata o le lalolagi i āmioga lelei 'uma e tupuga mai lona nu'u. 'Ia tofo 'uma tagata 'i le suamalie o le vine soreka na filifilia e le Atua; lea e tautala 'i ai le perofeta 'o Mika. Fai mai a ia,

> E ō mai lava nu'u 'ese e tele ma lātou fa'apea ane, ōmai 'ia tātou ō a'e i le mauga o le Ali'i, 'o le fale fo'i o le Atua o Iākopo, e a'oa'o mai ai 'o Ia iā te 'itātou 'i ona ala, 'auā e alu atu le tulāfono mai Siona, 'o le afioga fo'i a le Ali'i mai Ierusalema. 'Ae 'ua ā nei le vine na filifilia e le Atua e totō i lana fa'ato'aga?

'Ae ā lea e ta'u sa'o mai lava e le fai 'Evagelia o Ioane, le gāluega e fai 'i ai. " 'Ā lē fua mai 'i fua lelei e 'ave 'eseina, ona lafoa'iina lea 'o ia i tua pei 'o le lā lā'au, ma fa'apopoina ona fa'apotopoto ai lea e tagata ma lafo i le afi, 'ua susunu ai."

Pau lava le 'auala e 'avea ai pea 'oe ma vine filifilia a le Atua, 'o le tūmau ma pipi'i iā Iesū; ona leai a lea 'o se mea e popole ai ma fesoua'iina ai le ōlaga. 'Auā 'o lea 'ua fetalai

Iesū ʻo Ia ʻo le vine moni, ʻā tūmau lava ma faʻataʻitaʻi iā Iesū, e teuteu lelei lava lou vine e le Atua, ʻauā ʻo Ia ʻo le fai tōvine, ma e atili fua mai ai lava i fua lelei ma fua e tele.

Le ʻau ūso e, faʻamālō atu le gālulue, faʻamālō le tauivi, ma le ʻonosaʻi; faʻamālō le tūtūmau pea i le Atua ma lana gāluega, i lo ʻoutou faʻalagolago ma pipiʻi pea iā Iesū le vine moni. ʻUa seʻe ʻese lou sā mai lenā tausaga i le tele o feʻau ma lāvasiga sā feagai ma ʻoutou. ʻO faʻafītāuli o le ōlaga sā feagai ma le tagata ma ʻāiga, ʻae tainane le gāluega a le Atua. ʻO a ʻoutou faigātāulaga, faigāmea alofa, ʻa ʻo le lē masino foʻi o atiinaʻe ma gāluega lelei ʻua ʻuma ona ʻoutou faʻatinoina. Faʻafetai i lo ʻoutou tausi ma faʻaeaea i lana ʻauʻauna, ma le tinā o le gāluega ma le ʻāiga. ʻOu te manatu, ʻo fua nā o vine soreka. ʻO faʻailoga ia o lō ʻoutou tūtūmau pea ma talitonu, ʻo ʻoutou o vine na faʻia mai ma filifilia e le Atua, e totō i le ʻogāʻeleʻele lenei o le ʻaulotu ma le ʻekālēsia ma le nuʻu nei foʻi.

ʻO tagata tauivi ma gālulue faʻamāoni mo Keriso ma lana gāluega, e tofo ma inu i le suamalie o le vine soreka. ʻO le ala lea e galue ai pea ma le ʻonosaʻi; savali pea ma le loto tele; ʻae faʻamoemoe i le agāga o le Atua, e tūmau ai pea i tātou iā Iesū ma ʻavea ai pea ʻo Ia e fai ma vine aupito lelei; taugatā ma ʻanagatā; ma fai ma vine moni e pipiʻi ʻi ai. ʻI le ma lenei le ʻekālēsīa e, ʻua aloalo mālie atu lo tātou vaʻa i le fōlauga o lenei tausaga fou; ʻina neʻi tele ni manuia tātou te sāofafaʻi ai, ma ni suiga felanulanuaʻi o le ōlaga ʻoleʻā tātou fetaiaʻi, ona ʻavea lea ma ala e āvagagōfie ai le tōfā ma le faʻautaga faʻaleatua ʻo iā te ʻoe. Pau lava ʻo lenei, manatua ʻupu a Mose, " ʻIsarāʻēlu e, ʻā ʻe oʻo i Kanana, talitonu ma tūtūmau pea i le Atua na Na faʻafaileleina ʻoe; na tausi ma ʻave aʻe ʻoe i le nuʻu o faʻamanuiaga."

Le nūʻu e o le Atua i lenei tausaga; ʻo le ōlaga ʻātoa o Iesū Keriso, e leʻi seʻe ʻese lava mai le finagalo o lona Tamā; na tūtūmau lava ma mānatunatu pea i le ala na ʻauina mai ai ʻo Ia i le lalolagi. ʻAiseā? ʻAuā foʻi ʻo Ia ʻo le vine na faʻia mai le fuifui; ʻo Ia ʻo le vine na filifilia e le Atua; ʻo le vine soreka e taugatā ma ʻanagatā; ʻo le vine e tasi ʻae afe; ʻo le vine moni a le Atua. ʻO le vine na finagalo le Atua e totō ʻi ō tātou loto ma agāga, ʻina ʻia tātou fua tele mai i fualelei ma le suamalie. Na oʻo lava Iesū i le sātauro, ʻo faʻalogo, usitaʻi ma tūmau lava i le faʻasinoga ma le finagalo paʻia o lona Tamā.

ʻO lona toe tū mānumālō mai le oti ma le tuʻugamau, ʻo lo tātou mānumālō faʻatasi foʻi lea ma Ia, pe ʻā tātou faʻatuatua ma salamō faʻamāoni i lona maliu. ʻO le ala lea ʻua tātou fuifui faʻatasi ai nei, ʻae sā tātou vao ʻeseʻese; ʻua ʻavea ai ʻi tātou o vine moni o le tōvine a le Atua i le lagi.

Manatua, ʻo ʻoutou o vine soreka na faʻia mai le fuifui, ma filifilia e le Atua e totō i le ʻogāʻeleʻele faʻapitoa lenei. ʻĀmene.

F.F.S.

2. Matua: Mika, m.7, f.7:
'A 'o a'u 'ou te fa'atalitali i le Ali'i.
'Ou te fa'amoemoe i le Atua o lo'u olataga.
E fa'afofoga mai lo'u Atua iā te a'u.

Manatu 'Autū:
'O lo'u Atua, 'olo'o i tua atu o la'u va'ai.

'O le tusi a Mika, 'o lona ono lea o tusi a perofeta lāiti o le Feagaiga Tuai. 'O Mika lava ia na tūsia lana tusi i totonu o lona valu o seneturi 'a 'o le'i fānau mai Iesū. 'O le tusi a Mika, 'ua fōliga tutusa ma le tusi a 'Āmosa i le tele o manatu i mea 'ua tūsia ai; peita'i e le'i poi le perofeta o Mika i le osofa'ia o uiga māsani a lona nu'u; e pei 'o le solitūlāfono ma le ifo 'i tupua. 'Ua lē gata 'i tagata lautele 'a 'o matai ma ē pūlea le nu'u. E o'o lava fo'i 'i ta'ita'i o le tāpua'iga i le Atua, 'ua leai se mea 'o toe lelei; ma e fa'apēnā fo'i perofeta 'ua lē āmio tonu. E lua vāega tetele 'ua vāevaeina ai le Tusi a Mika:

Matā'upu 3 – 5
'O le tāumafaiga mālosi a Mika e titina faiga mātagā a tagata. Na ia ta'u atu ai ma le lē fefe 'upu nei: " 'O le Atua 'olo'o afio i lona āfio'aga, 'ae afio ifo 'o Ia ma soli mea māualuluga o le lalolagi; e liu suāvai mauga i lalo iā te Ia; e māvāevae vanu; e pei 'o le pulu i le afi e tafe fa'apei o vai 'ua tafe ifo i le tofē."

'Olo'o fa'apea mai le Ali'i 'i perofeta pepelo, 'o ē fa'asesē i lo'u nu'u; 'o ē feū 'i o lātou nifo ma 'ālalaga atu,

> 'Ia manuia. 'A 'o lē 'ua lē 'avane ni mea 'i o lātou gutu, lātou te sāuni lava le taua iā te ia; ona māsiasi ai lea o tagata va'ai; e femēmēa'i ē 'i'ite. Lātou te ufiufi fo'i a lātou 'ava, 'auā e leai sē tali mai i le Atua. 'Ae peita'i 'o a'u, 'ua fa'atumuina a'u i le mana o le Agāga Pa'ia; e fa'ailoa atu ai le agasala ma le solitūlāfono a 'Isarā'elu.

Matā'upu e 6 – 7
'O 'i'inā 'olo'o fa'aalia ai le alofa fa'atamā o le Atua ma lana fa'amasinoga tonu. Na te fa'apalepale ai ma fa'agalogalo ai āmio leaga a le nu'u e pei 'o ni mea fa'atauva'a. 'Olo'o ta'oto ai 'i'inā le alofa mauagatā ma le alofa lavea'i 'olo'o i tala atu o lau va'ai.

> 'A 'o aso e gata ai e o'o ina fa'atūmauina ai le mauga 'o iai le fale o le Ali'i 'i tumutumu mauga. E fa'amaualugaina fo'i 'ia sili i mauga iti, ona gāsolo ane lea o nu'u 'i ai, 'auā 'o ē e fa'alagolago 'iā Ieova, e fa'apei 'o le mauga o Siona 'ilātou. E ōmai lava nu'u 'ese e tele ma fa'apea ane, ōmai tātou ō a'e i le mauga o le Ali'i, 'o le fale fo'i o le Atua o Iākopo.

‘O le tamā lea na va‘ai i le Atua i le tumutumu o le ‘apefa‘i ‘a ‘o fai lana miti i le mauga o Pēteli.

‘O le fale lea o le Atua o Iākopo e a‘oa‘o mai ai le Atua iā ‘itātou i ona ala ‘ua Ia fetalai mai ai “... ‘auā e alu atu le tūlāfono mai Siona, ‘o le afioga fo‘i a le ali‘i mai Ierusalema.”

Le ‘au ūso e, ‘olo‘o ta‘u mai iā ‘itātou, ‘ia fa‘alatalata mai ‘i le fale o le Atua. ‘Ua tātou faia lenei fale o le Siona fa‘alelagi; ‘o le Ierusalema fou; ‘o le Afio‘aga o le Atua soifua tātou te fa‘alogo ai ‘i ‘upu o le alofa mutimutivale ‘olo‘o fa‘apea mai, "‘O lenei ‘inā fa‘alā‘ei‘au ia ‘oe le tamafafine a Siona ‘auā ‘ua si‘osi‘omia ‘itātou i le taua. Lātou te tā i le to‘oto‘o le fa‘amasino o ‘Isarā‘elu i lona ‘alāfau.

“ ‘A ‘o ‘oe Petele‘ema-‘Efarata, e itiiti ‘oe i le afe o Iuta; ‘ae tupu mai iā te ‘oe mo a‘u ‘o lē na te fai ma faipule iā ‘Isarā‘elu. ‘O lona tupu talu mai anamua ma onapō o le vavau.” ‘O ai le faipule lea ‘ua tautala ‘i ai Mika? ‘O Iesū le tamaitiiti Petele‘ema lea na vālo‘ia e ‘Isaia fai mai, “E tupu a‘e ‘o ia e pei ‘o se tātupu i ona luma; ‘o ia o le ugāpēpē; ‘o le vavae mū itiiti.”

‘O le fa‘amoemoe lenā sā i tua o le tagata agasala e lē mafai e ona mata ona iloa; na‘o le tagata āmiotonu e pei ‘o Mika na te mafai ona ‘i‘ite mea ‘ole‘ā o‘o mai ‘i aso ‘ā mulī ‘ona ‘o lona tūtūmau i le Atua. Fa‘alogo fo‘i ‘i ‘upu o le matua, “ ‘A ‘o a‘u ‘ou te fa‘atalitali i le Ali‘i. ‘Ou te fa‘amoemoe i le Atua i lo‘u ōlaga. E fa‘afofoga mai lo‘u Atua iā te a‘u.”

‘Aua ne‘i fa‘amoemoe i le Atua Na te faia mea ‘uma mo tātou. Fa‘aaogā muamua meaalofa a le Atua ‘ua iā ‘itātou i le tino ma le māfaufau; ‘auā ‘o le ‘uma o lo tātou iloa, e fa‘ato‘ā aliali mai ai fesoasoani a lo tātou Ali‘i ‘o Iesū. E pei ona sā fetalai mai Iesū, “ ‘A ‘o a‘u ‘ou te le‘i sau e ‘au‘auna mai tagata iā te a‘u, ‘a ‘ia fai a‘u ma ‘au‘auna ‘i tagata ‘uma.” ‘O le fa‘ata‘ita‘iga lenā o le gāluega tātou te ō e fai. ‘Ia fai ‘itātou ma ‘au‘auna i tagata ‘uma.

‘Ua fetalai fo‘i Iesū i le ‘i‘o ma le pogai o lona afio mai i le lalolagi e fa‘apea, “ ‘Ua ‘ou sau, ‘ia ‘outou maua le ola; ‘ia maua atili ai lava. ‘Ai sē tasi e fa‘atuatua mai iā te a‘u, e maua e ia le ola e fa‘avavau.” E fa‘atuatua fa‘apēfea? ‘O le tele o au gāluega lelei e fai mo Iesū, ‘e te ola atili ai lava. E leai lava se isi e nofo, nofo lava i le paolo, te‘i ‘ua maua le ola atili. Se‘iloga lava ‘o le tagata ‘ua ola iā Keriso ma ‘ua ola fo‘i Keriso i totonu iā te ia, ona sāga ola atili ai lava lea. ‘O le ola lenā e lē se ola fa‘amōtumotu po ‘o se ola e fai ma mālōlō, ina ‘ua vāivai ma ‘augatā. Fai mai la tātou pese māsani, “ ‘O ai ‘ea lo tātou ola? ‘O Iesū na‘o Ia.” ‘O le ola e lē ‘uma, e maua iā te Ia.

‘O le Korinito I, m.15, f.19, “ ‘Āfai e gata i lenei ōlaga mea tātou te fa‘amoemoe ai iā Keriso, ‘ua sili lo tātou mālaia i tagata ‘uma lava. ‘A ‘o lenei ‘ua toe fa‘atūina mai Keriso ‘i ē ‘ua oti, ‘ua ‘avea ma fa‘apōlopolo ‘o ē ‘ua momoe.” ‘Ua ‘avea nei le toe tū mai o

Keriso i le tu'ugamau 'ua fai ai le ola oti o Keriso ma ola 'atalī o le tagata agasala. 'Ua alu atu ai le ōi ma le 'alaga i luma o le nofoāli'i o le Atua, 'ona 'o le agasala a lona nu'u fa'atasi ma tātou i le lalolagi mālaia. 'O le tali lea mai le Atua, 'ua Na 'auina mai ai Keriso i le lalolagi mo lo tātou olataga. Lea lā 'ua fa'afo'i atu e le perofeta o Mika le fa'afetai ma le vī'iga i le Atua. Fai mai a ia, "E! 'Ua fa'afofoga mai lo'u Atua iā te a'u."

Le 'au pēle e, e lē fia maua e le Atua ni tupe ma ni mea'ai mo Ia, 'a 'o lona mana'o sili, 'ia iai se aogā o le olataga 'ua sāunia e Iesū mo 'itātou. 'O lenei ola 'olo'o tātou iai, 'o se ōlaga fāivavale e lē tūmau; 'ae tātou ta'utino atu ia 'i le Atua le ta'utinoga e pei ona fai mai Mika, " 'A 'o a'u 'ou te fa'atalitali i le Ali'i. 'Ou te fa'amoemoe i le Atua o lo'u olataga. E fa'afofoga mai lo'u Atua iā te a'u."

T.A.S.

3. Matua: Kolose, m.1, f.25:

'Ua fai a'u ma 'au'auna 'i ai. E tusa ma le tofiga mai le Atua. 'Ua tu'uina mai iā te a'u mo 'outou, 'ina 'ia matuā fōlafolaina le afioga a le Atua.

Manatu Aoao:

'O Keriso 'o le fa'amoemoe mo le fa'aeaina.

'O mea tāua a Sāmoa e lē so'ona fa'aalia, e pei 'o tōga, tuā'oi, gafa, ma isi mea. 'O mea nā e lē so'ona tatalaina i so'o se isi; 'a 'o mea tāua o le mālō o le Atua, e lē fa'apēnā ona fai. 'Ā faitau manino i le f. 24-29, e tasi lava lona uiga ma le fa'amoemoe e tasi i lona fa'a'upuga faigōfie. 'Aua ne'i tāofia le tāla'iga o le Talalelei ona 'o se tasi lava mea; 'ua fētalai Iesū, " 'O sē 'u'u le suō tōsina ma tepa 'i tua, e lē faia le mālō o le Atua ma ona tofi." Na fētalai fo'i Iesū fa'apea, Po 'o le tamā, tinā, uso, tuafafine, po 'o le āvā, po 'o se isi o le fānau 'ua oti, tu'u e tanu 'e ō lātou tagata oti.

E mafai 'ea e se tagata oti ona toe tago a'e i se suō e asuasu mai ai ni palapala i ona luga e tanu ai ia? 'O 'upu lā nei a Iesū e fa'amatalagatā ma 'ua fesēa'i ai le 'Aukerisiano. 'O ni isi kerisiano, 'ua fa'atuatuana'i ai o lātou 'āiga ma o lātou uso ma tuafafine puapuagātia; ma e o'o lava ia lātou aganu'u 'ua lē āmana'iaina 'ona 'ua lātou 'ave sesēina fētalaiga a Iesū. Silasila fo'i i le mea sā tātou va'aia i Weco, Texas. 'Ua mānana'o isi tagata e feoti ona o talitonuga 'ese'ese ma 'ua lē afāina ai pē sa'o pē sesē.

Le 'au uso e, fai mai le molimau a Paulo, " 'Ou te 'oli'oli nei 'i mea 'ou te tīgā ai 'ona 'o 'outou. 'Ou te fa'a'ātoa i lo'u tino mea 'ua totoe i puapuagā o Keriso i lona tino, o le 'ekālēsia lea." 'O ā ia mea 'ua totoe mai i le tino o Keriso? 'O le gāluega a le 'ekālēsia e tatau ona fai. 'O le tāla'i atu, 'o le molimau atu ma le tautua atu i se tautua fa'apitoa; e pei ona faia e Iesū lana tautua toto i lona maliu e lē toe ma'ausia.

T.A.S.

4. Matua: Feagaiga Tuai Kenese, m.41, f.37–45
   Feagaiga Fou Mareko, m.10, f.35–45

Manatu 'Autū: Mareko, m.10, f.35–37:
Le A'oā'o e, 'ua ma mana'o 'ina 'ia 'e faia mo 'imā'ua le mea 'ā mā ōle atu ai. 'Ia 'e tu'u mai iā te 'imā'ua mā te nonofo 'o le tasi i lou itū taumatau, ma le isi 'i lou itū tauagavale i lou mamalu.

E seāseā ona tausiniō ni isi e taufao le faiva o le 'au'auna; 'ae tutupu māseiga ma silisili i tūlaga pe 'ā tofi le pule.

E naunau le tautua, 'ia i se aso ona pale lea i le tofi matai; tainane fo'i 'ua saofagā se tasi na te pūlea se matāgāluega; 'ae sulufa'i isi i le fa'amasinoga se'i toe fai se iloiloga. E tu'u fa'afeagai le 'oli'oli o le faipule 'ua toe filifilia, ma le fa'avauvau o le minisitā 'ua fa'ata'otolia. E lē se mea fou i le lalolagi le fīnau atu o isi i le pule.

'O le mana'o i le tūlaga sili ma le fia 'ūmia o le pule, 'o se fa'anaunauga e 'āmata totogo a'e lava i le lotoifale fa'ale'āiga, ma sosolo atu ai i fa'alāpotopotoga ma mālō; e o'o lava fo'i 'i 'ekālēsia. 'O le pa'ū o le ulua'i tagata na māfua ina 'ua gāua'i atu i le mālie o le fōlafolaga a le ti'āpolo. "Lua te lē oti, 'a 'o le aso lua te 'a'ai ai, e pupula ai o 'oulua mata; e 'avea fo'i 'oulua e pei ni atua." E tōsina e fia fai ma pule, 'auā fo'i e ō fa'atasi le pule ma le mamalu. E maua i le tūlaga sili le fa'aaloalogia ma le taualoaina. 'Ā se'ei i le tofi e alafiagōfie ni avanoa i ni isi fa'amanuiaga e 'ausigatā i le tūlaga fa'a'au'auna. E mafai fo'i ona vivi'i mai tagata i lē 'ua iai le pule.

Na lelei, lelei lava le māfutaga a le toea'ina 'o Iākopo ma lana fānau, 'ae na ia 'ave loa iā Iōsefa le 'ofu tālaloa, toe fa'amatala ma miti a le taule'ale'a, na vālo'ia manino ai lona fai ma tupu i le 'āiga, na matuā fuli 'ātoa le māopoopoga sā iai. 'O le vāvā lalata ma le māfana o le so'otaga fa'auso, 'ua 'āmata nei ona tala le vā. 'Ua peia le Taualuga o Manu'a 'auā 'ua lote e Iōsefa le mea fa'apēlepele e tasi sā taufai fa'asi'usi'u mata 'uma 'i ai; 'o le pule o le 'āiga pe 'ā mavae atu le toea'ina. E le'i tāua i uso o Iōsefa le 'umi ma le fītā o le ala na fesēta'i ai si o lātou uso, 'a 'o sau e asi 'ilātou ma 'ave atu se tala lelei mo le tamā 'olo'o tāpua'i mai.

'O le malaga a Iōsefa mai Heperona 'i Sēkema e tusa ma le 50 maila (80 km) le mamao. 'O le toe fa'aauau o le sā'iliga o Tōtana, e lē gata 'ua toe fa'aopoopo le isi 15 maila, 'a 'ua fītā atili le ala, 'auā 'ua 'āmata ona a'ea'e i le maualuga ma le maugā o Tōtana.

'O le tala a ona uso ina 'ua iloa mamao mai 'o ia, fai mai, " 'Ua sau si ali'i fai miti." E lē fa'apea 'ua sau si o lātou uso la'itiiti; 'ae fai mai, " 'Ua sau si ali'i fai miti." 'Ua lava lelei le gagana fa'atauemu e iloa ai 'ua fa'auliulitō le loto tīgā; 'ua pule le 'ino'ino ma le fia taui ma sui i loto sā māopoopo i le alofa fa'auso.

'O le lafoina i le lua, 'o le fa'atauina atu i 'Aikupito, ma le fatuina o le tala e 'o'ole ai si o lātou tamā; na manatu ai lava tama, 'ua motu ma le taula Iōsefa, e lē toe ta'ua lona igoa i le gafa o le 'āiga. Na lātou tāofi 'o le 'auala lea e vaoia ai lona fai ma pule; 'a 'o Iōsefa fo'i ia, 'ua fa'anoanoa 'auā 'ua lē gata ina tu'ua le nu'u o le fōlafolaga, 'ae 'ua motusia ai fo'i ma le māfutaga ma le tamā sā mānava 'i ai fa'amanuiaga e ona augātamā.

Peita'i, 'o le ulufale atu o Iōsefa i 'Aikupito, 'o se pologa fa'atuatuaina e lona matai o Potifara, 'ae fa'ai'u ina lafo i le fale puipui; 'o le 'āmataga lea o le isi itūlau fou o fa'aaliga mo ia mai le Atua. 'O tofotofoga fo'i ma faigatā 'ua fetaomi mai nei, 'olo'o gāoioi ai pea le Agāga o le Atua e tapena le pāgotā 'Eperu mo lona a'ea'e atu e va'ava'alua ma Farao i le fa'atautaiga o lona mālō.

E fa'apei ona vave le mou o le atuatuvale o Farao ina 'ua manino i le uiga o ana fa'alepō, 'ua fa'apea fo'i ona fa'afuase'i ona soloa'i ane o Iōsefa mai lona tūlaga o le pologa pāgotā, e fai ma pule i le nu'u; fai mai Farao, " 'E te pule 'oe i lo'u 'āiga, 'o lau 'upu fo'i e pūlea ai lo'u nu'u; na'o le nofoāli'i 'ou te sili ai iā te 'oe." 'Ae lē na'o se 'upu e o'o le malelega a le tupu; na tatala 'i ai lana mama; na 'ave 'i ai le 'ofu 'ie vavae; na 'asoa i le filifili 'auro; na fa'ati'eti'e fo'i i lona lua o ana kariota; 'ae ifo 'i ai le nu'u ma 'ālalaga iā te ia.

E ma'eu lea fa'aeaea 'ua tō mai i le pule a Farao. E fua atu i lona tūlaga maualalo a'ia'i; 'o le pologa, 'o le pāgotā, 'o le 'Eperu 'āuliuli e aunoa ma se toto 'Aikupito, 'a 'o lenei 'ua sao fa'alēiloga mai i le faitoto'a i tua, e fai ma Pālemia o 'Aikupito. 'Ai 'o le taunu'uga lea o le fa'aali mai o lona Atua i ana miti, 'ua lē 'o le pūmo'omo'o o lona 'āiga ma le nu'u na ia fānau ai, 'a 'ua tōfia e pule i 'Aikupito se'i sāga fa'aalia ai le silisili 'ese ma le aoao o le pule fa'atupu a le Atua.

'O le mea e ao ina manatua, e le'i pale Iōsefa i lea tofi i se ala fa'avāvega. Na ta'ata'a toafa; na a'e mauga; na ifo i vanu; ma le felāvasa'i o faigatā i lona tauivi e ositāulaga. Na fa'atau atu 'o se pologa e tagata Mitiana iā Potifara; na 'au'auna ai i tausaga e sefulu; na falepuipui i tausaga e tolu; 'ae tūla'i 'i luma o Farao i lona 30 tausaga o lona soifua. 'O lona uiga lā, e lē se taimi pu'upu'u na fa'ataugāina ai 'o ia; 'a 'o tausaga fo'i ia na a'oina ai lona fa'atuatua, ma sāunia ai mo fuafuaga loloto a le Atua mo lona lumana'i.

Na mamao iā Iōsefa ona fia fa'aaliali atu sona tomai po 'o sona agava'a iā Farao. 'O lana 'upu ina 'ua 'āmia 'o ia e Farao, "E lē 'o a'u, 'a 'o le Atua na te 'ave atu se tali lelei iā Farao." 'O lana fautuaga fo'i 'ina 'ia tōfia se 'au'auna e pule na te fa'amāopoopo le saito i tausaga mau; 'o se tonu 'olo'o atagia ai lana tāleni o le poto ma le māfaufau, ma le va'ai mamao i le lumana'i; fai mai Farao, "Pē tātou te maua 'ea sē tusa ma lenei tagata, 'o lē 'ua iai le agāga o le Atua?" 'Ua o'o lava iā Farao e tāpua'i 'i atua fa'apaupau 'ua gagana mai, ‘Olo‘o iai le agāga o le Atua iā Iōsefa.

‘O le tofi ‘ua ‘avatu iā te ia, ‘ua lē ‘o se ea o lona pologa e na‘ona fa‘amāfulifuli ai i se nofoa; ‘a ‘ua atili fa‘aopoopo atu le ‘avega; e totō ma atia‘e, e teuteu ma fa‘aputuputu, ma sāuni e lufilufi ma fa‘asoa i aso faigatā. ‘O le faiva e āfu ai le tino, e pologa ai le māfaufau, ‘ae puna a‘e ai le ‘oli‘oli lilo i le loto ‘ua mautinoa ‘ua ta‘u aogāina. ‘O lona igoa Fa‘a‘aikupito, ‘o Sāpenapaenea; ‘olo‘o fa‘amatalaina ai, ‘o ia ‘o le fofoga o le Atua; ‘o le perofeta na te fa‘aliliu ma fa‘amatala le finagalo o le Atua.

E lē ‘o aliali mai se fa‘ataute‘e o Iōsefa i ona uso i le mea ‘ua lātou fai. E augapiu fo‘i ma sona fīnau atu ina ‘ua fa‘afalepuipuiina e Potifara i se tu‘ua‘iga sesē. Na alu gūgū ma le fa‘alologo, leaga ‘o lona tofi ‘o le pologa, ‘a ‘o le pāgotā fo‘i e pule ‘esea lona ola. ‘O le fesili, ‘Aiseā lava na lē gapelu ai Iōsefa i nei mau tofotofoga? ‘Auā fo‘i ‘o le laualalo o lona mālosi, ‘o lona fa‘atuatua lē ma‘oti‘otia. E ātuga lelei le mamafatū o puapuagā ‘ua o‘o iā te ia, ma le maua‘a o lona fa‘atuatua i lona Atua. Na tu‘ulafoa‘iina e ona uso; fai ma pologa i nu‘u ‘ese; ‘avea ma pāgotā i le falepuipui; ‘ae tōfia i le pule a Farao e fai ma ana pālemia.

‘O se fa‘aeaina mānaia fa‘apea, lea ‘ua sa‘afi nei ‘i ai le fānau a Sepetaio. “Le A‘oā‘o e, ‘ia ‘e tu‘u mai iā te ‘imā‘ua mā te nonofo ‘o le tasi i lou itū taumatau, ma le tasi i lou itū tauagavale i lou mamalu.” ‘O le mana‘o ‘ina ‘ia sāofafa‘i fa‘atasi ma Iesū i lona mamalu, e lē ‘ina ‘ia latalata ai iā te Ia, ‘ae ina ‘ia fa‘apaleina ai i se mamalu tūlaga ‘ese, ma se tofi lē lāu maua.

‘Ua lē lava mo lā‘ua le fa‘alagiga, ‘o So‘o o Iesū; ‘a ‘ua fia lālā ‘ese ma momo‘o ‘ia tōfia fa‘apitoa ‘ilā‘ua e le Ali‘i e fai ma ana minisitā i lana kapeneta; ‘o se tofiga e lē‘o iai sona finagalo e fai.

Na ‘ave e Iesū Pēteru ma le ‘auuso lenei ‘o Iākopo ma Ioane i le mauga maualuga, ma vā‘ai tino ai ‘i lona liliuina; ‘o le fa‘aali mai o ‘Elia ma Mose; ma lona aga atu ‘i Ierusalema i le taualuga o lona mamalu Fa‘amesia. Le ata lā lea ‘olo‘o teuloto e tama, ma ‘ua lē uiga ai e fa‘asaelefua mai le tu‘inanau e fia pule fa‘atasi ma Iesū.

‘O le fesili na agaia‘i e Iesū le mana‘o, e pei ‘ua tapei e le Ali‘i o lā loto ma fa‘ata‘ape i se lāolao, ‘ae se‘i o lā toe iloilo ma toe sasa‘a le fafao. “E mafai ‘ea e ‘oulua ona inu i le ipu ‘ou te inu ai, ma pāpatisoina i le pāpatīsoga e pāpatisoina ai a‘u?”

‘O le ipu o le Feagaiga Tuai, ‘o le fa‘atusa o puapuagā; ‘aemaise pe ‘ā to‘asā le Ali‘i. Fai mai ‘Isaia, “Ierusalēma e, ‘ua ‘e inu nai le lima o le Ali‘i le ipu o lona ita,’ o le ipu e tautēvateva ai.” E ui ‘ona ‘o lenei lava fa‘atusa o le ipu, e mafai fo‘i i le Feagaiga Tuai ona fa‘amatalaina le lagona o le ‘oli‘oli e pei ona fai mai le fai Salamo, “ ‘Ua ‘e fa‘au‘uina lo‘u ulu i le suāu‘u, ‘ua taumasuasua fo‘i la‘u ipu”; ‘ae peita‘i, ‘olo‘o fa‘aaogāina e Iesū i lana tatalo i Ketesemane le fa‘atusa o le ipu i lona uiga, ‘o puapuagā. “ ‘Ia ‘E ‘ave‘ese lenei ipu iā te a‘u, ‘ae ‘aua le faia lo‘u loto, ‘a ‘o lou finagalo” (Luka 22:42). ‘O le pāpatisoga fo'i i le Feagaiga Tuai, 'o le ata o le āfāina i le to'asā o le Atua; ma 'ua fa'amatalaina e le fai Salamo le lōfia i le vaitafe po 'o le tōfatumoanaina i le mea loloto (Ps. 69:15).

'O le taliaina lā e Iesū o le pāpatisoga a Ioane, 'o le fa'atusa o lona taliaina o le fa'amasinoga a le Atua; lea 'ua fai ai 'o Ia ma sui o le lalolagi agasala. E lē mafai ona 'ave 'esea mai le uiga o le pāpatisoga le ata manino o le fa'amalumalu mai o puapuagā o le Ali'i i le sātauro. 'O lona uiga lā, 'o le fa'atusa o le pāpatisoga ma le fa'atusa o le ipu i le talisuaga a le Ali'i, 'olo'o 'emo'emo mālosi mai ai le tau o le mulimuli iā Iesū ma le 'avea ma ona So'o. 'O le tau fo'i lenā o le mamalu ma le nōfoaga 'olo'o sā'ili e le fānau a Sepetaio. E pei ona aga atu le Ali'i i le sātauro, e tatau fo'i iā Iākopo ma Ioane ona 'ioe lā te uia fo'i le ala lea e tasi.

'Ae lē na'o le fānau a Sepetaio 'olo'o tauvā i le mamalu ma le pule. 'O le tala a Māreko, 'ua vili tīgā fo'i le isi to'a sefulu o So'o, ina 'ua logotala i le tatalo a nei tama, ma 'ua fefīnaua'i fo'i po 'o ai so lātou e sili. 'Ua sesē mamao lā lātou fa'amamafa. 'Ua pīsia i māfaufauga fa'anu'u 'ese lea e ali'ita'i ai o lātou ali'i 'ae pule ē 'ua sili; 'ae fai mai Iesū, " 'A e lē fa'apea 'outou; 'o sē fia sili, 'ia fai ma 'au'auna, 'ā fia muamua, 'ia fai ma tautua; fa'apei 'o le atali'i o le tagata, na lē sau 'o Ia 'ina 'ia 'au'auna tagata iā te Ia, 'a 'ia 'au'auna ma fōa'iina atu lona ola"; 'o le togiola mo tagata e to'atele.

'Ua tatala e Iesū o lātou māfaufau i le uiga moni o lona tūlaga Fa'amesia, lea e aofia ai vāega tetele e lua:

1. 'O lona tūlaga Mesia. 'O Ia o le 'Au'auna o 'au'auna; na lē sau e fai ma sili, 'a 'o le aupito itiiti; na lē sau 'ina 'ia 'au'aunaina, 'a 'ia 'au'auna atu.
2. 'O lona tūlaga Mesia, e maua i le sātauro, i lona maliu e fai ma togiola o tagata e to'atele.

E 'ānoa ma loloto le uiga o le vāega lona lua, lea 'ua tu'u fa'atasi ai e Iesū le māfaufauga Fa'afeagaiga Tuai i le ta'u atali'i o le tagata; lea e fa'aaogā tele e 'Esekielu ma Tanielu; ma le ata o le 'au'auna puapuagātia, lea e tautala 'i ai 'Isaia, ma 'ua fa'amatalaina ai le 'i'o ma le uiga loloto o lona tūlaga Mesia.

'Ai e tutū moge, toe maniti tino o Pēteru, fua 'ina musu e mulumulu e Iesū ona vae; 'ae fai mai Iesū, " 'Āfai 'ou te lē mulumulu iā te 'oe, e leai sou tofi fa'atasi ma a'u"; e pei 'ua sāunoa atu le Ali'i, " 'Ā 'e musu lā, 'a 'o ai na te fa'amamāina 'oe? 'O ai na te fa'amāgaloina 'oe? Tu'u mai ou vae; 'ā 'ou lē faia, e leai se tasi na te faia. 'Ā iai fo'i se isi, vāganā 'o se pologa, 'ae fai fo'i, 'ona 'o le fefe i le fa'atōnuga a lona matai. 'A 'o a'u, 'ou te fa'amamāina 'oe; 'ou te fa'aolaina 'oe 'ona e moni lo'u alofa."

E lē ma sesē se 'au'auna e fa'avae lana 'au'aunaga i le alofa; le alofa na fa'aalia 'āto'atoa iā Iesū ma lona soifua; le alofa e lē mā ai i le va'ai mai a le lalolagi 'o sauāina,

ʻinosia, ma tuʻulāfoaʻiina ʻona ʻo le usitaʻi i le pule tūtasi a le Atua. ʻO lenā le faʻamoemoe o le faʻalāʻeiʻau a le Aliʻi ʻi ona Soʻo, ina ʻua uluaʻi ʻaʻauina atu. ʻOu te ʻaʻauina atu ʻoutou ʻo māmoe i le vā o luko. ʻO lona uiga, e lē fesiligia le ono sātia o le ola, ʻauā ʻā lē lata le luko, e tatau ona oti le ʻauʻauna; ʻae ʻā liu māmoe le luko, e mautinoa ʻua mālō le ʻauʻauna.

E leʻi fia tupu, pe fia sili, pe fia pule Iesū, ʻae sā tuʻu tasi lava i le Atua. Na ia apoapoaʻi foʻi ʻi ona Soʻo e uiga i tofi ma mamalu ma tūlaga, ʻona ʻo uiga na Ia vaʻaia i le lotu na Ia tupu aʻe ai; e pei ʻo aga a Faresaio ma Rapi o le lotu. ʻUa lātou fiafia foʻi i le mea sili e tāʻoʻoto ai i faigāʻai, ma nofoa sili ʻi sūnako, ma ia alofaina ʻilātou i malae; ʻia taʻua foʻi ʻilātou o Rapi. ʻA ʻo ʻoutou, ʻaua neʻi taʻua ʻoutou ʻo Rapi, ʻauā e toʻatasi la ʻoutou aʻoaʻo; ʻa ʻo ʻoutou ʻuma, ʻo le ʻau uso ʻoutou.

ʻO lenā le faiga moni o le gāluega faʻafaifeʻau na faʻataʻoto e Iesū. ʻO Ia lava ʻoloʻo iai le pule. ʻO lē na tuʻuina ʻi ai le pule ʻuma i le lagi ma le lalolagi. ʻO le Keriso, ʻo le alo o le Atua; ʻo le ataliʻi o le tagata, ʻa ʻua fai ma ʻauʻauna. E ʻiā Iesū se mālosi lē ʻalofia e mafai ai ona faʻalagolago i le mamalu ma le pule, ʻae na te leʻi faʻaaogāina sesē lenā pule ma le mana, e tali ai faʻaosoosoga a le tiʻāpolo pe ʻalo ai foʻi i le sātauro.

ʻĀ manatu i le ʻekālēsia ma lona tala faʻasolopito, e ao ina matuā aʻiaʻi so tātou salamō, ʻona ʻo lo tātou paʻū ʻese soʻo mai le faʻaaʻoaʻoga a lē na Ia faʻatūina le ʻekālēsia. ʻUa faʻaalia pea o tātou uiga mātagā, ʻo le naunau i le pule ma tūlaga ma mamalu; ʻo tēuga ma aga faʻatagāʻauʻauna, ʻa ʻua paiē, ma musu; ʻua faʻatagā tago, pe lē tago tonu foʻi i le ʻie sōloi ma le ʻapa fafano a le ʻauʻauna.

ʻO le maʻi lenā o le ʻekālēsia sā iai, ma ʻua tātou mamaʻi ai foʻi ʻi le fia pule. ʻUa faʻamataʻu foʻi tagata i le pule, po ʻo le pule a le ʻekālēsia. ʻO Iesū ma le ʻekālēsia, ʻo ʻauʻauna faʻatasi ʻuma lava i le pule faʻatupu a le Atua.

ʻO le maualuga o le faʻaeaea a le aganuʻu a Sāmoa i le Atua ma le lotu, ʻua tō ai le matūpālapala i le ʻau faigāluega o le Talalelei, ʻo le faʻalupega lea: Susū mai lau susuga i le faʻafeagaiga tau i le lagi; lau susuga i le ao o faʻalupega. Faʻafetai i le aganuʻu mo le inati o Matāutusā. ʻAe tau ina faʻamanatu atu, neʻi seʻetia tātou ma faʻalue i le faʻalupega, ʻae lafoaʻi le gāluega; ʻina neʻi pule le faʻalagiga ʻi o tātou ola, ʻae matafi mālie atu lo tātou taʻu o ʻauʻauna.

Po ʻo ā lava o tātou taʻu po ʻo tofi i le ʻāiga, nuʻu, mālō, ma ʻekālēsia, manatua, ʻo tātou ʻuma ʻo ʻauʻauna faʻatasi ma Iesū i le pule faʻatupu a le Atua. ʻUa tātou iai nei i le vāitau e manatua ai le afio ifo o le Agāga Paʻia, ʻae tau lava ina talia; Na te toe faʻamumū le afi o lo tātou ola ʻauʻauna; e ofoina atu ai ʻitātou i le mea aupito sili e gata ai lo tātou mafai mo le vīʻiga o le pule aoao.

ʻO le toe afiafi lava o le soifuaga o Iesū ma ona Soʻo, ʻua toe mānava atu ai lava le feʻau ola lea, " ʻUa ʻoutou iloa ʻea le mea na ʻou faia iā te ʻoutou? ʻĀfai ʻo aʻu o le Aliʻi ma le A'oa'o 'ua 'ou mulumuluina 'outou vae, e tatau fo'i ona 'outou femulumulua'i. E pei ona 'ou faia iā te 'outou, 'ia fa'apea lava e 'outou ona fai. E moni, e moni, 'ou te fai atu iā te 'outou, e lē sili le 'au'auna 'i lona Ali'i, e lē sili fo'i lē 'ua 'auina, 'i lē 'e ana le fe'au. 'Āfai 'ua 'outou iloa ia mea, 'amu'ia 'outou pe 'ā 'outou faia." 'Āmene.

T.P.R.

'UPU FA'AI'U

Fa'amālō i le 'au fai tatalo, 'ua manuia ai so'o se tāumafaiga e fa'amālosia ai le gagana ma aganu'u Fa'akerisiano, 'ātoa ma le fa'amālō ma le fa'afetai fa'apitoa mo susuga i toea'i'ina, faife'au, a'oa'o ma ti'ākono, 'o ē na finagalo mālilie 'ou te fa'aaogāina a lātou lāuga po 'o a lātou fa'amāfanafanaga mo le ola fa'aleagāga o le 'au faitau ma le 'au su'esu'e o tupulaga. 'Ua vī'ia lava le Atua 'ona 'o a 'outou susuga. Fa'afetai. Fa'afetai tele.

'Ae tātou pepese fa'atasi ia 'i le pese, Fa'afetai i le Atua.
Fa'afetai i le Atua
Lē na tātou tupu ai
Ina 'ua Na alofa fua
Iā te 'itātou 'uma nei.
'Ia pepese
'Ia pepese
'Aleluia, Fa'afetai

Fa'afetai i lona Alo
Lē na afio mai lugā.
Lē 'ua fai ma fa'apaolo
'Ai le puapuagā.

Fa'afetai i le Agāga
Lē fesoasoani mai.
E manuia ai talosaga
'Ātoa 'uma mea e fai.

'Ia manuia le 'Au Failāuga a Sāmoa.

GĀLUEGA FAUTUAINA

I. Māfaufau ma Talanoa i Fa'a'upuga o Lāuga

1. Mātau alagā'upu o le Fa'asāmoa ma alagā'upu o le Tusi Pa'ia.
2. Mātau fa'alupega 'o ē 'olo'o aofia i lāuga fa'alelotu.
3. Fa'ata'ita'i e tusi sau lava lāuga mo se sāunigālotu, ona lāuga mai lea i le vasega.
4. Fa'atau se lipine (*tape*) ona fa'ata'ita'i ai lea o lau tautala.

II. Faitau Lāuga ma Māfaufau i Fesili ia:

Su'e muamua au tali ona fa'asoa atu lea i sau pāga po 'o le vasega 'ātoa.

1. 'O le ā le manatu 'autū o le lāuga?
2. 'O fa'apēfea ona fa'aata e le failāuga le manatu 'autū?
3. Iloilo le fafāuga o lāuga fa'alelotu. 'O ā ni vāega tetele 'o 'ē silafiaina?
4. Fa'atusatusa le fafāuga o lāuga fa'alelotu ma le fafāuga o lāuga o le Fa'asāmoa.
5. 'O ā mea e tutusa ai; 'o ā fo'i mea e 'ese'ese ai?
6. Su'e se video tape o se faigālotu ma mātau le fa'asologa o le lāuga.

ILOILOGA O LE MATĀ'UPU

Vāega I

Tali 'i fesili ia:

1. 'O tagata na mua'i tāla'ia le Talalelei 'i Sāmoa e lē 'o ni faife'au na ā'o'oga lelei; 'a 'o fea na maua mai ai lo lātou poto i le faiga o lāuga fa'alelotu?
2. 'O Saulo 'o le ulua'i faife'au o nu'u 'ese. Fa'amatala lona liliuina e fai ma Kerisiano i le ala i Sa'o pe 'āfai 'e te iloa. 'Ā leai, fesili i le Tusi Pa'ia.
3. 'O le ā le 'āto'atoaga o le Talalelei?
4. 'Āfai 'o 'oe 'o se Iūtaia, e faigatā 'aiseā ona 'e talia Iesū?
5. 'Ua tele tinā 'ua ta'uta'ua i le Tusi Pa'ia 'ona 'o le talitonu iā Iesū. Fa'amatala ni uiga o le tinā o Mālia le Makatala.
6. Fai sau fa'amatalaga 'i uiga o lou lava tamā na 'e fānau mai ai.
7. Se'i fai sau tala i se tamā fa'asoesā i lau va'aiga.
8. 'O le ā sou iloa 'i ia mea o 'autalavou, ma ona fa'amoemoega na ala ai ona fa'atū e le 'ekālēsia Sāmoa?
9. 'Ā 'e 'onosa'i 'e te maua le ola. 'O le ā lea ola, 'a 'o lea fo'i 'e te ola?
10. Fai sau fa'amatalaga i le vine soreka lea e totō i fa'ato'aga a 'Isarā'elu.
11. 'O le ā le uiga fa'aleagāga o le alagā'upu Fa'asāmoa lea, " 'Ua tinipā'ō le uto e pei o le faiva o tapalega."
12. 'Ua ta'u 'aiseā e le failāuga le nu'u o 'Isarā'elu o le mānamea a le Atua?
13. E mātagā 'aiseā i le Fa'asāmoa le mana'o o Iākopo ma Ioane na momoli mātilatila iā Iesū; 'ina 'ia tofi lā'ua e nofo le isi i lona itū taumatau 'a 'o le isi i lona itū tauagavale?

Vāega II

Tusi le ata o Iesū i luga o le Sātauro.
Fatu ni fuai'upu se tolu o sau solo i le fa'asātauroga o Iesū.
Tusi sau lāuga mo le lotu o le Tausaga Fou.

FA'ALEOGA MA FA'AUIGAGA O 'UPU

a'ia'i	'āto'atoa
'afisi	si'iga o se tamaititi i luga o suilapalapa
agāga fetufaa'i	agāga fefa'asoaa'i
agāga o'otia	lagona laveia 'ona 'o se mea 'ua tupu
Agāga Pa'ia	'o le agāga o le Atua
alafiagōfie	mauagōfie o le 'auala
'amu'ia 'outou	e lelei 'outou
'anagatā	lelei 'umi; faigatā ona fa'aleaga
'anofale	'o meafale
ao o fa'alupega	fa'alagiga o faife'au
aso 'āmulī	aso o le gāta'aga
atuatuvale	popole vale
atuga	talafeagai
'au 'aposetolo	'o faife'au
'Au Sinopi	'o le 'au failāuga
aualofa	manatu alofa
'au'aunaina	'au'auna mai
'auga	'autū o le manatu
augapiu	gaogao 'ī'ī
augātamā	fa'asologa o mātua
'āusaga lē tūvae	e le talafeagai; e lē tutū vae
'autalavou	tupulaga mālolosi pe lāiti
'auvae mauga	'autafa o mauga
āvaga	tafeagōfie le tōfā ma le loto
'emo'emo	fa'ailoilo mai (fetū po 'o se mōlī o le ava)
'ie sōloi	solo a Iesū
'inosia	itagia
'i'o	a'a (o le talo)
ogaoga	tīgā
ola fa'atalalē	ola lē māfaufau
ōlaga faivavale	ola e leai se fa'avae
ugāpēpē	vāivai
fa'aagātama	ta'aloga
fa'aeaea	tu'utu'u i luga le tūlaga o se tagata
fa'afaileleina	tausi fa'apepe

fa'ai'uina lau faiva	fa'amāe'a lelei le gāluega
fa'alā'ei'au	fa'amālosi 'au po 'o le fa'amālosi loto
fa'alāfuā	fa'aleaga mea
fa'alālā	fa'aali le mālosi; lu'i
fa'alautelēga	fa'atupu tele
fa'alēiloga	fa'alēiloa le ala
fa'alepō	miti
fa'alotolotolua	lē mautonu
fa'amāfulifuli	fa'amāliuliu
fa'ama'ima'ia	fa'avalevalea
fa'amalumalu	fa'apaolo
fa'amamafa	'ua fa'atele pe fa'atāuaina
fa'amanuiaga	'o manuia o tele 'ua maua
fa'amata'u	fa'afefe
fa'amumū	fa'aolaola
fa'anaunau	fa'amoemoe
fa'anu'u'ese	'o faiga a nu'u 'ese
fa'aolaola	fai ia mautū ma ola
fa'aosoosoga	fa'a'upuga a le ti'āpolo
fa'apaleina	'ua fa'aeaina i se tofi
fa'apalepale	'onosa'i
fa'apātapata	tausua
fa'apaupau	āmio lē talitonu i le Atua
fa'apōlopolo	fa'asaosao
fa'asaelefua	mātilatila mai
fa'asagatau	tauvā pe lu'i e tau
fa'asalaga mātuiā	fa'asalaga mātagā ma le mata'utia
fa'asātauro	fa'atautau i le lā'au
fa'asi'usi'u mata	tepa 'i ai si'u mata
fa'asoesā	fa'atīgā taliga
fa'ata'ape i se laolao	fa'asalalau; fa'alaua'itele
fa'atafunaga	susūnuga po 'o le fa'aleaga
fa'atagā 'au'auna	fa'atagā fai se fe'au
fa'ata'oto	'upu fa'atusa a Iesū
fa'ata'otolia	'ua ma'i
fa'ataugāina	fa'aleagaina
fa'atautaiga	fa'afoeina

fa'ataute'e	te'ete'e i se fa'atinoga
fa'atinoina	gāluea'ina pe fa'ataunu'u se mea
fa'atuatua	talitonu ma fa'amoemoe i le Atua
fa'atuatuana'i	fa'agalogalo
fa'atuā'upua	taumuimui
fa'atumulia	tele pe 'oa i manatu
fa'auluuluma'au	fetu'una'i le tōfā; fa'aoleole
fa'autaga poto	manatu lelei
fa'autauta	fa'aaogā lelei le māfaufau
fa'avauvau	fa'anoanoa
fa'avāvega	e pei 'o se vāvega
fa'ia mai i le fuifui	'ua filifilia mai i se fa'apotopotoga
fai 'ēvagelia	fa'atalaleleia; 'au tāla'i
fatufatu	fa'aputuputu
fautua	fesoasoani e ala i 'upu
feagaiga	vāfeagai ai
femēmēa'i	fa'alētonu
femoumoua'i	e aliali mai toe alu 'ese
femulumulua'i	fesoasoani ai
fesoua'iina	tumu i lavelave ma puapuagā
fetaia'i	fetaui
fetaua'i	femisaa'i
feū 'i o lātou nifo	'ua lilivau nifo
fiapoto	fiaatamai
fiasili	fiamaualuga
fitivale	'ua lē 'onosa'i
fuata aogā	'o ni fua aogā
gāluega fa'aauau	gāluega e faifai pea se'ia o'o i le i'uga
gapelu	vāivai
gūgū ma fa'alologo	lē tautala
kariota	ta'avale
lagimāina	soifua lelei
lāugaina	tala'iina pe fōlafolaina
lē ma gagana	lē tautala
logotala	'ua maua tala
loto fetōa'i	'ua lē mautonu
lotoifale	totonu o le 'āiga

lufilufi	fa'asoa
lu'i	fa'aita (le loto) 'ia tauivi
luko	manu fe'ai
lūtia i Puava	fetaui ma puapuagā
māfatia	tīgāina
mālaia	fa'aleagaina
mālosi lē 'alofia	mālosi e mafai ai ona fai se mea
mamafatū	mamafa tele
mana o le Agāga Pa'ia	mālosi fa'aleatua
mānamea	'o le uō pele
manatu fa'apito	manatu na'o ia
maniti tino	fefe tino
manulautī	matā'upu e tau'ai 'i ai manatu
ma'oti'otia	motumotu
māsalosalo	lē talitonu
māseiga	fe'ese'esea'iga
māsiasi	'ua mā
mataala	ala mata
matāgāluega	vāega o le 'ekālēsia
matanana	tagivale
matūpālapala	taui o se gāluega lelei
misionare	faife'au e tāla'ia le Talalelei i nu'u 'ese
momo'o	māna'ona'o
motu ma le taula	te'a 'ese ma fanua
mulimuli tu'i	mulimuli i mea 'uma
mulivai fetaia'i	feusua'iga a paolo; fa'afesāga'iga a paolo
mulumulu	fa'amamā
mūsaesae	'o le mū tele o le afi
pāpatisoga	fa'apa'iaina
perofeta pepelo	'au tāla'i tala pepelo
pogati	fa'avae; tafu'e
popole	'ua lē to'a le māfaufau
popōlega	'o mea e popole ai le māfaufau
pule tūtasi a le Atua	pule e lē to'aluaina ma se isi
pūmo'omo'o	vāiti
Rapi	a'oa'o o le lotu (faife'au)
salamō	lagona le fa'amaualalo

salamōina	‘ua liliu ‘ese i agasala
sāpenapaenea	fa‘amatala mea lilo
sasa‘a le fafao	toe fuafua lelei
sātia le ola	lamatia le ola
sauāina	sauā ‘i ai tagata
Sēnā e	Tamā e
solisoli tūlāgāvae	toe fa‘aolaola po ‘o le mulimulitu‘i
solitulāfono	‘ua lē tausisi i poloa‘iga a le Atua
soloa‘i ane	fa‘asolo ‘i ai
solomuli	toe aga‘i i tua
so‘otaga	feso‘ota‘iga
sulufa‘i	sulu mo le fiaola
sūnako	mālumalu
Tāeao o le Talalelei	‘o le aso na taunu‘u ai le lotu
tagi lotulotu	tagi masūsū
taimi pāganoa	‘o taimi filēmū ‘ua leai se vevesi
Talalelei	‘o le tala iā Iesū Keriso, i lona maliu ma lona toe soifua mai
talafeagai	e fetaui lelei
tāla‘i	fa‘asalalau
tāla‘iga	fa‘asalalauga o le Talalelei
talisuaga a le Ali‘i	fa‘amanatuga o le maliu o Iesū
tamāo‘āiga	‘oloa
tapei	‘ua taia; tata‘e
tapu‘e	fa‘aolaola
taualoaina	āmana‘ia
taualuga o Manu‘a	‘o le tupu o Manu‘a
ta‘u aogāina	‘o se tagata e tāua ona aogā
taufa‘ase‘e	tau fa‘avalea
taugāgaifo	‘ua aga‘i ina matua
taugalēmū	aso filēmū po ‘o aso toto‘a
taumasuasua	taumasa‘a pe māsa‘asa‘a le ipu
tausiniō	tauvā
tautevateva	savali sapasapa
teuloto	tu‘u i le loto
tinā faitama	‘o le tinā e pele lana fānau
to‘asā	‘o le to‘atama‘i o le Atua

tōfā na moe	fa'autaga a fale'upolu
tōfā sā'ili	filifiliga
tōfatumoanaina	fa'atō i le moana
tofotofoga	su'ega o le mālosi
togiola	tāulaga o le fa'aolataga
tōloga	'o ta'aloga o veloveloga a tamāli'i
tomai fa'apitoa	tāleni po 'o le poto
tōsina	tā'a'ina
tu'inanau	mana'o 'ese'ese o le loto
tulimanu 'ua togitogiina	'o le tulimanu o le fale 'ua teuteuina i 'auro
tu'ua'iga sesē	tu'ua'i 'i ai se mea sesē
tu'ulafoa'ina	tia'ina
tu'utu'u lā'au	fa'asolosolo mai 'i atunu'u (le tāla'iga o le Talalelei)
va'ava'alua	faifaimea to'alua
vaifofō	vailā'au po 'o se togafiti mo se lelei o le ma'i po 'o se mea
vāitau	vā o tau po 'o tausaga
vālo'ia	perofetaga; va'aiga i le lumana'i
vavae mūitiiti	fa'atauva'a
vavalo	va'ai i le lumana'i; ta'u mai o mea e tutupu i le lumana'i
velo i le maninoa	'o le velo 'ua alu i le 'ea
vevesi	pisapisaō
vilitīgā	taumafai ma le tīgā
vine soreka	vine suamalie

REFERENCES

EFI, TUPUA TAMASESE TAISI TUPUOLA TUFUGA. 1989. *Ia faagaganaina oe e le Atua Fetalai*. Apia: Commercial Printers Ltd.

TIATIA, FALEATUA AND TATUPU PATEA VAILI, EDS. 1985. *O le tusi faalupega o Sāmoa atoa*. Apia: Methodist Printing Press.

HENRY, BROTHER FRED. 1979. *History of Sāmoa*. Apia: Commercial Printers.

HENRY, BROTHER FRED. 1980. *Talafaasolopito o Sāmoa*. Apia: Commercial Printers.

KRAMER, DR. AUGUSTIN. 1994. *The Samoa Islands. Volume I*. Auckland: Pasifika Press.

KRAMER, DR. AUGUSTIN. 1995. *The Samoa Islands. Volume II*. Auckland: Pasifika Press.

MAILO, S.P. 1972. *Pale fuiono. Parts I 'ū II.* [Pagopago], American Sāmoa.

MILNER, GEORGE BERTRAM. *Samoan dictionary*. Auckland: Pasifika Press.

PRATT, REV. GEORGE. 1893 [1984]. *Grammar and dictionary of the Samoan language*. 3d ed., Apia: Malua Printing Press. First edition 1862. Reprinted 1984, Papakura, New Zealand: R. McMillan.

SALUA, FEPULEAI SEUAO F. TAEAO. 1995. *O le tafatolu o au measina Sāmoa*. Wellington: Presbyterian Church of Aotearoa New Zealand.

SCHULTZ, DR. E. 1980. *Samoan proverbial expressions*. Auckland: Pasifika Press.

TANUVASA, TAVALE. 1994. *Fatufatuga: Solo Faasamoa*. Auckland: Centre for Pacific Islands Studies, University of Auckland.

TU'I, TATUPU FAAFETAI MATAAFA. 1987. *Lauga: Samoan oratory*. Suva: University of the South Pacific.

TUVALE, TEO, T. E. FALETOESE, F. F. A., AND F. L. KIRISOME. 1981. *O le tusi faalupega o Sāmoa*. Apia: Malua Printing Press.

ALLARDICE, R. W. 1985. A simplified dictionary of modern Samoan. Auckland: Pasifika Press.

AMOSA, MAULOLO LEAULA T. UELESE. 1999. O le Fausaga o lauga Sāmoa. Vaega I. Apia: National University of Sāmoa.

BUCK, SIR PETER. 1930. Samoan material culture. Honolulu: Bernice Pauahi Bishop Museum Bulletin, no. 75.

BUSE, J. E. 1961. Two Samoan ceremonial speeches. Bulletin of the School of Oriental and African Studies 24.104-15.

CHURCHWARD, SPENCER. 1926. A new Samoan grammar. Melbourne: Spectator Publishing Co.

DOWNS, EVELYN. 1942. Everyday Samoan. Devonport, New Zealand: The North Shore Gazette Ltd.

DURANTI, ALESSANDRO. 1981. Speechmaking and the organization of discourse in a Samoan *fono*. Journal of the Polynesian Society 90:357-400.

DURANTI, ALESSANDRO. 1981. The fono: A Samoan speech event. University of Southern California Ph.D. dissertation.

DURANTI, ALESSANDRO. 1981. The Samoan fono: A sociolinguistic study. Pacific Linguistics Series B, no. 80. Canberra: The Australian National University.

DURANTI, ALESSANDRO. 1984. *Lauga* and *talanoa*: Structure and variation in the language of a Samoan speech event. Dangerous words: Language and politics in the Pacific, ed. by D. Brenneis and F. Meyers, 217-37. New York: New York University Press.

DURANTI, ALESSANDRO. 1990. Politics and grammar: agency in Samoan political discourse. American Ethnologist 17.646-66.

DURANTI, ALESSANDRO. 1992. Language in context and language as context: the Samoan respect vocabulary. Rethinking context, language as an interactive phenomenon, ed. by Alessandro Duranti and Charles Goodwin, 77-99. Cambridge: Cambridge University Press.

DURANTI, ALESSANDRO. 1994. From grammar to politics: Linguistic anthropology in a Western Sāmoa village. Berkeley: University of California Press.

DURANTI, ALESSANDRO AND ELINOR OCHS. 1986. Literacy instruction in a Samoan village. The acquisition of literacy: Ethnographic perspectives, ed. by Bambi Schieffelin and Perry Gilmore. Vol. 21 in the series Advances in discourse processes, ed. by Roy O. Freedle, 213-32. Norwood, New Jersey: Ablex Publishing Corporation.

FREEMAN, J. D. 1983. Margaret Mead and Sāmoa: the making and unmaking of an anthropological myth. Cambridge: Harvard University Press.

GRAY, CAPTAIN J. A. C. 1960. Amerika Sāmoa: a history of American Sāmoa and its United States naval administration. Annapolis: United States Naval Institute.

HOUGH, A. 1923. O le faamatalaga o le gagana Samoan. Malua [Western Sāmoa]: Malua Printing Press.

HUNKIN, GALUMALEMANA AFELETI L. 1988. Gagana Sāmoa: A Samoan language coursebook. Auckland: Pasifika Press.

JOHNSON, A. P. AND L. E. HARMON. 1972. Let's speak Samoan. Apia: Church of Jesus Christ of the Latter-Day Saints Press.

KASIANO, AUIMATAGI SILAO. 1991. Gagana Sāmoa mo Pisikoa: Peace Corps Samoan language handbook. Apia: Peace Corps Training Staff.

KEESING, FELIX. M. 1956. Elite communication in Sāmoa, a study of leadership. Stanford: Stanford University Press.

LARKIN, FANAAFI MAIAI. 1969. O le gagana Sāmoa. Apia, Western Sāmoa: Department of Education.

LE TAGALOA, AIONO FANAAFI. 1997. O le faasinomaga. Apia: Lamepa Press.

LEAFA, LAFAI-SAUOAIGA SOLOMONA [SAUOAIGA, LAFAI]. 1995. Ia mana le lauga. Apia: Vasa-i-Faletea Publishing.

LOVE, JACOB WAINRIGHT. 1991. Samoan variations. New York: Garland Publishing.

MARSACK, C. C. 1962. Teach yourself Samoan. London: The English Universities Press Limited.

MAYER, J. F. 1976. Samoan Language. Apia: United States Peace Corps.

MEAD, MARGARET. 1928. The social organization of Manua. Honolulu: Bishop Museum Press.

MILNER, GEORGE BERTRAM. 1961. The Samoan vocabulary of respect. Journal of the Anthropological Institute of Great Britain and Ireland 91.296-317.

MILNER, GEORGE BERTRAM. 1968. Problems in the structure of concepts in Sāmoa: An investigation of vernacular statement and meaning. University of London Ph.D. dissertation.

MOSEL, ULRIKE, AND EVEN HOVDHAUGEN. 1992. Samoan reference grammar. Oslo: Scandinavian University Press.

MOYLE, RICHARD M. 1988. Traditional Samoan music. Auckland: Auckland University Press.

MURDOCK, GEORGE T. JR. 1965. O le va fealoai. Pesega [Western Sāmoa]: Church of Jesus Christ of Latter-Day Saints.

NEW ZEALAND MINISTRY OF EDUCATION. 1996. Samoan in the New Zealand curriculum. Wellington: Learning Media Ltd.

OCHS, ELINOR. 1982. Ergativity and word order in Samoan child language. Language 58(3).646-701.

OCHS, ELINOR. 1982. Talking to children in Western Sāmoa. Language in Society 11.77-104.

OCHS, ELINOR. 1985. Variation and error: A sociolinguistic approach to language acquisition in Sāmoa. The cross-linguistic study of language acquisition, ed. by D. Slobin, 783-838. Hillsdale, N.J.: Lawrence Erlbaum.

OCHS, ELINOR 1988. Culture and language development: language acquisition and language socialization in a Samoan village. Cambridge: Cambridge University Press.

PENISIMANI AND G. BROWN. (n.d.). Proverbs, phrases and similes of the Samoans. Papakura, New Zealand: P. E. Chamberlain.

SAMASONI LEPULE DIXIE CRICHTON. 1999. Tusi lauga gagana a faleupolu. Vaega 1. Honolulu: Samoan Service Providers Association.

SAMASONI LEPULE DIXIE CRICHTON. 1999. Tusi lauga gagana a faleupolu. Vaega 2. Honolulu: Samoan Service Providers Association.

SAUOAIGA, LAFAI. 1988. O le mavaega i le tai. Apia: Malua Printing Press.

SHORE, BRADD, LILLIAN CAMPBELL, AND UELESE PETAIA. 1973. Conversational Samoan. Books I 'ū II. Apia: United States Peace Corps.

SHORE, BRADD. 1977. A Samoan theory of action: Social control and social order in a Polynesian paradox, vol. 1. University of Chicago Ph.D. dissertation.

SHORE, BRADD. 1982. Salailua: a Samoan mystery. New York: Columbia University Press.

SHORE, BRADD. 1996. Culture in mind: Cognition, culture, and the problem of meaning. New York: Oxford University Press.

SUNIA, FOFO I. F. 1997. Lupe o le foaga. Vaega muamua. Pago Pago: Fofo Sunia.

TUITELE, MOEGA, AND JOHN KNEUBUHL. 1978. Upu Sāmoa: Samoan words. PagoPago: Bilingual/Bicultural Education Project of American Sāmoa.

TUITELE, MOEGA, T. MILA SAPOLU, AND JOHN KNEUBUHL. 1978. La tatou gagana. Tusi muamua. PagoPago: Bilingual/Bicultural Education Project of American Sāmoa.

VIOLETTE, LE R. P. L. 1879. Dictionnaire Sāmoa-Francais-Anglais. Paris: Maissonneuve.

ʻO LE TUSITALA

ʻO ʻAumua Mataʻitusi Simanu, ʻo le faiāʻoga o Gagana ma Aganuʻu a Sāmoa i le matāgāluega a le Hawaiian and Indo-Pacific Languages i le Iunivesitē o Hawaiʻi mai i le 1987 ma ʻoloʻo galue pea i lea tofiga e oʻo mai ʻi le asō. Sā faiāʻoga, puleāʻoga, ma āsiasiāʻoga i Sāmoa i tausaga e silia ma le fāsefulu. ʻO ia o le uluaʻi tamaʻitaʻi Sāmoa na oʻo i le tūlaga uluāʻoga ma le āsiasiāʻoga.

Sā āʻoga ʻAumua Mataʻitusi ʻi le Apia Primary ma le Girls' High School i Mālifa, Apia. Na aʻoaʻoina faʻafaiāʻoga i le Āʻoga Faʻafaiāʻoga i Mālifa. Sā ʻauai ʻo ia ʻi aʻoaʻoga a le Language Studies Institute i Victoria University i Ueligitone (1967) ma le Secondary Teachers' College i Canterbury, Christchurch, New Zealand.

E tele ni fono ma aʻoaʻoga na ʻauai ʻAumua Mataʻitusi ʻi atunuʻu i fafo e iai Niu Sila, ʻAusetalia, ʻAmerika, Fiti, Toga, Filipaina, ma ʻAmerika Sāmoa. Ina ʻua mālōlō mai ʻi le gāluega faʻafaiāʻoga, sā galue faʻafailautusi ʻi le ʻŌfisa o le Minisitā o Atīnaʻe o le Mālō Tūtoʻatasi o Sāmoa i lalo o le pulega a le Afioa a Tuiloma Pule Lameko.

ʻO ʻAumua Mataʻitusi Simanu, ʻo le matai Sāpunaoa i Faleālili, i le Afioʻaga o Leʻavasā ma Māʻaelopa, ʻo ē na leleo i le Maota o Itūʻau ma Ālataua, ʻae alaaala ai foʻi Tuiloma ma Taituʻuga, ʻo Manu o le Tuasivi e fāgogota i Tai e Lua, ma le mamalu o le Lōtoifale o le Manusāmoa. ʻO Paʻia lava ia ʻo Alaalagafa, Alo o Fānene ma, Faleālili.

ʻO ia ʻo se tiʻākono tamaʻitaʻi a le ʻEkālesia Faʻapotopotoga Kerisiano i Sāmoa i Waimanalo, Hawaiʻi. ʻOloʻo alaala nei ʻAumua Mataʻitusi i Honolulu, Hawaiʻi ma ʻua ʻātoa le 80 tausaga o lona soifua.

CPSIA information can be obtained
at www.ICGtesting.com
Printed in the USA
BVHW041948020519
547246BV00003B/15/P

9 780824 825959